中国学前教育史料集成

卷二

蒙养园论集

上册

总主编　喻本伐
本卷主编　喻本伐　张汶军

国家出版基金项目
NATIONAL PUBLICATION FOUNDATION

中国教育出版传媒集团
人民教育出版社·北京

编者说明

一、“学前教育”术语，是近代西方“新教育”传入中国后，才得以在中国确立和广泛运用的。学前教育，有广义和狭义之分。广义的学前教育，是指对从出生到6周岁或7周岁的儿童所实施的保育和教育。从这个意义上说，它与中国原本使用的“慈幼教育”或“童蒙教育”同义，并非严格意义的公共教养机构，以与正规学校制度对接。而狭义的学前教育，则是指对3~6周岁或7周岁的儿童所实施的保育和教育，它仅指广义学前教育的后半段。它的重要特征，一为有专设的公共教养机构，二为此机构能与其后的小学教育紧密衔接。本丛书命名之要义，实则偏重于狭义。

二、最早由西方基督教传教士在中国开办的学前教育机构，名为“小孩察物学堂”。中国政府于1902年颁布《钦定学堂章程》时，并未配套设置学前教育机构；在1904年颁布《奏定学堂章程》时，首次以“蒙养院”作为学前公共教养机构的名称。1912年中华民国成立，在随后颁行的“壬子癸丑学制”中，将“蒙养院”变更一字，改称“蒙养园”。在1922年颁行的“壬戌学制”中，又将“蒙养园”改称“幼稚园”。1949年中华人民共和国成立，在1951年颁行的《关于改革学制的决定》中，最终将“幼稚园”改定为“幼儿园”。本丛书的史料收集，依照蒙养院、蒙养园、幼稚园和幼儿园四段展开。

三、本丛书的史料，又依据制度、实践和思想三要素，各自进行分类编年。具体而言，制度部分由“制度、章则、令案”合构，实践部分由“绍介、创设、办理”合构，思想部分由“理论、思想、主张”合构。史料选取，以蒙养院、蒙养园、幼稚园和幼儿园教育为主体，兼及托儿所教育、幼儿师范教育、慈幼教育和家庭教育等诸方面。史料的上、下时限，一般均依法定学制的颁布时间而定，而思想渊源或影响，或则稍溢出此范畴，实为学制颁布前后的铺垫或延伸。

四、具体来说，本丛书由如后10卷合构:《卷一　蒙养院论集》(1904—1911年，包括制度、实践和思想三部分),《卷二　蒙养园论集　上册》(1912—1922年，包括制度、实践二部分),《卷三　蒙养园论集　下册》(1912—1922年，包括思想部分),《卷四　幼稚园论集　上册》(1922—1951年，包括制度、实践二部分),《卷五　幼稚园论集　中册》(1922—1932年，包括《幼稚园课程标准》颁布前之思想部分),《卷六　幼稚园论集　下册》(1932—1951年，包括《幼稚园课程标准》颁布后之思想部分),《卷七　幼儿园论集　上册》(1951—2001年，包括制度部分),《卷八　幼儿园论集　中上册》(1951—2001年，包括实践部分),《卷九　幼儿园论集　中下册》(1951—1978年，包括"十一届三中全会"召开前之思想部分),《卷十　幼儿园论集　下册》(1978—2001年，包括"十一届三中全会"召开后之思想部分)。

五、本丛书的选录对象为各种文论，包括手稿、论文、演讲记录、调查报告、提案、书信、日记、参观记等，原则上不包括单独成册的专著(序、跋除外)。至于论文集、文献汇编等，则选取其中的单篇。对于文论的选录，以全篇整录为通例；其特例，则为部分选录(篇名后标明"节录"或"未完稿"，正文中部分省略)。少量与正文相关并确有必要的文字，收作正文附录。

六、所收文论，以"保留原貌"为准则。尽可能依据最早发表时的原件，而不取全集、文选等再发表件编者之删改或修饰的结果。原文中的繁体字、异体字等，按照国家所颁行的相关规定统一处理。明显的错别字、脱字等，编者统一后置"〔　〕"，并将供参考之字或词置于其内。已无法辨识的文字，由编者用"□"表示。原竖版中的"如左”“如右”等表述，均改为“如下”“如上”等。

七、对于原文中的断句和标点符号使用，由编者依照通例统一处理；对于原文未分段或分段不当者，由编者根据文意，重新进行分段；对于原文中的各式序号标列，由编者按相关标准统一处理；原文（表格除外）中的中文数字，皆保留原样。原文中的表格，均尽可能保留原有形式，但为阅读便利，其中凡为竖式者，皆改为横式；中文数字，一般情况下改为阿拉伯数字。全书的表号和表题，由编者进行统一处理。文中原发表时的附图，保留原样，以“原图”表示；由编者插入的图片等，则用“另图”表示。书中的原图与另图，也分别由编者统一拟题和加冠序号。

八、本书各篇文论的题目之下，标明作者或发文单位及该文面世时间，并置“题解”，交代文章撰写或发表时间、原载刊物、作者简介、相关背景或载刊简介等。文内注释，采用脚注形式，每页均重编序号。注释对象，为人物、事件、专用术语、特殊名词、个别难僻字词、非通译人名或外文等。同一注释对象，在同一卷中仅详注一次，且以首次出现时加注为原则。对于在题解中已介绍的人物等，不再详注。对于难以查找到的非通译人名、地名，权且从略。

九、本丛书的总主编为喻本伐。各分卷主编依次为:《卷一　蒙养院论集》，喻本伐、郑刚;《卷二　蒙养园论集　上册》，喻本伐、张汶军;《卷三　蒙养园论集　下册》，喻本伐、赵燕（武汉市城市职业学院）;《卷四　幼稚园论集　上册》，喻本伐、李先军;《卷五　幼稚园论集　中册》，喻本伐、徐恩秀（集美大学师范学院）;《卷六　幼稚园论集　下册》，喻本伐、王帅;《卷七　幼儿园论集　上册》，喻本伐、郑刚、张汶军;《卷八　幼儿园论集　中上册》，喻本伐、郑刚、张汶军；《卷九　幼儿园论集　中下册》，喻本伐、郑刚、张汶军；《卷十　幼儿园论集　下册》，喻本伐、郑刚、张汶军。除已标明者外，余皆为华中师范大学教育学院教师。

喻本伐

2022 年 4 月 13 日

目录

第一编

制度　章则　令案

第二编

绍介　创设　办理

第一编

制度 章则 令案

1 批马伯援等请拨款作武汉死义烈士遗孤教养所经费呈

孙中山

另图 1 孙中山像

1912年4月1日

题 解 本篇原载《临时政府公报》第 54 号。发表时间为 1912 年 4 月 1 日。

原发表时，题为《大总统批马伯援等请拨款作武汉死义烈士遗孤教养所经费呈》。今题系编者所拟。

批示者孙中山（1866—1925），名文，号日新，又号逸仙，广东香山（今属中山）人。早年在檀香山、广州、香港等地接受了新式教育，加入基督教。曾上书李鸿章，力倡改革。后组织“兴中会”“同盟会”等革命团体，并发动一系列起义，力图推翻满清统治，遂成为革命派领袖。1911 年武昌起义后，由美归国，被推举为中华民国临时大总统。1912 年 1 月 1 日，在南京宣布就职。同年 4 月 1 日解职，让位于袁世凯。在去职前，他签批了此件，为辛亥遗孤造福不浅。

死义烈士遗孤教养所，后定名“烈士遗孤教养所”，为收容武昌起义阵亡将士遗孤的抚恤组织，虽名为“私立”性质，实得公款资助甚多，开办于 1912 年 4 月，所址为前清湖北提督张彪的房宅。总理为李俊英，协理为龙扬莹，教养长为张楚，监督为蔡济民，副监督为邓玉麟、丁中立。所内分设高小、初小、幼稚三班，免收食、宿、杂诸费，俨然如一儿童公育机构。

《临时政府公报》，政务日刊，后为双日刊、三日刊，1912 年 1 月 28 日创刊于南京，由南京临时政府主办、编辑并发行。“以宣法令，以表中央及地方政事为主旨”。主要栏目，有法制、令示、电报、纪事、抄译外报、杂报等；主要撰稿人，为临时政府工作人员。停刊时间未详。

呈悉。民国开创，武汉实为首功。而诸烈士血战捐躯，其死义亦最烈。该发起人等拟设遗孤教养所，既孚博爱之精神，亦协报功之典礼，殊堪嘉尚。所请拨给公债票二万元作为开办费之处，已令行财政部照拨矣。此批。

附录 《大总统令财政部拨款作武汉死义烈士遗孤教养所经费文》

据马伯援、居正、丁仁杰、查能一、李俊英、张权、张楚、倪汉信、胡若、龙扬莹、但焘呈称：

窃维武汉一呼，天下响应，专制倒幕，百度维新。联五族为一家，合南北为一体。庶政概从公意，元元咸得自由。民国基础，至是确立。微我武汉诸先烈士，掷其头颅，弃其妻孥，以为代价，宁克底此。伯援等尝侧身赤十字会，目击战地暴尸数十里，地方为之赤。战事方剧，转载伤者之行列有如鱼贯，疮痍满目，呻吟昼夕。昔人所谓“肝脑涂中原、膏血润草野”者，迨无以逾此。夫诸先烈，既惨淡经营，缔共和之幸福遗之后人，而己身不获享，或乃有茹痛忍苦、赍遗憾以没者。吾人饮水思源，而不谋所以报之，何以对诸先烈于地下？顾死者已矣，报之曷及。而其后裔以失恃而家计艰难，无以为生，为数夥颐，遑论教育之事！若将其子若女集于一处，幼者育之，长者教之，俾后长成，擅一技之艺，足以自立，同享共和之幸福，是亦稍慰英魂之道。此伯援等发起烈士遗孤教养所之微志也。理合联词，呈请大总统察核，并恳令下财政部拨给公债票二万元作为开办经费，曷胜翘企之至。

等情前来。查民国开创，武汉实为首功；而诸烈士死事之惨，亦独烈。该发起人等遗孤教养所之设，既昭博爱之忱，亦协报功之义。所请拨给公债票二万元之处，即由该部照拨可也。此令。

原载《临时政府公报》第 54 号，1912 年 4 月 1 日

2　烈士遗孤教养所创办之缘起与简章

马伯援等

另图 2　马伯援像

1912年4月11日

题　解　本篇原载《申报》1912 年 4 月 11 日第 4 版。原发表时，题为《烈士遗孤教养所创办之缘起》。今题系编者所拟。

领衔发起人马伯援（1884—1939），原名发祥，字吉楷，湖北枣阳人。早年留学日本，加入同盟会，毕业于早稻田大学政治系。辛亥革命前夕回国，参加汉阳战役。后任黎元洪顾问。同年，作为湖北代表，在南京推举孙中山为中华民国临时大总统，并参加总统就职典礼。内阁组成后，任大总统秘书、内务部会计主任兼马警总队总队长。孙中山辞职后，亦离职。平生颇重教育和实业，晚年曾出任故乡枣阳县县长。

有关烈士遗孤教养所，参见前文《批马伯援等请拨款作武汉死义烈士遗孤教养所经费呈》题解。

《申报》，日报，原名《申江新报》，创刊于 1872 年 4 月 30 日（清同治十一年三月二十三日），是近代中国发行时间最久、具有广泛社会影响的报纸。报馆设在上海，后出有汉口版、香港版。创办时，由英商安纳斯托·美查等投资，由中国人主执笔政。1909 年，转由中国人经营，后由史量才长期担任总经理。抗日战争期间，《申报》数度停刊，历经波折。1945 年 12 月 22 日，《申报》再次复刊。1949 年 5 月 27 日上海解放，《申报》终刊。前后历时 77 年，共出 25599（一说 25600）号。

风云变色，龙蛇起陆，武汉一呼，天下响应，专制倒幕，百度维新。瀹我二百余年亡国之耻，复我列祖列宗之仇；庶政概从公意，元元咸得自由。今之中国，不俨然一共和国哉！从此与列强并驾齐驱，独称天之骄子；所谓亡国灭种之忧，庶乎其免矣。

夫举吾党数十年理想之国家，不数日间，于以成立。呜呼！系谁之力欤？微诸先烈士掷其头颅、弃其妻孥以为代价，宁克底此。同人等尝侧身赤十字会，目击战地暴尸数十里，地〔为〕之赤。战事方剧，则伤者舁来，有如鱼贯；疮痍满目，呻吟昼夜。所谓“肝脑涂中原、膏血润野草”者，非耶？窃思诸先烈，既惨淡经营，缔共和之幸福遗之吾民；而己身不获与享，或乃有茹痛忍苦、赍遗憾以没者。身既死兮神以灵，魂魄毅兮为鬼雄。吾人饮水思源，而不谋所以报之，则与负恩小人何异？诸先烈地下有知，其能瞑目耶！顾死者长已矣，报之曷及。而其后裔，以失恃而家计艰难，无以为生，为数夥颐，遑论教育之事哉！

倘将其子若女集于一处，幼者育之，长者教之，俾后长成，擅一技之艺，足以自立，同享共和之幸福，是亦稍慰英魂之道也。于是，同人等有烈士遗孤教养所之发起焉。想诸热心大君子必深表同情，而身食诸先烈之遗赐者，尤所乐为赞助也。

附：烈士遗孤教养所简章

第一条　本所定名为烈士遗孤教养所。

第二条　本所以教养民国死义诸烈士遗孤，使能自立为宗旨。

第三条　本所先就武昌省城设立。俟经费充足，再分设各地。

第四条　本所先办幼稚园及两等小学。将来经费充裕，另设相当之学校，以图扩充。

第五条　本所教养遗孤，以三岁以上、十二岁以下者为合格。但三岁以下无母者，仍一律收养。

第六条　本所经费，由发起人及赞成员担任募集。

第七条　本所收入、支出一切报告，发起人与办事员同负责任。

第八条　本所办事细则，得另订之。

发起人：马伯援　丁仁杰　查能一　李俊英　张　楚
张　权　倪汉信　胡　若　龙扬莹　居　正

赞成员：孙　文　黎元洪　黄　兴　胡汉民　张　继

李肇甫 王正庭 宋教仁 刘 公 蒋翌武
蔡济民 李作栋 康群英 徐宗汉 魏注东
黄大炜 石 瑛 钟 琦 吕天民 王鸿猷
景耀月 蔡元培 田 桐 洪承点 张文蔚
张大义

如荷热心志士捐款相助，请径交湖北交通部总务科张晴峰先生代收。

3 确定教育宗旨令

教育部

1912年9月2日

题　解　本篇原载《中华教育界》第1卷第6、7期合册。发文时间为1912年9月2日，发表时间为1912年10月25日。原发表时，题为《教育部部令（部令第二号）》。今题系编者所拟。

发文单位教育部，为中华民国中央教育行政管理机构，设立于1912年1月。首设南京，后迁北京。首任教育总长为蔡元培。签发此宗旨时，蔡元培已辞总长职，由原次长范源濂继任并签发。

教育宗旨，也称教育方针，为教育政策总要和经典的表述，为教育实践的指南。早在蔡元培出任教育总长之初，便发表了《对于新教育之意见》（又称《对于教育方针之意见》）一文。其中，明确提出了军国民教育、实利主义教育、公民道德教育、美感教育和世界观教育“五育”，用以取代清末忠君、尊孔、尚公、尚武和尚实的“五项宗旨”。然而，在前此召开的“全国教育会议”上，各省教育代表否决了“世界观教育”项，并通过了此“四项宗旨”的提法。此宗旨，当然亦为“蒙养园”办理的指针。

《中华教育界》，教育月刊，1912年3月25日创刊于上海，由中华书局主办并发行，首任主编陆费逵。该刊旨在使“教育普及于全国，文化深入于民间”，为民国时期最为重要的教育刊物之一。主要栏目，有论说、研究、名著、小说、法令、谈丛、记事、调查、办学成绩等；主要撰稿人，有陆费逵、黄炎培、汪涛、陶行知等。抗日战争爆发后，停刊十年。1947年1月复刊，1950年12月终刊，共出29卷305期。

兹定教育宗旨，特公布之。此令。

注重道德教育，以实利教育、军国民教育辅之，更以美感教育完成其道德。

中华民国元年九月初二日，部令第二号

4 确定学校系统令

教育部

1912年9月3日

题　解　本篇原载《中华教育界》第1卷第6、7期合册。发文时间为1912年9月3日，发表时间为1912年10月25日。原发表时，题为《教育部部令（部令第七号）》。今题系编者所拟。

有关发文单位教育部，参见前文《确定教育宗旨令》题解。

学校系统，也称学校制度，即对各级各类学校总体且系统的设计。它由政府颁布，具有法规性质，实为学校设立和办理的蓝图。在此学校系统中，并无学前教育机构“蒙养园”的设计。这显然是一重大缺失。选录此令，即在表明这一客观事实。

有关《中华教育界》，参见前文《确定教育宗旨令》题解。

兹定学校统系（*原图1*），特公布之。此令。

小学校，四年毕业，为义务教育。毕业后，得入高等小学校或实业学校。

高等小学校，三年毕业。毕业后，得入中学校，或师范学校，或实业学校。

小学校及高等小学校，设补习科。为毕业生欲升入他校者补修学科，兼为职业上之预备。均二年毕业。

中学校，四年毕业。毕业后，得入大学，或专门学校，或高等师范学校。

大学本科，三年或四年毕业，预科三年。

师范学校本科，四年毕业，预科一年。高等师范学校本科，三年毕业，预科一年。

实业学校，分甲、乙二种，各三年毕业。

专门学校，本科三年或四年毕业，预科一年。

前表所注年龄，系略示标准，非限定某年龄入某种学校。

各学校修业期限，有随宜增减者，详见各学校令及规程。

中华民国元年九月初三日，部令第七号

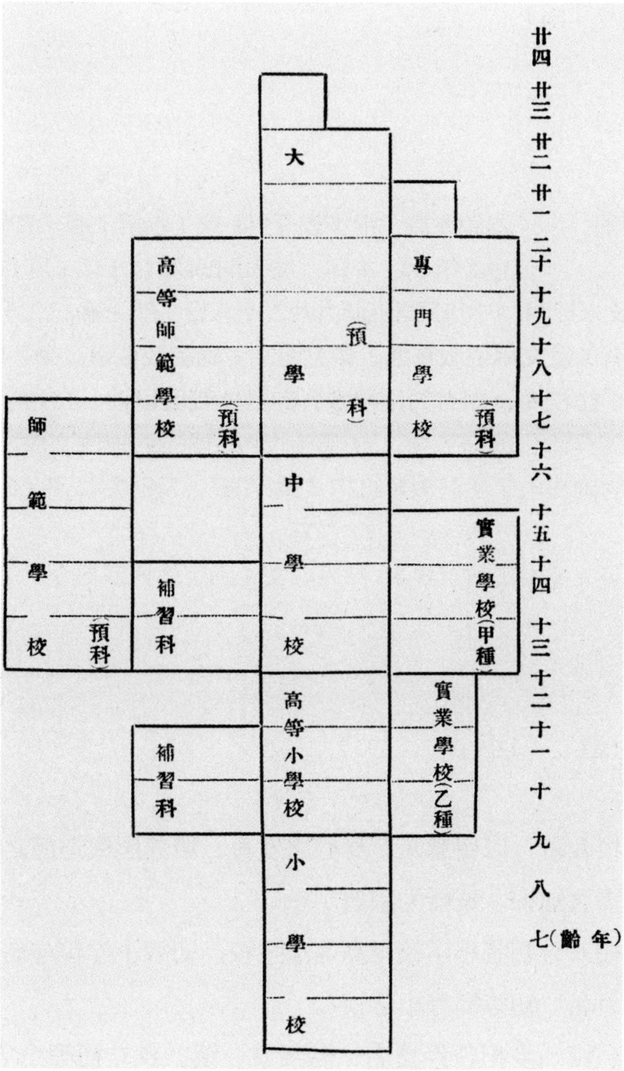

原图 1　学校系统图

5 小学校令

教育部

1912年9月28日

题　解　本篇原载《中华教育界》第2卷第1期“法令”栏。发文时间为1912年9月28日，发表时间为1913年1月15日。原发表时，该件在文末标明：“中华民国元年九月二十八日，部令第十二号。”

有关发文单位教育部，参见前文《确定教育宗旨令》题解。

小学校令，即有关小学教育的具体制度设计。它为学校系统中基础教育部分的具体化或细节化，为规范小学办理的纲领性文件。值得特别注意的是，此令明确提出了学前教育机构“蒙养园”，及时弥补了《确定学校系统令》之未逮。

有关《中华教育界》，参见前文《确定教育宗旨令》题解。

第一章　总纲

第一条　小学校教育，以留意儿童身心之发育、培养国民道德之基础，并授以生活所必需之知识、技能为宗旨。

第二条　小学校，分初等小学校与高等小学校。初等小学校与高等小学校并置于一处者，名“初等高等小学校”。

由城、镇、乡担任经费者，名某城、镇、乡立初等小学校或高等小学校；由县担任经费者，名某县立高等小学校；由私人或私法人担任经费者，名私立初等小学校或高等小学校。

地方制未颁布以前，凡有直辖地方之府、直隶厅州及厅州，均以县论。

第三条 蒙养园、盲哑学校及其他类于小学校之各种学校，亦如前条第三项之规定。

第二章 设置

第四条 初等小学校，由城、镇、乡设立之。

前项设立初等小学校经费之负担，依法律所规定。

乡之财力不能设立初等小学校者，得以二乡以上之协议组织乡学校联合，以设立初等小学校。

城、镇、乡乡学校联合，得设学务委员，办理教育事宜。

城、镇、乡乡学校联合，得划分若干区，以分设初等小学校。

前三项，均依法律所规定，并别以部令订定施行规则。

第五条 县行政长官因特别情事，得指定私立初等小学校为该城、镇、乡代用初等小学校。

第六条 高等小学校，由县设立之。

高等小学校之校数及位置，由县行政长官规画，并得咨询县议事会之意见以定之。

城、镇、乡除设立初等小学校，足容本区域之学龄儿童外，财力有余，亦得设立高等小学校。但须经县行政长官之许可。

城、镇、乡得以协议组织学校联合，以设立高等小学校。

凡组织前项之学校联合及其解散时，须经县行政长官之许可。

依本条第三、第四项所设立之高等小学校，遇有变更或废止时，亦须经县行政长官之许可。

第七条 凡私立小学校之设置，须经县行政长官许可；其废止及变更时，亦同。

第八条 高等小学校之设立、变更、废止，应由县行政长官报告省行政长官。

第九条 蒙养园、盲哑学校并其他类于小学校之各种学校，得适用第四条之第一、

第三项，第六条之第一、第三、第四项及第七条。

第三章　教科及编制

第十条　初等小学校修业期限为四年，高等小学校修业期限为三年。

第十一条　初等小学校之教科目，为修身、国文、算术、手工、图画、唱歌、体操。女子加课缝纫。

遇不得已时，可暂缺手工、图画、唱歌之一科目或数科目。

第十二条　高等小学校之教科目，为修身、国文、算术、本国历史、地理、理科、手工、图画、唱歌、体操。男子加课农业，女子加课缝纫。

视地方情形，农业可以从缺，或改为商业，并可加设英语。遇不得已时，手工、唱歌亦得暂缺。

视地方情形，可改英语为别种外国语。

第十三条　小学校得设补习科。

第十四条　小学校之某科目，遇有儿童身体所不能学习者，得免其学习。

第十五条　小学校之增减科目，或加设第十二条第二项之科目时，在城、镇、乡立者，由城镇总董、乡董或学校联合长报经县行政长官许可；在私立者，由设立人报经县行政长官许可。

补习科之设置或废止时，亦应按照前项办理。

县立高等小学校，遇有前二项之情事时，由县行政长官定之。

第十六条　小学校所用教科图书，由各省图书审查会择定之。

补习科所用教科图书，亦适用前项之规定。

第十七条　小学校之休业日，除日曜日①外，每年不得过九十日。补习科不在此限。

① 日曜日：曜，本义为日光。后称日、月、火、水、木、金、土七星为“七曜”，为中国古代纪日的方法之一。七曜历起源于巴比伦，大约在唐代传入中国。日曜日即星期日。其后的月、火、水、木、金、土，依序为周一至周六。

遇有特别情事，县行政长官受省行政长官许可后，得增加休业日数。

遇传染病预防或非常灾变时，县行政长官得命临时闭校；其他有急迫情事时，校长得临时闭校。惟须呈报县行政长官。

县行政长官遇有前项情事，须呈报省行政长官。

第四章 设备

第十八条 小学校应设备校地、校舍、校具及体操场、学校园。

高等小学校加课农业者，应设农业实习场。视学校情形，可暂缺学校园。

第十九条 小学校之校地、校舍、校具、体操场等，除非常灾变外，不得作为他用。

第二十条 小学校校舍之设备，依部订规程之标准，由县行政长官定之。

第五章 就学

第二十一条 儿童达学龄后，应受初等小学校之教育。儿童满六周岁之次日起，至满十四岁止，凡八年，为学龄期。

第二十二条 儿童未届学龄时，不得令入初等小学校。

第二十三条 高等小学校之入学儿童，以初等小学校毕业及与有相当程度者为合格。

第二十四条 小学校校长察知儿童中有患传染病及有可虞之情状者，或性行不良、妨碍他儿童之教育者，得停止其出席。

第六章 职员

第二十五条 凡教授小学校之教科者，为本科正教员；其专授手工、图画、唱歌、体操、农业、缝纫、英语、商业之一科目或数科目者，为专科正教员；辅助本科正教员者，为副教员。

第二十六条　凡充小学校教员者，须授有许可状。

第二十七条　受许可状者，必需在师范学校或教育总长指定之学校毕业，或经小学教员检定委员会检定合格者。

第二十八条　遇有特别情事，小学校教员不敷时，得以未受许可状者代用为小学校副教员。

第二十九条　小学校校长，以本科正教员兼任之。

第三十条　城、镇、乡立小学校校长之任用，由城镇总董、乡董或学校联合长呈由县行政长官定之。其教员之任用，由各该校校长定之。但须报由城镇总董、乡董或学校联合长呈报县行政长官。

县立高等小学校校长之任用，由县行政长官定之，但须呈报省行政长官。其教员之任用，由校长定之，但须呈报县行政长官。

第三十一条　小学校教员之俸额及其他给与诸费并支给方法，别以规程定之。

第三十二条　小学校校长、教员认为教育上不得已时，得加儆戒于儿童，但不得用体罚。

第三十三条　城、镇、乡立小学校校长，有违背教育法令或怠废职务及有不名誉行为者，城镇总董、乡董或学校联合长，应呈请县行政长官予以惩戒处分。城、镇、乡立小学校教员，有前项情事者，校长得报由城镇总董、乡董或学校联合长，呈请县行政长官予以惩戒处分。

县立高等小学校校长，有本条第一项情事者，县行政长官应予以惩戒处分。其教员有本条第一项情事者，校长得呈请县行政长官予以惩戒处分。

县行政长官认为必要时，虽未据呈报，亦得施行惩戒处分。

本条所称惩戒处分，为训戒、减俸、免职三种。

第三十四条　私立小学校校长、教员，遇有前条第一项情事者，县行政长官得停止其业务。前条惩戒处分之减俸、免职及本条之停止业务，应呈报省行政长官。

第三十五条　受小学校教员许可状后，若犯下列各款之一，其许可状即为无效。

一、被处禁锢以上之刑者；

二、犯丧失信用或败坏风俗之罪，被处罚金或被褫夺公权者。

第三十六条　受小学校教员许可状后，若有不正行为或其他玷污师资之行为，察其情状较重者，县行政长官得呈请省行政长官核明，褫夺其许可状。

第三十七条　小学校教员有不服第三十三、第三十四、第三十六条之处分者，得呈诉省行政长官。

前项呈诉人，对于省行政长官之处理尚有不服者，得呈诉教育总长。

第七章　经费及学费

第三十八条　城、镇、乡立小学之经费，由城、镇、乡或学校联合担任之。其概目如下。

一、设备费及维持费；

二、职员俸及其他给与诸费；

三、校内杂费。

前项城、镇、乡担任初等小学校之经费，仍依第四条第二项办理。

关于委托儿童教育事务之经费，亦照前二项办理。

县立高等小学校之经费，由县经费支给。其概目如本条第一项。

第三十九条　城、镇、乡立初等小学校，不征收学费。其补习科及高等小学校，不在此限。

城、镇、乡立初等小学校，视地方情形，经县行政长官之认可，亦得征收学费。

第四十条　城、镇、乡立小学校之学费，作为城、镇、乡或学校联合或本区之收入。

第四十一条　征收学费额，别以规程定之。

第八章　掌管及监督

第四十二条　城镇总董、乡董及学校联合长，承县行政长官之指挥，掌管属于本城、镇、乡或学校联合之小学校。

以县经费设立之高等小学校，由县行政长官掌管之。

第四十三条　县行政长官得令城、镇、乡或学校联合之区长，承城镇总董、乡董或学校联合长之指挥，辅理本区教育事务。

第四十四条　城、镇、乡立小学校及县立高等小学校长、教员所执行之教育事务，由县行政长官监督之。

第四十五条　私立小学校，由县行政长官监督之。

第九章　附则

第四十六条　本令第二十六条、第二十七条之施行期，得展延至三年以内。

城、镇、乡制未施行之地方，暂由本县之学务机关斟酌办理。

在北京地方非县所管辖者，暂由京师学务局办理。

在未设行省地方，由该地方办事长官察度情形，酌定变通办法，报经教育总长认可办理。

第四十七条　本令自公布日施行。

中华民国元年九月二十八日，部令第十二号

6 师范教育令

教育部

1912年9月28日

题　解　本篇原载《申报》1912年10月9日第2版。发文时间为1912年9月28日。此令为“教育部部令第十四号”。

本令还见载于1912年9月29日星期日《政府公报》第152号；1912年11月《教育杂志》第4卷第8号；1913年2月《中华教育界》第2卷第2期；1913年4月《教育部编纂处月刊》第1卷第3册等。

此令规定，女子师范学校和女子高等师范学校必须附设“蒙养园”。因此，它与学前教育的施行亦大有关系。

有关发文单位教育部，参见前文《确定教育宗旨令》题解。

有关《申报》，参见前文《烈士遗孤教养所创办之缘起与简章》题解。

第一条　师范学校，以造就小学校教员为目的。

专教女子之师范学校，称女子师范学校，以造就小学校教员及蒙养园保姆为目的。

高等师范学校，以造就中学校、师范学校教员为目的。

女子高等师范学校，以造就女子中学校、女子师范学校教员为目的。

第二条　师范学校，定为省立。由省行政长官规定地点及校数，报告教育总长，分别设立。

县因特别情事，依本令之规定，由省行政长官报经教育总长许可，得设立师范学校为县立师范学校。

两县以上联合设立师范学校者，亦须依前项之规定。

私人或私法人依本令之规定，经省行政长官报告教育总长许可，得设立师范学校为私立师范学校。

高等师范学校，定为国立。由教育总长通计全国，规定地点及校数，分别设立。

第三条　师范学校经费，以省经费支给之。

高等师范学校经费，以国库金支给之。

本条第一项之规定，在第二条之第二、第三、第四项，不得援用。

第四条　师范学校、高等师范学校之修业年限、学科目及程度，别以规程定之。

第五条　师范学校、高等师范学校之编制及设备，别以规程定之。

第六条　师范学校、高等师范学校学生入学资格及毕业后之服务，别以规程定之。

第七条　师范学校教员，以经检定委员会认为合格者充之。

第八条　师范学校校长、教员之俸给，依部订规程之标准，由省行政长官定之。

高等师范学校校长、教员之俸给，别以规程定之。

第九条　师范学校、高等师范学校学生，免纳学费，并由本学校酌给校内必要费用。

依前项规定外，得收自费学生。

第十条　师范学校，应设附属小学校；高等师范学校，应设附属小学校、中学校。

女子师范学校，于附属小学校外，应设蒙养园；女子高等师范学校，于附属小学校外，应设附属女子中学校，并设蒙养园。

第十一条　师范学校，得附设小学校教员讲习科；女子师范学校，除依前项规定外，并得附设保姆讲习科。

高等师范学校、女子高等师范学校，得设选科、专修科、研究科。

第十二条　本令第二条之第五项，第三条之第一、第二项，及第七条、第八条之施行期，别以部令定之。

第十三条　本令自公布日施行。

中华民国元年九月二十八日，部令第十四号

7　师范学校规程（节录）

教育部

1912年12月10日

题　解　本篇原载《教育部编纂处月刊》第1卷第3册“法令”栏。发文时间为1912年12月10日，发表时间为1913年4月。原发表时，标明为“教育部部令第三十四号”。

本规程还发表于1912年12月24日《政府公报》第227号，1913年3月10日《教育杂志》第4卷第12号，1913年3月《江苏教育行政月报》第3号。

该规程共8章、86条。本书仅选录与蒙养园师资养成（保姆讲习科）相关的第三章，以及规定“附属蒙养园”之设置的第四章，用以反映相关的制度性规定。

有关发文单位教育部，参见前文《确定教育宗旨令》题解。

《教育部编纂处月刊》，教育月刊，1913年2月创刊于北京，由教育部编纂处编辑、发行。该刊旨在刊布有关学校教育的法令、政策，研究国内外的教育理论，介绍欧美教育体制对人才培养的重要性。主要栏目，有法令、学说、外论、译闻、文牍录要、本部纪事、附录等；主要撰稿人，有周作人、[日]上野阳一、汪荣宝、周树人（鲁迅）等。1913年11月终刊，共出10期。

（前略）

第三章　讲习科

第六十二条　小学教员讲习科，为既得小学教员许可状更求讲习者设之。

遇特别情形，亦可为欲任初等小学校教员者设讲习科。

第六十三条　前条第二项讲习科，分为副教员讲习科、正教员讲习科。

副教员讲习科入学之资格，须身体健全、品行端正、在高等小学校毕业，或与有同等学力者。讲习期，一年以上。

正教员讲习科入学之资格，须身体健全、品行端正、有初等小学校副教员许可状，或与有同等学力者。讲习期，二年以上。

第六十四条　蒙养园保姆讲习科，为欲任保姆者设之。

第六十五条　讲习科之规程，由省行政长官定之。

第四章　附属小学校与附属蒙养园

第六十六条　师范学校，应设附属小学校。

女子师范学校，并应设附属蒙养园。

地方长官得酌量情形，于一定期限内，以公立小学校代附属小学校，或以公立、私立之蒙养园代附属蒙养园。

第六十七条　附属初等小学校，应并设单级编制之学级、二学年以上合编之复式学级及一学年编制之单式学级。

附属高等小学校，应编制相当之学级，不适用前项规定。

第六十八条　附属小学校，应行二部教授。但视地方情形，得暂缺之。

第六十九条　附属小学校教员，须有正教员之许可状。

第七十条　附属小学校之学费，应以《征收学费规程》为标准；附属蒙养园之保育费，由校长酌定。

（后略）

8　催令临邑等县补送官费保姆生文

山东行政公署

1913年6月18日

题　解　本篇原载《山东公报》第158册“教育公文”栏。发表时间为1913年6月18日。原发表时，题为《山东行政公署训令第二千一百六十六号》。今题系编者所拟。

发文单位山东行政公署，系当时各省行政长官所在的办事机构名称，相当于现在的省政府。

《山东公报》，地方政务日刊，1913年1月3日创刊于济南，由山东都督府主办，公报编辑处编辑并发行。旨在传达相关政令，并刊载相关公文及政事。主要栏目，有中央命令、内务公文、特别公文、财政公文、实业公文、法律、文牍等；主要撰稿人，为山东各级政府部门或政要。1915年4月17日终刊，共出805期。

令阳谷县、青城县、馆陶县、招远县、陵县、栖霞县、临邑县、福山县、邱县：

为训令事，教育司案呈。据山东省立保姆养成所总理呈称：案查本所开办之初，原定官费生由山东通省各州县保送各一名。业经前学务公所通令各州县照章保送在案。其遵章保送学生到所者，业经分班上课。惟尚有临邑、陵县、阳谷、馆陶、邱县、福山、栖霞、招远、青城九县未送学生。本所拟于下学期添开丁班，应否再由公署令催临邑等九县查照原章，补送官费保姆生，于八月十五日以前，来省听候考验，入所肄业之处。拟请钧裁施行，实为公便。

等情到本公署，据此除指令外，合亟令仰该知事查照原定招生章程补送官费学生一名，限八月十五日以前，送所候考，毋再延误。是为至要，切切。此令。

9　外人调查教育及保卫幼稚事项

浙江行政公署

1913年6月19日

题　解　本篇原载《教育杂志》第5卷第5号“记事”栏。发文时间为1913年6月19日，发表时间为1913年8月10日。

有关发文单位浙江行政公署，参见前文《催令临邑等县补送官费保姆生文》题解。

《教育杂志》，教育月刊，创刊于1909年1月，由商务印书馆主办，历任主编有陆费逵、朱元善、李石岑、唐钺等。该刊宗旨为“研究教育，改良学务”。主要栏目，有图画、言论、学术、实验、教材、史传、调查、法令、记事、评论、杂纂、文艺、答问、名著、附录等；主要撰稿人，有蔡元培、蒋梦麟、黄炎培、胡适、陈鹤琴等。在其办理过程中，有过两次中辍：一次在1932年“一·二八事变”后；一次在1941年日军攻占香港，商务印书馆被劫后。1948年12月终刊，共出33卷382期。

昨日通令各县知事。略云内务司案呈（六月十九日）。据浙江交涉员温世珍[①]函称，

---

① 温世珍（1878—1951）：字佩珊，直隶天津（今天津市）人。1899年毕业于北洋水师学堂，后留学英国深造。回国后，被派往北洋舰队见习，曾任李鸿章幕僚兼英文翻译、两江总督衙门洋务文案、江苏铁道总管等职。中华民国成立后，任南京卫戍司令部外交部长兼交通部长，又任江西督军府外交顾问兼交涉员。毕生善弄权术，晚年依附日寇，出任伪天津市长。1951年7月10日，经审判后被枪决。

接驻沪美总领事维礼德[①]函称：敝国工部所属之保卫幼稚科，分函驻扎各外国领事，嘱详询驻国凡关于教育及保卫幼稚等事。接阅之下，拟请详查。

浙省关于此事最要之点，开列如下。

（1）幼稚生死总数每年究有若干；

（2）养育堂（即育婴堂之类）；

（3）特别审判所（即专为幼稚犯过而设者）；

（4）孤孩（即早失怙恃者）与弃孩（即俗所谓无主之私孩）；

（5）特设卫稚医院（察验其致病之源，为从前所未有者）；

（6）免去幼稚一切危险工作；

（7）各幼稚所作何工；

（8）各项工程以何者为用幼稚最多；

（9）保卫幼稚有何专条。

闻贵国各处曾设有保稚局所者，想必订有各项条款及示谕，预备保护幼稚，限止其工作之时刻、渐进之次序。若浙省各地办理此事之已著成效得有报告者，并关于此事所颁之条例、示谕，函请分别照录一份送下。等因。

查该领事函查各节，事隶贵司，相应函达。即希尊处分别查明，见复核办。此致。等情。

据此，除令复外，合即令仰该知事迅即通饬该县各区自治团体暨警察所所长，就来函开列各节，逐项详查开载。又，各项内如有未经设立者，亦即据实声明，一并呈复来署，以凭核复。

---

① 维礼德（A. P. Wilder，1862—1936）：美国新闻工作者、外交官。1906—1909年任美国驻香港总领事，后调任美国驻上海总领事。

10 批准蒙养院借用校舍

吴江县行政公署

1913年9月1日

题　解　本篇原载《吴江公报》第9期"文牍"栏。发表时间为1913年9月1日。原发表时，题为《吴江县行政公署批第一百六十五号：第一蒙养院院长呈请借拨校舍》。今题系编者所拟。

发文单位吴江县行政公署，为民国初年江苏省吴江县的县治机构，隶属于苏常道。时任吴江县知事为丁祖荫。吴江县现为苏州市吴江区。

《吴江公报》，县政旬刊。1913年6月11日创刊于江苏吴江，由吴江县行政公署主办、编辑并发行。该刊"汇载法令及行政上各项文牍、议案等件，以代文书传达"，以阐扬政令、沟通上下、启迪民智、改进与建设地方为宗旨。主要栏目，有省令、县令、公牍、议案、记录、表册等；主要撰稿人，为吴江各级政府部门或政要。1913年10月1日终刊，共出10期。

呈章均悉。该院长创办蒙养，苦力支持；兹又添设保姆传习所，推广保育，足见热心公益，纫佩良深。

原有院址，浅隘卑湿，不适于用。迁地为良，自为急要。但旧有捕署[①]系县立法政讲习所指定校舍，现虽缺额缓办，将来仍须继续招考。本公署房屋无多，亦或有需用之时。

---

① 捕署：巡检司署的俗称或简称。置设于社会基层，为缉捕盗匪、维护地方治安的机构。中华民国成立后，此机构裁撤。

既据呈请，殷殷以推广保育为至计；时期急促，又无相当之地可以代筹，应准暂行借用，以一年为期。一面仍由该院长另行妥觅相当校舍，以为永久之计可也。此批。

11 饬京师学务局应准第二蒙养院立案文

教育部

1914年10月7日

题　解　本篇原载《教育公报》第1年第7期“公牍”栏。发文时间为1914年10月7日，发表时间为1914年12月28日。原发表时，题为《饬京师学务局第二蒙养院：应由该局立案并酌给补助常年费文（第二百二十一号，三年十月七日）》。今题系编者所拟。

有关发文单位教育部，参见前文《确定教育宗旨令》题解。

京师第二蒙养院创办人杨志洵，生卒年未详，号景苏，江苏金匮（今属无锡）人。早年就读于南洋公学师范院，后充任该校“中院”华文教习，又兼任南洋公学译书院校订。后留学日本，接受了法学系统训练。归国后，任职北京，兼事著述。时居崇文门内洋溢胡同西口。与胡适二哥友善，曾对胡适留学美国施以援手。著有《中等修身教科书》《中国学术史纲》等，译有《军队内务书》《水运》等。

《教育公报》，教育双月刊、月刊，1914年6月28日创刊于北京，由教育部主办，由公报编纂处编辑并发行。旨在报告教育现状，推动教育事业的发展，集中刊载教育法令。主要栏目，有命令、法规、公牍、教育时事、评述、学说、译述、附录等；主要撰稿人，有朱胡彬夏、黎锦熙、刘清江、孙松龄、王应伟、[日]田中穗积等。1925年3月20日终刊，共出126期。

为饬知事。据京师第二蒙养院经理人杨志洵禀请立案，并恳量予常年补助事。窃维教育普及，资于小学之发达；小学发达，尤赖蒙养之得宜。蒙养之道，所以补家庭之不足，而端小学之始基。自九载以前京师第一蒙养院[①]创设以来，成效卓著，历年学生毕业，实繁有徒。惟该院设于西城，而东城男女儿童，不获蒙其教益，同人等引以为憾。兹复在东城栖凤楼[②]地方，开办京师第二蒙养院兼初等小学校一所。其开办费，全由发起人担任筹集；惟常年费一项，除发起人捐集者外，预算经费不敷尚巨。惟蒙养院之设，诚于人民程度、国家文明至关紧要，用敢开具章程，陈请备案。所有经费不敷之处，并恳大部量予常年补助，以便维持而宏造就。附呈简章一扣，等因前来。

查京师惟西城设有蒙养院一所。东城儿童，距离太远，往返不便，亟宜增设。兹据称，复在东城另设一所，并附设初等小学，经费全由发起人担任筹集。热心义举，洵堪嘉尚；所拟简章，亦属妥洽，自应照准。惟蒙养院系在地方学务范围之内，应由该局直接管理。即常年费不敷甚巨，亦由该局酌量补助，俾得维持永久，以全公益。

除批示挂发外，合亟饬知该局，每月酌给补助费百元，以示格外提倡之意。此饬。

---

① 京师第一蒙养院：亦称北京西城蒙养院。由皇室宗亲振贝子领衔捐资创设，由其妻出任院长；专聘知名女士出任副院长和监学，并聘得日本保姆教习二人及中国教习三人而开办。院址在北京西四甘石桥，开学时间为 1907 年 8 月 11 日。该院由三部分组成：一为蒙养院，定额 50 名；二为保姆讲习科，定额 20 名；三为两等女子小学堂，定额 50 名。此言“九载”，误。

② 栖凤楼：实指栖凤楼胡同，现位于北京建国门内大街北侧，呈东西走向。其东起春雨胡同，西止东单北大街。

飭京師學務局第二蒙養院應由該局立案並酌給補助常年費文（第二百二十一號 三年十月七日）

爲飭知事據京師第二蒙養院經理人楊志洵稟請立案並懇量予常年補助事竊維教育普及資於小學之發達小學發達尤賴蒙養之得宜蒙養之道所以補家庭之不足而端小學之始基自九載以前京師第一蒙養院創設以來成效卓著歷年學生畢業實繁有徒惟該院設於西城而東城男女兒童不獲蒙其教益同人等引以爲憾茲復在東城樓鳳樓地方開辦京師第二蒙養院兼初等小學校一所其開辦費全由發起人擔任籌集惟常年費一項除發起人捐集者外預算經費不敷尚鉅惟蒙養院之設誠於人民程度國家文明至關緊要用敢開具章程陳請備案所有經費不敷之處並懇大部量予常年補助以便維持而宏造就附呈簡章一扣等因前來查京師惟西城設有蒙養院一所東城兒童距離太遠往返不便亟宜增設茲據稱復在東城另設一所並附設初等小學經費全由發起人擔任籌集熱心義舉洵堪嘉尚所擬簡章亦屬妥洽自應照准惟蒙養院係在地方學務範圍之內應由該局直接管理即常年費不敷甚鉅亦由該局酌量補助俾得維持永久以全公益除批示掛發外合亟飭知該局每月酌給補助費百元以示格外提倡之意此飭

飭北京高等師範學校派英文畢業生赴甘省服務文（第二百六十二號 三年十一月十三日）

爲飭知事准甘肅巡按使電開省城師中兩校教員去年曾由大部介紹聘定三人來甘合同期限現未屆滿暫請派英文一員於四年元月以前到甘學款支絀各員薪水無多月授鐘點請到甘後再定等因

另图3 《饬京师学务局应准第二蒙养院立案文》原发表件图（部分）

12　中央蒙养园补助事宜批文

京师学务局

1914—1923年

题　解　本篇原载《京师教育报》第11期及其后各期（均在文后附刊名、期数和时间）“公牍”栏。原发表时无署名，今总题系编者所拟。

发文单位京师学务局，系中华民国初年北京的地方教育行政管理机构。其前身为清末设立的京师督学局，1928年后，改称北平市教育局，下设师范教育、中等教育、小学教育、社会教育四科，各设科长一人领之，分科治事。

中央蒙养园，系私立学前教育机构，由中央女学校所附设。中央女学校由唐群英领衔的女子参政同盟会主办，于1912年3月创设于北京。1914年附设蒙养园呈请立案时，名为“中央女学校蒙养园”“北京蒙养园”“京师第二蒙养院”或“东城蒙养院”，其后径称“中央蒙养园”。呈请立案人为杨志洵，女学及蒙养园负责人为王昌国。该校及园名称甚大，而规模实小，约于1925年前后停办。

《京师教育报》，地方教育月刊，1914年2月创刊于北京，由京师学务局主办、编辑并发行。该刊宗旨，除推进首善之区的教育改革外，还致力介绍国内外各种教育新理，并鼓励从事教育研究。主要栏目，有图画、法令、论著、文牍、要件、译述、劝学记事、参观报告、社会调查、通俗讲演录、学生成绩、丛谈、图表、附录等；主要撰稿人，有松林、谭宗荫、李春泽、崇岱、荣绶、佟永元等。1919年2月终刊，共出6卷44期。

一、批第二蒙养院（十月二十四日）

据京师第二蒙养院经理员杨志洵禀称，创设蒙养院并初等小学校，请准备案并予补助等情已悉。

查此件，本局已奉部饬，酌给补助。惟派查该院尚未开学，本局无从核办。应俟开学后，按照本局《公私立学校立案章程》填写表格，迳送第四学区查视转报，酌夺立案。

补助一节，亦俟查视合格，再行核夺。兹发去立案章程暨表各一份，仰即遵照办理。此批。

原载《京师教育报》第 11 期，1914 年 12 月 15 日

二、致中央蒙养园（十一月十九日）

迳启者：

本局迭经派员查视，该蒙养园关于保育一面，尚有可观；惟实到蒙养生数，殊属寥寥。其间，容有告假情由，亦应设法劝止，不应听其荒废。

际兹学款支绌，本局尚为按月力筹补助，良非容易。总期多所成就，庶用一款得一款之益。

若人数太少，常此不变，本局断不能以难得可贵之款，久任虚糜。如该蒙养园至明年一月始业时，蒙养生仍止此数，定于撤消补助，藉昭核实。

务望迅行扩充人数，以广造就，是为至要。此致。

原载《京师教育报》第 12 期，1915 年 1 月 15 日

三、饬中央蒙养园（第七号，一月七日）

为饬知事。查该校前经本局核准，每月发给补助费一百元。叠经按月给领在案。

现查补助北京地方学务经费，民国四年下半年预算，复经核减，为数较少。本年每

月预算支付数目，仍按该次核减之数开列，所有补助私立一项，实属不敷分布。

该校每月之补助费，应即自本年一月起，改为五十元。除按月饬知领取外，合先饬仰知照。此饬。

原载《京师教育报》第27期，1916年3月15日

四、训令（第五七号，十二年十二月二十日）

令中央蒙养园：

为令行事：现值财政奇窘，教育机关尤感困难，所有补助各费，早已穷于应付。势非酌予裁减，殊属无法支持。

查该园每月支领补助费一百圆。应自本年十二月份起，改按二十发给。

为此令仰遵照。此令。

原载《京师学务局教育行政月刊》第2卷第12号，1923年12月

13　国民学校令

教育部

1915年7月31日

题　解　本篇原载《教育公报》第2年第4期“法规”栏。发文时间为1915年7月31日，发表时间为1915年8月。

此令还见载于《中华教育界》《教育杂志》等多种教育刊物。此令对于学前教育机构“蒙养园”再次予以了详明定制。1916年10月9日，又有《修正国民学校令》的颁布。有关“蒙养园”部分，两令无异。

有关发文单位教育部，参见前文《确定教育宗旨令》题解。

有关《教育公报》，参见前文《饬京师学务局应准第二蒙养院立案文》题解。

第一章　总纲

第一条　国民学校施行国家根本教育，以注意儿童身心之发育，施以适当之陶冶，并授以国民道德之基础及国民生活所必须之普通知识、技能为本旨。

第二条　国民学校，由自治区[①]负担设立者，名“区立国民学校”；由私人之经费设

---

① 自治区：中华民国初年试行地方自治的基层单位。依据1914年12月29日颁布的《地方自治试行条例》，“一县之自治区域，得设四区至六区”。此自治区，分为“合议制”和“单独制”两种。前者设“区董”和“自治员”两种职员（均由选举产生，任期2年），后者仅设区董。区董和自治员的职责均为辅佐县知事（县级行政长官）办理地方自治事业。

立者，名“私立国民学校”。

第三条 蒙养园及类于国民学校之各种学校，适用前条之规定。

第二章 设置

第四条 自治区设立国民学校，其校数以足容本区学龄儿童为准。

第五条 自治区设立国民学校时，得于本区内划分学区。

第六条 区立国民学校之校数、位置，经自治会议及学务委员会之协议，由区董陈请县知事定之。

在单独制自治区，由区董咨询学务委员之意见，陈请县知事定之。

学务委员会之规程，别以教令定之。

第七条 自治区之一学区内，如有不能于通学适宜之地域成立一国民学校者，区董得令邻近学区处理其一部分就学儿童之教育事务。

邻近学区遇有不能处理前项教育事务时，县知事得令该区与邻近自治区组织学校联合，设立国民学校；或将一部分就学儿童之教育事务，委托于邻近自治区。

前项学校联合及委托事项之解除或停止，须经县知事之认可。

第八条 《地方自治试行条例》第二条第六项缓设自治区地方[①]，其就学儿童之教育事务，由县知事处理之。

第九条 自治区因特别情事，于应设国民学校之校数一时未能全设者，县知事得令该区暂以私立国民学校代用之。但须详经该管长官之认可。

《代用国民学校规程》，由教育总长定之。

第十条 私立国民学校之设置，须经县知事之认可。其废止及变更时，亦同。

第十一条 蒙养园及类于国民学校之各种学校，适用前条之规定。

---

① 《地方自治试行条例》第二条第六项的具体内容为：“其有户口稀少、财力薄弱之偏僻村落，由县知事详请该管长官核准，得缓设自治区。”其缓设阶段，即为“缓设自治区地方”。

国民学校得附设蒙养园及类于国民学校之各种学校。

第三章　教科及编制

第十二条　国民学校修业期限，为四年。

第十三条　国民学校之教科目，为修身、读经、国文、算术、手工、图画、唱歌、体操。女子加课缝纫。

遇不得已时，可暂缺手工、图画、唱歌之一科目或数科目。

第十四条　国民学校得设补修科[①]。

关于补修科之细则，由教育总长定之。

第十五条　国民学校之教科目，除修身、读经、国文、算术外，其他科目，有因儿童体质所不能学习者，得免其学习。

第十六条　国民学校之增减科目，在区立者，由区董报经县知事之认可；在私立者，由设立人报经县知事之认可。

补修科之设置与废止时，应照前项办理。

第十七条　国民学校之教科、图书，须用教育部所编行或经教育部审定者。

前项图书，关于同一教科目而有数种者，应由县知事招集各校校长会议择定。

补修科所用教科图书，由各学校校长择定。

第十八条　国民学校之休业日，除日曜日外，每年不得过九十日。补修科不在此限。

遇传染病预防或非常灾变时，区董得命临时闭校。但须陈报县知事。

除前项外，遇有急迫情事，校长得临时闭校。但须报由区董转陈县知事。

第十九条　关于国民学校教则及编制之细则，由教育总长定之。

---

① 补修科：国民学校另设机构之一，为年长失学或辍学的青少年补习而设，亦可单设为“补习学校”。其修业期限相对较短，课程设置更为精简。

第四章 设备

第二十条 国民学校，应设备校地、校舍、校具及体操场、学校园。

视地方情形，可暂缺学校园。

第二十一条 国民学校之校地、校舍、校具、体操场等，除非常灾变外，不得作为他用。

第二十二条 关于国民学校设备之细则，县知事依照教育总长所规定之程式定之。

第五章 就学

第二十三条 儿童自满六周岁之翌日始，至满十三岁止，凡七年为学龄。

儿童达学龄之日后，以最初学年之始，为就学始期；以国民学校毕业之时，为就学终期。

学龄儿童之父母或其监护人，自儿童就学之始期至于终期，有使之就学之义务。

第二十四条 学龄儿童如以疯颠、白痴或残废不能就学者，区董报经县知事认可后，得免除其父母或监护人之义务。

学龄儿童如以病弱或发育不完，及其他不得已之情事，达就学期而未能就学者，区董报经县知事认可后，得展缓其就学。

区董认学龄儿童之父母或其监护人实以贫困不能使儿童就学时，得照前项办理。

第二十五条 学龄儿童未经国民学校毕业而为人佣役者，其主人不得因其为佣而妨其就学。

第二十六条 学龄儿童之父母或其监护人，应令儿童就学于区立国民学校或代用国民学校。但经区董之认可，得令其在家庭或他处肄习国民学校之教科。

就学于国立或省、道、县立各学校之附属国民学校，及在预备学校修业四年者，与就学于区立国民学校无异。

第二十七条 儿童年龄未达就学始期者，不得令入国民学校。

第二十八条　国民学校校长，察知儿童中有患传染病，或有可虞之情状者，或性行不良、有妨他儿童之教育者，得停止其出席。

第六章　职员

第二十九条　凡担任国民学校全部教科之教授者，为正教员。

因特别情事，正教员亦得不担任手工、图画、唱歌、体操、缝纫之一科目或数科目。

专任手工、图画、唱歌、体操、缝纫之一科目或数科目者，为专科教员。

补助正教员者，为助教员。

第三十条　国民学校教员，须在师范学校或教育总长指定之学校毕业；或经国民学校教员检定委员会检定合格而受有许可状者。

国民学校教员检定规程，由教育总长定之。

第三十一条　遇有特别情事时，得以未受许可状者代用为国民学校助教员。

关于代用教员之细则，由教育总长定之。

第三十二条　国民学校校长，以正教员兼任之。但在四级以上之学校，得变通之。

第三十三条　区立国民学校校长之任用，由区董陈由县知事定之。其教员之任用，由校长定之。但须报由区董转陈县知事。

第三十四条　区立国民学校教员之俸额及其他给与诸费并支给方法，别以教令定之。

第三十五条　国民学校校长、教员，认为教育上不得已时，得加儆戒于儿童。但不得用体罚。

第三十六条　区立国民学校校长，有违背教育法令或怠废职务及有不名誉行为者，区董应陈请县知事，予以惩戒处分。

区立国民学校教员，有前项情事者，校长得报由区董陈请县知事，予以惩戒处分。

县知事认为必要时，虽未据陈报，亦得施行惩戒处分。

本条所称惩戒处分，为训戒、减俸、免职三种。

第三十七条　私立国民学校校长、教员，遇有前条第一项情事者，县知事得停止其职务。

前条惩戒处分之减俸、免职及本条之停止职务，应详报该管长官。

第三十八条　受国民学校教员许可状后，若犯下列各款之一，其许可状即为无效。

一、被处徒刑以上之刑，未复权者；

二、失财产上之信用，被人控实，尚未清结者。

第三十九条　受国民学校教员许可状后，若有不正行为或其他玷污师资之行为，察其情状较重者，县知事得褫夺其许可状，但须详报该管长官。

第四十条　国民学校校长或教员，有不服县知事所施之免职或停止职务、褫夺许可状等项处分者，得陈诉于该管长官。

第七章　经费

第四十一条　区立国民学校之经费由自治区负担之，其概目如下。

一、设备费及维持费；

二、职员薪俸及其他给与诸费；

三、校内杂费。

关于学校联合及委托儿童教育事务之经费，适用前项之规定。

第四十二条　县知事认为自治区财力于担任前条所列之经费有未足时，应由县予以补助。

第四十三条　缓设自治区地方，其就学儿童教育事务之经费有未足或不能负担时，应由县予以补助，或以县经费支给之。

第四十四条　地方最高级行政长官认为县之财力不能担任第四十二、第四十三条之经费时，应由省或特别区域予以补助。

第四十五条　区立国民学校不征收学费。但视地方特别情形，经县知事之认可，得征收之。

征收学费之细则，由教育总长定之。

第四十六条　区立国民学校之学费，作为自治区之收入。

第八章　管理及监督

第四十七条　区董承县知事之指挥，管理本区之教育事务。

第四十八条　学务委员辅佐区董，管理本学区之教育事务。

第四十九条　区立国民学校校长、教员所执行之教育事务，由县知事监督之。

第五十条　私立国民学校，由县知事监督之。

第九章　附则

第五十一条　本令第三十条之施行期，视地方情形得展缓三年以内。

第五十二条　自治区未成立地方，本令第五条划分学区事项、第四十一条担任经费事项，由县知事处理之。

自治区未成立地方，本令第六、第七条，及第十六、第十八、第二十四、第二十六、第三十三、第三十六、第四十七条，所有属于区董之职务，由县知事遴委学务委员任之。

第五十三条　未设县治地方，关于就学儿童教育事务之处理，由地方长官咨陈教育总长定之。

第五十四条　京师地方就学儿童之教育事务，由教育部所属京师学务局处理之。

第五十五条　民国元年教育部颁行之《小学校令》关于初等小学校各条，自本令施行之日起，即行废止。

从前设立之初等小学校，一律改称国民学校。

第五十六条　本令自公布日施行。

14 博文女学附设幼稚园简章

1915年9月18日

题 解 本篇原载《申报》1915年9月18日第10版。原发表时，题为《博文女学开办幼稚院》。今题系编者所拟。

博文女学，为上海知名私立女校。1914年9月，由钟佩萸与黄绍兰共同创设于上海法租界。该校董事，有黄兴夫人徐宗汉，章太炎夫人汤国梨及邵力子、邹鲁、张继等；赞助者，尚有张謇、黄炎培、章太炎、章梫等，因而影响较大。开办不久，便附设了幼稚园，并吁请创设“幼稚教育研究会”。该会后设为江苏省教育会之下的分会，为中华民国前期最有影响的地方性幼教研究社团。该幼稚园的开办，实发专门研究幼教之先声。

有关《申报》，参见前文《烈士遗孤教养所创办之缘起与简章》题解。

博文女校前奉教育部及齐巡按、杨道尹批令，[①] 切实扩充，组织完全女学并附设幼

① 齐巡按：时任江苏巡按使齐耀琳。杨道尹：时任沪海道尹杨晟。此“批令”，为教育部于1915年6月所发《咨江苏巡按使：博文女学校立案及拨款补助各节，应咨贵使酌核办理文》。

另图 4　博文女校外景

稚院。兹悉，该校钟佩萸[①]、黄绍兰[②]诸女士已将校舍迁至法租界贝勒路礼和里，于月初开学。幼稚院亦已开办。

兹将简章录后：

一、宗旨　修养幼儿之德行，并使其身心上之诸力平等发达；参酌东西各国幼儿学校、幼稚园、幼童学校章程办理，补助本校初等小学之不及。

二、学额　暂定四十名，男女兼收。

三、学科　分识字、读书、算术、手工、唱歌、游戏。

四、学龄　自四岁至七岁止。七岁以上，概入初等小学。

---

① 钟佩萸（1885—？）：钟镜芙，女，字佩萸，江苏松江（今上海松江）人。晚清教育名人钟天纬之女。早年毕业于京师女子师范学堂，旋留校任教。辛亥革命期间，参加“女子革命军”，参加救护、后勤供给等工作。中华民国成立后，任职于“南京忠裔院”，负责革命遗孤的教养。“二次革命”失败后，一度赴安庆女子师范任职，次年回沪，与黄绍兰共同开办博文女学，任校长。1915 年夏，主持将该校迁往法租界贝勒路（今黄陂南路）礼和里新址，并筹办幼稚园。次年，提议筹组“幼稚教育研究会”，致力研究学前教育。

② 黄绍兰（1893—1947）：原名学梅，女，后名绍兰，字梅生，湖北蕲春人。早年就读于汉口教会学校。1907 年，考入京师女子师范学堂，与钟镜芙同学。1910 年毕业后，任教于河南开封女子师范学堂。民国肇造，与钟镜芙共同任职于“南京忠裔院”。其后，两人又共同开办博文女学。正是在此期间，她与黄侃结婚（同居），并协助钟镜芙于博文女学附设幼稚园。后成为章太炎门生，且为其唯一的女弟子。在钟镜芙移居北京后，继任博文女学校长。

五、学费　半年银六元，仆费半元；半膳者，另收银九元，仆费半元。均须先缴。

六、报名　报名时，须开明姓名、男女、年岁、家长姓名、职业及现在住址门牌号数，曾否种过牛痘，并预缴保证金一元。至来学时，于学费内扣除。

随时报名，至阴历八月二十日止。

15　饬知筹拟保姆传习所办法

齐耀琳

另图 5　齐耀琳像

1915年12月29日

题　解　本篇原载《江苏省公报》第 744 期"通饬"栏。发文时间为 1915 年 12 月 29 日，发表时间为 1915 年 12 月 31 日。原发表时，题前标有："中华民国四年十二月二十九日，江苏巡按使公署饬第七千二百二十二号。"

该文还以《饬第七千二百二十二号（筹拟保姆传习所办法由）》为题，在《江苏教育行政月报》1915 年第 12 期发表。

批文者齐耀琳（1863—1949），字震岩，吉林伊通人。光绪二十一年（1895）进士，选翰林院庶吉士。散馆后改知县，历任直隶曲周、清苑知县，迁升磁州、遵化直隶州知州，保定府知府。光绪三十四年（1908），任天津道。宣统元年（1909），升直隶按察使。后历任江苏布政使、河南布政使、河南巡抚、盐务大臣。中华民国成立后，任河南都督、吉林民政长。1914 年 7 月，任江苏巡按使，后改任江苏省长。为官清廉，勇于任事。1920 年，退隐于天津。

《江苏省公报》，地方政务月刊，后改日刊、二日刊，1912 年 6 月创刊于江苏镇江，由江苏省都督府主办、编辑并发行。旨在传达政令，通告规划和预算，及时反映政事民情。主要栏目，有法令、记录、本省省令、江苏省行政公署揭示、训令、中央命令及附录等；主要撰稿人，有应德闳、程德全、韩国钧等。1927 年 4 月终刊，共存 4723 期。

为饬知事。案查省教育行政会议议决：各县设立蒙养园，并先由省筹设保姆传习所，陈请施行。前来。

查蒙养园为训育儿童之地，保姆责任至为重大。各县未能一律设置，固由倡导之无方，亦以保姆之难得，设所传习，自是要图。

该校[①]前曾有附设保姆讲习所之议，列入预算。只以经费不裕，迁延未设。审度情形，明年必应举办。合行饬仰该校长，迅将办法、预算详拟开列，候复核定。此饬。

江苏巡按使齐耀琳

① 该校：江苏省立第一女子师范学校，位于南京，于1917年秋附设“保姆传习所”。

16 《国民学校令》施行细则（节录）

教育部

1916年1月8日

题　解　本篇原载《教育杂志》第 8 卷第 3 号“法令”栏。发文时间为 1916 年 1 月 8 日，发表时间为 1916 年 3 月 15 日。

此细则还在《教育公报》《中华教育界》等多种教育杂志上刊载，其中有关于蒙养园定制的内容。1916 年 10 月 9 日，教育部又颁发《〈修正国民学校令〉施行细则》。有关“蒙养园”内容，并无变更，只是各条序号，均须前移一位。

有关发文单位教育部，参见前文《确定教育宗旨令》题解。

有关《教育杂志》，参见前文《外人调查教育及保卫幼稚事项》题解。

（前略）

第六章　蒙养园及类于国民学校之各种学校

第七十三条　蒙养园，以保育满三周岁至入国民学校年龄之幼儿为目的。

第七十四条　保育幼儿，务令其身心健全、发达，得良善之习惯，以辅助家庭教育。

幼儿之保育，须与其身心发达之度相副，不得授以难解事项及令操过度之业务。

幼儿之心情、容止，宜常注意，使之端正；并示以良善之事例，令其则效。

第七十五条　保育之项目，为游戏、唱歌、谈话、手艺。

第七十六条 保育之时数，由管理人或设立人定之，报经县知事之认可。

第七十七条 蒙养园得置园长。

第七十八条 蒙养园保育幼儿者，为保姆。

保姆须女子，有国民学校正教员或助教员之资格，或经检定合格者充之。

前项之检定，由国民学校教员检定委员会行之。

第七十九条 蒙养园长及保姆之任用、惩戒，依国民学校教员之例。

区立蒙养园长及保姆之俸额及其他给与诸费，县知事依照国民学校教员之规定，参酌地方情形定之。

第八十条 蒙养园之幼儿数，须在百人以下。但有特别情事者，得增至百六十人。

第八十一条 保姆一人所保育之幼儿数，须在三十人以下。

第八十二条 蒙养园应设备游戏园、保育室、游戏室及其他必要诸室。室以平屋为宜。

恩物、绘画、游戏用具、乐器、黑板、桌椅、钟表、寒暑表、暖房器及其他必要器具，均须齐备。

（后略）

17　松江育婴堂姚筠通告

姚筠

1916年3月13日

题　解　本篇原载《申报》1916年3月13日第4版。

撰著人姚筠，生卒年未详，江苏松江（今上海松江）人。长期担任松江育婴堂经董，管理有方，“年年买田，年年造屋”，使育婴堂运营逐渐走上正轨。光绪三十二年（1906），增办蒙养院，兼办学前教育。宣统二年（1910），添设孤贫儿院，后改名广育院，使慈善事业更为扩大，然不免招来流言，于是愤而通告，此后将不与闻堂事。不过，据《申报》所载消息以观，直至1923年，仍在主持松江育婴堂。

松江育婴堂，位于上海松江，创立于康熙十三年（1674），其后两历兴衰。同治年间予以整顿后，田产有所增加，收入日渐稳定，接婴、育婴事业也多有起色。自光绪十一年（1885）姚筠接办该堂后，办理更趋完善，经费也年有盈余。在“壬戌学制”即将颁布之时，还计划在堂外广设幼稚园。

有关《申报》，参见前文《烈士遗孤教养所创办之缘起与简章》题解。

鄙人自诸前辈经理松江育婴堂务，迄今已三十二年矣。回忆前清光绪十一年清查后接办之时，仓库皆空。是年八月，乳粮由府檄饬华、娄两廉向甡源庄借洋四百元给发。嗣后，逐事撙节，删除陋规，涓滴归公。经营三四年，元气始觉回复。幸值岁丰，屡庆积有余资，改造乳领房屋，典置田产，分设接婴局，加增乳领粮。每届夏秋之交，婴病丛生，设期医治。

虑孤贫子女之失所也，则附设蒙养院、广育院，不收学费，教以科学。而男学生，则尤注重缝、藤、竹、木诸工。虑水旱焚浸之无定也，碾白米以储仓，提巨款以存典，以备荒歉之需。育婴为松地慈善界中一份子，鄙人董理此堂，分固应尔。然皆仰承前哲遗规及赖诸同事辅助之力。

鄙人自问，秉性迂拘。关于用人、领婴，不敢顾徇情面，难免开罪于人。去春有热心之士，惑于由堂撤退司事，蜚言纷纷，陈控道尹批县，派委协同绅士澈查。今荷李县长实事求是，谓非将历年帐目澈底一查，恐不足以间执谗慝之口。乃派刘科长、庄科长，邀同绅士耿伯齐先生等，于二月十一号开始清查。阅二十六天而竣事，逐项钩稽，虚实毕见。则鄙人与诸同事之心迹双清，可告无罪于群婴矣。

是非之判，赏罚之加，明镜高悬，自有后命。独是鄙人年近七旬，头晕耳聋，兼多杂病，若再勉强从事，诚恐将来实有溺职之愆，故已禀县告辞，不再与闻堂事。

所堪自慰者，昔以清查而入堂襄助，今以清查而与堂脱离；来去光明，一尘不染。惟冀继起诸君子，勿谓举世竟无是非，勿虑独醒必遭忌谤；仍祈恪守前规，力图进步。群婴幸甚，鄙人幸甚！

18　咨山东巡按使准予开办蒙养园文

教育部

1916年6月16日

题　解　本篇原载《教育公报》第3年第8期“公牍”栏。发文时间为1916年6月16日，发表时间为1916年8月。原发表时，题为《咨山东巡按使该省第二女子师范学校附设蒙养园应准备案文（第一千六百六十五号，五年六月十六日）》。今题系编者所拟。

有关发文单位教育部，参见前文《确定教育宗旨令》题解。

有关《教育公报》，参见前文《饬京师学务局应准第二蒙养院立案文》题解。

为咨行事，准咨陈开。案据省立第二女子师范学校[①]详称：本校附设蒙养园成立，造具事项清册，呈请鉴核，转咨备案事。

窃本校附设蒙养园，于上年暑假后，建筑游戏室一座，聘请保姆一人，招考蒙养生三十名；并附设国民小学教室二座，作为开诱及休息各室。业于上年十月初四日开园启诱。

所有本校附设蒙养园成立各缘由，理合造具事项清册，备文详请钧鉴，准予转咨备

---

① 第二女子师范学校：山东省立第二女子师范学校。该校前身为山东保姆养成所。该所于1913年在济南南关毛家坟街全节堂和育婴堂旧址改办而成。次年，改称山东省立第二女子师范学校，校长为孙承祖。仍以养成保姆为主旨，故须附设蒙养园，完善其设施，以作为保姆实习之所。1917年，该校与山东省立第一女师合并，定名为“山东省立女子师范学校”。

案，实为公便。谨详等情到署，据此除批示外，理合检同原册，咨请大部查核、赐复、施行。等因。并《蒙养园事项清册》及《学生姓名表》各一份到部。

查该校表册，所开蒙养园各事项均合，应准备案。相应咨请贵巡按使查照饬知可也。

此咨山东巡按使。

公牘

咨山東巡按使該省第二女子師範學校附設蒙養園應准備案文 第一千六百六十五號 五年六月十六日

爲咨行事准咨陳開案據省立第二女子師範學校詳稱本校附設蒙養園成立造具事項清冊呈請鑒核轉咨備案事竊本校附設蒙養園於上年暑假後建築游戲室一座聘請保姆一人招考蒙養生三十名並附設國民小學教室二座作爲開誘及休息各室業於上年十月初四日開園啓誘所有本校附設蒙養園成立各緣由理合造具事項清冊備文詳請鈞鑒准予轉咨備案實爲公便謹詳等情到署據此除批示外理合檢同原冊咨請大部查核賜復施行等因並蒙養園事項清冊及學生姓名表各一份到部查該校表冊所開蒙養園各事項均合應准備案相應咨請貴巡按使查照飭知可也此咨山東巡按使

咨江西巡按使第四中學校畢業生鍾益明等二十六名應准備案文 第一千六百七十號 五年六月十六日

爲咨行事准咨陳開據贛南道尹詳據省立第四中學校長鍾起衡詳稱竊屬校第二班學生朱漢三等二十名修業期滿及學生李會淵等八名補習期滿擬舉辦畢業前經詳奉道尹轉奉巡按使咨准部覆在案嗣於五月三日蒙道尹涖校舉行畢業試驗並派教育科長潘宗鼎會同視學員曹孝標逐場監試

另图6　《咨山东巡按使准予开办蒙养园文》原发表件图（部分）

19 准山东省立第二女子师范学校保姆讲习科第一班毕业生备案文

教育部

1916年6月17日

题 解 本篇原载《教育公报》第3年第7期“公牍”栏。发文时间为1916年6月17日，发表时间为1916年7月。原发表时，题为《咨山东巡按使第二女子师范学校毕业生范素英等准予备案文（第一千六百七十八号，五年六月十七日）》。今题系编者所拟。

有关发文单位教育部，参见前文《确定教育宗旨令》题解。

有关山东省立第二女子师范学校，参见前文《咨山东巡按使准予开办蒙养园文》注释。

有关《教育公报》，参见前文《饬京师学务局应准第二蒙养院立案文》题解。

为咨行事，准咨陈开。

案据省立第二女子师范学校校长孙承祖详称，为详送事：案查本校保姆讲习科第一班肄业期满，所授课程，均已完竣。已于三月二十日始，督同各科教员分门试验；复经分组，于本校附设蒙养园及国民一班实地练习，并经派赴各校参观，藉资历练。现各科毕业成绩及实习分数，业已评定甲、乙；所有该班学生之“批评录”“教授案”“毕业履历成绩”及“毕业履历分数”各表，理合造具清册，备文详送钧署鉴核，准予转咨备案。实为公便，谨详。

等情到署。据此，除批示并留存原表各一份备查外，理合检同原送册表，咨请鉴核，赐复施行。

等因到部。查该校保姆讲习科第一班学生范素英等，毕业成绩均能及格，“教授案”暨“批评录”亦颇周详，应准备案。相应咨行贵巡按使查照饬知可也。

此咨山东巡按使。

附注：毕业各生名单，见本期“纪载门”。

附录　《山东省立第二女子师范学校保姆讲习科第一班学生毕业名单》

（1）范素英，山东范县；（2）王淑兰，山东峄县；（3）于信芳，山东临淄；（4）壬淑静，山东齐河；（5）张凤英，山东潍县；（6）李英华，山东济阳；（7）杜淑卿，山东历城；（8）李秀英，山东临朐；（9）刘淑筠，山东东平；（10）张玉蓉，山东峄县；（11）胜毓文，山东大兴；（12）李玉兰，山东广饶；（13）张蕙媛，山东蒙阴；（14）孙鉴，山东济宁；（15）王淑芳，山东范县；（16）王本弼，山东滋阳；（17）胡毓英，山东历城；（18）刘毓芬，山东历城；（19）陈绣兰，山东濮县；（20）刘芝英，山东临沂；（21）叶守信，山东历城；（22）王松贞，山东菏泽；（23）刘仿秋，山东昌乐；（24）赵汉如，山东恩县；（25）周缆琴，山东贵筑；（26）組襄乔，山东阳信；（27）景兰秀，山东广饶；（28）傅湘兰，山东新泰；（29）李玉娥，山东昌邑；（30）邓照英，山东定陶；（31）郭万福，山东长清；（32）朱端，山东高唐；（33）李树海，山东胶县；（34）宋坤一，山东博山；（35）王翰云，山东濮县；（36）殷瑢，山东新泰；（37）刘雪菱，山东历城；（38）李畹溪，山东巨野；（39）贺玉贞，山东嘉祥；（40）田淑坤，山东长山；（41）张淑卿，山东凤凰；（42）冷王蓉，山东观城；（43）秦淑玉，山东莱阳；（44）张士杰，山东鱼台；（45）张之民，山东莱芜。

原载《教育公报》第3年第7期“纪载门”，1916年7月

20 江苏省教育会筹组幼稚教育研究会文件

1916年8月20日

题 解 本篇原载《教育研究（上海）》第28期。发表时间为1916年8月20日。原发表时，总题为《会报》，其下载录会讯数十则，今总题系编者所拟。其下各则，均系原标题，但由编者加序号。

发文单位江苏省教育会，系中国近代成立的新式教育社团，是中华民国前期办理最有成效的省级教育社团，并成为新教育运动的引领者。1905年12月，由张謇领衔，在上海发起成立“江苏学会”，旋即更名为“江苏学务总会”；其后，又更名为“江苏教育总会”。1912年中华民国成立后，再更名为“江苏省教育会”。会址设于上海，张謇长期兼任该会会长，骨干会员有王同愈、杨廷栋、沈恩孚、袁希涛、黄炎培等。该会之下又分别设有各种研究会，致力于引进各种教育思想，出版专门刊物，并开展相关试验。该会不仅对江苏省的教育发展有着重大影响，甚至对于全国教育的辐射作用也不可低估；在学制改订、新式教法试验等方面，均敢着先鞭；对于“壬戌学制”的颁行，可说贡献甚大。

幼稚教育研究会，全称“江苏省教育会幼稚教育研究会”。该会系中国学前教育发展史上，由国人自办的第一个学前教育研究社团，也是国人最早创立的地方性学前教育研究社团。它从属于江苏省教育会之下，系江苏省教育会下设的专业研究会之一。正式成立于1916年8月26日，会长为胡彬夏，周石南为书记，黄绍兰、张志学为干事。自成立后，直至1923年仍有活动。该会对于推广蒙台梭利法、介绍优生学知识、统一学前教育制度等，均有较大贡献。

《教育研究（上海）》，教育期刊，1913年5月创刊于上海，由江苏省教育会主办并发行。该刊以研究教育实际问题、推进地方教育发展为主旨。主要栏目，有时论、研究、学说、译著、史传、调查、杂纂、会报等；主要撰稿人，有黄炎培、沈恩孚、袁希涛、吴宗瑗、丁福保、王朝阳等。1916 年 8 月终刊，共出 28 期。

一、致各幼稚园及男女学界听讲蒙铁梭利[①]教育法并商榷幼稚教育研究会书

敬启者：

美国巴士第夫人[②]邃于幼稚教育，现从美洲来沪，拟设一“万国蒙铁梭利教育研习所”，以造福吾中国童蒙，其热忱至可欣佩。

兹本会定于二十日（即星期六）下午四时，延请巴夫人来会演讲“蒙氏教育法”及其来华宗旨，并有美国携来教具临时实行试验，大有可观。

又，博文女学校教员钟镜芙[③]、黄学梅[④]二女士，发起组织幼稚教育研究会，已拟具草章，经本会副会长黄君炎培[⑤]、会员朱君葆康[⑥]赞成。

---

① 蒙铁梭利：通译蒙台梭利，意大利学前教育家。参见后文《蒙台梭利女史之新教育法》题解。

② 巴士第夫人：英文名为 Basty，生卒年未详，美国幼稚教育家。1916 年 5 月，应江苏省教育会“蒙台梭利教育法研究会（1914 年设立）”之邀，抵上海宣传蒙台梭利教学法。

③ 钟镜芙：钟佩萸，时任上海博文女学校长。

④ 黄学梅：黄绍兰，时任上海博文女学教员。

⑤ 黄炎培：参见后文《美国之游戏学校及幼稚园图画》题解。

⑥ 朱葆康（1882—1942）：字少屏，号天一，江苏上海（今上海市）人。早年毕业于南洋中学，旋留校任教。后留学日本，加入同盟会。1906 年归国，参与创办中国公学及《大陆》《民呼》《民吁》《民立》等报。中华民国成立后，任南京临时政府总统府秘书，后长期担任“寰球中国学生会”总干事，并兼为《太平洋报》《中华日报》和《申报》编辑。1920 年，任《申报》驻欧洲记者。1924 年，任上海通志馆副馆长。

又，杨君鄂联[①]来函，亦拟偕会员吴君家煦[②]、顾君树森[③]，发起此会。

本会爰并订于是日巴夫人讲演毕后，公同商榷研究会事宜。倘荷垂注赞同，务祈准时惠临，指教一切，无任盼跂。此颂教褀！

二、钟、黄二女士函送《组织幼稚教育研究会缘起》（函略）

盖闻，训诲端于蒙养；易子而教[④]，自古已然。广益，赖乎集思；群力以求，而今尤著。此幼稚教育研究会所以为当务之急也。

夫植木者，顺其天以致其性，然后硕茂滋繁；浚泉者达其源，以畅其流，然后蜿蜒弥远。进冉退季[⑤]，孔子之因才；助长揠苗[⑥]，孟子所深诫。其理，与今之言“诱导个性”若合符节，而必讲习于幼稚者，欲其习与智长，化与性成；纳之轨物，因其固然；以长

① 杨鄂联：杨卫玉，参见后文《幼稚教育谈——苏州慕家花园幼稚园参观记》题解。

② 吴家煦：生卒年未详，江苏吴县（今属苏州）人。早年曾校阅顾树森编辑的《新制生理学教本》。1923 年，所编著的《新式理科教科书》（共 6 册），由中华书局出版。

③ 顾树森（1886—1967）：字萌亭，江苏嘉定（今上海嘉定）人。早年肄业于上海龙门书院。1912 年，任中华书局编辑，参与编纂小学各科教材，并撰文介绍欧美教育思潮。1917 年，担任《中华教育界》编辑主任，参与发起成立中华职业教育社，后担任中华职业学校首任校长。1921 年，赴英国伦敦大学研修，后赴德、法、意等国考察职业教育。1927 年后，历任南京特别市教育局局长、国民政府教育部普通教育司司长、国民教育司司长，并兼任中央大学教授。1946 年，任中华工商专科学校校长。1949 年后，历任江苏师范学院教授、江苏教育科学研究所研究员。著有《中国历代教育制度》，编有《中国古代教育家》等。

④ 易子而教：典出《孟子・离娄上》。即彼此的孩子交换着教。原文为：“公孙丑曰：‘君子之不教子，何也？’孟子曰：‘势不行也。教者必以正。以正不行，继之以怒。继之以怒，则反夷矣。夫子教我以正，夫子未出于正也，则是父子相夷也。父子相夷，则恶矣。古者易子而教之，父子之间不责善。责善则离，离则不祥莫大焉。’”

⑤ 进冉退季：典出《论语・先进》。“冉”为冉有，“季”为子路。因冉有遇事畏缩，故孔子“进之”；而子路临事轻率，故孔子“退之”。原文为：“子路问：‘闻斯行诸？’子曰：‘有父兄在，如之何其闻斯行之也？’冉有问：‘闻斯行诸？’子曰：‘闻斯行之。’公西华曰：‘由也问闻斯行诸，子曰有父兄在；求也问闻斯行诸，子曰闻斯行之。赤也惑，敢问。’子曰：‘求也退，故进之；由也兼人，故退之。’”

⑥ 助长揠苗：典出《孟子・公孙丑上》。此即“拔苗助长”寓言。原文为：“宋人有闵其苗之不长而揠之者，芒芒然归，谓其人曰：‘今日病矣！予助苗长矣！’其子趋而往视之，苗则槁矣。天下之不助苗长者寡矣。以为无益而舍之者，不耘苗者也；助之长者，揠苗者也。非徒无益，而又害之。”

以教，俾至于成人，而国民之资格备焉。

今欧美教育尚已，然中国民族既殊，气质亦异；虽有取长借鉴之益，难免扞格不入之虞。若者可以仿效，若者尚须更易，若者限于财力，若者适于实用，皆教育者所必须研索者也。

普之胜法也，大将毛奇[①]归功于小学教师；“十年教训”[②]，而越终沼吴。中外古今，理无二致。以我今日之国势，则斯会之组织，诚不容缓矣。而一二人之智力有限，道合志同，窃比嘤求[③]之义。当世教育家进而教之，幸甚，幸甚！

发起人：钟镜芙、黄学梅

赞成人：黄炎培、朱葆康

三、江苏省教育会幼稚教育研究会简章

一、宗旨　研究幼稚教育关于教授、训练、养护之各种重要问题。

二、定名　江苏省教育会幼稚教育研究会。

三、会所　江苏省教育会。

四、会员　分三种如下。

（1）特别会员。凡学识宏博、经验丰富、赞助本会者，推为特别会员。

（2）团体会员。现办幼稚园之教职员全体。

---

① 毛奇：赫尔穆特·卡尔·贝恩哈特·冯·毛奇（Helmuth Karl Bernhard von Moltke，1800—1891），普鲁士元帅和德意志帝国总参谋长，德国著名军事家，又称老毛奇。1870 年，率军取得“普法战争”的胜利。他将胜利的原因归结于小学教师的“军国民主义”训练。著作有《毛奇军事著作》。

② 语出《左传·哀公元年》。原文为：“越十年生聚，而十年教训，二十年之外，吴其为沼乎！”此话系伍子胥告诫吴王夫差所言。意为：越国用十年来繁殖人口，聚积物力；又用十年来进行教育、训练，以聚合民心。如此，二十年之后，吴国的宫殿必将变成泥沼。吴王未听忠言，最终战败亡国。

③ 嘤求：典出《诗经·小雅·伐木》。系“嘤鸣求友”之简缩。原诗为“嘤其鸣矣，求其友声”，借指寻求志同道合的朋友。

（3）通常会员。曾毕业于师范或现任小学教师，愿研究幼稚教育者；在家庭实施幼稚教育，志愿研究，经会员之介绍者。

五、会费　平时不收会费。惟遇特别费用时，临时募集。

六、会期　每年开大会一次。遇必要时，得开临时会。

七、职员　主任一人、书记一人、干事二人、评议员无定额。皆由会员于会员中推举。

八、会务分数项如下。

（1）凡会员，皆可随时提出问题或发表心得，函致会中。

（2）书记随时将各问题印刷，分致各会员研究，定期征取报告。

（3）各会员收到问题，须将研究所得报告会中，由书记汇印，再寄各会员议决。

（4）初次议决之问题，各会员可随时实行。如有窒碍之处，再行研究。

（5）研究所得，可汇编杂志，按期刊布。

九、以上各条，如有未妥之处，可随时修改。

21

准山东省立第一女子师范学校开办蒙养园文

教育部

1916年9月14日

题　解　本篇原载《教育公报》第3年第11期“公牍”栏。发文时间为1916年9月14日，发表时间为1916年10月。原发表时，题为《咨山东省长省立第一女子师校附设蒙养园准备案文（第二千二百三十六号，五年九月十四日）》。今题系编者所拟。

有关发文单位教育部，参见前文《确定教育宗旨令》题解。

山东省立第一女子师范学校，前身为1909年开办的山东官立女子师范学堂，位于济南西门外，附设有女子小学。1912年中华民国成立后，改称山东省立女子师范学校。1914年将山东保姆养成所定名为山东省立第二女子师范学校后，遂有第一、第二女师之分。1917年，依据教育部令，将两所师范合二为一，仍称山东省立女子师范学校。该校对山东女子教育和幼稚教育的发展，均具有开创之功。

有关《教育公报》，参见前文《饬京师学务局应准第二蒙养院立案文》题解。

为咨行事，准咨开。

据省立第一女子师范学校校长周树桢[①]呈称：查《师范学校规程》第六十六条第二项内，载“女子师范学校并应设附属蒙养园”。本校依此规定，当于本年七月底筹备设立。暂租校邻沈姓房一所为开办地点，聘请保姆二人，招考蒙养生三十名，于八月十日开园启诱。除缮具“试办简章”及“学生一览表”外，理合备文，呈请省长鉴核、赐准、备案。

等情到署。据此，除指令并存留简章、表册各一份备查外，相应检同原送表册咨请鉴核、赐复、施行等因，附送“蒙养园试办简章”及“学生一览表册”各一本到部。

查女子师范学校应设附属蒙养园，本为学章所规定。核阅该园试办简章，亦无不合。应准备案。相应咨复贵省长，查照转行该校，遵办可也。

此咨山东省长。

另图 7　山东省立女子师范附属蒙养园师生合影

① 周树桢（1875—1957）：字干庭，山东潍坊人。18 岁中秀才，22 岁中举人。1902 年，留学日本，肄习师范。归国后，致力兴办地方教育。中华民国成立后，曾代理山东淄川县长，担任山东省高等师范学校学监。1915 年出任省立一女师校长。1921 年受聘为齐鲁大学国文系主任。著有《元曲研究》《楚辞研究》等。

附：试办简章

一、宗旨　本园之设，以供师范生实地练习，补助家庭教育不及为宗旨。

二、年龄　年满四岁至六岁者，不论女生、男生，均收入之。

三、名额　以三十名为定额。

四、学科　分游戏、音乐、谈话、手技、识字五种。

五、编制　本园学生，暂编制为一级。

六、毕业　年限定为三年。如天姿聪颖者，亦可随时升入相当之国民学校。

七、经费　开办伊始，暂不征收学费。其保育各费，俱由本师范学校经费项下开支。

22 准山东省立第二女子师范学校保姆讲习科第二班毕业生备案文

教育部

1916年11月17日

题 解 本篇原载《教育公报》第4年第1期“公牍”栏。发文时间为1916年11月17日，发表时间为1917年1月20日。原发表时，题为《咨山东省长第二师范学校保姆讲习科应准备案，惟萧风蕙一名转饬补报文（第二千九百二十八号，五年十一月十七日）》。今题系编者所拟。

有关发文单位教育部，参见前文《确定教育宗旨令》题解。

有关山东省立第二女子师范学校，参见前文《咨山东巡按使准予开办蒙养园文》注释。

有关《教育公报》，参见前文《饬京师学务局应准第二蒙养院立案文》题解。

为咨行事，准咨开。案据省立第二女子师范学校校长孙承祖呈称：为呈送事，案奉钧署第九四四四号批详册均悉。该校二班学生纪淑仪等、插班生刘淑云等，俟肄业期满时，准其举行毕业试验。册存。此批等因。奉此。

查本校保姆讲习科第二班学生肄业期满，所授课程均已完毕。前缘乱事，未克如期举行毕业试验。兹已于八月初十日，始督同各科教员，补行毕业试验。复经分组，于本校附设蒙养园实地练习，并经派赴各校参观，藉资历练。

除孙育基、于履中、王玉淑、岳国兰、顾文英等五名，因病未克来校与试外，所有纪淑仪等三十五名之各科毕业成绩及实习分数，业已评定甲、乙，理合将该班学生之毕业履历成绩及毕业履历分数表，造具清册，备文呈送钧署鉴核，准予转咨备案，实为公便。谨呈。

等情到本公署。据此，除指令并留存原表各一份备查外，相应检同原送表册咨请鉴核、赐复、施行等因，并学生成绩表及履历表各一份到部。

查该校保姆讲习科第二班学生纪淑仪等，试验成绩均尚及格，应准备案。惟有萧风蕙一名，核与原案不符，应请转饬叙明补报，以凭核办。相应咨请贵省长查照饬遵可也。

此咨山东省长。

附注：毕业各生名单，见本期“纪载门”。

另图 8　山东二女师师范及保姆各班与保姆讲习科第二班毕业照

附录　《山东省立第二女子师范学校保姆讲习科第二班学生毕业名单》

（1）纪淑仪，山东招远；（2）孙克武，山东金乡；（3）关佩贞，山东峄县；（4）孙桂舫，山东清平；（5）姜鸿云，山东齐河；（6）高立贞，山东历城；（7）刘淑云，山东禹城；（8）王秀芸，山东郓城；（9）温成章，山东历城；（10）李珺，山东安邱；（11）王惠卿，山东禹城；（12）朱素贞，山东历城；（13）王雪樵，山东历城；（14）刘淑溥，山东成武；（15）刘素贞，山东金乡；（16）马桂芳，山东益都；（17）封健云，山东历城；（18）韩紫兰，山东博兴；（19）徐宝珍，山东历城；（20）陈怀英，山东历城；（21）李秀卿，山东聊城；（22）陈凤园，山东利津；（23）亓裕贞，山东历城；（24）张慧之，山东泰安；（25）徐宝桂，山东历城；（26）王松琴，山东潍县；（27）张淑青，山东历城；（28）吴震清，安徽合肥；（29）周焕炳，山东青城；（30）曹坤芳，山东寿光；（31）赵和，山东峄县；（32）郭淑贞，山东潍县；（33）高立中，山东淄川；（34）李瑛，山东肥城。

原载《教育公报》第 4 年第 1 期，1916 年 11 月 17 日

23　江苏省立第一女师附设保姆传习所招生启事

1917—1919年

题　解　本篇原载《申报》，由编者辑纂而成。各则发表时间均附于每则文末。今总标题系编者所拟。

江苏省立第一女师，全称“江苏省立第一女子师范学校”。其前身为1904年创设的旅宁第一女学，为私立性质。1908年，两江总督端方决定补助经费，将该校收归官办，改称官立粹敏第一女学。中华民国成立后，更名为江苏省立第一女子师范学校，任命吕惠如担任校长，附设蒙养园，并奉命于1917年专设“保姆传习所”，致力于培养幼教师资。

有关《申报》，参见前文《烈士遗孤教养所创办之缘起与简章》题解。

一、江苏省立第一女子师范学校附设保姆传习所招生广告

资格：品端体健，未经缠足，年在二十岁以上、三十岁以下，曾在高等小学毕业或有同等学力者，由所居地县知事公署保送；其在女师范、女中学肄业，有志转学者，须由原校保送，并由所居地县知事公署加具公文。

毕业期：二年。

额数：四十名。

费用：学、膳、宿费均免纳。惟入学时，缴保证金十元、制服费七元。课业用品费，临时缴纳。

试期：阳历十月二十九日。

所址：南京马府街

原载《申报》1917年1月19日第3版

二、江苏省立第一女子师范学校附设保姆传习所续招学生广告

本所学生，现已达三十名。开课已逾半载，势难再添插班学生。惟闻各县女生欲来肄业者甚多，不忍令其向隅，兹特添招学生十二名。

惟资格，须曾在师范讲习所毕业，或有师范、中学一、二年程度，品端体健，语言清朗，性情和平，精神活泼且系大足者。

如具以上资格，而有志于幼稚教育，望请居住所在地之县知事公署备文保送。

考期，自阳历八月二十一日起至九月一日止。随带最近相片及毕业证书，或原校修业证明书，到校受试国文、理科、音乐、体操等科，并受体格检查。

如经录取入学，学、膳、杂费均免缴；惟纳保证金拾元、制服费拾元。

如无以上资格及手续者，希勿前来，以免徒劳往返。

欲阅章程，可向本所函索。此布。

所址：南京马府街。

原载《申报》1918年7月21日第1版

三、江苏省立第一女子师范学校附设保姆传习所招收第二班学生广告

本校呈奉省令，核准添招女子师范学校本科毕业生编为第二班。

于八年一月始业，十二月毕业。

学、膳费免缴。如具此资格，而精神活泼、口齿清朗、有志研究幼稚教育者，望即携带毕业证书，来宁投考。

除口试外，试验教育、琴学、唱歌、游戏等四门。

考期，自本月二十八日起，一月二十日止。

录取后，须请妥实保证人，并由所居地之县知事备文保送。

另缴现金保证金十元。

凡对于以上四科无根柢者或资格不合者，幸勿徒劳往返。

简章函索即寄。

所址：南京马府街。

原载《申报》1918年12月21日第1版

四、江苏省立第一女子师范学校附设保姆传习所招考新生广告

额数：四十名。

资格：在女子高等小学毕业，或女子中学、女子师范学校、师范讲习所修业，年在三十以下者。

手续：先由各县知事署举行初试。合格者，即请保证人填具保证书，送请县知事公署给予公文，于一月十日以前送所。十五日复试，并查验体格。

费用：本省人，学、膳费均免缴。入学时，缴保证金、制服费、课业用品费各十元。

开学：一月二十日。

修业年限：暂订二年。

再，投考时，可暂在所内寄宿。每人每日收膳宿费大洋五角。

所址：南京马府街。

原载《申报》1919年12月31日第3版

24 批北京女子师范保姆讲习科毕业生备案文

教育部

1917年9月20日

题　解　本篇原载《教育公报》第4年第15期“公牍”栏。发文时间为1917年9月20日，发表时间为1917年11月30日。原发表时，题为《指令北京女子师范学校：该校本科及保姆讲习科毕业学生应准备案，惟讲习科未予毕业学生应饬详明理由，以凭核办文（第五百九十六号，六年九月二十日）》。今题系编者所拟。

有关发文单位教育部，参见前文《确定教育宗旨令》题解。

北京女子师范，前身为京师女子师范学堂，由御史黄瑞麟奏请设立于石驸马大街（今新文化街）斗公府旧址，时在1908年。中华民国成立后，改称北京女子师范学校。1915年8月，该校附设蒙养园。次年8月，该校增设保姆讲习科。1919年，升格改制为女子高师。

有关《教育公报》，参见前文《饬京师学务局应准第二蒙养院立案文》题解。

呈悉。查该校本科毕业学生江端等、保姆讲习科毕业学生张懿嘉等姓名、履历，核与原报名册相符，应准备案。

惟保姆讲习科学生稽储慧、罗淑详、邓稚箴、孔权明、孔南道、田德林、张炳燊等七名，毕业总平均分数均在六十分以上，因何未予毕业？

应再详明补报，以凭核办。此令。

附原呈：

呈为造送毕业生履历、分数表事。本校本科四年生，自民国二年八月入学，扣至本年七月，肄业期满，照章应行毕业考试。现在事竣，除保姆讲习科稽储慧等十八名成绩稍差，由校发给修业证书外，其余各生成绩，均属及格，由校发给毕业证书。理合造具江端等三十二名、保姆讲习科张懿嘉等三十二名履历、分数表，呈请鉴核备案。谨呈。

附注：毕业各生成绩单，见本期“纪载门”。

附录　《北京女子师范学校本科及保姆讲习科毕业生成绩单》

本科毕业生：（1）江端，八八；（2）谢纫瑜，八七；（3）王德馥，八七；（4）夏怡如，八六；（5）韩予衡，八四；（6）侯印，八三；（7）汪淇，八三；（8）王缜，八二；（9）郑芸，八二；（10）瞿章英，八〇；（11）成德宜，七九；（12）汪介，七八；（13）路孝贞，七七；（14）赵静媛，七七；（15）滕健，七七；（16）舒德进，七六；（17）刘式淑，七五；（18）李文韫，七五；（19）何连璧，七五；（20）黄英，七五；（21）郭汉杰，七四；（22）范愈，七四；（23）张重，七四；（24）王兰岩，七三；（25）杨舜如，七三；（26）赵瑞时，七三；（27）吴宛曾，七二；（28）刘国杰，七一；（29）胡英，七〇；（30）陈淑芸，七〇；（31）司徒琴，六八；（32）刘国英，六六。

另图 9　北京女子师范学生演习礼仪

保姆讲习科毕业生：（1）张懿嘉，八七；（2）丁淑兰，八六；（3）马静婉，八四；（4）王松桢，八一；（5）孙蕙秋，七八；（6）郑清，七八；（7）杨廷俊，七八；（8）唐葵云，七六；（9）杨秀文，七三；（10）孙桂荣，七三；（11）孙又懿，七二；（12）姚志静，六八；（13）孙瑞桐，六七；（14）傅新生，六五。

原载《教育公报》第4年第15期“纪载门”，1917年11月30日

25 对于乙种实业学校教员及蒙养园保姆分别规定应否检定文

齐耀琳 俞纪琦

1917年10月27日

题 解 本篇原载《江苏省公报》第1396期“训令”栏。发文时间为1917年10月27日，发表时间为1917年10月31日。原发表时，题为《江苏省长公署训令第四千七百二十七号——对于乙种实业学校教员及蒙养园保姆分别规定应否检定》。今题系编者所拟。

有关批文者齐耀琳，参见前文《饬知筹拟保姆传习所办法》题解。

代签者俞纪琦，生卒年未详，字仲韩，浙江绍兴人。山西巡抚俞廉三之子。早年留学日本，攻读法学。归国后，从事司法教育。曾出任江苏省政务厅长、金陵道尹、江苏省财政厅长等职，后退出政界，任大陆银行副总经理。

所谓“检定”，即教师资格认定。其方式，一为“审查”，二为“试验”。只有通过者，方具备任教资格。1916年4月，中华民国教育部颁行《检定小学教员规程》，各地先后执行。由于其中对蒙养园保姆是否予以检定并无明文规定，故有此文。

有关《江苏省公报》，参见前文《饬知筹拟保姆传习所办法》题解。

令各道道尹、各县知事：

检定小学教员委员会案呈。案查：乙种实业学校，系与高小同等；而蒙养园，实为国民学校始基。上项教员或保姆，应否加以检定，查照规程，未经明定。即经于电，部解释疑义，案内请，示出后旋准。

部电内开：高小同等之乙种实业学校及蒙养园之教员，如视为必须检定时，亦可就本规程适用之条，并查照《实业学校规程》第四条与《国民学校令施行细则》第七十八条之规定，酌行检定。等因准此。

兹察酌本省教育现状，蒙养园一项，合各县地方所已设立者综计之，寥寥无几。此项保姆，应暂缓行检定。

至于乙种实业学校，各县设置较多，其中教员教授合法者，固亦有之；而资格不及、程度缺乏者，所在不免。方今教育趋势，崇尚职业。为整理实业教育起见，本省对于乙种实业学校以及与乙种实业同等之学校教员，确认为有检定之必要。

合行令仰该道尹转行所属各县知事、县知事遵照办理。此令。

中华民国六年十月二十七日

江苏省长齐耀琳　金陵道尹俞纪琦代

26 海盐县设置蒙养园案

张杰

1917年11月

题　解　本篇原载《浙江海盐县署公报》第4册“附录”栏。发表时间为1917年11月。原发表时，署名“提出者张杰”，题为《海盐县教育行政会议议决案：设置蒙养园案》。今题系编者所拟。

提案者张杰，生平事迹未详，当为海盐县教育工作者。

《浙江海盐县署公报》，地方政务月刊，1917年8月创刊，由海盐县署主办、编辑并发行。旨在传达政令、反映民情。主要栏目，有呈文、咨文、公函、训令、指令、布告、判词、章程、附录等；主要撰稿人，有许清澄、陈祖望、宋化春、吴尚彬等。停刊时间及原因未详。

按：小学教育，为铸造国民之要素。欲谋小学之进行，非设置蒙养园为之补助不可。吾盐学校，逐渐增多；而蒙养园，独付阙如。在小学校一方面，教授、管理既多困难；在学童一方面，因未受初施教育，迳课以各种功课，领悟非易，获益实鲜。是蒙养园之设立，为学童入学之必要阶级。此本议案提出之理由也。兹拟办法于下：

（1）本邑六区，各设蒙养园一所。（说明：现在小学费尚未充足完全设立，或有不能。拟先由城区设立一所，以为模范。一俟办有成效，镇、乡依次设立。）

（2）蒙养园经费，较国民学校为巨。兹为撙节起见，拟附设于女校。

（3）蒙养园为诱掖儿童注重实物观察，置备标本、器具，费用甚巨。假定开办费二百元、经常费六百四十元。

（4）蒙养园内部章程，俟议决后另订之。

知事批：应由本署令行城区学董会同劝学所，妥筹办法，呈候核定，拨款兴办。

27 令各省教育厅征集儿童玩具并办法

教育部

1918年9月20日

题 解 本篇原载《教育公报》第5年第14期“公牍”栏。发文时间为1918年9月20日，发表时间为1918年11月20日。原发表时，题为《训令第三百九十号（七年九月二十日）》。今题系编者所拟。

有关发文单位教育部，参见前文《确定教育宗旨令》题解。

有关《教育公报》，参见前文《饬京师学务局应准第二蒙养院立案文》题解。

令各省教育厅：

案查幼儿教育，关系綦重。现今东西各国，莫不认此为教育基础，殚精竭虑，求所以养护之方、陶铸之术，以期幼儿心身训养周至，他日施教可收事半功倍之效。

论其方术，固有多种，而以幼儿日常抚弄、摩挲之玩具认作启蒙要件。遂与学校教具视同一律，探讨考究，不遗余力。如法国近时所设之儿童玩具研究会，即其一例。

吾国幅员广大，习俗相传，各地所产制之玩具，以供幼儿教育之用者，当必不鲜。惟制者类属工人，未经教育者之指导；购者亦复漫不经心，未遑抉择，坐是与幼儿教育毫无裨益。

本部有鉴于此，现拟搜集全国玩具，遴约专家，详为评定，用作启蒙之助，而定陶铸之方。除将《征集儿童玩具办法》八条随文附送外，合亟令仰该厅饬知各属，克期搜集。是为至要。此令。

附注：本案已同时通咨教育厅未经成立之各省区。

附：征集儿童玩具办法

（1）征集儿童玩具，分别评定，以图幼儿教育之进步。

（2）征集标准：不论何种玩具，以属于本国制者为限。

（3）蒙养院所用恩物及新旧图画，均征集之。

（4）所送玩具、恩物等件，每件应附标识如下：一、材料；二、价值；三、制造场处；四、儿童适用年龄；五、教育上之目的（如练习视觉、听觉、筋觉、推理、记忆等）。

（5）征集办法：除本部就近征集外，由各省教育行政机关转令各县知事，督同劝学所，就所产制之品物逐一搜集，迳送本部。

（6）本部收齐后，遴约专家，详细审查，评定优劣。

（7）私家自出心裁，制成新式玩具，经审查员认为良善者，得酌予奖励。

（8）外国制儿童玩具，由部酌量采购陈列，作为参考品。

28　通令设立蒙养园和知照保姆传习所招生事

沈宝昌

1919年3月30日、12月23日

题　解　本篇原载《申报》，由编者辑纂而成。各则发表时间均附于每则文末。原发表时，顺序题为《令设保姆传习所》和《南京保姆传习所招生》，无署名。今题及二级标题，均系编者所拟。

通令发布者沈宝昌（1883—1935），字酝石，浙江绍兴人。光绪举人，后任法部主事。1914年，出任上海县知事，任是职长达10年。任内颇重文教，支持县教育会会长吴馨，且尤重学前教育。

有关《申报》，参见前文《烈士遗孤教养所创办之缘起与简章》题解。

一、转令所属各女校筹设蒙养园

上海县沈知事昨致县教育会及各女校函云：

案奉省长齐训令，内开。案查省教育行政会议议决，各县设立蒙养园，并先由省筹设保姆传习所，陈请施行。前来。

查蒙养园，为训育儿童之地；保姆责任，至为重大。各县未能一律设置，固由倡导之无方，亦以保姆之难得。设所传习，自是要图。

合亟令仰该知事，即便遵照，转行所属各女校，一体克日筹设，毋再违延。等因。

奉此，相应函达，即希一体遵照办理，以重儿童训育为要。

原载《申报》1919年3月30日第11版

二、知照南京保姆传习所招生事

县知事沈宝昌发上海县劝学所所长第八六一号训令云：

案准江苏省立第一女子师范学校函开：敝校附设保姆传习所第一班学生修业期满，兹经呈奉省令核准，续招第二班学生肄业。定于九年一月二十开学授课。为此函达，并检送招考简章及保证书，请烦查照，代招合格女生。先由贵公署命题考验，选其国文、算学、音乐程度优长及身体强健者数名，于九年一月十日以前，取具保证书，给予公文，送所复试，以凭录取。庶几程度低劣之学生，无庸徒劳往返。事关本省保姆教育，务祈迅赐施行。至纫公谊。

再附上第一班毕业生名单。贵县如须聘用，即请迳向敝校接洽等因，并送招考简章、保证书、第一届毕业生姓氏录到署。

准此。合行令仰该所长查照，考选合格女生数名，于九年一月五日以前，连同保证书送署厅，候备文送试。如各校须聘用保姆，亦即迳向该校接洽。并仰知照。此令。

原载《申报》1919 年 12 月 23 日第 11 版

29　教育宗旨研究案

沈恩孚　蒋梦麟

另图 10　沈恩孚像

另图 11　蒋梦麟像

1919年4月

题　解　本篇原载《教育杂志》第 11 卷第 5 号“专件”栏。提案时间为 1919 年 4 月上旬，发表时间为 1919 年 5 月 20 日。原发表时，总题为《教育调查会第一次会议报告》。

提案者沈恩孚（1864—1944），字信卿，江苏吴县（今属苏州）人。早年就读于上海龙门书院，后执教于宝山县学堂。1904 年，受命赴日本考察教育，归后任龙门师范学堂监督，参与发起成立江苏学务总会、中华职业教育社，是当时非常有名的社会贤达，对于教育和工商事业尤其热心，曾兼任东南大学、同济大学校董。

提案者蒋梦麟（1886—1964），原名梦熊，字兆贤，号孟邻，浙江余姚人。早年入读绍兴中西学堂，为蔡元培弟子。1903 年入浙江高等学堂，次年中秀才，后入上海南洋公学特班，再为蔡元培门生。1908 年赴美留学，1917 年获哥伦比亚大学哲学博士后归国。时任《新教育》杂志主干。后历任北京大学校长、浙江大学校长、教育部部长、行政院秘书长、中国红十字会会长等职。著有《西潮》《新潮》等，著作有《孟邻文存》。

该案在收入《第一次中国教育年鉴》（开明书店 1934 年版）时，编者所加按语为：“民国七年十二月三十日教育部公布教育调查会规程，以调查、审议教育上之重要事项为目的。八年四月，在北京召集第一次会议，延揽范源廉、蔡元培、陈宝泉、蒋梦麟、王宠惠、吴敬恒等六十人。会员沈恩孚、蒋梦麟提出《教育宗旨研究案》，一致通过。但教育部未据呈公布。兹附录原案于左。”

有关《教育杂志》，参见前文《外人调查教育及保卫幼稚事项》题解。

谨拟以“养成健全人格，发展共和精神”为宗旨。

理由

（1）查民国元年九月四日部令公布教育宗旨：“注重道德教育，以实利教育、军国民教育附〔辅〕之，更以美感教育完成其道德。”自欧战终了后，军国民教育一节，于世界潮流容有未合；余亦似太复杂，未易适从。不如出以单纯，俾一般国民易于了解。

（2）民国成立以来，祸患迭乘。究其原因，实由国民缺乏共和精神所致。故宜发展之，以固国本。

（3）共和国民，必具健全之人格，方足以担负社会、国家之义务。故养成健全人格，实为共和国之基础。

（4）欧洲教育可分两派：曰条顿①派，注重军国民主义，德国是也；曰盎格鲁撒逊②派，注重人格主义，英国是也。美国教育，为人格主义所推衍，故能产生共和精神。法国自共和成立以后，国中主持教育者，极力发挥共和精神，国基因以巩固。吾国以共和政体应世界潮流，当采英、法、美三国之长，故拟以“养成健全人格，发展共和精神”为教育宗旨。

说明

所谓健全人格者，当具下列条件：

（1）私德为立身之本，公德为服役社会、国家之本；

（2）人生所必需之知识、技能；

---

① 条顿：条顿人，是古代日耳曼人的一个分支，后世常以条顿人泛指日耳曼人及其后裔。

② 盎格鲁撒逊：通称盎格鲁－撒克逊，通常是指生活在大不列颠岛东部和南部地区的文化习俗上相近的一些民族，现今常指英格兰人。

（3）强健、活泼之体格；

（4）优美、和乐之感情。

所谓共和精神者：

（1）发挥平民主义，俾人人知民治为立国根本；

（2）养成公民自治习惯，俾人人能负国家、社会之责任。

本案就世界教育趋势、吾国民治根本着想，备全国教育界之研究，以觇舆论之趋向，可否由本会陈请通布？谨候公决。

附录 《两教育家由京回沪之演讲》

北京教育部征聘北上参与"全国教育调查会"之沈信卿、蒋梦麟二君，业于上星期一（四月七日）返沪。昨晚七时，特在西门外林荫路江苏省教育会演说。列席倾听者，为上海教育界各讲师、各学员、各管理员、各女教授等，人数约在二百以上。

首由沈君信卿报告北京全国教育调查会议席中所通过之教育方针，乃为"养成健全人格，发展共和精神"十二大字。沈君并附以说明云：所谓健全人格者，有数端。即：（1）私德为立身之本；（2）公德为服务社会、国家之本；（3）有人生必需之知识与技能；（4）有强健、活泼之体格；（5）有优美、和乐之感情也。所谓共和精神，亦含二义：（1）发挥平民主义，俾人人知民治立国根本；（2）养成公民自治习惯，俾人人能负社会、国家责任云云。

嗣蒋梦麟君演说《新教育》杂志之主旨。谓系以短期间，取捷径输入世界知识，使中国社会进步。社会既进步，各个人斯能自强；各个人既自强，则国自无不强。学者若徒痛心国是之日非，而不从社会改良中求之，是犹婴孩不加抚育，而反令终日哭泣也云云。蒋君演说，设譬甚多。如言《新教育》卷首，揭法将军、美总统映像后，天津女校某女生来书，诘责谓既主张平民主义，何以偏登此显贵一流？而不知《新教育》杂志编辑等，正以二人为平民主义而战，故特表而出之也。此外，妙解不胜枚举。

终复由沈君信卿演说"体育为教育根本，并为精神上改革第一要务"等语而散。

原载《申报》1919年4月13日第10版

30　试办模范村之计画

蔡式之等

1919年6月3日

题　解　本篇原载《申报》1919 年 6 月 3 日第 12 版。原发表时无署名，而文前首列有发起人姓名。

领衔发起人蔡式之，生卒年未详，为沪上基督教名人。早年执教于教会学校"博习书院"，后作为慕尔堂牧师在南浔传教。历任"监理会"长老、"基督徒布道团"团长、"上海基督教传道联合会"会长，热心公益和慈善事业。先任上海孤儿院监事，1921 年出任该院院长。因其为宗教界名人，故共推其领衔发表该计划。

此"模范村"，亦称"新村"，为改造社会试验之一种崭新形式。它间接受到空想社会主义思想的影响，直接则受到日本白桦派作家武者小路实笃"新村试验"的鼓舞，加之周作人、蔡元培、李大钊等名人的积极支持，故有"工读互助团""少年中国学会"等社团的踊跃试验。此模范村，多有宗教或慈善色彩，不过就"乌托邦"性质而言，它与其他试验则别无二致。其中有关"幼稚园"的设计，便有着浓重的"儿童公育"气息。

有关《申报》，参见前文《烈士遗孤教养所创办之缘起与简章》题解。

沪俗腐败，殆臻极度。兹有蔡式之、顾念劬①、敖宇润②、杨济时③、竺规身④、黄警顽⑤等，就沪南二十里外龙华村，试办模范新村。

计其事业，分为十部:（1）总务科，督察全村事务;（2）卫生科，求村民体育平均发达;（3）实业科，使全村村民衣食无忧;（4）工程科，为全村营造工作;（5）交通科，包含邮电;（6）教育科，有小学校、幼稚园、新村报阅书室及各公益团体之设立;（7）警察科;（8）宗教科;（9）慈善科;（10）自治科。

其自治科，又分政务部、村议会、裁判所、礼制审订各项。

其模范村讲学会，现设法租界环龙路守美里。前星期日（六月一日）开始讲演。此后，定于每星期日下午二时后宣讲云。

其计画概说如下：模范村筹备会，拟先在上海之新龙华镇购地数百亩，开始建设。俟得大宗经费，再行扩充。村中建筑，采用井字式，以成规矩。住宅前后，另辟农圃，以期动植兼蓄。

村中有礼拜堂、小学校、幼稚园、医院、婴儿代哺处、公共工场、商店、农圃、游戏场、公园、俱乐部、安老院、青年会、通俗图书博物馆等。一视经济来源，择其紧要，次第兴办。

村长治理。全村有教育、农林、工商、卫生、经济等科，干事以辅助之。村民依次轮值为义务警察，维持治安。

村长代表全村，纳税于国家，以保持善良风化、淳朴生活，无奢华、饮酒、吸烟、

---

① 顾念劬：生卒年未详，早年皈依基督教，热衷于慈善事业。1907 年，邀约知名佛教居士王一亭及其他宗教界人士，发起创设上海孤儿院。是时，担任该院院长，实为该计划的实际发起人。为知名书画家。

② 敖宇润：生卒年未详，早年肄业于教会学校“岭南学堂”。后参编《岭南学生界》，以著译为业，并热衷于慈善事业。时任沪军使署翻译。

③ 杨济时：生卒年未详，上海龙华人。为创设此模范村，“首先慨捐家田三亩”。时任上海大兴街“国民养性学校”教务主任。

④ 竺规身（1883—1978）：曾名桂笙，字善怀，浙江奉化人。早年来上海谋生，24 岁时接触基督教，后受洗入教。1911 年，任上海慕尔堂传道员；1917 年，升任牧师。1924 年，受命赴哈尔滨传道。1928 年回沪。1946 年被选为上海灵工团终身监督。

⑤ 黄警顽（1894—1979）：原名镜，字镜寰，江苏上海（今上海市）人。出身贫寒，14 岁入商务印书馆当学徒，后调发行所做读者服务工作，有“交际博士”之称。他自称是：“一张会说话的活动柜堂，一本没有字的人名大字典，一具商务印书馆的活广告。”

赌博、狎妓、娶妾、斗狠等事。村民或有争论，则取决于村长及牧师。

凡人愿入模范村为村民者，无论男女、贫富，每日须按时工作。制成货品，售得银钱，则以十分之二提充村中公积。幼稚、老病、残废者，免工作。

小学毕业后，可由村长送入村外中学、大学，或资遣留学外国。男子外出谋生，家庭无法安置，可将妻子送入本村，代为照料。

女子在外服务、无暇乳儿者，可托本村婴孩代哺处代理哺养。稍长，即送幼稚园之摇篮科受教。村民衣服、饮食、房舍制度，皆有定制。不得过于奢侈，逾越一定格式。

村民日用一切物品，均由本村自制。不足，则取给于国货，决不准用舶来品。村中男女，自为配偶，亦得与村外同教者为婚。其不愿嫁娶者，听。

婚丧喜庆等仪礼，一律按照教育科所规定，总以庄重、朴实、欢乐、节俭为主。

凡入模范村者，须先允许每年缴纳地租、房租若干。至少以五年为限。

村民有守望相助之义务。欲民进步，首重自治。培养自治能力，宜立自治会，签举会长并议董若干人，于每星期日开会一次，研究村中应兴革之事、关于经济上之筹备等务，使村中事事合文明制度。

村民享优游岁月，则心安理得，胜似世外桃源也。村中组织法，系属共和性质。其董事，由村民公选，纯尽义务；并由董事择才，选任干事员若干，以期村务之发展。然村民乃村中主人翁，欲村务之勃兴，全赖村民之群策群力，以期达到完全目的。

村中房屋构造，务使切合卫生原理。虽小屋一座、草地一方，亦必使空气通而阳光透，结构简而装饰洁。房式，另请打样司绘图，一律起造平房，不用楼屋。

同会新村之基址，已由龙华杨济时君首先慨捐家田三亩；建筑的款，在发起人中，自认千元以上（目的须筹款十万元，均由同志筹集，或将遗产自愿归公，并不向外捐募）。现将集款，存中国银行生息。

以上所言具体办法，皆属费省易行；所言理想中效果，皆势所必致。广结道合同志，同志既多，力量自雄。

按：同人公议，预定计画直街四、横街二，四通八达。中为公园，成田井形。内外四隅，植树若干。其说明有十项：（1）各房屋皆南向；（2）每间前后，均有窗户以通空气；（3）屋后皆有厕舍，每日用土盖粪，以重卫生；（4）屋前各有大门；（5）街道务求宽阔，用石铺之，街旁另有水道；（6）多穿水井，公园内有井四眼；（7）村中有大园，为众家公用；（8）村内宜设有救火机；（9）建设仓囤，将丰年所余者，蓄之以备饥荒；（10）公园中有公堂，专为商议兴学、交通之事，并附设阅报处、体育室。

将来经济余裕，再行陆续兴筑房屋，如应接室、健身房、演说厅、会食堂、浴堂、课堂、宿舍、阅书报室、公共游戏室、董事会议室、图书馆、游艺场等。

总之，模范村事业之成败，以各界人士能否赞助为判。海上不乏改良社会笃志之士，盍入该会，以图增进社会之幸福乎？

附录一 《建设模范村之筹备会》

上海孤儿院院长顾念劬发起之模范村计画，昨日下午二时，开第二次筹备会于西新桥三一里七号。到会者，有监理会长老蔡式之牧师、竺规身，沪军使署翻译敖宇润，沪杭铁路前龙华站长李企胡等十余人。

顾君以临时会长资格主席，报告缘起及旨趣。略谓，世风愈下，男子多以嫖赌为事，女子冶服浪游，不知孝亲、育儿，致堕落其家庭幸福，国家、社会尤受莫大之恶影响。本会为施行实质教育、动人观感起见，拟于新龙华地方建设模范村一所。村有幼稚园，虽一二岁婴孩，亦使入摇篮科受教。又有养老院、酬恩部、益智部、商业部、体育部、俱乐部。设村自治机关以管理之。春秋佳日，可纵游人入观，引其注意，将来收效不可限量。惟创造之际，需款甚巨，人材尤不可少。宜由诸发起人各觅同志入会赞助，以促成功云云。

众乃推定章程起草员赶速排印，以备同志索阅。现在一切费用，暂由发起人捐垫。定六月一号下午五点三十分钟继续开会，讨论详细办法。

原载《申报》1919年5月2日第10版

附录二 《模范村筹备会开会纪》

模范村筹备会近来会员大增。昨日下午五时，在法租界三一里七号开常会。

由顾念劬主席报告一月中经过情形及中西人士闻风奖励之热心。惟兹事体大，究有何法可收速效，请众讨论。

王钝根起言，照预定计画，此村建筑费非十万元以上不办。然仓卒间募此巨款，恐亦不易。今拟变通办法，本会可先征集合格村民千人，预算应用房屋若干、占地若干，村中房屋、街道之布置如何，悉请建筑专门家绘成图式，附以说明，持示向作地产营业之资本家，使出资于新龙华本会指定地方，照图建屋。落成之后，本会即率合格村民入而赁居。每月各征租金若干，并附带拨还基金若干。数年之后，将该资本家所垫建筑之费悉数还清，则村中房、地，即为村民所有。此法较易实行，资本家照例营业，将本得利，亦自乐于投资。至征集村民一端，目下时局蜩螗，我同胞无论住居内地、住居租界，均已饱受刺激，精神上感受非常之痛苦。今闻有自由、安乐之模范村，不啻世外桃源，必且争先投止。本会则择其德性优美者容纳之，不患人数之不足也。

王君所陈办法，会众认为可行。

又有钱幼琴君，略述外国模范村制度，及自拟村中植树方法。

又有李企胡、竺规身、辛鸿洲诸君，质问各种进行细则。

时至七点余钟，始散会。中悬有苏州薛飞白君彩绘模范村图，颇佳。

原载《申报》1919 年 7 月 2 日第 10 版

31　北京女高师保姆讲习科招考启事

江苏省教育厅

1919年6月26日

题　解　本篇原载《申报》1919年6月26日第11版。原发表时，题为《江苏教育厅招考各省高等师范新生》。今题系编者所拟。原发表时的招生学校，尚有北京高等师范学校、武昌高等师范学校和沈阳高等师范学校。

发文单位江苏省教育厅，系省级教育行政管理机构。1905年，中央专设“学部”管理新式教育。次年，各省专设“提学使”取代“学政”，并设“学务公所”管理各省地方教育。中华民国成立之初，大部分省设“教育科”，隶属于都督府民政司，后各省改设“教育司”，不久又改为“教育科”。1917年，北京政府颁布《教育厅暂行条例》。同年12月，江苏省教育厅设立，遂以此综领全省教育行政事务。

北京女高师，全称“北京女子高等师范学校”。其前身为京师女子师范学堂、北京女子师范学校。1919年，升格改制为女子高师，开始招收国文部、图画专修科、家事科、保姆讲习科新生，并将招生名额分配给各省，委托各省教育厅代行招考之事。此保姆讲习科，可视为中国培养大专程度幼教师资之嚆矢。

有关《申报》，参见前文《烈士遗孤教养所创办之缘起与简章》题解。

（1）招考日期：定七月二十日。

（2）招考地点：男高等师范，在南京门帘桥省立第四师范学校；女高等师范，在南京马府街省立第一女子师范学校。

（3）报名处所：在本厅。并限男七月十日、女七月十五日为截止报名期。

兹将各高等师范学校招考办法，分别摘要列下。

北京女子高等师范学校，考送数物化学部、博物部、家事部预科新生，额定三名；保姆讲习科新生，额定二名。

其预科试验科目，为国文、英语、数学、历史、地理、理化、博物；讲习科试验科目，为教育、国文、数学、应用图画。

以上各校投考诸生，均须先行声明志愿入何部。

附录　《江苏教育厅招考》

北京女子高等师范学校保姆讲习科、武昌商业专门学校。

学生二、三名，定八月十日在南京考试。八月五日，截止报名。一切详章，可来厅面询。

原载《申报》1919年7月28日第3版

32 北京女高师保姆讲习科招考布告

浙江省教育厅

1919年7月5日

题　解　本篇原载《浙江公报》第 2608 号“布告”栏。发布时间为 1919 年 7 月 5 日，发表时间为 1919 年 7 月 9 日。签发人为时任浙江省教育厅厅长伍崇学。原发表时，题为《浙江教育厅布告第十六号——招考北京女子高等师范学校预科及保姆讲习科生考试时间及科目由》。今题系编者所拟。

有关发文单位浙江省教育厅，参见前文《北京女高师保姆讲习科招考启事》题解。

有关北京女高师，亦参见前文《北京女高师保姆讲习科招考启事》题解。

《浙江公报》，地方政务日刊，1212 年 1 月 28 日创刊于杭州，由浙江都督府主办、编辑，都督府印铸局发行。旨在通饬各种政令，发布相关文牍、批示等，用以推进政务。主要栏目，有法令、电牍、文牍、章程、表册、批示、批牍、告谕、报告、附录等；主要撰稿人，为浙江各级政府部门或政要。1927 年 2 月 14 日终刊，共出 5243 期。

案查本厅招考北京女子高等师范学校预科及保姆讲习科生，前已规定，自七月十五日起，分日考试在案。

兹再规定，每日考试时间及科目，并指定横河桥省立女子师范学校为试验场所。合行布告报名各生知悉，仰即届时随带笔墨，到横河桥试验场听候考试。

凡未缴照片及未送验证书或证明书各生，并须先期送厅，以凭查验，毋自延误。特此布告。

中华民国八年七月五日

教育厅厅长伍崇学①

附：考试时日

七月十五日

上午八时起至十时止，预科、保姆讲习科，国文。

十时起至十二时止，预科，英语；保姆讲习科，教育。

七月十六日

上午八时起至十时止，预科、保姆讲习科，数学。

十时起至十二时止，预科，历史地理；保姆讲习科，应用图画。

七月十七日

上午八时起至十时止，预科，理化。

十时起至十二时止，预科，博物。

---

① 伍崇学（1881—1955）：回族，字静虑，号仲文，江苏江宁（今属南京）人。早年考入南京江南陆师学堂附设矿务铁路学堂，与鲁迅同学。1902 年，又与鲁迅结伴留学日本，毕业于东京高等师范学校。归国后，长期服务于教育界，历任京师学务局科长、教育部普通教育司第三科科员、教育部视学、浙江省教育厅厅长、江西省教育厅厅长、《教育公报》编辑员、教育部普通教育司司长等职。1946 年，当选为南京市参议会参议员。

布告

浙江教育廳布告第十六號 招致北京女子高等師範學校預科及保姆講習科生考試時間及科目由

案查本廳招考北京女子高等師範學校預科及保姆講習科生前已規定自七月十五日起分日考試在案茲再規定每日考試時間及科目並指定橫河橋省立女子師範學校爲試驗場所合行布告報名各生知悉仰即屆時隨帶筆墨到橫河橋試驗場聽候考試凡未繳照片及未送驗證書或證明書各生並須先期送廳以憑查驗毋自延誤特此布告

中華民國八年七月五日

教育廳廳長伍崇學

附考試時日

七月十五日上午八時起至十時止 預科 保姆講習科 國文　十時起至十二時止 預科英語 保姆講習科教育

七月十六日上午八時起至十時止 預科 保姆講習科 數學　十時起至十二時止 預科歷史地理 保姆講習科應用圖畫

七月十七日上午八時起至十時止 預科理化　十時起至十二時止 預科博物

浙江教育廳布告第十六號 招致留日實業練習生報名日期仰知照由

案奉

另图 12　《北京女高师保姆讲习科招考布告》原发表件图（部分）

33　津贴考入北京女高师保姆讲习科新生

安徽省教育厅

1919年7月8日、8月8日

题　解　　本篇原载《安徽教育月刊》第19期“公文”栏。第一则原题为《函省立第一女子师范学校第一四八号——函知本省本年对于考入女子高师预科、保姆科者特给津贴由》，发文时间为1919年7月8日；第二则原题为《布告第二九号——榜示录取北京女子高等师范学校预科及保姆科学生姓名由》，发文时间为1919年8月8日。发表时间为1919年8月。今题系编者所拟。

有关发文单位安徽省教育厅，参见前文《北京女高师保姆讲习科招考启事》题解。

有关北京女高师，亦参见前文《北京女高师保姆讲习科招考启事》题解。

《安徽教育月刊》，地方教育月刊，1918年1月创刊于安庆，由安徽省教育厅主办、编辑并发行。该刊宗旨，在于“发布意见”“表彰成绩”和“介绍方法”。主要栏目，有论说、公文、专件、报告、记录、译著、杂纂等；主要撰稿人，有高亚宾、卢殿虎、施亮功、江辛、汪中明、胡天翼等。1924年8月至1929年10月曾停刊，1933年5月改为季刊，1934年9月又停刊，1942年1月复刊，又改为月刊。1943年12月停刊。

一、函知本省本年对于考入女子高师预科、保姆科者特给津贴由

迳启者：

本省为鼓励女子进求高深学问起见，凡本年能考入北京女子高等师范学校预科及保姆科肄业者，每名由本省年给津贴五十元。请转知毕业诸生投考为荷。本省试期，定于八月一日、二日。合并奉闻。此致。

二、榜示录取北京女子高等师范学校预科及保姆科学生姓名由

为榜示事，照得北京女子高等师范省试业经评定甲、乙，合将录取姓名榜示。该校复试时期为八月二十六日，仰即先期赴京报到，听候复试，毋得延误。切切此示。

附姓名：

预科四名，周寅颐、韩慎贞、陈健吾、吴学谦；

保姆讲习科三〔二〕名，鲍毓华、刘同圭（自行请退）、张欧芳（自行请退）、张德贞。

34　准北京龙泉孤儿院章程

教育部

1919年9月26日

题　解　本篇原载《教育公报》第6年第11期“部令”栏。发布时间为1919年9月26日，发表时间为1919年11月20日。原发表时，题为《训令第四百二十六号（八年九月二十六日）》。今题系编者所拟。

有关发文单位教育部，参见前文《确定教育宗旨令》题解。

北京龙泉孤儿院，系北京龙泉寺创设的佛教慈善机构。其筹设时间为光绪三十二年（1906）。由京师总商会会长袁保三领衔禀准，由龙泉寺拨地筹款，兴建房舍。于1908年开院，收得孤儿60名。主持办理者，初为僧人道兴，后为僧人觉先。中华民国初年，扩展到有100余名孤儿住院。1949年，改名为私立龙泉小学校，后收归公办，现为北京市西城区陶然亭小学。龙泉寺位于北京市宣武门外南下洼子，现为北京市西城区龙泉胡同一带，是一座汉传佛教寺院，始建于宋代，今只存遗址。

有关《教育公报》，参见前文《饬京师学务局应准第二蒙养院立案文》题解。

令京师学务局：

据龙泉孤儿院僧觉先[①]呈称：

窃本院创办以来，已十二年。逐年扩充，颇有成效。向由龙泉寺僧之法师心学[②]委僧之法兄道兴[③]办理。邀同商会等各界慈善之士筹募经费。不足者，由龙泉寺补助之。不幸僧之法兄道兴于春间故世，僧之法师心学遂委僧为办理僧。查龙泉寺所填补于孤儿者，每年不下四五千金；且孤儿增加无已，深恐难以支持。遂分邀政、商等各界善士为本院董事，提议依照原来宗旨将章程整理、增删，以臻妥善而维久远。兹已得全体董事将修正章程再读通过，谨缮就修正章程一份，呈请钧部备案，以符定章而重善举。

等情到部。除批准备案外，合即抄同原章程一份，令行该局知照。此令。

附章程

第一章　总纲

第一条　本院由北京龙泉寺，依佛教慈悲主义，邀承各界善士辅助设立，定名为“龙泉孤儿院”。

第二条　本院以收养无依孤儿，施以相当教育，使成人后得有自立能力为宗旨。

第三条　本院设在龙泉寺东侧。全部房舍，占用地基二十七亩，由龙泉寺捐出之。

第四条　本院经费，由院长及董事筹募之。

凡自捐或代募本院经费者，每年于本院开成立纪念会时，柬请临会施训；

---

① 觉先（约 1867—？）：湖北宜城人。少年出家，后为北京观音寺住持。1904 年，在日僧渡边信哲等帮助下，赴日本考察游历。受日本“佛教兴学”影响，归国后立志效法。推动在京师成立“佛教学务总公所”，在各省设立“佛教学务公所”，设立“佛教学堂”及“贫民工艺院”。1919 年，接主龙泉寺孤儿院事。1927 年，发起成立“中华佛教平民教育联合会”，以北京观音寺为会所，被公推为会长。后半生主要致力于佛教教育事业。

② 心学：生卒年未详。长期担任北京龙泉寺住持。他在决定创办龙泉孤儿院后，委派道兴主持，并对他交代：“吾国失教幼孤不知凡几，欲就本寺立一孤儿院，教养兼施，不但于地方有裨，亦吾佛慈悲真旨。”（《北平龙泉孤儿院廿三周年报告书》）在道兴故去后，又委派龙泉寺的“下寺”观音寺的觉先主持办理龙泉孤儿院院务。

③ 道兴（？—1919）：早年出家，为龙泉寺住持心学的高足。接受师傅委托，创办龙泉孤儿院，并长期担任院长。

由院长率同孤儿礼谢，并随时登报申明之。

第二章　孤儿

第五条　本院所收孤儿，以备具下列各条件者为限：

（1）无父或兼无母；

（2）其亲属确无抚养能力；

（3）年在六岁以上、十二岁以下；

（4）身无恶疾。

前项所称孤儿，得随时至院报名，经本院检查许可，由其亲属或关系人亲具“保证书”保送入院。

第六条　孤儿入院后，如有来历不明、条件不符者，一经察出，得向保证人追缴教养费。每月以五元计算。

第七条　孤儿入院后，亲属或其他关系人欲半途领出者，须由保证人按照孤儿在院日数缴还教养费。

第八条　孤儿入院后，如性质过劣者，本院得随时交保证人领回。但故意违犯规则、希图出院者，仍依照前两条办理。

第九条　孤儿入院后至出院之日止，无论何人，不得有何藉口来院干涉。其有疾病、死亡或他项不测情事，非人力所能营救者，并不得向本院作任何之要求。

第十条　孤儿出院年限，以修满本院各学科及工艺为标准。修学成绩有优越者，得由本院保送各学校肄业；其工艺精良者，即留本院工场作工，酌给工资。

孤儿出院时，应通知原保证人，并呈报主管官署备案。

第十一条　备具下列各款者，经孤儿保证人及其亲族或关系人之同意，得领养本院孤儿为养子。

（1）确有教育能力；

（2）确无亲族承嗣；

（3）取得本人各亲族之同意。

领养人经本院调查确实后，须立具愿书，并觅具五等以上三家铺户之保证书交由本院，呈请主管官署批准备案，再由该领养人酌捐本院经费，方得领出孤儿回家抚养。

第三章　教育

第十二条　本院教育孤儿，分下列各部：

（1）小学部；

（2）工艺部。

第十三条　小学部学科，酌照部定小学校及半日学校规程办理。

第十四条　工艺部，依孤儿性质所近，暂分四类：

（1）织布工场；

（2）石印工场；

（3）编席工场；

（4）缝纫工场。

前项各工场，如有不敷分配时，得随时添设之。

于本院各工场外，得依孤儿性质所近，由本院选送院外各工厂学习。

第十五条　关于小学及各工场之规则，另定之。

第十六条　本院因教育孤儿之需要，得特设陈列室、游览室及操场、种植场等。其规则另定之。

第四章　礼堂

第十七条　每日黎明及晚饭后，由院员率领孤儿至礼堂谒释迦教主。

第十八条　每星期日，由龙泉寺讲师在礼堂宣讲佛教纲要。

前项所称佛教纲要，应列入小学学科。

第十九条　每朔望日，由院员率领孤儿往龙泉寺佛殿礼佛。

第二十条　本院训话、习礼及关于一切礼敬事项，均在礼堂行之。

第二十一条　关于礼堂之详细规则，另定之。

第五章　院员

第二十二条　本院设院长一人、副院长一人，由董事会于龙泉寺僧人中推举之。

院长、副院长均义务职。

第二十三条　院长常川驻院，总摄本院一切事务。如有事务不能到院治事时，由副院长代理之。

第二十四条　本院执行事务，分为下列各股：

（1）总务股；

（2）校务股；

（3）工务股；

（4）会计股。

总务股主任一人，由院长选任之；其他各股主任各一人，由院长商同副院长及总务主任请任之。

总务股职员，由院长商同总务主任委任之；其他各股职员，由院长选任之，但各主任得酌量荐举之。

第二十五条　总务主任辅助院长整理院务。其职掌如下：

（1）监督本股职员，执行本股一切事宜；

（2）协同各股主任，筹画各股进行事宜。

总务股职员分下列各种：

（1）管理员一人，司院生起居、饮食、卫生、清洁事宜；

（2）医务员一人，司检查孤儿身体及看护、医治疾病事宜；

（3）书记员一人，司本院文书、函件收发、编号、保存事宜；

（4）招待员一人，司来院宾客参观、接待各事宜；

另图 13　龙泉孤儿院成立四周年纪念合影

（5）庶务员一人，司厨房、院役及其他一切杂项事宜。

关于各职员所司事务各规则，另定之。

第二十六条　校务主任之职掌如下：

（1）关于本院小学筹设事项；

（2）关于孤儿入学及学科、班次分配事项；

（3）关于教育用品保管事项；

（4）关于教员选择、任用事项；

（5）关于本院小学之其他一切事项。

小学教员若干人，听受校务主任之指挥，分司教授、训练、管理各事宜。

第二十七条　工务主任之职掌如下：

（1）关于工场设置事项；

（2）关于孤儿习工之分配、监察事项；

（3）关于配发材料、储藏货品事项；

（4）关于工师工作之选择、任用事项；

（5）关于本院工场之其他一切事项。

专门工师及工作各若干人，秉承工务主任，各主管本科工务。其在院生习工时间内，听从校务主任、工务主任之指挥，实施教授。

第二十八条　会计主任之职掌如下：

（1）关于款项之收支事项；

（2）关于经费之筹画事项；

（3）关于银钱之保管事项；

（4）关于稽查簿据、监制表册事项；

（5）关于本院财产、经费之其他一切事项。

会计员一人，受会计主任之指挥，专司登录簿记、编制收支表册各事宜。

关于款项收支之方式及其他一切详细规则，另定之。

第二十九条　院员之服务规则，另定之。

第六章　董事

第三十条　政、商等界善士与本院有关系者，得由院长商取同意，推为本院董事。

第三十一条　董事系名誉职，对于本院，应各随愿力，担负下列各责任：

（1）维持本院经费；

（2）促进本院完善；

（3）监督院务进行。

第三十二条　董事分两种：

（1）董事；

（2）常务董事。

董事无定额。常务董事五人，由董事于开常年会时互选之。任期以三年为限。但续被选者，得连任。

第三十三条　常务董事，须每周轮流到院考查院务。每月应聚会一次，各以考查所得互相印证，并讨论之。

前项讨论结果，应按月商同院长编成概况书。其有认为必须彻查或更正者，得由院长依照施行。

第三十四条 董事会分两种：

（1）常年会；

（2）临时会。

常年会，每年一次，于本院成立纪念会前一月，由院长召集之。

临时会，遇有特别事故，由院长或经董事五人以上之提议召集之。

第三十五条 常务董事于每年开常年会时，应会同院长，将下列各表册提出审议之：

（1）前年度之院务概况书；

（2）前年度之收支决算表；

（3）前年度之财产目录；

（4）次年度之预算案。

前项表册，经大会表决后，交由院长，连同本届议事录，汇印成册。于成立纪念日公布之。

第三十六条 前条所称各表册，董事中如认为有疑义者，在常年会时，经过半数之赞成，得声请院长或常务董事修改或复核之。其在平时，经五人以上之提议，得向院长提出意见书，召集临时会。

第三十七条 召集临时董事会，须于通知书说明事实及理由。

第三十八条 关于董事会开会议事各规则，另定之。

第七章 附则

第三十九条 本章程自民国八年改订，呈奉批准施行。

第四十条 本章程所称各项规则，由院长拟定，交由董事会决定之。

35 请废止教育宗旨，宣布教育本义案（呈教育部）

全国教育会联合会

1919年10月

题　解　本篇原载《教育杂志》第11卷第11号“专件”栏。提案时间为1919年10月，发表时间为1919年11月20日。原发表时，总题为《第五届全国教育会联合会议决案》，本案列议决案之首。

提案单位全国教育会联合会，亦称“全国省教育会联合会”，为中华民国时期全国性教育社团，系由各省教育会派出代表所合组。第一届年会于1915年在天津举行，即为该会的成立之期。此后每年一次年会，由各省教育会轮流主持。此案系在该会第五届年会上提出。此届年会，于1919年10月10日在山西太原开幕，会期长达半月；出席代表有23省、58人，杜威也应邀与会。共收提案62件，最后议决案为29件。

该案在收入《第一次中国教育年鉴》（开明书店1934年版）时，编者所加按语为：“欧战告终，军国民教育不合民本主义，已为世界所公认。民国八年四月，教育调查会倡改革教育宗旨之议于前；同年十月，第五届全国教育联合会请废止教育宗旨、宣布教育本义于后。但前后建议，教育部均未采纳。兹附录全国教育联合会呈请教育部废止教育宗旨、宣布教育本义原文如下。”

有关《教育杂志》，参见前文《外人调查教育及保卫幼稚事项》题解。

新教育之真义，非止改革教育宗旨、废止军国主义之谓。若改革现时部颁宗旨为别一种宗旨，废止军国主义为别一种主义，仍是应如何教人之问题，非人应如何教之问题也。

从前教育，只知研究应如何教人，不知研究人应如何教；今后教育，应觉悟人应如何教，所谓儿童本位教育是也。施教育者，不应特定一种宗旨或主义，以束缚被教育者。盖无论如何宗旨、如何主义，终难免为教育之铸型，不得视为人应如何教之研究。

故今后之教育，所谓宗旨，不必研究修正或改革，应毅然废止。本年，北京教育调查会研究结果："养成健全人格，发展共和精神"二语，经本会讨论，认为适合教育本义。特拟办法二条，请大部采择、施行。

（1）从前部令公布之教育宗旨"注重道德教育，以实利教育、军国民教育辅之，更以美感教育完成其道德"，请明令废止。

（2）北京教育调查会所议定之"养成健全人格，发展共和精神"二语，请明令宣布为教育本义，期各教育者研究、阐发。

36　为设立蒙养园事训令六十县知事

江苏省教育厅

1919年11月19日

题　解　本篇原载《江苏教育公报》第2年第11期“厅令”栏。发文时间为1919年11月19日，同月发表。原发表时，题为《训令六十县知事》，题后标有“第二一二四号：为据省立第一女子师范学校代理校务邹楫呈请通令各县设立蒙养园由，十一月十九日。”今题系编者所拟。

有关发文单位江苏省教育厅，参见前文《北京女高师保姆讲习科招考启事》题解。

《江苏教育公报》，地方教育月刊，1918年1月15日创刊于南京，由江苏省教育厅编辑、发行。旨在传达政令、刊布规章、发表教育实况报告，以推进地方教育发展。主要栏目，有命令、法规、公牍、报告、著译、附录等；主要撰稿人，为当地教育界人士和地方士绅。停刊时间及原因未详。

案据省立第一女子师范学校代理校务邹楫①呈称：

本校附设保姆传习所学生，修业期满，呈请办理毕业。已奉指令，核准在案。查本所招生传习之始，由于省教育行政会议议决，各县设立蒙养园，并先由省筹设保姆传习所。是以陈请省长，令委本校开办，以造师资。现今诸生学业将竣，各县蒙养园尚属寥

---

① 邹楫：生卒年及籍贯未详。1912年4月，被委任为江苏省视学。次年1月，受省教育司的委托，与张树勋共同赴日考察教育行政。归国后，撰成《日本教育考察报告书》。1919年，受江苏省教育会派遣，与袁希涛、陈宝泉、金曾澄等，赴欧美考察各国教育制度，合著有《八年欧美考察教育团报告》。时逢江苏一女师校长吕惠如辞职，受命短暂代理该校校务。

寥，似应亟筹举办，以符原议。拟请鉴核，俯予通令各县，凡未设立蒙养园者，亟速设立。所需保姆，迳向本校聘订。庶几，幼稚教育可期渐兴；诸生学有所用，亦不致虚靡省款。所有〔以〕陈请，通令各县设立蒙养园。缘由除呈请省长外，理合呈请厅长，俯准施行，实为公便。

等情前来。据此，查童蒙养正，端赖始基。前次省教育行政会议议决，各县设立蒙养园，诚恐师资缺乏，故先呈奉省长，委令第一女子师范学校筹设保姆传习所。现在行将毕业，是此项师资已不患取材无地。据呈前情，除分令各县外，合行令仰该知事斟酌地方情形，迅行设立蒙养园，以兴幼稚教育而端学子始基。是为至要。此令。

附录 《省长指令第二〇〇一一号（十一月□日）》

令教育厅长：

省立第一女子师范学校代理校务邹楫，呈请通令各县设立蒙养园由。呈悉。仰教育厅长通令各县知事，察酌遵办，并转令该校知照。此令。

原载《江苏教育公报》第2年第11期，1919年11月

37　遵厅令筹设蒙养园案

昆山县劝学所

1920年1月18日

题　解　本篇原载《昆山县学事年报》1919年度。提案时间为1920年1月18日，发表时间为1921年1月。原发表时，题为《昆山县劝学所第四次教育会议议案·教育厅令筹设蒙养园案（九年一月十八日）》。今题系编者所拟。全文共收8案，本案为第3案。

提案单位昆山县劝学所，为民国初年昆山县的教育行政管理机构，时任劝学所所长为王颂文。他在接获江苏省教育厅“各县兴办蒙养园”的厅令后，于昆山县劝学所第四次教育会议提出此案，议决结果为：“照案通过。”

《昆山县学事年报》，地方教育年刊，1917年创刊于昆山，由昆山县劝学所（后改称教育局）主办、编辑并发行。旨在推进地方教育，记录地方教育的发展概况，并介绍新兴教育理论与方法。主要栏目，有公牍、报告、训令及指令、提案、视察报告、规程等；主要撰稿人，为当地教育界人士。停刊时间及原因未详。

案奉县公署转奉厅令：斟酌地方情形，迅行设立蒙养园，以兴幼稚教育，而端学子始基等因，转令本所察酌办理。

童蒙养正，端赖始基。今兹教育尚未普及，蒙养园之设立，实足以补助家庭之教育。本所屡思筹办，以绌于经费而止。

今考查女子高等小学附属国民一年级生，大半未届学龄之儿童；辅导之法，已具蒙养雏形，惟器具、设置未能完备。

颂文[①]意见，该校高等科已重建，课堂、宿舍可腾出余屋附设蒙养班。俟筹定经费，再以校后余地建筑园舍。如此，则目前需费较省，奏效尚易。

倘赞同此议，应请县长令行顾徐校长[②]，拟具办法，呈复核夺。

① 颂文：王颂文（1865—1942），原名仁曾，字沂仲，号耻庵，江苏昆山人，光绪秀才。为人正直，性耿介。戊戌变法后，弃旧学，热心地方政治改革及社会公益事业。1901年，协助方还在昆山创立新式学校"樾阁学堂"。1906年，主持昆山小学堂校务。1918年，出任昆山县劝学所所长。1923年，劝学所改教育局，任教育局局长。任内重教兴学，还创设昆山县第一所中学——昆山县立初级中学、昆山公立图书馆，兼任馆长。

② 顾徐校长：顾徐芬校长，早年毕业于上海务本女学，时任昆山县女子高等小学校校长。

38 儿童用书研究会及其简章

李儒勉

1920年9月1日

题　解　本篇原载《少年世界（上海）》第1卷第9期“儿童世界”栏。发表时间为1920年9月1日。原发表时，题为《儿童用书研究会》。今题系编者所拟。

该篇后在《中华教育界》第10卷第5期（1920年11月20日）予以转载，但删去了后面的部分文字。

撰著者李儒勉（1900—1956），字贵诚，江西鄱阳人，时为南京金陵大学学生。1920年，考入南京金陵大学，攻读心理学。毕业后，任东南大学附中、东南大学英语教师。1931年后，受聘为武汉大学英语系副教授、教授。1936年，自费去英国牛津、剑桥大学学习莎士比亚文学，被聘讲授语音学。1938年，继续回武汉大学任教。1943年，受聘于英国驻华大使馆新闻处，负责编辑《中英周刊》。1948年初，应邀再次赴英国剑桥大学讲学。中华人民共和国成立后，任职于中央对外文化联络局，兼任北京辅仁大学英语系主任。著有《日用英文习语分类例解》，译有《英国小说概论》，编有《实用英汉汉英词典》。

本篇所言“儿童用书”，虽然是就小学的学龄儿童而言；然而若就该会的实际研究而言，则囊括了幼稚园的学龄前儿童。例如，该会曾专门邀请陈鹤琴到会演讲，演讲内容主要是“三岁到七八岁的儿童”的读物问题。

《少年世界（上海）》，综合性社团月刊，1920年1月1日创刊于上海，由少年中国学会主办、编辑并发行。该会宗旨为：“本科学的精神，为社会的活动，以创造‘少年中国’。”主要栏目，有世界大势、学术世界、劳动世界、教育世界、学校调查、地方调查、农村生活、工厂调查、学生世界、社会批评、读书录、游记等；主要撰稿人，有恽代英、杨贤江、余家菊、邰爽秋等。

停刊时间及原因未详。

杜威[1]先生说过："想解决纷纭庞杂的社会问题，惟一的方法，就是零碎解决、特殊解决。"这话何等扼要！社会问题这般复杂，不就特殊范围去研究、解决，那儿还有光明的一日！

撇开别的问题不说，目下中国小学教育界的情形，何等可怜。不提旁的，单是童儿〔儿童〕的教科书，有几本能叫人满意？儿童参考书性的好坏，暂且不管；以量言，又能找得出几部？照这样情形，小学教育怎能有几多发达的可能？小学教育不发达，中国前途又有几多希望？那末，儿童用书的研究，怎能说不是急不容缓的事体？同志怀着这种愿望，为时很是不少；只以自身缺乏充分的研究和丰富的经验，协力同工的人又不见多。所以，不敢草率担任这任大责重的事业。

但是，事机凑巧，这次南高暑期讲学[2]，来学者不下千余人。其中从事小学教育者占最大多数。他们对于小学教育，自必别有兴味。同志因此捉着这个绝妙机会，聚合十几省小学教育者，组织"儿童用书研究会"，期集各方面的材力，为教育前途放一线彩光。

我们第一步就在《高师日刊》[3]上登启事，征求同志。启事揭出儿童用书研究会的旨趣，有以下两要点。

（1）鉴于儿童用书之重要，不能不加意研究也。所谓"儿童用书"，系指小学教科书及儿童参考书而言。编辑此种书籍，当有两个最大原则：一须根据儿童之心理；一须

---

① 杜威：约翰·杜威（John Dewey，1859—1952），美国哲学家、教育家。1879年毕业于佛蒙特大学，1884年获约翰斯·霍普金斯大学哲学博士学位。历任密歇根大学、明尼苏达大学、芝加哥大学教职。1904年后，任教于哥伦比亚大学，提出"教育即生活，学校即社会"的口号，建造了实用主义的理论大厦。1919年来华讲学后，对中国教育的影响日大。著有《哲学之改造》《明日之学校》《民主主义与教育》等。

② 南高暑期讲学：南京高等师范学校于1920年暑假举办"第一届暑期学校"时所开展的一系列讲学活动。培训对象为中小学教师和教育行政人员，学员来自17省区，共计1041人。培训时间近40天。师资主要由南京高师教员兼任，另聘有胡适、陈衡哲、凌冰、梅光迪等教育名家。

③ 《高师日刊》：全称《南京高等师范日刊》。因办理暑期学校，故假期亦未休刊。

适应社会之生活。盖新教育，以儿童作基础，以社会作目的，必其根据于儿童之心理，方能发展儿童之个性；必其适应于社会之生活，方能促进社会之进化。此二个原则，若忽而不顾，或偏而不全，则教育之功效有难以实现者矣。

（2）鉴于现行儿童用书之缺点，不能不审慎研究也。现行儿童用书之缺点，择要言之，则编辑者率尔操觚，忽视原则，一也。即使编辑者重视原则，而或无机会以求实际之经验；或为环境所限，不能免除主观的见解，必致结果仍难适用，二也。且察现行儿童参考书，遑论多不适用，即就分量言之，较诸英、美诸国，瞠乎其后。其不足供儿童需要，三也。总之，无论其为书肆编辑之书籍，或私人编辑之书籍，就彼等之能力及所处之地位而言，实难望其能独负此重任，则至明晰也。

启事登出以后，各省小学教育者，远的如山东、广西的，近的如浙江、安徽、两湖及其他各省的，俱踊跃加入。一二日间，签名的至二百人之谱。八月二十一，择高师教室开筹备会，公举筹备员，起草简章。八月二十三下午二时（即星期六），开正式成立会。到会者，六七十人。首先讨论并修改简章，逐条通过。

兹附简章如下：

一、定名　本会定名为儿童用书研究会。

二、宗旨　以研究并编译儿童用书、改造全国小学教育为宗旨。

三、会员　凡有志研究小学教育或从事小学教育者，经教育机关或本会会员之介绍，均得为本会会员。

四、组织　本会组织，分下列三部。

（1）调查部。调查现行小学儿童用书，并设法收集之，以供会员研究。

（2）编译部。编译儿童用书，并拟发行会刊。

（3）事务部。管理本会经济、文件及其他杂务。

五、职员及职务

（1）总干事、副总干事各一人。总干事处理本会一切事务，副总干事补助总干事处理本会事务；遇总干事缺席时，得代理其职务。

（2）干事。设干事二十四人。计调查部干事四人，事务部干事四人，编译部干事十六人。其职务，即组织项中规定者执行之。

（3）通信员。于各地分会未成立时，得由各地举通信员一人，将各地小学教育情形传达总会。

六、职员选举及任期　本会职员，用记名投票法选举，任期以一年为限。但得连任。

七、会员职务　本会会员，均应负调查及编译之责，以助干事之不及。

八、会费　本会会员，每年纳常年费一元。

九、会址　本会总会所暂附设南京高等师范。一俟会务发展、经济充裕时，另行设立会所。

十、分会　各地会员达十人以上，得成立分会。本章程亦得适用。惟不便处，得由各地分会自行酌改。

十一、会期　本会每年开常年大会一次。于暑假期内定期召集会员举行。惟会员有因路远未能赴会者，得托人代表，或通信发表意见。至临时会期，得由职员商定召集会员开会。

十二、附则　本章程自成立大会通过之日施行。如遇有不适用时，得经会员五人以上之提议，过半多之同意，于开大会时修改之。

通过简章以后，便选举职员。邰爽秋[①]君、王克仁[②]君，当选为正副总干事；赵兴[③]

① 邰爽秋（1896—1976）：字叔龙，江苏东台人。早年毕业于江苏省立第五师范学校，时为南京高师教育科学生。1923年留美，入芝加哥大学、哥伦比亚大学学习。1927年获博士学位回国后，曾任南京中央大学、广州中山大学、河南大学教授，暨南大学教育系主任，大夏大学教育学院院长。1949年后，任辅仁大学、北京师范大学教授。著有《教育经费问题》《中国普及教育问题》等。

② 王克仁（1894—1981）：名天鉴，字克仁，贵州兴仁人。时为南京高师教育科学生。毕业后，赴美国留学。1924年，获芝加哥大学教育硕士学位后归国，历任集美学校、暨南大学、湖北教育学院、厦门大学教职，讲授学校卫生、学务调查、教育概论、现代教育思想、教育史等课程。1941年国立贵阳师范学院创设后，任首届院长。1949年后，长期担任贵阳师范学院教授。著有《西洋教育史》《地方教育行政》等。

③ 赵兴：女，生卒年未详，时任江苏省立第二女子师范学校附小教师，为南京高师暑期学校学员。

女士、钟锦田[①]女士、金海观[②]君、李儒勉君，当选为事务部干事；杨贤江[③]君、陈启天[④]君、张念祖君[⑤]、王衍康[⑥]君，当选为调查部干事。编译部干事十六人，因会员多来自远方，相识有限，不易举出，当由全体议决。暂归总、副干事商请。

儿童用书研究会成立了。但这不过是我们要做的最简单的一着。以后的步骤正不知如何烦杂，如何困难。只望会员"勠力同心"，排除一切障碍，以求实现我们拳拳服膺的理想，并望海内外教育大家，本热心教育的素志，指导本会同人，以当循的途径。（进行方针，俟明日大会讨论。如何，容再报告）如有发表言论、讨论一切，则尤所欢迎。

兹节录本会会员徐敬修[⑦]先生对于儿童用书研究会之管见如下：

（一）当知今日儿童用书不良之点

今日之儿童用书，其内容与形式两方面缺点甚多。其故，以编辑者与发行者，纯乎商业行为，而于教育上未尝着想也。其不良之点，余于往年曾于《时事新报》上略行发表。今从具体方面着想，则亦有数端。

---

① 钟锦田：生卒年未详，江苏南京人。江苏省立第一女子师范毕业生，为"南京学联"书记。在校期间，加入"协动社"，开展"协动教学法"试验。后与统计学家王仲武结为伉俪。

② 金海观（1897—1971）：字晓晚，浙江诸暨人。时为南京高师教育科学生。毕业后，曾任河南第一师范、江苏第七师范、开封北仓女中、浙江第四中学、安徽第一女中、成都大学教员，南京中央大学实验学校校长和上海中华书局教育编辑。1932 年，任浙江湘湖师范学校校长，前后达 25 年。著有《小学教学法纲要》《推行基本教育之师资训练问题》等。

③ 杨贤江：参见后文《儿童年（*Children's Year*）》题解。

④ 陈启天（1893—1984）：字修平，笔名翊林、明志，湖北黄陂人。1915 年，毕业于武昌中华大学。历任中华大学附中、湖南一师教职。1919 年，加入少年中国学会。1920 年，考入南京高师教育科。毕业后，任上海中华书局编辑，主编《中华教育界》，提倡"国家主义教育"，并以国家主义反对共产主义，长期从事反对共产党的活动。1928 年后，历任上海知行学院院长、青年党中央常委、南京国民政府经济部长等职。1949 年去台湾。著有《最近三十年中国教育史》《韩非子校释》《近代中国教育史》等。

⑤ 张念祖：生卒年及生平事迹未详。时为南京高师教育科学生。

⑥ 王衍康：生卒年未详，安徽铜陵人。时为南京江苏第一中学教师。1934 年，任教于浙江湘湖师范。1938 年，任教于厦门大学。1941 年，任教育部训育委员会"聘任委员"。1943 年，任国立边疆学校校长。1948 年，任国立贵阳师范学院教务主任，兼任《教育学术》主编。著有《乡村教育》等。

⑦ 徐敬修：生卒年未详。时为江苏教育界名人、省立学校校长，编著有《国学常识十种》（丛书），由大东书局出版。

1. 属于内容方面者:(1)无目的;(2)无精神;(3)多消极;(4)多抄袭;(5)不合儿童心理。

2. 属于形式方面者:(1)文体欠当;(2)辞句不合;(3)无审美性质;(4)有害目力。

以上数端,虽未能将今日儿童用书不良之点尽行抉出,然已可略见一斑矣。

余回忆去年初夏,我江苏各省立学校校长曾赴日本考察教育。其在静岗师范(校名已忘却,恐有误)参观时,尝以我国教育不良之点相询。乃该校校长并不答以何种理由,即以我国所出版之教科书出示,继以日本小校〔学〕教科书出示。其意盖谓我国教育之不良在抄袭日本之形式,而失却教育之精神。呜呼,我国教育之失败,彼邦人士已早洞悉。我全国之教育家,尚可昏昏焉保爱此不良之书籍,而害全国之儿童,不思有以改良之哉?

(二)当如何以编辑良好之儿童用书

我人欲编辑良好之儿童用书,必先合于教育之本义,而又必合乎儿童之天性与本能,则所编书籍足于教育上有伟大之功业,而儿童得人人具有积极进趋之精神,以生发动力、创造力、应变力三种之效果。

致其最宜注意之点,亦有数端。

1. 属于内容者:(1)须适合儿童之本性;(2)须养成主动的性质;(3)须养成能于社会上有贡献之能力;(4)须养成积极建设之精神;(5)须随儿童本能之发展以并进。

2. 属于形式者:(1)文字须合于儿童口吻;(2)须有审美之性质;(3)于教授上不发生危险者。

总之,编辑儿童用书,非可卤莽从事。真欲收良好之效果,则更须注意下之二项。

(三)当先研究学识

今日之儿童用书,我人既知其病,而又欲有以改良之。然其最初之手续,则非先储学识不可。学识具,后乃可以洞烛今日教科书之缺点,进而研究之、改良之,出版行世,造福儿童……

至于研究学识方面,其急应研究之点,则如下列:

(1)人生之目的;(2)近代教育之趋势;(3)儿童之心理;(4)文化递进之情形。

上述四端，不过为身当编辑者所不可不研究之学识。其余各种科学，则为编辑者之本分，可无赘矣。

（四）当用研究方法

编辑适宜之儿童用书，须有学识、有经验，固矣；然未经试验，则将来必有扞格之弊。其弊，虽较坊间之书籍或可减少，然殊非吾人所愿有也。是以凡编辑一书，必先由会中同人共同试验。其适合者存之，不合者去之、改良之，以求达于至完善之境。

若夫试验之方法，可分二端。

1. 属于平时者。如编辑一高小二年级之国文教本，即可由会员中凡属担任高小二年国文者共同试验，将其结果作一报告。

2. 属于假期内者。凡新编之用书，于假期内由各分会指教就近之学校，利用补习之时间实行试验。其就近之会员，于教授时即可同参观、批评。所得结果，亦须作一报告……

39 儿童心理学研究会及其简章

孙祖基

1920年9月29日

题　解　本篇原载《中华教育界》第10卷第5期。撰成时间为1920年9月29日，发表时间为1920年11月20日。原发表时，题为《儿童心理学研究会》。今题系编者所拟。

作者孙祖基（1903—1957），字道始，江苏无锡人。早年积极参与进步运动，“五四”运动爆发后，参加上海学联，参加进步社团——锡社。1921年，考入上海东吴大学法科。毕业后，出任南京特别地方法庭推事、江苏民政厅第二科科长。1929年，任无锡县县长兼无锡市政筹备处处长。1935年，参加“上海文化界救国会”。1942年，附逆任汪伪政权淮海省财政厅厅长、内政部民政司司长、杭州市市长、浙江省财政厅厅长等职。日本投降后被逮捕。1949年去台湾。编有《中国历代法家著述考》《无锡先哲遗书目》。

值得注意的是，凌冰在南京高师暑期学校所系统讲授者，便是“儿童学”。可以肯定，儿童心理学研究会的发起者和骨干成员，便是其中的听众。凌冰这次讲学的讲稿，次年便由商务印书馆正式出版，名为《儿童学概论》。该书共分如后8篇：（1）什么叫做儿童学：（2）儿童学的历史；（3）儿童学的方法；（4）儿童学与遗传；（5）儿童身体的发达；（6）儿童各种天性的发达；（7）儿童知力的发达；（8）儿童教育的目的。通览此纲目可知，此次讲学，并非专论儿童心理。

有关《中华教育界》，参见前文《确定教育宗旨令》题解。

今年夏令，有两个新立的学术研究团是很可注意的。第一是儿童用书研究会（李儒勉君已在《少年世界》一卷九号上详细的记过），第二就是儿童心理学研究会。

委实说，儿童心理学一科，在西洋是新产的科学。中国研究的人更少。至于团体儿童的研究，要算德国教育家克斯蒙①是第一人。而组织学会，公开讨论，是在一八九三年，从美国全国儿童学研究会（The National Association for the Study of Children）起。一八九四年，英国儿童学会（The British Child Study Society）成立。一八九七年，波兰人组织波兰儿童学会。一八九九年，德国儿童学会成立。一九〇〇年，法国儿童心理学会成立。余如奥匈、罗马尼亚、塞尔维亚诸国，都有同样的学会创设。俄罗斯的儿童学会成立于一九〇〔六〕年。一九〇九年，美国罗斯福②总统，又召集全国教育家开会，专事研究于儿童的事情。同年，赫尔③先生也召集全国心理学家研究儿童学。以后，对兹儿童的研究，不但全欧、北美；即南美阿根廷，也在一九一三年时，有召集全国教育家，讨论儿童学大会的事情。我们也可知道，现在世界各国对于儿童学的趋势是怎样了。

我们这个会，是在南高暑期学校讲师与学员共同发起的。征求会员的时候，有一张启事。现在摘录大略，也可以叫人明白该会的宗旨。

> “儿童心理学”一科，不但在中国没有多少人研究；就是在西洋，也是一门在最近新产的科学。我们要发起这会的意思，一则因为，现在多数的中国人，喜欢说空话、做空文，没有人肯来做这种艰难的、实际地研究；一则因为，儿童心理学〔是〕一门很重要的科学，是研究中小学教育的基础。

---

① 克斯蒙：通译库斯谟（Kussmaul，1822—1902），德国儿童心理学家。1859年，其《新生儿心理生活的研究》一书出版。这是对较多婴儿进行观察实验以后统计整理的结果，在当时说来，是一种具有新的特点的研究，如他用糖水、盐水、奎宁水等分别放在新生儿口中，观察他们的反应。这已经接近实验法了。

② 罗斯福：西奥多·罗斯福（Theodore Roosevelt，1858—1919），通称“老罗斯福”，为美国第26任总统。1901年成为美国总统，1908年卸任，1906年获“诺贝尔和平奖”，是美国历史上最伟大的总统之一。召开此会时，应已卸任总统之职。

③ 赫尔：通译霍尔，即斯坦利·霍尔（Stanley Hall，1844—1924），美国心理学家、教育家，是冯特的第一个美国弟子，为心理学哲学博士，任约翰斯·霍普金斯大学的教授。1887年，创办了美国第一本心理学学术杂志《美国心理学》。1888年，应邀担任克拉克大学首任校长。1892年，发起成立“美国心理学会”，任会长。为“发展心理学”的开创者，著有《青年期的心理与教育》。

譬如要教育中国中小学校的儿童，必定先要知道中国儿童的体力与脑力发达的标准，应该怎样定法？他们体力和智力发达的程律是怎样？他们的特性是怎样？他们体力与脑力有怎样关系？等等。然后对于教育上，才有一定的标准可寻，才有最大的效果可收。假使教育不根据儿童的心理，那这种教育，简直是空中楼阁的教育。诸位，试问现在各地中小学校教育，有那几处不是这样的教育呢！

现在我们同人所最引以为欢喜的，就是我们一方面有发起这会的愿心；而凌冰①先生，一方面同时亦有希望我们组织这会的意思，许我们会里〔立〕以后，对于学问上、经济上永远的帮助，并且叫我们把他的姓名附在发起人之列。（后略）

该会当时，又有一个草章。照录如后。

一、定名　本会定名为儿童心理学研究会。

（附注：此处儿童心理学，系包括青年心理学而言。）

二、宗旨　本会以研究儿童心理、改进儿童教育为宗旨。

三、会员　凡南高暑期学校男女学员，有志研究儿童心理学、能以研究或调查所得报告本会（每年至少一次）者，皆可报名入会（关于各种调查方法，另由凌冰先生刊讲义发给各地会员）。

四、事务处　本会事务处暂设天津南开大学。公举凌冰为本会事务处处长，主持本会一切事务。

五、经费　本会经费，暂由凌冰担任，设法捐募。

---

① 凌冰（1891—1993）：字庆藻，号冀东、济东，河南固始人。早年肄业于南开学校，后考入清华学校。毕业后，赴美留学，先后入读斯坦福大学、哥伦比亚大学、克拉克大学，获教育心理学博士学位。1919 年归国，受聘为南开学校大学部第一任教务长。后历任国立河南大学校长、河南省教育厅厅长、中华民国驻古巴国全权公使等职。1949 年后，居留美国。著有《儿童学概论》。

六、职员　本会在暑期学校内，推举临时干事二人：施之勉[①]、张近芬[②]；临时书记二人：宋〔朱〕慰堂[③]、谢蕴如[④]。分别管理本会一切会务。此项职务，一待暑校期满即行取消，另由事务处处长专任主持。

七、通信　凡本会会员，如有关于研究、调查报告及质疑问难等信件，可直接投本事务处（或由各会员自行相互通讯——会员通讯地址另刊）。

这个会发起的，除凌济东先生外，有施之勉、蒋锡昌[⑤]、谢蕴如、宋〔朱〕慰堂、张近芬、赵兴诸君。不多几天，会员就达二百余人。

这二百余人中，有多数是在教育界服务，没有一个不情愿牺牲精神为儿童造福的。现在，“会员通讯录”已由朱慰堂君携款到杭州印刷，印好再分寄各处，实行相互通讯。又由凌先生将调查儿童身心方法，刊印讲义，发给会员以研究；调查、报告、质疑、问难等件，汇印成册，或定期开大会公开讨论。

我们相信，儿童心理学和教育有很大的关系。旧教育家以为，儿童身体的发达和教育是没有关系的，所以只叫他读了几本死书。至于儿童身体的发达不发达，就不管他了。但是，新教育家就不是这祥。他研究出儿童体力与脑力和教育有极大的关系。所以，他挪儿童做教育的主体，次第的把他调查、观察、试验，以养成活泼泼地、无所不能的新儿童。

---

① 施之勉（1891—1990）：名敦临，以字行，江苏无锡人。1915年，考入南京高等师范学校。1920年毕业后，任开封河南省立第一中学教师。后曾任集美师范、扬州中学、无锡师范、中央政治学校、国立边疆学校教职。抗战胜利后，任无锡县立中学校长。1948年到台湾，历任嘉义女中、台南二中教员，台湾工学院国文教授，成功大学中文系主任。著有《史汉疑辨》《史记会注考证订补》等。

② 张近芬（？—1939）：参见后文《江苏省立第二女师范附属小学蒙养园》题解。

③ 朱慰堂：生卒年未详，浙江萧山人。时任浙江省立女子师范学校教员，兼任浙江省教育会临时干事。

④ 谢蕴如：女，生卒年未详。早年毕业于江苏省立第二女子师范学校，后任该校附小家事科兼图画科教员。当时为南京高师暑期学校学员，后与张竞生合开上海美的书店。

⑤ 蒋锡昌（1897—1974）：又名海庭，别号思常，江苏无锡人。1917年，毕业于江苏省立第五中学，旋考入南京高等师范学校文科。1921年毕业后，历任厦门集美中学、重庆四川省立第二女子师范学校、江苏省立第三师范教职；课余精研老庄，颇有心得。著有《老子校诂》《庄子哲学》等。

所以我们希望，儿童心理学研究能够在中国教育史上起一个教育底“哥白尼的革命”（Copernicus Revolution of Education），锦簇崭新，开一个新纪元。

九,九,二九，于南京（时事新报）

40　推广蒙养园案

全国教育会联合会

1920年10月20日—11月10日

题　解　本案原载《教育杂志》第12卷第12号“特别纪事”栏。提案时间为1920年10月20日—11月10日，发表时间为1920年12月20日。

其后，该案又在《教育潮》第1卷第9期（1920年12月）转载。其他教育刊物，也多有转载者。

有关提案单位全国教育会联合会，参见前文《请废止教育宗旨，宣布教育本义案》题解。

此案为《全国教育会联合会第六次议决案》之一，议决“呈请教育部，令行各省区”。此次年会，共收议案75件，议决案共24件。

此次年会，原定在广州召开。后因广州时局生变，遂改在上海召开，由江苏省教育会主办。开会时间为1920年10月20日—11月10日。江苏省教育会的代表为黄炎培、沈恩孚、郭秉文三人。这次年会所通过的最为重要的议案为《改革学制系统案》，是“新学制”的雏形。该案建议将学前教育机构“蒙养园”统一改称为“幼稚园”。该案后由教育部在全国推行，具体内容参见本篇附录。

有关《教育杂志》，参见前文《外人调查教育及保卫幼稚事项》题解。

查蒙养园之应广设，约有二故。

吾国今日女学幼稚，母教莫兴；而为父兄者，教育知识亦多缺乏。故子女于学龄时

另图 14 全国教育会联合会第六届年会代表合影

期之前，即未受适宜保育。但儿童值此时期，身心之发育，甚为敏速；其发展之不适宜，于将来品性之成就影响匪浅。故必于此时间施以相当之保育，以补救家庭教育之缺点，而养成善良之根本；则学校教育方克收美满之功效。此就事实言之，蒙养园之急宜推广者一也。

家庭教育，基于亲子之情爱，多失于放任；学校教育，出乎教师之理想，易取严格。儿童由家庭入于学校，其境遇之变迁过于急遽，而身心之发育或不免受障害。若蒙养园其形式之组织同于学校，其保育之方法类于家庭，能调和家庭与学校境遇之变迁，使适于自然之发展。此就理论言之，蒙养园之急宜推广者二也。

谨拟办法如下，请大部采择施行。

（1）女子师范学校，应附设保姆科。

（2）除女子师范学校及女子师范讲习所应附设蒙养园外，每县至少须设蒙养园一所。

附录 《教育部训令第二〇九号》

令各省教育厅：

案据第六次全国教育会联合会呈送《推广蒙养园议决案》到部。查该会所拟推广办法，尚属可行。合亟抄录原案，令行该厅遵照办理。此令。

（附抄原案）

中华民国十年七月十三日

教育次长代理部务马邻翼

原载《政府公报》第 1940 期，1921 年 7 月 19 日

41 省区教育会应提倡设立儿童研究会案

全国教育会联合会

1920年10月20日—11月10日

题　解　本案原载《教育杂志》第12卷第12号“特别纪事”栏。提案时间为1920年10月20日—11月10日，发表时间为1920年12月20日。

此案为《全国教育会联合会第六次议决案》之一，议决“呈请教育部，令行各省区”。此次年会，共收议案75件，议决案共24件。

有关全国教育会联合会及其第六届年会，参见前文《推广蒙养园案》题解。

有关《教育杂志》，参见前文《外人调查教育及保卫幼稚事项》题解。

通告各省区教育会：

儿童研究为各种教育的基本，是很重要的。但吾国一般教育者多未注意。若说到实地研究和关于这项著述，那就更少了。

现在要想提倡这种学术，该讨论一个办法。所以，把儿童研究会应当办的事项写在下边。

一、儿童研究会，由蒙养园保姆、小学校教员、师范学校教育科教员和有志儿童研究的大家组织之。

二、儿童研究会应当办的事项：

（1）征集童话和玩具；

（2）调查儿童心理；

（3）实验儿童的“身体”和“精神”各方面。

三、凡调查、实验和研究的结果，应当编印报告书，并分送各省区，大家参考。

42　北京女高师附属蒙养园简章

1920年12月

题　解　本篇原载《北京女高师幼稚教育的研究》第1期“随笔”栏。发表时间为1920年12月。原发表时，题为《北京女子高等师范学校附属蒙养园简章》。今题系编者所拟。

有关北京女高师，参见前文《北京女高师保姆讲习科招考启事》题解。

该校蒙养园附设于1915年8月，首届招生30人，由附小主任孙世庆兼主园事。1916年8月，该校开设保姆讲习科，亦称“保姆班”。1917年3月，由保姆班主任刘亮机兼主园事，在园幼稚生达60名。其后，设备日益完善，办理也日渐规范。后因人事变动，中学主任欧阳晓澜一度兼主园事。1920年左右，又由附小主任孙世庆兼代主任，管理园事，此时，该园幼稚生已近百名。

《北京女高师幼稚教育的研究》，系研究论文集，由北京女子高等师范学校“幼稚教育研究会”主办。本期卷首刊有北京女子高等师范学校幼稚教育研究会会员的合影一帧，计有会员23人。该会会员均为该校“保姆讲习科”学员。本辑刊首载有刘吴卓生和陈斠玄所撰“发刊词”。旨在刊载该会会员的研究成果，并介绍幼稚教育的最新进展。主要栏目，有论述、测量表、普通游戏、跳舞游戏、表情游戏、歌曲、童谣、纪要、笑话、例言、会员录、教具等；主要撰稿人，有唐若兰、张耀翔、魏儒林、胡人哲、熊崇煦、高奇如、唐国贞、杨文英等。仅出此一期。

一、保育之宗旨　与家庭教育相助，调护儿童身体，培养其知、情、意三育，以造就健全国民，而为国家教育之基础。

二、课程

（1）谈话——古典：寓言、历史名人、童话；家庭：应对礼仪、饮食起居、卫生习惯、一切动作；社会：士农工商职业、交际状况、公益道德；物理：天象、动植物。

（2）乐歌——表情唱歌、运动进行。

（3）手工——恩物、纸工、豆工、土工、图画。

（4）游戏——表情游戏、运动游戏、竞争游戏、假装游戏、感觉游戏。

三、保育之时间　每日约三小时（均在上午）。每课以十五分至三十五分为度。其起，随季节定之。

四、入园儿童之年龄　以满四周岁至六周岁为合格。

五、保育费　全年分三学期。

第一学期，自九月至十二月止，应纳保育费三元二角；

第二〔学〕期，自一月至三月止，应纳保育费二元四角；

第三学期，自四月至六月止，应纳保育费二元四角。

在每学期开学时预缴。倘有半途退学，所纳之费概不退还。

六、假期

（1）暑假，自六月二十五日起，至八月二十五日止。

（2）年假，自十二月二十五日起，〔至〕一月七日止。

（3）春假，自四月一日起，至七日止。

七、保育年限　以两学年为度，给与卒业证书。如有年龄过长者，当先给介绍书，送入国民学校，或听家长自择。

八、定额　暂以一百二十名为期〔限〕。

九、儿童报名时之手续　报名时，须将儿童姓名、籍贯、年岁、生月、家长、保护人、保证人职业、住址、儿童曾否种痘等，开明报名册内。

十、儿童出席、缺席及疾病　儿童来往，须按照时刻接送，不得过早、过迟。蒙养园之课业比小学校更为重要。若非疾病及万不得已时，勿使轻易缺席。缺席时，须先期通知本园。

万一儿童或家属罹传染病时，当即刻通知本园，停止儿童来园，以防传染。愈后，当有医生证书，方得照常来园。

蒙养园所注意传染病如后：天然痘、实布垤亚①、猩红热、发疹窒扶斯②、赤痢、虎列刺③、肠窒扶斯④、百斯气⑤、百日咳、麻疹、风疹、流行性耳下腺炎、传染性脑脊髓炎、癖疥、传染性眼炎等。

十一、恩物及玩具　保育上必需之恩物及玩具均由本园设备，不必儿童携带。

十二、儿童之服装　以便于儿童之活动、不流于虚饰为主。

十三、儿童之携带品　手巾，每日必当携带。其帽子、手巾、外套等，当记明姓名，以免错乱。

十四、住所之变动　家长、保护人及儿童之住址有变更时，当通知本园。

十五、与家庭之连络

（1）家长及保护人对于儿童保育上有何希望，均可详细说明，以为本园参考。

（2）家长及保护人对于儿童保育上如有疑问，可随时向本园询问。

（3）家长及保护人等与儿童保育有直接关系者，得随时来园参观保育之实况。

（4）本园为连络方便起见，于每学期中开家长谈话会一次，藉以互相研究儿童保育之进步。诸家长务必到会。

十六、家长、保护人、家属来园应守规则

（1）幼生保护人送儿童到园，应在保护人休息室等候。其初来，儿童保护者不便远离时，得本园许可后，可在保育室一定地点等候。倘儿童业已习惯，该保护人即不得入场。

（2）保护者在休息室，以静肃为主，并得作裁缝及其他有益手艺。

（3）保护者如无第一条情事，欲参观保育时，宜先与本园主任及保姆接洽，并登记姓名、年、月及与儿童之关系等于参观簿上，方得入保育室参观（其他之参观人准此）。

（4）在保育室内参观时，不得言笑、质问。如有意见，可于退室后说明。

（5）儿童成绩品及本园陈列品，阅毕当置原处。

---

① 实布垤亚：通译实布垤利亚，即白喉病。
② 发疹窒扶斯：斑疹伤寒病。
③ 虎列刺：通译虎列拉，即霍乱病。
④ 肠窒扶斯：肠伤寒病。
⑤ 百斯气：通译百斯脱，即鼠疫。

十七、接送人（仆役之类）来园应守规则　凡儿童接送人，儿童到园时，当在保育场口交与保姆，退在门房等候。如居宅近者，可先归宅，届散课时来接。

十八、儿童个性调查表

（1）家庭状况——如家庭之职业、生活人数等；

（2）周围事情——如地方之习惯、戚友之交际等；

（3）体质——如身体之发育、官能之作用等；

（4）气质——如沉着、温厚、刚毅、坚忍等；

（5）智力——如感觉、注意、记忆、思考等；

（6）意志——如决断、坚定、持久、兴味、奋励等；

（7）感情——如高尚、温和、亲厚、谦逊等；

（8）容仪——如整饬、庄重、修洁、文雅等；

（9）动作——如活泼、敏捷、对己、对人、对物等；

（10）言语——如明了、流畅、语调等。

十九、儿童身体调查表　体格、身长、体重、胸围、平常盈虚之差、肺量、脊柱、视力、目疾、听力、耳疾、牙齿疾病。

二十、附则

事务分掌规程：

（1）本园为谋进行便利起见，特由本园职员中推举组任员、事务员及每日轮值员数人，掌管一切园务，以专责成，而以主任统理之；

（2）本园全体职员，均负保护幼儿身体及卫生等事；

（3）本园设职员会，研究一切保育事项及其他各种园务。开会日期由主任酌定。如有特别事故，得由职员提议开临时职员会。

组任员所掌事项：

（1）保护幼儿身体及注意卫生；

（2）照料幼儿来园、出园；

（3）监护幼儿自由游戏；

（4）看护幼儿发病及负伤；

（5）调查幼儿出席、缺席；

（6）观察幼儿个性；

（7）填写“保育周录”；

（8）处理儿童成绩。

事务员所掌事项：

（1）襄助主任管理一切园务；

（2）保管本园各种规则表簿等类；

（3）接待幼儿家属及引导来宾参观；

（4）保管园内器具、幼儿玩具及一切消耗品等；

（5）料理购置物品；

（6）填写“保育日志”。

当值员所掌事项：

（1）巡视保育室内外，注意整洁；

（2）掌官〔管〕保育时间、摇铃及奏琴事项；

（3）照料幼儿茶水。

附录　《北京女子师范学校附属蒙养园简章》

一、宗旨　调护儿童之心身，培养其三育，以造就健全之国民，而为国民教育之基础。

二、课程

（1）谈话：古典——寓言、历史名人、童话；家庭——应对礼仪、饮食起居、卫生习惯、一切动作；社会——士农工商职业、交际状况、公益道德；物理——天象、动植物。

（2）游戏：表情游戏、运动游戏、演剧游戏、感觉游戏。

（3）手工：恩物、纸工、土工、图画。

（4）音乐：表情唱歌、运动进行、分辨韵律。

（5）点心：饷以合于卫生之食物。

三、时间　上午九时上课，至上午十一时四十五分散课。每课时间，以十分至三十分为度。

四、年龄　五岁至七岁。

五、纳费　全年分三学期：第一学期，自八月至十二月止；第二学期，自正月至三月止；第三学期，自四月至七月止。每月应纳保育费四角、点心费二角，须一学期预缴。倘有半途退学，所纳费概不退还。

六、定额　暂以60名为限。

七、园址　附属女子师范学校。

八、假期　照部定《小学章程》。

九、年限　以两学年为及格，给予卒业文凭。如年过长者，当先给介绍书，送入国民初等，或听该家长自择。

附则：

（1）报名时，须将幼生之姓名、年岁、籍贯、男女、家长、保人职业及现住址、曾否种痘，均须开明报名册内。

（2）儿童来往，须按照时刻接送，不得过早过迟。如有要事告假，须先期通知本园。

（3）每学期开谈话家属会一次，研究儿童之进步。诸幼生之女家长，不得推诿不到。

（4）本简章有未尽善者，当随时酌量修改。

北京女子师范学校1917年自刊，

摘自《中国近代学制史料　第3辑上册》第339页，华东师范大学出版社1990年版。

43 北京女高师幼稚教育研究会会章及会员录

1920年12月

题 解 本篇原载《北京女高师幼稚教育的研究》第1期“附录”栏。发表时间为1920年12月。原发表时，分别题为《幼儿教育研究会会章（一千九百十九年）》和《第一次修正会章（一千九百二十年十一月廿八日）》。今题系编者所拟。

有关北京女高师，参见前文《北京女高师保姆讲习科招考启事》题解。此幼稚教育研究会系由该校保姆讲习科的23名学员所共组。当该科学员于1921年毕业后，该会遂无形解体。

有关《北京女高师幼稚教育的研究》，参见前文《北京女高师附属蒙养园简章》题解。

一、原拟会章（1919年）

第一条 定名 本为〔会〕为保姆科同学所组织，故定名为幼稚教育研究会。

第二条 宗旨 本会以研究幼儿教育为宗旨。

第三条 会员 凡有志研究幼儿教育者，均得为本会会员。

第四条 职员 择主席一人、副主席一人、各部主任二人、庶务兼书记一人。

第五条 会期 定星期一晚七点至九点。

第六条 本会分演讲（关于幼儿教育）、编辑童话、制造恩物三部。每星期由会员轮流担任。

第七条　会金　每月小洋一角。

第八条　职员任务　主席，总理本会一切事务；副主席，助理一切；制造部主任，管理恩物稿件；编辑主任，管理童话稿件；庶务兼书记，管理本会出纳及讲演时速记。

第九条　成绩　本会编辑部集合会员论文，每季出会刊一册，名为《幼稚教育研究》。

第十条　职员任务期限　以一季任满改选，但进〔竞〕选者亦可连任。

第十一条　附则　本会会章如有不适处，经会员二人以上之提议，得随时修改。

二、修正会章（1920年11月28日）

第一条　定名　本会为一九二〇年毕业同学所组织，故定名为幼稚教育研究会。

第二条　宗旨　本会以研究幼儿教育为宗旨。

第三条　会员　凡有志研究幼儿教育者，均得为本会会员。

第四条　职务　本会推定委员四人主持本会事宜。主席，开会时推举。

第五条　会务　每人每人〔年〕须提出两篇以上论文，由委员印刷、分发，供众会员研究。

第六条　会期　每年春假为开会期。地点以多数会员所在地为标准。

第七条　会金　每年纳会金二元，分二季交齐，以一月及七月为期限。

第八条　成绩　就各会员所提出之论文，经全体大会选择后，付印发行。

第九条　入会手续　凡由会员二人以上之介绍，经本会三分之二会员认可，可得为本会会员。

第十条　职员任务期限　每年开大会时改选委员，但得连选连任。

第十一条　附则　本会会章有不适处，经三分之二会员通过后，得随时修改。

三、会员录（以笔划多少为次序）

表 1　北京女高师幼稚教育研究会会员表

姓名	字	籍贯	地址	经历
文永叔	棣祥	江西萍乡	江西省城内友竹花园五号	江西省立女子师范毕业，在本校服务三年
王淑英	仲华	山西文水	山西太原钟楼底鼎新永转	山西第一女子师范毕业
胡人哲	明之	湖北孝感	京西香山慈幼院女校	湖北省立第一女子师范毕业，河南信阳州道立女子两等小学校教员二年
孟自芬	国非	甘肃循化	循化城内福如海号	甘肃省立第一女子师范毕业
高奇如	品三	福建闽侯	直隶第一女子师〔范〕附属小学校转	直隶第一女子师范毕业
张连玉	昆山	山西崞县	山西崞县施家野村庄	山西公立女学校毕业，任本校小学教员三年
杨文英	继泽	湖南宁乡	宁乡县南城外彭祖庙杨复新堂	湖南第一女子师范毕业，任本省小学教员三年
陆离	不怪	江苏无锡	无锡河西里二十三号	直隶省立第一女子师范毕业
林素真	栢铭	广西贵县	广西贵县城外睦富街林昌后堂	广东师范毕业
叶端	静修	山东聊城	山东济南县西巷竞进女校转	山东女子师范毕业
杨富予	柏寿	江西泰和	江西泰和县城学背五少师第	江西省立女子甲种职业学校毕业
唐国贞	干之	湖南衡山	北京宣武门外丞相胡同四十二号	湖南省立第三女子师范毕业
邓春芩	友仙	甘肃循化	甘肃兰州下沟	甘肃省立第一女子师范毕业，曾任西宁县立女子两等小学校教员二年
韩玉贞	志惠	甘肃凉州	甘肃凉州隍庙巷内	甘肃省立第一女子师范毕业
高云青	凌霄	山西文水	山西文水杭城村	山西省立第一女子师范毕业

姓名	字	籍贯	地址	经历
李鑫	相如	湖南湘潭	湖南湘潭北城内藉池书舍	湖南省立第一女子师范保姆科毕业，任本省小学校教员四年
沈德熙	若愚	河南许昌	京西香山慈幼院女校	河南省立女子师范毕业，任本省孟县两等女校教授一年后，在本校蒙养园及小学教授二年
谢蕙如	仲瑶	四川成都	北京女子高师	四川省第一女子师范毕业，在本校服务小学校教授二年
唐若兰	隽德	四川重庆	女高师附属蒙养园	四川省立第二女子师范毕业
鲍毓华	文粲	安徽芜湖	芜湖东门外乡卜老巷	芜湖第二女子师范毕业，任附小单级教授二年
魏儒林	净尘	奉天辽阳	辽阳南城昂堡邮局转交三多堂	辽阳女师范毕业，奉天女师范数理化专修科修业二年
罗慕昭	砺铮	四川重庆	女高师校	四川省立第二女师范保姆科毕业，服务本校蒙养园半年
罗颖华	实秋	湖北汉口	汉口三陕里二十一号	湖北省立女子师范毕业，任本校蒙养园教授一年

另图 15　北京女子高等师范学校幼稚教育研究会会员

44　在菲律宾华侨教育会议上有关幼教的提案

叶士登

1921年5月

题　解　本篇原载《中国与南洋》第2卷第2、3号合刊“专件”栏。发表时间为1921年5月。原发表时，署名为“提议者叶士登”，题为《菲律滨华侨教育会议议决案：第六案——国民学校未附设幼稚园者勿收容八岁以下学生案》。今题系编者所拟。

提议者叶士登，生卒年及生平事迹未详，当为菲律宾华侨教育工作者。

菲律宾华侨教育会议，系由菲律宾华侨教育会组织召开。该会成立于1914年12月13日，由菲律宾华侨学校中的华籍教育工作者所合组，会员百余人，会长为陈迎来，会所设“中西学校”。该会定期开会，商讨推进菲律宾华侨教育事业的相关问题。此案即在该会第六届年会上提出。

《中国与南洋》，不定期南洋华侨刊物，1918年3月创刊于南京，由南京暨南学校主办、编辑并发行。旨在研究南洋情况及中国与南洋的关系，内容涉及南洋的历史、地理、经济、政治、法律以及南洋华侨的历史状况、教育状况等。主要栏目，有论述、记载、调查、通启、通讯、校报、杂录等；主要撰稿人，有赵正平、柱公、涂开舆、许豪士、黄炎培、章绳以等。停刊时间及原因未详。

说明：收容八岁以下学生，肄业于未附设幼稚园之学校，其害有三。

（1）儿童当十岁内时期，其脑质之弱，据生理学家言，状似豆腐，记忆力极为微薄，无形式教育[1]之必要。当此时期之内，儿童天机至为活泼，今乃令其向黑字中讨生活，自无丝毫兴味；且教员因须维持一级之秩序，不得不束缚之于功课及规则中。儿童终日枯坐椅位，痛苦之深，无异入狱。是收容八岁以下学生，足以妨碍儿童体育之发达。其害一也。

（2）儿童最嗜玩具。在教室中，往往公然取他人之物以供玩耍。经教师之督责，公然之手段遂变而为秘密。此种感情作用，一时殊难潜移默化。教室中，便于偷窃之机会甚多。是收容八岁以下学生，适足养成其偷窃之习惯。其害二也。

（3）幼稚学生既可肄业于国民学校，纵有人欲兴幼稚园，常以无学生或虽有而少数而中止。社会所以少幼稚园组织之要求者，职此之由。是收容八岁以下学生，足以阻滞幼稚园之产生。其害三也。

此皆有关于儿童之基本教育者，故亟应议决而一律实行焉。

主席付讨论，全体认其理由为充分。惟年龄之规定，则意见互有异同。或主张七岁以下，或主张八岁以下。主席遂先后付表决，卒以赞成八岁以下者居多数。原案通过。

---

① 形式教育：也称形式训练或形式陶冶、心智训练或心智陶冶，是与“实质教育”相对的概念或术语。这种教育的主要任务在于使学生的官能或能力得到发展，因而重视拉丁文、希腊文、历史、数学等古典学科知识的教学，经由这种学习和训练，学生的知、情、意等官能得到发展，且能够迁移。

45　呈广东省长请核准施行《推广幼稚园案》

郑家桂

1921年8月

题　解　本篇原载《广东省教育会杂志》第1卷第2号“会务”栏。发表时间为1921年8月。原发表时，题为《呈省长文：议决请推广幼稚园案》。今题系编者所拟。

提案者郑家桂，生卒年未详。时为广东省香山县第七区高小、国民学校选出的与会代表，当为该校教师或负责人。

该案系在“广东第五次全省教育大会”上的提案。这次大会于1921年6月21日—30日在广东省教育会议事堂举行。由广东省教育会汪精卫会长和金曾澄副会长共同担任大会“主任干事”，到会代表460人，共提交议案195件，议决成立者88件。成立案由主任干事呈交省长陈炯明批准施行，本案即为其中之一。

《广东省教育会杂志》，不定期会刊，1921年7月创刊于广州，由广东省教育会主办并编辑，由广州商务印书馆发行。该刊宗旨为“从精神上及物质上谋一切教育之改良及建设”。主要栏目，有会务、讲演、评论、演讲、会员录、政治教育、杂录、文牍等；主要撰稿人，有黄炎培、胡适、汪金、金曾澄、谭鸣谦、陈炯明、吴敬恒、林翼中、温仲良等。停刊时间及原因未详。

为呈请事，核准香山县第七区高小、国民学校代表郑家桂提议《推广幼稚园案》，当经提出大会讨论，表决成立。随于原案条文略有修改，理合备文，连同原案呈请省长察核、施行仍候。指令祇遵。谨呈广东省长陈[1]。

附呈原案一件

香山第七区国民、高小学校代表郑家桂提议《推广幼稚园案》：

一、类别　初等教育。

二、理由　幼稚园为基本教育，我国向鲜注重。即间有一二，亦只裨益于少数孩童，仍未能普及全群也。因此，大多数未受幼稚教育者，其天性末由发达，本能末由扩充。始基未固，曷能养成健全之国民？故欲使天真烂漫、活泼灵敏之孩童悉享真正之幸福，而补家庭教育之不及也，是不得不推广幼稚园矣。

三、办法

（1）凡女师范学校，须依照法令附设保姆讲习所及幼稚园。

（2）择城乡之适宜地点开设幼稚园。

（3）经费由地方公款支拨，或由热心家捐助。

（4）凡无女师范学校之县，应由县知事选送女生到保姆讲习所讲习，以养成师资。

---

① 此“省长陈”，指时任广东省省长陈炯明（1878—1933），字赞之、竞存，广东海丰人，光绪秀才。1908年，毕业于广东法政学堂，后参加同盟会，参加辛亥革命。中华民国成立后，任广东军政府副都督、代都督，并成为粤军首领。1920年8月，被孙中山任命为广东省省长兼粤军总司令。后因反对孙中山而被免职。

46　兰溪县遵令筹办蒙养园文

熊宪章

1921年9月3日

题　解　本篇原载《教育月报》第44期“县令”栏。撰写时间为1921年9月3日，发表时间为1921年10月。原发表时，题为《兰溪县县公署训令第六七九号：为筹办蒙养园由》。今题系编者所拟。

转令者熊宪章，生卒年未详。在担任兰溪县知事前，曾任武康县知事。在兰溪县知事任内，除遵令筹设蒙养园外，还于1922年在兰溪城东孔庙创办兰溪县师范讲习所。该讲习所开兰溪县师范教育之先河。

《教育月报》，地方性教育月刊，1915年10月创刊于浙江省兰溪县，由兰溪县公署主办、编辑并发行。旨在宣传、公布有关教育的中央及地方法规、指令，以起到对地方教育活动的督导作用。主要栏目，有大总统申令、浙江教育厅训令、兰溪县公署训令、课程纲要、各校教育状况报告书等；主要撰稿人，有苏高鼎、熊宪章、夏敬观、张宗祥、崔家麟、郑宗海、赵英镇等。停刊时间及原因未详。

令劝学所所长胡时铎①：

案奉教育厅第五四四号训令，内开。奉教育部第二〇九号训令开：案据第六次全国教育会联合会呈送《推广蒙养园议决案》到部。查该会所拟推广办法，尚属可行，合亟

---

① 胡时铎（1889—1951）：字心猷，浙江兰溪人。早年毕业于浙江高等学堂。毕业后，被聘为杭州《慧星报》编辑。1916年参加“文官考试”，考取县知事，签发福建。先后任福宁、永定、上杭三县烟酒公卖分局局长。1921年，任兰溪县劝学所所长。后历任浙江省公署机要秘书、余杭县知事、津浦铁路局文书科长等职。

抄录原案，令行该厅遵照办理。此令。等因。奉此，除分令外，合行印发原案，令仰该知事查照。即便转令所属女子师范学校及女子师范讲习所遵照附设；并应由该知事酌定地点，另行筹设蒙养园一所为要。此令。

计附抄案等因，奉此，合行令仰该所长酌量筹设，呈候核夺。此令。

计附抄案[①]一纸。

中华民国十年九月三日

知事熊宪章

① 所附抄案，参见前文《推广蒙养园案》。

47 令六十县知事预订保姆传习所毕业生文

江苏省教育厅

1922年1月13日

题 解 本篇原载《江苏教育公报》第5年第1期“厅令”栏。发文时间为1922年1月13日，同月发表。原发表时，题为《训令第五三号（一月十三日）——令六十县知事：第一女子师范学校呈送第二届保姆生能任学科表，饬各县转知各小学及蒙养园酌量聘用》。今题系编者所拟。

有关发文单位江苏省教育厅，参见前文《北京女高师保姆讲习科招考启事》题解。

有关《江苏教育公报》，参见前文《为设立蒙养园事训令六十县知事》题解。

案据省立第一女子师范学校校长张昭汉①呈称：窃本校附设保姆传习所第二届学生，于九年一月始业前，经造具名册，呈奉钧厅核转备案查。《保姆传习所章程》规定两年毕业。兹已扣足两年，各科课程均皆修毕，应于本学期末，即本年一月中旬举行毕业。现已排日，分科试验。理合造具修业期满各生“履历一览表”及“课程简表”三份，呈

① 张昭汉：张默君（1884—1965），女，原名昭汉，字漱芳，号涵秋，湖南湘乡人。早年毕业于上海务本女学，任江苏粹敏女学教务长。中华民国成立后，先后编辑《江苏大汉报》和《神州日报》。后任神州女校校长。1918年，赴欧美考察教育，并入美国哥伦比亚大学专攻教育。1920年回国，出任江苏省第一女子师范学校校长，后历任杭州市教育局局长、南京考试院考选委员会专门委员等职。

请厅长鉴核、存转。

再查，该级除修习保姆主课外，于普通学科亦曾涉猎，且其中多有由他校转学者，故不但于蒙养教育能尽厥长，即小学普通课程，亦尚可以担任，而于音乐、手工等科，似尤适宜。为此，特制各该生能任科目表，印刷一百四十张附呈，恳祈赐予令发各县，转知劝学所及各小学校、各蒙养园，酌量延订，迳与本校接洽，俾资服务，祇候指令施行。

等情并附表前来。据此，除指令准于如期毕业，并转呈省长核示外，合将各该保姆生能任学科一览表，令发该知事，仰即转饬所属各小学校、各蒙养园，酌量延订。此令。

计发“保姆生能任学科一览表”一份（表 2）。

表 2　江苏省立第一女子师范学校附设保姆传习所第二届应行毕业学生能任学科一览表

姓名	籍贯	口音	特长之学科	可以担任之职务	可以担任之学科	备注
蒋熙春	吴县	南京语及苏、沪语	算术、游戏	蒙养园或国民学校教员	国民一、二年级国文、手工、图画、故事	
蒋淑慎	溧阳	除本县语外，能操南京及下江语	琴歌、国文	同上	图画、恩物、故事	
杨竞芳	青浦	苏、沪、宁语	唱歌、游戏、手技、恩物、体操	同上	国文、算术、缝纫	
万素珍	盐城	能普通语及淮扬道属语	唱歌、手工、故事	同上	国文、烹饪、裁缝	
童启华	江宁	普通语	琴歌、国文	同上	故事、图画、理科	
张沙英	江阴	能苏、常、锡、沪方言	手技	同上	图画、国文、算学	
陈中瑾	昆山	能南京语及苏、沪、松江语	唱歌、游戏、手技、算术、体操	同上	国文、习字	
陈秀珍	仪征	能普通	游戏、故事、手技	同上	唱歌、谈话、恩物	
陈秀如	江宁	能普通	琴歌、国文	同上	理科、手技	

续表

姓名	籍贯	口音	特长之学科	可以担任之职务	可以担任之学科	备注
陈嘉仁	溧阳	除本地语外，能悉下江语言	图画、故事	同上	琴歌	
眭幼鸿	金坛	能普通	图画、手技	同上	算术、音乐	
陆鼎芬	金山	能普通	国文、图画、手技	蒙养园、国民学校教员，高小管理	算术、裁缝、游戏、故事、唱歌	
黄仲冯	江宁	能操宁、沪、苏州方言	游戏、唱歌、手技、国文	蒙养园及国民学校教员	英文、算术、常识、体操	
高冰如	江阴	能苏、沪、常、锡语	唱歌	同上	游戏、国文、算术手工	
徐惠权	江宁	普通语	手技	同上	唱歌、算术、缝纫	
徐舜华	江宁	普通语	琴歌	同上	游戏、算术、体操	
徐世璧	江都	普通语	琴歌	同上	手技、国文	
韦少如	丹徒	普通语	琴歌	同上	图画	
夏澄璁	江宁	普通语	手工	同上	琴歌、国文、游戏	
施子金	江宁	普通语	手技、故事、游戏	同上	恩物、谈话、唱歌、算术、图画、故事	
俞寿明	江都	普通语	图画、手技	同上	唱歌、算术、故事	
洪凤雏	宜兴	普通语	图画、手技	同上	习字、国文、唱歌、游戏	
周韫英	灌云	本地语	游戏、故事、手技	蒙养园或国民学校教员	唱歌、游戏、谈话、恩物、国文、算术	
李棣容	六合	普通语	琴歌、游戏	同上	体操、图画、算术、习字	
李慈英	吴县	普通语	琴歌、游戏、手技、图画	同上	国文、算术、习字	
李霁芬	昆山	本地语	琴歌、游戏	同上	图画	

续表

姓名	籍贯	口音	特长之学科	可以担任之职务	可以担任之学科	备注
李育英	江宁	普通语	手技、游戏	同上	唱歌、故事	
汪醒狮	常熟	能宁、沪、苏、锡语	图画、缝纫	同上	唱歌、手技	
汪亚蕙	江宁	普通语	恩物、理科	同上	琴歌、故事	
宋若初	江宁	普通语	国文	同上	故事、游戏、手技	
朱启贤	溧阳	普通语	国文、图画	同上	故事、恩物	
左静仪	盐城	盐城语	手技	同上	故事、国文、游戏	
左熙春	盐城	普通语	手技、家事	同上	手技、游戏、国文、故事	
方淑琴	江宁	普通语	手技	蒙养园、国民学校外，能任高小刺绣	缝纫、刺绣	
尹蔚芳	松江	普通语	国文	蒙养园、国民学校教员	算术、缝纫、刺绣	
王瑞苏	昆山	普通语	琴歌、游戏	同上	体操、手技、图画、习字、国文	
于珂珍	金坛	普通语	恩物、故事、琴歌	同上	国文、图画	

48 筹设北京幼稚师范学院、模范幼稚园及其组织大纲

另图 16 张一麐像

张一麐等

1922年1月

题 解 本篇原载《新教育》第4卷第2期“要闻”栏。发表时间为1922年1月。原发表时，题为《北京筹设幼稚师范学院、模范幼稚园》和《幼稚师范学院、模范幼稚园组织大纲》。今题系编者所拟。

领衔筹设者张一麐（1867—1943），又作一麖，字仲仁，号民佣、公绂等，江苏吴县（今属苏州）人。光绪举人。早年入袁世凯、程德全等幕。中华民国成立后，历任袁世凯政事堂机要局局长、内阁教育总长等职。因未配合袁世凯称帝，获享清誉，为世所重。雅好藏书，并热心于文字改革，致力于教育普及。著有《五十年来国事丛谈》等。

《新教育》，教育月刊，1919年2月创刊于上海，先为“新教育共进社”社刊，后为“中华教育改进社”社刊。蒋梦麟、陶行知等先后担任主编。该刊以“养成健全个人，创造进化的社会”为宗旨，坚信“欲求此新时代之发达，教育其基本也”。主要栏目，有评论、专论、演讲录、世界教育、亚东问题、世界知识、人物志、社务报告、调查统计、要闻、国外教育消息等；主要撰稿人，有杨鄂联、郑宗海、邓恩、张宗麟、常乃德、陶行知、赵叔愚、余家菊、汪懋祖、周谷城、张仲祺等。1925年10月终刊，共出11卷44期。

近年各国教士在我国设立学校，颇注意于幼稚园教育；国内教育家，亦均觉悟幼稚园之需要。如最近全国教育会联合会议决之新学制[①]，特为幼稚园教育立一段阶，亦所以谋幼稚教育之发展。

北京张一麟、刘廷芳[②]、贝润生[③]诸先生有鉴于此，拟先创办幼稚园于京师适中地点，次第设分园于上海、汉口等处。如果筹款充足，并设幼稚师范科以造就师资。

现该园已着手筹备，设立筹备处于北京西城浸水河二十四号。其经费采取借用金办法。借用金订有摊还办法。

又，凡愿借垫一万五千元以上者，得保送幼稚生三十名、师范生五名，并推为该园董事；依借垫数目之多寡，定所享权利之厚薄。即借垫百元以上者，亦得保送免费幼稚生五名，并赠送纪念章一枚。借用金总额暂定十万元。募集期，自十年十月二十五日起，至十一月二十五日止。

该园发起人与赞成人，皆教育名家，为时人所仰望。闻进行颇为顺利，现已集有成数云。

兹将此园筹备处规画部所拟之《组织大纲》录后，以供参考。

《幼稚师范学院、模范幼稚园组织大纲》

一、学制

（1）师范科——研究班、师范班；

（2）幼稚园——教育班、保姆班。

二、系统

---

① 此“新学制”指全国教育会联合会所通过的《学制系统草案》。此案是在广州召开的第七届年会上通过的。其时，在 1921 年 10 月。次年 11 月颁行的“壬戌学制”（《学校系统改革案》），也称“新学制”，是由中华民国政府颁行的。故此“新学制”并非彼“新学制”。

② 刘廷芳（1891—1947）：字亶生，浙江温州人。早年毕业于上海圣约翰大学。赴美留学期间，获乔治亚大学硕士、哥伦比亚大学教育与心理学博士及耶鲁大学神学院神学学士。归国后，任燕京大学教授、神学院院长，同时兼任北京大学教育系心理学教授、北京师范大学教育研究科主任。1924 年，当选为“中华基督教教育协会”主席。当时，他不仅热心社会公益，而且其夫人吴卓生为幼稚教育专家，所以他也列名为创设者之一。

③ 贝润生（1872—1947）：名仁元，以字行，江苏元和（今属苏州）人。上海著名实业家和金融家，被称为“颜料大王”。曾捐资创办吴县城东幼稚园，所以他也列名为创设者之一。

（1）董事会——监察部、执行部。

（2）院长、副院长。

（3）教务系——师范科（研究班主任和教员、师范班主任和教员）；幼稚园（教育班主任和教员、保姆班主任和教员）。

（4）事务系（管理、招考、图书、编辑、调查、印刷、庶务、会计）。

三、以上各项，视基金之多寡，逐渐分别推广，并设分园于上海、汉口等处。

四、如有他处愿委托本院养成是项人材，当另行计画。

幼稚师范学院、模范幼稚园筹备处规画部谨拟

49　群学会创办附属幼稚园

1922年2月22日

题　解　本篇原载《申报》1922年2月22日第15版。

主办单位群学会，地方性社团。1904年，发起成立于上海，初名“群化书社”。其成员主要为上海南市的中下层士绅。该会以“研究群学，增益民智”为宗旨，主要致力于文教事业。在创办附属小学、聋哑学校后，又增设幼稚园。初有会员10人，最多时达400余人。前任会长王纳善、张其桐、苏本炎、李平书，时任会长沈润挹。该园创设后，幼稚生一度达72人。1936年，该幼稚园停办。

有关《申报》，参见前文《烈士遗孤教养所创办之缘起与简章》题解。

群学会成立于前清甲辰年，为本城各会之先河。历来提倡各项教育，不遗余力。前年春，立聋哑学校，为残废教育之倡，已成绩昭然。今岁，自更举沈润挹[①]、沈桐叔[②]二君为正副会长后，对于会务积极进行。除聋哑学校力谋扩张外，并以本城幼稚教育未见发达，特就会中设立幼稚园一所。推定主任，筹备一切，现已布置就绪。由主任高、杨

---

① 沈润挹：沈惟耀（约1878—？），字润挹，江苏太仓人。为上海工商界知名士绅。以棉业起家，长期主持棉花交易所。历任上海证券物品交易所常务理事、上海总商会会董、上海学商公会会长等职。热心地方公益和文教事业，故兼任群学会会长后，旋即有附设幼稚园之举。

② 沈桐叔：生卒年未详。仅知为上海士绅，时任职于上海证券物品交易所。

另图 17 群学会大门照

二君，延订弘道[①]保姆师范毕业生王女士、南京第一女师保姆科毕业生尹女士二人，担任保姆职务。将来成效，必有可观也。特录章程如下。

群学会附属幼稚园简章

幼稚教育为普及教育之基础，即为人群进化之根源。世界各国，多已注重，我国则瞠乎后矣。即在沪地，为交通便利之区、中外观瞻之地，而幼稚园之设立寥寥无几。教育根基，莫知注重；地方幸福，末由增进。本会同人，因有开办附属幼稚园之议。

所具目的：

（1）培养幼儿善良之习惯，促进人群进化。

（2）扶助普通教育之便于进行，增加地方幸福。

（3）引导社会事业之发展，勉尽同人职责。

当已决议进行，至祈共襄斯举，早观厥成。

所拟简则如下：

一、宗旨　提倡幼稚教育，使幼儿得适当之陶冶。

二、定名　由本会发起，故定名群学会附属幼稚园。

三、入园　凡满四足岁至六足岁之儿童，经妥人保证，得随时入园。

---

① 弘道：杭州弘道女学，知名教会女学，由美国基督教传教士所创。中华民国成立后，增设中学部、师范部和保姆讲习科，并附设幼稚园。后文所言“保姆师范”，即该校保姆讲习科。

四、名额　暂定六十名。

五、分组　暂分甲、乙两组。

六、课目　保育课目，分游戏、唱歌、谈话、手艺四种。

七、收费　每学期收洋六元。但经赞助员之介绍者，得减收。

八、年期　保育年期，定为二年。

九、园址　中华路小南门群学会内。

发起人：群学会同人，幼稚园主任杨聘渔[①]、高砚耘[②]

附录　《群学会之通函》

群学会昨日通函各会员。函云：

启者：

本会幼稚园，业于二月一日始业。对于会员子弟来园，每学期减半，收费三元，以表优异。前奉章程，谅邀台阅。兹因学额未满，尚可陆续入园。欲寄午膳者，亦可。至保育事项，除推定杨聘渔、高砚耘二君主任暨王、尹二保姆专任外，并推定袁观澜、沈信卿、黄任之诸君为幼稚园董事，指导进行。为家长者，希注意焉。再，本届大会议决之建筑案，即经评议会议决，就会员中征集垫款，赶日兴工。计分普通建筑及礼堂建筑两部。推定经济部顾馨一、姚伯鸿二君担任保管，并经呈准县署备案。惟事关教育根基，尤赖众擎易举。兹定于四月六日晚七时，开征集会。务希莅临，共策进行，至为盼祷。

原载《申报》1922年4月5日第15版

① 杨聘渔（1879—1932）：字嘉椿，上海人，清末秀才。曾任龙门师范学堂教员和龙门师范附属小学教务主任，后为校长。参加群学会后，曾协助附设聋哑学校，又支持附设幼稚园。1927年，任上海市教育局第一科科长。

② 高砚耘：高寿田，生卒年未详，上海人。1903年赴日本留学，入东京音乐学校习提琴。1907年，与曾志忞、冯亚雄等在上海创办“夏季音乐讲习会”，推广学堂乐歌。担任群学会常委后，主持办理该会附设的聋哑学校、幼稚园和平民学校。

50 拟准第一女师将保姆传习所及蒙养园更名

江苏省教育厅

1922年4月1日

题 解 本篇原载《江苏教育公报》第5年第4期“命令”栏。批转时间为1922年4月1日，同月发表。原发表时，题为《指令第七八四号（四月一日）：令省立第一女子师范学校校长》。今题系编者所拟。

有关发文单位江苏省教育厅，参见前文《北京女高师保姆讲习科招考启事》题解。

江苏一女师附属保姆传习所，开办于1918年2月，所址在南京马府街，招收高小毕业生，肄业期限2年。第一届计划招生40名，1919年和1920年，又续招了两届学生。至此次呈请改名时，已毕业了两届学生，并充实到江苏省学前教育岗位之上。其“更名”之利，在附呈中有着较为充分的说明。

有关《江苏教育公报》，参见前文《为设立蒙养园事训令六十县知事》题解。

令省立第一女子师范学校校长：

呈为拟请将保姆传习所更名为“附设幼稚师范学校”，改为三年毕业，并将蒙养园更名为“幼稚园”，请核转示遵由。

呈悉。准予据情转呈。仍候。省令饬遵，仰即知照。此令。

附原呈：

呈为拟请将保姆传习所更名为“附设幼稚师范学校”，改为三年毕业，并将蒙养园更名为“幼稚园”，陈请核转示遵事。

窃查，本校附设保姆传习所，名义原系援照部定“师范规程”内之保姆讲习科办理。考当时定名由来，盖以古昔师保并称，职无偏重，遂以“幼稚园教师”比附“保姆”一词，以期适于国诂。

然而《礼经》释“保母”之名，《唐史》述“保姆”之职，皆就家庭保育职任而言，迥与今之幼稚园教师职任有异。而在欧美，原词则但训为养成幼稚园教师之义。名词既属不同，义意〔意义〕较见切实。故如国立之南京高等师范学校及北京女子高等师范学校，皆不采用“保姆”旧名，或名为“幼稚教育研究组”，或名为“幼稚师范科”。

近者，第七届全国教育联合会所定“新学制草案”，特为幼稚园教育立一段阶[①]，为教育全系之基。北京张一麟、刘廷芳等，并筹办幼稚师范学院及模范幼稚园于京师，是则“幼稚师范”及“幼稚园”，已成为今日通行之名词。

而“保姆”二字，稽诸故训，较之新义，当为论理上所不许。本校前此招生，两度观察学生心理，既不惬意普通社会因名词关系亦少知保姆之足重，且译英文医院之看护妇及家庭所雇保育儿童之乳母或女佣，皆通称为保姆。其在幼稚园教授之女师，乃称为幼稚师范教员，固有别也。

则我国旧用“保姆传习所”名目，根据中西文意义，均不免混淆听闻，性质莫辨，于进行上窒碍滋多。至于修业年限，因系援照讲习科定为两年，业期速成，故曰“传习”。

查幼稚师范之基本学科为儿童心理学，而本校传习所旧章所编课程竟无是科，迫以年限过促，遂不免作因陋就简之计。揆诸教育原理及时势需求，胥足引为缺憾。即所有恩物、游戏等课，亦贵练习纯熟；加以尚有其他普通课程，弥嫌时期短促。

以前二届毕业情形察之，诸生多有充任小学教师者。良以地方小学渐多，师资愈形缺乏，人材难得，势有必然。而此项学生入校资格，只定为高小毕业。既非深有根柢，宜有相当修业。况小学界相需如此，似不得不略将程度提高，俾能完全娴习课程，将来自无不足之虑，而有补助师范生之益。

---

① 此“立一段阶”，指在所拟定的学制系统中专设学前教育阶段。其法定年龄为3～6岁，并将前此蒙养园称谓更定为“幼稚园”。

且方今新学制，各省将次第试行，大势所趋。中等学校之两级“三三制”[①]，寻将为教育界所公认。若将传习所修业期限延长一年，则适当于三年期初级中学之新制，尤可符合将来之系统。矧北京女高师之幼稚师范科，亦系三年毕业。彼此制度相同，则课程尤易齐一。昭汉[②]详察事情，审慎斟酌，窃以为，延长期限似所必需，改正名称亦属綦要。

拟请援照国立高师等先例，即将附设保姆传习所更名为“附设幼稚师范学校”，定为三年毕业，庶名实相副，与情允孚。且既得较充分之修养，必可收完满之效果，当有裨教育前途甚大。

如蒙俯遵，再重拟章程，妥配学科，即于本年暑假招生时办理。

至蒙养园，肇于德人福禄培[③]，原词为“幼稚园”。盖以弱龄儿女正如佳卉萌芽、奇花蓓蕾，教师之诱导、保育，犹园丁之栽培、灌慨。所以名“园”，义在是焉。传译以来，流行已久。如沪、苏一带之幼稚园，比比皆是；而国立南京高师及北京女高师，亦俱有幼稚园，尤为显著。

若夫“童蒙养正”涵义较广，可以语士绅，不可以晓通俗。为普通计，奚用取此拟，并援照通例，将本校附属蒙养园改为“附属幼稚园”，庶引起大多数人之注意。幼稚生之就学者必见增多，于推行幼稚教育及义务教育均有关系。

理合具呈，是否有当，只候核转示遵，实为公便。谨呈。

附录一《江苏省教育厅训令第六六四号（四月十五日）》

令省立第一女子师范学校校长：

---

① “三三制”：初级中学 3 年、高级中学 3 年的学制设计。此制由“壬戌学制”所规定。前制为中学不分段，学程 4 年。

② 昭汉：张默君，时任江苏一女师校长。

③ 福禄培：通译福禄培尔，即弗里德里希·威廉·奥古斯特·福禄培尔（德语 Friedrich Wilhelm August Fröbel，1782—1852），德国教育家、幼儿园制度的创始者。他崇尚裴斯泰洛齐的教育思想，曾在裴氏身边工作了两年。1816 年，在家乡创办了一所学校，实验裴斯泰洛齐的教育主张，并取得了成功。1837 年，在家乡为学龄前儿童创办了一所活动学校。1840 年，将该校正式改名为“幼儿园”。著有《人的教育》《慈母曲及唱歌游戏集》《幼儿园教育学》等。

案查，前据该校长呈报，拟将保姆传习所更名为附设幼稚师范学校，改为三年毕业，并将蒙养园更名为幼稚园一案前来。当经指令，并转呈省长核示在案。

兹奉指令，内开呈悉，所陈甚是。惟案经咨部核准在前，候再咨请教育部核复。令知，仰即转行知照。此令。等因奉此，合行训令该校长知照。此令。

原载《江苏教育公报》第5年第4期，1922年4月

附录二 《江苏省教育厅训令第一〇一九号（五月二十七日）》

令省立第一女子师范学校：

案奉省长训令，内开案准。

教育部咨开。准咨开。省立第一女子师范学校拟将附设保姆传习所更名为幼稚师范学校，定为三年毕业，并将附属蒙养园改名为幼稚园。请核复等因到部。查该校拟将附设保姆传习所更名为幼稚师范学校，并将附属蒙养园改名为幼稚园，应准照行。相应咨请，查照转令教育厅饬遵可也。等因准此，合令该厅长转令知照。此令。等因奉此，合行训令该校长知照。此令。

原载《江苏教育公报》第5年第5期，1922年5月

51　香山慈幼院拟收湘省灾童电

熊希龄

另图 18　熊希龄像

1922年4月16日

题　解　本篇原载《湘灾月刊》第 1 号“文电”栏。发电时间为 1922 年 4 月 16 日，同月发表。原发表时，题为《熊秉三拟办慈幼院收养湘省灾孩征求本会同意电》。今题系编者所拟。

致电者熊希龄（1870—1937），字秉三，别号双清居士，湖南湘西凤凰人。15 岁中秀才，22 岁中举人，25 岁中进士，选庶吉士。散馆后授翰林院编修。1896 年，任两湖营务处总办。次年，任湖南时务学堂总理，参与维新运动。“戊戌政变”后，被革职。后得赵尔巽提携，任东三省屯垦局总办、东三省农工商局总办、奉天盐运使、东三省清理财政正监理官等职，获“理财能手”之誉。中华民国成立后，任财政部长，一度担任总理。后仕途受挫，乃转向慈善和教育事业。1917 年，受命督办京畿一带水灾河工善后事宜，创办慈幼局，收养难童。次年，筹办香山慈幼院。经其努力，使该院成为当时最为知名的慈幼机构，并发展为一系列新式教育机构。

《湘灾月刊》，赈灾月刊，1922 年 4 月创刊于长沙，由湖南华洋筹赈会主办、编辑并发行。前此，曾发行临时周刊。旨在介绍湖南水灾实况，并力图劝募赈款，用以救济灾民。主要栏目，有文电、灾情报告、专件、本会纪事、杂俎等；主要撰稿单位，有湖南华洋筹赈会、湖南省政府、上海华洋义赈会、汉口江汉关、安徽华洋义赈会等政府机构、慈善团体和基督教会。1922 年 7 月终刊，共出 4 期。

华洋筹赈会[①]鉴：

昨接函示，湘中灾状甚惨，不胜悲痛。龄[②]意本拟筹款派员赴湘创办慈幼院，取养灾孩。因计划尚须时日，权为救急起见，拟即于香山慈幼院附属收容儿童教养所内，推广儿童名额二百名，专收湘省灾孩。但以灾情惨重灾区为限。

（1）须无父无母之男女儿童，由四岁以至十六岁者。

（2）须由灾区各教会、各教士保送者。

（3）芷、麻[③]最惨，限收五十名。其余一百五十名，由尊处代为支配于各区之最重者。

以上三条，乞贵会迅即电知各灾区教会代为办理。由灾区送省，川费随时汇寄。由省至京车费，容商交通部给予免票。

以上各节是否可行，乞尊处核夺电复。至于有父母、家属之灾孩，容俟另拟办法及章程，派员回湘商榷可也。

熊希龄叩，铣[④]

附录一 《本会为赞成熊秉三先生来电拟办慈幼院，请戈、雷、任三干事及内地会吴师母查照妥办函》

迳启者：

案准熊理事电称：于香山慈幼院附属收容儿童教养所，推广名额二百名，专收湘省灾孩。除指定芷、麻两县共收五十名，已电请沅州包牧师就近分别招收外，余一百五十名，应就全省各灾情最重之县分支配。

经本会于本月二十一日干事会议，公推本会戈、任、雷三干事及内地会吴师母为

---

① 华洋筹赈会：又称华洋义赈会，全称“中国华洋义赈救灾总会”，系由中外慈善人士所共组。其渊源，可前溯至1906年的临时救灾。1920年北方大旱时，再次组织。1922年11月，由7个中外合办赈团联合，正式成立总会。

② 龄：致电人熊希龄。

③ 芷、麻：湖南省芷江县和麻阳县。前者现为侗族自治县，后者现为苗族自治县。

④ 铣：铣电。为民国电报日期的代码，指16日。

委办，会同各灾区教会及绅商办理。除分别函达外，相应抄录原电，函请台端，即予查照。原电内所列条件，妥速办理，以便资送。至纫公谊。

此致内地会吴师母、戈德白、雷小秋、任寿国诸先生。

原载《湘灾月刊》第1号“文电”栏，1922年4月

附录二 《熊秉三先生来电》

华洋筹赈会鉴：

电悉。韩、袁两君[①]已于昨赴津，与鲍陆长[②]面商太平械款事。允设法，似可有望。惟米盐公股，尚无法筹抵也。

又，尊函转送包牧师报告，麻阳惨状，不亚于芷。应急速拨赈款，以救孑遗。此外有最重如芷、麻者，亦乞一律筹济为盼。

熊希龄

原载《湘灾月刊》第1号“文电”栏，1922年4月

另图19 香山慈幼院女校全景图

① 韩君：湖南华洋义赈会“西干事”韩理生。袁君：湖南华洋义赈会“中干事”袁家普。

② 鲍陆长：时任北京政府陆军总长鲍贵卿（1867—1934），字廷九（霆九），辽宁海城人。早年曾就学于北洋武备学堂工程科，后毕业于开平武备学堂。原系北洋军阀统治集团中的重要人物之一，后因是奉系军阀张作霖的亲家，转而成为奉系军阀中的重要成员，曾先后出任黑龙江和吉林两省督军兼省长。

另图 20　香山慈幼院第一校学生游戏

另图 21　香山慈幼院婴儿园学生游戏

另图 22　香山慈幼院蒙养园会餐

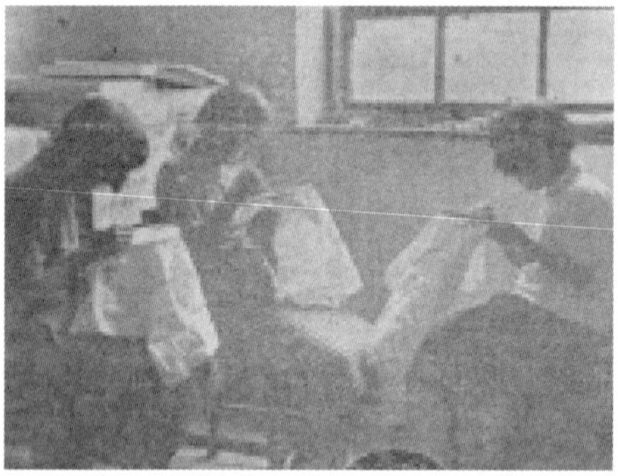

另图 23　香山慈幼院第四校女生挑花练习

52 江苏省立第一女师幼稚师范科招生简章

1922年8月10日

题 解 本篇原载《申报》1922年8月10日第3版。原发表时，题为《江苏省立第一女子师范学校续招幼稚师范生三十名》。今题系编者所拟。

有关发布单位江苏省立第一女师，参见前文《江苏省立第一女师附设保姆传习所招生启事》题解。

有关《申报》，参见前文《烈士遗孤教养所创办之缘起与简章》题解。

一、资格

（1）中等学校肄业一二年，而有该校证明书者；

（2）幼稚园或小学教师；

（3）高小毕业，得该校长认为学行优异而特予保送者，均可应试。

二、考试科目 国文、算学、常识测验、英语。

三、毕业年限 三年。

四、待遇 本省学生，膳费、宿费、学费一律均免。入学时，只纳保证金十元。

五、报名 自即日起，八月三十号止报名。须缴学生所在地劝学所保送公文，及志愿书、保证书、照片、毕业证书，与校长保送书或修业证明书。

六、考期 阳历九月一号。在南京马府街本校试验。

七、开学 九月四号。

函索学则，附邮三分。空函不复。

53 松江育婴堂附设幼稚园简章

1922年9月

题　解　本篇原载《教育杂志（松江）》第26期“规程”栏。撰成时间为1922年9月，发表时间为1923年2月。

有关拟章单位松江育婴堂，参见前文《松江育婴堂姚筠通告》题解。

《教育杂志（松江）》，地方教育杂志，不定期，1914年11月创刊于上海松江，由松江县教育会主办、编辑并发行。该刊以“关于教育事项足资采择者分门记载，以策进行”为宗旨。主要栏目，有言论、研究、调查、时事、会报等；主要撰稿人，有朱光熊、朱廷珪、陈志文、曹思恭、陆洪生等。1923年8月终刊，共出27期。

一、宗旨　调护儿童之身心，为承受国民教育之预备。

二、学科　主科为恩物、手技、谈话、游戏、唱歌。按儿童之年龄、体质，酌加识字、心算。

三、学额　四十至五十名。

四、时间　每日上午，九时至十一时三十分；下午，一时至三时。

五、年龄　满四岁至七岁。

六、纳费　每年收学费银二元，用品费一元。分两学期预缴。中途退学，概不给还。

七、休假　暑假、寒假、节日、纪念日、星期。

八、园址　第一幼稚园，设醉白池；第二幼稚园，设西门内北仓桥于宅；第三幼稚园，设东门外钱明宫对门接婴堂旧址；第四幼稚园，设西门外包家桥东堍陆宅；第五幼稚园，设城内知事署东封宅。

九、附则

（1）报名时，须将儿童姓名、年龄、籍贯及保护人之职业、住址，填明“报名册”内。

（2）报名后，须送儿童来园听候察看，以体质健全者为合格。

（3）入园时，须由保护人填具“入学愿书”。

（4）儿童请假及退学必预先通知主任教员。

（5）每日儿童来往必须着人接送。

（6）每学期开恳亲会一次，邀集儿童家属研究保育诱导诸事宜。

（7）本简章及附则有未尽者，得由本园随时修改。

54　照准潮安县幼稚园请拨园址用地文

广东财政厅

1922年10月7日

题　解　本篇原载《广东财政厅月刊》中华民国十一年十一月“公牍”栏。发文时间为1922年10月7日，发表时间为1922年11月。原发表时，题为《本厅咨潮梅善后处：潮安县幼稚园承领中营前街领事署地址应准给照营业文》。今题系编者所拟。

发文单位广东财政厅，广东省政府的下属机构之一。

《广东财政厅月刊》，财政金融月刊，1917年1月创刊于广州，由广东财政厅主办、编辑并发行。旨在刊载财政政策、相关法规及广东省财政状况的报道。主要栏目，有赋税类、饷捐类、杂款类、审计类、报表类等公文；主要撰稿者，为广东各级政府部门或政要。1922年11月终刊。

现准贵处第二百一十号咨开。为咨请事，现据潮安县县长陈友云①呈称，现据县属教育局长兼幼稚园园长陈柏龄呈称：

窃属园荷蒙洪师长捐资开办。所有常费，又蒙钧署拨给，经于本年二月间成立。因急于开课，故暂租卓家祠后座为园址。但该祠地甚狭小，现在就学儿童日见其多，若非

① 陈友云（1888—1973）：原名树森，广东潮安人。早年变卖家产，留学日本，参加同盟会，后归国参加辛亥革命。1918年，当选为广东省第二届议员。1921年2月，出任潮安县县长。后历任汕头市政厅长、广东省东区绥靖公署总务科长、东江治河委员会主任、广东揭阳县县长等职。1973年在香港逝世。

设法另觅园地，难期扩充儿童教育。

兹查有，在城中营前街领事署旧址，系前清时惠潮嘉道所建，以为外国领事来潮交涉事件寄宿所。该地原系官有，入民国后尝改为专审所。自七年间地震之后，该地房屋倒塌无余，现在空闲，无人掌管，殊为可惜。

伏查该地宽广宏敞，若以改建为幼稚园，甚为适宜。现拟由属园备地价银四百元，承领该地作为园址，藉可扩充儿童教育。所有备价、承领旧领事署充作园址缘由，理合具文，连同拟建县立第一幼稚园面积图三纸，呈请察核。伏乞转呈潮梅善后处，转咨广东财政厅，准予承领等情。

计缴拟建县立第一幼稚园面积图三纸、产价大洋四百元到县。据此，查县属旧领事署确属官产。该署房屋早经倒塌，仅存废址。迭经官产处开投[1]，无人过问。该兼园长陈柏龄，现既愿备价四百元承领、改建，藉以扩充儿童教育，上副处长兴学至意。

该园原属县立性质，以官有产业拨建地方学校，尚属可行。据缴地图面积，复勘相符。除抽一纸存案外，理合具文，连同缴到绘图、产价，呈请察核，俯赐转咨，承领给照，发交管业，俾资兴建而垂永久，实为公便等情。

计呈缴拟建县立幼稚园面积图二纸、产价大洋四百元（伸省行券五百二十元）到处。据此，除指令并将图说抽出一份备案外，据呈前情，相应备文，连同图说、产价，咨请贵厅长查照。希即迅予发给执照、管业，俾资兴建而垂久远，并希见复。实纫公谊等由，并咨送潮安县立幼稚园面积图一纸、产价大洋四百元（伸省行券五百二十元），解批一纸到厅。

准此。除已将该价款如数照收外，相应批回备案，并即填绘照图，咨送贵处。请烦查收，转饬分别给领。仍请将收发日期见复备查。至纫公谊。此咨。

---

① 开投：公开投标售卖。

55 有关慈幼机构指令或规章辑佚

1912—1922年

题　解　本篇系各种报刊发表的有关慈幼机构政策性消息的辑录。各条依时序编排，均保留原发表时之题目。各条均不作题解，仅进行文内注释，并在文后交代出处。

慈幼机构，既指中国传统的育婴堂等机构，也包括外国传教士和国人仿照开办的孤儿院、贫儿院等机构。此等机构，尤其是新近开办者，实与幼稚教育有着难以剥离的关系。

（一）教育部批中华民国模范忠裔院发起人伍崇敏[1]等请立案并予补助呈

据呈已悉。该发起人等拟创设忠裔院，专收阵亡民军之裔，分男女两院教授。自系为体恤忠裔、振兴教育起见，暂行准予立案，惟将来“学校令”颁布后，一切应按照该令办理。至补助一节，本部甫经成立，财力未充，应无庸议。此批。

原载《临时政府公报》第29号，1912年3月5日

---

① 伍崇敏（1874—1964）：女，字树芬，江苏江宁（今属南京）人。早年留学日本，加入同盟会。结识毛邦伟，并结为伉俪。归国后，参加辛亥革命，为“女子后援会”和“女子参政同盟会”成员。发起成立“忠裔院”，后任北京女子高等师范学校训育主任、北平妇女救济院院长。

（二）司法司照会育婴堂：请代收养女犯携带已满一岁之子由

查模范监及成华看守所开办以来，所收女犯，间有携带其子者。设不加以制限，匪特妨害小儿前途，即对于女犯应执行之刑，亦不能严正。此监狱章程所由有“其子年龄以满一岁为止”之规定也。第念既满一岁之子，虽不需乎乳哺，然苟无亲族倚赖，仍难自食其力；则朝离母侧，夕弃道旁。谁无恻隐之心，竟忍袖视耶？

贵堂保赤法良，素所钦佩。嗣后监所遇有女犯携带之子，年龄在一岁以上，而无亲族领受者，拟饬送寄贵堂代为收养。既不失监狱之纪律，复曲顺母子之私情；两全之道，殆无逾于是。如蒙允许，即由司令行模范监及成华看守所遵办，相应照会。为此，照会贵堂，请烦查照、赐复、施行。

原载《四川都督府政报》第8卷第4期，1912年8月4日

（三）指令武进县知事：管理武进县公款公产绅董冯嘉锡呈，刘闻沙田租的系武进育婴堂管业，请转饬查办，并示谕完租由（三十日）

查都督移交卷内，据该县管理公款公产绅董冯嘉锡呈称，刘闻沙田租的系该县育婴堂管业，请分别转饬查办。

示谕前来，查此项田亩，据武进、靖江两县知事先后来呈，一据《武进县志》，应归武进县有；一据粮串[1]、租串[2]上字样，应归旧常府属各县公有。迭经都督指令，由各该县组织联合机关查明证据，秉公拟议，呈由各该县知事具复核夺在案。迄今未据具复，正核催问。适据该董呈叙收租轇轕[3]情形，该邑育婴势将停辍，未便久延。据称完数寥寥，暂行收局。

已训令靖江县知事，遵照都督前令，在未经议决以前，由靖邑就近征收，如额送交武邑应用，以维善举。

至此案争执，非从根本解决，正恐枝节丛生。应仍由靖江县知事，迅遵都督前令，知照各该县推举代表，定期呈候，本府派员督同秉公核议、复夺。除训令该县知事遵照

---

① 粮串：官府所发缴纳钱粮的收据。
② 租串：田地出租的凭据或合同。
③ 轇轕（jiāo gé）：交错、杂乱。

外，仰即知照。此令。

原载《江苏教育行政月报》第 1 号，1913 年 1 月

（四）吴江县行政公署指令第三百四十九号（呈报育婴堂报销册）

令育婴常任委员：

据呈报遵改阳历，造册具报等情，已悉。查核册列收支各款，均属明晰，存候移交议、参两会察议具复，再行核销。此令。册存。

原载《吴江公报》第 12 期，1913 年 10 月 1 日

（五）江苏巡按使公署批第一千二百十三号（松江育婴堂董事姚筠禀请派员勘视被占堂沟界址）

禀悉。查此案前据该县严知事伟详复，该堂争执之地系在陈邬氏佃买金姓马厂营地七亩之内。契载甚明，其非堂地可知，自应仍照汤委员此次丈划为断。

该堂董现未到案，日后如有异词，应将该堂地一律清丈，果有缺少，再予复讯定断。等情到署，当经批示如详，办理在案。

查核该知事前详案情，本未确定。该堂董等如果理直，尽可投案对质，呈验契据。一经查核，不难水落石出。仰现任冯知事，提同原、被两造〔告〕，吊验契据，勘丈明确，秉公核判，详候核夺。该堂董等所请派员勘验之处，应毋庸议。此批。

折存，原禀抄发。

中华民国三年十一月十四日

原载《江苏省公报》第 347 期，1914 年 11 月 21 日

（六）浙江省长公署批第七十二号

原具禀人，丽水叶向荣。

禀一件为育婴堂、保婴局种种败坏由。

据禀，该镇育婴堂及保婴局败坏情形，如果属实，殊堪痛恨。候令民政厅，迅饬该知事彻查究办，并切实整顿，具报备核。此批（八月十七日）。

原载《浙江公报》第 1597 号，1916 年 8 月 22 日

（七）江苏省长公署批第五百二十七号（呈为委员变更省令，擅定规条，请求明令撤消）

原具呈人，松江育婴堂经董姚筠等。

呈悉。查核翁委员所拟《董事会简章》第六、第七两条之规定，所有董事名额，松江八名，余各二名。是松人仍占多数。且第七条但书，所载尚可随时变更。至董事由各县推举，系举定，咨由监督官厅聘委，并非直接推举而为董事，与原定四条办法并无变更。仍望该经董等勿再坚执，以维公益。此批。

中华民国十一年二月二十六日

江苏省长王

原载《江苏省公报》第2934期，1922年3月9日

56　有关蒙养园指令或规章辑佚

1913—1922年

题　解　本篇系各种报刊发表的有关蒙养园政策性消息的辑录。各条依时序编排，均保留原发表时之题目。各条均不作题解，仅进行文内注释，并在文后交代出处。

蒙养园，系中国继“蒙养院”之后，所确立的第二个法令化的学前教育机构的名称。它是由《小学校令》所规定的。尽管此前已有“小孩察物学堂”“幼稚园”“蒙养院”等名称，此后依然有使用“蒙养院”“幼稚园”等名称者，但后来称“蒙养园”者，无疑成为主流。

（一）教育部注意保姆教育

教育部以共和教育首重蒙养，而蒙养之端尤在乎最幼稚时代。

欧西各国，有幼稚园保姆教育之法，至为完善。我国自改建共和以来，各项教育皆已筹画不遗余力；惟保姆教育之法，尚未议及，殊非培植教育根本之道。

日前通电各省教育司长或提学使，迅速筹设保姆养成所，并限日各省一律报齐，以凭办理。

原载《中华教育界》第1卷第4期，1913年4月15日

（二）（浙省）教育会议之开幕

昨日（二十二日），为全浙教育会第二届联合会正式开幕之期。各县代表赴会者

三十余人。

先由会长宣告开会秩序及议事日程后，当以镇海代表乌人垚君提出之《小学教员宜实行级任方法案》及《明定各县视察员资格案》，先后由各代表讨论；终付表决，众皆赞成。惟原案中应损益处，仍请原提出人暨杨君在东等商酌、修正云。

兹并将第二次会议（廿三日）之议事程序附录于下。

（甲）昨日延会事件：（1）《修正县税小学费分配规程案》（提出者，镇海县教育会）；（2）《急救今日垂危之教育议案》（提出者，余杭县教育会）。

（乙）本日提议事件：（1）《限制中学校滥收小学未毕业学生议案》（提出者，余杭县教育会）；（2）《拟县教育会宜开教育讨论会议案》（提出者，余姚县教育会）；（3）《拟设城、镇、乡蒙养园议案》（同前）。

原载《申报》1914年7月24日第6版

（三）巡按使批女子师范校长陶明学详，保姆传习所二年度预算余款，该所长坚不交出，请核示遵

据详，该保姆传习所所长杨冰若，盘踞学款，坚不交出等情，如果属实，尚复成何事体！

仰即转饬该所长，刻日将上年余存广币二百元，照换中央纸币，如数清解。倘再玩延，纸币停换后，此数即归该所长赔偿。

嗣后该所经费，统由该校长一手管理，以一事权。此批。

中华民国三年七月二十八日

原载《广东教育公报》第2年第8期，1914年8月

（四）江西巡按使公署据育德蒙养园兼保姆养成所详，为保姆班补习期满，请予核准毕业考试批一则

详悉。查该生等肄业期满，自应举办毕业，俾资鼓励。

但年限、程度是否相符，未据详晰声明，无从审核。

应将该生等履历、成绩及所授课程，造具表册，送候核办。仰即遵照。抄由批发。

原载《江西公报》第318号，1914年11月3日

（五）批苏常道尹详转报南通县私立第一幼稚园平面图及简章请鉴核由（二十三日）

据详，张怡祖恪遵慈帏[①]先志，提捐遗奁[②]，复禀承庭训，创办幼稚园一所，继志述事。所谓有是母乃有是子，殊堪嘉尚。察核附送简章及平面图各件，规画妥善，确是保育幼稚办法，不可移之于小学教育。应准存查，仰即转饬知照。此批。

原载《江苏教育行政月报》第 16 号，1914 年 12 月

（六）咨山东巡按使第二女子师范学校招收保姆插班生应准照办文（第一千一百六十二号，四年四月二十八日）

为咨行事，准咨陈。据第二女子师范学校校长详报，招收保姆插班学生情形暨名册各一份，咨送鉴核，咨复以便转饬，遵照等情到部。

查保姆讲习科，应就各地方情形酌量办理。《师范学校规程》第四十九条第二项之规定，当然不能适用此次该校添招插班生。

孙鉴等既据称，试验及格，学力确与各班相当，应准照办。相应咨请贵巡按使，查照饬遵可也。此咨山东巡按使。

原载《教育公报》第 2 年第 1 期，1915 年 6 月

（七）批北京女子师范学校改招保姆讲习科，应照准余存经费。如有特别需用，应另行详报酌发（第八百五十三号，五年七月四日）

据详已悉。该校改招保姆讲习科所拟简章暨课程，尚属妥适，应即照准。

至经费一节，仍照家事专修科办法。较现有讲习科，每月可省伙食等费二百余元。此项余款，如有特别需用，另行详报，听候酌量发给。仰即知照。此批。

原载《教育公报》第 3 年第 8 期，1916 年 8 月

---

① 慈帏：旧时母亲的代称。

② 遗奁（lián）：去世后所留存陪嫁而来的财物、首饰等。

（八）上海县教育状况之报告

上海县公署昨日训令各市乡学务委员。文云：案奉江苏沪海道道尹公署第一百九十四号训令，内开案奉省长训令第一四四六号令开，据省视学报告第四届视察上海县教育状况。（中略）

蒙养院及慈善教育，共有八十处。综计公私立学之学生，共三万零六百七十四人。县有经费预算，收支三万九千四百四十一元；市乡有经费预算，收支十一万七千四百二十六元九角八分一厘。私立各种学校经费，为数甚巨，尚未审计也。（后略）

原载《申报》1916年11月28日10版

（九）指令贫儿教养院（第三一〇号，呈一件，呈拟组织蒙养院，请予核示由。三月二十五日）

呈悉。查蒙养所关甚重，本省幼稚园之设立，公家自有妥善办法。该院系私立性质，如力能兼办蒙养，事关慈善，自无不可。无庸先行请示于公家也。此令。

原载《安徽教育月刊》第3期，1918年3月

（十）京兆筹设蒙养园

京兆女子师范学校，于校内西偏筹设蒙养园，规画行将大定。

该校校长尚君已造具预算清册，计需开办费三百元，经常费每月五十元，呈请尹宪鉴核。

闻尹长已予如数核准，并令其拟具保育办法，呈候核夺云。

原载《京兆通俗周刊》第46期，1920年2月11日

（十一）（福建教育厅）指令第六百二十一号

令闽侯县知事：

呈一件《请将许女士育英捐资兴办幼稚园准予转呈请奖由》。

呈表均悉。据称，该女士于民国六年，捐资倡办西北幼稚园，前后共捐一千二百四十元，历经填造五种表呈报，有案核。

与《捐资兴学褒奖条例》第二条第四项之规定尚属相符，应候转呈省长核咨给奖，

以资鼓励。仰即转行知照，附件存。此令。

原载《福建教育行政月刊》第1年第3期，1920年7月

（十二）教育会联合会第八次大会纪

昨日（五日）上午十时，全国教育会联合会开特组审查会。审查案一件，为《小学教员不宜停止被选举权案》，当场修正。

下午二时，开第八次大会，出席会员二十八人；由沈信卿君主席，报告延长会期。至各案三读终了，继讨论合组审查会报告《改革学制系统案》。将文字略加修正后，表决通过，省三读。

次讨论甲组审查会报告各案：（1）《学生自治纲要案》，（2）《推广蒙养园案》，（3）《省区教育会应提倡设立儿童研究会案》，（4）《促进男女同学以推广女子教育案》，以上四案，均将内容及文字修正后，表决通过，省三读；（5）《公民教材要目草案》，多数以为，处置此案办法须加斟酌。表决交甲组审查会重复审查。

五时，主席宣告散会。今日午后二时，续开大会。

原载《申报》1920年11月6日第10版

（十三）昆山蒙养园九年度决算册

旧管：无（开办费项下，不敷六十五元八角五分四厘）。

新收：收劝学所拨经常费银五百四十元。

开除：共支经常银四百十三元二角六分。

（1）支保姆二人薪银二百七十元；

（2）支保姆膳食银四十四元五角；

（3）支园役工食银三十一元五角；

（4）支糖果及杂费银六十七元二角六分。

实存：实存银一百二十六元七角四分。

除开办费项下不敷银六十五元八角五分四厘外，实存银六十元八角八分六厘。

原载《昆山县学事年报》1920年度，1922年1月

（十四）江苏教育厅训令第一千四百三十六号

奉教育部令：据第六次全国教育联合会呈送《推广蒙养园议决案》，令厅遵照办理。

令六十县知事：

案奉教育部训令，内开。案据第六次全国教育联合会呈送《推广蒙养园议决案》到部。查该会所拟推广办法，尚属可行，合亟抄录原案，令行该厅遵照办理。此令。等因，并附发抄件。

奉此，除分行外，合将附发原案抄发，令仰该知事遵照办理。此令。

计抄发《推广蒙养园案》一件。

中华民国十年七月二十一日，教育厅长胡家祺

原载《江苏省公报》第 2732 期，1921 年 8 月 10 日

（十五）（京师学务局）批第一八号（十年九月二十七日）

原具呈人：京师第二蒙养院。

呈一件，为改名悟善学校请备案由。

据呈已悉。查该院前未经本局核准备案。兹既据呈，称各节前来。仰即遵照《京师中等以下学校立案简章》，填具立案表，送交京师劝学办公处转呈候核。除令行劝学员长前赴该院查视外，合行批示，仰即知悉。此批。

原载《京师学务局教育行政月刊》第 2 卷第 7 号，1921 年 10 月

（十六）呈一件：呈送附属小学毕业生成绩表、证书及蒙养园儿童证书、升学姓名单，请察核备案由

令省立女子师范学校校长：

呈件均悉。查该校附属高小学生黄孝思等十八名、国民学生陈宝贞等三十四名、蒙养园幼儿林炳娇等十二名，核案均属相符，应准备案。各生证书、验印，随文附发。仰即转给承领，具报备查。此令。

原载《福建教育行政月刊》第 2 年第 10 期，1921 年 10 月

（十七）（江苏省教育厅）训令第二三八二号（十一月十七日）

令省立第一女子师范学校校长：

案查该校拟展缓招收保姆新生一学期，以齐学历；并以十年度下半年节余经常各费，拨建所舍一案，前据该校长呈报前来。当经指令，并转呈省长核示在案。

兹奉指令：内开呈图均悉。该校为齐一学历起见，拟展缓一学期招收保姆新生，即以节余经费三千元拨作建筑所舍第一次用费。尚属权衡适当，应予照准。至第二次建筑用费，并由该校长核实估计，详细列册，俟编制十一年度预算时，呈候酌核、开列。仰即转知。此令。图存。

等因奉此，合行训令该校长知照。此令。

原载《江苏教育公报》第4年第11期，1921年11月

（十八）奉贤县公署训令第二〇一九号（十月六日）

令劝学所长：

属议复第四区教育会会长王定一《请设本邑蒙养园案由》。

案据第四区教育会会长王定一呈报，本年九月十一日秋季职员常期会，议决各案内，有《请设本邑蒙养园》一件。议请县署提交县教育行政会议议决施行等情，并附议案到署。

据此，除指令外，合行抄案，令仰该所长查照，迅再妥议，具复核夺。此令。

原载《奉贤教育汇刊》第9期，1922年7月

（十九）昆山县蒙养园十一年七月至十二年一月止决算册（顾前校长造报）

旧管：存银九十二元五角八分六厘。

新收：收劝学所经常费银三百二十元。

开除：共支银三百十二元三角七分。

（1）支保姆薪水银，二百十元；（2）支保姆膳费银，三十八元；（3）支园役工食银，三十二元五角；（4）支糖果费及一切消耗银，二十五元三角；（5）支文具银，一元八角七分；（6）支奖品银，九角；（7）支摄影银，二元；（8）支杂费银，一元八角。

实存：存银七元六角三分。

又，上年度存银九十二元五角八分六厘，共存银一百元二角一分六厘。

查顾校生〔长〕交代册暨来函声明：前项存款，已列作临时费，收入抵支不敷。本所一并提交县教育会议。已见上说明。劝学所附注。

原载《昆山县学事年报》1922 年度，1924 年 1 月

（二十）奉贤县公署训令第一五七九号（七月二十五日）

令劝学所长：转知厅转部令颁发《推广蒙养园议案及办法由》。

案奉教育厅训令开，案奉教育部训令内开，案据第六次全国教育联合会呈送《推广蒙养园议决案》到部。查该会所拟推广办法，尚属可行。合亟抄录原案，令行该厅遵照办理。此令，等因，并附发抄件。

奉此，除分行外，合将附发原案抄发，令仰该知事遵照办理。此令，等因，并附《推广蒙养园议案》到署。奉此，合行抄案，令仰该所长遵照办理。此令。

计抄发《推广蒙养园案》一件。

原载《奉贤教育汇刊》第 9 期，1922 年 7 月

第二编

绍介

创设

办理

57　上海城西幼稚园主任保姆朱龚子贞逝世

1912年8月13日

题　解　本篇原载《申报》1912年8月13日第7版。原发表时无署名，题为《女教育家逝世》。今题系编者所拟。

上海城西幼稚园，知名私立学前教育机构，于1912年春开办。创办人为龚子英、林康侯。前者即龚子贞的兄长。该园有宗教背景，为宗教社团“中部幼稚园联合会”的团体会员。1916年“江苏省教育会幼稚教育研究会”成立后，龚子英又委托该会共同办理该园，聘请当时教育界名人林薛锦琴女士为主任，每日到园视察一小时，以资研究。

有关《申报》，参见前文《烈士遗孤教养所创办之缘起与简章》题解。

上海西门外生生里城西幼稚园主任保姆朱龚子贞女士，历充上海公立幼稚舍保姆及承志女学等校教员，对于教育素所热心。去岁光复后，女士以“女界协赞会”[①] 会员筹募军饷，不遗余力。本年城西幼稚园开办，皆女士一手经营、擘画。半载以来，幼稚生来学者极盛。

女士提携、教诲，和蔼可亲，不啻慈母之对于孺子；而各幼稚生，亦各依依敬爱，异常欢悦。讵女士以操劳过甚，旧病复发，赴广慈医院就诊，西医误施刀圭，竟致不起，

---

① 女界协赞会：妇女革命社团，1911年11月创设于上海，旨在募集捐款，支援民军，又组织演讲，撰文宣传革命。主要负责人为姚惠、唐金铃、程颖等。“南北议和”后，停止活动。

于八月十一日清晨逝世。当经其家属就近借晋安公所入殓。一时女学界闻之，无不同深哀悼，亲往哭吊云。

按：女士幼聪慧，过目成诵，能书径尺大字。既长，适朱氏。朱姓子不治生产，女士婉词谏阻。会朱姓子病，女士侍奉汤药，寝食俱废。病烈时，群医束手，女士遽割腕肉，和汤药以进，一服而愈。女士之勇决，盖有如此者。

女士苦心教子，急望成材，以为门户族党之计。又入保姆传习所习保姆，藉求自立。既毕业，历充公立幼稚舍①保姆及承志女学②等校教员。去年上海光复后，军饷奇窘。女士约合同志，组织“女界协赞会”，于风雨烈日中，四出捐募，不辞艰苦。今岁，女士之兄龚子英君③与林康侯④、管趾卿⑤二君，创设幼稚园。规画一切，皆女士身亲任之。女士之热心公益，盖有如此者。

女士之病，为子宫下坠，时发时愈。苟操劳稍过，其病即发。西医云，不割病且日深，割则沉疴可以立起。女士以西医素精刀圭，深信之。经西医俞凤宾⑥之介绍，毅然赴广慈医院就诊。八月初十日上午七时，由法医生剖割后，神志已清。下午腹内狂热，欲睡不得。看护妇加以针药，即昏昏睡去。至十一日上午四时医生诊时，则已不及救矣。

---

① 公立幼稚舍：上海务本女塾附设幼稚舍。该舍1904年由吴馨创设，为国人自办的第一所私立学前教育机构。1907年，改为公立，故称“公立幼稚舍”。

② 承志女学：私立女学。1906年，创立于镇江金山新河，由曹家麟主持办理，未久即招生60余名。时为江苏省知名女学。

③ 龚子英（1875—1922）：名杰，以字行，江苏苏州人。早年肄业于上海广方言馆，精算学。后考中秀才，入泮元和县学，曾任高邮致用书院算学教习。1904年回上海，参与创办“沪学会”和“通学所”；主持创设“金业公立商业学堂”，任校长；又参与创设“江苏学务总会”和“通俗教育社”，为沪上教育名人。中华民国成立后，主持创设“城西幼稚园”，与黄炎培等共同创设“中华职业教育社”，还一度出任江苏省财政厅厅长。

④ 林康侯（1876—1964）：名祖溍，以字行，上海人。1898年，入读上海南洋公学师范院。1900年，担任该校“外院”（师范附小）教员、监督，后转作“中院”（附属中学）教员、教务长。1911年，参与创建江苏铁路公司，任营业所所长。后长期投身金融、实业界，曾任“全国商会联合会”主席。抗战时期，附逆日伪，后以汉奸叛国罪被捕。

⑤ 管趾卿（？—1929）：江苏无锡人。早年任德国西门子洋行的买办，经营有术，富甲洋场，交游甚广，多有政界靠山。中华民国成立后，创办上海科发药房、华大鑫记砖瓦厂，又经营武昌、芜湖等地电灯公司，同时兼任数家银行的董事，并升任为西门子洋行董事。

⑥ 俞凤宾（1884—1930）：字庆恩，江苏太仓人。1908年，毕业于上海圣约翰大学医学部，应聘为邮传部高等实业学堂校医。1912年底，赴美留学，入宾夕法尼亚大学攻读公共卫生学和热带病学，获医学博士学位。1915年归国，在上海开业行医。

女士年仅三十六，膝下只一子。亲属闻之，颇以为不割不即死，割则转瞬即死，群归咎于西医之操术不慎。噫！是亦足为信仰西医者之一大阻力焉。

附录 《女教育界之追悼会》

昨日，上海女学界程颖、王嵩龄、李中吕、朱慧贞、沈竹书、詹练一、叶苏本清、王苏本岩、汤苏木楠、王英云、王蕴功、吴亦才、沈葆德、袁节等诸女士，在城西幼稚园追悼龚子贞女士。男女来宾，约近百人。

二时三十分，摇铃开会，来宾入座。

首由程颖君报告开会追悼缘由。

次行致祭礼，起立三鞠躬，由家属代表述行状。

次幼稚生追悼歌。歌云：“贤母淑德人，钦佩春风喜。广被吾侪，幼稚沐栽培，同学亲承惠。提携保抱相亲爱，忽忽已半载。孰料暑假小别，先生从此绝尘寰。今朝歌哭自悲哀，共开追悼会。女界伟人千古，音容如常在。”

次王英云女士代表其母王苏本岩及周铸女士、袁松筠女士，末曹徐淑贤女士，相继朗读祭文，声泪俱下。

次由林康侯君及前苏城兰陵女学校长兰陵女士致哀悼词。

遂由哀子答谢。摇铃散会。

原载《申报》1912 年 10 月 13 日第 10 版

58 美国幼稚园略述

谢天恩著　钱智修译

另图 24　钱智修像

1912年10月10日

题　解　本篇连载于《教育杂志》第 4 卷第 7、8 号“名著”栏。发表时间为 1912 年 10 月 10 日、11 月 10 日。原发表时，署名“福建谢天恩”。文前“编者识”的内容为：“谢天恩此篇，本以英文著述寄至本社，本社请钱智修君译汉。”

撰著者谢天恩，生卒年及生平事迹未详，美国浸信会来华传教士。20 世纪 30 年代，尚在广西桂林传教。

译者钱智修（1883—1947），字经宇，浙江嵊县人。早年就读于爱国学社、上海震旦学院、复旦公学，获文学士学位。1911 年，以国学深邃，受聘担任商务印书馆编译所编辑，并兼任上海多家报馆的特约撰稿人。1920 年 7 月，接任《东方杂志》主编，任是职长达 12 年。1931 年后，任监察院秘书、秘书长。编有少年丛书《苏格拉底》《林肯》等，撰有《功利主义与学术》《现今两大哲学家学说概略》等，还参与编辑《辞源》《中国人名大辞典》《中国古今地名大辞典》等书。

有关《教育杂志》，参见前文《外人调查教育及保卫幼稚事项》题解。

一、绪言

教育者，从其广义言之，实与文化二字语意相合。孟子有言：“饱食，暖衣，逸居而无教，则近于禽兽。”[①] 言欲启发人类之特性，以与禽兽相别异，非教育末由也。教育不兴，则文化不进；文化不进，则人与禽兽无别。

证诸太古时代，其例尤显。太古时代之民，巢栖而穴处，生啖而裸体，几无一不与禽兽同。有圣人起，教之以炊爨，而民知饮食；教之以缝纫，而民知衣服；教之以建筑宫室，而民知居处。然后，人与禽兽顿相分别。渐演渐进，遂为庶物之主宰。凡此，皆教育之功也。

据柏拉图（Plato）之意（见班德 Painter《教育学》第六十一页），人类构成，由于三性。此三性者，一曰灵魂，二曰体魄，三曰智识。而教育之道，在使三性为平均进步，即德育、体育、智育是也。

三性不可分，故德育、体育、智育，亦不当支支节节为之。巴奈德（Barnard）[②] 曰：“人类三性，互相关系，互相进步，如一环路，旋转无端，旋转不已，进步亦不已。乃至能力之限制、文化之限制，尽行摧破，而后成继续进行之全体。此继续进行之全体，即三性并进之人类也。”（见巴氏《幼稚园》第四十九页）

万汇之不同，有公例焉，曰进化。进化之相继，有定程焉，曰循自然之秩序。教育无他，亦本秩序之原理，以助儿童之进化而已。顾世人之意，乃多相反，以为儿童时代为无知觉之时代，故于智、德二端，但有其偶然之触发，而未尝有秩序之可言。

然其说有不可通者，则以灵魂、智识每与体魄相关连；体魄进化既循秩序之公例，则灵魂、智识固亦不能外也。究体魄之进化者，曰生理学；究灵魂、智识之进化者，曰心理学。然今之心理学，专为成人说法。故其所研究者，亦偏于意向与志愿。若夫儿童之灵魂、智识发茁、萌芽，理至幼眇，盖罕有人留意者矣。

弗罗比尔（Frobel）[③] 有言：“欲究造化定程，莫如观天生之野草。为莠为稂，天实定

---

① 语出《孟子·滕文公上》。意为：只追求吃饱、穿暖和居逸，而不接受或施行教育，那又与禽兽有何区别呢！？

② 巴奈德：通译巴纳德，即亨利·巴纳德（Henry Barnard，1811—1900），美国教育家，曾担任美国联邦教育部第一任教育行政长官。为 19 世纪美国“公共学校运动”领袖，组织“美国教育委员会”，还创办《美国教育杂志》，并大力介绍福禄培尔的学前教育理论。编有《幼儿园与儿童文化论文集》，此书主要内容为《美国教育杂志》和其他期刊发表的关于福禄培尔和幼儿园的论文。

③ 弗罗比尔：通译福禄培尔。

之。理至单简。至于人功既加，而其理亦复杂矣。”（见弗氏《成人心理学》第百四十三页）斯言也，推之于人，弥复真切。儿童之灵魂，犹野草也。其灵魂之动作，全为天性所管辖。故人为之功，略无所参杂。使吾辈得见造化之定程者，此其时也。至于人既长成，则人为之功，居其泰半。学问、品质，人各不同；而造化之定程，亦于是为难究矣。

“儿童者，成人之父。”此亦弗罗比尔之言也。儿童初生，虽孤弱无助；然发育滋长之权，则于其时而已具。其堕地之呱呱，虽已带亚当之罪恶；而其天性，则本善。孟子所谓“人性之善也，犹水之就下也”[①]是也。彼之天性，工于模效，亦工于学问。彼之学问，或得于直觉，亦得于经验。经验之道，存于日用；日用不已，遂成习惯。此其进化之顺序也。

而其命运，则随其习惯而异。习惯有善恶之不同，故命运之良楛，亦不能预定。譬诸草木，儿童时代，其含苞蕴蕊之时也；成人时代，其吐花放萼之时也。当蕊萼之苞蕴，不能知其花之形状；当人生之童幼，亦不能知其后来之命运为贤、为奸，为教育名家、为陆梁剧盗。虽其慈母，亦不能预说。以慈母之于子，虽于习惯、善恶有多少之影响；其完全之命运，固未在其掌握中也。试设三例，以释斯旨。

（1）使有一儿，天然禀赋，兼峨的（Goethe）[②]、培根（Bacon）[③]、洛克（Looke）[④]之长，保育之方亦臻美善。顾以生于贫家，所与相处多非善类，则其后来之成就将如何?

（2）又使此儿生于富室，下流之习未尝相染。然其父母征逐豪华，未遑顾复，所雇乳媪，亦不能尽保育之责，则后来之成就当如何?

（3）又使此儿生中产之家，保育之道既善，所处之境亦得其中，则后来之成就又当如何?

此三例者，以第三例尤为美善，则儿童之成就，也自以第三例为佳。

然必谓第三例之儿童，其天然禀赋能完全发达，则亦有未易言者。人生之境遇与禀

---

① 语出《孟子·告子上》。意为：人性向善，就像水总会往低处流一样。

② 峨的：通译歌德，即约翰·沃尔夫冈·冯·歌德（Johann Wolfgang von Goethe，1749—1832），德国著名思想家、作家。代表作有《少年维特之烦恼》《浮士德》等。

③ 培根：弗朗西斯·培根（Francis Bacon，1561—1626），英国散文家、哲学家，近代归纳法和实验科学的创始人。代表作有《新工具》《新大西岛》等。

④ 洛克：约翰·洛克（John Locke，1632—1704），英国哲学家、教育家。代表作有《政府论》《人类理解论》《教育漫话》等。

赋之发达，有密切之关系。人生之境遇，既未臻完全之地步；则禀赋之发达，亦未能臻完全之地步也。境遇之不完全，有关于生产上者，有关于道德上者，有关于教育上者；而教育之完全与否，又与人类之智识为比例。人类之智识愈进步，则教育之制度亦愈完全，教育之制度愈完全，则所以教养男女以助其禀赋之发达者，亦愈完全也。

如上所述，人类之所以有赖于教育，教育之所以必始于儿童，亦可见矣。顾以父母、乳媪，皆未足当教育之任。则欲教育儿童，尤不可不有相当之学校。吾所愿与诸君讨论者，即此相当之学校也。相当之学校名曰“幼稚园”（kindergarten）。故下数章所讨论，亦用幼稚园之名义也。

二、美国幼稚园之起原及进步

幼稚园之名，实合两德语而成。即儿童（kinder）之园（garten）是也。弗罗比尔始以此名，被诸既离襁褓、未入小学之儿群，以此等儿群，不可无定法以教育之也。教此等儿群之学校，名之曰“园”，实包含儿童犹草木之意。我国人每以“桃李”方弟子，即此意也。

当十六世纪时，马丁·路得（Martin Luther）[①] 已知幼稚园之重要。尝曰：“世人从未知上帝之意，深欲儿童咸受教育，能从事于祈祷及工作。而欲教育儿童，非有学校不为功。”（见班氏《教育学》第百四十三页）此实幼稚园之先导也。嗣后，洛克、佛奈论（Fenelon）[②] 等，皆于幼稚园事有所论及。而巴斯德洛齐（Pestalozzi）[③]，尤发挥尽致。然皆寄诸理想，而未见诸行事。其见诸行事者，则自弗罗比尔所设之幼稚园始。弗氏之幼

---

① 马丁·路得：通译马丁·路德（Martin Luther，1483—1546），16 世纪欧洲宗教改革倡导者，基督教新教路德宗创始人。代表作有《九十五条论纲》等。

② 佛奈论：通译费奈隆，即佛朗索瓦·费奈隆（Francois Fenelon，1651—1715），法国作家，被誉为“古典主义的最后一个代表”。著有《忒勒马科斯历险记》《寓言集》等。

③ 巴斯德洛齐：通译裴斯泰洛齐（J. H. Pestalozzi，1746—1827），瑞士教育家。毕生重视儿童教育，办理了两所学校，作为实验教育理论的基地，获得了极大成功。著有《林哈德与葛笃德》《葛笃德如何教育她的子女》《天鹅之歌》等。

稚园，设于德国柏兰根堡（Blankenburg）[①]。其时，盖一千八百四十年也。

当弗氏以前教授之法，主训练，主由外铄内。此实机械的方法，无当于事实者也。迨弗氏起始，知旧法之弊，以为教授之法，当由内及外。由内及外者，一切生物进化所不能违也。园丁之培养草木也，必当明物性、辨土宜、察光线之明暗、审温度之高低，以遂草木之滋长。良师之教子弟也，首当知人类自然之公例，以导其知觉、良心之开发；次当知子弟特别之性，能以为其因材施教之权藉，皆由内及外之教授法也。而知儿童之性能者，莫如妇女。故弗氏之新教授法，即以与妇女协力为宗旨。

据弗氏之意，以为教育之发轫，当与终局相贯通。教育之终局，在有创造力。故各等教育中，亦当以启导创造力为事。自儿童之初生，历天性、感觉、愿望、意志种种阶级，而创造力始成。教师则顺其阶级而指导之。此弗氏之教育宗旨也。盖自进化例发明以后，知生物进化，有天性而后有思想，有思想而后有理解、官器、智识之进化。如是，道德之进化，亦莫不如是。而弗氏，则应用其例于幼稚园者也。

观美国幼稚园之历史，其进步之速，深可惊叹，而实以波士敦城（Boston）[②]导其先路。嗣后，更有慈善家设幼稚园于马萨斯塞省（Massachusetts）之佛罗棱斯村（Florence）。而旧金山之幼稚园，尤占胜利，此皆由私家设立者也。至国立幼稚园，则以在圣路易城（St. Louis）[③]者为始。而芝加哥城（Chicago），又有模范幼稚园。此二园之制度，今且推行于全美焉。自幼稚园既立，美国之民始知弗罗比尔学说之重要。于是，教育界上面目一新，嗣后进步不已，更与国立小学互相连贯。而因母教为一切根本，故家族观念，亦推而益上焉。

波士敦城之幼稚园，为碧匏德女士（Miss Fligabeth Peabody）[④]所设立。距弗氏之设

---

① 柏兰根堡：通译勃兰登堡，位于德国。

② 波士敦城：通译波士顿市，位于美国马萨诸塞州，为该州的首府和最大城市。

③ 圣路易城：通译圣路易斯市，是美国密苏里州东部的大城市。

④ 碧匏德：通译皮博迪，即伊丽莎白·皮博迪（Elizabeth Peabody，1804—1894），出生于教师之家。1859年，结识福禄培尔的学生舒尔茨夫人，遂决心投身于幼教事业。次年，在波士顿创设美国第一所英语幼儿园，被公认为美国幼儿园的奠基者。1863年，与其妹玛丽·皮博迪合著的《幼儿道德文化与幼儿园向导》一书出版，初步总结了自己的办园经验。1867年，停办幼儿园，前往欧洲拜师求道。次年归国后，在她的倡议和支持下，在波士顿开办了美国第一所幼儿园教师培训所。

幼稚园凡九年，盖闻其风而兴起者也。顾弗氏所述幼稚园之利益，验诸波士敦城，殊未见效。于是，碧匏德女士遂于一千八百六十七年亲赴欧洲考察其制，于弗氏所设之幼稚园及其所教子弟尤为注意，盖欲实地经验以得其真际也。逾年返美，乃将谬误之处一一改正，务与弗氏相合。其毕世所勤劬者，即此事也。以其志力之果敏，故为人父母者受其感化，多送其子弟入园。慈善之士既集资提倡，而波士敦学务局亦附设实验幼稚园于公立小学中。尤有杂志一种，按期刊行，历时四载，以宣扬弗氏之学说。凡此，皆碧女士之热心、毅力所造成者也。彼弗氏学说虽美，非女士之力，又何以克奏肤功哉！

一千八百七十二年，有韩诗女士（Miss Henrietta Haines）者，创设模范幼稚园于纽约，[①] 又设保姆养成所以为之辅，特延德国布特尔女士（Miss Boetle）[②] 来美主持其事。布女士之学问、位望，在德人中殆为仅见；而舍弃一切，孳孳以保姆事业自任。其志虑精莹，尤为人所难及。彼尝居翰堡（Hamburg）[③] 三年，师事弗罗比尔夫人，尽得其学。后即与罗奇夫人（Madame Roge）[④] 设幼稚园于英伦。英语娴熟，英国儿童咸能领悟，而声誉亦卓著。至来美以后，益尽心职务。

盖弗罗比尔尝言，世界之中，能尽行其学而无阻碍者，惟美国为适宜。然则布女士之所以尽心于美国者，抑有由也。女士既来美三年，乃与格兰士教授（Prof. Krans）结婚，别设一幼稚园，中有师范班，以养成保姆。女士尽心教授，一依弗氏成规，不爽累黍[⑤]。而幼稚园之理想，亦以得实验之助，益见进步焉。

始设慈善幼稚园者，为希尔（A. H. Hill）[⑥]，时在一千八百七十四年；且以一己之财，

---

① 韩诗：通译海恩斯，生卒年及生平事迹未详。时任纽约市格雷默西公园女子学校校长。此“模范幼稚园”，便附设于该女校之中。

② 布特尔女士：通译贝尔特，生卒年未详，德籍。为福禄培尔遗孀霍夫曼斯特的学生，推行幼儿园制度不遗余力。

③ 翰堡：通译汉堡，德国第二大城市，是重要海港、金融中心和外贸中心。

④ 罗奇夫人：通译罗格或鲁格，生卒年未详，英国教育名人。1854 年，幼儿园运动在英格兰兴起时，她与克劳斯·贝尔特夫人（Madame Kraus Boelte）一起，在英国伦敦附近的布鲁姆斯伯里建立了英国第一个幼儿园。

⑤ 不爽累黍：丝毫不差。

⑥ 希尔：生卒年未详，是伦敦慈善组织协会（Charity Organization Society）的忠实成员。

推行各地。后四年，嚣胡女士（Miss Quincy A. Shaw）[①]在波士敦城，设一自由幼稚园，以教养贫儿，亦以慈善事业为主。盖女士生平，固殚精于此事者也。流风所被，遂有各地慈善社会推行其制，为数逾百。而旧金山之金门会（The Golden Gate Association），尤称完美，经济亦最充裕。

私立幼稚园及慈善幼稚园固为可贵，然其范围则稍狭。受私立幼稚园之益者，只少数富儿；而慈善家之周济贫儿数，亦有限。此普及之功，所以有赖于公立幼稚园也。波士敦之公立幼稚园，曾开设数载。顾以经费不给，旋即中辍。

于时，有联邦教育委员哈黎士（Dr. W. T. Harris）[②]提议此事，谓当于公立小学中兼办幼稚园，使自四岁至六岁之儿童得受教育，则其利益当无穷。是时，哈氏方为圣路易公立小学总监，此实其经验有得之言也。由哈氏之提议，而圣路易之实验幼稚园，遂于一千八百七十三年年底得告成立，且得学务局之承认。嗣是以后，推行益广，管理之员，咸得其选。至一千八百八十年哈氏去职时，圣路易之幼稚生徒已达七千八百二十八人。成效既著，攻击者亦于是而息喙焉。

哈黎士之提倡幼稚园，所据理由极为稳固。据彼之意，幼稚园者，直为小学制度中必要部分。非如是者，教育之功决难完善。人生自四岁至六岁间，有赖于教育者至深。此等教育，既非家族所能胜任，又非小学校所能供备。舍设立幼稚园外，更有何道哉！

哈氏既持是说，更考察各地小学以为佐证。见生徒之曾入幼稚园者，常较他儿为佳；又见中材妇女加以教育，咸能胜保姆之任，于是提倡之志益坚。夫反对之空言，必无以敌已成之实事。幼稚园之成绩，验诸圣路易城既如是矣；然则美国之民，咸以是为公家教育之第一步者，不有由耶？

---

① 嚣胡：通译昆西·肖，生卒年未详，于 1878 年在波士顿开办第一所慈善性质的免费幼儿园。次年，又主持创设了一所幼儿师范学校。至 1883 年，在她的主持和努力下，免费幼儿园已达 30 所。

② 哈黎士：通译哈里斯，即威廉·哈里斯（William Harris，1835—1909），时任圣路易斯市督学。1873 年秋，他的提议得到该市教育委员会批准，于是第一所公立幼儿园便创立于“德斯皮尔斯学校”。他聘请布洛女士担任该园教师，招生 20 名，办园效绩优良。

三、美国幼稚园之制度

上章所述，为美国幼稚园之历史。自仿行斯制以来，其经历转变之迹，已略具矣。今之所言，将在其设施之制度与由制度以求之目的。盖各等学校，莫不有规定之制度；各等制度，莫不有所求之目的。幼稚园，亦无能外是也。

据弗罗比尔所说：

> 幼稚园者，在使未就学之儿童，得相当之保护；又在依自然之原则，为充分的感化。强其体魄，开其知觉，牖启其灵明，使与天然事物相渐摩，与人生日用相渐摩，乃至与生命大原、造物真宰相渐摩，而后幼稚园之功用尽。（见班德氏《教育学》第二百八十四页）

此弗氏理想上之目的也。其设施之道，尤为缜密。弗氏于此，勤劬密勿几三十年。即欲任保姆，亦非有二年学力，不克逮事则甚矣。斯事之难言，不能以短简小文襮宣其意也。

虽然幼稚园之要旨，有可以一言尽者，则与普通所称之学校有别而已。普通之学校，所教者，读书、习字也；所求者，书籍上之智识也。而幼稚园不如是，其所习之功课，半为工作，半为游戏。其师、弟之与处，有相亲爱，无相畏惧。俗谚有之“来与儿童相处”，即弗氏所称“依自然原则”之谓也。

自然事物与接为构，所以增长其激刺力也。唱歌竞技，乐群敬业，所以提高其社会性也。由外部之感触，以养成内部之思想；更由内部之思想，以发为外部之事实。此心理学之定例，亦即幼稚园之教法也。分而言之，大别为二。

一曰恩物。有球体、圆角体、立方体、平方形、三角形等。

一曰手工。有编纸、切纸、粘纸、摺纸、粘土、细工等。

恩物者，与儿童以制成之器物。各等器物，具点、线、面积之模形。故儿童之研究心，为之引起，渐知形状之构成与地位、方向之关系。手工者，与儿童以未制之原料。各等原料，经秩序方法而成器。故儿童之发明力，亦为之引起，渐知工业之必要与美术之意味。工作在是，游戏在是，研究自然之原则亦在是也。

吾且不必详陈制度，而为诸君一计其利益。即因此制之力，使儿童之灵魂，得与体魄、智识共同进化是也。常人之意，仅以学校为开浚智识之地。此无论其是非何如，而与幼稚园制度，则决不相合；与弗氏所提倡之幼稚园制度，尤不相合。

盖弗氏之制，根据哲学原理者也，适合儿童性质者也，不背人生规则者也。歌曲之内容、恩物之种类、手工之课程，皆以实物、经验触发其良知。良知者，有为善之倾向。故一经提示，而善念油然生。非以虚空之理论，强其所难解；亦非以严肃之命令，迫之以服从也。

更申言之，则幼稚园者，使儿童对于人世关系居应处之地位也。有对于自然之关系，有对于家族之关系，有对于社会之关系，有对于国家之关系，循序发生。而即假游戏竞技以引导之。孝于而亲，友于而兄，敬长者而爱邻居。此孩提所易解也，亦教育之先务也。受恩则思报，得赏则知感；乐交际而爱朋友，习劳动而好工作。此稍长之童所知也，亦教育所不可忽也。更长，则知礼遇其工人与谋生之必要。更长，则知劳佣之报酬与好善而恶恶。更长，则知生命之由来与宇宙之真宰。更长，则知善恶之真谛与修身之方法。灵魂之发达无已时，则教育之功用亦无已时。

教育之功用云者，依灵魂发达之顺序，以促进其良知也。弗氏之幼稚园制度，则以经验方法，举教育功用之实际也。谓为大教育家，不亦宜哉？

灵魂上之利益，已如上所陈；而体魄上之利益，尤不可忽。观于手工一科，辅助体魄之功用，可知幼稚园之设立，固非徒事游戏竞技者矣。且就游戏竞技言之，亦于儿童体魄大有裨益。如音乐进行，则以合式步蹈，增长其胫力；天然游戏，则以自由活动，发舒其筋骨；戏剧练习，则以摹仿态度，表示其感情。此皆明白易见之事实也。而歌唱之时，儿童目注神移、手挥身动，随天机而奔凑，于体魄上之利益，尤莫计程。

盖学校制度之弊害，无过于干涉过度，碍身体之发达。幼稚园者，实补救此弊之良药也。其制度之特色，在使儿童得益于不自知。方其游戏，取乐而已。而体魄上之利益，乃相从而至。昔斯宾塞尔（Herbert Spencer）[①] 尝叹学校制度之不善，而以游戏为胜于体操。盖久见及于此矣。其言曰：

---

① 斯宾塞尔：通译斯宾塞，即赫伯特·斯宾塞（Herbert Spencer，1820—1903），英国哲学家、社会学家、教育家。被誉为“社会达尔文主义之父”，著有《社会静力学》《心理学原理》《教育论》等。

自自由运动既被禁阻，而不运动之害，又复显著。于是，有形式运动之法出，即体操是也。然而体操之法，虽聊胜于无，而积极、消极二方面，实皆有弊害。筋肉之运用，不若自由运动之变化，则必有一部分身体，以不用而衰弱。此消极之弊也。反之，而他部分身体运动过度，又有偏胜之进化。此积极之害也。然则安能及游戏之善哉！（见斯氏《教育学》）

请更言智识上之利益。上节已言幼稚园之所教，不在读书、习字。诚以此等教法不足以助智识之进化也。欲求智识之进化，首当自用其心思。心思愈用而愈出。积视、听、言、动之微，而各种官能自然发达。观察事实，有其结果焉；比较结果，有其断案焉。为教师者，但为之诱掖、引导而已，不必加以命令也。盖智识之进化，起于想像，而终于意志。惟自用其心思，而后意志之进化，不由外铄。此弗氏制度之所以足贵也。如记忆力之练习，非使儿童背诵功课、强记字面也，道在授之以实物。授以方体，而儿童知方体之为何物。授以羹匙，而儿童知羹匙之为何物。玩弄、抚摸，而方体、羹匙之影像，自默识而不忘。其胜于教师之口授者相万[①]也。斯宾塞尔尝言：

凡教授名物，而指点他物以为证者，非引起儿童之观察力也，直以教师所观察者，强纳于儿童耳。此等方法，其流弊所呈，殆难覼数。衰弱自习之能力，一也；减少活泼之乐趣，二也；阻隔直接而得之智识，三也。然则安怪儿童之意兴索然，而以读书为桎梏者哉！（见斯氏《教育学》）

统观全章，美国之幼稚园制度，所谓根据弗氏学说者，可以见矣。儿童自三岁至六岁，其灵魂、智识、体魄三事，发达至速，待教亦至殷。非弗氏之制，又何以克举全功哉！世有知幼稚园之利益者，当知弗氏学说之不谬；亦惟知弗氏学说之不谬者，能知幼稚园之利益也。

---

① 相万：相差万倍，极言相差之大。

四、幼稚园与初等小学之关系

自然界中有公例焉，曰无独立的存在，无离缘之事物。前事之发生，后事之预备也；第二级之进步，第一级之结果也。此吾人所夙谂者也。而教育之道，亦复如是。精深之学，必以常识为之本；高等学校，必以初等植其基。二者之间，不能躐等也。

昔者哥米纽氏（Comenius）[①]早知此旨，所著《大教授学》（*Great Didactic*）[②]中，所以诫勉人师以初等、高等之关系者，凡数见焉。然则幼稚园与初等小学之关系又何如？曰：是可从未设幼稚园时推见之。当未设幼稚园时，初等小学实与家庭相密接。六岁以前之教育，家庭任之；六岁以后之教育，初等小学任之。此观"初等"二字之名义，而可见者。

然而普通之家庭，既无一定之教育制度，故其弊亦不可胜穷。有师心自用，未合教法者；有听其自然，不加维护者；有故意放纵，养成恶习者。欲以为初等小学之预备，必不胜任也。欲举预备之重任，非有一定之制度不可；欲有一定之制度，非为家庭组合不可。换言之，则以数家之力合办一幼稚园是也。使无幼稚园，则小学制度必当有以弥家庭之缺憾，而责任必更繁重。犹之无预备中学，而大学之责任必更繁重也。

然而世人之意，颇有谓今之幼稚园与初等小学绝少关系者。幼稚园既非初等小学之预备，初等小学亦非幼稚园之后继，其制度固不相类也。盖幼童之性质，敏于感觉而易受变动；因境遇之不同，而一时之所得，过一时可全然忘却。因制度之不同，而幼稚园之所得，入初等小学时，亦可全然忘却。其进步迅速也，以此；其废时失事也，亦以此。欲无废时失事，而又不碍其进步，必须有共通目的以为进行之基础。此共通目的，则今犹求之未得者，诚教育家所不可不注意者也。

虽然所谓共通目的者，非初等小学与幼稚园必当依同一制度，求同一效果也。使幼稚园而办理得当，则初等小学自更易措手，此无可疑者。然幼稚园之存立，亦自有其本身之价值，非为初等小学而起义。盖幼稚园之教育，限于最幼之儿童，其教育之方法，

---

① 哥米纽氏：通译夸美纽斯，即扬·阿姆斯·夸美纽斯（J. A. Comenius，1592—1670），捷克教育家、教育学理论的奠基者。长期执教于教会学校，悉心研究教育理论。著有《大教学论》《母育学校》《世界图解》等。

② 《大教授学》：通译《大教学论》，于1632年出版。

若恩物、手工等事，亦只为最幼儿童之用，犹之初等小学，以境遇之不同与需要之日增，其教育之方法亦只为小学生徒之用也。乃若所谓共通目的者，则别有在。其制度，固不必强同；而所以为制度之关锁者，则不可不同。换言之，则不背变通之原则，而求一同条共贯之制度也。

近来，自然公例日渐发明。凡学校制度之偏重文字者，亦以不合自然公例而改革。如口述练习以启沃听官，实物教授以养成目力，游戏运动以强壮体质，皆教育家所尽心研究者也。研究不已，则进步亦不已。而共通目的，亦因是而实现。行见自幼稚园以达大学，皆依此共同目的而进化，教育之制度日备，学校之统系日固。虽今尚非时，亦必距此不远矣。

要而言之，幼稚园之目的，即初等小学之目的也。其练习、经验、生活也同，其养成普通能力也同，其使之知自治而守秩序也亦同。此其道通为一者也。而其达此目的之手段，则不能无异。故其教科之配置与管理之方法，亦因是而异。初等小学注重文学，幼稚园则注重自然科学；初等小学注重工作，而幼稚园则注重游戏。格谟博士（Dr. Garmo）[①] 尝曰：“工作的游戏与游戏的工作，实为儿童两大时期之津梁。”又曰：“幼稚园者，由家庭生活以入社会生活之枢纽。”（见所著《教育学》第一百五十五页）可以知幼稚园之重要矣。

五、结论

以上数章，皆美国幼稚园之概略也。首述其缘起，次言其进步。虽语焉不详，而于主要之旨趣与设施之方法，已无所缺。第四章所论，为幼稚园与初等小学之关系，尤属重要。每一节目中，于二者离合之故，及其相因而至之利益，三致意焉。

弗罗比尔有言：“吾之学问，多得诸儿童。以彼等诏我以人生之要旨与教育之秘钥也。”（见腓立氏“近世教育之进化”Dr. Philip's Lecture on Modern Development in Education）

---

① 格谟：通译加莫，生卒年及生平事迹未详。

亦幼稚园之利益也。且幼稚园之存立，为必要的，而非附属的。除此法以外，决无能担教育幼童之任者。家庭无从事教育之余暇，一也；为人母者，无担任教育之材能，二也。而亲子之关系，所以必借助于教师者，则尤有故。虽今世之人未尽明了，而古人已先我言之。昔孟子之答公孙丑也曰："父子之间不责善。责善则离，离则不祥莫大焉。"[1] 此即古者"易子而教"之深意。而幼稚园之必不容缺，亦由是而可见也。

尤有一事，为吾辈所当念及者，则欧洲之幼稚园制，既渡大西洋以入美国，又当渡太平洋以入亚洲诸国是也。夫美国幼稚园之利益，今已显著。则推行于他国，亦定博成效，所谓因者易为功也。然自实言之，幼稚园之制度，全世界中已推行殆遍。其成效亦未遑多让。

虽中国今日尚未知幼稚园之真谛，即初等小学亦多办理不善。顾于纪元六百年前，已有谓儿童初解语言，即当授以教育者。盖中国开化最早，凡泰西之良法美意，古圣立言多已见及。幼稚园，其一事也。

虽弗罗比尔为此制之开山，而以中国人尊己自信之习观之，直可谓其说导源于中籍。彼《小学》[2] 一书，即其明证也。其书中所说，余已不能记忆；而中国儿童于四岁以前，已受教育，则从此可见。

著者初入学时，曾受《千字文》。以一年之力，竟能背诵全书。时方四岁，实美国之二岁也。（按：中国记数之法，始于一，不始于零。其纪年龄之法，以新年起，不以生日起。故所谓二岁，与泰西异。）然中国之教育开始虽早，而于幼稚园建设之原则与施行之制度，则知之者犹鲜；其提倡幼稚园以见诸行事者，则更鲜。非及今提倡改革，无从措手也。

中国之民所当感谢者，耶稣教中人开设学校之热诚也。即就幼稚园而论，近数年中，萌芽渐启，亦耶稣教之功耳。由是以言，庶政待更，惟耶稣教感化之；教育改良，惟耶稣教开导之；葆爱子弟，惟耶稣教辅翊之。基督有言："莫阻儿童，令来我前，以从此可

---

① 语出《孟子·离娄上》。意为：父子之间，不宜以善来相互要求。因若如此，便会使亲情疏隔；若亲情疏隔，则家庭伦理便将面临崩塌之不祥。

② 《小学》：朱熹与其弟子刘清之合编的童蒙读物，分内外两篇。内篇四部分，为立教、明伦、敬身和稽古；外篇两部分，一是嘉言，二是善行。该书首重敦品，兼及开智，且以故事性见长。

以至天国也。”诸君其深念之哉！

本书参考之书报：

（1）弗罗比尔氏《成人教育学》（Froebel：*The Education of Man*）

（2）勃劳氏《符号教育学》（Blow：*Symbolic Education*）

（3）弗罗比尔氏《幼稚园保育法》（Froebel：*Pedagogics of the Kindergarten*）

（4）弗罗比尔氏《教育通例》（Froebel's *Educational Laws*）

（5）希莱夫氏《幼稚园论》（Shirreff：*Kindergarten Essays*）

（6）麦伦菩禄氏《幼童及幼童之性质》（Marenbaltz Bülow：*The Child and Chid-nature*）

（7）毕蒲特氏《幼稚园讲义》（Peabody：*Lecture to Kindergarteners*）

（8）蒲加南氏《新教育学》（Buchanan：*New Education*）

（9）玻的拉氏《教育原理》（Butler：*The Meaning of Education*）

（10）圭克氏《教育改良家传》（Quick：*Educational Reformers*）

（11）般纳氏《美国教育制度》（Boone：*Education in United States*）

（12）圭克氏《美国教育制度》（Quick：*Education in United States*）

（13）班德氏《教育学史》（Painter：*History of Education*）

（14）霍尔倍脱氏《教育学》（Herbart：*The Science of Education*）

（15）斯宾塞氏《教育学》（Spencer's *Education*）

（16）裴那特氏《弗氏幼稚园制度》（Barnard：*Froebel's Kindergarten*）

（17）哥米纽氏《大教授学》（Comenius：*Great Didactic*）

（18）柏拉图《共和政体》（Plato：*The Republic*）

59　游戏例举

李贤贞　袁玉英

1912年11月1日

题　解　本篇原载《女铎》第1卷第8期“游戏”栏。发表时间为1912年11月1日。原发表时题为《游戏》。今题系编者所拟。

撰著者李贤贞、袁玉英，生卒年及生平事迹未详，当为教会幼稚园教师。前者还在《女铎》上发表有《暴怒宜戒》《勤女得赏》《学堂演说之资料》等文，后者还在《女铎》上发表有《论童子之力量》《家庭教育问答》《人道主义》等文。

《女铎》，宗教妇女月刊，1912年4月创刊于上海，由上海广学会主办、编辑并发行。主笔为美国女传教士、南京汇文女子大学堂堂长亮乐月。旨在介绍与妇女生活有关的常识，还刊登宗教教育、妇女传记及学术等方面的文章，并报道女子教育方面的新闻。主要栏目，有论说、家政、教育、学术、宗教、小说、传记、课艺、游戏、近闻、杂俎等；主要撰稿人，有亮乐月、袁玉英、黄宗英、黄宗贞等。1950年12月停刊，共出35卷数百期。

一、速记法（李贤贞）

不拘人数，共集一室。每人备纸、笔各一。后，一人捧进一盘，盘内杂陈纤小之物，如笔、墨、橡皮、戒指、针、线等类，使各人看之。捧盘者不得立定，但于各人面前走过，随即出去。去后，令看者各记所见之物，以所记最详者为胜。此虽游戏之事，亦为练习记性与眼力而设也。

二、狼攫羊（李贤贞）

一人为狼，匿于房内之桌后或床后；又数人为羊，立于房之一边；又一人为牧者，立于羊之对面。呼曰："夕阳已斜，尔等当归圈。"众齐声云："我侪畏狼。"牧人云："狼已去，勿多惧。"羊闻是言，即随之行。忽然狼出，尽攫群羊而去，无一羊得免。牧者大哭而返。

三、寻拖鞋（李贤贞）

数人席地而坐，作彼此闲谈之状。其中一人为皮匠，又一人说："我有拖鞋已破，请为我修补，限十分钟即要的。"言毕而去。去时口数曰："一、二、三、四、五……"数至十即回，向皮匠索鞋。答云："尚未修好。"其人曰："一定要了。"众人云："汝知此鞋在何人手中，可试寻之。"一面各人速将此鞋暗相传递。若果指出拿鞋之人，即夺其位，罚拿鞋之人作补鞋之人。如此轮流玩耍，亦一法也。

四、剪纸排形法（袁玉英）

有木匠修补一扇厨门。其破处，六英尺长、一英尺宽。只有一方木料，长四英尺、宽十八英寸。主人对木匠说："此木只可分为二块，恰够用，无一点零碎。"木匠听着，甚是诧异。嗣后量度此料，恍然大悟，即将木锯成二方，拼之正合。试问：木匠何以锯此板？可用纸剪成木料之形，以寸代尺为之。

又给木料一方，长十五英尺、宽三英尺，曰此可作柜底板，是正方形。只可锯成五块。但其中四块，大小同样，惟一块不同。木匠细想之后，即将木料分为五方，拼之正成方形，适合柜底。亦可以剪纸试之。

取一纸，剪成图（原图 2）上第一式三形，每形分为四块，共计十二块。可将此十二块排成一极好看之八边形。

又，先剪八个正方形，后将四个方形对角分开。共有四个方形、八个三角形，计十二方。可排成一完整之大正方形。

照图上第二式，将纸剪分三形。可将此三形排一十字架。

图上第三式，是一十字架与两枝蜡烛，乃是九块所成。可择一长方形纸，长四英寸、宽二英寸半，可设一法叠之。叠后，一刀剪下，即分为九块，便成一十字形，并二枝蜡烛。

又，依图上第四形，用纸照样剪二十个三角形，合拼排之，可成一正方形。

又，先剪一个三边等的三角形，后画三十条直线，即能成最多之三角形于内。试问：最多之三角形，共有若干？

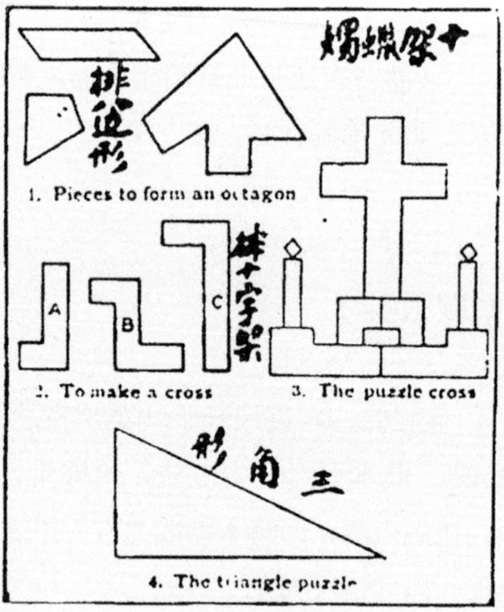

原图 2　剪纸示意图

60　游戏之类别

巽吾

1912年12月10日

题　解　本篇原载《教育杂志》第4卷第9号“教材”栏。发表时间为1912年12月10日。

撰著者巽吾，生卒年未详。巽吾当为笔名，为沪上著述人，或供职于商务印书馆。因此人此期所发表的大部分文章，均发表在商务印书馆主办的《东方杂志》《教育杂志》《妇女杂志》《学生杂志》之上。其他教育论文尚有《学风亟宜改良》《个性与教育》《赏罚上之注意》《都会与儿童之关系》《理想的课堂出入法》等。

有关《教育杂志》，参见前文《外人调查教育及保卫幼稚事项》题解。

一、绪言

就儿童各种游戏考察之，知不外格鲁斯氏①及嘉尔氏②之说。宜就生理及心理预备

① 格鲁斯氏（Karl Groos，1861—1946）：格鲁斯，德国哲学家、心理学家。他提出游戏“预演说”，认为游戏是对未来生活的一种无意识的准备。该理论与霍尔的游戏“复演说”相对。著有《动物的游戏》《人的游戏》等。

② 嘉尔氏：通译霍尔，即斯坦利·霍尔（Stanley Hall，1844—1924），美国心理学家、教育家。他提出游戏“复演说”，认为游戏是远古时代人类祖先的生活特征在儿童身上的复演，儿童游戏的阶段性也遵循人类进化的顺序。该理论与格鲁斯的游戏“预演说”相对。著有《青年期》《衰老》等。

练习之，以人类所以成长，必须身心两方面均齐发达故也。准此，则游戏大别，可为二种：一则与精神生活之各种作用相应；一则与其特殊作用相应。兹特就此二事立论如下。

二、与精神生活诸作用相应之游戏

所谓精神生活诸作用者，即就知觉、想像、感情言之。与此诸作用相应之游戏，大要如下三项：

（1）感官的游戏。儿童幼稚时，苟取简单之事物，动其感觉，每有大为愉快者。假如有异类杂多之物体，而有味、有香、有音，则必尝其味、嗅其香、发其音。此在保育幼儿者，须乘机启导之。所以使由末端之感官发达以及其中枢也。

（2）运动游戏。此种运动，以能开发整齐、确实、敏捷为要。种类殊多，如捕获游戏、变戏法、球游〔戏〕、体操、追逐、跳跃、掷球等戏皆是。而发音之难于连络，可为口舌之游戏。运动者，亦属此类。

（3）心理游戏。此类更可分为知力与感情二种。

知力上之游戏——即使运动而有辨认、结合、断定、发见、构想之作用是也。如举一浑括之物而使分别之，或举数音使结合之；其他如弈棋、解谜、依定形作花样画等，皆所以劳知力、使构想，期有所发明也。

人类既高出于动物之上，则此等游戏，自宜迎机多为之；且此种知力游戏，又所以快足其好奇心。假如实验观察之各物，吾人知之，不甚以为奇；在儿童，则必有何故如此之好奇心。故儿童对于各事物，每有何故、如何等发问，于此而为之解答，即所以培养而使发达。

详言之，即万象中因果关系之固有知识，初未尝移植于吾人之精神中；而欲得此知识，必求所以移植之法。故当儿童求知之时，不能满其所欲，即不能明白事理；不能明白事理，即觉有所不适。不适愈甚，即好奇之疑问，因之益有发现矣。

简言之，凡儿童好奇心，乃推究、探索之本能。须竭力筹所以发达之法。教育儿童者，于此切勿轻易忽之也。

感情上之游戏——多有强使起不快之感，然后徐以满足之者。此盖因人类惟有不快之感情，故由是而进求之。一旦骤达自觉，快乐异常也。假如浸手足于冰冷之水中，初时似觉不适；及浸之少时，而身体感之，遂转觉畅快，是其例也。小儿中，有互相鞭挞，以能多忍次数为游戏者，亦即此意。此外，更有自求恐怖之游戏。如：儿童故意妄按某家之呼铃，及他人追捕，惧而急遁，屡以相犯为游戏是也。余如关于图画、手工、音乐诸游戏，亦属感情游戏。又有涉及意志之游戏，亦可属之此类。

所谓意志游戏者，即压制意志之游戏是也。如遇可笑之事，强制之使不笑；以手触眉睫，强制之使不合目。凡应有之动作，故意压制使不起，皆所谓压制游戏也。此种游戏，于将来之实际生活上大有用处，且必不可少。何则？凡成人而为达识开明之士，必能自以己力压制当然之运动。惟动物与野蛮人，与愚蒙之儿童及泥醉人，其运动皆绝不能自压制，一任己意妄为而已。

人类苟稍有知识，当其举动以前，必先熟考其情形之何若。而当其熟考之时，必先将应有之谈论、行为暂时压制。儿童将来必有成人之一日，即必当熟考事理以处置之。故当年幼时，遇此等压制游戏，以先行练习为要。

三、与精神生活上特殊作用相应之游戏

此可分类如下：

（1）争斗游戏。其中，有为身体上之争斗者，如角力、击剑、柔术等是；有为精神上之争斗者，如口舌之辩论等是。

（2）狩猎游戏。此如追捕、捉迷藏等游戏皆是。余如，实与狩猎相近之游戏，若假覆鸟巢、假捕蛱蝶、假采花果等是也。动物中，有于冬期巢中集其食料，为集积冲动者；儿童有时，亦效之为集积游戏。如散各印花于地而集之，散各种玩物于地而集之是也。

（3）社交游戏。如相偕散步、分立党羽，模仿有议长、书记之诸种议会等皆是。可藉为发达将来社交之本能，预行练习。

（4）家庭游戏。如于室内一隅或庭间，用物围作一小家室，将泥人或橡皮人作为家主及兄弟、姊妹等，众儿围聚作乐是也。

（5）模仿游戏。此可分为游戏之模仿与模仿之游戏两种。所谓游戏之模仿者，即以模仿为笑乐是也。如一儿作假面，他儿极意模仿是也。所谓模仿之游戏者，即模仿一事以为游戏。如扮作革命军、扮演历史事实是也。

四、余论[①]

以上，凡生物学上游戏之类别，大略尽之。其各种行动，皆有预行练习某种作用之目的。而其作用，亦颇繁杂，如运动、想像、思考等，往往同时练习，且或有不止数事同举者。

或有致驳诘之词者谓："既如所言，游戏为练习各种作用而设，则非独儿童特有；即成人所为，亦均游戏之事矣。"答之曰：

> 成人于各种作用，苟未完全发达，即不得为成人；或对于所发达者加以练习，预备需用，则亦即为游戏。且作用苟不甚发达，即成人亦无异儿童。而其所为，苟有为发达完全计，特尚未能几于完全之域，即亦无异于游戏。惟已几于发达完全之域，始不为游戏。譬如成人而为射的、掷石等事，则亦只可谓之游戏。"何则？""因其未能百发百中故也。"
>
> 且成人对于将来而为预备，则在现在，亦可视为儿童。盖游戏者，实为成人一种有益之遗传性，幻作缩影之底像也。熟考人类之历史，易见游戏于科学之进步，影响极为重要。如弈棋之发生数学问题，而游戏之寓有物理者，往往为重要发明之所本。如轻〔氢〕气球之于空中飞行机之类是也。余如人类所游戏，每不离利益之思想，必借以役用自然界。则凡事之姑常试之者，亦可视为游戏类耳。

更有应解决之二问题：一则何故游戏而能快乐？一则游戏究为本能之事与否是也？

---

① 此标题系编者加拟。

先就前者作答。则游戏所以快乐，实因偿其所欲。故据心理学言，凡必身欲发达，而能充足其所需，则概觉快乐。如饥时得食而乐，疲时得睡而恬安是也。此第一问所以易于解答也。

至第二问，则言词上不能无疑。使以本能为有特定行为之意，则游戏断非本能。何则？游戏乃异类杂多之行为，其行为不能预定。据格鲁斯氏之解释，诚无可驳诘。惟所以游戏之故，原于神经中枢之构造无预定目的，但因内外界之刺激，生自发作用，故游戏实类似于本能。此吾人所以因游戏而能奋励其本能也。更就生理学解之，则游戏者，乃因神经组织之非常兴奋而起。而此种兴奋性，乃神经系发达过中。惟非常之动摇，始易有均衡之状态，故游戏为儿童不可少之事。

游戏类别，大致如上所述。教育家苟明乎游戏之切要，则平日教育儿童，自当以此为基础，适宜指导之。此不佞所深望者也。

教材

遊戲之類別

巽吾

緒言

就兒童各種遊戲考察之。知不外格魯斯氏及嘉爾氏之說。宜就生理及心理豫備練習之。以人類所以成長。必須身心兩方面均齊發達故也。準此則遊戲大別可為二種。一則與精神生活之各種作用相應。一則與其特殊作用相應。茲特就此二事立論如下。

甲、與精神生活諸作用相應之遊戲

所謂精神生活諸作用者。即就知覺、想像、感情言之。與此諸作用相應之遊戲。大要如下三項。

(一)感官的遊戲　兒童幼稚時。苟取簡單之事物。動其感覺。每有大為愉快者。假如有異類雜多之物體。而有味有香有音。則必嘗其味。嗅其香。發其音。此在保育幼兒者。須乘機啟導之。所以使由末端之感官發達。以及其中樞也。

(二)運動遊戲　此種運動。以能開發、整齊、確實、敏捷為要。種類殊多。如捕獲遊戲、變戲法、球遊、體操、追逐、跳躍、擲球等戲。皆是。而發音之難於連絡。可為口舌之遊戲運動者。亦屬此類。

(三)心理遊戲　此類更可分為知力與感情二種。

甲、知力上之遊戲。即使運動而有辨認、結合、斷定、發見、構想之作用是也。如舉一渾括之物而使分別之。或舉數音使結合之。其他如奕棋、解謎、依定形作花樣畫等。皆所以勞知力。使構想期有所發明也。人類既高出於動物之上。則此等遊戲。自宜迎機多為之。且此種知力遊戲。又所以快足其好奇心。假如實驗觀察之各物。吾人知之不甚以為奇。在兒童則必有何故如此之好奇心。故兒童對於各事物。每有何

故如何等發問。於此而為之解答。即所以培養而使發達。詳言之。即萬象中因果關係之固有知識。初未嘗移植於吾人之精神中。而欲得此知識。必求所以移植之法。故當兒童求知之時。不能滿其所欲。即不能明白事理。不能明白事理。即覺有所不適。不適愈甚。即好奇之疑問。因之益有發現矣。簡言之。凡兒童好奇心。乃推究探索之本能。須竭力啓所以發達之法。教育兒童者。於此切勿輕易忽之也。

乙、感情上之遊戲。多有強使起不快之感。然後徐以滿足之者。此蓋因人類惟有不快之感情。故由是而進求之。一旦驟達。自覺快樂異常也。假如浸手足於冰冷之水中。初時似覺不適。及浸之少時。而身體感之。遂轉覺暢快。是其例也。小兒中有互相鞭撻。以能多忍次數為遊戲者。亦即此意。此外更有自炫恐怖之遊戲。如兒童故意妄按某家之呼鈴。及他人追捕。而急遁。應以相犯為遊戲是也。餘如關於圖畫、手工、音樂、諸遊戲。亦屬感情遊戲。又有涉及意志之遊戲。亦可附之。此種所謂意志遊戲者。即壓制意志之遊戲是也。如遇可笑之事。強制之使不笑。以手觸眉睫。強制之使不閤目。凡應有之動作。故意壓制使不起。皆所謂壓制遊戲也。此種遊戲。於將來之實際生活上。大有用處。且必不可少。何則。凡成人而為達識開明之士。必能自以己力制壓當然之運動。惟動物與野蠻人與恐蒙之兒童及泥醉人。其運動皆絕不能自壓制。一任己意妄為而已。人類苟稍有知識。當其舉動以前。必先熟考其情形之何若。而當其熟考之時。必先將應有之談論行為。暫時壓制。兒童將來必有成人之一日。即必當熟考事理。以處置之。故當年幼時。遇此等壓制遊戲。以先行練習為要。

乙、與精神生活上特殊作用相應之遊戲。

此可分類如左。

(一)爭鬬遊戲　其中有為身體上之爭鬬者。如角力、

另图25　《游戏之类别》原发表件图（部分）

61 蒙台梭利女史之新教育法

志厚

1913年4月10日

题 解 本篇原载《教育杂志》第5卷第1号“实验”栏。发表时间为1913年4月10日。

撰著者志厚，本名樊炳清（1877—1929），字少泉，又字抗父，又作抗甫，号志厚。祖籍浙江山阴（今浙江绍兴），生于贵州贵阳。清末诸生。1898年，入南洋公学东文普通学堂，学习日文、英文及数、理、化等科学知识。后长期追随罗振玉，承担“东文学社”和“教育世界社”的编译事务。又历任湖北农务学堂和江苏师范学堂的教习和翻译。1912年，受聘担任商务印书馆编辑，参编《共和国教科书》《中国人名大辞典》《四部丛刊》等书，并开始在《东方杂志》《教育杂志》《学生杂志》等刊物上发表文论。

蒙台梭利，即玛丽亚·蒙台梭利（Maria Montessori，1870—1952），女，意大利学前教育家。是意大利历史上第一位女医学博士。1907年，在罗马贫民区建立“儿童之家”，招收3~6岁的儿童加以教育，获得了惊人的效果。她所创立的“蒙台梭利教育法”，风靡了整个世界，深刻地影响着世界各国的儿童教育。著有《教育人类学》《蒙台梭利方法》等。

有关《教育杂志》，参见前文《外人调查教育及保卫幼稚事项》题解。

近日游历罗马，有最足动人观听之一事，即意大利语之Case dei Bambini，可译作

"儿童之宅"[①] 者是也。

先是有罗马协会者，为改良社会、矜恤贫民计，特本卫生之见地，集资建屋四百所，以廉价赁之劳动社会，分甲、乙二区。甲区建筑粗陋，以居极贫之户；乙区则稍稍完善，以居境遇较裕者。比户相望，自成一市。

继念住此地方之贫家儿童，或未获受教育之泽。于是一千九百六年，更拟于新建宅内，附设学校及运动场，而以其实施之方谋诸蒙台梭利女史（Dr. Maria Montessori）。

蒙台梭利者，义大利[②] 人。初专攻医学。既得学位，供职于罗马大学附设之精神病院。数年间，专就处置低能儿之法苦心研究，颇有所得。继念，可施之于低能儿者，亦可施之于通常儿，乃欲转易其研究之方面。以是辞病院职，入罗马大学，以攻究实验心理学为志。如是者有时。值罗马协会以前事相属，女史窃幸，其试验之得地也，慨然允之。

受任以来，殚精竭力，本其学理与经验，著著进行。果也，成效大彰。参观之客，后先不绝。近更著《科学的教育法》[③] 一书，以阐厥旨。读者交相称誉，英、德文之译本，不久将出现矣。

女史之新式学校，不以学校名之，而名以"儿童之宅"；不自称教师，而称指导者。盖其所为，教以学校与家庭结合为一，与普通学校不同，亦学校，亦家庭也。

此儿童之宅，创自一千九百七年。初仅一所，设于甲区，后乃扩充校数。今则乙区之内，亦有一所。即以出赁之屋充教室，以教师一、补助者一，教儿童约五十人。问其年，则四岁至八岁者。住居本区内之人，晨则托儿童于学校，出而任劳作，夕则挈之以归。

此所谓儿童之宅者，其课业如何？美国普林斯登大学[④] 教授华尔林，尝躬往参观，详记之于《教育心理学》杂志。兹据其说，而备述之。

---

① 儿童之宅：通译儿童之家，系蒙台梭利所创设的知名儿童教育机构。

② 义大利：通译意大利。

③《科学的教育法》：意大利文本题为《适用于"儿童之家"的幼儿教育的科学方法》，英译本改名为《蒙台梭利方法》。

④ 普林斯登大学：通译普林斯顿大学，是世界著名的私立研究型大学，为"常春藤八盟校"成员，位于美国新泽西州的普林斯顿市。

每日午前九时至十时，教以容仪及有关自助之事。如自着衣履；如自行盥沐；如与教师及同辈为礼；如入室而拭靴；如缓步室内，勿令橐橐有声；如爱护衣服，勿令污染；又如拂尘拭几等事，皆是也。此外，又叩以在家时所为。如曰“汝与父母若何为礼”“有何讲谈”，或曰“昨夕所食何物”是也。其答词中，有应加以注意者，则促令其注意焉。

午前十时至十一时，以充练习知识之用。十一时后，以半小时习简易之体操。所谓体操者何？即矫正运动之容姿，维持全体之均衡。又习练运物、授物等事，期其敏捷是也。体操毕，复以半小时行祈祷之式。祈祷毕，乃就餐。时则正午十二时也。

餐毕，使之自由游戏。洎一时后，更由教师之监督而从事游戏或运动。大率于户外为之。

二时至三时，则练习手工、图画及制造模型。

三时至四时，则合全体而为体操，辅以唱歌。

自是以后，教师更于运动场，或栽培植物，或饲养家畜。命儿童立其旁，随时观察之，或佐助之。俟其父兄至，乃伴之归宅。

此一日课业之次第也。要之，此儿童之宅，以专重实地练习为旨。即择人生将来颇有价值之事，于童时习为之是也。

其所谓练习知识者，尤以练习感觉为主。此实心理学上最有兴味之问题也。据女史之意，以为人之各觉官，皆可由练习而发展，以达于较高之度。就中如触觉及筋觉，尤然。故所谓练习知识者，其初仅凭触觉，以习于辨知事物云尔。其为法也，以巾蔽儿童之目，使手触各物体，而辨其物。先由此法，使惯于糙滑、坚软、轻重之别；渐进，更使认识其物质。如任取布帛多种，使辨为或绸或纱，或呢绒或棉布是也。

其于形之感觉，则任取种种固体，或立方形者，或长方形者，使藉触觉及筋觉而认知之。于味、嗅各觉，亦然。

至于色之知觉，则取碎布、厚纸之属形色各异者，都六十四，杂列于儿童之前，使就其中择取形色显异者三以为标准。次则以其相近似者，各依类而排，比之。

其于练习听觉也，则令儿童静坐于暗室，教师低呼某儿名，其人即默然起立，徐步出室外。以次呼他儿，约至十二人而止。余儿皆守沉默，不得言笑。

凡此诸端，皆所以练习感觉官能，而期其正确者也。练习稍熟，乃更授以形、色之称，且使之求音节之明了，以兼期其运动官能之正确焉。女史之意，以为初期之教育，与其提出新事物而使之理解之，不如随自然之情态导儿童之潜在势力而发展之，使其本有之活动力及知觉力以渐进步。故如糙滑、轻重、冷暖、青赤等之区别，务须及早练习。由是循序更进，以益求其感觉之精密可也。

教授书法，可分三期：第一，就握笔及用笔之法实地练习；其次，则使文字之视觉上形状及触觉上形状，与其名称结合；最后，更谋各文字与缀法、语法之结合。儿童既解所谓写字之义，则大抵以极端之热心，进而为之。任取种种语句，自书于石版，时或于中庭之阶石间，亦纵横书写焉。习之稍久，并能以自己之创意缀句成文，且敏速而妥适。虽年仅五六岁，而视彼普通学校之十二三岁者，成绩殆不相下。书法之工，较仅恃模仿字帖者或且过之。况儿童之于习字既饶兴味，则所以促其勤勉而助其进步者，更未可量耶。

女史以为，读法当在书法之后。故使儿童自就手写之字，辨其发音。然此所谓读法者，固与诵读不同。第以手腕所表现之思想，更表现之于口、舌、耳。若夫真正之诵读，则由视觉上符号以领受思想之谓也。女史以为，折〔摘〕一语中之字而分读之，此乃真正读法之准备。教师取状若骨牌者若干，各书一字于其上，使儿童分别识其发音。继乃合数字为一，使迅速而往复读之，即成一语。其所选之语，必为普通事物之名。故一面识音，即一面识义。自是以往，联语成句，联句成文，逐步渐进。至此程度，则不外以视觉上符号译为口语而已。其教授读法时，尤有可注意者。据华尔林所记云：

> 女史先于黑板书若干句，令儿童以同音朗读之。继书“汝爱予否”之句，儿童高声诵读如前。至是，女史以讯问之态度，瞥视儿童。儿童顿悟文字之义，群呼曰“然”。盖即以“爱汝”为答也。女史续书句曰“善其默坐以待”。儿童朗读毕，果从其意，默然静坐，以俟后命。此后，女史纯由黑板之文字，与儿童交通思想，儿童俱用默读。其全体注意力，皆集于文字所含之思想。如书曰“试闭窗而开户”，则儿童默读会意后，即如其命而为之是也。至是，则所谓诵读者，乃有新获之价值。盖非复器械的表现，而进为领受思想之媒介矣。

如斯变化，要不外由符号与谈话之联络而转为言语与思想之联合者也。

此儿童之宅，亦教授数学初步。其始教算法也，不用特别教授之形式，而但教以简单之数。如曰“衣之钮扣有若干枚”，或曰“儿童几人同坐一处”之类。又以伪货币为玩具，使儿童戏相兑换。俾于所谓数之意义，能精确体会焉。

渐进，则以实物为教，而化抽象之数为具象之数。其法，取木棍十，最短者一寸（原作一米突十分之一），次二寸，又次三寸，递至于一尺。各木棍之上，每寸各涂以相异之色，令青赤相间。其一寸者，则使之呼为一；二寸者，则使之呼为二；如是递进，以迄于十。一寸者，最右列；则二寸、三寸、四寸，顺次左列。各棍，皆一端平而一端尖者。用此教法，儿童既获解二、三、四等之名称；又以一为基，而知二、三、四等数之对一数之关系焉。

又取横木为板，其板区为十段。每段贴纸，各书数字于上。于是，命取某数之物，置于木板侧，必其物之数与板上所书之数字符合。此法，盖所以谋数字与物量之联合也。

自是渐进，乃用直观主义教以加法初步。即取前记之木棍，自一至十，顺次排列。命儿童取一寸者，置于九寸之上。使目睹一寸与九寸之棍，其长等于一尺之棍。则教之曰：“一加九等于十。”其余二加八、三加七等，俱如前法推之。又使以长五寸者，置于长一尺者之旁，自中央而折回之，则知十为五之二倍。继授减法，则不外就前法倒换之耳。以故入此新式学校者，及将离校之际，大抵能算至九十九之数。最后，并教以百数而止。

女史之教授法，以简明为原则。以为世间教师，或由谈话，以诱起儿童之注意；或藉种种方便物，以导入教授事项。此徒令儿童皇惑而已。女史之教授法，则不用说明。除直解之言语外，不复更作一语。有未免矫枉过正者，如教以冷暖之别，则使儿童插手指于温水，而教之曰“暖”；又移之于冷水，而教之曰“冷”。后使儿童反复为之，而自述其冷暖。冷暖以外，不更着一说明语也。

女史之于教授，如上所述。至于训练，则有二主义焉。

一曰，不可以强制之形锻炼儿童。故在此儿童之宅者，各取一矮椅，凭低几而坐。虽任意调换坐位，亦置不问。其于课业也，并不强之动作。如儿童注意力既弛缓，则变易其材料，择其向所热心之事物而教授之，以为此际之学习，特欲预植将来之兴味耳。参观此学校者，见群儿各执粉笔，以己之意，任书文字于石版，或描绘动物、机械，其成绩颇优。要之，使儿童于无意识之间实地学习，始终惟以自动、自治为务。且全体儿童，彼此相助相教；而教师，仅立于监督之地位焉，实此校之特色也。

二曰，训练儿童不当用赏罚之手段。以为自身之成功，即自然之赏；其失败也，即自然之罚。故虽有成绩佳良者，弗与以称誉也。又教以某事，而儿童踌躇不能，则移之于他方面，弗更加以解说也。盖谓谬误之观念，由联合作用而相生，故欲正其误者，适以坚其误，要在去其怯念，俾安心而前进，则可矣。

儿童过于顽劣者，有时不得不临以非常之手段。然女史之待遇此辈儿童也，不视之为犯罪者，而以之为道德上有缺陷者。故绝不施以鞭挞，亦不加以耻辱；但不许与他儿同课，而以怜悯之念待之，如待病人然。女史自言，以此法处分顽儿，颇可有改过迁善之望云。

由上文观之，则是女史之教育法，实具有心理学上之理由。盖自心意之进程言，则运动之习惯，由活动之本能而发；知识与思考之习惯，由联合之法则而生。适应心意发达之自然情态，而利用观念联合之活泼能力，此即女史之教育法之根据也。其本教育己身之主义，而一意造成自助、自立之习惯，尤与最近心理学所谓“教育势力，不当求之于外，而当求诸儿童心意之内”者，其义相合。

不独此也，女史之主义教育，更具有社会学上之兴味，以为学校最有感化社会之势力。苟以守礼仪、尚独立、尊自制等教训儿童，则必贻反响于其父兄，将有于不知不识中，潜收改善社会之效者。彼儿童之宅，最留意于此，尤可称道也。

女史所著《科学的教育法》，以一千九百九年出版。彼之教育意见，盖于是书尽之。观其思想之渊源，殆出于裴斯泰洛齐、弗烈培[①]、伊台[②]、瑟昂[③]四家。

---

① 弗烈培：通译福禄培尔。

② 伊台：通译伊塔德，即让·马克·加斯帕尔德·伊塔德（Jean Marc Gaspard Itard，1775—1838），法国治疗耳病的医生和教育聋童的专家，为特殊教育的最初倡导者，以对“野孩阿维龙”的长期教育实验而知名。著有《野孩子阿维龙的早期教育》。

③ 瑟昂：通译塞贡、塞根或谢根，即爱德华·塞贡（Edward Seguin，1774—1858），法国研究和治疗心理缺陷的先驱者。他的研究促进了对基本心理过程的科学研究，同时也奠定了特殊教育的理论基础。后移居美国，著有《白痴及其生理诊断法》。

裴斯泰洛齐之根本思想，潜见于《醉人妻》[①]一书，更著《额尔特德之教儿法》[②]，以敷畅厥旨。彼谓儿童之教育，萌芽于乃母之卧室；而心意发达之基础，当求诸直观。此初步之教育法，任何家庭皆可得而施之。家庭果皆如是，则振兴一国文教、改造社会性行，肇端于斯矣。然则女史之以学校与家庭结合为一，又谓教育儿童为造成社会、国家之健全分子者，非即与裴氏之说若合符节耶？

弗烈培之创幼稚园也，其根本思想不外欲藉游戏、运动、规律等以引导儿童固有之活动，而因以谋身心之完全发达。此尤与女史之主张相同。所谓儿童之宅，不啻一幼稚园与小学校之结合者。儿童之宅，虽以四岁至六岁之儿童为主；然于六岁以上者，亦以同一之旨趣教育之。此与弗烈培自谓其教育主义“不限于幼稚园时代”者，正复相同。所差异者，弗烈培仅恃所谓“十二恩物”以为教育之资，而儿童之宅更广取种种材料。谓为本弗烈培主义更扩充而改良之者，可也。

美国史奇本斯女史曾参观儿童之宅，归著一文，曰《蒙台梭利与弗烈培之比较》，载诸美国之《小学教师》杂志。亦谓二者根本精神相似，而蒙台梭利之方法似较优长。幼稚园之教师，立于儿童之先，以教诲者自任；而儿童之宅之教师，则宁立于儿童之后，以守护者自居。此即其一特长也。

女史思想之他方面，渊源于伊台、瑟昂二氏者亦复不少。伊台者，法国之医家，以专攻聋哑教育名。彼以为，白痴之子苟教育之，亦可进沐文化之德泽。宜一面使之惯于文明生活，而一面以疗治聋哑之方法启发其心意焉。女史所著《科学的教育法》之第五章，即引伊台之说，是明示其思想之相近也。瑟昂亦法国人，为白痴教育之专家。曩于美国麦萨邱瑟兹州[③]，为低能儿学校之长，功绩最著。瑟昂之学说，以感觉与知能之关系为其基础，于触觉或筋觉，尤重视焉。彼谓，磨练感觉，使之活动，则知能上之障碍，即可藉以排除。瑟昂此说，虽于白痴教育未必完全奏效，然于低能儿教育，则洵为切要

---

① 《醉人妻》：裴斯泰洛齐教育代表作《林哈德与葛笃德》的另译名。本书为教育小说，主人公葛笃德，系泥瓦匠（名林哈德）之妻。虽然家境不好、丈夫酗酒，但她贤惠开明，重视子女教育，并致力于用爱来感化，终将 7 个孩子教养成人。

② 《额尔特德之教儿法》：通译《葛笃德怎样教育自己的子女》或《葛笃德如何教育她的子女》。亦为裴斯泰洛齐的教育代表作。该书由十几封讨论教育法的通信和一篇方法综述合构，较为系统地表述了裴斯泰洛齐的教育主张。

③ 麦萨邱瑟兹州：通译马萨诸塞州，位于美国东北部。塞贡移民美国后，曾在此从事特殊教育。

之图。今世低能儿教育之克举实效者，固由种种方面之研究；而注重感觉之磨练，实亦其一因也。

至低能儿之教育法可应用于通常儿，斯说夙为学者所公认。女史固亦持此意见者。然则儿童之宅之重视感觉，谓即渊源于瑟昂之思想。而以教育低能儿之法应用于通常儿者，又何不可之有？

综观女史之教育主义，非必有特殊之见地，亦非必有确实之科学的基础，如诱动儿童固有之兴味，使之完全发展；如注重感觉；如主张自由的训练；又如适应心意发达之自然情态，而利用观念联合之活泼能力；如谓学校有感化社会之势力。凡是诸端，一般教育学者，夙既主张之矣；然至以一定之方案、一定之组织，施诸实地而克奏成功，此则女史之热心、卓识有可称道者。

儿童之宅一语，诚哉教育界之一新帜。而今世幼稚园、小学校之一刺激剂也。由斯以观，可见教育事业之成败，不系于材料，而系于技能；不关于形式，而关于教师。其人苟有良师，出其绵密之思虑，济以敏熟之伎俩，则无论教材若何，教则若何，其成效必有可观。而不然者，纵取蒙台梭利之教育法，刻意募仿，而欲以之求兴味之活泼者，适以助其纵恣；欲以之谋心意之发展者，适以萎其气力。失之毫厘，谬以千里，庸有济乎！有沙谛斯密者于参观儿童之宅时谓："此新教育法，以教师之习练为必要。"盖亦有感于是也。

儿童之宅利用种种器械，而以识字、习字课四五岁儿童。一若以幼稚园之游戏材料视之。此举是否失之过早，又是否陷于机械的方法，乃一尚待研究之问题。且如我国言文不一，字体之结构亦繁难，幼儿指肉未健，又难把握毛笔，则蒙台梭利之方法，其不能迳移植于我国，无待论也。

顾犹有一言焉，曰儿童之教育宜较迟乎，抑宜较早乎？由前之说，则儿童早入学校，课业过多，必有身心疲劳之虑。故宜任其自由游戏，不加干涉。由后之说，则儿童六七岁以前，放任不教，则心意之应于此时发展者，无由发展。其间，或被不良之影响，故以及早启发心意为利。

蒙台梭利女史，即主张后说者也。二说似相反，然细按之，亦未必不相容。何则？谓宜早教者，并非未及其时，强灌知识之意；谓宜迟教者，亦非谓儿童未及学龄，即可置教育于不顾。必也于家庭，于幼稚园，常以教育上之思虑防护儿童，以遂其身心之自然发展。而系统的之教育，有俟诸推理力与记忆力者，则俟诸年长以往。其庶几得中之道乎！

儿童之宅声闻烂于世界，然要其可称道者，实不在组织、材料、方法之间，而在女史之热心、毅力与其实地之技能。一言以蔽之，以学校与家庭结合为一，斯即儿童之宅之精神，而教育者，所当引以为鉴者也。

62 考察日本女子高师附属幼稚园报告（节录）

胡周辉

1913年6月23日

题 解 本篇原载《教育杂志》第5卷第10号“杂纂”栏。考察时间为1913年6月23日，发表时间为1914年1月10日。原发表时，署名“无锡女士胡周辉”，题为《北京女子师范学校派赴日本考察校务报告》。今题系编者所拟。

撰著者胡周辉，女，生卒年未详，江苏无锡人。胡为夫姓。丈夫胡雨人，曾担任北京女子师范学校教务长。周辉早年留学日本，其母王运新不仅支持爱女留学，而且还陪赴日本伴读。其时，周辉任北京女子师范学校学监主任；其后，还曾任教于南菁中学等校。

日本女子高师附属幼稚园，其前身为东京女子师范学校附属幼稚园，创设时间为1876年。该园为日本最早的学前教育机构。1890年，东京女子师范学校升格为东京女子高等师范学校，幼稚园也随之更名，并成为日本办理绩效最好的幼稚园。

有关《教育杂志》，参见前文《外人调查教育及保卫幼稚事项》题解。

中华民国二年六月，本校校长陈明、教育部派教职员三人，赴日本考察女子师范教育事宜，辉以学监主任受命前行。本月七日下午一时，集各级生徒于讲堂，布告考察宗旨。四时，开职员谈话会，讨论考察事件，请各纾所见，以补助出发者之所不及。十日晨七时半，由校起行。

（中略）

（二十三日上午）十时半，至附属幼稚园参观，见有一班正在游戏、唱歌。生徒四十二人，分两组；教习三人，共同相帮。

其法，先植立两旗于左右，有两凳，各置一物，如不倒翁。令两组各取此物，绕旗捷走，然后仍将此物放于原处。各生均踊跃争先，非常敏捷。

末后唱歌，系表情者，亦甚活泼。其教习照应幼稚生之周到及和蔼之状态，真令人肃然生敬。

其教室中桌椅之位置，如图七及八（原图 3、原图 4）。

教室中，大约皆如此布置。保姆告余等，初来之幼稚生，即将半圆形之桌八张，合成一圆形使坐。

又导观恩物及各种游戏器具。各分门类，有劳动者，有运动者，有思考者；有静的作用、动的作用者。其类别之细、种类之繁，几若不可思议。其游戏器具，有小船，有货物车，有推车，有马缰绳，寓习练事物于游戏之中，宜其加人一等也。

（后略）

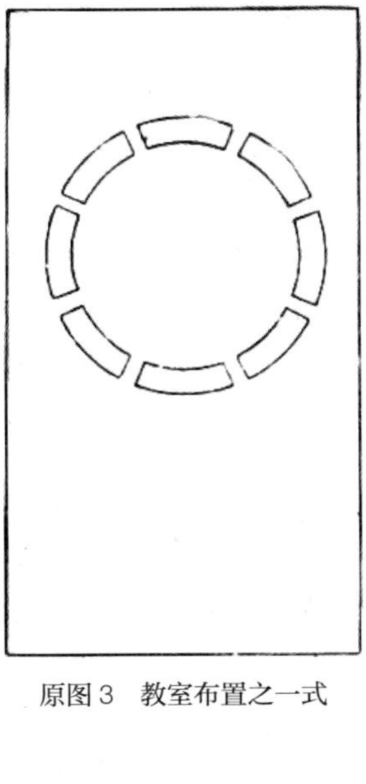
原图 3　教室布置之一式

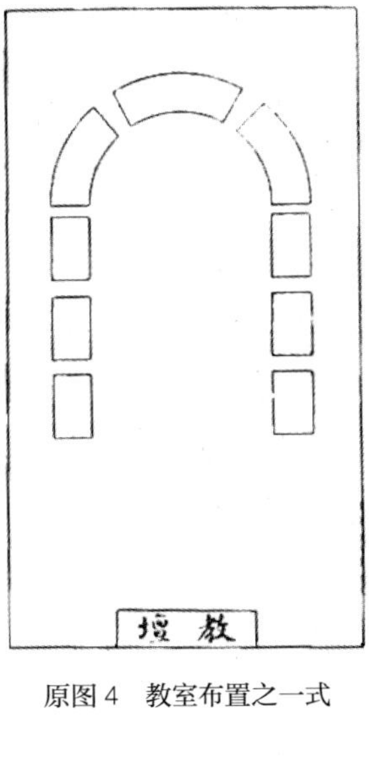

原图 4　教室布置之一式

63　德国柏灵裴斯泰洛齐·福留培尔馆

无我

另图 26　陈无我像

1913年9月

题　解　本篇原载《教育杂志》第 6 卷第 1 号“调查”栏。参观时间为 1913 年 9 月，发表时间为 1914 年 4 月 15 日。

撰著者无我，当为陈无我（1884—1967），号法香，浙江钱塘人。早年任《太平洋报》《民国日报》编辑和记者。后创办“世界新闻社”，任社长，因公干而周游欧陆。此期在《教育杂志》上还发表有《大教育家爱伦该女史传》《预习复习之价值》《家族的学级经营法》《德国最著名之民育机关》《主情意的读法教学的原理》等文；在《无锡教育杂志》上，发表有译文《职业教育上品性之陶冶》《日本人汤原一君手工教育谈》等。

题中“柏灵”，通译柏林，为德国首都。题中“裴斯泰洛齐”，系瑞士知名教育家。题中“福留培尔”，通译福禄培尔，系德国学前教育家。此“馆”系为纪念这两位教育家而兴建并开办。

有关《教育杂志》，参见前文《外人调查教育及保卫幼稚事项》题解。

斯丹列霍尔氏①近著之《教育学上诸问题》中，有论述幼稚园一章。痛论美国幼稚园之不善，而盛称德国办法之进步，尤以柏灵之裴斯泰洛齐·福留培尔馆为最可观云。

客岁之夏，某以事至柏灵，偶与友人谈及此事，始知此馆距某宿所甚近，遂欣然往

---

① 斯丹列霍尔氏：斯坦利·霍尔。

访。时九月三日也。

馆屋凡六层，建筑美丽。既入，道其来意，有容貌和蔼之中年妇人出面应接，始悉该馆以每周火曜日[①]为参观日。某为远客，故特相见，并嘱保姆一人，导余略观梗概。此妇人，盖即馆长特留夏（Frl. Lili Drooscher）女士也。

后于九月二十三日复往。是日为正式参观日，一妇人专司导引。此妇曾于该馆担任保姆。今方结婚未久，而每周参观日，必来此为参观人之导引。

某于翌日（即二十四日），更请为参观日外之参观，且请谢绝导引，而自由参观。馆主许之。遂于半日之间，得自由调查其内容焉。

一、馆之成立及历史

馆之校舍及附属地甚广，故内容亦颇复杂。此为柏灵庶民教育会（Berliner Verein für Volkserziehung）[②]所经营。会之本部，即设于此馆，而更设分部于柏灵市中之他所。

该馆中最重要之事业为幼稚园与保姆养成所，专收容柏灵市某阶级之幼儿与未及丁年[③]之女生徒。此等女生，专使学习关于幼儿保育之职务。该馆主要之事业，惟此；而其附属之事项，则对于毕业幼稚园之儿童施以低程度之教育，或施以职业教育。要之，该馆之性质，实兼有幼稚园与女学校者，故内容颇为繁复。今该馆之保护人，即德国皇太子妃也。

考此馆之创始，由来久矣。当一千八百六十七年，柏灵市之动物园路，有规模狭小之私立幼稚园一所。经营其事者，为菲尔舟（Virchow）、米西列（Michelet）诸教授，又某男爵夫人亦与焉。其始颇盛，迨后渐衰。至一千八百七十二年，势益不支，殆将中辍。

---

① 火曜日：星期二。

② 柏灵庶民教育会：通译“柏林大众教育协会”，该会成立于 1874 年（一说 1880 年）。1882 年后，开始致力于社会服务事业，开办了幼儿园、日托中心，并开设幼儿教师的培训机构，成为德国重视学前教育的知名社团。

③ 丁年：男子成丁之年龄，在此借指未届婚龄之女子。

会有虚拉翟尔夫人（Frau Henriette Schrader）[①] 者，起而接办，以种种方法募集资金，并以其弟子雪百尔女士（Frl. Annette Hamminck Schrader）[②] 为幼稚园长，苦心经营，幸得挽回其衰运。

虚拉翟尔夫人，实福留培尔之戚，又其受业弟子也。尝共福留培尔从事教育，极愿办理幼稚园，以发挥福留培尔之真精髓。故自其接办此馆，以迄千八百九十九年夏身殁，凡二十六年间，无不热心经营馆事也。

保姆养成所之附设，亦已非一日。其始，唯虚拉翟尔夫人一人任教师之职。至千八百七十八年，始行正式之保姆试验，颇能合格。自此以后，以虚拉翟尔夫人之运动，得德国皇太子妃（今德后）之助力；未几，而皇太子（今德皇）亦行加入。而小学校下级生徒之教育，亦始于是年施行矣。

一千八百八十二年，始给食物于幼稚生。至八十四年，以皇太子妃之创议，增造少女寄宿舍，更收容外间有志充当保姆者。是年，又附设"割烹家庭学校"。皇太子妃并命其女维克脱略首先入学，以为众倡。及八十八年，皇太子妃之为皇后也，仍十分注意馆事。时虚拉翟尔夫人，以其经营此馆之主义及方法刊布于世。皇后亲撰序文，并御笔书之。其注重此馆，可想见矣。

裴斯泰洛齐·福留培尔馆，其事业逐渐扩张。以场所狭隘，而屡屡迁徙。会有某建筑家，富于资财；其妻文资爱尔夫人（Frau Wentgel-Heckmann）[③]，于此馆极表同情，自出巨金，以千八百九十六年，于柏灵市南部雪涅白尔克，购地建筑新馆。至九十八年，而此宏丽之六层巨厦，始庆落成。

虚拉翟尔夫人，于此馆落成之翌年，溘然长逝。前述之雪百尔女士担任幼稚园事后，

---

① 虚拉翟尔：通译施拉德尔，即亨丽埃特·施拉德尔（1627—1899），德国幼教名人，出生于牧师家庭。其母为福禄培尔表妹，本人则亲炙福禄培尔教诲。1872 年，开始致力于幼教事业，后主持创设"裴斯泰洛齐·福留培尔馆"，并开始致力于幼教师资的培训。她提出了"知识母亲"的概念，并主张以"边做边学"作为培养幼教师资的方针。除办理了德国的模范幼儿园外，还为瑞典培训了第一批幼儿园教师。

② 雪百尔：通译施拉德尔（1844—1931），德国幼教名人，福禄培尔学说的信奉者。曾担任知名幼儿园主任，并有著述出版。

③ 文资爱尔：通译文策尔（1833—1914），德国妇女权利活动家、慈善家。当她从丈夫那里继承到大量财富后，便捐资设立基金会，支持学前教育、科学研究、出版等事业。

以损害健康，旋即辞退。有李希太夫人（Frau Oara Richter）者，继任其事。至千九百零六年春，夫人病殁。现由希加女士（Frl. Johanna Sicker）及特留夏女士，协同经理其事。希加女士，专司外部之事；内部教育，则全由特留夏女士任之。

二、现在之事业

今将此馆经营之事业，表示如下：

（一）为儿童设备者

（1）幼稚园四所，补助级、初步级、小学校入学前之预备级；

（2）设备小学校儿童之休养所，又教授手工（午后）；

（3）供给儿童午餐，设备儿童沐浴所；

（4）学校儿童及一般青年之读书室；

（5）南哈尔资之夏季休养所。

另图 27　裴斯泰洛齐 · 福留培尔馆外观及经营者图

（二）为成人设备者

（1）保姆之养成（有政府认可之试验）；

（2）手工女教师之养成（亦有政府认可之试验）；

（3）小儿看护妇之学校；

（4）愿充保姆者之寄宿舍；

（5）愿充看护妇者之寄宿舍；

（6）父母之集会；

（7）南哈尔资之少女夏季休养所。

柏灵庶民教育会之内容，复杂如此。以我国习于单纯教育法者之眼光视之，欲以数次之参观，了解其设备，诚非易易。夫如此之办法，既有特别之长所，自必有特别之短所；且其中之施设，亦或有为私立之会所不得不尔者。但某之参观，则以调查幼稚园为主也。今述其大概如下。

三、保姆之养成

今第一当陈述者，即此馆之保姆养成是也。夫保姆之养成，我国今尚无适当常设之机关。教育当事者，对于幼稚园之是否必须设置，尚无定见；故于适当之保姆养成，多漠然置之。然近时风气开通之地，属望于幼稚园者颇多。故自实际社会上之需要而论，未有幼稚园之处，当从速设置；既有幼稚园之处，亦当益益增设。

惟幼稚园之与保姆养成，罔不相待而进。是以养成适当保姆之常设机关，其相需尤甚亟也。且少年女子，既习于幼稚园保姆之生活，则于练习将来为人母之事，颇为适宜。故所习科目，不必过于繁重，而但陶冶其性情，使与幼儿十分亲爱，亦未始无良好之结果也（一幼稚园当有经验充足、老练之妇人一二人为之监督，自不待言）。今将裴斯泰洛齐·福留培尔馆保姆养成科之办法，略述如下。

馆中之保姆养成科，其生徒，专收容高等女学校及女子中学校（设九学级之女中学校）之卒业生。其学习年限，为一年有半。其教授科目如次：

（1）学科——教育学、教育书讲读、保育法、小儿之读物、卫生、理化博物及地理、历史、德文、法制经济；

（2）实科——运动游戏、体操、家事、裁缝、图画、手工、唱歌；

（3）实习——保育、家事、烹饪、园艺。

一年半之后，由政府派员试验，发给准充保姆之文凭。其学费，一年半共五十五马克（二十六七元）。须于入学时预缴。

保姆练习生之寄宿舍，即在幼稚园内，女生各有一小寝室。此外，尚有谈话室、应接室、读书室等。

四、幼稚园之主义（家庭的）

今欲述馆内幼稚园之事，当先述创立者虚拉翟尔夫人对于幼稚园之主见。今之主持此园者，固尚遵奉夫人之主义而切实进行者也。

夫福留培尔之创立幼稚园也，为其极晚年之事。而其经营规画，尚未能满志，忽焉徂逝。然后之办理幼稚园者，大误其本旨，与彼之所理想，适相反对。

夫幼稚园者，当置重于游，非置重于教。今乃以小学校之模式办理幼稚园，不注意于游戏方面，使之适当而发达；而惟以教授为主眼，使其手持无味之纸片或木片，而为机械的作用，与外界之自然了无交涉，以为如斯而幼稚园之能事已毕。其督教儿童之主任，但携种种几何学之形体，举凡自然界无限美妙之颜色、形态、声音等，殆不入幼稚园之内。

虚拉翟尔夫人有言："一入普通之幼稚园而观，惟见儿童取携纸片及木片等，毫无兴趣；又或与以费思索之形式物，辄致哗噪不安。"各幼稚园之情况，大率如斯。与福留培尔养成保姆之意见，全不研究。自十九世纪中顷，以迄一千八百七十年，幼稚园之办法，益陷于迷途矣。

虚拉翟尔夫人之母家布拉伊曼家，与福留培尔家世有戚谊。夫人幼时，居幸福之家庭。稍长，受业于福留培尔。赋性聪颖，于福留培尔教育幼儿及养成保姆之真意，颇能领会。学成后，复归母家。夫人之家庭生活，殊于幼稚园之理想，有绝大影响。夫人对于从来之学校的幼稚园，十分反对，主张家庭的幼稚园甚力。

其言曰："幼稚园者，非欲使儿童学之于学校中之事，乃使其学之于道德的、宗教的适当之家庭生活也。福留培尔之主见，即欲由幼稚园以家庭生活之实际，移植几分于公共教育耳。"夫人初以两亲之助，假某村学校之一室，以福留培尔之宗旨，从事女子教育。迨后，与铁路公司经理人（后为国会议员）虚拉翟尔氏结婚，而来于柏灵，于是接办裴斯泰洛齐·福留培尔馆，而大事整顿，遂成今日之盛况焉。

五、分组之方法

虚拉翟尔夫人经营斯馆之幼稚园，专以家庭的幼稚园为主眼。一切措置，悉由此主眼而出。其分组之法非如普通幼稚园，以年龄相若之儿童合为一组。其一组中之儿童，年龄大小不一。如兄弟姊妹同来者，必入于同组。盖可使幼小者学习于年长之儿童，年长者辅助幼小之儿童。其裨益，盖甚大也。

一组幼儿之数，以十二人以下为限制。每组有一小室居之。其室，较日本幼稚园普通之室，尚不及其半。又，日本神户之颂荣幼稚园①，一组幼儿之数，为十六人以下。今此馆每组之人数既少，则分组必多；而所需之保姆，自必多数。

于经费之关系上，在我国幼稚园似难仿行。但如此办法，于实际上裨益匪浅，固不待言也。此馆之保姆练习生，实繁有徒。故其一组之中，保姆有多至三四人者。又同一室内之幼儿，其所为之事，不必尽同；大率三四儿童，各以一保姆为中心，而随之嬉戏者也。

故入此小室而观之，与普通之幼稚园迥异。保姆之状态，宛如群儿之母，与群儿相杂而嬉戏。夫女子最重要之事务，不外为人妻、为人母而已。而为人母之事，尤为重要。今既为保姆，习于处理儿童之事，则对于结婚前之少女，自必有良好之影响也。

① 颂荣幼稚园：日本知名私立幼稚园，位于日本兵库县神户市东滩区御影山。福禄培尔的信徒豪（A. L. Howe），1877 年在神户创设颂荣保姆讲习所时，创设此幼稚园。在此基础上，后升格办理成颂荣保育专攻学校、颂荣保育学院、颂荣短期大学（含保育专业）。

六、每月之主题

此幼稚园最有趣味之点，则每月必定一主题（德语 Monatsgegenstand）是也。即每一月间，必取一物为主。凡一切所为之事，无不与之相关联。

例如以一鸠为主题，某一室内之儿童皆持鸠之羽而作风车与羽子（一种玩具）。其次之，室内则歌鸠之歌。又次之，室则为鸠之谈话。以外之事尚多，要皆使之接触自然物，为精密之观察，而与以无穷之兴味者也。

今欲明示此幼稚园保育之方法，请举调查时所见一二室之情状，志之如下：

小室之中，设小桌三四。儿童与保姆一人，环之而坐。

其一桌先生持鸠之羽，授儿童各一，使为种种之观察。此际所教者，即以此羽触于颊上，则其滑非常；逆而摩之，则其滑大减；持羽之尖端而分裂之，则其中心甚奇丽可观等事，且使之一一而实验之。

其次之桌，幼儿各持大软木塞一枚。木塞之周围，皆穿有孔穴，各儿皆以鸠羽一枝插入孔中。其有不能者，呼唤先生之声不绝于耳，先生则以次教之。及制作既终，先生取一如箸之物，插入中央之大孔中而吹之，旋转不已。此即风车也。

其邻桌之儿，仍各持一软木塞，以羽子由纵之方向而插入。先生则手持其一，以板拍之。此软木塞之下方，本非圆形，故直向侧面飞出，群儿喝采不已。

七、饲养动植物及练习家事

此幼稚园，又使儿童从事于动植物之饲养。以空地之一部，辟之为圃。其中，作数多之小区划，使各幼儿随意栽培植物。此外，花盆亦排列甚多。幼儿或拂其叶上之尘，或取水浇之，又或耕地，或芟草，皆有欣欣自乐之意。

园内又饲养蜜蜂，其营巢及酿蜜之状态，皆与儿童以无限之兴味。所酿之蜜，即分食各幼儿。此外，又饲兔等之小兽。又各室之内，无不饲有动物。

其尤足注意者，即使幼儿实际练习家事是也。其练习之种类，为洒扫、洗濯、烹煮等事。数日之中，幼儿等必自行洒扫室内一次。届洒扫之日，一聆先生之命，无不欢乐踊跃。搬运小桌者，收拾坐椅者，以帚扫者，以巾抹者，皆三岁至六岁之幼儿也。

以使幼儿练习洗濯之故，备置小水筒甚多，又有稍大之盆。自喷水铳发水之时，一幼儿运转喷水铳机，一幼儿以小水筒受水，各各分任，极有秩序。其所洗濯者，皆类似手巾等之小件。此事，亦幼儿所极喜者。以某所见，有一稍大之儿童，方持熨斗，熨其洗濯之物。此虽有保姆指教而监督之，然幼儿竟能不伤于火，亦可异也。

至烹煮之事，则以此幼稚园凡不归家午餐之幼儿，令其自携面包，菜蔬由本馆供给（取值极微）。其烹煮之时，则使幼儿在旁助之。每室之内，皆备有烹煮之具及煤气火之装置。

余调查时，方在煮粥。先生持棒状之物搅转其中，以教各儿童。食桌之上，排列数多之食器。其购买物品之际，保姆率幼儿而偕出者，亦时见之。此等，皆极有趣味之事也。

此等极简单之家事，使幼儿实际练习，实最为必要。夫幼稚园，使儿童为家事之实习，闻者当莫不异之。然于幼稚园所实习之事，极为简易。比之缝、缮及组纸等，其易实甚，于幼儿最为适宜；且幼儿于此等事，甚为欢乐，而又有陶冶其根性之作用，何可忽诸！至注意卫生及避免危险之必要，不待言也。

八、沐浴与午睡

此馆又以一定之时期，为幼儿沐浴。儿童用之小洗盆，置备甚多。其初行时，诸保姆皆心厌之。久之，则视为极有趣味之事矣。

幼儿食后，又使其午睡。其卧榻为金属所制，形式颇小，而装置又极简单。卧榻之足，高约七八寸，上铺小褥。不用之时，则折叠卧榻之足，而积置于游戏室之一隅，甚轻便也。

九、实际上之质素

此幼稚园之设置，虽有如此种种之趣味，然决非浪用经费者。其实际上则极为质素、俭约也。

建筑物及其附属之设备，固皆精美；而其中，实寓有质素、俭约之美德，且有善于用废物之才能。

盖此，本德意志人固有之优点也。例如此馆后部之别馆等，实系将厩舍修缮而成，亦颇轮奂可观。更就内部而详察之，其可感服之处甚多。如磷寸（俗名火柴）之匣、新闻纸、旧杂志等，皆利用之，而作种种之玩具。后某又见，德国之小学校如此类者，亦多。

凡此，皆我国所当取法者。而如此馆建筑之非常壮丽，其实际上之俭素乃如此，尤令人钦服无已者也。

十、幼稚园之将来

以上所述，皆与普通幼稚园有特异之点。此外，则多与普通幼稚园相同。例如于某时间内，率二组至三组，或全园之儿童，聚集于广厦之中，而为游戏、行进及唱歌等是也。又，先生对于儿童，时亦讲短简之谈话，使之环听。此亦与普通者无异。夫使儿童常相聚集、游戏，实为必要之事。故此园亦常常行之。然此园专以家庭的为主眼，又不徒拘泥于福留培尔所作之恩物。此其特长也。

幼稚园之一大改革，其机会之来，实旦暮间事耳。自今以前，世之教育家之注意，殆无有向于幼稚园者。又，儿童研究者之注意，亦无有向于幼稚园时代之儿童者。儿童之研究，虽逐年进步，然惟对于三岁以下之幼儿（此专由医家研究之），及六岁以上之学校儿童（此专由教育家研究之），研究尚盛。至于三岁乃至六岁幼稚园时代之幼儿，则多忽焉。

然最近之学者，则渐思弥此缺陷，主张研究幼稚时代之幼童，时有所闻。同时，幼稚园之当事者，亦渐有从事于根本的研究、根本的改良之思想矣。

我国幼稚园之设置，寥寥若晨星。视各文明先进国，诚有愧色。然于创立之初，苟能不陷于迷途，较之各国既陷迷途而方思改良者，其进步实为较易。数年以后，亦未始不可与之相颉颃也。

况即以德国而论，其反对家庭的幼稚园者，尚不可胜数。试思，在六十余年前，儿童研究全未发达之时代，所创制之恩物，至今尚依旧使用，不稍更变，有此理乎？创此恩物之福留培尔，纵有绝大之天才，亦岂能使其恩物适用于六十余年之后乎？此与六十年前之小学教授科目、教科书、教具等，至今依旧使用、不稍更改者，曾无以异。

某于此点，诚不能不为德意志之保育界一太息之。然如裴斯泰洛齐·福留培尔馆之幼稚园及保姆养成所，实为世界最进步者，尤我国办理幼稚园者，所宜取法也。

調查

德國柏靈裴斯泰洛齊福留培爾館

无我

斯丹列霍爾氏近著之「教育學上諸問題」中有論述幼稚園一章痛論美國幼稚園之不善而盛稱德國辦法之進步尤以柏靈之裴斯泰洛齊福留培爾館爲最可觀云客歲之夏某以事至柏靈偶與友人談及此事始知此館距某宿所甚近遂欣然往訪時九月三日也館屋凡六層建築美麗既入道其來意有容貌和藹之中年婦人出而應接始悉該館以每週火曜日爲參觀日某爲遠客故特相見並囑保姆一人導余略觀梗概此婦人蓋卽館長特留夏(Frl. Lili Droescher)女士也後於九月二十三日復往是日爲正式參觀日一婦人專司導引此婦曾於該館擔任保姆今方結婚未久而每週參觀日必來此爲參觀人之導引某於翌日(卽二十四日)更請爲參觀日外之參觀且請謝絕導引而自由參觀館主許之遂於半日之間得自由調查其內容焉

一 館之成立及歷史

館之校舍及附屬地甚廣故內容亦頗複雜此爲柏靈庶民教育會Berliner Verein für Volkserziehung所經營會之本部卽設於此館而更設分部於柏靈市中之他所該館中最重要之事業爲幼稚園與保姆養成所專收容柏靈市某階級之幼兒與未及丁年之女生徒此等女生專使學習關於幼兒保育之職務該館主要之事業惟此而其附屬之事項則對於畢業幼稚園之兒童施以低程度之教育或施以職業教育要之該館之性質實兼有幼稚園與女學校者故內容頗爲

另图 28 《德国柏灵裴斯泰洛齐·福留培尔馆》原发表件图（部分）

64　南京贫儿教养院开学开工记盛

1913年9月15日

题　解　本篇原载《中华教育界》第2卷第9期“记事”栏。发表时间为1913年9月15日。原发表时未署名，当为《中华教育界》记者所撰。

南京贫儿教养院，亦称“开国纪念第一贫儿教养院”，系由孙中山亲笔题写院名。该院由黄兴夫人徐宗汉主持创设。1912年1月，中华民国临时政府在南京成立。当时，南京城内外许多儿童无家可归，而广东北伐军姚雨平部在转战皖北、苏北后，收留有200多名孤儿，带回南京，其中还有不少烈士遗孤。于是，收养这批难童便成为当务之急。经徐宗汉呼吁、奔走，孙中山拨款8千元，黄兴带头捐款，海内外仁慈之士也纷纷鼎力资助，终使该院于1912年8月15日正式开院。院址在南京升平桥原上元县县衙。该院创建之初，收容了700多名难童，其中有少数幼童。“二次革命”失败后，徐宗汉避难日本，由周其永等人维持不辍。

有关《中华教育界》，参见前文《确定教育宗旨令》题解。

贫儿院既得中外诸慈善家之扶助，于风雨飘摇中保全无恙；复由张都督拨给米谷，并允为筹款接济，乃于日前举行开学开工仪式。时天津红十字分会理事长徐华清[1]君，于役宁垣，维持院事最力。

是日，偕石君锡祜[2]、杜君少甫，惠然肯来，谆谆训勉。自午前九时至十一时，成礼而散。

现时南京秩序未复，各学校、各工厂均尚停滞；而该院独能重张旗鼓，继续进行，是诚六百孤雏莫大之幸福也。于是泚笔而为之记。

开学开工秩序：（1）入场，学生、职教员、来宾；（2）院长报告；（3）唱院歌；（4）行礼，谒圣、谒师、学生相见；（5）唱始业歌；（6）职教员训辞；（7）来宾训辞；（8）学生答辞；（9）唱勉学歌；（10）出场。

院长周其永[3]训辞云：

> 今日行秋季开学开工礼，诸生须知，人生最可宝贵者，无过光阴。以小学部而论，卒业期限只四年；艺徒部，只二年。时间短促，本难深造。然一日有一日之进步，苟不使光阴错过，亦可稍增知识，稍习技能。禹大圣也，陶侃大贤也；一惜寸阴，一惜分阴，尚且惟日孜孜，不肯自耽安逸，何况吾辈！
>
> 此次兵灾，各学校、各工厂尚都停滞，惟本院得中外慈善家之扶助，如红十字会徐华清君、江趋丹[4]君、于少彰君，西士季盟济[5]君、马君、鲍君等，维持尤力。今此

---

① 徐华清（1861—1924）：字静澜，广东五华人。早年赴香港谋生，入基督教，得一牧师赏识，介绍入读皇仁书院。毕业后，考入香港大学医科。后接受教会资助，赴美留学，又转赴德国习医。1888年，获医学博士学位。次年归国，在京、津悬壶济世。后受命创办北洋陆军军医学堂，为中国培养军医人才。1911年，发起创建天津红十字会，任会长，后任中国红十字会总会理事长，开始致力于公益慈善事业。

② 石锡祜（1885—1941）：字焕如，河北大城人。早年留学日本，在东京帝国大学医学部习医。归后业医，以眼科著名。后任北平大学教授，兼医学院眼科主任。译有《眼科学》《人及人之力》，撰有《色盲的遗传》等。

③ 周其永：女，生卒年及籍贯未详。早年任江西鄱阳竞成女学教员、校长。辛亥革命期间，组织“女界军事协进会”“女子北伐队”，请求参战。后又发起组织“女子参政会”“女界共和协济社”，争取妇女参政权。协助徐宗汉筹创并办理南京贫儿院，并长期担任院长，使该院事业得以维持不辍。

④ 江趋丹（？—1931）：江苏人，知名沪绅，晚清即投身于慈善公益事业。

⑤ 季盟济：基督教圣公会来华美籍传教士。

之得以赓续进行者，皆其赐也。此非特予感铭肺腑！诸生具有天良，当必为之奋发兴起，以期无负维持院事者之苦心。此其道亦无他，厥惟勤学而已。

为学生者，必能勤学，然后可以为成材。盖不学，则无知、无能，断难自立于生存竞争之世界。试观今时之下流社会，固犹是昔日之学童也；今时之伟大人物，亦犹是昔日之学童也。人之能成材、不能成材，端在学与不学耳，端在学之勤与不勤耳。此不仅男生为然，女生亦何独不然。

且人之成材与否，不在家业之贫富、门第之高下。诸生若能互相勉励，求学问、求技艺，安见不足以成大材？慎勿自暴自弃也。

总之，诸生务以勤学为第一义，方不负予之希望。此时本院状况，几与开办时相等，经费非常拮据，势将瓦解。幸赖徐先生等竭力扶持，始有今日开学开工之举。是诸生勤学，不独为他日自谋衣食计，亦以报中外慈善家之厚赐也。尚其勉之。

监院章文旭训辞云：

此时全城各学校、各工厂几无一处续办，而吾院竟能依旧进行。此其维持、扶助之功，厥惟红十字会诸君。然院长之竭力支持，煞费苦心，当兵争激烈之时，有人劝院长他往，院长却之，并言曰："吾愿与贫儿同患难、共生死。"不愿去之而他也。因此，本院能绵延勿坠，至于今日。想诸生感激红十字会诸君，亦必感激院长。

予任艺徒部修身课，见诸生年余以来，品行上似稍有进步，予固乐甚。若自今以往，益加勉励，则道德心必可养成，而予之希望，庶几满足，且可不负徐先生等维持之大德及各职教员同尽义务之热心。窃愿与诸生共勉之。

教员周养吾训辞云：

今日为本院第二次之开学开工礼。自遭兵乱，经费之困难已达极点，而尚能进行不辍，想诸生亦甚快乐。然其所以致此者，乃徐、石诸先生等维持之功也。谨代表诸生，答谢诸先生之厚赐。

来宾徐华清训辞云：

今见诸位小英雄一堂济济，吾甚乐也。诸位小英雄，务听院长、监院之训勉，及各职教员、先生之指导，则二十年后，将成为数百大英雄矣。

日本伊藤侯[①]幼时，一火夫也，一差卒也。及游学而归，卒能强大其国，威振全球，足见事业之大小，无关于家资之贫富。

鄙人来宁，对于贵院不能维持至尽，甚为抱歉。今有一言奉告诸生，须知光阴是金，勿稍错过（徐君所言甚长，不能备录，仅摘其大略如上）。

来宾石锡祜训辞云：

鄙人蒙贵院长邀至，躬逢盛会，其乐如何。诸生知人生在世，最有恩于我者为何人？父母而已。衣之、食之，教之、诲之，所谓“欲报之德，昊天罔极”[②]是也。其次为何人？重生父母而已。设吾将饥饿而死、杀伤而死，此时救吾者，为吾之恩人，即吾之重生父母也。又其次为何人？教师而已。

人无衣食，便不能生存于世界；而欲自谋衣食，非有学问、技艺不可。教师授以学问、技艺，使足谋生，其恩固莫大焉。诸位遭遇，原甚不幸，无父母之养护，然竟有重生父母，若院长周先生、监院童先生待诸位如子；又有各教师循循善诱，俾诸位他日皆能自立，则犹不幸中之大幸也。

夫重生父母之德甚大。试问：前日兵乱，若非周院长维持到底，则贵院势将瓦解。诸位虽不死于兵，不死于匪，亦必无衣无食，同归于尽。诸位欲求所以报院长之德者，无他，惟有服膺院长之训诲，终身由之而已。欲求所以报各教师之德者，亦无他，惟有专心致志，力图上进而已。盖院长及各教师之希望，惟在诸位勉为成材。诸位苟能力学

---

① 伊藤侯：日本名相伊藤博文（1841—1909），幼名利助，字俊辅，号春亩，日本长州（今山口县西北部）人。自幼家贫，备尝艰辛。后发愤为学，留学英国，终成倒幕英雄、维新先驱，并四任日本首相。但任内发动中日甲午战争，为军国主义张目。

② 语出《诗经·小雅·蓼莪》。意为：我真想好好报答父母的养育之恩，但这恩情如天，怎么可能报答得完呢！

不倦，何患无成？而院长及各教师之德，不必言报而自报矣。

吾愿诸位他日各自树立，无忘水源木本。在院中铸一大铜像，藉报周院长之盛德，而为慈善家树德之模范，以风来世。

来宾杜少甫训辞云：

今试以树木为树人之比喻：木之大也，先开花，后结实。结实之期，难保无风霜雨雪以摧残之。若不能耐风霜雨雪，则其实虽结而仍落，何有成熟之望？人亦犹是也。诸位此次受莫大之危险，幸赖院长、监院及各教师支持，至今仍能继续开学开工。俾诸位不致辍业，是虽有此次之磨折，反因以鼓舞志气，益加勤勉。殷忧启圣，多难兴邦，其是之谓乎！

另图 29　南京贫儿教养院旧址一角

65　无锡私立竞志女学校概略

侯鸿鉴

另图 30　侯鸿鉴像

1914年1月15日

题　解　本篇原载《中华教育界》民国三年一月第十三号。发表时间为1914年1月15日。

撰著者侯鸿鉴（1872—1961），字保三、葆三，号梦狮，江苏无锡人。5岁破蒙，后习举业；16岁设帐授徒。25岁时，考入南洋公学师范院深造。29岁，应聘为“无锡竢实学堂”教习。后赴日留学，入弘文学院师范科。1904年归国，次年，毁家创办竞志女学，并长期主持该校。该校是江苏最早的女子学校，与上海的务本、爱国和苏州的振华等女校齐名，为我国近代最早创办的有影响的女校之一，该校设有幼稚园、小学、中学、师范。虽曾兼竢实校长、南菁学监，江苏、江西、河南等省视学，河南第一师范讲师，集美师范学校校长，福建教育厅秘书等职，然而始终维系竞志女学的办理。

有关《中华教育界》，参见前文《确定教育宗旨令》题解。

无锡城区女学，以竞志为开办最早之校，由鸿鉴个人私立。自前清光绪三十一年乙巳正月起，迄今民国二年，时届九载。所有校中设备、编制、教授、管理、训练、经费等状况，虽历经沿革，然现在情形有可略述之者，爰分列如下。

一、关于设备者

（一）校舍

以七年建筑之工程，现有校舍七十四间。其他有操场、运动场及幼稚园之游戏场等。

（1）普通教室十、通用教室一、特别教室一；

（2）预备室，内外各一；

（3）宿舍，分学生寝室六、教员寝室二、管理员寝室一；

（4）管理室及保姆室各一；

（5）膳室，分男职员膳室一、通学生膳室一、寄宿生膳室一（寄宿生自修室即在膳室内）；

（6）办事室分男职员办事室及寝室五、校长室一、女职员办事室一；

（7）器械室，分理化器械室、体操器械室各一；

（8）盥洗室一、洗濯处一、浴室六、厕所二；

（9）操场，内外各一，幼稚园游戏场一；

（10）仆役室，分男仆室二、女仆室二、门房一、厨房四；

（11）应接室，分内外各一；

（12）学生贩卖部之室一（凡课业用品及书籍等，由校中代办，由学生经理）。

（二）校园

划出空地一方，布置学校园。略种菜蔬及谷类、果类，以及关于教授应用之植物教材等。

（三）校具

除普通应用之教室用桌椅外，如理化器械、博物标本、体操器械等，略备应用；其有特别之校具数种及标本数种。约举其名列下。

（1）图画用具二种：水彩画、油画之木架（仿上海徐家汇法国教堂内油画用之木架制之）；实物临摹画之画桌（仿日本临摹写生画之画桌而改易为方八角扇形式）。

（2）体操用具四种：剃刀、木标、条杆、短棒。

（3）博物标本：自制动植物标本数十种；矿石、岩石标本一百七十余种（由鸿鉴游历各省采集本国矿石、岩石标本，为研究矿学之用）；动物如狗鱼、焚香倒挂红鹦哥等；植物如琼花、菩提叶、贝叶等；矿物如羊齿类、薇蕨科植物化石、天陨石、金云母、紫翠石英、火成石等，均为至可宝贵之品。

（四）图籍

普通应用之图籍，均购自文明、中华、图书、商务各书局者，略敷应用。有本校出版之书籍数种，列名如下：

（1）《女子修身课本》一册（著者张鉴）；

（2）《女子师范修身学》一册（著者吴涛）；

（3）《高等小学女子国文课本》八册（著者侯鸿鉴）；

（4）《乡土历史及地理》三册（著者侯鸿鉴）；

（5）《单级教授法讲义》一册（著者侯鸿鉴）；

（6）《保姆学》一册（著者侯鸿鉴）；

（7）《竞志杂志》一册（编者侯鸿鉴）；

（8）《剃刀体操法》一册（译者侯鸿鉴）；

（9）《范教及试教之教授案》一册（辑者侯鸿鉴）；

（10）《初等文法教科书》一册（著者侯鸿鉴）。

（五）幼稚园恩物

特制四种：（1）积木；（2）色板；（3）铜环；（4）竹箸。

（六）幼稚园运动器具

（1）浪木；（2）秋千架。（二者均设于游步场）

二、关于编制者

（一）职员

校长一人、主任教员一人、管理员一人、舍监一人、会计一人、书记一人、教员二十七人（本届数）。

（二）学级

师范科（现有二级）、中学科（现有三级）、高等小学科（现有二级）、初等小学科（现有四级，分五组）、幼稚科（现有二级）。

（三）生徒数

师范、中学两科，共四十八人；高等小学科，共六十四人；初等小学科，共二百零三人（本届数）。计通学者三百十人，余均寄宿。

（四）生徒学籍

本县籍约百分之八十五，外县籍约百分之十二，外省籍约百分之三。

（五）生徒年龄

年龄在十岁以内者，约百分之三十一；在二十岁以内者，约百分之五十二；在三十岁以内者，约百分之十六；在三十岁以外者，百分之一（本届现状）。

（六）单式、复式之分配

初等小学二年级、三年级、四年级，高等小学一年级、二年级，中学一年级，此七级，均单式编制法[①]；中学二年级与师范二年级，合一教室授业，惟教育、英文两科，则分班授与；中学四年级与师范四年级，合级授课，亦如中二、师二然；初等小学，另

---

① 单式编制法：将同一程度学生单编为一班，用一种教材授课者，称为单式班。

于本届秋季招集一、二年级两组生徒，为复式编制法[①]。

（七）幼稚生之合级配置

幼稚生之年龄，以五、六、七岁为率。谈话、游戏、唱歌、手工、图画，均合为一组；国文、数学二科，则分二组或三组授与。

（八）始业期

秋季始业者，初一、二年级，中学一年级、四年级；余均春季始业。

三、关于教授者

（一）教科目

幼稚园，谈话、国文、手工、游戏、图画、数学、唱歌；初小学一、二年级，修身、国文、算术、图画、手工、体操、唱歌；初小学三、四年级，加乡土史地；高等小学科，加理科、家政、英文、裁缝；中学科，加伦理、园艺、簿记学、法制、经济；师范科，加教育。

（二）授课时间

每周授课时间：幼稚，二十四小时；初等小学一、二年级，二十九小时；三、四年级，三十小时；高等小学一、二年级，三十三小时；中学及师范，各三十五小时至三十八小时。

（三）教科书

《幼稚字课读本》（文明）；《初小学修身教科书》（中华）；《国文教科书》（中华）；

---

① 复式编制法：将两种或两种以上程度学生合编为一班，用两种或两种以上教材授课者，称为复式班。

《乡土历史及地理》(本校);《高等小学国文课本》(本校)及《高小国文读本》(文明);《高小女子修身课本》(本校);《高小历史教科书》(中华);《地理教科书》(中华);《理科教科书》(中华);《历史课本》(图书公司);《地理课本》(图书公司);《家事课本》(图书公司);《中等伦理学》《女子师范修身学》(本校);《林选中学古文选本》(商务);《中学历史教科书》(中华);《中学地理教科书》(中华);《中学理科教科书》(文明);《中学及师范用植物教科书》(文明);《动物教科书》(文明);《矿学教科书》(文明);《物理教科书》(文明);《化学教科书》(文明);《家政学》(广学会);《作物学》(商务);《初学英文规范》(商务);《勃赉基氏世纪读本》(商务);《希施读本》《昌蒲士二十世纪读本》(商务);《英文新读本》《教育学》(本校);《小学各科教授法》(图书公司);《管理法》(文明);《教育制度》(本校);《单级教授法》(本校);《教育史》(本校)。

(四)教授用具

普通用之教便物，略备敷用。

(五)教授表簿

点名册、授课时间分表及总表、教授科目表、学生每日实到数总册、分科勤业表、分周勤业百分表、各级品行百分比较表、各级积分百分比较表、各级考分百分比较表、一学期成绩总表。

(六)教授方法

初等小学教授，力求注意多用启发的教式；高等小学教授，则输入的教式与启发的教式并用。中学及师范，多用输入的教式，有时亦间用启发的。

(七)注意体操及图画

体育为女子所缺乏者，故注重体操一科。所教授之各种体操，除依普通小学及中学程度教授外，选择东西洋体育书，合于女子应用之各种操法，务合于生理的、卫生的及美的；各种游戏及行进等法，以补中国女子之缺陷。图画为美术之一种，以女子爱好美术之特性是其所长，故注意图画一科。除水彩画、油画、图案画、几何画等外，另有课余画品等，在日曜日教授，以不没女子之特长。

（八）讲授教育方法

讲授各种教授法时，令生徒各编教授案，以备实地练习之用。在中学四年级生，以其毕业后自当担任教科也，亦随同师范四年级听讲教授法、管理法等。

四、关于管理者

（一）职员之任务

外部管理，由主任教员任之；内部管理，由女管理员任之；宿舍内之事务，由舍监任之。

（二）级长及室长之任务

教室内之事宜，由正、副级长任之；宿舍内之事宜，由室长任之。另有学生通则、教室规则、宿舍规则等见校章中，兹不赘。

（三）值日生之任务

教室内之值日生，以全级若干人，分配于一周间。宿舍之值日生及自修室之值日生、盥洗所之值日生，以寄宿生之若干人，每日分配一人以轮值之。另有“值日生之职务规约”，兹不赘。

（四）通学生之简约

（1）每日上午八时半到校，下午四时后散课。

（2）学生服装，务从朴素。

（3）学生年龄，在十六岁以下者，一律梳辫；年龄较长者，一律梳后髻、穿裙。

（4）来往道途，毋笑语，毋瞻顾，务整其仪容。

（5）在校午膳者，得进宿舍、膳室；在校送膳者，在通学生膳室；自膳者，回家午餐后，到校须在下午一时前。

（6）通学生之缺席，须先写假条告假；或临时不及写假条者，须补写，否则作无故缺席论。

（7）家庭如有对于学校有所询问，可通函知照。

（8）学校有所报告，家庭亦通函报告。

（五）寄宿生之简约

（1）晨以六时半起，晚以九时半寝。

（2）服装朴素。随带行李中，不得有贵重饰品。

（3）年长者，梳后髻、穿裙；年幼者，梳辫、不穿裙。

（4）家族探视，须签名后，由舍监许可，在应接室接见。

（5）来往信件，须由舍监检查后，乃能收发。

（6）日曜日回家，必告假后，由家族引接，方许出校。

（7）寝室内洒扫、整理，务求洁净。

（8）除每日午餐后及放课后开寝室之门外，非有特别取物经舍监许可后，不得开寝室之门。

（9）晚课点名一次，就寝点名一次。

（10）平时非有特别事由，不得轻以告假出校。出校，必由舍监派女仆伴送。

（11）寄宿者之衣服，必自行洗濯。

（12）食品以粗简、清洁为主。勿得嫌恶饮食之不良。

（13）凡行李中带有银币，须交舍监代收。

（六）学生之记言记行

学生之言行，有优良可嘉者及劣惰不善者，均记入学校新闻中“记言记行栏”，以为奖励及劝惩。

（七）名誉证书之褒给

除普通学期修业证书外，另有名誉证书三种。

（1）敦行不怠之名誉证书。凡各教员所记学生之品行分数，平均在八十分以上者，给此。

（2）造诣过人之名誉证书。凡学生一学期满，各科分数均在八十分以上者，给此。

（3）未尝辍业之名誉证书。凡一学期中，无一小时之缺席者，给此。

（八）实物之褒奖

每一学期，择优酌给书籍及课业用品。中学、师范毕业，则给以银质奖章。

五、关于训练者

（一）校训

以“勤肃朴洁”四字为校训。立校训匾额于校训亭中（力行不怠之谓勤，律己惟严之谓肃，屏绝纷华之谓朴，荡涤旧染之谓洁）。

（二）教育主义

以“真实劳苦”为鸿鉴十年来厉行之教育主义，故对于本校，尤时时以此四字为教育实行之程（毋自欺者，真也；不蹈虚者，实也；毋怠毋荒，劳也；卧薪尝胆，苦也）。

（三）全体训话

每周之月曜日上午九时前，行朝会礼。由鸿鉴对于全校学生行训话约十五分钟至二十分钟。训话之材料有三种：（1）前周偶发之事项；（2）本周应行宣布之事项；（3）宣布教鉴一二则。

（四）个人训诫

凡学生如有言行不善之处，由舍监、管理员随时面为诰诫。总以言语之训练，为个人心性上之研求为主。

（五）宿舍谈话

每周月曜日晚餐、自修后，由鸿鉴对于寄宿生有半小时之谈话。谈话之资料有六种:（1）格言;（2）中外故事;（3）关于女子及家庭之要旨;（4）凡鸿鉴在他处所见之校有可取法之事;（5）凡鸿鉴从前所经过及现在所遇见种种危险、困苦之事实;（6）宿舍中一周内所偶发见之事项。

（六）操行检查

检查学生平时之操行。分十种:（1）性质;（2）知识;（3）感情;（4）意志;（5）体质;（6）习惯;（7）言语;（8）行为;（9）容仪;（10）课业。

（七）学校新闻之揭示

以现行各种日报，无一种可以完全为女生所可阅者。故由主任教员摘录日报所载于女子及各项之要事揭示之，并将校内之事及宣布之事，以及学生之言行、参观者之批评，一一揭示，藉作无形之训练。分目八:（1）世界要闻;（2）国内要闻;（3）本邑要闻;（4）本校要闻;（5）本校文告;（6）记言;（7）记行;（8）批评。

（八）学艺会

每年冬季开学艺会一次，藉为智育上、体育上各种之练习，以鼓励学生之进步（本年十一月七日，为第八次学艺会）。

（九）家政上之实习

女子对于家政上，应行实习之端。在校中，可以渐渐养成勤劳之习惯。如寝室中洒扫、整理，一也；日曜日之洗濯，二也；教科中裁缝实习，三也；教科中之簿记学、园艺学，设贩卖部及学校园，均为实习簿记及园艺，四也。至于烹饪一科，已调查东西各国之烹饪方法及南北饮食不同之炉灶并烹饪方法，拟在一二年内，必设备完全之烹饪教室以教授之也。

六、关于经济者

（一）学费及膳宿费

各费均分三学期收之，以一年计核。幼稚学费，五元；初等小学一、二年级，七元；初等三、四年级，八元；高等小学，十二元；中学及师范，十五元。

膳费，全膳三十六元；半膳十八元。宿费四元。

（二）经常费

除收学膳费外，均由鸿鉴一人担任筹借及募捐种种方法，并以个人之劳力所得年薪、译资等充之。

（三）建筑费

由鸿鉴特别筹之（自丙午建筑校舍起至本年，所有建筑费逐年添建，已达一万五千元之谱）。

（四）本年之预算

经常费支出款，约须四千五百元；建筑费，约须三千元。

以上所述，仅本届之状况而已。一切章程、规则，另有印刷品，兹不备详也。

兹更有一事，堪为同人告者。校中备有《益我录》一册，凡平时教育界同人来校参观以后，必再三请求，将所参观之缺点一一写出。惟所批评者，不得写无谓称誉之言，必以缺点写出，指示一切，以备校中有所改良也。

66

赴第三次万国儿童幸福研究会报告书

朱胡彬夏

另图31　胡彬夏像

1914年4月

题　解　本篇原载《教育公报》第1年第7期“报告”栏。参会时间为1914年4月22日—27日，发表时间为1914年12月28日。原发表时，署名“朱胡彬夏撰”。

撰著者朱胡彬夏（1888—1931），女，江苏无锡人。又称胡彬夏（朱系夫姓），为胡敦复之妹。1902年，她年仅14岁，便赴日留学，入“东京实践女校”，后因参加“拒俄运动”归国。1907年，公费赴美留学。1913年，获韦尔斯利女子学院文学士学位，后赴康奈尔大学等地调查女学数月。1914年回国，执教于上海多所学校，一度受聘担任《妇女杂志》主编；参加江苏省教育会，参与发起成立中华职业教育社。她特别重视女子教育和幼稚教育，1916年8月，主持创设“江苏省教育会幼稚教育研究会”，被公推为该会“会长”。此后，致力于推广幼稚教育，并推广蒙台梭利教法。后参与创办上海妇女会，曾任中华基督教女青年会首任会长、北京女子师范学校校长、国立女子大学副校长、北平万国妇女会会长等职。著作有《胡彬夏文集》。

有关《教育公报》，参见前文《饬京师学务局应准第二蒙养院立案文》题解。

国母议会（The National Congress of Mothers）[1]，千八百九十七年之二月，有一大会社发生于美京华盛顿，其名曰“国母议会”。盖是会为已嫁而有子女之妇女所组织。自以其为妻、为母所担负诸职务，有如首都国会所评议诸军国大事之重要，故以是定名。

一、其前后会长及其宗旨变迁之历史

当时有曰白乃[2]夫人者（Mrs Theodore W. Birney），实为该会之领袖。夫人贤淑、慈爱，性成朝夕，所怀想而思虑者，惟夫婿、儿女之安乐是已。虽出自名门，娴习于家政，而犹孜孜不息。凡关于保育婴孩、抚养儿童之学说或方法，无不搜罗尽致，悉心研究。然犹惕然自惧，惟恐贤母良妻厥职之是陨。每谓其友人曰：

> 吾侪为妻母者，盍勿团集结合，公同讨论治家育儿诸问题。处此科学昌盛时代，无事不须讲究，无业不须精明、专一；而独于家政任其因循、沿袭，母传于女，祖授其孙。故饮食、卫生、保姆养育之道，终鲜进益，是吾妇女之咎也。盍兴起而稍自振作？且吾既采陶铸国民之权于手中，彼夫孩提，他日成长时之强弱、智愚、贤、不肖，亦视吾今日如何教养之耳。乃此不之务，反注重于慈善事业，是所谓舍本取末，而不知凡夫盗窃、奸诈等事，皆因幼时失教所致。及其既罹罪戾，监禁于狱，而后欲济恶于良，则其旧习惯已根深蒂固，难见实效矣。即彼流离沟壑之贫夫愚妇，虽为穷困所迫，堪为悯怜；然究其原因，亦因幼时未尝培植、自养实力所致。及其既颠扑而起扶之，孰若先抚导之，使不坠落之为善！窃意，凡为妻母者，当自警醒，知其责任之重大，不复但恃天性所指示、祖传所习尚，即以为知足；且能好学深思，择取近世科学所发明诸学理，施之于儿童身心、学力，则善世贤才，其庶几乎！

---

① 国母议会：通译全国母亲大会或全国家庭教育协会。1897 年 2 月 17 日在美国华盛顿特区发起成立，系由家长、教师、工人和立法者所共组的社团。后发展为世界性儿童教育社团，名为“世界儿童幸福研究会”。

② 白乃：通译伯尼，即西奥多·韦尔德·伯尼，生卒年未详，美国妇女活动家、儿童教育倡行者。

白乃夫人天资颖慧，每见事物于微隐。当其时也，女子方以家事为琐碎，苟能独立自给，则宁作社会上事业。教育也，实业也，皆有机会，可大奋发；安肯静守家庭，提抱儿女？是乃庸夫拙女之事，岂英豪伟杰者之所屑为？

夫人独主异议，一则曰，家政为科学之一门。若细心考究，虽竭毕生之力，犹不能满意，当能引起妇女之兴致。二则曰，母教为治化之本。培养德性于襁褓之中，实为万善之始。故倡议已为妻母之妇女，当开会立说，相勉相励，以改良家庭，发达儿童智、德、体育为宗旨。

初时闻者，以其说为迂远。及千八百九十七年，人心渐转移于此。又遇大富之妻罕斯脱氏（Mrs. Phoebe A. Hearst）①，得其资助，遂集会于美京华盛顿。夫人被选为会长。二年期满，又续任三年。及千九百零七年，即国母议会成立后之十周年，卒以气体衰弱，笃病而亡。时年四十有八耳。

继其后者，为旭甫夫人（Mrs. Hannoh K. Schoff）②，即今之会长也。旭甫夫人，天性为慈善家，尝研究愚狂、黠劣之儿童所以犯罪作恶之原因。今美国各大城市，设有幼稚法庭，专用劝导方法惩戒儿童，实近世文明之一证也。夫人与有力焉。

然其为慈善家也，发言行事，与前会长白乃夫人大不相同。一为钟爱子女之贤母，一则近世所崇奉之救世主。一甚注重于内治，不求其外张；一则出家庭而至于社会，于地方上公益事业作积极之进行，而母教、家政等问题，反为附属品焉。

今春开会，布告文中，其最重大之条件：一为扩张家庭势力，使与学校联络，共谋儿童之福乐；一为提倡公立幼稚院，使全国儿童皆蒙其惠泽；一为运动各处地方政府，使设幼稚法庭，判审犯法之儿童；一为筹集款项，补助贫苦妇女，使居家抚育子女；一为寻谋事业，使学校儿童于假期内工作。其余条件，虽有改良家庭习惯，郑重婚姻意义，开明为父母者之知识，增长其教养子女之能力等说，殆皆官样文章而已。即开会时，亦

---

① 罕斯脱氏：通译赫斯特，即菲比·赫斯特（1842—1919），美国慈善家、女权主义者，报业大王威廉·赫斯特的母亲。曾捐巨资办理女子高等教育，资助图书馆事业，并成为加利福尼亚大学第一位女董事。

② 旭甫：通译肖夫，即汉娜·肯特·肖夫（1853—1940），美国福利工作者和改革者。毕生致力于改革童工和女子教育制度，并要求完善婚姻法。通过不懈努力，在费城首创“少年法庭系统”。著有《任性的孩子》。

未闻其讨论也。

虽然美国人好动，喜有建作；今会长旭甫夫人所举行、倡说诸事，或适符合社会心理，亦未可知。

二、其内部发达情形及各支会所作种种事业

近十年间，该会发达至速。美国四十八省之内，已有三十六省设有支会，皆统属于总会。各省支会，又各有分所。总计全国同此性质之会社，大小共有千余所，可谓盛矣！

每年春季，开周年大会一次。千九百零八年，适罗斯福[①]为美国总统。得其赞助，于周年大会时，借白宫为会所，邀请各国政府及他国已有同等性质之会社，派员赴美与会。此为第一次万国儿童幸福研究会（The First International Child Welfare Congress），实即国母议会第十二周年之大会。

其后，每三年逢周年大会时，又如前例，邀请各国政府及其他会社遣送人员莅会参与一切。此万国儿童幸福研究会之所由来也。

其各分会，有名“保姆团”者；有名“恳亲会”者；有即借用地名，如“纽约妇女会”者；有以教堂出名，如“监理会妇孺研究所”者。种种名称不一，要皆以增进儿童幸福为宗旨。

如保姆团之类，开会集议时，大抵以抚育幼孩为主题。尝见一传单，详言婴儿饮食起居诸善良方法。兹节录之如下：

空气——勿置小孩于窗户紧闭之室内，或洗衣处，或厨房内。于其卧所，常开一窗，俾得日夜呼吸新鲜空气。当炎暑时，凡所有窗户，当日夜全开。房内须清洁、干燥，勿使秽物或尿布等类久留于室中。每晨，当取小孩出外游散于空气中，然勿使阳光射入

① 罗斯福：西奥多·罗斯福，通称“老罗斯福”，美国第26任总统。

其目。

饮食——小孩一期年内之饮食品，以人乳为最佳，牛奶次之。哺乳当有一定时间。初二三月，每二时一次；后数月，每二时半一次；半期年后，每三时一次。日间自晨六时起，至夕十时止，以此为例；夜间，则不得过二小时。常宜谨慎，勿使小孩哺乳过多。若啼哭不止，少与以清水，勿抱勿摇，能使其安睡最妙。否则，任其哭叫数声，亦可长大其肺。

床被——小孩当独睡一小床上，不宜与成年者同卧。因床上所有清气，易尽为强壮者吸去，小孩反吸其吐出之浊气故也。野鸭绒作枕，太热；油纸、橡皮、布类太硬，又不通气，不宜用为垫盖物；稀布、棉絮做为被褥，最合宜于卫生。但常须易换枕套，衬单亦当须洗濯。

昼眠——小孩日间，于午前午后，皆当睡一次。

衣服——小孩须穿宽大之长衫。于炎暑时，即初生之小孩，亦不当包扎下部。兼用尿布时，常易换，不使湿气及污秽物侵入其身。衣衫、尿布，均以白布为宜。须洗濯清洁，件数亦须稍多。

洗浴——每晨洗浴一次。水以较小孩身体热一二度为宜。

再有传单一纸，详载孩儿自生时至六岁，当饮食诸物。以其种类繁杂，且难译出，不赘。

各支会中，有名恳亲会者。即学校教师与学生家长，公同建设之会社也。其目的，在求学校之完备。

在校务一方面，学校得家庭之援助，凡有所建树，易得地方长官之许可；在训练一方面，教师因识家长，得知儿童心理之作用，易于施教得当。若有恶习惯，则学校为先导，家庭为后盾，无有不改良者，故其功效甚大。

又如学校欲扩充校舍，欲添置教习休息室，欲建筑游戏场，欲种植树木，欲装饰课堂，若得学生家长之信用，则其志易达。盖为父母者，皆欲其子女之安乐，校中需用何物，当愿竭力支给。

若为公立学校，则可要求地方长官置办；而管理学校者，亦因有家庭之监督，于饮食、卫生等事无稍懈怠。故学生按时验病，凡带午膳至学校者，亦有可停止饮食之所，且不必冷食。以数枚铜元，即可在校买得热汤、牛奶等物。饮水亦设有专所。一切施设务求学生之舒适。

各分会之以教堂出名者，大凡即教堂中妇女所集合而成。稍含宗教性质，注重培养儿童德性等事，补益于教堂处不少。

牧师因得其助，宣讲时，凡关于妇孺问题或家庭间情节，常可切中时病，指陈得失。且教堂之大者，有附属学堂[①]，逢礼拜日开课一二时，其宗旨在说明人伦道德诸大义，并散播宗教观念。长幼、老弱各有班次，尤以儿童为多。若其中已为妻母者，团集讲演母教、家政等问题，则与礼拜日附属学堂之课程，适暗相符合。上课时，又不至复成虚谈，而有实际上之效力矣。

各支会中，借用地方名称，如纽约妇女会之类，注重于社会上公益事业。如要求各处地方政府，设立牛奶公所，用最清洁方法配置牛奶，卖与居民，并告其如何哺食婴儿及哺乳时间。其有不受教诲者，则不复卖与牛奶。并请在公所设置一看护妇或稍通医道之人，往各家诊视有无妨碍发达儿童体育之处。若见贫苦无知之妇女，于孕育前犹在劳动，则当设法劝导，告其勿尔；或报告地方官长，代为请求补助费。

再发起一种赛会，比较地方上小孩孰最长大、孰最灵敏、孰有最完美之骨格〔骼〕与最健全之体气。其平均分数最高者，为地方上“第一好孩”，可领得奖赏。

又如倡议设立幼稚法庭，另简法官判审儿童等事，亦颇有益于社会。盖美国法律苛严，巡警密布，大城市中儿童，因盗窃、奸诈等罪监禁在狱者，岁以千万计。然其中愚蠢无知之徒居多，并非有意扰乱地方治安。或因家贫，衣食不给；或因早丧父母，无人照顾；或因邻近不善，为恶人所牵累；或因祖传有神经病或癫狂等疾，遂至禀性乖离、举止舛谬。若照法律治罪，诚堪矜怜，故以劝导、惩戒为主义，非审慎周详、考案其致罪之理由，不施以刑罚。即须监禁，亦为时甚暂。其不须监禁者，释放后加以督责，常遣人至其家省视，有无复犯法之状况。其为省视员者，在地方上选出，有薪俸；以热心公益、德行优美、研究儿童教育有素之妇女为合格。

又如在大城市中，集资建筑游戏场。略如公园制度，内种植树木，置备游戏器具，俾贫苦儿童邻近无余地游散者，得以享日光、吸清气，极尽其能，健于游戏。又为设置

---

① 此“附属学堂”，通称主日学，参见后文《幼稚园主日学课》题解。

一场，长〔常〕在彼处招待来客，并引导儿童如何游戏于谈笑中，启迪其德性，感应其社会观念。凡略知美国大城市之情形者，莫不知此种游戏场之有益于儿童。如纽约之东部，人户杂遝，屋宇毗连，儿童满挤于街道上，唤呼喧嚣，声闻于天。孰谓美国儿童闲静寡言、肯守秩序？若处置不适当，亦顽钝丑劣，见之令人生厌。故建筑游戏场，俾儿童自由运动，作有意识之游戏，亦一社会问题，有心人所当注意者也。

又如在城市，为工厂中妇孺设立佣工保护所。其有被雇主凌虐者，为之伸诉官长，或登报宣露于大众。若工资微薄，不足供给衣食，则为申说理由，请求增添。凡有将孕育之妇女，或产后体气孱弱者，则劝其勿劳动，代为筹款济助。其有幼龄儿童，因家计困难，早入工厂作事，以谋稍有余赢者，亦为出补助费，使入学读书。或有乳哺孩提弃置在家，合家父母、兄姊皆在外工作，无暇照料，则为送入婴儿院，日间由看护妇收管，晚间还诸其家。凡类此之善事，不胜枚举。

三、今春开会时情节

今春四月自二十二日始至二十七日止，为第三次万国儿童幸福研究会开会之期，亦即国母议会第十八周年之大会。

到会者共约三百余人，内之三分之二为会员，余则为各国及美国各省政府派来之代表，及研究儿童教育有素之专家，与在社会上曾为婴儿兴办事业之慈善家。各国代表中，有南美洲诸国公使及参赞。欧洲除婆格立[①]政府（Bulgaria, one of the Balkan states）遣送一人外，余无代表。英国妇女协会本有一人来会，而因病未果。亚洲有二代表，即日本国母议会会员一人及彬夏是也。

---

① 婆格立：通译保加利亚。

美国首相勃拉恩（Bryan）[①] 及总统威尔森（Wilson）[②] 之长女，亦尝莅会。中央政府教育司刻辣克司登（Claxton）[③]，则几无会不到。每见其独坐会场之一隅，时且携其妻同来。各省政府亦有代表派来，殆皆为地方上有声望之教育家。其余如电话发明家培耳（Bell）[④] 教授、聋哑之专家监拉脱（Miss Mary S. Garrett）[⑤] 及其他著名科学家数人，亦莅会。

开会秩序：

第一日，办理会前事务、开会；

第二日，研究儿童在家庭及学校诸问题；

第三日，同上；

第四日，同上；

第五日，讨论各教堂与儿童德育之关系；

第六日，提议国家、社会及地方政府公益、儿童诸事业。

闭会。

---

① 勃拉恩：通译布赖恩，即时任美国国务卿威廉·詹宁斯·布赖恩（William Jennings Bryan，1860—1925），1913 年担任是职，1915 年去职，为知名演说家。

② 威尔森：通译威尔逊，即托马斯·伍德罗·威尔逊（Thomas Woodrow Wilson，1856—1924），美国第 28 任总统。1912 年当选，连任两届，1919 年获“诺贝尔和平奖”，是美国最有作为的总统之一。

③ 刻辣克司登：通译克拉克斯顿，即菲兰德·P. 克拉克斯顿（Philander P. Claxton），时任美国教育委员会委员。

④ 培耳：通译贝尔，即亚历山大·格雷厄姆·贝尔（Alexander Graham Bell，1847—1922），出生于苏格兰爱丁堡，后移民加拿大、美国，受聘为波士顿大学讲话和声乐生理学教授。1874 年发明电话，1876 年获得专利，遂以电话发明家著称。1913 年，邀请蒙台梭利访美讲学。其后，与其妻共同发起成立“蒙台梭利教育协会”，亲任会长，并资助出版了《儿童自由》杂志，设立了加拿大第一所蒙台梭利学校。

⑤ 监拉脱：通译加勒特，即玛丽·史密斯·加勒特（Mary Smith S. Garrett，1839—1925），女，美国特殊教育专家，早年担任聋哑教师。1889 年，自创私立聋哑学校，实验使聋哑学生学会说话。1891 年，与其姐共同创办“宾夕法尼亚家园”（又称“巴拉家园”），专门训练学龄前聋哑儿童开口说话，并创立了“口语教学法”，因而声名远播。时为全国母亲大会领导人之一。

（一）第一日

到会者签名，领取徽章。会场上，有职员会议与给发传单等事。夕间八鸣钟，正式开会。会长宣告辞毕，各国及各种会社代表相继登台演说。有甚长者，有仅数语，以表其国或会社关于儿童幸福之意者。美国首相勃拉恩及中央政府教育司刻辣克司登亦有演说，大抵为欢迎、祝贺之辞。

（二）其余五日

每晨自九时始至夕十一时止。全日事务，分报告、会议演说、宴乐或游览名胜地方四种。报告及会议，常在午前开会时间完结；演说与宴乐，或游览名胜地方等事，则在午后及晚间。

（三）报告

会长及诸职员报告会务情形，谓近数年间，各处组织支会日见兴盛；会长周游四方，宣扬宗旨，整顿会务，日不暇给。每岁必车行数千里，演说数百次，书函亦在六千通以上；又出杂志月刊一期；又编辑书本，收集关于儿童教育、家政、母教诸名家大作，印刷出版，分售于各处；又与他种会社联络一气。开会时，非会长，即其他职员，赴会参与一切；又襄助中央或地方政府，兴办各种儿童事业。

除国母议会及各支会报告外，美国政府内务、农林、工商三部，各遣人来会报告。如内务部所管人口、户数、道路、田地等事，农林部之物质分析法、气候寒暑表，工商部所定工厂中规则，皆与家庭、社会之生活有直接或间接关系。又美国教育司属于内务部，其报告儿童教育情形亦甚详。

此外，各国代表亦有报告，大旨皆不外乎妇孺问题与家庭间情节。

（四）会议

会议时，非讨论如何推广会务，即商酌各种办法。如在乡村僻处，每因学堂稀少、街道恶劣，儿童不便入学读书。大风时，沙尘迷天；雨落，则泥泞难走。其须步行三四里者，常辍课在家。故国母议会提倡改良乡间道路，非特使儿童易入学，且便交通；村中妇女，亦可多往来，不复独居一隅，孤寂无赖。

又有人倡说，乡村居民知识浅陋，太不讲究饮食卫生等事。当于开往该处之火车附载一二车日常应用诸物，陈设整齐，指示开导，犹如一小博览会。火车到一乡村，居民奔集就观，既广其眼界，又起其兴致。于美国南境乔其奥省（Georgia）[①] 已试行一年，收效甚大云。

又纽约省（New York）决计于其省内，在此一年中作一空前绝后之事，即欲救死回生，保佑十万儿童之生命是也。执事者，有一女子为之首，亲莅会，商议劝纽约省诸会员助成此举；并约每人愿担保若干儿童，使无丝毫疾病，据实报告。其人神色丰美，意气豪迈；观其言行，诚若知救生之妙术者也。

（五）演说

演说约分三种：一关于男女婚嫁与胎教及遗传性。演说者为医士及科学专家。一关于涵养德性、造就善良国民。演说者为牧师及慈善家。一关于儿童心理及近世诸新教授法与管理法。演说者为当世之大教育家。

兹采录数演说之大意如下：

美国人中，稍有学识者咸主张，凡有癫狂等疾或传染病，如肺疾之类者，不当婚嫁。因其子若孙，脑力薄弱、体气孱劣；即无疾病，亦易为人欺诱。罪犯中，十之六七为有神经病者之后裔云。已有数省制定法律，禁止此辈婚嫁。虽似苛酷，然为社会全体计，则除害绝恶，莫过于此。

凡血统太亲近者，亦不宜婚嫁。尝有一女钟情于其舅之子，十载未嫁。叩之以故，则恐他日或有子女，性情乖离、贻笑于人云。

又，美国上等社会，以不能赡养子女为羞。故情欲侈甚者，强限制其子女数；于未孕育前，以药毒死者，岁以千万计。仁人医士，对此痛心疾首，力诋其非；劝其如无力栽培子女，宁克制情欲，勿戕害生命。

又，美国妇女，亦如吾人自幼至长，素不谈生殖卫生诸理。及为人妇，始逐渐通晓。然凡事防于未然，其成功大；及其既然，则有难补救者。故近数年来，各大学校设有专

① 乔其奥省：通译佐治亚州或乔治亚州，位于美国东南部，首府亚特兰大。

科，学生一律须值班听讲，无可推却。惟通俗仍固守旧习、昧于此理，开明者忧之。近渐多演讲等事，然尚未普及于社会也。

又，关于涵养德性、造就善良国民诸演说，亦颇有可采取者。某君云：

> 有一五龄儿童，初入幼稚院，专以窃取物件为事。教师亦不之诘问，任其藏置一处，视为财宝。惟于授课时，取一五色纸，命细阅之。既毕，令其闭目凝思，问所见者何物。儿答是纸。问何色。儿答青、黄、赤、白、黑。师曰："然则尔闭目时，亦可见五色纸乎？"儿欣然曰："见之甚明。此五色纸，今为吾所有矣。"师曰："无论何时，尔嗜爱一物，可用此法试之。"儿唯唯后，遂不复窃物云。

又有人主张，凡十数岁之儿童，当给与田园数方尺，令其种植花木、菜蔬。既操练其筋骨，又可养成勤朴习惯。且教其贩卖地中所出，以所余赢积为己有，使知财产所从来，并略见商场上情节。

当世之大教育家穆德沙立夫人[①]（Madame Montessori），曾为幼稚院别开一生面。因远在意国，不克亲莅会，遣其高徒乔其女士（Miss Anna George）[②]代来演说。略谓：夫人深信，教授幼儿，当全用引导方法；较之强迫而成者，事半功倍，且为完美。其学生在课堂，可自由出入，搬运台凳。然因日常操练行走及安置台凳方法，故并不扰乱他人。上课时，教习处顾问地位，凡事由学生自发明。即有谬误，亦不纠正。惟越日重复其事，及儿童自感悟而止。或问其故。女士曰：吾人心理，对于外来事物，反动力甚大。凡不准、不可、不对等名词，皆可引起一种恶感情况。夫人之异于禽兽者，以其为灵物。故若不逆忤其性，早晚能明白事理。且凡事自感悟者，铭刻在心，终身不忘；学习而来者，则未必尽然。

又谓，穆德沙立学生虽甚自由，而亦颇能自节制。当其静坐时间，室中即有三四十

---

① 穆德沙立夫人：蒙台梭利。

② 乔其女士：通译乔治女士，即安娜·乔治女士，生卒年未详，为蒙台梭利的第一位美国学生。早年在芝加哥等地担任小学教师，后仰慕蒙台梭利教学法，前往意大利，受教于蒙台梭利门下。回到美国后，全力推广蒙台梭利教学法，并影响日大。撰有《美国的第一所蒙台梭利学校》。

人，亦阒然无声，如入墓墟。四五岁幼稚生能如此，自动力发展之功效也。

又，学生须自操作。晨起穿衣着靴，扫洒房间；饮食时轮流服役，供奉如礼，其为实用教育，可想而见。

又谓，穆德沙立夫人，甚注重于操练耳目、手足。常谓吾人："五官愈灵敏，愈易于接物应事。"故其幼稚生，能目辨六十四色，耳知声音韵律，手觉物之软硬、轻重、厚薄、粗细。其聪明灵巧，远非寻常儿童所能及云。

（六）宴乐及游览名胜地方

闭会之第二日午后，游览首都，参观白宫。总统夫人本拟开宴接待，因病未果。

同日五时，又赴都藏书楼茶会。

第三日午后五时，赴南美洲诸国公使茶会，并游观其总会馆。同日夕间八时，国母议会大筵宴各国代表及来宾。中有名望者，皆有演说。

第四日午后，往佛能山（Mt Vernon）[①] 访华盛顿墓，并参观其旧宅。

彬夏于四月十一日午后，自旧金山启程赴会。二十日晨，抵华盛顿。自二十二日晨八时始，至二十七日夕十二鸣钟止，为开会之期。除游览名胜地方辞不赴行外，无会不到，无时不在会场上，故熟悉会员甚众。于其内部情形，亦深知洞悉。

共演说三次。

正式开会之夕，为第一次，约七分钟。代吾国致贺，并表吾政府愿协助万国研究儿童幸福之意。众以彬夏在全会中年最幼，鼓掌欢迎，并谓是夕有二大演说家，即美国首相勃拉恩及中华民国代表是也。

第二次，在国母议会大筵宴席前，约二十分钟。大旨谓，万国妇女开会集议研究儿童问题，可藉此交换感情、弥兵息祸，合五洲为一家，共臻大同之域。其夕，彬夏与南美洲诸国公使之总代表，为大宾座位，在会长之右及中央政府教育司刻辣克司登与电话发明家培耳之间。

---

① 佛能山：通译弗农山庄，位于美国弗吉尼亚州北部的费尔法克斯县。华盛顿总统卸职后，便生活于此；去世后，又安葬于此。

第三次演说，在闭会之前一夕，用报告体格详言吾国儿童在家庭与社会诸情节，约有一点钟之久。

此次彬夏赴会，甚蒙优待。职员特请宴三次；会长及会员数人，又于会后各邀赴其家游玩数日，备极殷勤。又被举为万国儿童幸福研究会职员部部员，并特派为该会驻扎在中国之总干事员。

67　幼稚园主日学课

陈郑玉娇

1914年4月1日

题　解　本篇原载《女铎》第3卷第1期“宗教”栏。发表时间为1914年4月1日。原发表时，题后标明为“四续”，因前数期已佚，未详前三篇之内容。

撰著者陈郑玉娇，女，生卒年及生平事迹未详。“陈”为夫姓。应为宗教妇女，或任职于教会幼稚园。还在《女铎》上发表了《治惧雷法》等文。

所谓“主日学”，即基督教教会仿照学校形式，于星期日早上在教堂内所进行的宗教教育。通常在“主日崇拜”之前或之后举行。起初是以宗教家庭的儿童作为对象，后扩展到各年龄层次。这种形式，由英国教徒雷克斯（Robert Raikes，1735—1811）于1780年创立，后仿照设学者遍及欧美及世界各地，且形式多样。本篇系主日学教案，对象为幼稚生。其中虽有着浓重的宗教气息，然在教法上基本符合儿童心理，可供批判和借鉴。

有关《女铎》，参见前文《游戏例举》题解。

此课大意，论永生；特别意想，论耶稣复活。

（1）教员预备。

读《马太》二十八章一节至十节，《马可》十六章一节至十一节，《路加》二十三章五十六节至二十四章十二节，《约翰》二十章一节至十八节。

耶稣钉死于十字架上，不宜多说，为嫌其过于残忍，令人可畏，免致小孩有不合本日目的之问。可多论耶稣之友见耶稣由死复活有何等之快乐；并告以耶稣复活以后，其爱友之心仍无更变。

读此课时，须使幼童心中有格外之快乐。

背经句:《约翰》十四章十九节——“因为活着，你们也必要活着。”

（2）唱请安歌。

（3）颂赞并讲论一小部分之天然物。

问:“尔见小雀鸟乎？他因何飞向南方？他如何飞回？他回来，尔心中快乐乎？”

使小孩两臂忽展，或合作鸟飞形状，并告以:“有时，此鸟喜复用其从前所造之旧窝。”

（4）闲谈并游戏。

在耶稣复活时，凡人最喜乐谈论美丽之花草，如百合、水仙等花。当冬令之时，此种之花，睡在棕色之球形根或种子中。教员可以百合及水仙之球根并别样种子，示小孩观看。

倘能以蚕茧及他种茧类，用玻璃盒盛之，可观其如何由茧中钻出，如何即变成蝶形。与小孩细观，自能增十分之兴味。

（5）唱《耶稣复活歌》如下：

种子和花一齐睡着，到耶稣复活的时候，他渐渐从土里发生。到主复活时候，种子生出，彼此讲道：我们醒来都好。

雀鸟唱歌，快乐飞来，到耶稣复活的时候，涓涓小泉听他初流。到主复活时候，我们应当喜乐唱歌，大家同来庆贺。

蝴蝶、小虫也醒起来，到耶稣复活的时候，张开两翅，又亲又爱。到主复活时候，轻飞空中，去而复回，我们醒来真美。

（6）肃静片时。如前课。

（7）讲耶稣复活故事。

教员对小孩道：

有一天，天将亮的时候，太阳还没有出来。有三个妇人，低了头在外头走路，他们的眼中含着眼泪。正走之时，碰见两个形容高大、衣貌很有光彩的人，对妇人说:“你为什么啼哭呢？”妇人回答说:“有许多坏人，把我们的耶稣杀了。我们带着所预备的香料，到他的坟墓去，要涂他的尸身。”有光彩的人说：“你的耶稣，不是死了，他现在活着，已经由死复生了。”这三个妇人不懂他的话，就赶急向前跑去。不到一刻，就到耶稣安葬的地方，低头向坟墓里观看，见有许多包耶稣的细麻布在那里，只是不见耶稣。这三个妇人彼此相谈，心中觉得难过。其中有一妇人，名叫马利亚说：“何人将我主耶稣偷出坟墓去，不晓得放在哪里去了。”马利亚说了这话，就转身看见耶稣站在面前，却不知道是耶稣，以为他是管园的人。耶稣问他说：“妇人，你找哪一个？”马利亚说：“先生，我是找我主耶稣的。前三天，有坏人把他杀了。他死以后，人将他的尸身用细麻布包好，放在这坟墓里头，将大石封了墓门。今天早上，我们带了香料来到坟墓，欲涂在耶稣的尸身。我们未到之时，在路中思想此块封墓门之石很大，我们三人力量甚弱，不知有何人能助我们将此石移开。我们到了坟墓，见此大石已经被人移开。低首向墓门内一望，见耶稣业已不见。不知被何人偷去。如是你所偷，请你告诉我们放在什么地方，我们可以自去将他弄回。”马利亚说完此话，将两目注视此人，见此人面色像太阳的光一般。此人叫他名说：“马利亚。”此时，马利亚闻此始知道此人即是耶稣。耶稣对马利亚说：“你去告诉我的十一个门徒，就说他们往加利利去的时候，在那里可以与我相见。”妇人闻言，又惊又喜，急忙跑去报与众门徒知道。

（8）工作物料。

预备五色腊〔蜡〕笔，及七寸宽、九寸长之灰色硬纸若干份，并每人与以教员所画之图（原图5）如下。令其用黄色笔画虫之身，棕色笔画虫身之斑纹；至于图中蝴蝶之

原图5　彩色蝴蝶图

色，可用真蝴蝶标本将两翅斑纹指示小孩观看，令其照样画出。未画之先，宜告以此蝶之来由，是由此毛虫至冬令时，即作一茧，藏身在内，至春日天气温和之时，就能变成最美丽之蝶形，由茧中钻出。

68　参观上海学校笔记（节录）

顾德等

1914年4月

题　解　本篇原载《吴县教育会教育杂志》第3期“考察”栏。参观并笔记时间为1914年4月，发表时间为1914年6月。原发表时无署名，据文中所载，知为顾德所记。

记录者顾德，姓卫，号恕庵，生卒年及生平事迹未详，当为吴县教育工作者。在《吴县教育会教育杂志》第1期上，曾以“卫顾德”之名，与金起凤共同发表了《参观市乡学校笔记》一文。本文除记录了已选取的5校外，尚考察了上海县教育会、县立女子第一高等小学校、市立西城初等小学校、省立第二师范附属小学校、市立梅溪高初等小学校、省立第二师范附属单级小学校、市立养正高初等小学校、市立时化初等小学校、私立上海女子中学校、市立万竹初等小学校、部立南洋大学附属高等小学校、豆米业立第二小学校，并均有所记录。此行共考察了上海的教育机构17处。

《吴县教育会教育杂志》，不定期地方教育刊物，1913年10月创刊于苏州，由吴县教育会主办、编辑并发行，由中国图书公司刊印。旨在报道地方教育现状，介绍教育新理，并研究改进之法。主要栏目，有研究、论说、考察、演讲、小说、杂纂、附录等；主要撰稿人，有冰苔、潘起鹏、汪炳台等。停刊时间及原因未详。

今日为教育竞进时期，有风帆涉水、骏马下坂之势，一往直前，片刻不容停顿。稍缓须臾，则有一落千丈之概。比年来，各处之莅苏[①]参观络绎不绝者，盖以此也。吴县教育会上年既有参观市乡学校之举，本年复组织参观团，分赴无锡、上海学务发达较早之区，参观现时教育状况，将以资考镜而谋进行也。四月十九日，结团十五人（无锡七人、上海八人），分途出发。顾德滥竽其间，偕沪上同行者，陆君寄社、沈君订纯、徐君儆予、沈君公寰、陆君友益、王君佩周、孔君涉岵。谬承诸君委任报告，义无可辞。兹将诸君逐日参观所得，汇而录之，以备研究也。

（中略）

（一）私立城东女学校

校长杨白民[②]。

是校为杨白民先生独力创办。在竹行弄，由校长住宅改建。分高、初两等，附设师范生徒，共五十八人（因上年兵事影响，比前年减少。幼稚班亦停）。参观时，晤见校长，适从日本参观大正博览会[③]回来。谈话良久，语多感慨。（后略）

（二）上海公立幼稚舍

舍长吴秋贤[④]。

是舍建落在西门外万生桥。教室两所，分甲、乙两级（甲初等、乙幼稚）。儿童共二十七人，职员五人。晤见周女士静婉，引导参观甲班温课。儿童咸起立致敬，训练有方，于此可见。游戏场在室中。

---

① 此“苏”，指江苏苏州。

② 杨白民：名士照，“上海城东女学”的创办者，参见后文《前十年与前三年之幼稚园》题解。

③ 大正博览会：“大正”，系指日本大正天皇的年号。大正博览会，系指大正三年（1914）初，在日本东京举行的博览会。

④ 吴秋贤：又称吴朱秋贤，女，生卒年未详。“吴”为夫姓，本名朱哲，又字益秋、秋贤，上海青浦人。1902年，夫君因病辞世，任教于务本女塾。该校附设幼稚舍后，转任该舍保姆教习。未久，自费赴日本留学，入东京“诚之幼稚园”实习保姆。归国后，主长上海公立幼稚舍，并于其中首设“保姆传习所”。

（三）城西幼稚舍

舍长龚杰（子英）[①]。

是舍在西门外小菜场西生生里。教室两所，分甲、乙两班（甲初等、乙幼稚）。儿童共六十人、职员七人。晤见龚女士（元焕）。参观教授如下。

龚教员（元德）上唱游课。甲、乙两班合。先唱歌《客来》（见《重编学校唱歌集》第二编）。表情演毕，教师奏行进曲。进行一周。游戏场四周近壁处，排列矮凳。进行毕，儿童按序坐下，休息一二分。时教师问儿童："有能游技者乎？"能者举手。乃令举手者起立走出，握手成两列圆阵，演习环舞。教师以琴按拍，助其兴趣，演舞一次。休息，再举一次。散课。

龚教员（元焕）上乙组国文科。教员先发《中华国文》第一、二册。命读二册者一人，读隔日所授之课（随意读）。其时，又问读一册各生隔日所授之字认识与否。

训练及养护。休息时，有保姆看护。

设备。桌凳高低适度（桌长二尺八寸、阔八寸、高一尺七寸，凳长二尺九寸、阔五寸、高七寸）。宿舍广漆铺架，高低长阔，均合儿童之用，与寻常用者迥别。帐、被等，由舍代办，形式一律。附"保姆教育表"（表3、表4）。

表3　甲组保姆教育表

时间 曜	第一	第二	第三	第四	第五
月	游戏	读法	谈话	算术	习字
火	游戏	读法	唱歌	习字	温课
水	游戏	读法	唱歌	图画	手工
木	游戏	读法	唱歌	算术	习字
金	温课	读法	唱歌	图画	手工
土	游戏	温课	唱歌		

① 龚杰：龚子英。

表4 乙组保姆教育表

时间 曜	第一	第二	第三	第四	第五
月	游戏	识字	谈话	心算	习字
火	游戏	识字	唱歌	手工	温课
水	游戏	识字	唱歌	心算	习字
木	游戏	识字	唱歌	手工	温课
金	游戏	识字	唱歌	心算	习字
土	温课	手工	唱歌		

（四）私立尚公小学校

校长庄俞[①]。

是校在宝山路（系商务印书馆编译所附设）。高等一级，初等四、三、二年三级，男女兼收；补习一级，幼稚一级（此二级均因秋季始业而设）。生徒共计二百九人。学费，高等每月一元五角，初等一元。一律通学。由沈君伯甫介绍晤见教务长朱亮。（后略）

（五）日本小学校

校长井上阔[②]。

是校在北四川路，校舍系特建，教室九所。高二级、寻常四级（单式制）。寻常二部一级（复式制）、幼儿二级，俱系男女同学。生徒共六百五十四人，职教员十八人。高级及寻常一、四年，男教员主任；幼儿及寻常二、三年，女教员主任。全年支出经费一万八千元，由上海居留民团所筹拨，经外务省之监督。参观时，已第二时。晤见校长，接待甚殷。惜所谈皆日语。同人虽略谙一二，仍不免有挂一之讥。

（中略）

管理及训练。校训“忠信”二字。高级及寻常三、四年，取干涉的严肃主义；寻常

① 庄俞：中国近代知名编译，参见后文《日本之幼稚园》题解。
② 井上阔：日籍，生卒年及生平事迹未详。

一、二年及幼儿，取活泼的放任主义。上、下课一律整队，天晴在操场，天雨在廊下，由各级教师督率。散课后，学生皆在操场游戏，非常活泼。教师轮值监护。低年生与教师共同游戏，曾见教师张两臂，令低年生轮攀教师之臂而悬之。即此一端，足见彼邦教师对于儿童之亲热，并注意于其发育矣。有校外团，每周三次，由各级教师率领至校外实地观察；有纪念讲话日，集全校生徒于礼堂，聆受校长暨各教师之讲演，以引起其爱国思想及崇拜英雄之观念。

（中略）

幼儿教室四壁，张写生画。后方有长方形盘，中贮河沙。旁竖一黑板，教幼儿以木棒（或铁制之棒）练习书方等之用。如图（原图6）。

（中略）

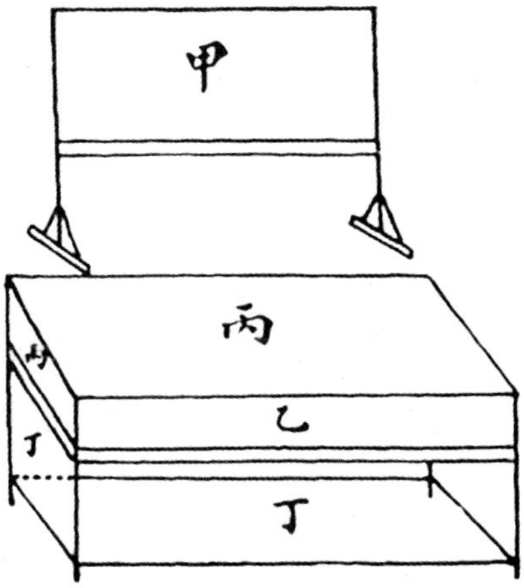

原图6　幼儿教室设备

说明：（甲）黑板；（乙）长方盘；（丙）河沙；（丁）架子。

（六）可研究者

幼稚生之时间及课本。曩见幼稚园之制度，上课时间，每日不过三时，每时不过三十分；学科注重游技、唱歌、图画、手工及谈话等，专以导成其活泼之天真，扶助其身心之发育。此次参观幼稚舍时间，有二十七八时之多，课本用初等国文第一册，于脑力薄弱之幼儿究竟有无损害？此一研究之大问题也。

（后略）

69 参观日本东洋幼稚园笔记（节录）

潘文安

1914年6月5日

题　解　本篇原载《教育杂志》第6卷第6号“杂纂”栏。参观时间为1914年6月5日，发表时间为1914年9月15日。原发表时，题为《参观日本学校笔记》。今题系编者所拟。

撰著者潘文安（1894—1970），字仰尧，号仰荞，江苏嘉定（今上海嘉定）人。早年就读于太仓师范学校，后毕业于江苏神州法政学校。热心职业指导，担任上海职业指导所董事、副主任，参与创办中华职业补习学校，并任校长。曾任《申报·国货周刊》编辑，盐业、金城、大陆、中南四银行调查部秘书，为中国征信所发起人之一，并担任该所董事。还兼任中国兴业热水瓶厂、天宝染料厂、永丰银行、利工银行等单位董事。著有《职业教育ABC》《青年职业指导》等。

有关《教育杂志》，参见前文《外人调查教育及保卫幼稚事项》题解。

日本年来教育之发达，固为一般教育家所共闻共见。余自涉身教育界以来，对于教育一门，愧无系统之研究，只尝稍知其梗概。顾井蛙之见，犹未敢自信也。民国三年六月，余乘参观日本大正博览会之暇，提出十日之光阴，专从事于参观学校。时间过促，语言未达，苦无心得之足述。仅就闻见，拉杂记之。扣盘扪烛[①]之讥，知所不免焉。

---

① 扣盘扪烛：扣，敲；扪，摸。比喻不经实践，认识片面，难以得到真知。

（中略）

（六月五日上午）十一时，参观东洋幼稚园。

园主岸边福雄[①]，一日本有名之教育家也。素抱教育幼儿主义，以为根本上之设施。曩在兵库县师范学校及东京府师范学校，前后掌教十余年，尝专事幼儿游戏法之研究，成效颇著。

斯园为岸氏所手创。其宗旨，在修练一般儿童之觉官，以启发智识为要素；其教育，纯以自由游戏为主。细别之，分游嬉、唱歌、手技、谈话四种。而于恩物之取扱、歌词之舞唱，尤特为注意。

参观时，各儿童适在休憩时间，多在游嬉室玩耍。据岸氏言，玩具中之武器，如刀、剑、枪、棒等，儿童最为爱好。是岂日本儿童素来尚武之特癖欤？

岸氏复设东洋家政女学校。一部分，即预备为幼稚园之教师。其宗旨，所以养成一般将来之贤母良妻，授以齐家育儿之智识、技能，以为家庭教育发达之基础。

其科目凡九：（1）修身科；（2）读书、作文、习字、算术科；（3）裁缝科；（4）看护法及育儿法；（5）洗濯科；（6）谣曲及仕舞；（7）运动科；（8）料理法；（9）大扫除。

参观时，在课裁缝科。教师之外，又有助手为之指导，故成绩可称。

岸氏复自言，教育方针素重训练、体育，以使儿童学成有秩序的勇气、有生理的体育，是最所希望云云。

（后略）

---

① 岸边福雄（1873—1958）：日本学前教育名家。早年从事学前教育，重在游戏法研究。1903 年自办东洋幼儿园后，专门研究幼儿教育的讲演艺术，特别对童话的讲演艺术进行深入研究，并形成了独特的理论体系。与岩谷小波和久留岛武彦，同被称为日本“童话讲演三杰”。著有《我们幼儿园的一天》。

70 蒙台梭利女史小传

钱智修

1914年6月15日

题　解　本篇原载《教育杂志》第6卷第3号“史传”栏。发表时间为1914年6月15日。

有关撰著者钱智修，参见前文《美国幼稚园略述》题解。

有关蒙台梭利，参见前文《蒙台梭利女史之新教育法》题解。

有关《教育杂志》，参见前文《外人调查教育及保卫幼稚事项》题解。

近祀以来，本一人之学说，实地试验，为教育界开一新纪元者，自福留培尔（Froebel）[①]及裴斯泰洛齐（Pestalozzi）后，端推玛利亚·蒙台梭利氏（Dr. Maria Montessori）。

蒙台梭利者，义大利[②]之女医士也。其所倡之教育法，与其号称“儿童之宅”（Case dei Bambini）之新式学校，欧美各国，乃至亚东之日本，莫不望风而靡。即我国之教育家，亦稍稍闻其绪余矣（参观本杂志第五卷第一号《蒙台梭利女史之新教育法》）。顾其立身行事，吾人乃莫知梗概，是亦知人论世之遗憾也。不揣棉薄，辄述欧报之记载，缀为传略。于其所不知，盖付诸阙如云。

蒙台梭利氏之一生，所以抵排困难，而克奏最后之成功者，可分为三大时期：其第一时期，则身任医士，为义大利妇女辟新职业之途径；其第二时期，则为人类学之先锋，

---

① 福留培尔：通译福禄培尔。

② 义大利：通译意大利。

以保障劳动妇女之权利；其第三时期，乃从事教育，为世界空前之女教育家焉。其种种成功，皆铢积寸累以得之，非凭一时之幸运，亦初不假阀阅之余荫。盖其脑力、其人格、其热忱、其百折不回之气概，均有以大过于恒流也。

初义大利少年女子，非有人为伴侣，从无蹀躞于市街者。四十年前，曾有大臣之女公子，倡违俗例。罗马城中，即大滋哗笑。阅时二十年，蒙台梭利氏乃毅然为之，虽诟讥丛集，不顾焉。嗣后，入医学校，习医业，所受之嘲侮尤烈。蒙氏追述往事谓："每有人笑询，卒业后将作何事？"意谓，断无人敢请教也。俄顷又语之曰："然尔将医尔姑也。合罗马城中之姑，归尔诊治。尔其利市三倍矣。"言次，屡摇其首，状极冷隽。校中同学，亦屡肆抵挤；见蒙氏至，则团聚于前，作种种不堪语。顾蒙氏初不为动，勇猛精进，卒能得医学博士之学位。

蒙氏既为义大利第一女博士，故于妇女运动，亦多所尽力。距今十五年，德意志开"万国妇女协会"，蒙氏以义大利代表之资格莅会。会中决议，凡隶社会党之妇女，均在排斥之列。蒙氏起而言曰："余之来，代表义大利全体之妇女也，而尤以劳动之妇女为最要。今社会党人既不能出席会场，余亦惟归。语彼等而已。"遂毅然竟出，是可见其奋斗之精神与公平之识解矣。蒙氏遇此等事，每不屈不挠，必期战胜而后已。其所揭之旗帜，足以"公平待遇"四字概之。初则求妇女之公平待遇，继则求劳动家之公平待遇，后乃尽力于教育事业，以求儿童之公平待遇焉。

蒙氏所以尽力教育、造福于儿童者，固出于纯粹之科学兴味；然亦由远大之社会眼光，有以助成之。欲争社会自由，必以个人问题为基础。蒙氏之争为博士之权利，与其争为妇女之权利也；为自己而争同时，亦为全体之妇女而争也。此蒙氏所以为妇女运动之重要人物也。

嗣后，阅世稍久，见妇女之教育程度稍高者，其反对劳动社会之妇女，正与男子之反对女权同。妇女运动既不合平民政治之精神，则保障劳动社会之妇女，势有所不容缓，而蒙氏亦即引为己任。虽然劳动社会之平民政治，固有未易遽言者；盖欲享平民政治之幸福，必先有养成独立之教育而后可。教育之程度未优，则平民政治亦必难实现。于是蒙氏之精神，遂专注于儿童。诚以儿童胸质晶莹，未受社会上恶习惯之熏染，而为未来之平民政治之源泉也。

蒙氏之目的与理想，当时颇有难索解人之苦。其首引为同调者，为男爵夫人法兰吉提氏（Baroness Franchetti）。蒙氏所著第一书《蒙台梭利法》（*The Montessori Method*），即以其名标题于书面。盖其所以能用志不纷、著此一书者，实以法兰吉提夫人之助力为多也。后更在爵邸中，设两星期毕业之教师养成所。夫人本美国产〔人〕，以欲传布蒙氏之教育法，则以校具一箱寄美国旧友。谓时机成熟，则美国必将用之。今距夫人薨逝已数年矣，而美国对于蒙氏之新教育法，亦信者渐众。其洞瞩机先之识力，不亦大可敬哉！

蒙氏之教育儿童也，先借地试验，以树模范，即所谓儿童之宅是也。顷之声誉渐著，为皇后玛的麦吉利达（Queen Mother Margherita）[①] 所闻，乃躬往参观。而蒙氏之事业亦始发展，以至是，始得官厅之承认也。嗣是以后，皇后常与以个人之奖励暨财政上之助力。

蒙氏产不逮中人，本兼任大学校事，以资补助。既得皇后及挚友数人为之道地，则辞去兼职，用其全力于教育之试验。非然者，蒙氏之试验事业，必难遽行；即其教育法之成立，亦未必能如斯之速也。由斯以观，吾人欲有所树立，社会之赞助、朋友之提携，又谁可以缺耶！

以有皇后之助力，于是罗马最著名之"蒙台梭利式学校"乃经始开办。该校设于费亚揭斯谛（Via Giusti）修道院中，蒙氏则身任教授童贞，以为学校指导人之预备（蒙台梭利式学校之教师，称指导人）。阅时二三年，童贞中之一人，尽得其学，而学校之名亦大显。该童贞，既热心于蒙氏之教育法，对于宗教职务，反不甚注意。当彼赴斯曼纳（Smyrna）[②] 传教时，乃特设一蒙氏学校，以教异教子弟。此蒙氏感化力之深也。

蒙氏之得皇后玛的氏之助也，在政府一方面，可谓正式承认。顾天主教僧侣，则出全力以反对之。于是国王与教会，遂以不同之眼光对待蒙氏，而蒙氏乃受非正式之攻击。以其身本为天主教徒，故所处地位，尤极狼狈。此等事，在中古时代，盖所恒睹；若在近世，则惟义大利一国为绝无而仅有者矣。

时僧侣之意，以蒙氏之教育法违背古训，而破坏权力，于其进行及发展力加媒孽[③]。

---

① 玛的麦吉利达：通译玛格丽特（1851—1926），意大利国王翁贝托一世的皇后。因酷爱珍珠，有"珍珠皇后"之称。清末沈寿女士曾依据其照片，创作了刺绣《意大利皇后爱丽娜像》，在意大利万国博览会上，荣获"世界至大荣誉最高级卓越奖"。热衷于交际和公益事业。1892 年，主持在佛罗伦萨建立了第一个商人图书馆。1900 年丈夫遇刺身亡，由儿子继位。故此时她已是"太后"身份。

② 斯曼纳：通译士麦那，即土耳其西部港口城市伊兹密尔。当地居民多信奉伊斯兰教。

③ 媒孽：借端诬罔构陷，以酿成其罪。

其在本国，虽不获成功；而在爱尔兰，卒受彼等间接之阻碍。盖爱尔兰人，以欲立蒙氏学校，尝就商于僧侣。该岛之僧侣，与罗马固有密切之关系，则力持不可。其不容于笃时拘墟[①]之士，有如是者。

蒙氏生平，以隐居之日为多。自数年前退职大学校后，即杜门却扫，于罗马之社会事业弃置不问。友人有非议之者，则应之曰："余之事业，固不得不隐居也。"顾虽隐居不问世事，用全力于试验事业，仍有嘤鸣求友[②]之乐。

有少年女子五人，感蒙氏之热心，笃信其说，则亦舍弃他事，助蒙氏张目。彼等常与蒙氏居，舍蒙氏外无生活，舍蒙氏外亦无事业也。此等女子，既属于蒙氏，则亦以蒙氏为属于彼等，呵护周防，务使蒙氏不与他人相晋接，一若与他人晋接，即足夺其所爱者。然蒙氏之主义，已流播甚远，则访问者亦益众，各国人民咸聚集罗马，以一识荆州[③]为快。故隐居之局，亦不能终保。

于是，蒙氏乃有师范班之设，专教英、美就学之教师，以次及其他。隐居之态度稍稍变更，而蒙氏亦心感其乐。以为既自任以天下之重，则离群索处，或有反足以败事者。门下士见蒙氏态度一变，则怂恿其周游各国。盖是时，从游蒙氏者凡八十九人。英伦人、德意志人、澳大利洲人[④]、美国人，乃至中国人，咸著籍称弟子。而蒙氏之游兴遂勃然动矣。然义人旧俗，每视游历为畏途。自罗马至米兰（Milan），较诸美人之自纽约至那不勒斯（Naples），其难倍蓰。蒙氏生长是邦，自不能不受其拘系。而蛰居既久，亦不觉习与性成。故游历之志，亦久而未遂。至去年，始束装游美，盖不知费几许周折；而其立志之坚定，亦从可想见矣。

蒙氏于去年十一月抵美。一时知名之士，咸竭诚款待。而尤与佩尔博士（Dr. Alexander Graham Bell）[⑤]夫妇交谊最挚。总统威尔逊氏，亦特开会以欢迎之。南博氏

① 笃时拘墟：笃时，语出"夏虫不可以语于冰者，笃于时也"（《庄子·秋水》），意为囿于季节，知识短浅；拘墟，语出"井蛙不可以语于海者，拘于虚也"（《庄子·秋水》），意为囿于眼界，见识狭隘。
② 嘤鸣求友：意思是鸟儿在嘤嘤地鸣叫，寻求同伴的回声，比喻寻求志同道合的朋友。
③ 识荆州：语出李白诗《与韩荆州书》，其中有"生不用封万户侯，但愿一识韩荆州"句，所表为景仰爱慕之情。
④ 澳大利洲人：澳大利亚人。
⑤ 佩尔：通译贝尔，即电话发明者亚历山大·格雷厄姆·贝尔。

另图 32　1915 年“万国教育大会”期间所附设的蒙台梭利幼稚园

（Margaret Naumburg）[①]尝在《外观报》记其初会时之情形曰：

当余之晤蒙氏也，于其著述之外，初无所知。既入应接室，见一状貌愚拙之人供使令，颇虑所见不逮所闻。门开，蒙氏入，和气蔼然，扑人眉宇。其目光纯黑，富于慈善性。一若身蓄电力，足以摄人之爱者。谈次，屡作微笑，尤令人莫从捉摸。余之初意，以为蒙氏必一冷静、严肃之科学家。迨既经亲炙，乃知为和蔼可亲之妇人也。

是可见，蒙氏襟怀之谦抑焉。

蒙氏者，心思锐敏，富于批评性之观察家也。然其热忱与直觉之同情，适与相反。当其为主义而战也，胆略之宏，乃无涯涘。顾一遇社交，则时形畏缩，常有因生客来前，而匿避不敢出者。故猝然相遇，且莫识其人格之奚似。以声誉卓著、富于奋斗力之人物，而处世之态度乃如是。甚矣，英雄之不可测也。

蒙氏为大科学家，亦可谓之为大俳优[②]家。闻其言者，咸乐听不疲；而彼亦倾吐肝

① 南博：通译农伯格，即玛格丽特·农伯格（1890—1983），女，美国心理学家、教育家、艺术家、作家，首创“艺术治疗”的理论家及实践者。其独特疗法，后被命名为“动态导向的艺术疗法”。她还创立了纽约市瓦尔登学院。

② 俳优：古代以乐舞谐戏为业的艺人，此处喻指其语言诙谐幽默、富有逻辑。

膈，与听者俱化。其演说时，身常微动，每一思想均缕陈无稍隐。其音浪常微颤，其目光则四射。当其理想蕴蓄于胸中也，彼则伸出其手，将至深之思想以具体之形式表示之。一若彼之灵魂，脱躯壳而出；而身体之微动，又若符合节奏。故所言，益觉其活泼。他若美丽之容，诗人之态度，亦无所不备。虽大俳优家，固未能远过之矣。

蒙氏所著书，其已译英文者，有《蒙台梭利法》及《教授的人类学》（*Pedagogical Anthropology*）二种。[①] 其未游美国之前，尝欲先至东方。告其友人南博士曰："东方之国家，余所形诸寤寐者也。"因询南氏有东游之志否。据南氏之意，东方天时和暖，景物佳胜，与妇女好奇善感之性最合。使蒙氏而一至东方者，则乐而忘返，亦未可知。今蒙氏游历之兴方浓，他日行旌东指，与吾国教育家上下其议论，讵非一时之盛事欤！

---

① 《教授的人类学》：通译《教育人类学》。

71 柏林市配司泰洛齐·佛罗比尔幼稚园参观记

欧化

另图 33 马君武像

1914年8月15日

题 解 本篇连载于《中华教育界》民国三年八月第十二号、九月第十三号。发表时间为 1914 年 8 月 15 日、9 月 15 日。

撰著者欧化，即马君武（1881—1940），原名道凝，字贵公、厚山，号君武，笔名欧化，广西桂林人。早年就读于广西体用学堂、广州丕崇书院、上海震旦学院。1902 年，公派留学日本，入京都帝国大学学习化学。为《新民丛报》撰稿，参加同盟会。1907 年，转赴德国留学，在柏林工业大学攻读矿物冶金专业。辛亥革命爆发后归国，任中华民国南京临时政府实业部次长，并代理部务。1913 年"二次革命"失败后，再次赴德留学，入柏林大学研究院，获工学博士学位。1916 年归国，曾任广西省长、上海大夏大学校长、北京工业大学校长、北京政府司法总长、广西大学校长等职。精通英、日、德、法等国文字，研究涉及自然科学、社会科学诸多领域。译有《法兰西近世史》《物种原始》（即《物种起源》）等，编有《德华字典》。

题中"配司泰洛齐"，通译裴斯泰洛齐，瑞士教育家，参见前注和相关题解；题中"佛罗比尔"，通译福禄培尔，德国学前教育家，参见前注和相关题解。马君武所参观的对象，可参见前文《德国柏灵裴斯泰洛齐·福留培尔馆》。该馆系由柏林庶民教育会主办，幼稚园是该馆的重要事业之一，另有保姆养成所、女学校、割烹家庭学校等机构。该幼稚园之前身为 1867 年创设的一所私立幼稚园，由某男爵夫人与两位教授合办。

有关《中华教育界》，参见前文《确定教育宗旨令》题解。

柏林市之配司泰洛齐·佛罗比尔幼稚园（Pestalozzi Frobeel Haus），为徐纳得司夫人（Henriette Schraders）（原图7）[①]之所创设。初创设之年，为一八七四年。距今年四十年。初创设之时，规模甚小，今则名声布于全国矣。

原图7　徐纳得司夫人像

一、该园概况[②]

学校在柏林市之巴巴娄沙街（Barbarossa Stasse）[③]。每晨九点钟时，来就学之小儿无数。此等小儿，皆尚未及学龄者。或笑或歌，来就其“游戏学校”。小儿来就学校，若归其家。小儿至幼稚园之游戏大厅（原图8）后，乃聚集为片刻之祈祷。毕后，由教员分率归小儿室。每八小儿或十二小儿同居一室，是即幼稚园之课堂也。

来就学之儿童，多三岁至五岁者。小儿等各按其年岁，分室而居。其本为兄弟姊妹者，则不分开，同室之小儿若属于一家族者。室内之布置，窗前有花卉，笼内有鸟雀，壁上有佳好之图画。室内具一柜，以藏游戏之图画、器具及小儿之围布，以及装水器等。复具小桌，每一小儿有一低几。小儿当为饲养鸟雀、培植花卉之事，及整理一切游戏器具，使皆有秩序。三四岁者，每日用海〔清〕水泡拭去枝叶上之尘埃，至于拂拭桌几，则使年岁稍长者为之。家庭内之细事，虽无游戏性质，为一般小儿所必须为者，每以偶形玩具之衣服，令其浣濯，或使之自刷净其所着靴鞋（原图9）。

原图8　幼稚园大厅图

幼稚园附有广大之花园，内植花卉及菜蔬，使小儿分群管理。种植之物，花卉已开，蔬菜已熟。小儿辄取集之以归献其父母，其乐可知

---

① 徐纳得司夫人：虚拉翟尔夫人，通译施拉德尔。

② 此标题系编者加拟。

③ 巴巴娄沙街：通译巴尔巴罗萨街。

也。幼稚园复自养牛只，以供给小儿所食之乳。小儿每于园地上，采集碎草为粮以饲之。每日所得牛乳，复携归小室，由教员指导装成干酪及乳油之属。

每逢令节，小儿皆休息。

以洁净之白布置桌上。所食面包，亦年纪稍长之小儿所装。即以自装之乳油或干酪涂抹其上。小儿之家人，亦间有招请来会食者。半点钟后，食事已毕。收拾桌几、整顿器具之事，皆诸小儿为之（原图 10）。

诸小儿又学作木匠工事，以木材制为各种小玩具，于耶稣诞节，持归其家。

原图 9　小儿刷鞋、着鞋图

原图 10　小儿收拾桌几器具图

工事之外，当为游戏。幼稚园所藏玩具至多，有傀儡，有小汽车，有木马及其他木制兽类，有各种图画，有小皮球，有各种沙盘，皆为小儿之所爱好者。

小儿时成群，作行军式。于花园内为之，虽冬季亦不废。

除工事及游戏之外，复施以练习注意之教育，且使其扶助、照顾他人，以得良习惯。

二、扫除工事

每一小儿群，以一教员督率之。此教员与诸小儿之性情极为熟洽，故能尽力于每个人发达之事。教员皆妇人，小儿以“姑母”呼之。诸小儿之洗浴及其衣服之缝纫，皆此姑母为之。其照顾诸小儿，如母之照顾其子也。

此等教育，使小儿自幼得担任家事之习惯。世人作工，求食者居多数。父母出外作工，为子女者，当有安排家事之能力。此配司泰洛齐操作家事之教育也。

诸小儿每日入幼稚园时，必问其教员曰：“予等今日作何事？”若教员云“今日为扫除工事”，则诸小儿皆喜形于色，争得各种帚、布，以不得预扫除之事为憾。各助教员收拾室内器具，除去各种秽物，诸小儿分工为之。有擦拭瓷器者，有洗净树叶者（原图 11）。若教员分配不匀，则诸小儿或起争执。因彼等各欲担任重要工事也。室内器具，须一一拭净或洗净。小儿经数次练习之后，即熟习如成人矣。

原图 11 小儿拭净花叶图

原图 12 小儿扫除工事图

扫除工事，须将一切装饰品携出室外，乃拭净桌、箱、柜之属，使复生光彩。室内之地板，亦须以肥皂水洗之（原图 12）。

桌几之属拂拭后，以蜡擦之。教员复与诸小儿述蜡之所自来，谓是蜜蜂所酿。以蜡被火熔解后，分授诸小儿。工作之时，由教员教之，唱作工歌。各种唱歌，多由幼稚园自撰者。

器具磨擦之后，其光可鉴。小儿辈每自顾其影而乐之。年长之小儿，每助年幼者搬移桌几及他器具。扫除完全，复将各种器具安置原处。拂拭窗户之事，非幼年者所能为。彼等仅能任拂拭室内墙壁之工事耳。

室内扫除后，各种器具之安排，使小儿自主，而由教员指导之。小儿等由扫除工事所得之教育为保持清洁；且室内各种器具，每由小儿拂拭，彼等自知爱重之，不忍加以破损，且引起彼此相助之习惯也。

三、烹调工事

烹调工事，固不能任小儿自为之，使其在旁相助为理耳。购买细物及一切杂事，可使小儿为之。小儿来厨房者，先给以围布，洗净双手。幼稚园之小儿，年纪皆幼，不宜以繁琐之烹调。最善者，即煎制薯饼。使小儿削去薯皮，去皮后捣碎之。烹调时，一切粗重工事，皆以教员为之。薯饼调烹事甚简易，即以薯粉、鸡蛋、面粉和煎之（原图13）。小儿皆好食此物也。

食具洗净之事，皆以小儿为之。烹调毕后，诸小儿于食堂会食。食桌上，布白布，每座位上，食具皆备。小儿各持食物，归位就食。就食之先，为短时间之祈祷。年纪极幼者，不预烹调之事。食时，由教员置膝上喂之。食后休息。年纪稍长者，将食具等复洗濯清洁，而后休息。至午后两点钟，游戏及工作之时间，乃复开始也。

四、小儿洗浴之事

小儿洗浴之事，每以教员为之。

幼稚园就学之小儿，以贫穷人之子弟为多。其父母终日工作以谋生活，多无暇计及其子女清洁之事。其尤贫困者，家中无浴盆。故幼稚园内，备有小儿浴盆甚多。来就学之小儿，有不洁者，即由教员为其洗浴（原图14）。

原图13　小儿烹调图

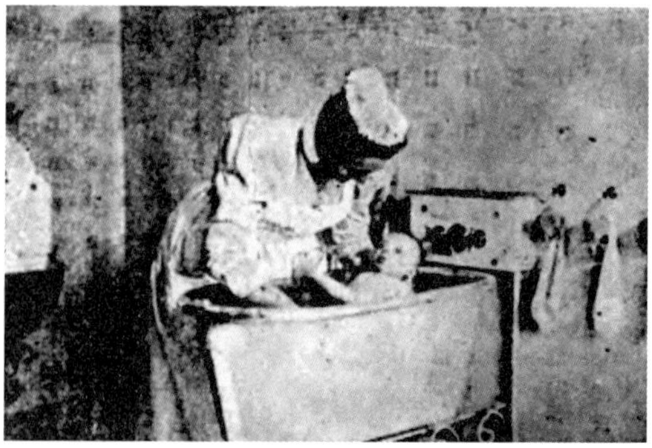

原图14　小儿入浴图

幼稚园内之小儿浴室，设备极整洁。小儿大概以就浴为苦事。是在教员亲切待遇之，使其知身体清洁为人生最要之事，且因是得好清洁之习惯也。

五、花园内游戏之事

幼稚园内所附属花园，设有草地甚广。中有石路，两旁以树蔽之。当教员言“今日至园内游戏”，小儿闻之，辄乐不可支（原图 15）。园内植花卉甚多，鸟雀每来集于是。幼稚园当春初，辄购买花种，使小儿布种。教员教导之，使埋藏土内。每日来视之，或以水灌溉。数月〔日〕之后，新芽突出，小儿各分地段经理，不相混淆。花卉之外，复种植各种菜蔬，如红萝卜之属。花开菜熟，则分给小儿，使持归献其父母。

原图 15　小儿在花园游戏图

秋季至时，天气渐冷，园内苹果、板栗之属皆熟。小儿之工事为收聚各种果实归仓屋。芋薯之属，小儿由地下掘出，携归窖室；各种花豆之实，分类收集之。

冬期已至，木叶尽凋，教员复督率小儿，将多种植物之根埋藏土下，以备来春之种植。

小儿之最佳时期，乃在春夏间也。

六、饲养动物之事

大概小儿皆爱好各种动物。以谷实喂鸡，以牛乳喂猫，或以鸟雀置水上，使其洗浴，皆小儿所最爱好之事。大概城市内生长之小儿，不如乡村小儿。盖乡村小儿，自幼已与各种动物饲养之事相熟悉，引起其兴味亦至易也。

饲养动物与培养植物之目的同，皆所以使小儿得真正之快乐；且既分班担任，亦可以引起对于事务负责任之观念也。

小儿既皆有爱好动物之本性，若更与之接近，与其习惯熟悉，则其兴味愈浓。有如预备养料、保持清洁，可常使小儿为之。小儿与动物既相悉，自无虐待动物之恶习也。

小儿常与动物接近，悉其喜怒之所自来，知动物亦有苦痛之感觉及母子之爱情，可知动物亦自有其生存之本位。其对于世界与人类，亦尽种种服务，而各自有其价值也。

幼稚园之小儿，当喂养鸡、鸭、鸽、免、羊之属（原图 16）。其所栖息之处，由小儿打扫清洁，以禾蒿供给之；且寻觅其所生之卵，而持归厨房；以鸡毛制为风磨，以供其游戏。厨房内芋、薯、豆菜、生菜、萝卜等之皮削，皆使其持去以为兔、羊等之饲料；且牛、马饲料之刍蒿，小儿等亦可助为切割之事。母牛挤乳及由牛乳制乳油及干酪之事，小儿亦当相助为理也。

饲养马群之事，非小儿之所能任。惟当使小儿间观视马厩，且知马群之应用。小儿由培养植物及饲养植〔动〕物所得之经验，可作为小歌，使其歌唱；名人所画之动植物图画，亦最有益于小儿之实验教育也。

小儿自幼时，已与植物及动物发达之事熟悉。及其与人类之关系如何，是乃最有价值之实验教育也。

小儿所居室内，皆备有各种鸟雀及鱼类。其饲养、照料之事，皆使小儿自为之（原图 17）。诸小儿对此等动物负有责任，由教员监督，供给食料，不可有缺。教员当引起小儿之兴味，使其自乐于为此，不须为严切之督责也。

鸟雀之须得窝巢，由诸小儿自制之。鸟雀生卵孵儿，得新鸟雀时，最足以引起小儿

原图 16　小儿饲兔图

原图 17　小儿洗鸟笼图

之乐趣。观鸟雀哺养其儿，尤足以感动小儿之真爱。盖以空言教育者，不如以事实教育之为善。此等亲身实验之教育，实甚于读书之所得也。

七、沙地游戏

春、夏二季，所以尤为小儿之所欢迎者，因冬季仅能为室内游戏，春、夏二季，则随时聚集园内，以沙土为种种游戏。由教员领率之，或筑屋宇，或造桥梁，各随小儿意想之所及以为之；或以沙土制为糕饼形，以献其教师。佛罗比尔有言："小儿自父母职业所受之影响至大。故木工之子，善于制器具；饼工之子，善于制糕饼；园工之子，善于培植树木。"沙地游戏之际，其家庭内职业之影响，亦随时发现也。以沙土制成之物，小儿辄欣然示其教师。教师为之指导、改良。小儿群聚，同力合作，是最能养成其合工之好习惯也（原图 18）。

因沙土游戏，可以引起小儿想像力，佛罗比尔有言："小儿之游戏，即其未来生活之萌芽。其内念，实于此发表也。"惟游戏皆有节制，当其倦时，即可休息。

八、幼稚园之音乐

音乐一事，为美〔艺〕术之最高级或最低级？在今日尚无定论。然其属于人生发达最

原图 18　小儿在沙地游戏图

原图 19　小儿唱歌奏乐图

早之事，是则世人所公认者也。母氏抚育其儿，每发声成天籁，以引起婴儿最初之笑声。所谓襁褓歌者，每使婴儿止哭息痛，以就安眠。此音乐对于小儿，生效验最初所有事也。

今日凡幼稚园内，无有不具音乐者。小儿皆喜唱歌，故幼稚园每日有唱歌功课。小儿咸欢乐，以就比牙乐琴。游戏已倦，使闻乐声，尤足以回复其精神。间以乐器如小鼓、小笛者授之，使其合奏，其兴会尤勃发也（原图 19）。

凡四岁以上之小儿，每礼拜于幼稚园之大厅聚会一次，合声唱歌、奏乐。小儿平日所学，于此演试之、唱歌之，后由教员率之跳舞。

九、绘画功课

幼稚园之小儿，固不能责以正当之绘事；凡幼稚园之功课，皆寓游戏之意。绘画功课，亦复如是。绘画之材料，如树木、花果，以至日用之器具，皆最相宜。绘具即用水彩，六七岁之小儿，乃注意教授之，由教员指导修改。其余年岁甚幼者，能稍得形似则已足。

上图（原图 20）为八岁小儿所画。乃自戏园归来，自画其所见也。

原图 20　八岁小儿之图画

十、初级功课

六岁至八岁之小儿，由幼稚园教以初级功课。教科之材料，皆用自然界之物质。而小儿在此年岁之所能领会者，自然科学中之最易了解者，为动植物学。有如蜜蜂之功用，何以采花，何以酿蜜糖及蜡，何以分工，何以传种，皆最有趣味之教科，而为小儿之最易领受者。又以蜡及蜜糖等为种种之试验，述明其功用。职是之故，幼稚园内夏期内自养蜜蜂。蜜糖酿成之后，皆分授小儿，以增其娱乐。

自然科学之外，算学为人生所必需。故六岁以上之小儿，每开始教以初等算法。然

原图 21 花园内实地教授图

原图 22 小儿在园内游戏图

是不过最粗浅之问题。教以计算年岁、时候及度量衡之粗浅数目而已。

此外，授以诵读功课，皆寻常日用之语，使其知说话与书写之关系，以为小学校之先导也。

十一、午后之功课

幼稚园之功课，大概区别为二：午前为室内功课，午后为室外功课。室外功课，皆在花园内为之（原图 21、原图 22）。

已及学龄之小儿，其父母终日工作，无暇照顾者，多以午前入小学校，午后则送入幼稚园。幼稚园有花园，其土地划开，归诸小儿管理。依其所好，种植各种植物（原图 23）。诸小儿分团工作，与家庭之生活无异。故小儿亦乐就幼稚园也。

原图 23 小儿在园内工作图

园内工作，除培养动植物如上所述之外，由教员率之造作小屋、小船，为种种有益之游戏。若天气不佳或时候寒冷，则小儿午后皆集大厅内。女小儿学缝纫，男小儿造作各种简便器具，如帚布之属。不惟足供幼稚园之所需，且可持归其家，以献父母及亲戚也。

十二、郊外旅行

柏林市附近有名绿野（Grunewald）[①] 者，为大树林所在之处。幼稚园之郊外旅行，即在于是。未旅行之前数日，由教员督率小儿预备唱歌及制造杂色之旗帜，以备小儿分执。又以纸制为船舶，使小儿为浮于水上之游戏。

出发之时，由幼稚园自雇车辆。由柏林至绿野，约须一点钟。既至，则分配牛乳、饼食，与小儿饮食，乃分队入树林。每八小儿至十小儿，以教员一人率之。树林之旁，有小湖甚多，则以所制纸船浮于其上，或掷石入水为戏。花鸟虫鱼、树林枝叶，是自然真美之所在。此最能唤起小儿审美之观念也。

树林之内，野花甚多，任小儿之采取。或自根拔出，移植于幼稚园之花园；或搜集介虫、蝴蝶之属；或唱歌、跳舞，一任其意。夕阳将落，由教员督率至集合之地点，复乘车归幼稚园。

以上所述，配司泰洛齐・佛罗比尔幼稚园之规模皆备于是。吾国幼稚园，方在萌芽时期。予之述此，或足备办事人参考之资料也。

① 此“绿野”，现名“蒂格尔顿公园”，被誉为柏林的“绿色之肺”。它占地519英亩，由徒步小径、花园和湖泊组成。体验它的最佳方式，是悠闲地散步或骑车穿过绿树成荫的长廊。

72　欢迎专习幼教的薛锦琴女士归国服务

1914年9月5日

题　解　本篇原载《申报》1914年9月7日第10版。欢迎会举办时间为1914年9月5日。原发表时无署名，题为《欢迎薛锦琴女士纪盛》。今题系编者所拟。

欢迎对象薛锦琴（1883—1960），女，又名君平，亦称“林薛锦琴”（丈夫林铎）。祖籍广东香山（今属珠海），生于上海。早年求学于上海育才书塾。1901年，在上海张园举行“拒签俄约大会”时，登台演说，为中国女子之第一人。次年，自费赴美留学，先入加州大学伯克利分校附属中学，继入屋仑高等学校、迪堡大学，修读教育学兼格致科，又入芝加哥幼稚教育师范学校肄习幼稚教育2年。1914年归国后，旋即投身于教育界，先任神州女学教务长，后主办上海诚正女学，并协办城西幼稚园，曾任广西大学、岭南大学教职。抗战胜利后，移居香港，任国华银行储蓄部主任。

有关《申报》，参见前文《烈士遗孤教养所创办之缘起与简章》题解。

北四川路神州女界协济社[①]，前日（五号）在神州女学[②]开会，欢迎教育家薛锦琴

---

① 神州女界协济社：全称“神州女界共和协济社”，民国妇女社团。1912年3月16日，由张昭汉、汤国梨、吴芝瑛、陈撷芬等各界妇女一百余人，共同发起成立。总事务所设上海四川路9号。旨在“联合全国女界，普及教育、研究法政、提倡实业，养成共和国完全高尚女国民”。

② 神州女学：上海知名私立女学。1912年秋，由“神州女界共和协济社”创办，校址在上海北四川路洪吉里。先办女子两等小学堂，后附设国文、图画等专修科。首任校长张昭汉、教务长杨季威；首届招生50余人，后日渐扩充。

女士。

首由张默君[①]女士致欢迎词。略谓：薛君留美十二载，艰辛求学，百折不回。盖薛君留学，既非官费；而家况清廉，又不能助款。乃半日操作、半日读书，以自做而自给。夫以一弱女子，只身羁旅异邦，受如是辛苦，而一无退志，讫底于成。可见，薛君坚忍卓绝，迥非寻常留学者所能及矣。故我辈今日欢迎，非欢迎薛君由美归也，欢迎薛君之志也。否则，留学生多矣，何独欢迎薛君耶？众拍掌。

次由舒蕙桢[②]女士演说。大致谓：吾侪人人皆当以薛君之志向、道德为模范。众拍掌。

次请薛女士演说。略谓：承诸君宠爱，辱以欢迎，实深惭愧。且乏辩才，不能演说，无已请略献盲词而已。吾中国人往往以为，白种人为文明，事事可异。须知同是人类，初无分别。白种所以处优胜位置者无他，重实际耳。且白人亦有未尽臻文明处，如一日在旧金山某处，见一老者涕泣不已。问之，谓已两餐未食。询其有家否？云初有四子，二子已娶妇他去，二子则不容其在家云云。由此可见，白人之家庭组织，实未必果优于黄人。盖吾国人，非至不肖，未尝有青年人不敬长者者也。又谓学无涯涘，今日所学，实不能谓之学成，只可云稍得皮毛而已。他日倘有机遇，再事求学，或可望完全学成云云。于是掌声如雷。

次陈英梅[③]女士舞蹈。陈君为体育大家，亦热心教育者。

舞毕闭会，随请薛女士茶点，直至五时余始散。并闻，薛女士乃神州协济社社员。此次归国，遂被公推为神州女学教务长云。

---

① 张默君：张昭汉，女，时任神州女学校长。

② 舒蕙桢：女，生卒年及籍贯未详。早年毕业于上海务本女学，时任《神州女报》评议部部长。参与发起成立“中美英睦谊会”，加入“中华职业教育社”，又主办《妇女共鸣》，为中国妇女运动的先躯者。

③ 陈英梅（1890—1938）：女，出生于香港，后回沪就读于中西女塾。1906年赴美留学。1913年，毕业于美国韦尔斯利学院，获体育学士学位。回国后，成为我国第一位女性体育教师，时任中华基督教女青年会体育干事。

73 南通县教育及实业参观笔记（节录）

王蜀琼

1914年10月23日

题 解 本篇连载于《中华教育界》第4卷第7、8期。参观时间为1914年10月23日，发表时间为1915年7月25日、8月25日。本文仅节录与育婴堂、幼稚园相关的内容。

撰著者王蜀琼，生卒年未详，为清末民初文人，曾为四川青城山道观题联。

有关《中华教育界》，参见前文《确定教育宗旨令》题解。

南通县教育，余耳其名久矣。屡以事违，未克往观为憾。兹于甲寅旧历初冬，考察教育来苏。因无锡侯君葆三[①]绍引，特往观察。顾为日无几，十分中不过得观一二。亦各就所见，逐日志之于简，拟以告欲知南通县教育及各实业情形者。疏忽谬误，幸垂教焉。

（中略）

二十三日晨起八钟，仍出西门，由河东行，以参观育婴堂及贫民工厂。

（中略）

① 侯君葆三：侯鸿鉴，无锡竞志女学创办者。

仍沿河东岸行。然路曲不能容双轨，改乘独轮[①]。不数里，至育婴堂。

该堂原慈善事业，亦张啬庵昆季[②]倡议，募集众捐而成者。由城内移此地，已届九年。在堂存养及堂外寄放男女婴孩，共计一千五百余人，女孩约占十分之九余；岁用款二万金，皆张氏、县绅所捐集。

内附幼稚生三班，共坐八十余人；保姆七人，以教其婴孩之渐长者。其最幼者，分居堂内外，各雇乳媪以养之，每人每月给洋一元。少长离乳者，则一媪抚视五人，于堂内居住，耗费则稍减。

观时，由该堂坐办员王君鹿鸣，导至各处观览。堂西为乳婴室，系堂内之乳媪住者。又有保育生室，盖该堂尚设有保育生[③]二班，有生二十余人，皆成年女士，以作幼稚生教员之预备。后有楼房一长列，为幼稚生住所。再后，即幼稚园，有教室二间。其前为游戏场，浅草一坪，小亭一座，费工不巨，而点缀甚佳。其右为保姆住室。

观时已辍课，惜未得览其教授。是室为啬庵先生先夫人徐氏遗资所建。啬庵书额，志其端委，以作纪念。

王君年六旬余矣，开办时即任此职，堂事多赖其经理。观时，亲身导引，指点甚殷，并无劳倦、厌怠之容，至可佩也。并询其历年办理情形。慈善事业，诚动于人心；惟婴孩历年加长，人数日益加多，而经费之担负，亦日加重。来日方长，捐资难继，诚该堂最后困难之点，应先为设法筹济也。

观毕，赠余育婴堂历年纪事书五册、章程一册。

（后略）

---

① 独轮：独轮公鸡车。因其形状像公鸡，一只硕大的轮子高高耸起，像昂扬的鸡冠；两翼是结实的木架，可堆放货物或坐人；后面两只木柄，被推车人提起置于胯旁，自然像张扬的鸡尾了。此传统交通工具，历史久远，可行驶于田埂或小路。

② 张啬庵：张謇。昆季：意指兄弟，即张詧、张謇兄弟。

③ 保育生：保育科生，即清末育婴堂所附设“保姆学堂”的学员。

74　记南通育婴堂幼稚园

袁希涛

另图 34　袁希涛像

1914年10月

题　解　本篇原载《中华教育界》民国三年十二月第二十四号。参观时间为 1914 年 10 月，发表时间为 1914 年 12 月 15 日。

撰著者袁希涛（1866—1930），又名鹤龄，字观澜，江苏宝山（今属上海市）人。光绪举人。早年任上海广方言馆汉文教习。1903 年，创办宝山县学堂、蒙学堂，后赴日考察新教育。1905 年，任宝山县学务公所总理，任期之内，创办小学 30 余所。曾参与创办上海龙门师范学堂、复旦公学、太仓州中学。中华民国成立后，历任同济大学校长、教育部普通教育司司长、视学、次长并代理部务。1923 年，当选为江苏省教育会会长，后发起成立“江苏义务教育期成会”，任会长，推行义务教育甚力。著有《义务教育之商榷》《八年欧美考察教育团报告》等。

有关《中华教育界》，参见前文《确定教育宗旨令》题解。

南通之第一幼稚园，设于唐家闸之育婴堂。余于民国三年十月游南通，往参观焉。入门为育婴堂，执事员刘君约三出招待。询以堂与园之成立及现状。答曰：

堂倡议于前清光绪三十年，越二年而成立。营构、置器之费，计二万三千余元。所育婴儿数，以年递增，今凡一千四百有奇。堂内育儿，二百八十，余则育于堂外。凡妇人有乳，来堂领育婴儿者，月予银一元及婴儿四季之衣被。月一抱儿验视，乃予以育儿费。其在堂哺乳者，一乳妇哺两儿。既断乳，则一妇抚四儿。故今常年费约逾二万四千元，特别费犹在外。以基本产息及县拨经费，约万六千元充之。犹不足，则岁募寄附金。其先后输助，以张叔俨[①]、季直[②]两先生为最巨云。堂之成立，既历有年。所在堂婴儿年渐长，不可以无教。张叔俨先生乃复就堂设保姆讲习所，先后卒业两次。乃建幼稚园于堂后之隙地，即今第一幼稚园是也。

刘君辞既尽，乃导入园参观。

幼儿七岁至四五岁者，八十人。堂以外来者，只二人。共分四组。每日所授课，凡四节；每节历时三十分。察其节目，雅与幼儿脑力、体力之发育程序相符合。保姆七人，司保育之职。宾至，保姆导幼儿为礼，彬彬然。入保育室，制极朴，地不铺砖。保姆方与乙组幼儿谈话，其他各组则游戏于庭。

刘君复谓："一二年后，诸儿宜入初等小学。今张叔俨先生，将复筹设小学校矣。"

余益慨然！念彼诸儿，当呱呱堕地时，即见弃于父母，可谓极人生之不幸。乃今，既有鞠养之者，且更得受完美之保育。视彼育于父母者，乃或过之。抑何幸欤！

于此，知慈善家造福之大。抑慈善家而兼为实业家、教育家者，其造福为尤大。他日设校而外，兼置工厂，以养成群儿生活之能力。逆料主其事者，固预计及之矣。

既出园，复略观堂内之乳儿室。乃谢刘君，归而记之。

---

① 张叔俨：张詧（1851—1939），字叔俨，号退庵、退翁，江苏南通人。为张謇三兄，人称"张三先生"。早年捐纳为官，历任江西贵溪知县、宜春知县、东乡知县、江西学正。1904年，归里协助张謇兴办实业和教育。历任大生纱厂协理、南通劝学所总董、筹备自治公所董事会副会长、通州翰墨林印书局股份有限公司总理、通崇海泰总商会会长、南通港务会会长，历兼南通河工学校、南通纺织专门学校、南通商业学校及私立南通医学专门学校校长兼总董，又为南通女子师范学校名誉校长。

② 季直：张謇。参见后文《南通幼稚园歌》题解。

另图 35　南通育婴堂及幼稚园正面照

另图 36　南通育婴堂及幼稚园背面照

75

幼稚教育谈
——苏州慕家花园幼稚园参观记

杨鄂联

另图 37 杨鄂联像

1914年11月10日

题 解 本篇原载《教育研究(上海)》第17期。发表时间为1914年11月10日。原发表时无副题,此副题系由编者加拟。

撰著者杨鄂联,即杨卫玉(1888—1956),字鄂联,江苏嘉定(今上海嘉定)人。早年就读于上海尚贤堂书院(教会教育机构)、上海理科专修学校。中华民国成立后,历任江苏省第二女子师范学校附属小学主事,江苏省第一师范学校、第二师范学校、苏州女子职业学校主事。1916年9月,在嘉定组织"儿童学会",研究儿童玩好心理比较、体格及学力比较、群居心理比较。后长期担任中华职业教育社副理事长、总干事。历兼上海大夏大学、上海工商专科学校、中华职业学校、民立女子中学、位育中学、南翔苏民职业学校教授、校长、董事、董事长等职务。著有《女子心理学》《职业教育概要》《工业教育》等。此文可视为他关注幼稚教育或儿童教育之端始。

慕家花园幼稚园,教会学前教育机构。亦称"苏州景海女学附属幼稚园"或"苏州天赐庄幼稚园"。该园为"英华女塾"所附设。该塾设于1889年,主持创设者为美国女传教士金振声(V. M. Atkinson)。1912年,在英华女塾附设"幼稚师范科"的同时,附设了该园。因设园于苏州慕家花园,故通称"慕家花园幼稚园"。1917年,英华女塾师范科并入同属美国监理会创办的景海女学,故后又有"景海女学附属幼稚园"之称;又因迁园所在地为天赐庄,故又有"天赐庄幼稚园"之称。

有关《教育研究(上海)》,参见前文《江苏省教育会筹组幼稚教育研究会文件》题解。

近顷以来，学校教育之研究，大有一日千里之势。此固教育界之好现象，亦教育者之好机会也。虽然此中又有未开扩之问题，则幼稚教育是。

幼稚教育之重要，教育界人尽知之。然试执教育家而责以办幼稚园，则鲜不皱眉蹙额、逊谢不遑者。此无他，为非所素习也。

记者见闻不广，但就吾苏论，小学之数，尚形发达；幼稚园，则除教会所办外，寥落无几。虽有热心者私人设立，然类多小学之变相，未足以称幼稚园也。呜呼，最重要之幼稚教育，而陶冶机关乃寥落如此，教育进步谓何哉！

记者于幼稚园教育自知门外，暇辄与深明斯道者讨论、切磋。谨就参观、讨论之所忆者，拉杂书之。

十月十六日。是日，适为孔诞[①]，各校皆例假，教会学校则否。余因久知苏州慕家花园幼稚园之组织教授与美国哥伦比亚大学师范院附设之幼稚园相伯仲，急欲往观，乃乘假期而往。

时则上午九点五分钟。晤院长美女士丁君，操英语询余来意。余以不完全之英语答之，并求其用笔语问答，渠笑应之。女士之言曰：

本园之成立，在距今七年以前，为美女士金小姐所手创。时孩童八九人耳。社会上既不知幼稚园为何物，亦从无到此参观者。今则全园幼童五十余人，师范班二十余人，教育界名人亦时相过从。此固余所欢迎，亦足征贵国教育之渐次发达也。余之主张，一本昔贤佛罗卜尔氏[②]之说（佛罗卜尔为德国大教育家，始创幼稚园者）。其言曰：幼儿之心常活动，利用之于教育，必大有益。渠所持主义，约有数端如下：

（1）幼儿自有幼儿之活动，不可不以此为根本；

（2）此活动，必使幼儿自己发现；

（3）所发现之活动，必为社会有用的；

（4）养成幼儿自己决定力。

① 孔诞：孔子诞辰。有关孔子生年及生日，历来莫衷一是，颇多争论。此“十月十六日”，仅为民国初年之一说；现今，多取程发轫先生所推定的“9 月 28 日”为孔诞。

② 佛罗卜尔：通译福禄培尔。

女士并谓："今之司教育者，苟能利用幼儿活动性，而实行佛氏之主义者，吾所厚望也。今本园有一种课程，必非佛氏所许，亦非吾所主张，然出于万不得已，而不得不用者，则识字、读国文是。盖小学校与幼稚园大不相同，幼稚园之目的在养护身心，不在记忆也。"

言毕，有事先退，乃介绍范女士与余相见。范女士与吴卓生[①]女士，同毕业于日本广岛幼稚师范。今吴君，留学美国哥伦比亚大学，专习幼稚教育；范君，则在此实地研究。

范君与余寒暄毕，即导观幼儿作业。是园幼儿五十余人，分甲、乙、丙、丁四组。八岁至九岁，为甲组；六岁至八岁，为乙组；五岁至六岁，为丙组；四岁至五岁，为丁组。甲、乙为一室，丙、丁组又为一室。

所授课业、教材相同，而轻重其分量。第一节为谈话。数幼儿围坐一矮桌，保姆一人伴之。凡三四桌，均如此。是日为孔诞，故谈话之题为"孔子"。保姆为之讲孔子历史，如孔子何时人，为何事、因何而人尊之为圣云云。凡半小时讲毕，乃至外场休息十分钟。

后入室为手工。每人用节木[②]二方、纸人二个，各排一教室形。以小节木为椅，大节木为桌，纸人为学生。排就后，保姆问幼儿："此为何物？尔等何以排此？"群儿答曰："孔子之学堂。"保姆曰："善。"群儿欢然鼓掌，若自鸣得意者。间有一二儿不能排者，保姆并不为之代作；宁费时间，不愿夺其自动。范君谓余曰："此即使儿童之活动自己发现也。"

手工毕，又至外场游戏。或上秋千，或拍球，活泼泼地。保姆但从旁看护之，不加干涉。如是者又十分钟。

乃入室，食点心。以数桌并成一长桌，每人用小碗一，碗中盛面。入席后，静立桌

---

① 吴卓生（1888—1966）：女，亦称刘吴卓生（刘廷芳夫人），江苏吴县（今属苏州）人。出生于上海富商家庭，毕业于教会女子学校上海中西女塾，后赴日本广岛师范学校留学。归国后，历任苏州"戴文森纪念学校"教师、苏州英华幼稚园主任、景海幼稚园主任。后再赴美国留学，专攻幼稚教育和音乐，获哥伦比亚大学文学硕士学位。归国后，历任苏州师范学校教职、燕京大学教育系教师、北京女高师教师、燕京大学女生总监、江苏省立一师校长等职。为教会学术社团"中国中部幼稚园联合会"的骨干成员，为"全国儿童教育会"副总干事。

② 节木：通称积木，幼儿玩具。

旁，为祈祷。所言如“一粥一饭，当思来处不易”[①]之类。祈祷毕，乃就坐。将食，保姆问群儿曰：“汝等知今日何故食面？”儿应曰：“孔子诞也。”

食毕即出，出而复入，为室内运动，大都用表情法。而歌词均以苏白[②]编成，用听唱法。

游戏毕，乃入座，复为图画，各画近日所见之物。于是，群儿皆以色蜡笔，画毛芋者、画藕者，皆当时所习见之物也。

画毕，放午膳假。范君谓余曰：“午膳后，本可无课。因社会要求识字，故下午为之授国文一小时云。然此变例也。”

是园课业，每日用一题。所有谈话、手工、图画、游戏各科，皆联络教授[③]。如是日之题为“孔子”，故无论何课，均与孔子诞有关系者。但命题之最要者，为合于自然界之现象，而为儿童所见及者。

出入诱导室，必以刚〔钢〕琴拍节，群儿拍掌和之，循序而行。室之四周，皆布以鲜艳之花、精采之画。故入其室，如坐春风，于不知不觉中，自能陶冶儿童之品性，养成善良之习惯。法至善也。

吴卓生女士自美来函，述幼稚园组织之大略：

（一）年龄。依中国法计算，最小四岁，最大八岁。

（二）课业时间。每日三小时，以上午九至十二为佳。

（三）在园内之课业。课业大概以天时与人事为本，不外下列数端：

（1）启导儿童，使知四季、节序、寒暑之变更（譬如在春论清明、论春耕等）；

（2）使知寻常日用物产之所自出；

（3）使知吾人日常依时变迁卫生之要旨；

---

① 语出朱柏庐《朱子家训》（或称《治家格言》）。此句的完整表述为：“一粥一饭，当思来处不易；半丝半缕，恒念物力维艰。”

② 苏白：又称吴语白话，属汉语白话的一种。它是以苏州城北陆慕镇语音为基础音，以典范的吴语白话文著作为语法参考的汉语体系。

③ 联络教授：综合教学法，与分科教学法相对，即打破学科界限，采用“中心制”或“单元式”的教法。陈鹤琴称之为“整个教学法”。

（4）使知各种浅显、应用之理科知识；

（5）说述历史上之豪杰故事及世界各界之大人物，以陶铸其德性；

（6）说述世界各国之大略情形，以造就地理学之基础。

（四）识字、唱歌、识数目。依德、美、日三国幼稚园教育家之教授法，不教儿童识字。在吾国，今日风气未开，儿童之父母，大半不谙教育宗旨，见儿童不识字，未免因而失望。故揆情度势，似不妨稍教以识字。唱歌用俗语句子。余昔曾编有苏白《幼稚园唱歌》，以作苏郡幼稚园生之用，系商务印书馆出版。西童幼稚园中所知数目，仅自一至十。然依数年来之经历，吾国儿童可授以自一至百。

（五）恩物。用德人佛罗卜尔之恩物，而佐以近来新增之恩物。此种恩物，可向西国书坊购办。但为教授利便计，亦可随时自制适当之物。

（六）一园，至多可容二三十儿童，一二保姆。

（七）在园时，非于课业之中，许食果品，但不可漫无限制。本可由各儿自备。以有家庭教育不良者，还以园中供给为宜。

（八）游戏器具。游戏器具，凡小学中重不易举者，不用；所用者，惟各种之球及秋千、跳绳、颉颃板[①]等。

（九）用器具，有一定之时间。

（十）室内外之装饰。室内装饰。

（1）图画。宜择其浅显而易领悟者，悬挂宜低，使儿童易见，并须时常增易。

（2）花卉。如花瓶、花盆。门户皆须时常装以各种花卉，使儿童能区别爱赏。

（3）飞禽。如鸡、鸭等。须养在园中，使儿童知家禽之用处。

附最新式之幼稚园图样（原图 24）。

① 颉颃（xié háng）板：跷跷板的别称。因其具有此上彼下的特征，故以“颉颃”相称。

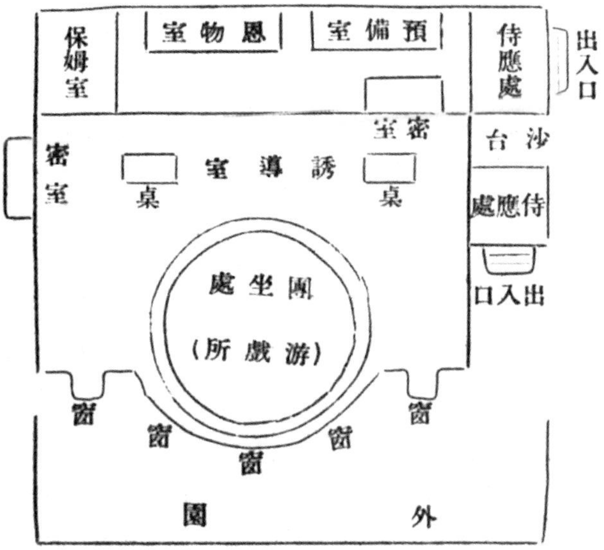

原图 24　幼稚园设置示意图

76 余近时所参观之三处幼稚园并对于幼稚园教育之疑问

俞子夷

另图 38 俞子夷像

1914年12月10日

题 解 本篇原载《教育研究（上海）》第 18 期“调查”栏。发表时间为 1914 年 12 月 10 日。

撰著者俞子夷（1886—1970），原名旨一，字遒秉，祖籍江苏苏州，后迁居浙江。早年肄业于上海南洋公学、爱国学社，从学于蔡元培。1909 年，被派赴日本考察“单级教授法”，归后，在上海参与办理“单级教授法练习所”。1913 年，被派赴美国考察。归国后，先后开展“联络教材”实验、“设计教学”实验，重视“教育测量”工作。曾任上海爱国女校、广明学堂、芜湖安徽公学、南京高师、浙江杭州省立女中、浙江大学教职。中华人民共和国成立后，继续担任浙江大学教育系教授，一度担任浙江省教育厅厅长。1957 年，被错划为“右派分子”。著有《小学教材及教学法》《小学教学漫谈》《新小学教材研究》等。

本篇系俞子夷对苏州、无锡两地三所幼稚园的考察记。其中，苏州天赐庄培本幼稚园，属教会性质；苏州市立幼稚园，属地方公立性质；无锡竞志女学之蒙养园，属私立性质。三所幼教机构的性质不同，因而办理各异。由此可见，作者所选择的考察对象颇具代表性。

有关《教育研究（上海）》，参见前文《江苏省教育会筹组幼稚教育研究会文件》题解。

一、苏州天赐庄培本幼稚园[①]

（一）布置（原图 25）

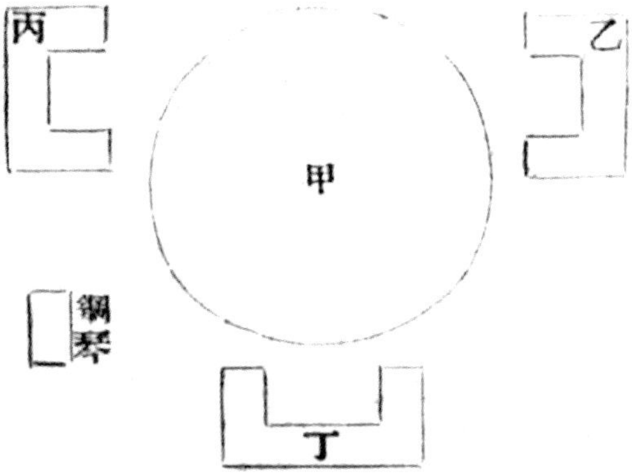

原图 25 培本幼稚园布置图
（甲，圆圈；乙、丙、丁，桌；室内地板）

（二）保育实况

在甲处练行进法、祈祷、《圣经》背诵、唱歌、跳跃游戏。次在乙、丙处点心。次在甲处竞争游戏。上班出外体操，中、下班谈话，俟上班体操毕，中、下班谈话亦完。合同在甲处自由游戏、跳跃游戏；同时，令逐一出外小便。众便毕，再行竞争游戏。上班唱“再见”歌，各相握手；末令一儿击鼓，各儿唱歌。每二人作一对，携手退出。

（三）时间

自上午十时至十一时。

（四）教职[②]

保育者一人、琴师一人。

---

① 苏州天赐庄培本幼稚园：参见后文《苏州培本幼稚园之半日记》题解。
② 此标题系由编者加拟。

（五）保育者所述

今日因家中有事，故省去手工。平日自十时始，至正午十二时止。十时前，在另室教认字。

二、苏州市立幼稚园[①]

（一）布置（原图 26）

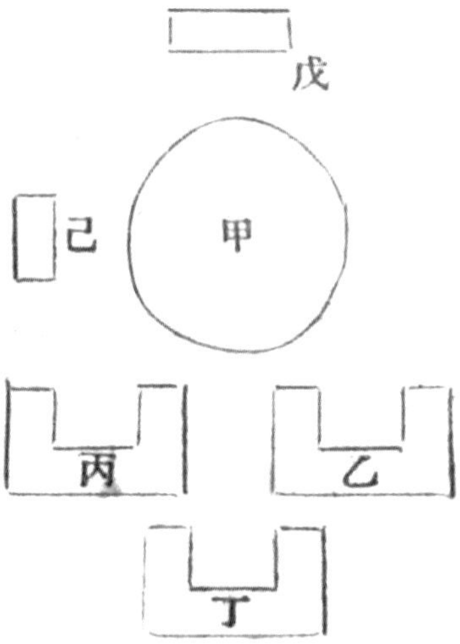

原图 26　苏州市立幼稚园布置图

（甲，圆圈；乙、丙、丁，桌；戊，黑板；己，钢琴；室内方砖）

（二）保育实况

在甲处：唱歌（《黑云及太阳》）、行进法、跳跃游戏，谈话（复述《七星之故事》）。

上班在乙处：恩物，用色棒排房屋及星；后于屋上加窗；问答色名，同时谈话，述

① 苏州市立幼稚园：全称“苏州市立第一幼稚园”。该园创设于 1912 年。1915 年，即有第一届毕业生。该园招收 3 ~ 6 岁幼儿入园受教，有着由日本转学欧美的取向，因而不称“蒙养园”，称“幼稚园”。

及房屋上油漆及其颜色，比较房屋与星之大小等关于事物之知识；又令数棒、数星之光芒。保育者有时引导随意唱歌。

下班在丙处：恩物，用积物排星，后加小纸人看星；完后，令自由排木。保育者亦随意问答关于事物之知识。

次各在原处茶点。茶点时，保育者随意谈话，述及所用国旗饼上之国旗。茶点毕，儿自拭桌面。毕，休息十分，间出外用便。

同在甲处：下班跳跃游戏、唱歌游戏（《山雀》）。上班同。又唱歌游戏（《猫鼠》），上班先，下班后。

同在戊处：认字（单字及二字连续之单语，如大雨、开窗）。

上班在戊处：黑板画（《七星》）。

下班在丙处：用色蜡笔在白纸上记忆画（《日月星》），后加屋及七星。

同在甲处：唱歌游戏（《卖水果》《民国旗》）；点名，唱《再会歌》而散。

（三）时间

上午十时至十二时十五分。

（四）教职①

保育者二人，内一人兼琴师。

（五）保育者所述

原定九时三十分始，因天寒，故移迟三十分。每周一单元，分四日；星期五复习；星期六随意课，并讲修身挂图。

---

① 此标题系由编者加拟。

三、无锡竞志女学之蒙养园[①]

（一）布置（原图27）

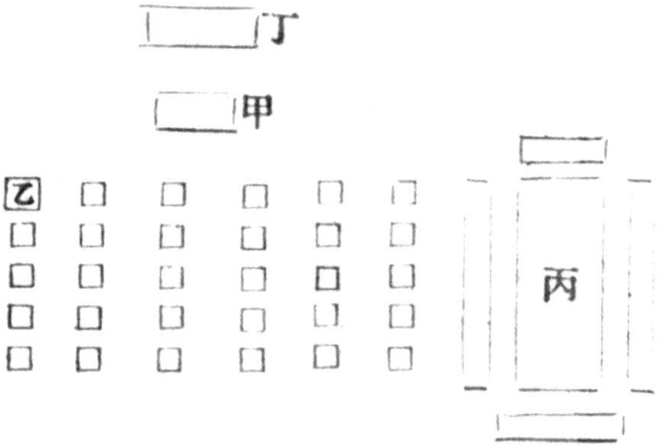

原图27 无锡竞志女学附设蒙养园布置图
（甲，教师桌；乙，单人桌椅；丙，长桌；丁，黑板；室内砖）
注意：图示地位数目恐与实际不符。

（二）保育实况

未见。只见壁上悬一时间表，摘其大要如下。

（1）时间表：谈话一时，唱歌二时，国文六时，图画三时，手工三时，算术四时，体操四时。合计二十三时。每时为四十五分。

（2）年假前考试时间表：修身一时，国文四时，习字一时，算术一时，图画一时，手工一时，体操一时。合计十时。

---

① 无锡竞志女学蒙养园：竞志女学附属性质。该校为无锡最早创办的女学，创设时间为1905年。捐资创办人为知名缙绅侯鸿鉴。不久，该校依制附设蒙养院；中华民国成立后，又依制更名为蒙养园。

（三）时间

月、火、水、木、金各曜日①，自上午第二时至下午第五时②，每日四时间〔课时〕。土曜日，自第二时至第四时，共二时间〔课时〕③。

（四）教职④

保姆一人。

（五）引导参观者所述

每时休息时，在丙处饮茶，有仆役侍奉，下午并有点心。蒙养园毕业者。可直接入女学之初等第一学年。蒙养园男女兼收。女学之初等第一学年，只收女儿。此蒙养园与女学之初等第一学年之区别也。

四、奇怪之质问

参观后某日，在校内午膳时，与同事述所见。忽有一人质问曰："无锡竞志之蒙养园现用国文教科书第四册抑第五册？"众颇怪之。是人说明曰："余前去参观时，正读第三册。故问也。"众始恍然。

---

① 曜日：也称七曜日，参见前注。具体说来，日曜日即星期日，月曜日即星期一，火曜日即星期二，水曜日即星期三，木曜日即星期四，金曜日即星期五，土曜日即星期六。

② 此"时"指课时，即上午第二节课到下午第五节课，共计四课时。

③ 此句是说，每逢周六，则自上午第二节课至第四节课，共三节课，下午无课。

④ 此标题系由编者加拟。

五、余之疑问

（1）幼稚园与蒙养园名异而实同乎？

（2）蒙养园与初等小学校之异同如何？

（3）幼稚园之元祖为福禄培尔。近今又有蒙铁梭利[①]氏之变相。美国古伦比亚大学[②]之研究幼稚园教育者，又有新派、旧派、折衷派之分。幼稚园保育法之内容究当如何？

---

① 蒙铁梭利：通译蒙台梭利。

② 古伦比亚大学：通译哥伦比亚大学。该校位于纽约市曼哈顿，属于八大私立常春藤盟校之一。该校所办“霍勒斯曼幼稚园”为美国知名幼稚园之一。

77　苏州培本幼稚园之半日记

梦莲

1915年1月

题　解　本篇原载于《申报》1915年1月1日第14版、1915年1月3日第14版。原发表时，文后标明“不受酬”。

撰著者梦莲，生卒年及生平事迹未详，或为笔名，或为字或号。疑为曾与黄炎培、穆藕初多有交往之“梦莲”。

苏州培本幼稚园，又名天赐庄幼稚园，因其所在地而得名。由苏州博习医院院长柏乐文之女主持创设并办理，故可视为博习医院附设幼稚园。1917年秋，景海女学改办为女子师范学校，并设幼稚师范科。于是，该园并入其中，并改称为景海女师附设幼稚园。

有关《申报》，参见前文《烈士遗孤教养所创办之缘起与简章》题解。

培本幼稚园在城之东南隅，为美国医学博士柏乐文①之女公子所设，并为园长焉。此中保母，无不有学识者。课堂中，矮椅数十围其周，如环拱；而师位，居其中央。屋外广场盈亩，花木丛植，为幼稚生之游戏所也。小儿女数十辈，每于午后，负书囊欣然往学。而园长，抚育如慈母；儿辈，亦如小鸟之依人也。园设有年矣。而此次为第一次

① 柏乐文（William Hector Park，1858—1927）：美国监理会来华传教士、医生。1882年受教会派遣，赴华传教。抵苏州后，与教会同仁在天赐庄兴建博习医院，并出任院长。任是职长达41年，救死扶伤无数。其间，曾归国深造，获医学博士学位。除行医外，还开办医学班，培训中国西医人才，又支持女儿开办培本幼稚园，从事学前教育。

之毕业，园长延儿辈之父母，观此盛会。其他亦扶老携幼，空巷来观。余之侄孙亦毕业生之一，故余亦与会也。

节已长至[①]，岁云暮矣。风砭肌骨，轻裘御寒矣。而是日之下午，天朗气清，惠风和畅，有若暮春三月。岂天乐此幼稚生之毕业，放此春光，以示其前途之盛耶！

而此日之园中，纸彩缭绕，琴声幽扬空中，矮椅环如弧。儿辈之父母，居弧之外；男女宾，座列其两旁。园长之位，居中面南。铃声锵然，而小儿女辈雁行立；唱歌、游戏，以及毕业之幼稚生四人诵读、写字，莫不井然。

有顷，园长择最幼之小学生持盘，盘置证书四。园长之面，笑容可掬，慈善和爱之形盎然。报告各学生之成绩毕，取证书一一亲手授毕业生。受者三退三鞠躬，而后共坐。

园长颂曰：

> 可爱之学生，汝辈来肄业已三年，各科已完习，如春芽之已发，良莠之已见。愿汝辈之父母善为栽培，开花结果之日可立而待。然培之厚，固发之高，不则否，此定理也。今日生辈之父母亦在座，其志余言，而汝辈学生，亦须勤学，如在园之日。光阴迅速，日月不再；少年不学，老大无成。勉之，勉之。再愿将来之为汝辈师者，亦慈爱如余，勿暴汝，勿欺汝，勿畏汝，而误汝上帝乎。愿上帝鉴之，助此可爱之小儿女，是儿辈之幸福，亦渠父母之幸福，而余亦与有荣施也。

当时持盘之幼稚生，力弱不能久，以盘角置于矮椅之背。然嫩白之小面庞，笑靥双圆，蔼然色喜，犹有自得之貌。俟园长一一发给毕，乃归坐。

园长复曰：

> 噫，盛会哉，今日也！余来贵国，数十年于兹矣。承蒙诸君暨诸夫人，不以异族见忌，一视同仁，受惠多矣。人非草木，焉得无情？余深怜贵国古法之幼稚生，总角年龄，终日咿唔，埋首窗下，所读所闻，皆高深不可几及之学问，毫无兴趣之诵读。记忆不强，

---

① 长至：冬至节，又称亚岁，公历在每年 12 月 21 日—23 日，这一天是北半球全年中白天最短、夜晚最长的一天。

背诵不熟，则夏楚横施。可怜哉，此可爱之儿女、柔弱之皮肤，乌能受此痛苦！嫩薄之脑筋，乌能记此高深之文字！智识未充，乌能骤聆此高深之学理！读之不知，听之不解，无怪其畏师如虎、惧塾如囚矣。岂不知天地间，人物一理。譬之花木，必日灌以水，培以肥料，春而花，秋而实。非其时不花，非花不结果。欲见其花、得其果者，非至其时不可。虽亦有以火烘之法使之花，然是花不久而萎枯矣。五岁儿能举百钧之重乎？诸君必皆知其不能也。然则今此辈可爱之儿女，筋骨未强，脑囟未充，所能识者有几，所能学者有几？岂得以高深不可及之文字，迫之学乎？夫教养幼稚，须顺其性，达其情，通之以道，诱之以理，使之由浅而深，始能融会贯通，不必以威。而学问之道，浸乎入矣。而幼稚者，亦欣然就学，无畏惧之苦矣。余有鉴于此，故以敝国之法而创是园，以惠我亲爱之诸生，报吾亲爱之诸君暨夫人辈之恩施也。

言毕，鼓掌如雷。

园长以食物飨环坐之诸生。曰："今日汝辈之得此，以彼辈四人之毕业故。愿汝辈将来亦以毕业而得分食于人也。"以文具、玩物分奖毕业生。曰："以此与汝，汝宝藏之。他日以遗汝子女。当谓之曰，此我幼时毕业于培本幼稚园之日，园长美人某某所奖者。则汝幸甚，余亦幸甚。"分奖毕，乃鸣铃而散，已将万家灯火时矣。

78　幼稚园演说、游戏会广告

张美贞

1915年1月22日

题　解　本篇原载《上海青年》增刊一。发表时间为1915年1月22日。

发起人张美贞，女，生卒年及籍贯未详。早年毕业于教会学校，后接受教会资助，赴美攻读神学。归国后，主持创办兴华幼稚园。1917年4月28日，率该园幼稚生参加“幼稚生联合表演会”。后升任“副牧”，在上海、常熟等地传教，并兼任宗教社团“禁烟委员会”主任。赞成人马清渠，时为上海培真幼稚园主任；梁金清，生平事迹未详，亦当为教会幼稚园工作者。

《上海青年》，宗教期刊，1902年创刊于上海，由上海基督教中国青年会主办、编辑并发行。旨在传播基督福音，宣传基督教义。主要栏目，有论文、杂俎、文苑、日常报告、会务纪闻、会务一览等；主要撰稿人，有谢洪赉、谢强公、鲍德成、蒋文伟、周祖如等。1950年2月终刊。

余游学美洲有年，深悉幼稚教育大有裨于国脉。我中华虽新造，而成人之教育已晚。惟此幼稚，今日种因，异日结果，美恶关系，间不容发。

目下幼稚教育尚未普及。窃不自量，愿世之有子女者咸知养蒙为作圣之基。爰特开会演说，将资众力而创一兴华幼稚园于老靶子路东三十六号洋房内，聚秀中西女学校[①]。

① 中西女学校：中西女塾，参见后文《上海中西女学附设幼稚园记事》题解。

另图39　上海兴华幼稚园幼稚生

兹承青年会[1]董事诸君竭力赞成，并特许假座青年会开演说大会，兼令诸幼稚作种种游戏，藉使一般有子女者，有所观感兴起焉。

伏望各界诸君，于阳历正月三十号（阴历十二月十六日）下午二时半，惠然来临，不胜盼祷。

发起人：张美贞启

赞成人：马清渠、梁金清

① 青年会：全称“中国基督教青年会”，在此实指上海青年会，为传播基督教的世界性的青年社团。1844年，英国商人乔治·威廉创立于英国。1855年，在巴黎组成“基督教青年会世界协会”。1895年，中国基督教青年会创建。上海青年会创设于1900年1月6日。

79　常熟幼稚园之组织

1915年1月25日

题　解　本篇原载《中华妇女界》第1卷第1期“特别记事”栏。发表时间为1915年1月25日。原发表时无署名。

常熟幼稚园，系地方办理幼稚园之代表。主持创办者殷鲜颢，在该园创设之前，便详考了日、美等国的幼稚园制度，并对幼教思想进行了研讨，因而避免了办园过程中的“盲人瞎马”之病。不过，有关该幼稚园的办理实况，却未见其他载录。

《中华妇女界》，妇女月刊，1915年1月创刊于上海，由中华妇女界社编辑，中华书局发行。旨在为女学生、家庭妇女增进知识，培养性灵。仿西洋家庭杂志办理。主要栏目，有插画、文艺、成绩、特别记事等；主要撰稿人，有莫志卿、王步兰、李范娴增等。1916年6月终刊，共出2卷18期。

常熟幼稚园之创办人，为殷君鲜颢[①]。其所主张，保育幼儿之要旨有三：（1）身体教育；（2）感情教育；（3）智识教育。

身体教育分二部：（1）运动游戏。如舞蹈、战争，主身体之快乐是。（2）静室游戏。如恩物、唱歌，主精神之快乐是。

感情教育，研究儿童心理。忿怒、欢乐，须察其有如何原因，经如何次第，发如何

---

① 殷鲜颢：生卒年未详，江苏常熟人，为当地教育名人，还撰有《幼稚园实验教育谈》。

影响，一一细辨之。时切注意，使其一般之感情自由、安易。

智识教育亦分二部：（1）谈话。此科为东西教育家所认为主要科者。如修身、博物等，均含在内。必先预备有涉近材料，藉为谈助，临时方可娓娓动听也。（2）识字。在日本之幼稚生，年龄甚小，重在育，不重在教，故识字一科，等于虚设。中国入园幼儿年龄较大，社会心理尤以识字为最要。若专重育，实际上颇有窒碍。故此等幼儿，日授数字，俾其回循诵读，于脑力并无所损。随后入初等小学，接诵国文，亦无阶级隔绝之弊。

园中保姆之人数，其标准如下（表 5）。

表 5　幼稚园保姆与幼稚生人数表

年龄	担任	幼儿人数
四足年	每保姆担任	十人
五足年	同上	十五人
五足年以上	同上	二十五人

园中所用桌、凳，其定式如下。

桌——面积，横约营造尺一尺，纵九寸；高约营造尺一尺九寸。

凳——面积，横约营造尺七寸，纵五寸；高约营造尺九寸。

园所四围空旷，与女校相近。因与女校远隔，保育时有所不便。游戏场之周围，多植树木，场中尤多设靠坐，便于随时休息。游戏时所应用器具，如铜丝、球拍、皮球、竹篮、风琴、五色旗、木盘、小刀、小剪、毡球、布幅、石版、石笔等。保育时间，定为上午二课，下午二课，各课三十分钟。其时间表如下（表 6、表 7）。

表 6　每日分科时间表

时间 学科	第一时	第二时	第三时	第四时
谈话	眼前事物及道德要旨			
手工		各种手工	各种手工	

续表

时间 学科	第一时	第二时	第三时	第四时
识字	简易词字			
游戏		游戏、唱歌	同上	游戏、运动
心算		心算	心算	

表 7　每星期教授学科

时间 学科	第一节	第二节	第三节	第四节
一	识字	手工	唱歌	游戏
二	谈话	心算	手工	游戏
三	识字	手工	唱歌	游戏
四	谈话	唱歌	手工	游戏
五	识字	手工	心算	游戏
六	谈话	唱歌	手工	游戏

园中之必需品：（1）幼稚园规则；（2）幼儿名簿；（3）入园退园表；（4）出席表；（5）身体检查表（一月一检查）；（6）保育要素。

另图 40　常熟幼稚园抢圈游戏图

每星期招集幼儿之母聚会一次，谓之“母会”。有此一举，可知幼儿在家之状况。即其母亦可知幼儿在园之状况。

此外，参观一层亦列在内，即使幼儿之母于母会外时时到园参观，使对于教育者致起同情，可得保育之便利。各家庭之仆人，亦令其时时来园，名之为“附添人”。

如上所述，其大略已具。若欲知其教授之如何，请观殷君所作之《幼稚园实验教育谈》。

80　查视中央蒙养园报告

李春泽

1915年1月27日、9月30日

题　解　本篇原载《京师教育报》第14期、第22期"查视报告"栏。第一次视察时间为1915年1月27日，发表时间为1915年3月15日。第二次视察时间为1915年9月30日，发表时间为1915年11月15日。

撰著者李春泽（1854—？），字润笙、润生，直隶天津人。曾任晚清学部视学、中华民国教育部督学局督学。时任京师学务局小学教育科科长，兼为北京教育会庶务主任。另在《京师教育报》上刊载有各校视察报告数十则。善书行楷。著有《津门纪略》。

有关中央蒙养园，参见前文《致中央蒙养园》题解。

有关《京师教育报》，参见前文《致中央蒙养园》题解。

一、查视中央蒙养园报告

一月二十七日上午，到该园视查。校长王昌国导观各教室。初等班分二、三、四年级，按单级教法[①]。

教员李静宜请假，请女士陈汝桢庖代。学生实到二十七名，用中华书局国文课本合

① 单级教法：也称单级教学或合班上课。即将两个年级以上不同程度的学生合为一班，由一名教师授课。所采用的方法为复式教学法。清末由日本传入，民国初年曾盛行一时。

读，学生皆沉静注意。

又一时，男教员王昌赓课算术，分三级书题，有加减法，有乘法，有除法。内有一女生年龄稍大者，观其演草，亦尚清楚。此班系男女合教，秩序颇为整肃。

又观蒙养班。学生实到十六名，保姆江焕勤、冯蕴秋，助教陈娴。课图画，分发石板各一方、石笔各一枝，指令绘画鱼、水、杂草。能就范者无多，保姆率皆握手为之。内有能画国旗者。保姆训诲殷勤。

又观高等班学生，实到者五名，皆系女生，年龄甚大。男教员刘驹贤教授英文，口齿清利，微嫌发音稍低。学生练习，皆知注意。

闻王校长云，刻因蒙养生人数太少，现贴广告招生，已有十余名。皆拟于阴历年后天气和暖时，乃能到校。刻又拟增设工艺科一班，已经拟定办法，惟广告尚未黏贴耳。

该校教习共八员，人数既多，经费自大，似应撙节为是。

二、查视中央女学校及蒙养园报告

九月三十日上午，往该校。校长王昌国，尚未来。男教员王昌赓接待，知该校现时系初等，二、三年级一班，一年级一班，蒙养生一班。

即到蒙养班查视。学生实到二十八名，主任教员冯蕴秋，助教员陈娴。课学生游戏、唱歌，秩序整齐，天真烂漫，且有活泼气象。又一时，课识字，板书“会、地、寿、气”四字，挑学生认识。殷殷讲解，尤能出以耐心。学生坐态，未能一律整齐，势难严以督责，只是随时训练而已。

询诸王教员，人数何以不多？据云，秋季始业，已贴广告二次，学生报名者少。大约系受附属小学及梁家园小学之故。各生学费，每月收洋五角；贫苦之生，亦有不收者。限制稍严，不免望而却步；且年龄幼稚，往来无常。名册实系四十名。每日不到者，总有十余名之多，殊无善策。

又观一年级班学生，实到十七名。此系暑假毕业之班。女教员李瓒元课默字，挑学生上台书写。写毕识认，并令他生认之，加以讲解，尚能无误。惟众声齐答，不免纷乱。此班男生居多数。

又，初等二、三年级一班。三年班九名，二年班九名，内共男生三名。女教员李静宜课国文，商务馆本七册十一课《油》。讲论各种之油何者可食，何者可用，分晰清楚。

正查视间，王昌国来校，即询问蒙养班人数之少，原因何在？答以名额实系四十，患病者有之，去来无定者亦有之。办理此班，甚费心力，讫无大效等语。

按：此数与补助定议，尚不甚差。归与总务科商酌，似仍以照数补助为妥，不能甚为苛责也。

81 马丁女士之幼稚园说
——译苏州幼稚园保姆学校校长奈伐达·马丁女士原著

林则蒸译

1915年2月25日

题 解 本篇原载《中华妇女界》第1卷第2期。发表时间为1915年2月25日。

撰著者奈伐达·马丁，生卒年未详，当为美国女传教士。她所担任校长的“苏州幼稚园保姆学校”，后成为景海女师附设的幼稚师范科，当时或附设于柏乐文之女所办“苏州培本幼稚园”之内。

译者林则蒸，生卒年未详，字鞠惟，福建安溪人。1905年，毕业于南洋公学中院，升入新设的商务专科。1907年，公派赴美留学，获宾夕法尼亚大学硕士。1910年归国后，任交通部上海工业专门学校英文教员。中华民国成立后，曾任京沪铁路会计处副处长、江苏银行秘书，在上海主办商业会计所。1922年，任交通部筹备太平洋会议事宜委员会委员。1931年，任铁道部统计科科长。1939年，任菲律宾交通银行总稽核。

有关《中华妇女界》，参见前文《常熟幼稚园之组织》题解。

幼稚园，德人名为“景德加滕”[①]，固俨然一培植人类之园也。孩童之天性及其生长之家庭与社会，譬诸土壤；幼稚园之教员，则无异园丁。课程完备，循循善诱，以为将来应世之用，犹土壤之培养也；参设种种游戏，俾孩童乐于受教，犹雨泽之灌溉也；勤

① 景德加滕：德文的音译，本义为“儿童的花园”，即“幼儿园”。

有赏，惰有罚，犹刈除莠草而保护嘉禾也；师生授受，相亲相爱，犹日光之普照也；学业进步，养成人格之基础，犹开花结实也。

幼稚园生徒年龄，自四岁至六岁不等。幼稚园之设置，为吾人教育儿童开始之第一幕。德人弗雷布①始创其说，距今已二十有五年②。吾人欲知其实际上之功用，必先明其关于教育之哲理。兹姑略述于下。

弗雷布之意，以为宇宙之内有物质焉、有玄神焉。前者有形，后者无形。以有形代表无形，虽其例不啻万端；而其主旨，要归于一。玄神之主，即为主宰。主宰之代表，以人类为最高等。创造万物，使其进化日增无已，主宰之职也；发明物质之功用，促进文化之进步，人类之事也。物质形式，变化无穷，而玄神凝一，鲜克有变；且以种种智慧与能力，赋予人类，令其协同建设，以臻尽善。如科学、美术及实业等种种动作，要皆人类智慧及其能力发展之明证，所以谋世界进步之幸福也。质而言之，弗雷布之宇宙观念，犹诗人葆老宁③之生命观念。葆氏有言："所贵乎物质者，在使灵魂有所归宿也。"

弗雷布著有《人类教育》④一书。其言曰：

> 混沌之中，有主宰焉，建造世界，部署万物，于是木石出，鸟兽生，而人类成。主宰之造就人类也，务使与己相似。故吾人生于世间，亦必善体主宰之意，竭力从事于创造及生产之事，克勤克俭，孳孳不息，庶能无负此生，期为完人。求精神不求形式，重思想不重躯壳，然后方能深知主宰之真相，内外了然，而主宰亦即日近一日。（按：即佛言明心见性之意）是以耶稣尝语贫民云："苟能实心操作，尽其天职，即是天堂。"至于孩提之童，秉其天性，本极活泼。若其父兄不加无谓之约束，任其发展良善之性质，斯亦孩童之天堂而已。

---

① 弗雷布：通译福禄培尔。

② 此"二十有五年"，系指福禄培尔学说传入美国的时间。福禄培尔创设幼儿园的时间为1837年。其学说传入美国的时间，大体在1861年前后。

③ 葆老宁：通译布朗宁，即伊丽莎白·芭蕾特·布朗宁（Elizabeth Barrett Browning，1806—1861），又称布朗宁夫人、白朗宁夫人或勃朗宁夫人，英国女诗人。著有《天使及其他诗歌》《诗集》《葡萄牙十四行诗集》等。

④《人类教育》：通译《人的教育》，初版于1826年。中译本有孙祖复译，人民教育出版社1991年版等。

弗氏又言：

> 世人以为，吾人所以不厌操作者，为衣、食、住三者计耳。此种陋见，虽难阻遏，要不可使之增长。吾人应知玄神为神圣主体。主体之外，方有躯壳为之操劳。吾人所以夙夜勤苦者，原欲稍尽天职，无愧代表神圣之主体。至于衣、食、住之事，不过附加问题而已。故耶稣尝言，众生当先求登天堂（即指注重神圣主体而言）。此外若有所得，均为附加之物而已（言非重要之物）。吾人生于斯世，既应作此观念，则教育之宗旨，当在发展人生活泼之精神。而幼稚园于是尚矣。吾人呱呱坠地，即具一活泼特性。教养抚育，必有秩序；分期发展，势出自然。幼稚园不过为一游戏之场。

人生幼小之时，最喜游戏。弗氏之意，以为此即孩童天性。灵根所在，不容消灭。故必另立场所，为之利导、顺诱。弗氏又将童子普通游戏之事详加研究，因下断语，作为教育则例。其说见于原著《母氏游戏》[①] 一书。管理幼稚园者，试取而读之，对于幼稚教育之事，思过半矣。今且言幼稚园之实际办法于下，要亦于教育史上放一异彩也。

寻常学校，要当有确定之准则、整肃之秩序。惟组织幼稚园之意义，则重在鼓舞自由、活泼之精神。课堂之内，幼童各有小椅，随意移动。游戏之时，或坐或立，唯其所欲。教授手工游戏法时，令环坐小几之傍，互相学习。

管理幼稚之事者，不名为“教员”，而称曰“保姆”。其实，孩提之童，并无学问可言。保姆之事，无异园丁。不过，当知生长之则例以及灌溉之功用，按照适宜之法，见诸实行，斯得之矣。凡关于家庭、社会、动物、天时、实业等种种简单问题，皆编为游戏材料，藉以贯输孩童脑际，使其历此一番游戏经验，将来易于洞悉社会之大势。此设立幼稚园主要之宗旨也。

幼稚园师生授受之间，不用教科书，而另有编成教授材料，如唱歌、说书、会话、演剧、体操、手工及种种游戏法等。均于嬉游之中，寓教导之意。庶与弗雷布教育哲理不至相悖。现时最新幼稚园，增设游戏器具，有加无已，如球、牌、方块、竿、圈、沙、

---

① 《母氏游戏》：通译《母亲与儿歌》或《慈母曲及唱歌游戏集》，初版于 1843 年。1926 年，张雪门曾以《母游戏》为题，节译了部分内容，连载发表于《晨报副刊》。

泥等，日新月异，层出不穷。

弗氏以为，凡此种种，要皆代表宇宙之物质，且足以证明其天然之律例。兹以哲理深奥，非数言可了，姑阙不论。然此不过哲学家之观念也，尚有实际家之观念，以为此项幼稚游戏器具，正所以显示建筑、图画、针黹、纺织，以及沙泥之模范或纸式之玩物等，加以种种装饰品，未始不足代表物质文明之渊源。一言蔽之，以外界之实物表示内界之玄神而已。

幼稚园课业时间，日约三小时，往往咸在上午。多数幼稚园且于此时供备小餐，令孩童照常帮同排设。三小时内，列入各项课程。每课自五分钟至二十分钟不等。每日各种功课，皆先期预备，入堂教授，惟遇特别发生事件，则应临时更改，不可拘定成见。例如，戏制冬衣之时，天忽雨雪。孩童辈喜于玩雪，必无心剪裁，则当投其所好，率之外出跳舞雪中。不为之讲父母爱子、缝衣御寒之故事，而但点缀雪景，以引起其兴趣矣。质而言之，幼稚课程原非定而不变，要在保姆自出心裁，随机应付。无论使用何种方法，苟能发展儿童种种天赋之能力，斯可矣。

幼稚教育之理想及其游戏之方法，中国维新之士当必极表欢迎。而中华妇女对于弗雷布之哲理及其模范教授法，咸能心领意会。较之美国妇女，殊胜一筹矣。弗氏之意旨，经两次之重译[①]，始得达于中华之妇女，而彼辈即能洞若观火，诚足称异。总之，弗氏之理论、之方法，其关于哲理者，深合于华人之心理；关于科学者，深合于西人之心理；而其注重游戏，则又与东方人之性质为独近也。

晚近以来，泰西各国颇趋重于幼稚教育。惟知之者虽夥，而行之者尚鲜。幼稚园既以游戏为教育，当为人人所赞同，将来推广、实行，必无限量。弗氏特创此制，以补吾人教育之缺点，裨益世界，岂仅浅鲜！此无怪其为谈教育者所崇拜，一如人民之崇拜宗教家也。

东亚之人颇乐游戏。儿童、花鸟，均其所喜。若执而告以教育重要之关系，彼辈莫不颔首听从。昔者，有人行经苏州幼稚园，随步而入，参观一切。既而叹曰："吾之欲觅此种教育机关，数年于兹矣。今得此，当趣令儿曹来就傅也。"观此，则中国幼稚教

① 此"两次之重译"，一指由德文译成英文，二指由英文译成中文。

育，信为当务之亟矣（近四年来，似颇发达）。

然欲开办幼稚园，必先注意保姆问题。数年前，曾设保姆练习所两处。其时，欲求一合格、有经验之保姆教员，遍中国而不可得。嗣由美国来者，三人充当教授。曾几何时，各处幼稚园不下四五十所，亦云盛矣。未几，外人来者较多，而女学生留学欧美、日本卒业返国者，亦不乏人。

现时统计，中国合格之保姆（华人、外人并计）当在百人左右。其各种练习所毕业生，学期仅一年为满者，尚不在内。日下北京、苏州，各设保姆学校一所。教授课程，略与美国相似，成绩尚有可观。广州亦有一所，为官府所设立。保姆练习生一时约有四十人。厦门则有初等小学兼办幼稚园，成效卓著，业已多年。福州、南京教会所立之女学校，现正磋商增设附科，养成保姆人材。此仅就教会之事业而言，惜未得有切实报告，故未免语焉不详。至于中国各省官署，亦已开始筹办幼稚教育，惟无表册可稽。究竟现状如何，未之知也。

82 江苏省教育会蒙铁梭利教具研究会

1915年4月4日

题　解　本篇原载《中华教育界》第4卷第5期“时闻”栏。开会时间为1915年4月4日，发表时间为1915年5月25日。原发表时未署名，当由《中华教育界》记者撰稿，或由江苏省教育会供稿。

有关江苏省教育会，参见前文《江苏省教育会筹组幼稚教育研究会文件》题解。

有关蒙铁梭利，通译蒙台梭利。参见前文《蒙台梭利女史之新教育法》题解。她所创立的“蒙台梭利教育法”，注重感官教育，并发明了六大领域的教具：一为感官教育教具；二为数学教育教具；三为语言教育教具；四为科学文化教育教具；五为日常生活教育教具；六为音乐教育教具。为了推广这些教具，江苏省教育会遂有“蒙铁梭利教具研究会”之设。

有关《中华教育界》，参见前文《确定教育宗旨令》题解。

民国四年四月四日午后二时，江苏省教育会开蒙铁梭利教具研究会。男女宾到者不下数百人。

先由副会长黄韧之[①]先生报告。陈列教具分三种：一系柯乐克[②]先生处借来（美国品），一系商务印书馆借来（日本品），一系徐家汇工艺厂仿造（中国品）。现请顾荫亭君[③]主任讨论事。

顾荫亭君述本会陈列教具分为二种：一自其种种而分列者，一自使用之顺序而分列者。兹分别述其大意如下：

（1）纽结练习教具。系练习着衣服、靴鞋及打结之用。

（2）触觉练习教具。分二种：一系长方形木版上贴以砂纸；一系木箱，中置以各种之布，专以练习糙滑之用。

（3）筋觉练习教具。为三种轻重不同之长方形木版，专以练习判别轻重之用。

（4）视觉练习教具。此器分为四类：一为圆柱体，嵌入器为三种长短大小不同之圆柱，用以嵌入于相当之穴中；二为同长异厚之十个方柱，使儿童叠成阶级形；三为同大异长之十个方棒，专以练习长短之用；四为大小不同之十个立方体，使儿童叠成塔形。

（5）筋觉、触觉、视觉同时练习教具。此器有二种：一为各种几何形体之木版，用以嵌入于相当之穴中；二为厚纸版，上贴以各种几何形之色纸，使儿童以相当之几何形木版载于纸上。

（6）色彩练习教具。为深浅不同之色板，专以练习色彩者。

（7）听觉练习教具。为六个圆筒，中置各物，使儿童振荡之，而判别各种之声。

（8）写法练习教具。一为金属几何形体板，使儿童以铅笔沿板缘画，轮廓中复涂以色铅笔，以为练习写法之预习；一为砂纸之字母，使手抚摸之，而得知其字形。

（9）缀法教具。以厚纸镂成各种字母，专以练习缀法者。

（10）数字练习器具。此教具亦有二种：一为砂纸之数字，一为木制之二箱。每箱中区为五格，每格置以数字及相当之实物。

以上十种，为自其种类之不同而分列者。若于使用之顺序，则如下：

---

① 黄韧之：黄炎培，中国近现代教育家。参见后文《美国之游戏学校及幼稚园图画》题解。

② 柯乐克（J. H. Crocker）：生卒年未详，加拿大体育工作者、国家级体育教练。1911 年，受基督教青年会北美协会派遣，来中国任上海青年会体育干事，在学校推广各种体育运动，在社会举办健身班，参与第 1～7 届远东运动会的筹备组，负责选拔、比赛等工作。

③ 顾荫亭：顾树森。

（1）纽结练习教具；

（2）圆柱体嵌入器；

（3）长棒之练习；

（4）高塔阶级木之练习；

（5）触觉练习器；

（6）色彩练习教具；

（7）听觉教具；

（8）重觉教具；

（9）几何形体教具；

（10）书法教具；

（11）数字练习教具；

（12）缀法教具。

继复讨论研究之法。分为二层：一为关于形式上者，如形式之变更、适切本国之习惯、减轻工料之代价；二为关于使用上者，如幼稚园使用之顺序与初等小学使用之顺序。

末由各会员将各教具共同研究，议定仿造时应行复更者如下。

（1）纽结练习教具。选用五种，如扁纽、嵌纽、钩纽、皮鞋带结法、蝴蝶法；并加入三种，如胡桃结、死结、活结。木框须改小，可省原料。

（2）触觉教具。砂纸用中国货，木箱分为十格，每格置布一种，而箱之构造须简单，以省成本。

（3）重觉教具。仍照旧式，用三种木板。惟相差之克数，须改用中国两、钱数。木匣改用纸匣。

（4）圆柱体嵌入器。照美国原式，而质料须择价廉者。

（5）长棒高塔阶级。仍照原式，用密达尺[①]为本位。

（6）几何形体木板。仍照原式不改，惟须省去复杂之几种。

（7）数字练习教具。木箱每格中，不用笔形木，随时用实物代之。其数字纸片，加

① 密达尺：法国长度单位 metre 的音译，即“米尺”。

一种本国数字。

（8）色彩练习教具。用色漆，不用丝。

（9）金属几何形体。仍照旧式不改。

（10）写法、缀法教具。未有适当方法，暂缺。

（11）听觉教具。筒形须简单。

使用之顺序，因时已晚，不克讨论。遂散会。

83　南通幼稚园歌

张謇

另图 41　张謇像

1915年4月

题　解　本篇原载《南通师范校友会杂志》第 5 期。发表时间为 1915 年 4 月。

《南通幼稚园歌》系校歌，有研究指出，该歌创作于 1913 年 8 月，后请作曲家谱曲，供幼稚园师生传唱。

撰著者张謇（1853—1926），字季直，号啬庵，江苏南通人。早年中秀才，后任淮军吴长庆军幕文书，与袁世凯共事。1882 年，随军入朝鲜平叛，所撰奏章、文论，获朝野一致赞誉。1885 年中举。1894 年，中甲午恩科状元，授翰林院修撰。后归里兴办实业，在南通创办大生纱厂、通海垦牧公司，还创办了广生油厂、复新面粉厂、资生冶厂等实业，成为著名实业家。又投资兴办教育，创设通州师范、农业学堂、女子师范学堂、通海五属公立中学堂、医学专门学校、纺织专门学校、河海工程专门学校等，担任江苏教育总会会长，为新教育的拓路人之一。著作有《张季子九录》《张謇全集》等。

南通幼稚园，亦称南通第一幼稚园，系南通育婴堂所附设。该育婴堂及幼稚园，系由张詧、张謇兄弟共同捐资，并主持创设。新育婴堂，正式开办于 1906 年。其后，依制附设保姆学堂及蒙养院。中华民国成立后，保姆学堂更名为保姆传习所，蒙养院更名为幼稚园，收容幼稚生近百名，有保姆 7 人，为当时知名的学前教育机构。

《南通师范校友会杂志》，年刊，1911 年创刊于南通，由南通师范校友会主编并发行，封面由张謇题签。旨在研究教育问题，交流学术，介绍校友近况及本校现状。主要栏目，有论著、会则、序记、杂纂、书牍、诗歌、校示、表类、图画等；主要撰稿人，有张謇、王国维、孙观澜、管国光、李以炳、李元蘅、江谦、张庸、黄广介、潘树声等。1919 年终刊，共出 8 期。

一、南通幼稚园歌

日初出，小儿似，
日出天明小儿起。
人家小儿在家里，
今有幼稚园，
大家同在园中戏。
戏何乐？
乐唱歌，秋千、索板轻如梭。
和和气气，
姊姊妹妹，弟弟哥哥。

园中来，爷娘喜。
园中归，保姆记。
保姆替我爷娘计，
爷娘、保姆勿劳心，
有了幼稚园，
大众有了安全地。

二、南通第一幼稚园记念日歌

南通幼稚园，

徐夫人[①]所创。
夫人去矣幼稚长，
夫人之灵喜且望。
幼稚朝朝记得夫人像。

① 徐夫人：张謇夫人徐端（1856—1908），乳名牡丹，江苏南通人。1875年，与张謇成婚。在张謇外出时，代夫孝敬公婆，持家有方。丈夫归里兴办实业后，协助丈夫兴办地方教育，于1905年捐资创设张氏私立初等小学，担任校长，又捐资创设张徐女校和南通育婴堂，并主持在育婴堂中附设了蒙养院。

84　蒙铁梭利女史之幼稚园

式公

1915年7月25日

题　解　本篇原载《中华妇女界》第1卷第7期。发表时间为1915年7月25日。

撰著者式公，似为笔名或字号，生卒年及生平事迹未详。除本文外，还在《中华妇女界》第1卷第8期发表了《勤劳学校之历史》，在第1卷第9期发表了《女子室内体操之研究》。

有关蒙铁梭利，通译蒙台梭利，参见前文《蒙台梭利女史之新教育法》题解。

有关《中华妇女界》，参见前文《常熟幼稚园之组织》题解。

蒙铁梭利女史，名玛丽，近代意大利之女教育家也。生平最得意之事，即为儿童教育。女史之名，所以宣传于欧美教育界者，实在于此。

闻江苏省教育会近亦研究其教育用具，各教育杂志亦介绍其学说，诚我国女界之导师也。

女史当肄业于罗马大学医科时，即专注教育事业，而尤热心于低能儿教育之研究。迨毕业后，偶读塞根（Seguin）[①]氏之遗书，遂专心致志，重教育而弃医业（按：塞根氏

① 塞根：爱德华·塞贡，法国特殊教育专家。

为法国之实验心理学家，尝漫游亚美利加①，实行低能儿之训育，有伟大功绩，著述颇多）。千八百九十八年，脱利奴②开教育会议，女史尝发表己见，得多数赞同。其结果，遂得政府宠召，设立低能儿学校③，集无数低能儿行实际之训育，成绩昭著。

盖彼等低能儿童，一经女史训育后，其书法及读法，皆与普通儿童无异。故女史有言曰："余之学校中低能儿等，顺其自然之心理，施以适宜之教育，自见发达、进步。若反之，使普通儿童无论在学校或家庭，逆其自然之心理以教之，鲜有发达者。"此语不可〔不〕令人深长思乎！

女史既得此经验，更进而研究训育法，以施于普通儿童。然因事务繁冗，不克专注于此。乃决计辞去校务，再入罗马大学，以研究实验心理学。课余，则参观各种小学校及幼稚园。荏苒七年，学有心得，女史乃实地试验，厕身于罗马贫民聚集之所，吸混浊之空气，受污秽之光线，志在改良社会。于一千九百零七年，更卜地于迈尔希街，筑一新幼稚园。此幼稚园，女史自呼为儿童之家（Children's House）。一年间，共成立三处。

女史之幼稚园既告成矣，其规则大概如次：

（1）贫民区内儿童，自三岁至七岁，不问男女，皆得入学。

（2）入学之儿童，其父母并不缴学费，但须遵守次之义务：

甲，应视女史为家长，与职员等，同表示其敬意。对于园中办法，并无何等干涉；

乙，应共谋幼稚园之发达；

丙，每周间，至少须至幼稚园一次，与女史会晤，陈述家庭之状态，并受女史之指导，俾对于儿童有所注意。

（3）上记义务条中，以丙为最重。此即学校与家庭联络之意。

幼稚园之训育法，重在自动教育。自动教育云者，即儿童不假教师教育之力而能自由、活泼，然必须教师顺其自动之方向有以导之。例如，儿童于某问题不能解答时，教

---

① 亚美利加：英文单词 America 的音译，意即美洲。

② 脱利奴：通译都灵（Torino），意大利第三大城市。

③ 低能儿学校：通译特殊儿童学校。该校系国立，蒙台梭利被任命为该校校长。

师必徐徐补助之，由易而难，以练儿童之意志。儿童既自知有进步，则中心喜悦。若儿童乱用其自由，教师亦必加以惩戒。此女史训育之方法也。

法国实验心理学者塞根氏（一八八〇年卒于亚美利加），以为人类之感觉，最重要者为触觉。彼低能儿之触觉，大多数为未发达。女史深信其说，遂专研究此方面，因发见次之原理："触觉为他种感觉之根柢，想念及知觉之先导。但触觉在人类感觉中得之最早，特以儿童指端，其触觉锐敏特甚。若不予以适当之训练，则至六岁以后渐次消灭。"云云。

故女史之幼儿训育，全在触觉训练；而"用指端视之"一语，几为女史教授儿童之秘诀。则儿童既以筋肉上之记忆辨别物体，决不至使眼与脑生疲劳也。

夫女史自信若此。然则果以何法而训练其触觉乎？更以何法而使有自发、活泼之动因乎？以下，试就具体之例举以介绍于阅者。

手之洗净——儿童入校时，先使彼等用冷水、石碱[①]洗手，而特注意于其指。洗毕，以两手浸于温暖之清水内。再以第一指与第二指，轮流投入冷水与温水内，使其生有两种感觉之差。

滑卡片——次使儿童辨别粗滑感觉之差。先以黑砂粗面之卡片与滑面之卡片预置桌上，女史依次唤儿童来前，使以第一指与第二指抚摩滑面。触于筋肉，遂能记忆。女史当时对儿童只发一语，以"滑否"二字了之。盖不欲多言，以乱儿童心思。故儿童经抚摩后，犹自捻其两指，时露笑容。移时，则儿童各逞其好奇心，而自驱于其侧，以试验粗面卡片。女史此时但教之曰："此为粗者。"迨各生试验既毕，女史又各问以孰粗孰滑，命彼等答之，或命彼等以粗者、滑者持来，视其有无误否。翌日上课时，更反复设为问答，使其自悟。女史尝言曰："使儿童偶有差误，是筋肉上之记忆，尚未十分确实。"岂遂无法以改正之耶？观此可知女史教法之善矣。

另图 42 幼儿游戏照

① 石碱：香皂的别名。

扣钮——以细长之布片两方，一方附以扣钮，一方附以扣钮之穴。俾各人练习，不假母亲之力，自能养成自立之精神。

几何学的图型——用平板刻成之三角、圆、椭圆、正方形、长方形、八角形等几何学的图型，使以铅笔或钢笔，按其轮廓描之。得确有使用铅笔或钢笔方法之知识。

字型——以厚纸造成A、B、C、D等各种字型。其母音字，以红色涂之；子音字，以青色涂之，所以示区别也。置字型于桌上，令各人以指端触觉辨其各字。最初教法，与粗、滑卡片同。迨既觉其文字之形，然后由几何的图型使用法，更以铅笔或钢笔，使画其轮廓。

高台上之写生——女史有言曰："知钢笔之使用法者，又能以眼辨别字形，是尚未能写字也。盖写字为儿童自发之意志，不可不有以鼓励之。"女史有鉴于此，尝选择晴日，率儿童共登高台之上，令儿童浴于日光中。女史忽呼一儿童至其侧，谓之曰："尔能将所见之烟筒描之乎？"此儿童即屈其身体，接近地面，描出烟筒之形。女史乃大加褒奖，儿童欣然色喜，仰首而望女史。其他儿童，亦群趋而至。女史乃乘此时机，就其所描者，起其自发之意志，而诱其写字之事。

命令书——依普通之顺序，必先授以读法，而后移于书法。然依女史之训育法，乃一变其顺序，即先教书法，次及读法。如上所述，既悟得写字方法之后，次即训练其读法。读法虽非一种，然其最有兴味者，则为命令书（此名不过从便宜上定之，并非适当之称谓也）之方法。此法先以各种相异之命令，书于纸片，分给儿童各一枚，女史亦自取其一。首先读之。例如："善唱歌者三人，可来至室之正中，各取其所好之歌一齐唱之。"以上设为命令书之一种，由女史自己实行命令，先示以实例，使各儿童能领悟其所持纸片，照此命令行之。由此方法，渐能贯彻字句、文章之读法，可断言也。

另图43　幼儿工作照

女史训育之法，若欲详细言之，尚有可以介绍之事甚多。然既知其大体，则由此类推，其余可得之想像中也。虽然，吾人对于女史之训育法尚不无怀疑之处。试揭之于下，以质诸当世之教育家。

（1）女史事业之效果。女史之训育方法，善则善矣，若他人行之，亦可有成效足观乎？

（2）不满七岁之儿童教以读书，与女史主张反对者，果使儿童无过劳之弊乎？

（3）女史之主张，其根本上亦决非新奇者。例以古时伟大之幼儿教育家，如扶累贝罗[①]与派斯他洛齐[②]，非同一之人物乎？

然此等疑问，对于女史之事业，绝无所损害。惟吾辈于女史之训育法，为其所感动，令人景仰不忘。亚美利加某学者，曾评论女史曰："女史不为教育家，则为伟大之女优，可以称霸于天下。"由此言推之，可知女史为极有魅力之女丈夫也。

① 扶累贝罗：通译福禄培尔。
② 派斯他洛齐：通译裴斯泰洛齐。

85　美国之游戏学校及幼稚园图画

黄炎培

1915年12月16日

另图 44　黄炎培像

题　解　本篇原载《教育公报》第 2 年第 12 期。演讲时间为 1915 年 12 月 16 日，发表时间为 1916 年 1 月。本篇系演讲记录，记录者为郭延谟，摘自《黄炎培君调查美国教育报告》一文。原发表时，标明为“郭延谟笔记”。今题系编者所拟。

撰著者黄炎培（1878—1965），号楚南，字任之、韧之，笔名抱一，江苏川沙（今属上海市）人。1901 年，入南洋公学。次年中举。1902 年冬，南洋公学被迫解散之后，返乡办理新式学堂，创办川沙小学堂。后又创办和主持广明小学和师范讲习所、浦东中学，又在爱国学社、城东女学等校任教，并参与发起成立江苏学务总会。中华民国成立后，出任江苏省教育司司长，为江苏省教育会副会长、中华职业教育社社长。著有《黄炎培考察教育日记》《中国教育史要》等。

记录者郭延谟，生卒年未详。时任教育部编审员，为通俗教育会干事，又曾担任教育行政会议、教育部学制会议干事。1927 年 7 月，仍任职于北京政府教育部秘书处。译有《卫生初步》，编有《国际条约分类辑要》等。

记录者在文前交代：“黄君炎培，于教育经验最富。上年春间，以实业团名义赴美游历。曾由汤前总长委托，调查美国职业教育状况暨职业教育与普通教育联络之方法。此次来京报告，经本部邀请演讲，出其考察心得，以为学界贡献，至可佩慰。吾国方思提倡职业教育，以裕国民生计。聆黄君所言，足资观感。爰将演稿付之铅印，藉供海内教育家之研究。中华民国四年十二月教育部识。”

有关《教育公报》，参见前文《饬京师学务局应准第二蒙养院立案文》题解。

（前略）

鄙人在美最后一月，闻加尼福尼亚大学[①]开“游戏学校”，乃往参观，亦增长无数见识。

盖该校每于暑假时，开游戏学校一次。其期限，约两星期；其办法，乃召集各小学校、幼稚园之学生，教以种种科学上之游戏，以活泼其天机；其地址，在屋外，如露天学校然。此校为临时的，故设备甚为奇特，盖皆利用天然物品或废物等，欲其惠而不费也。

参观时，见有童子甚多，游戏物亦不胜枚举。其中如秋千架、升降板等，皆鄙人所习见之物，不足为奇。所奇者，即在能利用天然之物品也，如以一木板置于坡上，下临一无水之沟，令一童子坐木板上，一童子推之，使溜下入于沟内。复取上，又推之，使溜下。如是循环不已，谓之“溜板”。

又以铁环六具，用绳系于树上。第一环最低，以次加高。一童子先执其最低者，使身体摇荡，乘势执其较高之环。以次递升，迨升至最高之环，然后次第降至原处，谓之“悬环”。

又有平行杆、采软索等类游戏，皆不费一钱，又无危险，洵绝妙之游戏也。此外，则有所谓“沙盘者”。其作用，尤非常之大。其法，以沙盛于盘内，令学生等随意撮弄，作种种之变幻，为教育上之作用。如教地理，则将沙或撮为山，或画为河，由教师一一指示；或更以纸剪成人、马、房屋等模型，置于其上。教历史亦然。即教授算学、国文等，亦皆可以利用之。此种游戏，不独游戏学校有之，即各幼稚园，亦无不有之，诚最善之教育品。

盖幼童之脑力甚为薄弱，加以文字教授则多所困难；惟用此法，既足引起彼等之兴味，且永远无遗忘之虑。教授幼童之法，莫善于此。较之我国只知以书本教授，相去诚不可以道里计矣。

又有一种游戏之法，乃置一木箱于树林之内。箱中藏零星、不规则之木料，有长者，有方者，有圆者，有三角形者。令学生学作木工，就木料之形式，随意做成器物。如方者置作桌，长者置作凳之类，以引起儿童工作之思想；或在沙盘之内，以碎木积成塔形

① 加尼福尼亚大学：通译加利福尼亚大学（University of California），简称加州大学。是位于美国加州的一所公立大学，包括 10 所分校，是世界上最具影响力的公立大学之一。

或各种建筑物之形。以教授儿童之区区一沙盘，乃可以作教授游戏、地理、历史之作用，可谓奇矣！

树林之内，又有一教师，令童子作送茶敬客之游戏。盖所以教之礼节，使知送茶须自客之左手，进为他日应世之预备。盖于游戏之中，寓有习礼之意焉。

又有十余儿童，踞地围坐。中有一教师，手持草花一茎，令童子照之绘画。问诸童子，以某童所画之花善否？诸童子乃批评之。批评毕，即将其画钉于树上，更以他童子之画，一一令诸童子批评之。然后，一一钉于树上，任人观看。

此等游戏之法，各游戏学校及各幼稚园，盖皆有之。可见图画一事，自幼稚园起，即求其有裨实际矣，何至有不适用之患乎！

此次游美，所得教育成绩甚多，不能一一报告。兹请撮其大要，为诸君报告之。

大抵小学校及幼稚园中，最要之课程莫如图画。盖图画与其他科学皆有关联，如教历史，则历史为图画题目，谓之“历史画”。即绘画历史上之人物，或其人所作之事业，或其人之出产地等，类皆是也。教作文，则上面绘一图画，下面国文，即述其所绘。教算术，则上面画若干物件，下面则加减或乘除之。故各种功课所命之题，皆根据于上列之图画。至于方格板之印花画，则图画、手工更打成一片，谓之图画可，谓之手工亦可。盖所以使学生科学之实在用处也。其研究，可谓无微不至矣。

又有所谓“贴画纸”者，则先画成各种物件，然后施以手工，剪成其物之模型，而贴于他种图画之上。如先绘一房屋，然后度量某处应有桌子，某处应有椅子，则将贴纸画之桌子粘贴某处，椅子粘贴某处。盖犹恐寻常图画失之呆板，不能启发儿童之心思，故绘出后，复用剪剪下，随其意向，贴置何处，使脑与手可同时练习。其作用也，既收训练之功，更启灵明之性，其功效诚非浅鲜。

鄙人此次游美，见其教授上有兴趣之事极多，一时难以列举。惟自惭科学根柢浅薄，不能全悉其作用。

（后略）

86 为友人作幼稚园募捐启

吴家煦

1916年

题 解 本篇原载《东社》第3集“文选”栏。发表时间为1916年。原发表时，署名为“吴县吴家煦（和士）”。

撰著者吴家煦，生卒年未详，字和士，江苏吴县（今属苏州）人，光绪秀才。早年就读于上海广方言馆，后留学日本早稻田大学，热衷于自然科学。归国后，历任苏州吴中公学教员，主办《吴郡白话报》。中华民国成立后，在上海从事著译，历任中国图书公司理科主任编辑、中华书局理科部主任、商务印书馆博物部编辑，主编《高等小学格致课本》《中国植物图谱》《江苏植物志略》等书；发起成立理科教授研究会、中华博物学会等社团，并担任会长、副会长或总干事等职。又为江苏省教育会干事及江苏省教育厅理科指导员、教育部督学。撰有《理科教授之革新谈》《军国民教育救国论》《理科的设计教学法》等。所言“友人”未详。

《东社》，文学年刊，由文学社团“东社”结集出版，1914年在上海出第一集，是一份由上海地方传统文人主办的传统文学刊物，目的是“保存国粹”。依文选、诗选、词选分类编排。撰著者，主要有曾泣花、王笑侬、黄松厂、公羊寿、刘大白、方侃等。停刊时间及原因未详。

幼稚园者，所以濬发儿童之智识、精神，不独以书数、方名为之教率也。《周官》

《保氏》[1]，已有其文；《大易·蒙亨》[2]，更端其本。盖其为教养之要者，先民已诏我矣。

近世有识之士，知教育之足以救亡也，于是崇尚实业，则治农工；注重民生，则授艺术。其为学界前途计者，曷尝不竭智尽忠，以冀裨补颓俗欤！

抑知尼山[3]立教，谨其始终；《大学》[4]诲人，知所先后。若谓"教学之道，端在盛年；导养之方，姑缓童稚"，则是康成[5]所谓"晓一孔之人"；而彦和[6]所言"东向而望，不见西墙也"。

沪上一隅，幼稚园之已成立者，殊不多见。间有一二，其设备虽善，犹有未尽。总其所蔽，可得言焉。

稚年寡识，心智未充；记忆之无，匈思尤弱。今乃强识文字，不复启发智能。"妃""猪"不辨，竟却行而求前；"凿""枘"徒劳，实方底而圆盖。其蔽一也。

西人创建，类有可观。饮食教诲，动合法度。特是习尚乖离，水乳辄成冰炭。佉卢[7]半帙，但娴殊国之方言；总角[8]一堂，不合中邦之风俗。其蔽二也。

且设立不多，入资尤巨。生徒定额，又复鲜少。虽合养正之功，殊失普遍之意。东厢式式[9]，富士顾而欢颜；西舍茕茕[10]，寒畯因之裹足。其蔽三也。

凡诸偏颇，难臻完美。自非别创新模，悉祛宿惑，其何以端童蒙之趋向、启草角之

---

① 《周官》:《尚书·周书》的篇名，其中论及"三公"之制；《保氏》:《周礼·地官·保氏》，其中论及"六艺"之教。

② 《大易·蒙亨》:《周易》中的蒙卦，其中有言："匪我求童蒙，童蒙求我。"

③ 尼山：代指孔子。因孔子父母"祷于尼丘得孔子"，故孔子名丘，字仲尼。

④ 《大学》：儒家经典。原为《小戴礼记》中的一篇，后单列为"四书"之一，遂成为"经典中之经典"。所论为道德修养的基本原则和方法。

⑤ 康成：郑玄（127—200），字康成，北海郡（今山东高密）人，东汉末年儒家学者、经学大师。治学以古文经学为主，兼采今文经学，世称"郑学"。他注《礼记·中庸》中的"反古之道"谓："反古之道，谓晓一孔之人，不知今王之新政可从。"可视为成语"一孔之见"的出处。

⑥ 彦和：刘勰（约465—约520），字彦和，祖籍山东莒县，世居京口（今江苏镇江），南朝齐、梁时期的文学理论批评家。所著《文心雕龙》，为中国文学批评史的开山之作。"东向而望，不见西墙也"，语出《文心雕龙·知音》，喻主观片面、顾此失彼。

⑦ 佉（qū）卢：佉卢文或佉卢书，起源于古代犍陀罗国，后来流行于中亚广大地区，中国新疆地区便曾使用，是"像驴唇形状的文字"。

⑧ 总角：儿童之代称。古时小儿男未冠、女未笄时，将头发梳成两个发髻，如头顶两角，故有此称。

⑨ 式式：和乐整饬貌。

⑩ 茕茕：孤单无依貌。

灵能哉！

某不知自量，亟欲重立一幼稚园，为学界正本之始。合儿童之心理，不专尚读书；依教育之年龄，不多征脩脯[①]。虽与诸家创设微有不同，顾亦非敢违众也。譬之纂绣异制，而合度于镊；[②]曼睩异盼，而同悦于魂。[③]

幼稚园之道，固非与国民学校所可同日语也。惟是土木既巨，资费綦繁。用告同人，蕲襄盛举；各携赤仄[④]，量助朱提[⑤]。纵少少其无妨，复多多而益善。

大开广厦，看孺子之多能；例仿汉碑，列出钱之名字。谨启。

---

① 脩脯：原指干肉，代指学费。
② 纂：编织。绣：刺绣。镊：治丝的工具。全句意为：编织与刺绣的工艺不同，但均可用作美丽的装饰品。
③ 曼：余目以流观状。睩（lù）：注视而又谨畏状。全句意为：无论是美目流盼，还是深情注视，同样能够勾魂摄魄。
④ 赤仄：亦作“赤侧”。中国古代一种外边为赤铜的钱币，汉武帝时始铸，在此代指钱财。
⑤ 朱提：银钱之代称。朱提系山名，位于云南昭通。因此山盛产白银，故以山名代指银钱。

87　抱一日记·幼稚教育

黄炎培

1916年1月1日—9月28日

题　解　本篇连载于《教育杂志》第8卷第2、3、4、5、10号。记录时间为1916年1月1日、20日、21日，3月4日、5日，4月18日，9月28日；发表时间为1916年2月20日，3月20日，4月20日，5月20日，10月20日。摘自黄炎培《抱一日记》。今题系编者所拟。

有关撰著者黄炎培，参见前文《美国之游戏学校及幼稚园图画》题解。

有关《教育杂志》，参见前文《外人调查教育及保卫幼稚事项》题解。

余好以教育的眼光，观察世界一切事物。耳目所接，感想随之，觉一事一物，无不与教育有关。每于一现象之发生，默察其因果之所系，时复于他现象间，得其正面、旁面、反面种种之证据，因以悟彻其原理、原则之所在。斗室危坐，旷然遐思；稠人广场，冥心独往；其所感会，颇复纷拿①。

顾思想之为物，其来无缘，其绝无端。闻之德威②博士"思想而不成为己有，非思想也"。成己有奈何？运用一种同化功夫，变其思想为经验，如食物养料，经消化而为血，则得之矣。二三友朋，清谈无忌，时乃中道；插架杂书，攫观遣兴；车尘颠簸，亦复有得。凡诸琐琐，感而遂书。系之以日，谓之"思想界之摄影术"，可也。如兽反刍，

① 纷拿：混乱、错杂貌。

② 德威：通译杜威，即约翰·杜威。

如鱼唼沫，不自觉其言之觍缕，倘亦蕲变，思想为经验之一种功夫欤！若夫教育而外，匪我思存，卑之无论已。

一月一日

蒙铁梭利氏（Montessori）[①]教育法，在欧美以为旧矣，而在我国，了解其主义者，犹少。蒙氏书，各国多有移译者，然往往不为蒙氏所许。以其于主义之真相，辄有“毫厘千里”之憾。

顷朱君体仁[②]夫妇招夜餐。彬夏[③]夫人适新读蒙氏自著关于其教育主义之纲要，于席间畅述之。蒙氏以为，今之儿童，其体格强于往昔，世所公认。夫体格能以卫生故使之改进，岂脑力不可以教育故使之改进乎？改进之道有三。

一、感觉教育（Sense Education）。使外来事物，形形色色，多印入儿童脑际，务丰富而正确。习之久，印之深，形形色色，皆为儿童脑际之固有物。因而其感觉敏捷，其辨别清析。

二、自动教育（Motor Education）。譬如作字、作画、手工，既成习惯，往往不假思索而自然合度，则神经自能动作故也。一切器官，皆设法使之增进其自然动作之能力。

三、语言文字（Language）。皆有精妙之教授法。如识字母，令骈二指扪所制沙字。既熟，加笔于其二指间，令以笔设色于所绘各种几何形体之空白内匡〔框〕，藉以习练运笔。既熟，乃令作字，则字母之笔画与运笔之方法，二者神经皆有至深之习惯，字体自然入彀。其教授新法，大率类此。

彬夏夫人将详译之，记其谈话之一斑如此。

---

① 蒙铁梭利：通译蒙台梭利，即玛丽亚·蒙台梭利。

② 朱体仁：朱庭祺（1887—1979），字体仁，江苏川沙（今属上海市）人。1909 年，留学美国；1915 年，获哈佛大学商业管理科硕士学位。归国后，历任北京政府工商部参事、交通部处长、胶济铁路管理局局长、国民政府财政部参事、盐务稽核所总办、财政部盐务总局局长等职。时居上海，任沪杭甬铁路局英文秘书。其夫人为胡彬夏。1949 年赴美国定居。晚年著有《道德与精神修身法》。

③ 彬夏：胡彬夏，亦称朱胡彬夏。

一月二十日

百川争流，必归于海。故与人谈方法，不如先使人知原理。生于其心，作于其事；故改变人行为，不如先改变人理想。造彬夏庐纵谈，归而记此。

今日，《儿童自力研究之启导法》[①] 卒业，撮其要旨。作者盖深自慨于现时一般学童漫学焉，而不知研究；教师漫教焉，而不知教之研究。乃指示关于研究之种种要素。

第一，宜先形成一种假想。

第二，搜集种种事实，为其假想之证佐。

第三，就所得之材料分别去留而加以组织。

第四，下判断。

第五，利用联想以助记忆。

第六，应用其学识于实地。

第七，对于学识，常持试验的态度。

第八，保存、启发各个人之特性。

凡此种种，实皆适于儿童之天性。每节举若干实例以证明之，窃欲应用其说于实地。

适英语教师授予儿童游戏，用“沙盘”名词（Sand Table）。试行联想记忆术，乃思 sand 与 send 极相似；而 sand 之义为沙，与 send 之义为送；二者英文与汉文，皆属双声。一时，遂深印于吾脑际。联想记忆术，不吾诬也。

一月二十一日

基督教会所设幼稚园，于今日开联合会[②]。余演说“幼稚园宜废读书”。会场陈列幼稚生成绩品，以供研究。刘吴卓生[③]女士新自美归，一一指示某法新、某法旧。

---

① 《儿童自力研究之启导法》：美国麦加利博士著、南昌罗黑子译，由湖南图书编译局 1913 年刊印。

② 联合会：全称“中部幼稚园联合会”，参见后文《记上海中部幼稚园联合会》题解。

③ 刘吴卓生：吴卓生。

某园出品，束红白绒线为孩形，支竹为床，组绳为簟，摺纸为枕褥，卧孩于其上。皆令幼稚生为之。既习束法、结法、摺法、组织法，而又一一知其用处，又以习卧具陈设法。较之呆教摺纸、组纸等，为切于用矣。

又观其贴画。白纸一幅，令幼稚生剪灰色之纸贴于其下，剪蓝色之纸贴于其上；而另取红色之纸剪一细条，贴于其中间。远望，则下半幅水也，上半幅天也；水天相连处，则红色之夕阳一抹也。同是剪纸、贴纸，而饶有天然之美感，皆所谓新式之成绩品也。

虽然此方法耳，若于其原理未了了，知此有何益哉！

三月四日

今日请柯乐恺夫人[①]至江苏省教育会，讲演蒙台梭利教育法。分三节。

第一节，蒙氏教育法之历史及说明。

蒙氏毕业于罗马大学医科，在大学医院为治精神病者之助手时，见院中多数低能儿，研究其心理并非疯子，而视等疯子，心甚悯之。乃就各儿童精心研究，得其致疯之因，以为非医生所能奏效，责在幼时教养之者，于是组织一低能儿学校。实施之结果，有一低能儿往他校应入学试验，列第一。人大异之，知此法施诸普通儿童，获效必更大。乃又入罗马大学研究哲学、心理学，益信其有效。

其后，为社会改良会所设学校之校长，校名“儿童之家”。高大之房屋，儿童三十人，自由出入，设备雅洁，空气、光线充足，有琴可使儿童聆声而唱歌、跳舞；地有毯，儿童可任意坐卧；四壁悬圣画，陈盆花，列盥器。游戏时手面有污，自去盥洗。一切器物，不特使儿童能用，且使自己整理。每晨儿童到校，第一整理校具，第二整理自己仪容、衣服，好似一家兄弟姊妹，共同协理家事。后乃自由作业。有时五六人，似在商量事务；有时六七人，似在考究学业；有时十数人，在唱歌、跳舞。场上有人自由运动，绝不加以干涉。惟自有节制，非只知游戏，不知入室作业者。

---

① 柯乐恺夫人：通译柯乐克（J. H. Crocker）夫人，美籍。1911 年，随先生来上海。其先生时任上海青年会体育干事。

大约每晨，用教具教授。午餐，则数儿轮送餐具于群儿。有四岁儿，持杯水分送，绝无倾泼。食毕，收拾甚有秩序。餐后有运动、游戏者，有研究学问者，有自往睡眠者，傍晚回家。此其大概情形也。

第二节，蒙氏教具用法之说明。

时会场陈列教具，柯夫人一一试验，且说明之。其要语谓，用蒙氏教授法者，不必用此具。具固佳，然苟知其精神所在，无其具，亦可行其法、得其益，非谓此具不适用也。

此具固已公认为合于教育原理，而制造极精细者，能尽其用，获益无穷。但知其意而不用其具，亦无不可；用其具而不知其意，则万万不可也。

又言，此具虽起原于教授低能儿，然后已改良，实可施于寻常儿童。

第三节，蒙氏教育法之评论。

蒙氏研究幼儿个性，发明自学主义，谓学校虽有完全设备，倘非自学，不能得益。故欲用蒙氏法者，贵在令儿童自习，不可强制。

蒙氏有原理三则：一发达幼儿个性自由，二令幼儿有自习兴会，三使幼儿有机会受良教育。其根本，则在教师能尊重儿童人格。人之筋肉及脑力，能自由运动，可望发达；但自由非无限制，有妨碍公众者，亦主张禁制之。

故欲用蒙氏法者，先须研究幼儿个性。在三岁时喜游戏，可藉以养成其胆力，使有坚忍心；在八岁以下，好视察四周事物，恃其五官之能力，而能知种种情形。五官灵，则脑亦灵；筋肉多动，能使脑力敏活。盖脑与筋肉，有联络之机关；而自动之能力，即由此生。

人行马路，见摩托车突至，不自觉其走避道旁，此即知觉神经与运动神经联络之作用也。游戏时，遇球来而不能接，非不见也，脑之传令迟也。精于戏法者，其动作极敏捷。此非自幼学习，不克臻此。

蒙氏研究儿童身体之发育，而施以三大方法：一饥〔肌〕肉运动，二徒手游戏，三教育游戏。

三月五日

汤尔和[①]君讲演“婴儿保育法”：第一节妊娠，第二节生产，第三节保婴。妙论缤纷，而尤发余感慨者，则保婴第一段哺乳是也。其演词如下：

中国旧习，产妇每自哺乳之。此系天然原则，为西人所不及。婴儿时代，发育旺盛，其各种组织中之成分，每以时而不同。而母乳之成分，实能与之俱变。譬如婴儿在某时需某物质，则母之乳汁即能多含此物质，以投其所好；或婴儿在某时需用某物质之量减少，则母之乳汁中，此物质之量亦即因而减少。是皆造化之妙，非今之化学程度所能证明，而更非人工造成之物品所能代用。

即同一人乳，而他人之乳，便不能有此微妙之作用；且亲自哺乳，不特有益于婴孩，亦有益于一己。一则促子宫之收缩，使恶露[②]易尽；二则增进胃纳，使身体日强。故哺乳一事，非万不得已，总宜躬自为之。

惟旧俗亦有应改者，即婴儿初生，往往不与母乳。俗谓胎毒未蠲，予以驱寒、杀伐之剂，黄连、大黄之汁，点滴于婴儿口中。予身犹亲见之。此真所谓“天下本无事，庸人自扰之”者已。不知产妇分娩之后，其乳汁名为“初乳”，富于盐分，实为绝妙之下剂。纵儿饮之，胎毒自下。天公早有安排，世人又何必扰扰乎！

又小儿初生时，有不能含乳者。此以未曾习惯，别无他故。以糖汁涂乳头上诱之，便能吮矣。

儿饮母乳，于保育上有如此关系，实为吾国旧时好习惯。今则社会风气日趋奢逸，中人以上之家，妇女咸苦自哺其儿，以雇乳妇为幸福，人亦从而艳羡之。苟自哺者，相

① 汤尔和（1878—1940）：原名鼐，字调鼎，浙江杭州人。1900年，就读于杭州养正书院。1902年，留学日本，次年归国；1907年，再赴日本留学，毕业于金泽医科专门学校。后又留学德国柏林大学，获医学博士学位。1910年回国，任浙江高等学堂教务长兼校医。1912年后，两次出任北京医学专门学校校长。后投身政界，历任教育总长、内务总长、东北政务委员会委员。日本侵华后，沦为汉奸，并任伪北平临时政府议政委员会委员长兼教育总长。译有《生物学精义》《外科学总论》等。

② 恶露：产后随子宫蜕膜脱落，含有血液、坏死蜕膜等经阴道的排出物。

与怪诧，若不胜其歜家犹绩[①]之叹。都市间，此风尤甚。无识者勿论已，尝在学校读书者，家政非必改良，而不肯自哺其儿，则吾见已数。一若尝受教育，当然享此文明、幸福者然，安得悉令一听汤君议论也。

四月十八日

川沙县教育会创“通信研究法”。其法有二：一由主者命题，令各教员答复；一各教员发问，由主者答复。本届收得问题二十则，一一答复之，析疑问难，饶有趣味。吾知身当其责者，趣味为更厚也，全录问答语如下。[②]

杨振镛君问：退课时管理方法？单级学校学生，多至数十，习性亦多野蛮。每逢退课时，教员必有预备事项不能监护。故势必狂呼暴动，难合社会心理。须用何法以补救之？

答：儿童课余，苟其举动不至伤人毁物，不必加以禁阻。盖活泼好动，乃儿童天性。研究生理、心理者，以为喧呼跳荡，即是身心发育猛进之表征，万不可以吾辈成人徐行端坐之现象绳之。可与答张君嘉藩第二问参观。

张嘉藩君问：幼稚生既恐多耗脑力，故支配教授时数恒少于高年级生。设遇一教室只一教员或二教室二教员，同时并授之学校，则对于此等无课之幼稚生，将任其游散，抑或枯坐教室内？

答：幼稚生授课，时间之少于其他，不惟恐其多耗脑力，尤欲其多得游戏时间，俾适于活泼之天性；万不可在无课时，令其枯坐室内。如果任其游散，别生妨害，则宁从他方面谋补救之法，两害取轻。若强之枯坐，断乎不可。

---

① 歜（chù）家犹绩：亦称“敬姜犹绩”，见《列女传·母仪传·鲁季敬姜》，原文为：“以歜之家而主犹绩。”意为：富有之家母，何须亲自纺织？歜，人名。

② 下列答问只摘取与幼稚生有关之答问呈现，其余大部分问题均与小学教育相关。

汤新君问：幼稚生脑力薄弱，于技能课茫然未知。惟坐枯寂，枯寂生鸿鹄心，鸿鹄心恐碍他生授科。若任游息，则引起教室内教科时他生分心，且管理亦难。放归家庭，家庭以为颇早。况每日技能课与国文课，参互其间，当何法处置？

答：已详见杨君振镛第一问、张君嘉藩第二问及汤新君问矣。放归家庭，决非良法。非惟不合家庭心理，且于教师责任上不无亏缺。

李长安君问：幼稚生应否有体操一科？如应有，则与他级混同教授时，恐生阻碍；若不应有，则当何如？

答：幼稚生宜游戏，不宜体操，更不宜与他级混同。教授年龄愈稚，则同组教授时，其年龄愈不宜参差，盖不可不慎也。

诸君发问，大都根据实地状况，仍望就所答复加以研究。如有疑义，不妨为第二次之商榷；或上次未发问者，见此问答有所触发，亦望发表意见。集思可以广益，析疑不厌求详。幸诸君赐教焉。

九月二十八日

去岁在美国，屡见所谓“儿童会”者，深叹其于教育上甚有价值。一种活泼、快乐情形，至今犹萦于脑际。苏第二女师范附属小学主事杨君卫玉（鄂联）①，于暑假期内，在其本乡嘉定市组织儿童会。承以办法见示，如下。

一、旨趣　集合全市就学儿童，为有规则之游戏，增进身体健康，养成合群习惯。

二、年龄　六周岁以上、十一岁以下，在初等小学或私塾肄业者。

三、会期　每月四次。均下午三时起、五时止。

四、会务　分三〔四〕种，每回择一二种行之。

---

① 杨卫玉：杨鄂联，职业教育家，为黄炎培知交。

（1）园游。市教育会后适有有园，略加色彩纸灯等点缀，择适宜之地，布置坐椅（即学校儿童用者），并于空旷林荫之处设小会场，请各校教员奏音乐、讲故事；再由会中职员率群儿环行唱歌、拍掌踏足。此情形，虽比不得北京公府之园游会，然在小地方小学生，得此已乐不可支矣。

（2）游艺。分唱歌、画图、朗诵、游戏、书法等，由各校儿童轮流表演，中亦有私塾儿童朗诵出色者。

（3）会课。择年龄较长者，就文、算二科命题会课。批订后，不分前后，一律给奖。

（4）展览会。此展览会，只限于图画、手工及其家藏之玩具、画张等；文字之成绩，绝不加入。此会即与会课同日行之，盖取其苦乐调匀也。

五、会约

（1）儿童来会，不可裸体。

（2）来会之儿童，准有保护人同来。

杨君且言，此会组织之初，并无特定目的，不过为假期中一种集合游戏耳。然成立后考察之，似亦不无可供研究之点。惜当时畏酷暑，未尝加以细密调查、统计，引为缺憾。此会为市教育会发起，先期将组织旨趣，函知各市立校长，请其赞成斯举；并由鄂联个人向各方面鼓吹私塾儿童加入。及期，除学校团体外，私塾儿之志愿加入，在四五十人左右。以嘉定市言，不可谓少矣。

杨君又言，就此会论，得研究之点如下：

（1）儿童玩好之心理比较；

（2）体格及学力之比较；

（3）学校儿童与私塾儿童习惯之比较；

（4）各校对于儿童平时训练如何；

（5）儿童群居之心理若何，作法若何；

（6）联络家庭之好机会；

（7）改进私塾之好机会。

88　记上海中部幼稚园联合会

1916年1月20日

题　解　本篇原载《中华教育界》第5卷第1期“教育纪事”栏。会议召开时间为1916年1月20日、21日，同月发表。原发表时无署名。

1916年1月21日《申报》上所发表的《小团体之大精彩》，与“附录一”的内容略同。而1916年1月24日《申报》上所发表的《幼稚园联合会第二日开会记》，则可补本篇之未逮，故收作“附录二”。

中部幼稚园联合会，亦称“中华中部幼稚生联合会”，为基督教幼稚园所合组的幼教社团，1912年12月在上海发起成立，并设会于上海，故有“上海中部幼稚园联合会”之称。实际由上海、杭州、苏州三地的幼稚园所合组，故又有“中部”之谓（相对于北部北京、天津，南部广州、福州）。首任会长为卢爱林。该会在成立之初，每年召开一次年会。该会为中国成立最早的学前教育社团。

有关《中华教育界》，参见前文《确定教育宗旨令》题解。

本埠启秀、养真、培真三幼稚园暨中西女学附属幼稚园、老北门浸会幼稚园、南门清心堂幼稚园、兴华幼稚园，以及苏州慕家花园英华附属幼稚园、长老会幼稚园、城西幼稚园，杭州基督教幼稚园等，组织联合会以来，每年一会。

兹届第四期年会。前日，假座本埠北四川路美华书馆[①]礼拜堂开会。是日上午，参观上海各幼稚园。下午二时，欢迎来宾，幼稚园委办职员等报告会务现状。苏州幼稚园哈女士演说，题为“社会工作与幼稚园有切实关系”。

昨日，又假座四川路青年会礼堂继续开会。是日上午，由美国幼稚师范毕业生刘女士[②]、日本幼稚园师范毕业生张女士，相继演说，并请来宾演说。再讨论以下各问题：

（1）幼稚园应用器物当由何处购办；

（2）提议幼稚园主日学堂；

（3）在教堂内应否设立免费幼稚园练习会；

（4）幼稚生之游戏场应择何处为宜；

（5）中华中部应否创立一公立幼稚师范学堂云。

是日午后二时半。

（1）由寰球中国学生会朱少屏[③]君主席，报告开会情形。

（2）由马清渠女士[④]演讲“恳亲会之原缘”，以俾父母与师长互通声气，藉以教养子女云云。

（3）为幼稚生各种游戏：甲、启秀幼稚园；乙、养真幼雅园；丙、培真幼稚园。启秀、养真各演两次，培真演四次。三园游戏，莫不精神活泼、举动敏捷，且规矩严肃，无异成童。

（4）江苏省教育会副会长黄韧之君演说，题为“幼稚园”。略谓：

> 幼稚园虽近游戏，然于他年成人时，有莫大关系。幼稚时，天真烂漫，最易成习。习惯自然，难以更易。今观其陈列各种成绩，有纸剪者，有配色者，有泥塑者，有纸摺者，有木制者，种种各别。虽皆略具形式，然颇能形似、活泼；手工敏捷，良堪钦佩。即鄙人欲照样式为之，犹恐一时不能，因昔日从未学习。譬如学者所写之字，大都劲挺

---

① 美华书馆：又称美华书局。其前身又称美华书坊。是美国传教士在上海创办的一家教会出版机构。其创设时间为 19 世纪五六十年代，其创办人多认为是美国传教士姜别利。

② 刘女士：刘吴卓生，宜称吴女士或刘吴女士为当。

③ 朱少屏：朱葆康，时任“寰球中国学生会”主席。

④ 马清渠女士：参见后文《幼稚教育之演讲》题解。

有帖体；而未学者所写之字，往往屈曲无间架。盖非未学者之不欲其字佳，实由腕力之不能及，所谓“力不从心”者是也，皆因未曾习练之故。幼稚园者，乃专为养成幼稚清洁、活泼之心灵，使其知家庭应对、进退之理，器用什物之功用，浚发其智识，使有教育之思想。第其年龄，非读书时也。故幼稚园中，不宜读书。吾中国“读书”二字，不知误尽几许苍生！况吾人读书，岂专在书本哉！幼稚生年龄既幼，脑力未充，亦欲使其埋首读书，不亦可怜云云。

（5）吴怀疚君[①]演说，题为“幼稚园之价值”。所说与黄君略同，亦谓幼稚生不宜读书云。

（6）幼稚园诸教员合演种种家庭教育之状况。计有四幕：一、二为未受教育之家庭，三、四为已受教育之家庭。形容逼真，鼓掌如雷。

是日到者，约有四百余人。各幼稚园成绩品，罗列壁间，五花八门，种类繁多。近视虽粗，遥瞩如真。而诸教员平日循循善诱之功，于此可见一斑矣。

附录一 《中国中部幼稚园联合会纪事》

中国中部幼稚园联合会，一月念日，假上海北四川路一百三十五号美华书馆礼拜堂，开第四次常年大会。先由会长卢爱林女士致开会词，次上海启秀女学宋女士致欢迎词，次苏、杭、沪各幼稚园委办职员等，报告各幼稚园之现状。

次苏州幼稚园师范学堂哈女士演说。题为“社会工作与幼稚园有密切之关系”。哈女士新自美国调查幼稚教育归，识见甚广。演说有半点钟之久，语语动听，无不称善。词毕，即讨论种种问题。散会时，已钟鸣五下矣。

念一日上午九时半，又假四川路青年会开会。有新自美国哥伦比亚大学理学士、文科硕士刘吴卓生女士暨日本幼稚师范毕业生张女士演说。会后，又讨论各种问题。如中华中部应否创立一公立幼稚师范学校等事。

午后二时半，仍在青年会开会，秩序大略如下：

---

① 吴怀疚：吴馨，上海务本女塾创办者，并附设幼稚舍，即上海县立幼稚舍。

（1）主席朱少屏君开会词；

（2）马清渠女士报告恳亲会；

（3）幼稚生各种游戏（启秀、养真、培真三幼稚园）；

（4）吴怀疚、黄任之两君演说，

（5）教员合演种种家庭教育之状况。

会毕后，尚须展览各园手工等成绩云。

原载《中华妇女界》第2卷第1期“特别纪事”栏，1916年1月

附录二 《幼稚园联合会第二日开会纪》

中华中部幼稚园联合会，于二十一日上午，假座男青年会，仍由卢会正主席。

先推举新职员。其结果，刘女士为会正，马女士为中文纪录，府女士为英文纪录，方雅南君为中文文牍，裴女士为英文文牍。又推盖、卢两女士为教育会委办。

次由刘女士演说。大旨谓：渠甫从美国哥伦比亚大学毕业回国，默视中美儿童天然质性，智育似中胜于美，体育则美胜于中。惟家庭状况阻碍儿童三育，则美少中多。故幼稚园教习必须与幼稚生家属互相联络、接洽，为主要问题。

次由日本幼稚师范毕业回国张女士演说。大意谓：日本幼稚园，其规模无甚大异。惟人民爱国思想，须于幼稚时代种植基础。日本已收效果。中国幼稚园风气初开，谈话一科，足启爱国思想云云。

又次为各会员讨论各种关系、幼稚园购用器物方法，及盖女士演说“游戏场应择何种地方为宜”。

时已午正，未及议毕而散。

午后开会，男女来宾约千人，由名誉会员朱君少屏主席。其秩序如下。

（1）马女士报告恳亲会之成绩。

（2）启秀、养真、培真各幼稚园幼稚生，次第演习各种游戏。其精神活泼，观者鼓掌不绝。

（3）黄任之君演说“人生学问，不尽从诵读书本而来”，凡一言一行，皆有真理存乎其间。故幼稚生在四五岁者，不宜早使读书，致有碍身体发达之虑。并谓，伊有年甫四龄之郎君，不愿入注重读书之幼稚园，故至今仍在家中云云。

（4）吴怀疚君演说，大致与黄君不赞成早读书之意相同，而尤注意于提倡幼稚教育为今日不可稍缓之举。

（5）各幼稚教员演习“家庭种种恶习有碍幼稚生之三育”，极为淋漓尽致。

是日会场中，陈列上海、杭州、松江、苏州各幼稚园幼稚生手工品。观者咸别有一种兴趣云。

原载《申报》1916 年 1 月 24 日第 10 版

89　关于幼稚教育讲演会预告

江苏省教育会

1916年3月2日

题　解　本篇原载《申报》1916年3月2日第11版。原发表时，题为《江苏省教育会讲演会预告》。今题系编者所拟。

有关江苏省教育会，参见前文《江苏省教育会筹组幼稚教育研究会文件》题解。

有关《申报》，参见前文《烈士遗孤教养所创办之缘起与简章》题解。

一、蒙铁梭利[①]教育法讲演会

时间三月四号（阴历二月初一日）星期六午后二时起、五时止。讲演者，柯乐恺夫人；译述者，郭秉文[②]博士。蒙氏教育法盛行于欧美。近来，吾国教育家知其重要，着意研究。第虽有翻译之书籍、仿造之教具，尚未尽获实验之方法。柯夫人研究蒙氏学说多年，在家使用蒙氏教具教其子女，颇著成效。此次敦请来会讲演，计分三节：先述蒙氏历史与其教育法施于中国之关系如何。次将各种教具当场试验其用法。凡在小学校、

---

① 蒙铁梭利：通译蒙台梭利。

② 郭秉文（1880—1969）：字鸿声，江苏江浦（今属南京）人。早年肄业于上海清心书院。1908年，赴美留学。1914年，获哥伦比亚大学教育学博士学位回国。历任南京高师教务主任、校长和国立东南大学校长。1926年后，历任华美协进社社长、国民政府工商部国际贸易局局长、财政部常务次长、联合国善后救济总署副署长兼秘书长等职。著有《中国教育制度沿革史》等。

蒙养园负教育之责者，在家教育子女者，以及有志研究教育者，均不可不来听。

二、婴儿保育法讲演会

时间三月五号（阴历二月初二日）星期日午后二时起、五时止。讲演者，北京国立医学专门学校校长汤尔和先生。近来研究教育之新思潮，群集于最初教育；而以生理与心理关系之密切，使研究最初教育者，不得不大注意于婴儿保育。吾国惟保育之法不讲，使在婴儿时期于生理上丧其健全之机能，遂于心理上失其聪强之作用。疾病夭折所由来，劣性低能所由致，莫不根原于此。本会同人，心焉忧之。适汤尔和先生乞假南来，道出沪上，夙谂其精研婴儿保育法，敦请来会讲演半日。计分三节：第一时，妊娠；第二时，产褥；第三时，婴儿。凡有志研究教育者与研究卫生者，不可不一听先生妙论也。

再，本会此次举行讲演会最有关系者，厥惟女界。盖所讲演之种种材料，皆可实施之于家庭间。所望蒙养园保姆、学校女教员，高等小学以上学生，以及闺阁名媛，咸来列席，庶于改良家庭教育、家庭卫生，获直接之影响也。

江苏省教育会启

90　蒙得梭利教育法

彬夏

1916年3月5日、4月5日

题　解　本篇连载于《妇女杂志》第2卷第3、4号。发表时间为1916年3月5日、4月5日。本文一、二、三部分，系由编者所分，并分别予以标号。本文署名“彬夏”。

原发表时，题下附有如后文字：“文以达意。一意全达，方用圈；一意之中，有小段或大段，或大小段均有，小段用一点，大段用两点。注明读法如下：一点之后，可稍停，然甚速；两点后，其停较长；圈之后，更长，约一秒钟之久。”此为诠释本文的标点符号用法。

撰著者彬夏，即胡彬夏或朱胡彬夏，参见《赴第三次万国儿童幸福研究会报告书》题解。

蒙得梭利，通译蒙台梭利。参见前文《蒙台梭利女史之新教育法》题解。

《妇女杂志》，月刊，由上海商务印书馆主办，创刊于1915年1月5日，时任主编为王蕴章，后任主编有章锡琛、杜就田、叶圣陶、杨润余等。该刊初衷，旨在遵循中华民族传统女教规范，依着科学新知来主持家政，并以家庭改良为要务。主要栏目，有图画、论说、学艺、家政、名著、小说、译海、文苑、杂俎等；主要撰稿人，有恽代英、胡愈之、沈雁冰、叶圣陶、胡寄尘、张季鸾、沈芳、沈泽民、蒋维乔等。1931年12月终刊，共出17卷（每卷12期）204期。

一

蒙得梭利[①]，一女子也，意大利人，当世大教育家之一。本阐医理，邃深于科学。见脑力薄弱、呆呆无知者，悯之，与群医士研究济救之道。佥谓："此系似病非病之症，全恃医药无效，须稍助以教育。"蒙得梭利独谓："此事全属教育，医药藉补其不足耳。"此西历一千八百九十八年间事也，即"戊戌政变"之秋。

谁知意大利出一奇女子，不务其根深蒂固之医业，而新辟一路径，于残废、羸弱者之教育，三致意焉。意大利政府闻知所为，乃收集罗马城内所有不可教育之儿童，即学校所厌弃而不屑训诲者，尽置于一堂，令蒙得梭利启导之。

蒙得梭利视此为千载一时之机缘，穷思极想，于七百余日内，即二载光阴，举凡脑力薄弱、呆呆无知之孩儿，一变而为伶俐、敏锐之学童，与他学童无复殊别。此伟业也，而蒙得梭利方觉一大心得，波荡起伏于胸间。自思其教育本领及方法，全根据于科学，若施诸于健全无病之儿童，必更有效验。乃入罗马大学专修心理学、教育学、人类进化学。

六年，其新教育成。会天假人缘，罗马建筑家顿起慈善心，设有"建筑改良社"，既为贫苦劳动者建造模范住屋，又因无论男女成年者，日间尽入工厂操作，其幼年子女，在家无人照料，特设幼稚院数所，以为养育之地。聘蒙得梭利为其总理。蒙得梭利遂得实地试验其新教育。

此十年前事也。十年之间，精益求精。今所熟闻之蒙得梭利教育法，即其好结果也。

尝闻心理学家有言："胆敢与怯懦、忠勇与猥鄙，其初心理作用，本为一物，起端于一处。然抑遏，则为怯懦、为猥鄙；舒扬，则为胆敢、为忠勇。"窃谓：医术之于学者，亦有正反二影响。有令甚残酷、冷薄，如刽子手然，视生命如草芥者；有变甚厚重、仁慈，如弥陀菩萨，福也可祈，愁也可诉者；甚或有因医理显明，舍肉体与躯壳，考魂魄与性灵者。

---

① 作者原注："附注：蒙得梭利，意大利名 Maria Montessori，生于西历一千八百七十年，今年四十六岁。蒙得梭利教育法，吾国所有译本，尚无完善者；即英文译本，蒙得梭利惟认可三书。此篇本其认可之二书而作。"

吾友余慈度[①]医士，而传道播教者也，吾国女宗教家，彼其第一人。极姆斯[②]，今世大心理学家之一也，美洲人，始亦为医士。本篇主人蒙得梭利，初亦极著名之医士也。今人鲜记忆之，不知此即其新教育之起点耳。

谭浏阳壮飞[③]先生，戊戌政变殉道于京师，六君子中一人也。遗有《仁学》一书，其后篇有云：

> 吾观中国……有劫运焉。……西人以在外之机械，制造货物；中国以在内之机械，制造劫运。……乍见一人，其目灼灼然，其口缄默，其舌矫矫欲鼓，其体能卑屈，而其股肱将欲翱翔而攫搏，伺人之瑕隙而踏焉。吁，可畏也。……且观中国人之体貌，亦有劫象焉。试以拟之西人，则见其委靡，见其猥鄙，见其粗俗，见其野悍，或瘠而黄，或肥而弛，或萎而伛偻，其光明秀伟、有威仪者，千万不得一二……

读者勿以先生恶吾民也。因爱吾民，故慷慨言此。予引之，因欲论蒙得梭利之学理故也。

中国人何故恶陋如此？窃谓不讲求卫生实为之祸根。因不讲求卫生，故强者偶存，弱者遂亡。其偶存者，或枯黄瘠瘦，或废弛萎颓。试思饮食之水，澄清者有几处，污秽垃圾，无不掷入。今上海通用自来水，曾滤过沙漏二三次。然未煮之前，犹不可冷饮，为其来源未清故也。

尝在波斯顿[④]附近见一大湖，封留不用，不准掷入一物或在其中泳水、划船。友

---

① 余慈度（1873—1931）：女，原名俞灵芝，浙江杭州人。出生于基督徒家庭，启蒙于长老会所办的教会学校。15 岁时，入苏州博习医学堂。后放弃留学、行医机会，致力于传教布道。曾赴韩国传教，参与创办“茶洞礼拜堂”“上海查经祈祷处”“江湾圣经学校”等宗教机构，为“中华国内布道团”的骨干成员。译有《成圣六课》，编有《奋兴布道诗歌选集》。

② 极姆斯：通译詹姆斯，即威廉·詹姆斯（William James，1842—1910），美国心理学之父。实用主义的倡导者，美国机能主义心理学派创始人之一，也是美国最早的实验心理学家之一，建立了美国第一个心理学实验室。1904 年，当选为美国心理学会主席；1906 年，当选为美国国家科学院院士。著有《心理学原理》《实用主义：旧的思维方法之新名称》等。

③ 谭浏阳壮飞：谭嗣同（1865—1898），字复生，号壮飞，湖南浏阳人。故有“谭壮飞”或“谭浏阳”之称。早年中西并学，思想新进。中国甲午战败后，在家乡组织算学社，在南台书院开设新式课程，参与创办湖南时务学堂，提倡新学，呼号变法，成为维新运动的激进派。戊戌政变后，被当局杀害，成为“戊戌六君子”之一。

④ 波斯顿：通译波士顿（Boston），是美国马萨诸塞州的首府。

人告予曰："此饮水之发源地也。水自此出，流过数站滤清，然后通入管中，分注于各处。"予唯唯。迥思吾国城河之水，混浊乌黑，挑挽即用，相殊何其甚也！

虽然，吾国人之污秽非天性也，缺乏科学知识故也。科学昌明，卫生养身之道以成。即饮水一端，孰不愿得清水。无如昧于科学，不知微生虫之麇于浊水，且难知其为害之大。即欲改良，机器工程无一不须科学知识。上海之得自来水，西人首为之也。大哉科学之功！人身赖以得进化之生存。

今欧美人民，寿长至八九十岁者甚多，平均七十岁为常人之寿；婴儿夭殇者，远逊于吾国。其死亡之数，率皆较前减少数倍，此科学之赐也。科学指明，乳食之必须清洁。其结果，在欧美，牛奶可冰冷生饮，小儿恃为食料，成人用为饮品；日光空气，沐浴运动，科学极言其利益，尤适宜于孩童。

他如短便之衣衫、眠觉之时间、食品之分量及种类，皆根据于科学。无怪洋囡囡之可爱，洁白如玉，红嫩如桃。岂种类如此哉？科学养成之骄儿耳。

二

科学昌明，能使体育发达。曷为不能使智育发达？此蒙得梭利之奇想也。于是弃其医业，投身于呆呆痴憨者之教育二年。而顽钝者，竟变为灵巧。蒙得梭利大喜，称此为科学之功，乃益黾志锐行，入罗马大学，专修心理学、教育学、人类进化学六年。此非第一次在大学也。昔业医时，已为医学博士，罗马大学，其母校也。

读者试考《欧美大辞典》，必见蒙得梭利之名，并有附注，谓此为意大利第一女医学博士。常见报端载有某某医学博士等字样，是僭称也。英语医士与博士同名。吾国医士，毕业于欧美者，医学学士耳，乃冒充医学博士，可耻孰甚。蒙得梭利，诚医学博士也！

以医学博士之经验，复专修心理学、教育学、人类进化学六年，其科学知识之深高宏远，何待言哉！直谓之科学家，可耳。如此科学家，创设一新教育；其新教育，必根据于科学也，无疑焉。蒙得梭利自称，其教育能助孩儿发达智育！请读者细察斯言，良有深意在焉。今所熟闻之蒙得梭利教育法，盖助孩儿发达智育之具也，全根据于科学！

再请注意“助孩儿”三字。助者，益也，佐也；孩儿，指两三岁至七八岁之人物。或谓此年岁内，尚非发达智育之时代，何助之为？蒙得梭利曰：“设有一孩，熟睡于床上，吾人谓之休息，实则并无休息。其肢体须长大，其骨肉须坚实，其脑髓之组织须逐渐成全。此乃一极重大之事，无或能代劳者。他事可借用人力，此事必自为之。甚或因其烦难有死亡者，必能行此事方得成人。”

读者试思，吾人自呱呱坠地时起，渐发达成长，始得有今日。在生理上，诚为一番事业。而此事业之基础，实巩固于最幼稚之时代也。但成人云者，非仅指躯壳完备而言；操作、行动之机能，心思、观念之司钥，即肌肉、脑筋等物，亦莫不须健全、敏巧。肌肉、脑筋，于两三岁至七八岁之间，最易训练。欲其健全、敏巧，最须注意于此时。此时，知识初开，活泼好动。若导之以正，齐之以礼，使成善良之习惯，于其终身造福匪浅。此即蒙得梭利所谓助孩儿发达智育是也。

盖蒙得梭利，欲于两三岁至七八岁之间，即知识初开、活泼好动之际，助孩儿操练其肌肉，使成有秩序的操作行动；并欲助孩儿运用其脑筋，使有能辨别的心思、观念。请读者注意，此蒙得梭利教育法之关键处也。

尝闻人曰：“于两三岁至七八岁之间，即欲助孩儿发达其肌肉与脑筋，恐拔苗助长，且挫伤其生命矣。”蒙得梭利曰：

> 试思一移居外国之侨民，新到一地，于其风土人情、生活之程度、社会之组合，以至语言、文字，皆漠然无知。试思此人若欲入籍，认为该国人民必经何种阅历始得洞悉其国情形。即语言一端，已费煞时日，何论其他。是皆须该移民自为，无人能代之也。新生之儿，初入世时，亦犹是也。且有较此移民更为烦难者矣。盖其具知识之器械，尚未完备。即其头脑，正须长养；其手足，正须练习运动之时也。凡此生长、养育之事，顷所言移民，无须顾虑；然该移民所吸取、收合之知识，此孩儿必亦吸取、收合之。

读者至此，想见孩儿之双方事业矣：一为生理的，一为心理的。身体必须长大，天性也。因欲长大而致死亡，运命也。此事，人各须自为。且在极幼稚时代，更有一事，与此齐驱并进者，智育之发达是已。身体长大时，肌肉与脑筋，亦渐坚硕而庞大。肌肉坚硕，脑筋庞大，即有操作、行动，心思、观念。此天性也。

予书至此，顿忆前美国总统罗斯福[①]事。传闻，某夏居其别墅休假。其别墅，在一高山之巅。山下之人，日闻隆隆之声起于山巅，以为雷也，而不见雨，异之。乃上山侦视，方知日所闻者，非雷鸣，乃总统罗斯福斫木之声也。罗斯福活泼、好动，强有力之人也。山居无事，不无厌倦，乃斫木以发泄其臂腕之力。于是，其脑筋有所转运，其肌肉——其臂中之肌肉尤甚——有所举动焉。罗斯福，四五十岁之人也，其精力充足如此，人传为奇谈。若孩儿者，其肌肉与脑筋，常如此活动焉。故谓之天性，所谓助孩儿发达其肌肉与脑筋者，顺其天性，导之以正，齐之以礼耳。

观蒙得梭利所提倡教员应处之位置，及对于学生之状态，此理当益显明。蒙得梭利曰："教员之位置，如一天文家，坐于望远镜前，不稍摇动，静视日月星辰旋转、运行于宇宙间。"意谓教员当静坐，观察学生之举动，并研究其举动之理由也。又曰：动物学家，黎明即入林野，不避泥尘，不怕露湿，虽倦行思睡，而仍警醒观望者，因欲知飞虫类之性质也。恐惊扰而勿得，每匍伏于草间，声息全无，手足僵麻，冀得一二，藉知该虫类之生涯。又如某科学家，目将盲视，犹持显微境，凝视一种水液中之微生虫——有谓之"秒水虫"者——细察其举动。何故此物相遇必相回避，且若能拣选食料者，岂亦为有知动物。乃以电力激刺之，则见是蠕蠕者，有造阴极，亦有集于阳极者。复以光线试之，则见有趋近光亮者，有遁逸躲避者。盖该科学家之目的，在求知此种秒水虫，究有知或无知也。抑确有选择之机能，抑如磁石之有阴阳二极，天成本相反背。正研究时，顿忆犹未午膳。取表视之，已午后四句钟矣，不觉饿也。自庆不在家室，而在此间试验房；盖在家室，家人必催午膳，试验屡为间断矣。蒙得梭利曰："教员对于学生，亦必专心一致，详审细察如此。"

昔课余无事，尝设问曰："金钱与人类孰优？"

曰："金钱乃为人类所制造，其价值亦人类规定之，金钱安得比人类？"

曰："权势与人类孰优？"

曰："权势者，人欲驾御其群之谓也。不爱其群——即人类——而欲驾御之，是恶性也。人爱其恶性，胜于爱其群，其愚孰甚。"

---

① 罗斯福：西奥多·罗斯福，通称"老罗斯福"，美国第26任总统。

曰："名望与人类孰优？"

曰："名望者，虚空之物，全视众意为转移。众即人类，众意即人类之意。以人类之意与人类比，则人类为高贵矣。"

曰："事业与人类孰优？"

曰："事业乃为人类而建设，且即人类所自建设，无人类安有事业？"

曰："学问与人类孰优？"

曰："学问亦人类所发明。人类愈进化，学问愈精善，学问不如人类之优也。"

盖人类者，万物之灵也。山川、土地，济其所用；鸟兽、五谷，供其所食。凡城廓、河池，宫室、草庐，莫不表示其技能。故埃及虽亡，望其金字塔——其昔帝王之坟墓——及狮身人面等大石像，莫不念其宏大伟庄之往古。予尝谓吾师各金斯[①]曰："吾读索士比亚[②]之剧文，备悉感情、意气之用事。及读诸哲学家书，则见思想及理论之奇妙。故文学者，感情之学也；哲学者，思想之学也。"各金斯唯唯。

各金斯者，女哲学家也，今惠尔斯来大学[③]之哲学总教也，颇负时望。尝以予说传布于其朋类，其朋类然之。予乃益信，文学足以表示感情、哲学足以表示思想之说。然感情与思想，均属诸于人类。则人类者，若纵横经纬以考究之，而察视之，必较文学与哲学，更足起人兴致焉。

岂独英豪贤圣能令人肃然起敬，耿然不忘于怀哉？即樵夫、村妇，蓬头垢足，操作于田野间者，亦有其愚知、愚识、愚诚、愚意，令人心向而神往者焉。予每怪人类之忽视人类也。吾侪何幸而得为人，乃爱护保养我门内之家畜，胜于与我知识、才能相等唯在门外之同类。

---

① 各金斯：通译卡尔金斯，即玛丽·惠顿·卡尔金斯（Mary Whiton Calkins，1863—1930），美国心理学家、哲学家。早年肄业于史密斯学院，后任韦尔斯利学院希腊语教职。多次进修心理学，曾师从威廉·詹姆斯。后任韦尔斯利学院心理学讲师，主持创建了美国女子学院第一个心理学实验室，并发明了测量学习和记忆的配对联想法。其后，创立"自我心理学"，注重心理学的哲学建构。1905 年，当选为美国心理学会主席；1918 年，当选为美国哲学学会主席。著有《心理学基础教程》等。

② 索士比亚：通译莎士比亚，即威廉·莎士比亚（William Shakespeare，1564—1616），英国文学史上最杰出的戏剧家、诗人。代表作有《罗密欧与朱丽叶》《哈姆雷特》等。

③ 惠尔斯来大学：通译韦尔斯利大学，即韦尔斯利学院（Wellesley College）。1870 年，创设于美国马萨诸塞州，系私立性质，专收女生。宋美龄、冰心等，均毕业于该校。

夫人类者，万物之灵也。己所自出而不尊重、敬爱，诚愚之甚也。读者勿以此为书生之迂说。机器虽巧，发明机器之人类更巧，此即予意也。凡人能善善恶恶者，当知人类之最须尊重、敬爱也。

蒙得梭利正同此意。曰："教员对于学生，既须如科学家之忠实忍耐、详审细察，又当尊重、敬爱，视为人类之代表。"此极难之事也。对于成人，且难尽尊重、敬爱，况对于小孩哉！虽然，以蜀道之难，难于上青天，今正为曹锟[①]之军与蔡锷[②]之军之交绥地也。各以家国兴亡在此一举，不因蜀道之难而罢兵休战者，志也。然则教育家若志在尊重、敬爱小孩，亦何难之有?

耶稣为其门徒讲说天国景象，谓此天国，其尊荣华伟，世无其匹。众门徒问曰："谁为此天国中最大人物？"

耶稣抱一小孩于手中，抚而示之曰："凡似此小孩者，彼为天国中最大人物。"

盖言小孩之天真至性也。蒙得梭利曰："夫人类者，万物之灵也；小孩者，人类之继嗣也。"且其天真至性，如天国中最大人物！可不尊重、敬爱哉?

总上诸说，约为数语，以便阅者之参考。

（1）科学昌明，既能助孩儿发达体育，当亦能助孩儿发达智育。此蒙得梭利之奇想也。

（2）奇想竟变巧事。今所熟闻之蒙得梭利教育法，即助孩儿发达智育之具也，全根据于科学。

（3）助孩儿发达智育，意谓助孩儿操练其肌肉，使成有秩序的操作行动；并运用其脑筋，使有能辨别的心思、观念也。

（4）助孩儿发达其肌肉与脑筋者，非拔苗助长之谓。乃当天性展发之际，即知识初开、活泼好动之时，导之以正，齐之以礼耳。

---

① 曹锟（1862—1938）：字仲珊，天津人。早年为袁世凯部下，后支持袁世凯称帝，率军赴四川与蔡锷领军的"护国军"作战。袁世凯去世后，成为直系军阀的首领，并通过贿选成为中华民国总统。曹锟之军与蔡锷之军的交战时间为1916年早春。

② 蔡锷（1882—1916）：原名艮寅，字松坡，湖南宝庆人（今属邵阳）。早年留日，考入东京陆军士官学校。归国后，参与编练新军。后参与辛亥革命，任云南军政府都督。袁世凯称帝后，发起"护国运动"，并率军讨袁，与曹琨之军激战于四川。最终迫使袁世凯退位，恢复共和体制。

（5）教育目的，既在导，在助，则教员当静观默察，法则科学家忠实、忍耐，识志学生之举动，并研究其举动之理由焉。

（6）教员又须尊重、敬爱其学生。其学生虽极幼稚，当视为人类之代表，于其天真至性，尤钦仰焉。

三

（一）蒙得梭利教师

吾师各金斯，曾研究心理学有年。当其试验梦也，夜必置一几于床旁。几上，有白纸与铅笔各一，并蜡烛一枝，新插于盘内。盘底，必具自来火[①]一匣。此深夜醒觉时，试验梦之仪器也。每作一梦，辄坐起，以铅笔记下。严冬不断，冰雪霜寒之夜，如之。一日，出其所记视之，乃有梦中之梦、在梦中所记者。

予素好睡，闻此事，常感科学家之志趋纯一。当试验时，虽身心之劳逸不顾。如各金斯者，梦中犹在思梦，而能以笔记之，其志趋之纯一也可见。为蒙得梭利教师者，亦必耐苦、慎察、审视如此。

西友告予，有邻家幼女往游其家，与以糖食，嗜之，顿念其姊，有残疾者，亦弱龄女孩也，须归国就医诊视。曰："师母，此糖味佳，甚愿吾母亦能制之。惜其不能也。再隔四星期又二日，吾姊将首途归国，若有如此之糖一匣——指其手中之糖——携往舟中，无聊时食之，岂非妙事！"吾友嘉其意。不料四龄幼女，不为己乞物，而为其姊设法，欣然谓之曰："甚善。汝姊启程前三日，勿忘来吾家，拟为制糖一匣，携往舟中食之。"幼女喜甚，谢曰："我必不忘师母，我必不忘。"

初其姊闻母言，不久须随父归国就医诊视，夜寝抱被涕泣。其母慰之曰："母爱尔，故愿尔去，毋哭。"女曰："是否因母爱我，故愿我去。"母曰："然。"自是以后，每夕解衣带时，女必问曰："是否因母爱我，故愿我去。"母曰："然。"于是，女自言曰："母爱

---

① 自来火：又称洋火，为火柴当时的俗称。

我也，故愿我去也；母爱我也，故愿我去也。”一若其小胸怀中，不胜悲恻也者，故言之屡屡，而情意犹有若未能尽者。

予友有感，为道此姊妹事。予本乐知人情，常闻之不厌，而觉有精神上之愉快者。因念西人之重视人类及于幼龄女孩，一言之求，应之惟恐不及，如吾友为邻女制糖是也。而邻母之对于病女，俨如成人，日聆其哀言曰：“是否因母爱我，故愿我去。”必慰之曰：“然。”此其故也。凡为蒙得梭利教师者，除耐苦、慎察、审视如科学家外，亦必乐知人情、重视人类，视小孩如成人，似吾友与其邻母之为人焉。[①]

（二）蒙得梭利之训练儿童

意大利小说中，有一儿童名孚孚者，甚顽劣、卑恶，常作种种不法行为，几骚扰全镇。无奈，送入一学校，藉以囚禁之也。孚孚在此，遇孚弗泰，一美善幼小之女孩，见其腹肌而无食，怜之。此为孚孚有生以来，初次感发之善念。孚孚起立，取其小饭篮，置于孚弗泰之膝上，不作一辞，迳行。亦不自知何故，即掩面涕泣。盖孚孚见孚弗泰，两目亲善，满是愁泪，心中有动，不欲独食其旁，而又不知如何表示其心意，请孚弗泰食；更不知对孚弗泰作何解说，遽与以己之饭篮，故情急变哭也。孚弗泰见状，不胜惊异，急奔至孚孚前，执其掩面之手，轻声哀恳曰：“孚孚勿哭，孚孚勿哭。”孚孚始拭泪止哭，渐忘其事。当是时，一尖锐之声高呼于庭中，曰：“尔二人，何故在彼处延宕，速进课室，毋误。无论何人，皆须入课室，校规如此。”是为教师之声。

蒙得梭利曰：“是人太卤莽，不近人情。伊为教师，当静观默察，尽知孚孚所为，而竟若不知其事者，况严辞责令，逼孚孚与孚弗泰速进课室，致阻遏孚孚经历为善之乐耶。此为孚孚有生以来，初次感发善念之际，善念且继以善行。正当经历其为善之乐，而竟阻遏之，是挫削其立身之基础也。蒙得梭利曰：

> 旧时教师，务欲强儿童安静，常不察其所以然，谓儿童轻举妄动，而约制之。不知当其天性发展之际，其内力充足，不得不有出路，必须有所举动，而后觉得舒畅。如一

---

① 作者原注：“请参观前篇末数页。”指发表于《妇女杂志》第 2 卷第 3 号上的内容。

幼孩，见教师藏置所用仪器于匣中，即欲自匣中拾起仪器。乃教师不察，禁止勿动，令速归座。不知此孩见教师藏置仪器于匣中，亦欲取出，复如法藏置之也。凡取出与藏置物件于匣中，亦为一种技能，有实用之效果。小孩早晚必须学习之，乃届其时矣。教师不启导之，而阻遏之，其愚甚矣。

又有一孩，手足呆笨不灵，有所举动，则乖戾无法则。人以为天赋残废，亦不之责。一日，忽在课室内移动书台，为声甚大，教师阻之。蒙得梭利曰："此为彼孩初次作有法则之举动，先是其天性犹未发展，故其手足呆笨不灵；今当发展之时，故移动书台。任其移动，自有静止之时。"意谓，此孩之手足，本呆笨不灵。今始作有法则之举动，足见其天性已渐发展。教师当郑重其事，万无呵责之理，恐阻遏其新能力，使终为手足呆笨不灵之人也。教师乃任其移动，后果安乐无事，手足渐变敏巧，有法则如他儿童云。

某日，蒙得梭利校中诸儿，群集于一盆水之周，观盆中所浮玩具，甚为欢乐。独有一二岁半之男孩，遗留在外。蒙得梭利自远望之，见此孩亦急欲往观；先走近诸儿，欲拥挤而入，不得。乃顾视室中，目注在一小椅。殆欲取彼小椅，置于诸儿之后，立而观之也。正向小椅进行，似颇有希望，一教师忽将抱起，曰："可怜小丑，尔亦必有一观。"蒙得梭利谓，此教师粗暴无礼。若任彼孩自往取小椅，置于诸儿之后，立而观之，则彼孩必自觉其能力足以抵御阻抗，克服艰难，以成其希望，而达其目的。今则其智慧、能力，皆无所用，束缚于教师怀抱之中，独立之气尽丧，惟有依赖他人之神色耳。盆中所浮玩具，见之亦可，不见之亦可，而其独立自助之能力，乃为立身之根本。奈何怜其孤弱而助之，不知适夺其自助之快乐也。

蒙得梭利曰："教师之职务，在慎察、审视儿童之举动，不可抑遏其善者，而必厌恶其不善者，如挖鼻管、搁脚于书桌上，与推覆、倾轧同伴及其他暴戾、残忍行为，皆须禁止之、掩没之，不遗余力焉。"

读者至此，于蒙得梭利之训练儿童，当有见解处矣。在蒙得梭利学校之儿童，举动必甚自由，一也；蒙得梭利极注重养成独立自助之能力，二也。

然读者胸中，必亦疑团数起。曰：蒙得梭利谓教师不应照校规逼令孚孚与孚弗泰入课室，又谓教师不应阻止儿童之轻举妄动及骚扰之声，是何说也？曰：其自由之说也。

另图 45 蒙台梭利教学照

在蒙得梭利学校之儿童，即上课时，亦可自由出入课室，且可搬移桌椅于他处；若厌倦画图，可取小木方块筑一宝塔。固不似他种学校，有何规则云者。即有之，亦不强儿童服从，如无之也。

至若轻举妄动及骚扰之声，非为特别理由，固当阻止。但不用武力，使渐自感化，在绝灭其再萌之机会，当时则不加责厉。况有所谓轻举妄动及骚扰之声者，乃为自然之感发，如某儿之欲拾起匣中仪器与彼手足呆笨不灵之孩忽移动书台是也。凡为自然之感发，即其形迹似轻举妄动，或暂时作骚扰之声，只可听其便，及其疲而自止。

曰：然则蒙得梭利之学校，何能有秩序哉？曰：虽甚自由，而亦颇有秩序。请论蒙得梭利之自由说，或得知其学校所以颇有秩序之理由也。

（三）蒙得梭利之自由说

蒙得梭利曰："儿童必须自由，其天性方发展无碍；非完全自由，不露示其真相。"盖蒙得梭利之教育，以儿童之天性与真相为根基。教师之职务，在侦察其真相，观视其天性之所倾向，而施济以适当之指导耳。故居旁观者之地位，丝毫不容干涉。儿童自作主意，自由行动。有谬舛，须自纠正之；有烦难，须自排解之，俨如成人。如无复有师长之襄助者，事事须自解决。此自由之至也。而其担负之重，自治之能力，亦可想见。蒙得梭利曰：“如此教育，乃训练儿童终身为人之道，不仅限制于学校而已。吾人在社会中，立身之具亦尽在乎是矣。”

请读者牢记，在蒙得梭利学校之儿童，心思、言行完全自由。教师仅居旁观者之地位，丝毫不容干涉。凡事之主动者，非教师，而儿童也。儿童之自由，仅有此限制，即不准扰乱地方之治安，或损害公众之权利也。他如慝人厌恶，或启人蔑视之行为，亦在此例。教师须抑遏而消灭之。

此外，无论何事，须任儿童自由。教师不特须听其自便，且须观察之也。观察时，须如科学家之专一、耐苦，兼存尊重儿童之心。读者试思，儿童之自由范围广否，除侵害公众安乐及丑陋、卑恶之行为须禁止外，余悉听其便。教师且须正心、诚意，在旁观察之也。

一言以蔽之曰，蒙得梭利之自由即自动之谓。凡事，儿童为主动，教师其旁观者耳。然儿童虽完全自由，不可侵害公众之安乐，此其限制也。再有一事，未识读者曾否注意。即自由之范围以好品行为止。凡如挖鼻管、搁脚于台上等事，皆坏品行也，即予所谓慝人厌恶或启人蔑视之行为也，亦在禁止之例。

读者对于蒙得梭利之教育法，犹有疑虑乎？予有一说，或能证其自由说之不谬，而能示其学校所以颇有秩序之理由也。

吾人之品格、言行，大都为幼时之境遇养成。俗所谓小丫头者，另有其谄媚、贪戾、妒忌、欺诈之手段。吾人贱之曰，是丫头性质也，不知乃其境遇使然。幼时即居奴隶之地位，安得不成长为奴隶之材料，此自然之因果也。予常恶卑身屈己、迎合承意之人，以为太无骨气。而考其原因，未尝不为幼时失宠于父母或祖父母之故。而彼纨绔之子、娇养之女，何自而来？皆幼时之境遇养成之也。若幼时所处境遇，为完全自由，凡事自为、主动，成长时，其独立自助之能力，必甚发达焉。

故蒙得梭利谓其教育与儿童之终身有关系，不仅限制于学校而已。诚哉其言！吾人立身之具，亦尽在乎是矣。读者至此，当不难知蒙得梭利学校所以颇有秩序之理由矣。其中儿童，皆似成人，自作主意，自由行动，自纠正其谬舛，自排解其烦难，而不侵害公众之安乐，且无所谓坏品行者。尚有何事，可破坏学校之秩序耶？

前不云乎，教师须居旁观者之地位，丝毫不容干涉儿童之自由，而当消灭其坏品行于无形，断绝其侵害公众安乐之时机，是犹为儿童设置一自由而又健全之境地也。以此教师与彼儿童，维持一学校，其学校之颇有秩序也，宜矣。

（四）蒙得梭利之独立说

蒙得梭利曰："无人真能自由，除非真能独立。"吾人当设法使小孩学习行走。三四岁时上楼下楼，当无须扶持；能拾起覆倒之物，自穿著与解除衣服；沐浴洗面，一切能自料理；语言亦清楚，能表示其心意；能自有见解，而达其志望。夫而后，习惯于独立自助，无事不能自为，乃成真能自由之人。

请读者注意，独立者，自助也。独立始于一身，即能自助其身之所需与所欲也。予理发，不用一滴油水，以其不宜于卫生，使发秽而易臭也。较之彼胶膝、光滑之时装，固似蓬松干枯矣。亲友患之，谓此殊恶观，予方以其为天真，而自乐也。

乃有怜予者，恐予多读书，未必能理发，以雇一梳头娘姨为谏者。予笑谢之曰："大好头颅，脑居其中，上有发一团，无须他人戏弄之。"不知闻者以为何如？予固自有主张，谓如此权利，安得让与他人！凡属于一身之事，吾自有能力以应付之也。

不期，适与蒙得梭利同意——独立者，自助也；独立，必始于一身——谓当能自助其身之所需与所欲也。推而广之，一家与一国之独立，亦不外乎自助焉。必能自助，而后能独立也。[①]

---

① 作者原注："附注：此篇与前篇所论述，均蒙得梭利教育法之学理。自下篇始，拟研究其教授方法及其学校内情形，详见于本报后数期学艺门中。"事实上，《妇女杂志》"后数期"中，并未见作者续载蒙台梭利教育法的文字。

91　幼稚新教具

赵崇华

1916年4月21日

题　解　　本篇原载《都市教育》第 13 期。发表时间为 1916 年 4 月 21 日。

撰著者赵崇华（1891—？），字振瀛，北京市人，时任职于京师学务局。撰有《儿童恶习惯之调查》《教育心理测验之施行方法》《余之家庭联络谈》《西郊初等教育研究》《西郊丰富营露天学校开幕记》等。

《都市教育》，地方教育月刊，1915 年 1 月 4 日创刊于北京，由北京教育会编辑并发行。旨在传达教育政令，介绍教育理论，并报告教育会会务。主要栏目，有图画、言论、译述、研究、讲演、名著、调查、报告、文苑、谈丛、成绩选粹、附录、会务纪要等；主要撰稿人，有夏承梁、刘颂岳、祁森焕、王之瑞、成隽、李云锦、侯士恒等。1920 年 2 月终刊，共出 42 期。

义大里[①]医学博士蒙台梭利女史之新式教育，今方喧传欧美，成绩卓著。四五岁之儿童，能计算五十以内之数，并解简易之减法；复杂之衣服，固已能自着自弛。即于衣服之材料、颜色、花样之类，其识别正确，实为成人所不及。餐时，此等儿童又为侍者，杯皿之属，罗列井然；桌罩等处，不遗一滴之汁。警敏如此，诚可惊叹。

---

① 义大里：通译意大利。

华深愿以彼之教法、教具一切，用之于吾国之幼稚园中。而其教具价目，为值颇昂。兹仅师其原理、具其雏形，按诸吾国当时情形，稍为增损，以供教育家及为人父母者之参考焉。

西教育家某氏曾云：“儿童自四岁至六岁之成长期内，练习感觉与养成筋肉致密之运动，最为切要。此时玩忽，后虽十分勤勉，完全之能力，终难发达。”故幼稚园之保育（幼稚园之教育，特称为保育），实为学校教育之基础。

感觉者，知识之嚆矢。欲求知识之富有而正确，必自行练习充足之感觉造其基；欲达练习感觉之目的，于教具之力尤应注重。予不敏，谬拟幼稚教具数端，愿以质诸当事者。

（一）练习视觉者

（1）以颜色线八种，每种卷成八圈。由淡至浓，各异其度，使之辨别各色。令将每种线圈，随其浓淡相差之色，依次排列，以练习视觉。

（2）木制（或纸裁）甲、乙、丙三条（等长，而丙条较窄），如式（原图 28、原图 29、原图 30）排置之，以练习目力（此条摘自商务馆《儿童教育画》）。

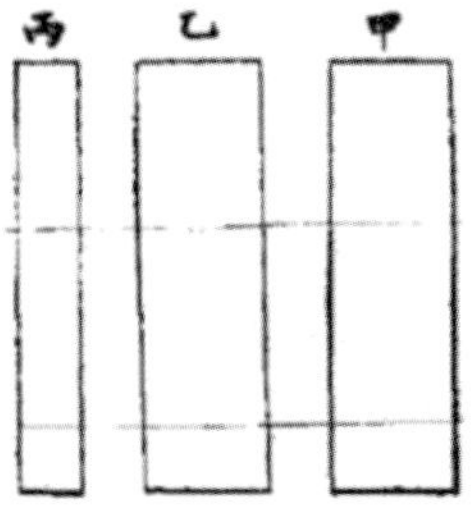

原图 28　排列式一

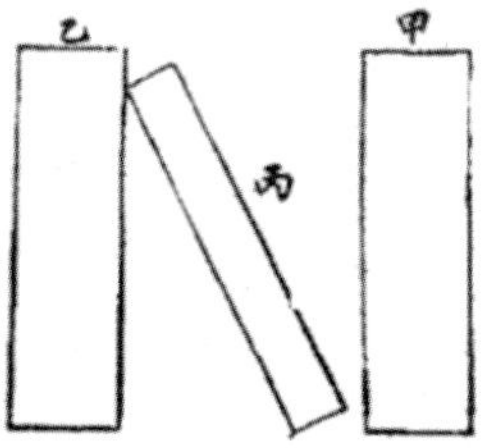

原图 29　排列式二

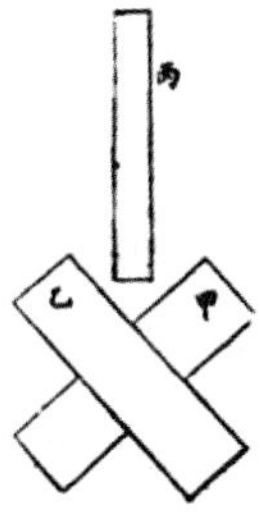

原图 30　排列式三

如排列式一置之，则甲、乙、丙等长；如排列式二置之，则甲、乙似长，丙似短；如排列式三置之，则甲、乙似短，丙似长。其实，皆等长也。

（3）木制大小不等、高低不同、直径各异之圆柱形若干枚，及木匣有孔，足以嵌入此圆柱形者。令将此等圆柱形，各嵌入相当之孔内，以识别物体之大小。

（二）练习听觉者

（4）用金属铜、铁、锡等，瓷、陶、石、木各器，置儿童耳边而振荡之，使辨识声音之各别。

（三）练习触觉者

（5）用绸缎、纱布、麻布、绒毡之属，使蔽目辨别之，以发达指头之触觉。

（四）练习重觉者

（6）用多数之木片，以比重不同之各种之木制成；使用手掌托之，以识各木片重量之各异。

（五）练习算法者

（7）用木棍十支。最长者一尺，以次递减一寸。每寸间，涂以各种颜色。令依长短，顺次排列或相比例，以练习加法、减法。

（六）练习手指者

（8）木制正方体大小之块（或用厚纸制成），令堆成塔形，或堆成阶级形，或纵横并列。先由教者将木块混合，后教以正确之并列法。一二次后，令学生自为之。

（9）小木球数枚，令互击之。

（七）练习手指并开发心思者

（10）用正方体、长方体、三角柱、四角柱等，各数个为一组，使组成各种形体。

（11）用正方形、二等边三角形、二等边钝三角形、正三角形等薄板，以各色涂其表里，使排成各种形体。

按：此即中土“七巧图”之简单者。若进而复杂之，即无妨仿之以制各板。

（12）木制径一分，长五分、一寸、二寸、三寸等数种之箸，使组成各种形体。

按：我国儿童习惯，多用筷子。此即其改良之制。

（13）木制环大、中、小及全环、半环、四分一环等数种（其径大如箸），以排置各种形体。

（14）用石板或纸，使自由绘画之。施彩色者，用色铅笔。

此外，则手〔提〕琴、风琴及文具、书籍之物，决不可绝对的不使摸索，不可放任的随意毁坏。盖乐师之子，少谙音学；粮店之儿，早晰秤斗。日而习见之，必有较胜于他童者。职是之故，则何者为笔，其用如何；何者为墨，其用如何。所在器物，罔非教育之用品；而精图、方字、看图识字等，皆为目前之教具、教材，尤足养其美感也。

92　蒙台梭利教育法演说词

［美］巴斯第夫人

1916年5月20日

题　解　本篇连载于《教育杂志》第 8 卷第 7、11 号。演讲时间为 1916 年 5 月 20 日，发表时间为 1916 年 7 月 20 日、11 月 20 日。原发表时，题下注有：“本年五月二十日在上海寰球中国学生会演说。”本篇系演讲记录，记录者“经宇”。演讲地点，在上海“寰球中国学生会”会所。

演讲者巴斯第（Basty）夫人，生卒年未详。据本文署名及附录一《讲演蒙氏教具纪要》所记，为美籍无疑。她是受“寰球中国学生会”的邀请，来中国上海和北京访问、讲学的。

记录者经宇，即钱智修，字经宇，时任商务印书馆编译所编辑。参见前文《美国幼稚园略述》题解。

有关蒙台梭利，参见前文《蒙台梭利女史之新教育法》题解。

有关《教育杂志》，参见前文《外人调查教育及保卫幼稚事项》题解。

诸君今日所关心至切者，非中国政象与其将来之结果乎？君等欲缔造一共和国，今已克偿所愿矣。顾现状所征，基础颇似未固。于是人人意中，欲知其原因之何在与宪法之所缺者，果为何物？此盖君等所互相讨论，而无日去怀者也。

累叶以来，君等常以君主政治立国。君主政治者，一人总握万几，代人民以思虑者也。彼既创制垂法，为国家治具，则蚩蚩之氓，亦舍盲从以外无所事事。及最近五十年，寰海大通，藩篱渐撤，凡通商、求学诸事，在在多与外人为缘。于是，君等亦濡染文明国之流风，知政体之不可不改，苛法之不能更忍。如君等谓，陆、海军之当兴也，则厚其廪糈，延致各国兵家，教授战术。此盖君等自审其资格，能起担国政之时也。

顾今，则君等已起担国政矣；君等所欲达之鹄的，则已达矣。而此梦想力争而得之共和国家，乃不转瞬而骤陷阽危，则又何哉？将毋此新建国体，尚缺其成立之要素耶？今所欲与君等商榷者，即所缺要素之一事，则教育是已。

美国教育名家某君，尝以简赅之言，释君政、民政之异同。请先为君等述之。据彼之意，则伊古以来，常以两种学说互争胜负。其第一学说，则以政府为统治主体，由君主谋正当善全之法，强人民以服从。此之人民，实际上殆无异奴隶，故无自用思想之权；其终身所有事，则奉令承教，不稍宿留而已。其相反之学说，而亦仅成其为学说者，则谓每一人民皆当有思想机关，以自谋己事。此其立意，亦并非置服从于不顾。彼人民既以自己思想，决某事之当行，固非服从不可也。

斯二说也，有其共通之鹄的焉。即为国民之公益，俾人人各得其公道是也。而其足以害民病国，亦正相等。设君主之谋国，或见理未明，不能进人民之幸福；或宅心偶偏，但顾一己或一阶级之私利，则君政败。而设多数人民，所以谋公众利益者，非其道，甚或专己自私、不顾大局，则民政亦败。所不同者，则君政之民，纵能翊戴明君、守法安分，其思想力必绌；反之，而欲民政之成功，则凡属公民，不可不具宏通、公普之思想，以服从自己之判决而已。而上述理想若能实现，则民政之优于君政，亦无容疑议。以其能进奴隶为公民，使其立身行事，自无知之机械而负明敏之责任也。

就北京及通商口岸言之，华人之学富智赡者，亦自不乏。然设由上述地方进行五十里者，则又何如？吾恐所遇，皆不识字之愚民矣。此等人爱尚和平，但能自适己事；其视政体之专制、共和，殆无异秦、越人之肥瘠。而美国则不然，任至一僻远之地，皆学校林立，教育蔚兴；其人民对于国事，无论社会的、政治的、财政的，罔不休戚与共、息息相关者。然则立国之根本大法，厥惟教育。而中国犹付阙如，亦可见矣。

君等尝集巨万金钱，购枪械，储军需，为国而战矣。然欲建共和国家健全之基础，以为后世子孙利赖，则不可不更集金钱以教尔子女，且使荒陬僻壤，咸有教育之机关。而中国之教育制度，尤不当循欧美锁步主义（Lock-step System）之覆辙，必使儿童能自用心思，察理断事，然后能称良好之制度也。

菩尔克博士（Dr. Burk）[①]者，美国有名之教育家也，尝论锁步主义之弊曰："现行教育制度功能浅薄，必当以充分有力者代之。其制度之创自何人，可勿问焉。"蒙台梭利博士之教育法，殆解决此问题之关键乎？从来释儿童心理者，须眉每不及巾帼。故蒙氏之教育原则，亦非男子所能发明。

如洛克（Locke）之《教育论》（*Thoughts on Education*）[②]、卢骚（Roussean）之《爱迷儿》（*Emil*）[③]，下逮裴斯泰洛齐（Pestalozzi）、福留培尔（Froebel）[④]、海耳巴脱（Herbart）[⑤]辈，著作如林，罔不于儿童心理有所推籀；然或基于智识作用，或本于个人特性，纵非满盘皆错，亦必偏而不全。其儿童心理之见解，既偏而不全，又安怪其教育法之缺点滋多乎！

蒙氏所以于儿童心理独具卓见者，实受半意识的直观之助。此其根源，起于温柔、慈爱之宝藏。而此种宝藏，则妇女人人所同具，不必为母而始然者。妇女以具此宝藏，故用能以儿童之眼光观察事物，由儿童之笑啼诠释命意，一为抚育顾复，而儿童心意之所在，皆可由是而推知焉。是岂一般男子所能方驾也哉！

今试以男女二人，与群小儿杂处，彼等必疏男而亲女。此种性、自然倾向使然，有非人力所能强致者。蒙氏之于医学，固已极深研几，直入堂奥；然其能以独到之见，治复杂之教育问题，则断非仅恃医学所能奏功。彼虽穷年累月，用力于医学及人类学之实验室中，然妇女之感性，初未尝因是而失。故于反对事实所组成之学问外，尤能因自然界之启示，洞明儿童心理。夫儿童者，则人生之妙音与人类所以生生不灭之奇观也。

蒙氏于教授一学，独具天材。故凡儿童教育学上所用之方法，皆研肄有素。由彼所刊行之著作观之，可知其科学素养之深也。彼常从事实际事业，此似与后来事业无涉，实则一枝一节皆有密切之关连。

---

① 菩尔克博士：通译伯克博士，即弗雷德里克·李斯特·伯克（Frederic Lister Burk，1862—1924），美国教育家。曾任旧金山州立师范学院院长25年，又为加州教师协会主席，系"个人教育系统"学说的创立者。著有《幼儿园问题研究》《每个孩子、未成年与守旧教育》等。

② 《教育论》：约翰·洛克所著之《教育漫话》。

③ 《爱迷儿》：让-雅克·卢梭所著《爱弥儿》。

④ 福留培尔：通译福禄培尔。

⑤ 海耳巴脱：通译赫尔巴特，即约翰·弗里德里希·赫尔巴特（Johann Friedrich Herbart，1776—1841），德国哲学家、心理学家。其教育思想在世界近代教育史上产生了广泛而深远的影响，被誉为"科学教育学的奠基人"。所创"四段教学法"，被发展为"五段教学法"，长期影响着教育教学。著有《普通教育学》《心理学教科书》《教育学讲授纲要》等。

初蒙氏居修道院时，尝服务市立医院暨小儿疗养所。未几，又在罗马大学为临床精神病学助手。凡儿童所遘之疾苦，如肢体残废、目光失明，盖皆身入其中，而一一目验。此等儿童，自呱呱堕地以来，即与病魔为缘。故蒙氏所接构者，亦惟欷嘘咽泣之声，而其悲悯之怀，则因是而更为切挚。

今伊泰特（Itard）[①] 及石庚（Edward Seguin）[②] 两医士之生理治疗法，风行全意。其首先输入者，则蒙氏在育婴院看护痴儿之时也。其在市立畸儿学校，亦大著成绩。畸儿身撄痼疾，愁容满面，呆若木鸡，自蒙氏主持校政，欢愉之气盎然眉宇间矣。

以蒙氏勇气、仁心，皆超流辈，故其预备工夫，亦兼程并进。即一面在健全基础上建设教育方法，一面仍兼顾其实际事业是已。盖蒙氏受良知之诏示，其光荣事业之只有历史价值者，至是遂成为永久常存之物，与自然原则同其功用，而为革新社会组织之先声焉。

儿童心理发育之途辙，必不当以物为之梗。其内蕴之个性，必当任其自由，使为自动的表示。教育家所能为力者，则因势利导，引起反动作用，以扩充精神之蕴蓄而已。故对于受教之人，所最当注意者，即在各种精神生活之表象，而其事尤非专恃科学所能奏功。科学纵极湛深，然性质固定，常足减损个人责任，惟专心致志，注意儿童自我之表示而默加体认，庶几能胜教师之任耳。

昔之为教师者，冷涩方严。吾人回忆儿时，犹滋股栗。今则旧式教师已归淘汰，别有新式者以代之；又旧日教科，斠若划一，几成刻板文章，今亦渐不适用，而用简单、明了之个别教科。此种教科，趋重实物，故藉重于教师人格者为量至微。其惟一材料，则儿童活动力所集中之事物是已。

上述之法，所以保存儿童之自由也，而教师亦得常享自由之乐。质言之，则以反观默省之功为纯粹之自动教育是已。昔之教师，常殚精疲神于无谓之言辞，用力虽劬，为效甚寡；今则不然，但能默观静听儿童之言动，为之分别意义，则教师之本职已尽。

盖儿童与环境之间，自有一种天然言语，供吾人判别也。植物之萌芽也，必有内生力为之主使，其发荣滋长，与外界势力相应。人类亦何莫不然！但能内力外缘，融和一

---

① 伊泰特：通译伊塔德，法国治疗耳病的医生和教育聋童的专家。

② 石庚：通译塞贡，法国研究和治疗心理缺陷的先驱。

致，则人生妙音，自然流出。若闭置一室之中，势必血分衰枯、勇气全失，将何以抗逆境而争优胜乎！

以上所述，皆蒙氏新发明之理想，欲于教育之地盘上，播植种子者也。然蒙氏之意，初不以理想自阈，尤欲见诸实用，以树革新教育之风声。夫欲立一说以与群众图始，此其事未易言也。陈腐之旧制、相沿之积习、先入之成见，根柢盘深，牢不可破，在在足与新说为难。顾蒙氏卒能排万难以行之，则其心、精力，果又何如者？且蒙氏所以革新教育者，尤非仅以教授法为限。凡学校之环境及器具，亦一一自出心裁，顿改旧观。质言之，则谓教育之全体组织，自其内部之细胞起，皆由是而革命可也。

试参观蒙台梭利式之学校，将见其教具、课堂与教授读书、作字之方法，均与他校不同。如校中不置书桌，亦其一证也。盖旧式书桌，实为身体致疾之原因。故蒙氏废弃不用，别以轻便灵动之小椅几代之。如是，则儿童能自择坐位，而病因去矣。

蒙氏著作中尝有一文，论旧式书桌之缘起。曰：

> 今之书桌，盖所以省儿童之运动，使其处固定之地位者也。其制作完备，成为今日之形式，殆不知几经改良。有科学教育家以发明、构造之模型，又有各国国民自夸其本国之特式，于是争奇斗胜，赢得最后之锦标焉。此其构造之初，必有种种学问为基础，自无疑义。欲知身体长度与年龄之关系，则有待于人身构造学；欲知筋肉之运动，则有待于生理学；欲知本能早熟与败坏之原因，则有待于心理学；而欲防脊骨之拳曲，则尤有待于卫生学。此诚学校适用科学之明征，足称科学的书桌而无愧者。然使古代之人见此，则必诧异称奇、大惑不解。盖名为防脊骨之拳曲者，其实乃不啻强直者而使曲，斫强者而使弱也。初民时代之人与狮、象争，与木、石居，曾于其脊骨无损，而学校之衡轭①，乃足以束缚之而有余。吾不知当社会立法注重劳动自由之时，胡科学乃成此戕贼人性之具，以困人于学校耶！

不宁惟是，凡学校之盥具、食案、衣钩等物，亦当轻便、低平，使儿童无爬高就低、

---

① 衡轭（è）：架在牲口脖子上与辕相连的部件，以此驾驭牛或马，拉动牛车或马车。在此喻指制约办学之种种措施。

毁伤什物之恶习。此不特能增自由之乐，亦所以养成秩序之风者也。鼓励儿童之运动，必不当以发展特种之筋肉群为职志，而当以发展人格之全体为职志。运动者，所以完成儿童之行为者也。此其为事，必当全力贯注，而非偏重某部之筋肉，亦已审矣。

蒙氏谓，教育婴孩，其惟一原则在扶助心理之自然发育。彼尝著《科学的教授法对于儿童教育之适用》（*The Method of Scientific Pedagogy Applied to the Education of Early Childhood*）一书[①]，于扶助之道，言之綦详。是书于一九〇九年，由喀私脱罗市（Castello）[②]拉比（Lapi）书店出版。诚留心教育者，所当熟读深思者也。任举书中何页，皆有同情之理想、深邃之观察流露于字里行间。读者玩索有得，则蒙氏著书对于人间社会之价值，亦庶几略见一斑。盖今日之儿童，即异日之成人。蒙氏所以取儿童而研究之者，其着眼，固在人类之总体也。

全书二百七十九页。骤观之，其树义颇涉专断，然读此既终，乃极耐人寻味。寻常科学书籍，其结论每多枯燥。独是书不然，皆自心藏睿智中自然流出，且必妇女然后能具此心藏与睿智也。其论感觉教育之三十七页，兴味尤极深长。凡儿童之触觉、温觉、压觉、质体觉，以及嗅觉、听觉、视觉，莫不用简单材料，为谋陶冶之方。盖如是，而童子亦精神团结，有取之不尽、引之愈长之象矣。

世人之为感觉教育也，每有顾此失彼之弊，惟蒙氏不然。据彼之意，感觉之所以可贵者，在能陶范儿童身心，增加其活动之种类。以如是，则新个人（new individual）发育之时，神经上之关系益多，而心理细胞参加之数，亦益众也。由感觉而进于观念，又由各个观念而成为联想，则智的教育自渐次发达。而教师之干涉，尤以愈少为愈妙。凡“儿童之宅”（Casa dei Bambine）所行之练习，种类虽多，鹄的则一。即使儿童自由表现其个性，毫无外力之参加是已。

置儿童于自然现象之中，则彼自能起而观察，不必教师为之解释也。譬之于花，儿童则其种子也。为教师者，亦惟视其茁芽抽枝、含苞放萼而已，无事揠苗助长为也。童子身体柔嫩，极与新生之植物相似。设以玫瑰、石竹或郁金香一株，令一小儿培养，则当开花之时，花色花香，均含幼儿意味，而是儿亦必愉快胜常。盖人类在初民时代，尝

---

① 此书通译《蒙台梭利方法》。

② 喀私脱罗市：通译阿奇卡斯泰洛市，为意大利卡塔尼亚省的一个市镇。

因造化之奇观起此感想，固犹深留脑海而未去也。

初民时代之教育，均由外界事物而来。而欲今日儿童成为文明之人，亦不可不循兹轨辙。所谓儿童之宅，即因此种新方法而设立者也。凡肄业其中者，皆以独立生活之形式从事工作，因随其理解力之发展，获得实地训练。而工作之时，尤有一种愉快之状，与向阳花木自由开放相同。即吾侪旁观之人，亦受其乐感之影响焉。

余尝游博览会之教育馆，见一儿童之宅，环而绕者，有工、有农、有商，有日遇困难问题之人。吾人观其面容，即可知其变化之由来。盖此即灵魂之光依固有之性质而发展之迹象也。昔那塞伦人（Nazarene）①常抚儿顶而言曰："凡能使其身若此小儿者，则其人必为天国之伟人。"斯言良信，吾人观小儿之精神，殆亦具此感想焉。

"自然之秘密，皆备于小儿灵魂中。"此诗人胡特华士（Wordsworth）②之言也。据彼之意，人类全体之精神，为生活真正之合成体者，小儿已具备之。夫然，而蒙氏教育法之价值亦可见矣。盖彼之教育法，实长幼共济、仁勇兼全，本儿童灵魂所具之良能，以恢宏人类之爱情者也。然则其不为意大利之国境所限，而能风靡一世，超现行最良制度而胜之，不亦大有由哉！

蒙氏之新教育法，今正输入英、美等国。而盎格鲁-撒克逊族，所以热心欢迎者，尤有特别之原因。一则是族之民，方感初等教育之缺点，而蒙氏所注意者正在此事；一则蒙氏之教育法，以自由主义、实验精神为中坚，适与是族之种性相应也。就美国言之，任举何州，几无不有蒙氏学校。前者，全国教育会集会时，鄂克兰市（Oakland）③曾开一蒙台梭利教育会，联邦政府之代表，亦与议焉。

博览会教育馆，曾设儿童之宅每日授课。又有师范生一班，由蒙氏自教。近则更拟将其教授原理，为公开讲演。其所著《科学的教授法》一书，英、法、德、俄暨西班牙、波兰、罗马尼亚、日本诸国，均有译本，讨论、研究之文尤多。凡教育家之留心此法者，则世人亦益加敬重焉。盖以一女子之热心、毅力，而全世界之思潮为之转移矣。

---

① 那塞伦人：通译拿撒勒人，《圣经》中的人物，即居住在拿撒勒城中的人。据称，耶稣曾在拿撒勒城居住了 30 年，故也被称作"拿撒勒人"。此处或代指耶稣。

② 胡特华士：通译华兹华斯，即威廉·华兹华斯（William Wordsworth，1770—1850），英国浪漫主义诗人，为"湖畔派"三诗人中成就最高者。著有《抒情歌谣集》《革命与独立》等。

③ 鄂克兰市：通译奥克兰市，位于美国西海岸的加利福尼亚州。

据余之意，此种教育法，实中国所当仿行。蒙氏教法本分二级。其第一级，则供幼稚学校之用，所以教两岁半至六岁或八岁之儿童者也；其第二级，则供中学校之用，所以教六岁或八岁至十四岁或十六岁之儿童，以为入专门学校之预备者也。

而中国欲仿行斯法，确定巩固之基础，尤非延蒙氏亲来不可。彼本拟来中国一行，创办师范学校及小学数所。然非中国政府加以承认而为之赞助，势难遽来此间。教育家暨儿童父母，以及关心江苏全省儿童之幸福者，若能联名上书，请政府礼延蒙氏，且与以开办经费，不禁企余望之矣。

余于数星期内，拟往北京谒教育总长，且以同一演说就教于都人士。故尤望君等将请愿书速行缮就，俾余得携呈总长。蒙氏顷居西班牙。西政府特于教育部中储款五十万元，以供彼创办师范学校及小学校之用。盖西班牙人，方欲仿行其法为国定教育法也。

中国今日方在过渡时代，故他国之谬误，皆可取为借鉴之资。他国方以旧制不善，从新改造，而中国则于发轫之初，即可择其最佳、最有益者用之，使本此旨以定教育之法律焉，则君等必能享真正平和之幸福，此余所敢为代决者也。

附录一 《讲演蒙氏教具纪要》

江苏省教育会于本月二十日，延请美国巴士第夫人讲演蒙铁梭利氏教育法，已豫志前报。

昨届开会之期，午后三时许，巴夫人偕同某某女士三人，携其子女二人，又蒙氏教具全副到会，亲自分部陈列。四时十五分开会，副会长黄炎培君首致欢迎辞。嗣即夫人演说，由张叔良君译述国语。

先述蒙氏之历史，又发明此种教育法之原因。次将教具逐件说明其功用，并一一使其子女二人演习，以佐说明；末讲创制此种教具之意见。又谓，阳历九月间，拟设一幼稚园，招生三十五人，每人收费十五元。注意幼稚教育之人，可往参观。听者极有兴味。

巴夫人讲毕后，黄君致感谢之词，并请胡彬夏女士演说，详述蒙氏训练法之精义。略谓，研究蒙氏教育法，宜重精神，不在形式，要觉其宗旨之所在。蒙氏之教具，纯从寻常日用之知识上着想。中间刺取蒙氏之闻见，以为引证。

于是宣告散会，时已过六句半钟矣。是日到会者男女宾，约二百余人。尚有幼稚教育研究会讨论事宜，由发起之钟、黄二女士招集到会之人，另行开会。因散会已迟，容另记录。

原载《申报》1916年5月21日第10版

附录二 《演讲蒙氏教具之精义》

寰球中国学生会，前晚请美国巴士第夫人，演说蒙铁梭利教育法。伍廷芳博士，亦莅会参观。

先由主席朱少屏君致欢迎词，并述蒙氏教育法之大概。

旋请巴夫人演讲。略谓：蒙铁梭利博士，系一意大利国医生。自愿捐弃功名富贵，而从事于幼稚教育。揆儿童之心理，制造种种教具，设校教授。其训练学童之主旨，全属自动，非被动，重在养成儿童之自立性。惟孩童有灵敏、有愚钝。灵敏者，性好动，人常视为顽劣，以为不可收拾，多厌弃之；愚钝者，性好静，规行矩步，每能见好于人。不知其中智愚，适成对面，人多误视之也。蒙氏谓："好动之儿童，实聪颖、活泼，天然良材。吾人万不可阻其动作而束缚之，宜随其所好，施以种种教育，颇能见效。"

蒙氏制有多种教具，陈列校内，任令入学儿童把玩。常观儿童天赋各异，好尚亦殊，其择取之教具大相迳庭。聪明之子，每检其深奥之具以玩弄；愚鲁，则反是。故凡甫入蒙氏学校之生徒，立可判别其高下也。所谓蒙铁梭利教具，□□有□十种。多有大小、长短不同之木柱，使儿童装配于同形之木盒内，以养成其观察力。有多数之木架，连以种种钮扣、鞋带等，或教之解，或教之结，以练习其手指。有轻重不等之木片，使置于掌中而较其重量。有极光滑之木板，间以沙制之纸条，使儿童抚摩之，而别其物质之形状。有五色丝线绕成之木块，命儿童分辨其深浅。有大小不同之方木，□积台面，使儿童比较其大小。有长短不等之梯木，外施以红黑相间之漆，以教儿童加减之数。有于木筒内置沙屑、铜、铁等，摇之有声；声之高低，各筒不同，使儿童较量其音之大小。另有以沙制成之字画，用为儿童识字之初步。种种教具，皆能使儿童触觉、听觉、视觉之发达。

巴夫人以英语演讲，至三小时之久，闻者无不赞其精心造福儿童不浅。

词毕，后又经张默君女士及某某诸君讨论片刻，即由演说部主任朱少屏君答谢而散。

原载《申报》1916年5月23日第10版

講演

蒙台梭利教育法演說詞

巴斯第夫人

經宇

本年五月二十日在上海寰球中國學生會演說

諸君今日所關心至切者。非中國政象與其將來之結果乎。君等欲締造一共和國。今已克償所願矣。顧現狀所徵。基礎頗似未固。於是人人意中欲知其原因之何在。與憲法之所闕者果爲何物。此蓋君等所互相討論而無日去懷者也。

累葉以來。君等常以君主政治立國。君主政治者。一人總握萬幾。代人民以思慮者也。彼既創制垂法。爲國家治具。則蚩蚩之氓。亦舍盲從以外無所事事。及最近五十年。寰海大通。藩籬漸撤。凡通商求學諸事。在在多與外人爲緣。於是君等亦濡染文明國之流風。知政體之不可不改。苛法之不能更忍。如君等謂陸海軍之當興也。則厚其廩糈。延致各國兵家。教授戰術。此蓋君等自審其資格能起擔國政之時也。顧今則君等已起擔國政矣。

另图 46　《蒙台梭利教育法演说词》原发表件图（部分）

93 参观苏州慕家花园幼稚园记

杨芳

1916年6月

题 解 本篇原载《妇女杂志》第3卷第3号“记述门”。参观时间为1916年6月，发表时间为1917年3月5日。

撰著者杨芳，女，生卒年、籍贯未详。当时任嘉定圣公会女学主任。该学创办于1889年，位于嘉定西大街善牧堂之侧，为当地最早开办的女学。

有关《妇女杂志》，参见前文《蒙得梭利教育法》题解。

夏五月，顾君素筠顾访，相约为苏州、无锡之行，一考彼中教育实况，期以一周即返。既抵苏城，连朝大雨，困守逆旅，焦懑无似。适晤省立第二女师范附属小学主事杨子卫玉[①]。谈次，告芳等曰：“君等既来此参考教育，慕家花园有美人所办之幼稚园，成绩卓著，是不可以不一观也。”亟诺之。抵苏之翌日，冒雨问途而往，得参观半日。其设备之周，与夫教术之善，足资取法。今距参观之时，已隔多日，而神往于斯园者，犹久久不能忘情焉。爰泚笔追记之，以告邦人之留意幼稚教育者。——芳识。

① 杨卫玉：杨鄂联。

慕家花园幼稚园者，美国金振声[①]女士所创设也。园址在苏州城内慕家花园，因以为名。女士来吾华，先创办英华女塾，迄今已二十余年矣。

曾于七年前，资遣二女生[②]赴美，专习幼稚教育。学成返国。即于女校内增设幼稚师范科，以授关于幼稚园之教育学暨教授法，养成保姆人才，并设幼稚园于校之旁近。所施教育一依美国最新之方法，故其成效大著。

余与顾君素筠，既探得其所在，遂投刺[③]而入，得参观其教养实况。由园中刘吴卓生[④]女士导观授课，时则已第二时，授手工科。室内设备，壁间张挂图画，旁置长方形矮桌，儿童团坐四周，保姆亦杂坐其间，率儿童制作，或摺纸，或剪纸。

是日，适为土曜日[⑤]。故手工科即令儿童复习已授之各种细工，一任其心之所好者，随意为之，俾各自运用其心思。教育者，并不为之规定，盖藉是以觇儿童之性情、意志也。保姆杂坐其间，与儿童共同制作，既以防止儿童不良行为之发生，又以助长儿童学业上之兴趣。团坐矮桌，不取学校内桌椅排列之制，亦所以免致拘束其身心也。

参观不半时，退课铃声已作，遂退出室外，更导入左教室内。据刘吴女士云，第三时为唱歌、游戏，遂静坐室隅以待之。

未几，上课之铃声又作。保姆三人，各率儿童一队。每队约十名，鱼贯而入，各挟小凳一。室中地板上，本有大圜形。儿童至此，一一置小凳其上，作团圞坐，保姆亦杂坐其中。由一保姆导令作种种游戏，另由一女教师（美国人）按钢琴，各和之而歌。儿童作游戏，不由教师主之，纯由儿童自择。先由保姆问诸儿，今日将作何种游戏。一儿先举手，表示其意见；诸儿群起拍掌和之，欢呼雀跃，而游戏遂开始矣。

一时间内之游戏，凡三四种，纯出于儿童之自主，而秩序始终不紊。保姆在旁，不

---

① 金振声（V. M. Atkinson）：女，生卒年未详，美国传教士。来华后，先在上海办理义务学校。1898年，被派往苏州，在申衙前主持创办义务小学。1896年，迁校至苏州长春巷，定校名为英华学堂，分男女二部。1904年，主持将女校迁至慕家花园，称英华女学。后在该校附设幼稚师范科和幼稚园。

② 此“二女生”，一为此次参观的引导者“刘吴卓生”，另一人则为“范女士”（名未详）。“七年前”赴美留学之说，恐不确。当为共同留学“日本广岛幼稚师范学校”。她们先后留学美国，是在中华民国成立之后的事。

③ 投刺：投递名帖。

④ 刘吴卓生：刘廷芳夫人吴卓生。

⑤ 土曜日：星期六，是清末民初依据“七曜历”来记日的名称。

另图 47　慕家花园幼稚园幼稚生家庭游戏

另图 48　慕家花园幼稚园幼稚生拾球游戏

过监视、助兴而已。此其尊重个人之意志，自其幼时已非常注意，实为斯园教育精神之所在。

参观之时，虽云短促；然身处其间，觉天真烂漫之儿童与和蔼可亲之保姆，融融泄泄、畅发天机，诚儿童之极乐世界哉！

迨课毕，已近午时。下午停课，土曜日旧例也。复由刘吴女士出示儿童图画、手工两项成绩品。以五六龄之儿童，能作写生画及粘土工，虽曰能力不逮，然已能描摩物体，具有观察力，藉是以发挥其本能，固未可忽视也。既又出示种种教具，凡分十类，有几何形之木块，有各色之薄板，有竹签、石珠等，为儿童玩习之用。

参观至此，已届正午，遂告辞出。查其课程中，有识字一课。年长者，且读国文教科书，则以迎合社会心理，但并不注重。又有谈话一种。惜是日为土曜日，不获见其教授，深引为憾云。

兹将参观时所得是园之课程表，附录如下。

幼稚园课程表

（一）　修身：（1）忠孝节义故事；（2）唱歌；（3）图画；（4）善言习惯；（5）整洁习惯；（6）礼仪。

（二）　谈话：（1）家庭——烹饪、洒扫、裁缝、纺织；（2）社会——士、农、工、商各种职业；（3）物理——天象、植物、动物；（4）宗教——《圣经》古〔故〕事、祈祷。

（三） 手工（谈话时所闻者，即以手工发表儿童之思想，以资启悟）:（1）木块、薄板、竹签、圆圈、植物子、泥沙、纸类建造工;（2）扦工细工;（3）沙土;（4）黑板画、水彩画;（5）编纸工;（6）摺纸工;（7）剪纸工;（8）撕纸工。

（四） 游戏:（1）唱歌游戏;（2）演习故事;（3）进行;（4）跳跃;（5）抛球、打球、滚球;（6）指法。

（五） 音乐:（1）唱歌;（2）游戏唱歌;（3）韵律游戏;（4）分音。

（六） 识字:（1）方字;（2）看图识字;（3）国文教科书。

94　夫勒培尔传

陈耀

1916年7月25日

题　解　本篇原载《中华教育界》第5卷第7期“史传”栏。发表时间为1916年7月25日。

撰著者陈耀，生卒年、籍贯及生平事迹未详。

有关传主夫勒培尔，通译福禄培尔，德国学前教育家。

有关《中华教育界》，参见前文《确定教育宗旨令》题解。

弗利特雷吁·维尔海尔姆·奥古斯忒·夫勒培尔（Friedrich Wilhelm August Froebel）者①，德国之大教育家也。千七百八十二年，生于德之阿伯尔伐斯白嚇（Oberweisbach）村②。父为路德（Luther）教派之教师。所辖之区，凡六村，事甚繁赜。以故，无暇诲其子。生母早背，董家事者为继母，性悍俗，不谙儿童性，尤不喜其前房子，有微谴，辄加毒詈。

夫勒培尔情不能堪，终日徘徊于林中，以消长昼。好鸟枝头，落花水面，藉以自娱而已。相习既久，虽不读书于初步之学，亦稍有所得。年十岁，出依舅氏居，舅氏送之入学校。凡四载，稍习初级之学科及拉丁，而进步迟迟，未足与侪辈埒，然亦不以此而介介也。

先是，夫勒培尔入校之日，闻有诵圣书者，有句云：“汝先寻天国兮（Seek ye first the Kingdom of God）！”夫勒培尔闻而记之。及年既暮，常曰：“是句也，印入余脑甚深。

---

① 此为人名，通译弗里德里希·威廉·奥古斯特·福禄培尔。

② 阿伯尔伐斯白嚇村：通译奥伯韦斯巴赫村，位于德国中部图林根州。

虽闻之之日，去今已四十年，然不啻闻之今日者。”亦可觇其旨趣矣。

年十四，返自舅氏，遂从管理森林者为弟子。夫勒培尔居此，怡然自适，无悒悒不乐状。常谓斯时生活之景象凡四：曰实用生活，曰自然生活，曰读书生活（于数学、语学尤为注意。盖有书在侧，不烦仰息于人故耳），曰研究植物之生活（邻人医士某，乐以书贷之也）。

情虽如是，然彼管理森林者之于福氏，实鲜有所俾。三年既终，乃决然舍去，而肄业于耶拿（Jena）大学[①]。入校后，颇致力于学，惟造诣则不佳。复以负债（数不及二十五元，而强半为其兄负责任者）故，禁于校监者凡九周。释放后，遂离校去。在校之日，仅一年有半耳。

数为尝试，百无一成。卒之飘泊至弗兰克夫尔忒阿姆马因（Frank-furt-am-main）[②]，遇格龙那尔博士（Dr. Gruner）[③]，知其才，聘之为教师。夫勒培尔勉应之，然非所愿。博士者，盖模范学校之校长也。夫勒培尔任职后，历有年所，昔之怏怏不乐为者，今且恋恋不忍去矣。及夫后日，常自述其此番之际遇曰：“余之任教育事也，有如向不知者忽有所悟，然屡屡求之，屡屡失之，又如自然之理，猝为发见。余之乐，正如鱼之游泳于水中，鸟之徜徉于空际也。”

夫勒培尔于其新事业，虽著成效，然自思教育事业，脱无特别之经历者，断不为功。二年后，得读配司泰洛齐氏（Pestalozzi）[④]书，复往访其人于耶佛顿（Yverdon）[⑤]。晤谈之顷，无任钦佩，乃决舍其位，而从配氏学，时千八百零八年也。

耶佛顿之行也，携弟子三人往。曰：“余之此行，师而徒，教员而学生者也。”居耶佛顿者凡二载，专从事于幼稚教育，颇有心得。其论配氏，则曰：“彼欲人之生活趋乎高尚，乃从而锻炼其性灵，然不显示以当行之路所以达之者，与夫当行之法所以得之者，是为缺憾耳。”至其自述在耶佛顿时之经验，则曰：“余居于是，得谙儿童种种之游

---

① 耶拿大学：始建于 1558 年，是德国最为古老的大学之一。该校位于图林根州耶拿市，知名校友有黑格尔、马克思、莱布尼茨等。

② 弗兰克夫尔忒阿姆马因：通译法兰克福美因河。

③ 格龙那尔博士：通译格鲁纳博士，即戈特利布·安东·格鲁纳（Gottlieb Auton Gruner，1778—1844），德国教育家、神学家。服膺于裴斯泰洛齐的教育学说，时任法兰克福模范学校校长。

④ 配司泰洛齐氏：通译裴斯泰洛齐。

⑤ 耶佛顿：通译伊佛东，瑞士地名，裴斯泰洛齐在此办有一所实验学校。

戏，并明所以发展其身心之力者。”观夫此言，吾辈可知，幼稚园之胚胎即孕于是，夫勒培尔之名亦成于是。而迪汰斯氏（Dittes）[①]则谓：“幼稚园之本源，乃配司泰洛齐氏教育之复生。”其言亦非无因也。

夫勒培尔之去耶佛顿也，复入钩挺根（Götingin）大学[②]及柏林（Berlin）大学而肄业焉。破二载功夫，致力教育学，乃大成。千八百十三年顷，德国“自由之战”起，夫勒培尔应募入军队。即于军中，遇维尔海尔姆·灭登多尔夫（Wilhelm Middendorf）[③]及汉力吁·兰格他尔（Heinrich Langethal）[④]，一见倾心，两情甚洽。他日为彼教育事业之臂助者，斯二子也。

千八百十六年，夫勒培尔初创学校于格虑沙姆（Griesheim）[⑤]，形式简单，生徒甚鲜。相传从之学者，惟其犹子五人而已。未几，迁于卡尔耗（Keilhan）[⑥]。卡尔耗者，近卢多尔斯打忒（Rudolstadt）丢林克因林（Thüringian Forest）中之一小地也。居是乡时，以得灭登多尔夫及兰格他尔之匡助，卡尔耗学校之规模始略具。历十余年，亦稍稍著成效。直至千八百三十三年时，又迁之于瑞士之柏格多尔夫（Bergdorf）[⑦]。

德政府对于卡尔耗之学校也，非徒不加鼓励，乃颇疑其有异志，遣使者往察焉。使者返命，于夫氏之建设深加赞许（极端之批评，不过谓生徒之发宜剃而已。语见Bowen's *Froebel* 第二十六页）。然所以胁迫之者，仍未之止。

千八百五十一年，政府下禁止幼稚园令。略谓，此种建设，乃夫勒培尔社会主义之遗蘖；其目的，不过教儿童以无神论而已。是令之赓续，直至千八百六十年而后止。

当是时也，德国之于幼稚园，固不视为教育之建设，不过以之为儿童看护所而已。故教员之任职其中者，不获准许状；凡事之关于初级学校者，不得入于幼稚园。既不许以学校之性质，复不许有读本、数学之学科。斯其闭塞，实堪哂笑。夫勒培尔志之不展，

---

① 迪汰斯：通译迪特斯，生卒年及生平事迹未详。

② 钩挺根大学：通译哥廷根大学，始建于1734年，位于德国西北部的下萨克森州南部哥廷根市，为世界一流综合研究型大学，知名校友有高斯、俾斯麦、格林兄弟等。

③ 灭登多尔夫：通译米登多夫，德籍，小福禄培尔10余岁，为其办学的左右手。

④ 兰格他尔：通译朗格塔尔，德籍，小福禄培尔10余岁，为其办学的左右手。

⑤ 格虑沙姆：通译格里斯海姆，德国地名。

⑥ 卡尔耗：通译卡伊尔霍，德国地名。

⑦ 柏格多尔夫：通译布格多夫，瑞士地名。

亦时之不济耳。

柏格多尔夫之学校，内容甚称美备；所收生徒，均自四岁迄六岁者。成绩既著，众誉亦归。且从而组织教员会，以研求彼之学说。虽处瑞之日未久，而彼士于彼之学理，固深抱同情。幼稚园之发达，亦以彼土为最也（按：目今幼稚园，以美国为最发达）。

夫勒培尔自瑞士返，复设学于白兰铿伯尔赫（Blankenburg）[①]。白兰铿伯尔赫者，卡尔耗附近之一小镇也。斯学既设，命名为难。辗转思维，莫得其当。一日，偕灭登多尔夫及巴鲁夫（Barof）闲步斯汰格尔溢（Steiger Pass）[②]，口犹喃喃自语曰："余或能为余之新产物（谓学校）得一美名乎？"

时方前进，忽矗立如木鸡，两目环睁不稍瞬，若有所思者。俄而，向壁大呼，但闻其回声曰："尤虑卡（Eureka）！克因特尔嘎尔顿（Kindergarten），足以名余之学校矣。"尤虑卡者，得之之谓；克因特尔嘎尔顿者，幼稚园也。是以海尔福尔德氏（Herford）谓："夫勒培尔柏格多尔夫之学校，虽为幼稚园之先导，然犹不以是名之。斯汰格尔溢一游，幼稚园之名始立矣。"

夫勒培尔乏理财才，故辄举辄败，有如配司泰洛齐。白兰铿伯尔赫之学校，亦以困于财，遂罢止。于是毕其余生，周游德国，以演说其学理为事，且常恳求为人母者，而告以训练儿童之责任曰："人之慈母，乃儿童天然之教师。此责本属天赋，必求所以适合此责者，方不失为人母之责也。"

千八百五十二年卒，享寿七十岁。遗著之最著者，为 *Education of Man* 及 *Songo for Mothers and Hursery* 二书。[③] 教育改革之事业，则为幼稚园，而于教育原理之发现，则为教育当主自动，幼稚教育女子胜于男子云。

若昧曰："孔席不暇暖，墨突不再黔[④]。"大有为者，鲜有安逸之日也。夫勒培尔仆仆终身，杳无佳遇，而独于教育界放一异彩。劳而不遇，又何伤哉！

---

① 白兰铿伯尔赫：通译勃兰登堡，德国地名，位于德国东北部。

② 斯汰格尔溢：通译斯泰格隘口，德国地名。

③ 此"二书"，前者通译《人的教育》，后者通译《慈母曲及唱歌游戏集》。

④ 孔席不暇暖，墨突不再黔：出自韩愈所著《争臣论》，原文为："孔席不暇暖，而墨突不得黔。"意思是孔子连席子还没有来得及坐热，就起来了；墨子东奔西走，每至一地，烟囱尚未熏黑，又到别处去了。形容事情繁忙。

95

上海幼稚教育状况

钟寿芝

1916年7月

另图 49　钟寿芝像

题　解　本篇原载《江苏省立第一女子师范学校校友会杂志》第 2 期。撰写时间为 1916 年 7 月，发表时间为 1917 年 7月。

撰著者钟寿芝（1903—？），女，字道英，上海松江人，系晚清教育名人钟天纬之孙女、上海博文女校创办者钟镜芙之侄女。自幼从胡小石学诗，从李仲乾学书，从萧俊贤学画，艺术精进。为江苏第一女子师范第一届本科毕业生。1916 年夏，适逢她即将毕业（冬季毕业），于是赴上海谋职。其间，协助姑母创设江苏省教育会下设的“幼稚教育研究会”。她在联络会员期间，对上海幼稚教育的现状有所了解。于是，撰写了此调查报告，并将该报告寄回母校校刊发表。其世界史毕业论文《突厥分裂列国联盟与今日战争皆有绝大关系，试略论之》，曾发表于《妇女杂志》第 1 卷第 3 号。是年 12 月毕业后，受聘担任博文女学国画教员。后加入中国民主促进会。1957 年，任上海杨浦区民主促进会主委。

《江苏省立第一女子师范学校校友会杂志》，不定期校刊，由江苏省立第一女子师范学校校友会主办，创刊于 1917 年。主要刊登毕业生留影、学校概况、大事记、校友会纪事、乡土调查、各科教授、科学实验、参观游记、历史人物评介、文艺、毕业生服务学校一览表和会员录。主要栏目，有插画、文萃、演说、学艺、研究、调查、记事、杂俎、服务状况等；主要撰稿人，有刘维贞、潘维新、秦莳芹、徐凤琴、张翰屏、陈懋珠、徐祖芬等。停刊时间及原因未详。

丙辰夏，博文女校发起幼稚教育研究会，芝亦参与其间，奉命联络海上各幼稚园，因得详悉幼稚教育之状况。课务余闲，略记一二，邮寄母校，载之杂志，或亦诸同学所乐闻也。

上海幼稚园为华人所办者甚少，大半皆教会所设。此次幼稚教育会开会，到会之幼稚园有五：一为博文女校附设幼稚园，一为城西幼稚园，一为松江育婴堂附设幼稚园，以上皆华人所设者也；其教会附设者，为培真幼稚园、启秀女校附设幼稚园。

此五者之外，为芝所知者，尚有浸会堂附设幼稚园、晏摩氏幼稚园、清心附设幼稚园、浸会堂分设在城内幼稚园，及神州女校附设之广东幼稚园、兴华女校附设之兴华幼稚园、商务印书馆所附设之幼稚园，凡十二处。尚有为芝所未及知者，不敢妄列，以贻失实之诮，诸同学幸毋咎其疏忽也。末并附记松江幼稚园状况。桑梓之地，固当详悉也。

或有人曰："幼稚教育本为补助家庭教育之不及。若家庭教育完善，则幼稚园无设置之必要。盖教师虽慈爱，究不若父母之恳切。况聚数十儿童于一堂，而欲其尽入吾之范围，难矣！若顺其性而诱导之，则儿童之个性不同，教师之困难更无待论。至父母，则熟悉子女之性，其施教遂易于教师。故幼稚园非教育上所必要也。"

余曰："不然。中国家庭之腐败，尽人知之，况一家有一家之历史，一家有一家之事业，主妇断难专心教育儿童。故幼稚园之设置，实为当务之急也。"

幼稚教育，当适合儿童之心理。卑之无甚高论，以儿童之好游戏，则以游戏为主，而以手工辅之；以儿童之好模仿，则教授法以诱导为主，以启发为辅。此幼稚教育家之公论也。然幼稚教育为教育之基，凡各种科学，虽不能立其规模，当使之略知一二。

而国文为教育中最要之科目，故幼稚园有识字一科。近博文女校提倡授以象形字，盖象形字与图画同。儿童一方，则易于记忆，易增兴味；一方，则立国文之基础。故行之年余，所收效果甚良，此亦幼稚教育中之破天荒也。

幼稚生之教室，与他级生之教室不同，而与游戏布置同。上海各幼稚园之游戏室，布置甚觉华美。四壁皆幼稚生成绩，近壁有橱，则置各种恩物及蒙台梭利教具。蒙台梭利教具，虽风行一时，然于教育上并未收何等之效果，盖以不切用者多也。幼稚生所用之桌椅，皆就其年龄分配。每上课时，或五人一桌，或六人一桌，聚而授课；或以椅环成圆形，围教师而坐。各校有用助手以辅正教员之不及者，有二教员同上一课者，皆就其情形而异。

幼稚生之年龄，自四岁至六岁，然四岁者甚少。故教授宜因事变易，不能拘守常例。为幼稚教员者，第一宜活泼。过板滞，则儿童易生厌倦。第二宜温和、慈爱。苟无慈爱之心，则视儿童为可厌，或加呵叱，则儿童畏而远避，于教授上不能得完美之结果；若过于宽厚，则儿童亲而易顽，于教授上亦不能生何等效果。此教育者所宜知也。

上海幼稚园教员，大半皆在苏州慕家花园①毕业。在教会中，本有联合会②之举，故教授一切，大半相同。若合华界各幼稚园而联合研究，则今兹为第一次。

此会成立后，曾开演说会一次，请名人演说。中外士女到者尚多，不可谓无效果。所惜者，于研究上未得若何之新发明耳。

本星期六，曾开幼稚生联合表演大会，颇极一时之盛。与会者，共七团体，即博文、城西、广东、兴华、启秀、培真、养真（即商务书馆所设）七幼稚园。幼稚生皆活泼异常，而恩物则均完备，尤以养真为最。然不能已于言者，则各教会幼稚园皆偏重英文。此所谓舍己耘人、舍本而逐末者也，而于儿童程度上，尤不合宜。此余所视为不满意者，然流风所被，至今日已皆视为当然矣。

另图 50　启秀女校附设幼稚园 1930 届毕业生

松江之幼稚园，附设于育婴堂。盖为育婴堂中儿童之教育也，用意甚美。余曾往参观，虽不及上海，而布置合宜、教授得法，不可谓非松地教育界之明星也。园中幼儿，

① 苏州慕家花园：苏州景海女学附设之幼稚师范科。

② 此“联合会”，名为“中部幼稚园联合会”，参见前文《记上海中部幼稚园联合会》题解。

年龄不一，故教室有二：一为普通室，预备年龄较长之儿童读书之处。一为幼稚室，布置甚佳，其小桌可大可小、可分可合，最便于用，而椅亦适合儿童身体之发育。各种恩物，置备颇周。室外并有校园一所，便儿童游息其间。

予素不主张儿童入幼稚园也，以儿童之易染恶习。每一儿童，有特异之性，同在一级，儿童随之而化，不可禁止。夫聚数十儿童于一室，良莠不齐，不必为恶也，而其家庭中之恶习，即足以使全级儿童效之而不觉。然今日我国既不能不设幼稚园，所愿为幼稚教员者加意于此，勿使素丝染为黑，则庶不负创设幼稚教育之初意也。

96　江苏省教育会幼稚教育研究会参观记

寒蕾

1916年8月26日

题　解　本篇原载《妇女杂志》第2卷第9号。开会时间为1916年8月26日，发表时间为1916年9月5日。

撰著者寒蕾，系笔名，生卒年、籍贯未详，或为《妇女杂志》记者。有研究表明，他系用女性笔名而遮蒙男性身份。此期以此笔名发表的小说，有《货殖新语》《织机娘》《母教》《没字碑》《杜鹃魂》《舐犊镜》等，文论则有《中国之善后论》《欧战中各国妇女之现状》等。

有关江苏省教育会幼稚教育研究会，参见前文《江苏省教育会筹组幼稚教育研究会文件》题解。

有关《妇女杂志》，参见前文《蒙得梭利教育法》题解。

教育始于儿童。儿童者，国民之基础也。欲营广轮美奂之堂构，必先筑坚实巩固之基础，此不必深明建筑学者类能知之。然则幼稚教育之研究，固不可忽也，又不容缓也。他年，吾中华民国能造成全国完备之国民，以为富强之根本者，胥视此举矣。

今年八月间，江苏省教育会开第十二届常会，讨论各级学校问题既竟，而以幼稚教育研究会殿焉。二十六号为开会期。予以此事关乎国民前途，至为重要，乃驱车赴会，窃从诸君子之后，饱饫高谈鸿论。思此事为吾同胞欲教育其子女者之所乐闻也，归而泚笔记之。

上午之秩序，为会长朱夫人胡彬夏述开会词，继述各团体之报告，继为讨论各团体所提出之问题，最后为讨论会务进行方法。其所提出之问题：

（1）幼稚园应否读书；

（2）幼稚园功课，全日、半日以何者为宜；

（3）幼稚园所用台凳，不必过于优美；

（4）幼童天性优劣不同，其教法应否归一；

（5）六书[①]中象形文字，可否仿蒙台梭利教具中字母牌之法，俾学生将来知国学之渊源；

（6）幼稚园之儿童，是否有适当名称；

（7）幼稚园开学、放学之名称；

（8）幼稚园应否有毕业式；

（9）教课室当定名称；

（10）幼稚园寄宿问题（当场即有人赞成）；

（11）幼稚园恩物使用法，及各书局急行仿造。

又，附沈信卿[②]先生提出之意见，谓幼稚园所定功课，可依智识稍逊之儿童为标准，照六书象形字教法，须择其最简单者。

以上诸问题，可任人讨论。如有卓见，不妨通函陈述。盖是日到会者，虽有四百余人，而此种问题，旨在普遍，故无论何人，皆可讨论，俾臻于至善之域也。

下午之秩序，首由会长主席（即胡彬夏女士）报告。大致谓：

> 今日到会诸君，济济锵锵，宾坐几满，来研究此问题。非特某一人竭诚欢迎，想吾国人无论男女，必皆欢迎。盖人莫不爱其子女，即莫不欲教其子女。而幼稚园者，教育子女之初步也。
>
> 上海为幼稚园之发起地，今日又为幼稚园之研究地。开此盛会，其目的有二：一、幼稚园对于本身之观念。吾辈宜如何采取方法增进知识，以蕲至于完善；二、幼稚园对

---

① 六书：古人解说汉字的结构和使用方法而归纳出来的六种条例，具体为象形、指事、形声、会意、转注和假借。此为启蒙识字之基础。其中的“象形者，画成其物，随体诘诎”，与蒙台梭利法中的“字母牌”类似。

② 沈信卿：沈恩孚，为支持江苏省教育会下设幼稚教育研究会的重要人物。

于社会之观念。吾辈宜如何联络感情，交换意见，俾不至于扞格。

盖此事言之匪艰，行之维艰。吾国家庭，大都腐败习惯已深。幼稚园数日之教育，不若家庭数时之薰染。入幼稚园而教之，入家庭而忘之，虽劳何补？故必须家庭与学校息息相关，而父母与教师循循善诱，彼此商量，交相为益，庶乎其可。

次由林夫人薛锦琴[①]女士，演讲“幼稚教育家对于家庭改良之责任”。薛女士于女学界夙著大名，自费游学，留美垂十年。勤苦刻厉，作工以补学费所不给。大学卒业后，又研究幼稚教育者二稔。回国后，以性爱小儿，专心致志，从事培植小学生。近在法租界创办学校，将近开课，擘画进行，异常忙迫，拨冗来此演讲，盛意可感。非对于幼稚教育抱积极之热心，不克臻此。（以上纪载，皆述胡女士报告词。下仿此。）

薛女士之演讲词，大致谓：

予今日来此，胸中有二种感触：一则欢欣，一则惭愧。吾国兴学十年，苦心孤诣，得此成绩。今日，已知幼稚教育为教育之基础。能从根本上着想，良非易易。惜予回国后，对于教育事业尚未尝有所贡献，今得躬逢盛会，略述家庭教育，可乎？

吾国之家庭，大都非常黑暗、腐败，自长至幼，自主及仆，盖无一能尽其责任者。微论其精神，即就形式言之，贵重器具、寻常什物，其布置可谓无一得当。只求衣食足给、饱暖嬉游，而家政之如何措置，迄未尝稍稍留意。试挈之与西人之家庭一相比较，未有不歉然自失者。小儿处此种家庭，其薰习已深，弊害不可胜言。故谈教育者，必自改良家庭教育始。

然而，即就此点而论，已颇非易事。譬之吾欲改良，而与我同处一家庭之人，不知吾用意之所在。甲欲此而乙欲彼，不能收指臂相联之效。故非精心实力、随事指导不为功。犹种树然，一则勤其灌溉，一则任其自然。虽同能生活，而发荣滋长，其结果必大相迳庭。

然则有儿女者，其大目的所在，固以培养为第一要义。培养之法，教之入学读书，

---

① 薛锦琴：林薛锦琴。

扩充智识，似紧要矣，而尚未也；教之各种才能，自谋生计，似紧要矣，而亦未也。盖至要至紧者，在造就人格完全之国民。

欲造就人格完全之国民，必自教育家与各生之家庭互相联络、互相维持始。且家庭之责任，亦綦重矣。其重若何？则与国等。国之与家，一而二、二而一者也。现在诸事皆须改良，改良之事，须分工为之。男子治外，奔走国事；女子治内，整理家事。男子直接效力于国，女子间接效力于国，其责任实相等。

他年大学、中学毕业之优秀人材蔚为国用者，皆吾今日幼稚园所培养而出者也。欲大、中、小学之成绩优良，必先幼稚园之成绩优良；欲幼稚园之成绩优良，必先家庭之成绩优良。其责任之重，有若此者。

德国知此故，其幼稚园极为发达。然为之保姆者，其所学，乃不先讲教育幼稚之法，而先讲母教；又不先讲为母之道，而先讲己之为人之道。盖必己能为人，而后可以为母也。设为人之道，尚未完全；而一旦使之教育小儿，或教以迷信，或种种奇异之思想。孩提之儿，脑筋初无所染，牢记极易，正如白物受溜〔缁〕，洗濯不去，即使洗去，终有渍痕。若于此时不施善良之教育，此儿长成，有欲湔除旧染之污而不可得者。

其最初讲此教育之人，为夫勒白耳[①]，著《人之教育》一书，其内容即为母教。又著《母与儿之游戏》[②]二册，即讲教养小儿之种种。出版后，各国风行，皆崇拜其学说。故自德国创行后，有大幼稚园数处。

英人即接踵效之，并请德人至英创设学堂，实施家庭教育。因英国当时女多于男，妇女生计至为困难，教以是科，俾能为保姆及上等职业也。法国因人口逐年减少，故亦办此类学校，以为保护小儿及增殖人口之计。故各国无不厉行幼稚教育及保姆学校。

其学校之办法不一，大抵以中学卒业，而入此中研究者为多；其年龄，去为母之时已不远。然亦有小学毕业，即入而研究者，为贫苦学生计也。比利时之教育状况，与中国相仿佛；小学卒业，类无力入中学，而入是种学校。故有名为保姆，而其人尚少女也。

美国芝加哥、纽约、波斯敦[③]，都有幼稚教育研究之所，更有一种特殊之教育，为

① 夫勒白耳：通译福禄培尔。
② 《母与儿之游戏》：通译《慈母曲及唱歌游戏集》。
③ 波斯敦：通译波士顿。

专门研究家政学者。此外，尚有一种研究之方法，不得名之为学校，只得名之为集会。盖以一定之时期，教员与学生之家属会晤于各人之家庭，彼此灌输其学识、经验，意见融洽，改良斯易。其法最善。

至于幼稚园，亦并不似学堂，以数人管理之，与集无数小儿处一家庭无异。其人，大都精通儿童看护法及儿童心理学、儿童教育学。其他，则手工、洗濯、烹饪、簿记、园艺、洒扫，凡为人之道，无不通解为实施之具。故其幼稚教育极为发达也。

吾国不图富强则已，苟欲富强者，不可不自幼稚教育之研究为入手之方矣。姑贡所知，以备采择焉。

薛女士演讲毕，继之者为陈招信女士之唱歌。女士为启秀女学总教，陈君之妹，留美多年，研究音乐。珠喉一串，嘹亮圆融，不可多得。惜记者不谙歌词，不解所歌是何曲调也。

又其次，为聂太夫人曾纪芬[①]女士演述曾文正公[②]家训。文正为一代耆儒，千秋宗匠，道德文章，通国崇拜。女士为其季女，而前清曾为吾苏巡抚聂缉槼[③]中丞之夫人也。年逾古稀，而热心社会教育，以奖掖后进为己任，可征其禀赋之独高。家学渊源，称述先德，必有异闻，可资服膺。惜发声太低，法音不能广被全座。然文正家训，可以羽翼经传。微夫人之演述，固宜人手一编，奉为圭臬。

近日，商务书馆方有梁任公所编之《曾文正公嘉言钞》出版，揽精撷华，分门别类，更易购取而资法守也。兹就曾女士演述之大意，节录之。针世砭俗，如清夜钟声，发人

---

① 曾纪芬（1852—1942）：女，号崇德老人，湖南湘乡人。曾国藩季女。幼承家学，工书，善诗文。后嫁与聂缉槼。秉承父亲的勤俭美德，相夫教子，侍奉翁姑，和睦亲邻，获享盛誉。

② 曾文正公：曾国藩（1811—1872），初名子城，字伯涵，号涤生，谥文正，湖南湘乡人。道光十八年（1838）进士，选为翰林院庶吉士，散馆授翰林院检讨。后历任会试同考官、詹事府右春坊右庶子、侍讲学士、内阁学士、礼部右侍郎、工部左侍郎等职。咸丰二年（1852），归里守制，受命办理团练，用以剿灭太平军。此后10余年，镇压有功，历兼湖北巡抚、两江总督等要职。后追剿捻军、主办洋务、办理新式学堂、奏派幼童留美，成为“同光中兴”名臣。后改任直隶总督，又回任两江，病逝于任上。著作有《曾国藩全集》。

③ 聂缉槼（1855—1911）：字仲芳，湖南衡山人。早年熟读经史，又留心西学，受曾国藩赏识，将五女曾纪芬许配与他。后任上海制造局总办、上海道台、江苏巡抚、安徽巡抚、浙江巡抚等职。每至一处，必重洋务，而家族企业也得以扩大。

深省，吾辈拜赐多矣。其言为：

> 第一，须教儿童以“谦”。文正当时，常戒子弟，万不可以富贵、学问骄人。而今之学者，挂一学生头衔，已不可一世，自视渊博，而中实无有。即此骄矜之气，已永无入德之门。
>
> 第二，教儿童常“勤”。无论男女，皆须早起，从事操作。男子则从政、求学之余，不可忘农圃滋味；女子则治理家政外，纺纱、织布、针线，尤其天职也。
>
> 第三，教儿童常“俭”。文正持躬俭朴。教子弟，平时常衣布衣。如偶有衣绸者，文正必凝视之。虽不戒责，自觉惭愧。男子非二十以后，不得衣裘；嫁女制衣，不满两箱；平常宴会，不过四盘，且必家人亲手烹饪。廉俸所余，尽捐公益。

而其最警策而可奉为格言者，则曰：“家败在奢，人败在逸。”女士之所演述，其鉴于沪上风俗，而有为言之乎！女士演讲时，立于演坛上，气度端凝，丰神肃穆，令人起敬。则犹可想见文正当日之风采也。

女士述毕后，又继之以陈女士之乐歌。

又次为朱胡彬夏女士演讲“夫勒白耳与蒙台梭利二派学说之比较”。其演讲之前，先表明己之演讲为支配时间而设。谓家有女仆，其煮饭以客数为衡。剩则饱饭，绌则枵腹，以一己之腹为进退。故每食，适如其量，无糗糒之余。余今亦效是仆所为，当此薛、曾两女士演讲既毕，而黄女士未来之际，予承乏其间，不使诸君有饥渴之思。不过所贡献者，为不堪入口之粗粝而已。诸人闻言，幸此时非真会食，否则喷饭矣。此种滑稽口吻，凡在大宴会诸人神经疲倦之时，均宜偶一用之，笑口一开，可醒脑筋也。于是遂入正文谓：

> 夫勒白耳者，德国人也，生于十八期之末，殁于距今六十四年前，首倡幼稚教育之鼻祖也。家庭极孤苦，父为牧师，不常宁家，母又早世〔逝〕。所与处者，惟有数兄。当时德国教育，不甚讲求；故夫勒白耳读书，资性迟钝。其舅办一小学，当其十五岁时，乃依舅氏以居，而入其学中读书。于是，始有家庭与学校之观念。而他日为幼稚教育之开山祖师者，最初之思想，即基于此矣。

讲至此，而黄女士适来。而秩序单中，有司徒敷权先生之音乐。先生亦留学美国而研究音乐者，也能自制琴。是日所奏，为手提琴二曲。一则中正和平，为宫商之音①；一则繁音促节，为变徵之音②。各极其妙，洵绝技也。

最后，为黄琼仙③女士演讲“遗传性及新生婴儿之保育与抚养”。女士为医学专门名家，曾卒业于美国。回国后，重渡重溟，练习者二年。今乃出而行道，以医学专家讲此种问题，宜无不洞中肯綮矣。其演讲大致谓：

人之父母，必有遗传性传其子女，如梅毒、出血等症，其显而易见者也。饮酒、吸烟、神经病，其隐而难见者也。凡此种种遗传，儿女有可治、有不可治，而莫若恶根性之遗传子女之莫可救药矣。故凡为父母者，欲得佳儿女，须有胎教。不知于胎教之先，其父母之行为、思想，须预为他日儿女之表率。而后，可无恶性遗传儿女也。

至于保育与抚养，则新生小孩，切不可多与饮食。凡饮食、空气、洁净、运动，皆宜注意，有一定之法则。循此法则而行，小儿无有不强硕。至于恐吓、哄骗及娇养之习惯，皆不可施之于小儿。用力，须视其身之所能受，有幼时用力受伤，致为终身之累者。凡此种种，皆宜切记之。

为时已晚，不克多述矣。幸诸君恕之。

散会时，朱胡彬夏女士复宣布，今日预会诸君，对于幼稚教育，皆可签名入会，不出会费，而得享会中之权利，可以自由讨论及商量进行等利益。抱此宏愿而策进行，将来幼稚教育普遍全国，可操左券。读者诸君，必有闻风兴起而赞助之者矣。

---

① 宫商之音：古代音律中的宫音与商音，宫商调式音乐，能达到调神、稳定心理的作用。

② 变徵之音：徵，古代五声之一。徵调式音乐，可振奋精神，传递激昂、悲壮之意。

③ 黄琼仙（1867—1933）：女，上海人。早年毕业于上海圣玛丽亚学校，入虹口同仁医院习医。后赴加拿大留学，学医有成。归国后，在上海创办医院，治病救人。为中华医学会发起人之一。

97　前十年与前三年之幼稚园

杨白民

另图 51　杨白民像

1916年9月15日

题　解　本篇原载《环球》第1卷第3期“言论”栏。发表时间为1916年9月15日。文中各部分序号，均系编者加拟。

作者杨白民（1874—1924），名士照，以字行，上海人，家境富裕。1902年，自费赴日本考察教育，并短期肄业于东京美术学校。次年归国，辟出自家之一部，创设“女子苦学社”，后改名为上海城东女学，并特设“国画专修科”，与李叔同、黄炎培等结交。主掌该校校务30余年，致力于教育救国理想的实现。同时，又以书画名家著称。

《环球》，先为季刊，后为不定期刊，1916年5月创刊于上海，由“寰球中国学生会”编辑并发行。编辑者为吴和士，发行人为朱少屏。该刊旨在为中国学生外出留学服务，除介绍留学国的相关情况外，还介绍相关思潮和理论。主要栏目，有图画、言论、讲演、学术、译著、选录、杂俎、学界要闻、会务报告等；主要撰稿人，有和士、丁锡华、俞庆尧、王宗轼、谢武衡、伍连德、罗良铸、王立才等。停刊时间及原因未详。

一、说明

前十年之参观，何以今始笔录，以供会报之资料？曰：他国前十年之教育，固已陈腐不足道；而在我国，吾以为犹有补述之价值也。

虽然余非办幼稚园者，调查所得，恐如盲者之误，以一指为全体耳。呜呼！可然反观我国之幼稚界，近来言幼稚教育者复踵起。故虽在他国为陈腐之言，不妨据我所见，述其大略，有能以新见闻交换，则幼稚界受益多矣。

二、前十年所参观者

尝闻，日本神户幼稚园长之言曰："教育幼稚生之难，难在处处当以实观教授，并当设备课堂以外之教授资料。如园内所蓄花、草、禽、鱼，墙上所悬图画、标本，皆所以辅助室内功课之教材也。"故幼稚教育，最好有园，其次，于室内布置之如园然。

又尝闻，美国教会女士言："幼稚教材，当察四时、朝夕、阴阳之变化。如春时，不可语冰；冬时，不可语瓜；朝不可唱放学歌，夕不可作旭日图；天阴则讲雨话，天晴则讲晴话是也。"

又见东京小石川幼稚园[①]园生午膳规则，每生即坐于课桌，保姆即命值日生分布碗箸于各生，教之排列，用唱歌。以画一之歌毕，保姆云食，则皆食。保姆自趋于最幼之学生前，为之侍奉。食毕，值日生搬茶如前法。饮毕，则皆起，无有参差者。

又见有，于午膳前食点心少许，以免饥饿者。法用长桌（如大餐桌），命各生围坐，两两相对。保姆先取出方形之美丽外国纸，命值日生分给学生各一方，置于桌前；再分小面饼各四事，放于纸上（以代盆用）。唱歌毕，乃食。食毕，乃命值日生收其纸。当分给时，授者、受者，须恭敬行鞠躬礼；收纸时，收者、授者亦然。惟各生食毕后，须将纸摺好，交于收者。收者叠好，汇交于保姆，亦行鞠躬礼。此节用以练习礼仪，并观其受授合度于否，务使达到整齐、不乱为目的。

教授幼稚生之难，难在利用其口舌与其手足。幼稚〔生〕尝多话，则当利用其言，或屡用问答，或唱歌，或猜谜。幼稚生手足多活动，一息不停，甚〔当〕利用其手，或拍手、作手势，或舞蹈，俾使顺其天性之运动。

又闻幼稚园中人言："幼稚教育之方法，最忌呆板。"日本幼稚园，各地教授用方法，

---

① 东京小石川幼稚园：东京都小石川女子大学附设之幼稚园。

各各不同；今昔教材增改，又大变易。例如始用台凳，每生一付，如小学校然。今采用美国制度，用长方小桌，每桌围坐十人或十二人，如大餐台式，保姆、助手坐两端，以便招呼、矫正，保姆长周巡视察。据云，长桌所以便学生联络情谊，养成他日合群之基。

又见排积木。先由教员排成一式；在教台上，诏令学生共排。奖其能者，而教其不能者。此旧法也。闻现今改用长台，亦如大餐桌式，命学生各出心思，自由排列，随其形态而矫正之、利用之，绝不强加干涉。闻此，乃足以养成自由思想及自由行为之基础。

幼稚生游戏、唱歌，须联络一起。如但歌唱，则口有用处，而手足无用处；如但游戏，则手足有用处，而口无用处。故不如联合用之为妙。此种游戏，尤宜多用手势与歌词相合作之。

记者曾编作《木匠歌》，手做锯木势；唱鸟歌，手作鸟飞势；唱歌洗衣、浆衣、摺衣、揩地板、揩台等歌，即随手做势，兴致与寻常不同。且游戏时，忌多立，多立则劳。此种做手势之游戏、唱歌，可立可坐，最为适宜。故园中宜多备小竹凳，以便学生共同携取。携法、走法，均须听琴声为进退。

又见游戏坐法。以小凳围坐一大圈内（地板上，宜先画一圈），保姆二人或三人，共坐于圈线内，以为指导。曾见一保姆，先率众儿唱小鸟歌，独令内中五生出位，居中横立为小鸟。又令第一人，围绕四生而行，手作飞势，口中共同唱歌。歌毕，乃复位。第二人继之，至末位而止。歌中词意，以意绎之——第一人绕行时，若问：一共五只鸟，飞去一只鸟，还剩几只鸟？众生答：还剩四只鸟。逐人逐次问答，逐次减去，至末一人唱，无不〔有〕一只鸟为止。居然于唱歌、游戏中，寓数术之加减法，可谓无微不至矣。此种用意，哪得不五体投地！

又尝见，众生围坐于大圈内，保姆先率同唱歌，随唤一小儿至身畔，以手掩其两目，即令一生藏匿他生背后。歌毕，乃放掩目之儿，使之巡视圈内，即问匿者何人？如对答稍迟，匿者即在匿处变声唤之。保姆问以究属何人？如所答不误，均拍手贺之，复令被猜者为之如初。此乃试验其视觉、听觉，俾练习为灵敏，极有益处。

又尝见上他课时，或见学生有倦容，即命一生出位取篮。篮中放六线球作果子，并合唱《卖果子》歌，随唱随卖。买者，须用手向后取之，务使不易认识。果少人多，或买或不卖〔买〕，不易辨别。卖毕，歌亦毕。乃向买者讨还，试其能否认识前人，毫无差谬。此真养成记忆力之妙法也。

我国旧时小儿，亦能做种种手技。曾记余少时，能做刨形、羊头形、生姜形、蝴蝶形、千里镜、洋枪等形。不过，无歌词以佐之，觉少兴味。假令编成与手势相联之歌词，即与教育大有关系。

例如以手势作刨，宜编《木匠歌》以和之。歌词曰："欺枯欺枯，木匠做工夫。若要物事做得好，须用工夫百倍多。欺枯，欺枯，欺欺枯……"一面唱，一面做，工艺思想油然而生。如作动物、植物等手势，易唤起"博物"思想；洋枪等歌，易唤起"尚武"思想，不特利用其手足之多动而已。我国此等唱歌，亦颇多可采，惜少附以手技者耳。

三、前三年所参观者

前三年所参观之幼稚园，其活泼、自由，比较十年前所参观者，似不可同日而语。前则犹有学校规模也，今则全然园林矣；前则犹是教课也，今则全用自然的教育矣。

曾蒙友人介绍参观，保姆先导入游戏室，室大约可容五六百名。其时，幼稚生方在游戏。其最幼者，保姆带领同作。室四周，布列长椅，参观者可坐焉。亦有新到之幼稚生，不肯共同游戏，亦坐于此。少顷，有幼稚生来，牵之同行，不肯，则去；又顷，又有幼稚生来与之语，即牵之同行。纯以幼稚与幼稚相感，毫无强迫、不愿情状，哭泣无论矣。

又参观教室内之陈列。桌形弯，四五条相接，拼成圆形。保姆立其中，桌上陈列玩具或学生所作之品甚多，室之四隅，陈列沙盆。一大盆内中，铺设桥梁、村屋，令学生随时布列。又有扎成之池沼一方，中置用绿色纸制成之水，更以布制成大小之鱼，鱼口有钩，可令学生随时用竿钓之。鱼身有斤两之数，钓时，可教以斤两数，并练习手腕之灵敏、眼光之测度。皆于游戏中得莫大之益处也。

此时，学生方散在场上，未见其上课如何。后至场地上参观，见有一大木厨〔橱〕。据云，中置游戏各品。其时，学生各执色旗，弄毕，即使之自由安放，取其便也。也有一部分人，方在场内所开地穴中。地穴约深二三尺，中铺以沙。学生在中，量沙者有之，种物者有之。见余等参观，皆回首，详细视余衣服、容仪。

据云，保姆谈话教材，并无一定，随所见而谈之。因余等为中国人，保姆即得新鲜谈话资料，与之讲解，故群儿均注目也。于此可见教育之活用矣。其他如秋千架、泻身滑板、木制浪船、木马种种设备，无非提倡智、德、体三育者。比较前十年之幼稚园，相去远矣。

（1）谈话法。谈话以明白、简单为第一要义。话法次序，最宜注意。因儿童言语，不易明白，保姆常须矫正之、引伸之。在上课时，自己尤宜注意资料。不拘历史人物、动物、植物、寓言等，总以能引起兴味、用身手演势〔示〕、能用实物为最妙。切忌空讲，贵能启发儿童质问，以活泼其智识。

（2）手技法。我国古时，小儿手势亦深有寓意。前记余少时，手指能做种种形状，惜无歌词以助之，故少兴味。此非妄言。盖附之以歌词，而为之讲解，即与儿童教育生莫大之关系也。

（3）图画法。教授儿童图画，其法不可呆板。曾见保姆用七色垩笔①一匣，令诸生团坐。保姆先用此笔依次画线，令各生辨色；乃自取粉笔，再依保姆后先次序画之。此所以练习其眼光，使不差误也。或用石板各一方，石板上尽画方格。保姆在方格中画成圆花形或尖叶形，或简易之花纹，使之每格照画，亦一法也。或用小白簿一本，一面贴纸剪物件，使之参照自绘；或用印刷的双钩画②一张，令学生以彩色涂于其中。如画桃一枚，涂以红色；叶枝处，涂以绿。蘸色及分配毛笔，由保姆分给，周巡看护之。近来，则专尚实物写生法矣。

（4）手工。教授儿童手工，最为复杂。年龄最幼者，宜多备灵巧玩具，使之玩弄。穿豆、积木，似亦不适实用。以纸工言之，日本东京新发明品馆所出之各种兽形图，将兽形剪下，再用摺叠，自然可成立体。此种纸工，剪摺兼用，最有生趣。布置动植物及洋囡囡之画布，亦宜仿行。制作亦极简便，即可观成，合于儿童心理。余若泥、竹等工，亦有可仿行者也。

以上所述，或为参观所得，或由经验而来。明知或为新教育家所吐弃，而一得之见似较今日中国所见之幼稚园，或有差胜之处，亦未可知，故特录之。

---

① 垩笔：粉笔。
② 双钩画：亦作双勾，中国画技法之一，此处指用线条勾出所摹的图形的轮廓，供学画者填彩。

98　儿童玩具之调查

纪曾绶等

1916年9月21日

题　解　本篇原载《都市教育》第18期“调查”栏。发表时间为1916年9月21日。原发表时，署名为“纪曾授、赵崇华”。

撰著者纪曾绶，生卒年、籍贯未详，时任京师学务局职员。1923年9月，受中华教育改进社之托，加入“教育调查执行委员会”，调查京师学校教育。

撰著者赵崇华，为纪曾绶京师学务局同事。参见前文《幼稚新教具》题解。

有关《都市教育》，参见前文《幼稚新教具》题解。

教育亦多端矣，就中以家庭教育为尤要。盖儿童习惯之良否，咸在蒙时端其始基，故曰“蒙以养正”。言正之养，当自蒙时也。

夫家庭教育，固为父母者各负天职，无庸外人越俎代谋者矣。而我国现今教育，胡足云此？男役于外，女劳于家，六七儿童，非任其饮食饱暖、消磨岁月，即付托于犷无知识之婢仆手中。其曾受家庭教育之幸福者，十难得一焉。

玩具者，儿童最亲切之伴侣也。其性质之良楛，感化于儿童之行性者至巨。乃社会一般之家长，毫无选择，妄为购置。其为害身心、有伤德性者，一任其玩弄而不顾，吁可慨已。

兹揭其要者，著者于次，藉促抚育子女之家长多留意焉。

不倒翁——俗名“搬不倒”。纸制为人，泥圆其臀。任意按之，随倒随起。现洋货铺有树胶制，两臀实以铅者，式尤新美，但未识果系我国之工艺否也。

洋铁枪——洋铁制。设铁条为机，以击火柴，飞燃丈外。偶有未响，则焚衣物、伤肌肤，且于俭朴（惜物）有碍。

七巧图——平面木片若干枚，任意排成各种形状，藉可开发心思、练习手眼。

铁蜻蜓——又名“飞艇”。洋铁作翅，螺旋形之针为干。急力推之，则旋转飘扬；触面则流血，着目则伤睛。以竹制者，曰“竹蜻蜓”，弊害稍逊一筹。

弩弓——射泥丸，以击鸟类及电瓶、屋顶等物。儿童无识，常用以为战斗器。弹弓作用同。

托〔陀〕螺——又名“地黄牛”。以绳抽之，则旋转而鸣。有益运动之玩具也。

毽子——足踢或手拍，运动和缓，于儿童全体之发育殊为有益。

琉璃喇叭——玻璃质，口小身长，吹之伤肺；偶遇倾扑，则刺伤咽喉。

水烟袋——玻璃质，内贮水类，吸而饮之。偶有碎裂，伤口或手。

倒流——玻璃瓶内，贮满以水，并二三玻璃小泡。往反倾之，则倒流。害与前同。

咘咘噔——薄玻璃制成，以口含而呼吸之，则振动作响。力猛破碎，则玻璃屑飞入喉间。

笑而观——不等边三角形之玻璃二块，颠倒置于小匣内。由匣旁小孔视之，则目的物成奇异形状，颇堪发噱。

轻〔氢〕气球——球内贮以轻〔氢〕气，系之空中。又联哨于其口部，气满则鸣。脚踏车之喇叭、哨类，即同此理。

扑满——俗名“闷葫芦罐”。可养成儿童节俭、储蓄之习惯。

假面具——俗名“鬼脸”。以纸制之，外涂颜色。

洋口琴——以口吹之，与手风琴音同，殊足涵养儿童德性。中国口琴，于呼吸有碍。

笛及箫——系我固有乐器，形用均极简单、有趣。

木嘎——木制为球，以棒击之。往往击伤颈部。

纸鸢——纸制为鸽子、蝴蝶等形，系以线，放之空中。天气和暖之时，群儿群集于青草地，颇饶兴趣。

皮球——横击之或下击之，其益与前毽子同。

走马灯——燃灯，则轮上人物反复旋转，俨然一运动机械之小模型。

风车——以纸摺成，借风力以旋转。作用与前略同。

飞蝶——洋铁（俗称马口铁）为翅，间置铁条簧，以促蝶之高飞。非若铁蜻蜓之为害也。

99　参观培真幼稚园记

一民

1916年10月23日

题　解　本篇原载《教育周报（杭州）》第140期“记载”栏。发表时间为1916年10月23日。本文署名“一民投稿”。

该文后署名“一民幼稚”，以《培真幼稚园参观记》为题，发表于1917年6月25日《环球》第2卷第2期；还署名“一民”，以《培真幼稚园参观记》为题，发表于1918年2月《女铎》第6卷第11期。

撰著者一民，系笔名，真名、生卒年及生平事迹未详。

培真幼稚园，系教会幼稚园。1915年，由郇光女学附设，位于上海北四川路134号，在华美书馆隔壁。时有幼稚生25名、保姆3名。

《教育周报（杭州）》，地方教育周刊，1913年4月1日创刊于杭州，由浙江省教育会主办、编辑并发行。由经亨颐撰写发刊辞，阐明了推进地方教育，进而推动社会进步的办刊宗旨。主要栏目，有言论、学术、纪闻、时评、法令、专件、附录等；主要撰稿人，有邓萃英、何绍韩、孙增大、朱毓魁、蓝公武、宋崇义等。停刊时间及原因未详。

上海培真幼稚园幼稚生，日前在寰球学生会表现各种形式。因见其精灵活泼，遂惹起吾研究之心。归而作书，以参观事请园主。复书许之，遂往。

及门，见幼稚生相戏于草场，意兴至得，并呈一种极活泼之气象。园主肃客人曰：“冬日可爱，故休息时间使诸儿至草场游戏，藉以感受日光。”俄而上课，遂引视各种作法，均寓有深意。述之于下。

另图52　培真幼稚园之师生

（1）实物教授。园中备简单模型多种，农、工、商俱有。教授时，以各种器具之实用说明之，使儿童知生活之大要。

（2）机工教授。使儿童以纸制成种种形体，如梳子、刷子之类，说明其用处，以开发儿童之心思。

（3）美术教授。如作简单画图、辨别颜色及唱歌之类。意在启发儿童爱美之心，而增进其乐趣。

（4）作法教授。作种种应对、进退之礼仪，及有趣味之谈话，使儿童有极规则之仪容、极快乐之态度。

以上各种，皆以自动为主，以切近为主。自动，故儿童能举止活泼而有规则；切近，故儿童对于事物易起观念，且甚精灵。诸教习谆谆养教，亲爱若家人，故其收效益大也。

记者曰：幼稚教育为国民教育之始基，欧美、日本无不重视，毕生研究者，指不胜屈，故是项教育极形发达。国人好高骛远，视为无足轻重，幼稚园之设，为数极寡。呜呼！吾安得广厦千万间，以教育可爱、可敬之儿童哉！

100 幼稚教育之演讲

马清渠 张鹤君

1916年11月18日

题 解 本篇原载《女铎》第6卷第4期“教育”栏。演讲时间为1916年11月18日，发表时间为1917年7月。原发表时署名“时新”，实为演讲记录者。二级标题一、二，均系编者加拟。

据1916年11月17日《申报》所载《环球学生会明晚演讲幼稚教育》，可知演讲时间为1916年11月18日（星期六）晚8时。马清渠的讲题为“教授幼稚生之经验”，张鹤君的讲题为“幼稚教育之紧要”。

演讲者马清渠，女，生卒年、籍贯未详。早年毕业于“苏州慕家花园幼稚师范科”，时任上海培真幼稚园主任。

另一演讲者张鹤君，女，生卒年、籍贯未详。早年毕业于“日本长崎活水女学校幼稚师范科”，后又赴美国调查幼稚教育事，时任上海晏慕氏女学附设幼稚园主任。

记录者时新，生卒年、籍贯及生平事迹未详。

有关《女铎》，参见前文《游戏例举》题解。

环球中国学生会，前请培真女子学校幼稚园主任马清渠夫人，暨前晏慕氏幼稚园主任张鹤君夫人，演说幼稚园之紧要及教授法。并纪如下。

一、马清渠：教授幼稚生之经验

马夫人说，幼稚教育为今日世界最重要之事，各国无不尊重之。组织幼稚园，校中备置各种恩物，皆有深意存焉。

人自襁褓而幼稚，而幼童，以至成年，逐渐长大。所施教育，由幼稚而初小、高小，以至中学、大学，法亦不同，皆依次序而进。惟大、小学校之根基，尽在幼稚教育之中。譬如建造大厦，必先固其基础，而后逐层建筑，以至完成。栽竹种树，亦莫不先培植萌芽，而后枝叶生长，根柢盘深。

矧人在幼稚，品性良善。于四岁至七岁时，即宜设法教养，不致为外界恶劣之气所引诱，否则导入邪途，成为习惯，无可救药矣。幼稚园所备恩物、器械，随儿童之年岁、知识为之进退。儿童知识逐渐增长，则施用恩物亦渐复杂。凡在幼稚之年，恩物宜大而简单，不须精细。俾儿童容易观摩，一目了然。所订课程勿过多，多则必生厌倦，反视为畏途也。

盖教育幼稚生，不重课读，当寓教育于游戏之中。儿童性好自动，而喜游戏，游戏之方法，施之合宜，则能活泼精神，以发生种种之新思想。

本园采办各种恩物，莫不合于心理。使之一见，即欢迎领受，孜孜不倦；且儿童记忆力甚强，既得良好教育，虽至老年，亦不遗忘。

自个人以至成家、成社会、成国家，欲国家之富，必自教育个人起。有子弟而欲使之成完全、优良之人材，非入幼稚园不可。愿诸君勿河汉斯言[①]云。

二、张鹤君：幼稚教育之紧要

张夫人说，教育有三，曰家庭、学校、社会是也。无论何处何时，莫不有教育。其最要者，为家庭。如在幼稚时受不良教育，虽至白发苍颜，仍必不改旧习。要知其家子

① 河汉斯言：不相信或忽视（某人的话）。

女教育有何如，观其父母之资格可也。

家庭教育与幼稚教育，迥然不同。盖人在家庭时，即有父母为之教养，其中必不尽善。为父母者，非皆受过教育之人；且主持一家事务，亦甚繁琐，奚论终日为子女尽心教授！且为父者，或溺爱其子；而为母者，或偏爱其少女。钟爱既异，必使子女不和，甚至亦从而歧视。此乃家庭常有之事，尤以吾国人为居多数。由是而论，则幼稚园之设不可少也。

为幼稚生之教师，较之大、小学校之教师，尤为倍难。教育儿童，必须忍耐劳苦、和颜悦色，随儿童之心理渐渐引诱，是极不易为之事。设或不然，则儿童必生畏惧心，视如仇敌，有何进步成效之可言。故幼稚园之教师与管理员等，宜较亲生父母尤觉加倍亲爱，夫然后父母送子女入幼稚园者日见其盛。各界人士提倡之，亦不遗余力。

诚以幼稚园之设，非特为有子女之家教养子女，且培植良材，与国家有极大关系也。所望吾国热心之士，出而提倡。如能普及全国，亦中国前途之幸云云。

101　江苏幼稚教育研究会开会纪事

1916年12月3日

题　解　本篇原载《申报》1916年12月5日第10版。开会时间为1916年12月3日。原发表时无署名，题为《幼稚教育研究会开会纪事》。今题系编者所拟。

有关江苏幼稚教育研究会，参见前文《江苏省教育会筹组幼稚教育研究会文件》题解。

有关《申报》，参见前文《烈士遗孤教养所创办之缘起与简章》题解。

江苏省教育会附设之幼稚教育研究会，于前日下午二时，在该会所开职员会，讨论对于幼稚教育重要各问题。由朱胡夫人彬夏主席。其研究各问题，所得意见甚多，兹特附录于下。

一、幼稚园应否读书

黄学梅女士意见，幼稚园应随时随地，就习见名字及伦常称呼，及有形可象之字，以六书中象形字证之，宜择有兴趣者。

方雅南[①]君意见，如“兄弟姊妹”连用之字，务须分授，使幼童不致任口乱唱。

王浣青[②]女士意见，凡授课时，教师必先表演动作，使幼童观其形状而自习其字。

朱胡夫人彬夏意见，幼稚园本不应读书，亦不应识字，惟斟酌于此二者之间，似以认字为宜。

二、幼稚园功课，全日半日，当以何者为宜

方雅南君意见，幼稚园之功课宜于半日。惟以家庭教育不良之故，不得不以园艺、畜牧等事杂于功课之间，以延长其功课，则全日为宜。

众意以为，文明家庭，幼稚园功课半日已足；普通家庭，则全日为宜。

三、幼童天性优劣不同，其教法应否归一

黄学梅女士意见，因人而施，补其优点，矫其劣点。

方雅南君转达友人意见，凡天性灵敏之幼童，教授时，教师可不必过于注意智识；稍低者，则教师当格外注意。

---

① 方雅南：生卒年未详，苏州士绅，曾任“苏州救火联合会”副会长。1916年，倡办苏州公立幼稚园，并加入江苏幼稚教育研究会。

② 王浣青：生卒年未详，又名琬清、钱王琬清，浙江秀水人，嘉兴妇女领袖。1904年《奏定蒙养院章程及家庭教育法章程》颁布后，与严剑虹共同倡议，于本城清节堂依章附设“保姆学堂”。辛亥革命前，任“嘉郡公立女校”总教习。辛亥革命后，为“嘉郡女界协赞会”总干事。

102　德国梅楷那教育玩具之新发明

侯鸿鉴

1917年4月25日

题　解　本篇原载《中华教育界》第6卷第4期“调查”栏。发表时间为1917年4月25日。原发表时，在标题之下所撰写的提示语为：“幼稚教育之最新玩具，工业教育之最初基础，机器世界之最良模型。”

有关撰著者侯鸿鉴，参见《无锡私立竞志女学校概略》题解。

有关《中华教育界》，参见前文《确定教育宗旨令》题解。

地不以国界限，人不以天赋歧，无远无近，无智无愚，充乎教育家之感化能力，竟能使呱呱学步之幼儿，熟练其耳目手足、心思脑力，成一种异样之习惯，渐至成人以后，得一种无形之效果者，厥惟有物焉。其物维何？曰玩具也。

自古儿童玩具，震铄乎古今、无间乎东西者，则有夫来佩而[①]之恩物。夫来佩而发明幼稚教育之各种恩物，不但欧美各国推夫来佩而为幼稚教育之发明元祖，且奉其幼稚教育之学说为教育史上之光荣。即吾中国，亦于数十年来之教育界，无不知德国夫来佩而之恩物足以使世界幼儿争致欢迎之意。此恩物之价值，可想见矣。

乃近数年来，蒙铁锁利亚[②]之教具，继起于夫来佩而之后，经各国研究教育者推为教育儿童练习手眼之最新教具。今吾国亦已盛行蒙氏之学说矣。矧经吾江苏省教育会同

---

① 夫来佩而：通译福禄培尔。

② 蒙铁锁利亚：通译蒙台梭利。

人研究，有时选择其关于吾国儿童最相宜者，去其不合于吾国习俗及不宜于内地儿童者，亦已另为编定其书，改造其各种教具，风行于一时矣。而孰知今日又有新于是者之发明耶！此德国梅楷那教育玩具，所以又足以引起一般教育界之研究，认为一种最有价值之教育玩具也。

德意志工业制造之学，久已称雄于当代。其最新式之枪械、桥梁、轨道、车轮、机轴，以及各种应用机器，几欲独步于欧洲。今乃有梅楷那公司发行之机器玩具，为一般幼稚园之儿童及家庭中之儿童，作良好之最新教育玩具，既足为工业教育之基础，又可造成将来机器世界之模型。此种玩具，固又胜于夫来佩而之恩物、蒙铁锁利亚之教具多矣。

吾今译其书，已将成册，用以饷我教育界之同人。兹先述其纲要如下。

一、机件之种类

机件种类，共十二号：正号六种，副号六种。

二、机件之名称

（1）孔洞片；（2）折角桁；（3）平托片；（4）双折角托片；（5）单折角托片；（6）轴杆；（7）曲柄；（8）凹凸轮；（9）滑车轮；（10）圈套轮；（11）小齿轮；（12）大齿轮；（13）横齿轮；（14）虫样轮；（15）掣子；（16）螺钉钳；（17）弹挟；（18）螺钉凿；（19）关键螺；（20）螺帽；（21）细绳；（22）推进叶；（23）链；（24）螺旋弹条；（25）弯曲片；（26）双曲片；（27）长曲片；（28）弹条测力机；（29）伸涨测力机；（30）重锤；（31）目孔片；（32）有孔凸缘板；（33）有孔扇形板；（34）钩子；（35）弹力线；（36）具领之定螺；（37）曲片；（38）风车帆；（39）曲轴；（40）联轴节；（41）船烟囱；（42）中心叉。

三、机件之效用

即此四十余种之机件，可装置各种机器约二百种。

四、机件之示范

凡装置一模型，须用机件若干种方能成之。简单之模型，如标杆、行李车等；繁复之模型，如莫托货车、汽船等。需用机件之少者，约十余种；需用机件之多者，约三十余种。所以示人以机器之范也。

五、机件之配合

配合机件而成一种模型，必至少备三四种之机件方能敷用。苟能将十二种之机件购齐而配合之，较为易易。兹举一例，如欲装成一汽船也，则机件之配合，必合十余号之种类、四十余种之小机件，方能配成汽船之模型。是以较繁复之机型，其配合之不易，可于选择时审慎将事，既足以引起儿童之兴趣，又可以含寓多数有形之机械。但其组成之时，须俱有甚为耐性之人，方能配合之也。

六、教育玩具之拆卸方法

配合既不易，拆卸自见其难。按图索骥以装置者，即须照图分拆，各按其类，以还其原。否则手法凌乱者，必无此耐心以授儿童也。

以上六端，为梅楷那装置内容之要纲，循图而阅，如法配合，未有不成者噫。吾国既无发明之人，幼稚教育亦渐有一落千丈之势。安得热心幼稚教育者，提倡此种玩具，为幼稚教育大启光明也，则将来工业之基础基于此，将来机器发明种种之新器械，亦安知不由于此哉！

吾之言所以如是者，以今日之教育当注意幼稚之教育为最要之端。欲注意此幼稚之教育，则舍此最新发明之梅楷那教育玩具，几无可以言幼稚教育者矣。

103　江苏幼稚教育研究会举行幼稚生联合表演会

1917年4月29日

题　解　本篇原载《申报》1917年4月29日第10版。原发表时无署名，题为《幼稚生联合表演会纪要》。今题系编者所拟。

有关江苏幼稚教育研究会，参见前文《江苏省教育会筹组幼稚教育研究会文件》题解。

有关《申报》，参见前文《烈士遗孤教养所创办之缘起与简章》题解。

昨日下午二时，江苏省教育会附设之幼稚教育研究会开幼稚生联合表演会。幼稚园之与会者有七处，来宾约一百余人。

先由朱胡彬夏夫人报告开会宗旨。

次养真幼稚园幼稚生表演，分七节：（1）国旗；（2）春天歌；（3）游戏花圈；（4）英文故事；（5）兵歌；（6）体操游戏；（7）农夫歌。

次兴华幼稚园，分四节：（1）钢琴独奏（李翠贞）；（2）英文歌；（3）少年旅行歌；（4）钢琴独奏（李翠贞）。

次启秀幼稚园，分六节：（1）四肢运动；（2）游戏竞争；（3）爱国歌；（4）英文歌；（5）钢琴独奏（萧嘉璐）；（6）跳跃国旗歌。

次广东幼稚园，分四节：（1）滚球；（2）手工竞争；（3）竞争游戏；（4）表情唱歌。

次博文幼稚园，分三节：（1）营巢燕；（2）象形字表演；（3）小家庭。

次城西幼稚园，分三节：（1）识字问答；（2）打麦歌；（3）恩物游戏。
次培真幼稚园，分四节：（1）英文歌；（2）听琴游戏；（3）洋囡囡歌；（4）国旗歌。
各项表演均极娴熟、活泼。表演毕，摄影，散会，已钟鸣六下。
是日到会各幼稚园职员姓名，附录于后：

广东幼稚园，钟小琼、唐佩兰、张香素、简慧媛；培真幼稚园，马清渠、朱兴芳；城西幼稚园，周石南、袁松筠、施侠群、沈静陶；博文幼稚园，陆平、黄学梅、张翰屏、钟寿芝；养真幼稚园，祝瑜、张洁；兴华幼稚园，李淑贞、张美贞；启秀幼稚园，宋铭黄、包令棣、张梅丽。

另图53 启秀女塾附设幼稚园表演照

另图54 培真幼稚园表演照

104　上海中西女学附设幼稚园记事

张庆娥

另图 55　张庆娥像

1917年5月

题　解　本篇原载《墨梯》第 1 期。撰写时间为 1917 年 5 月，发表时间为 1917 年 6 月。原发表时，题为《幼稚园记事》。今题系编者所拟。

撰著者张庆娥，女，生卒年、籍贯未详，时任上海中西女学附设幼稚园“班主任”，又为“中华女布道会总会”副会长。

上海中西女学，即中西女塾，为知名教会学校。1892 年，由美国监理会传教士林乐知创设，首任校长是海淑德（Laura Haygood）。课程为半日中学、半日西学，兼习宗教。后该校由女塾升格办理为女中，教学质量一流。宋氏三姐妹均曾就读于该校。

《墨梯》，年刊，系上海中西女学校校刊，1917 年创刊，刊物得名于美国南方卫理公会的墨梯（Holland McTyeire）主教，旨在传播基督教教义和介绍西方办学理念。主要栏目，有论说、记述、文苑、译著、诗词、附稿、照片、记载、译述、文录、韵语、学校生活、通讯等，且多用英文撰述；主要撰稿人，有王安生、施惠龄、谢小韫、赵敏淑、潘韵若、叶德全等。1948 年终刊，其中，缺刊多期，抗日战争期间停刊。

本校幼稚园，设于一千九百十五年之春季。始则小孩只有六七名，厥后渐见加多，至本学期，已有二十九名。其年龄，自四岁至六岁为限。

当初，小孩至幼稚园，望若畏途，甚或啜泣，仿佛病人之进药房、见医生也；及今，

另图 56 上海中西女学附属幼稚园幼童游戏

皆大欢喜，虽欲推之使去，而有所不能。盖在幼稚园中，有多数小朋友结小团体，互相游戏，习以为常，胜于家庭之乐，而于唱歌、击技、做手工、听故事等，尤为此辈幼孩性之所近，设令扮演故事，亦极有意味。

一日，教习适讲到某某家染病延医等语毕，即选小孩五人，扮作合家人口，另选丁姓孩儿作为医生。五人之中，假作一人有病，遣一人作仆请医。这个丁孩，年才五岁，居然为医生昂然而来，一到病人之侧，就诊脉、验舌。病孩云："先生如何病症，有何要紧？"医者答云："无甚要紧。因平日喜食糖食所致。下药一剂，明日即愈。"就索纸、墨、笔、砚，开方一纸，给与病人。病者又问医者曰："医金若干？"医者曰："小洋二角。"彼此描摹情景逼真，即此可知。

各小孩皆留心于平日之所习学，否则，曷克如此！所以人家小孩尤当及早送入幼稚园，以开其智识。

吾睹在园之幼孩，最注意别人身上有孝友之道焉。去年，园中有弟兄两人，一仅六岁，一仅四岁，今年春学期，其姊亦考入初等班[①]。盖幼稚园功课，止有下午半日；自初等以上，有全日功课。午后，兄弟二人甫入校，四岁之弟便问："我姊曾否午餐？"六岁之弟问："姊考入何班？"试思，幼孩不入幼稚园，又焉能有此思想？

且无论园中何孩，都知尊敬上帝，临食必祷告，回家亦不忘记。一日，有年才四岁

① 此"初等班"，指中西女学初等小学一年级，非指幼稚园小班。

之小孩在家晚膳，见伊祖母并不祷告，就向祖母曰："我等在幼稚园，虽食小饼，亦必敬谢天父。请祖母何不祷告上帝赏赐之口粮？"且亲亲长长、敬爱上帝之外，又善于待人接物。每有来宾参观，各孩皆争夺靠椅，以与客人坐。灵敏、活泼，见者无不赞赏。

盖中西女塾之幼稚生，年龄较他处为小，而活动则过之，何也？因日常在园教以适当之游戏，不令其骤然读书，迨年龄及格，方升送初等班，再授以课堂上之教育。

计自幼稚园开创以来，迄今夏季，只有二年，无成绩之可睹。但就诸孩提现状，略述一二。规模草创，欠缺之处，因之不少。阅报诸君，尚其指示南针，以匡不逮焉可尔。

民国六年五月，张庆娥谨志

105 参观日本幼稚园笔记

孙士焯

1917年6月25日

题　解　本篇原载《环球》第2卷第2期“杂俎”栏。发表时间为1917年6月25日。

撰著者孙士焯，生卒年、籍贯未详，时任江苏省立第二师范学校教师。曾在该校校友会杂志上，发表了《参观日本教育笔记》《旅行修学记》等文。后升任常州武进公立漕桥小学校长。

有关《环球》，参见前文《前十年与前三年之幼稚园》题解。

日本女子高等师范附属幼稚园，在小石川之早町。该校一因补助家庭教育之不足，一使高等生徒为保姆，可熟练家庭教育之手续，故专收未成学龄之儿女，授以学校教育之胚胎。其校舍，悉系西式，规模宏敞。区分为五所：左为附属小学，最后者幼稚园，中则操场也。略志其内容如下。

一、应接室

由该校校长及职员等导引入室，赠送简章一览及纪念邮片，款洽异常。所谈者，亦系中日情谊之殷，原及家庭与学校之关系等语。生徒奉茶毕，即导幼稚园。继又入室款息，稍进茶点、乳汤，即兴辞而退。

二、运动场

器械装置，颇称完美，如浪木、轻杆（原图 31）、铁杠、秋千、转柱等。凡可发达儿童身性者，无有弗具。又有凉棚一架，上覆以青藤，为儿童游息之所。

原图 31　轻杆

三、功课

幼稚生每课只授半小时，仅授游戏、唱歌、任意制作等，而不遽课以文字也。

四、训导

课余时，师生辄携手闲步谈笑，陶炼儿童之心性。退课时，将课业用品令儿童各自整饬；甚至教师所用者，亦令其整理端方，养成服劳、整肃之习惯。

按：儿童心理易于转移，教师常与儿童携手谈笑，则其心目间甚觉愉快，而悦服之。此时有所训导，儿童于不知不觉间，自能日迁于善良。最患为教师者，视儿童为路人，为罪奴，隔绝师生之感情。今幼稚园师生感情，浓厚异常。可佩！

五、教授

第一课，表情游戏。

演习陶情运动及唱歌进行。教师奏琴，生徒联袂入室（原图 32、原图 33、原图 34），助教导演一切，神情灵活。有二三生年龄较小者，当演习时，由保姆导引旁坐观之。

其进行顺序：

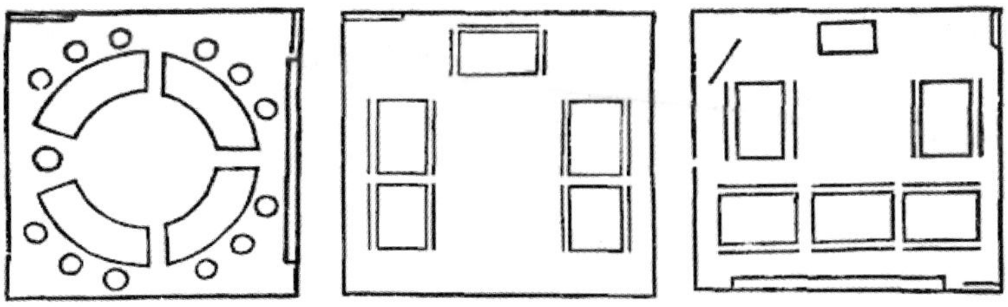

原图 32　幼稚生普通教室布置

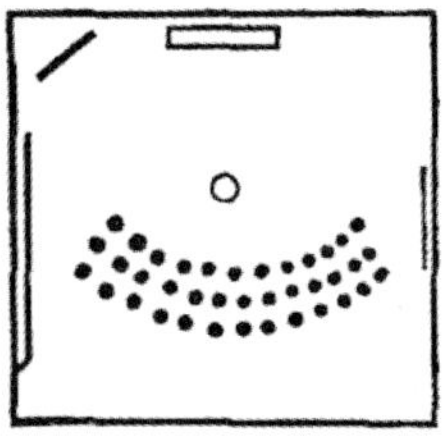

原图 33　幼稚生游戏教室布置

原图 34　幼稚生椅

（1）左右转一大环（原图 35）。

（2）向助教立半环形（原图 36），演习上肢表情运动。

（3）四人为一组，左右转一小环（原图 37）。

（4）平面梅花形（原图 38）。

（5）平面螺旋形（求心、离心）（原图 39）。

如是续演二三次，约至卅余分钟时，即下课。

生徒年方四五岁，驯良异常，活泼精神，尤足动人心目。

第二课，任意制作。

有在石板上绘图者，有将各式木片或铜丝等构成火车头、栏杆、桥梁、房屋、尖塔等模形者，灵妙可观。一桌团坐五六人，各修其业，不相侵扰、喧嚣。偶或有之，教师仍和霁可掬，不现愠色，不轻谴责，惟奏琴、歌曲，唤起其整肃之情。以故，秩序井然。训导之功，可谓甚矣。

按：儿童活泼、喧嘈，其性然也。教师若不顺其性而逆折之，灭杀其兴味，恐不能奏教育之功。该教员见儿童侵扰、喧嚣，不现愠色，不动谴责，惟奏琴、歌曲，以唤发其感情，盖得教育之道矣。

原图 35　左右转一大环示意图

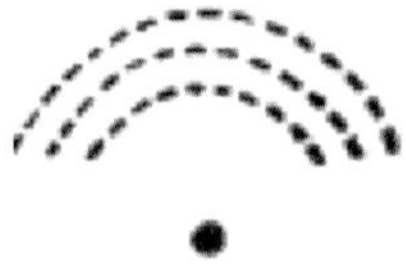

原图 36　半环形站立示意图

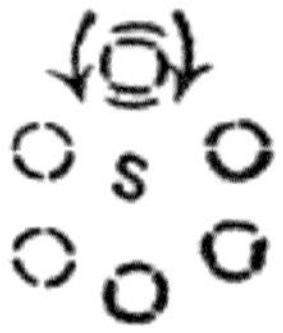

原图 37　左右转一小环示意图

原图 38　平面梅花形示意图

原图 39　平面螺旋形示意图

六、身体之锻炼

幼稚生在课外时，咸将各种运动器械争博为戏。又，教师授寻常小学生徒铁杠运动，教授颇得其法。高等生体操课，在室内操场习练跳跃运动，精神奋发（室内操场四壁皆木为之，以疏棂透入光线）。盖身体壮健，则精神充足而智育发达。并幼稚时代之特性，是活动也，利用其特性而善导之，则身心之发育尚矣。

106　北京蒙养园家族谈话会

1917年8月19日

题　解　本篇原载《达德周刊》第21号“纪闻”栏。发表时间为1917年8月19日。原发表时无署名。

北京蒙养园，又名“中央女学校蒙养园”或“中央蒙养园”，参见前文《致中央蒙养园》题解。

家族谈话会，亦称家长会、母亲会或恳亲会。即邀请蒙养生亲属来园，除参观园内设施外，还观看蒙养生表演，参观蒙养生成绩展览，聆听保姆报告或讲演，交流对孩子的教养心得，用以密切“家园关系”。

《达德周刊》，校办周刊，1917年4月1日创刊于贵阳，由贵州达德学校主办、编辑并发行，旨在谋求家庭、社会之联贯，增进学校教育之收效。主要栏目，有言论、校闻、成绩、文苑、游记、课余随笔、杂俎、纪事、规章、通讯、表册等；主要撰稿人，有吴必懋、黄征云、黄亭芬、谭琼珠、杨文英、冯思异等。停刊时间及原因未详。

都城虽数经危难[①]，而教育尚进行如常。近顷蒙养园开家族谈话会，颇为一般热心教育者所注意。兹将开会秩序列后：

（1）校长报告开会宗旨；

---

① 此“数经危难”，指前此袁世凯称帝、退位、病逝等政局动荡，尤其是张勋率兵入京，宣告“复辟帝制”，故使京城人心惶惶。

（2）讲演“幼稚教育原理”及“课程时间与儿童之关系”；
（3）欢迎来宾歌；
（4）讲演“幼稚教育与儿童发达之关系”；
（5）表情唱歌；
（6）花圈歌游戏；
（7）讲演“儿童心理问答”；
（8）表演士农工商歌；
（9）游戏体操；
（10）讲演“恩物种类与发达儿童之理”；
（11）表情唱歌；
（12）卖花歌游戏；
（13）讲演“古典讲演法与儿童之关系”；
（14）表演古典；
（15）二人徒手应用体操；
（16）来宾演说；
（17）请来宾参观蒙养园；
（18）闭会。

107 江苏幼稚教育研究会开会通告

1917年8月22日

题 解 本篇原载《申报》1917年8月22日第11版。原发表时无署名，题为《幼稚教育研究会开会通告》。今题系编者所拟。

有关江苏幼稚教育研究会，参见前文《江苏省教育会筹组幼稚教育研究会文件》题解。

有关《申报》，参见前文《烈士遗孤教养所创办之缘起与简章》题解。

幼稚教育研究会致各地幼稚园函云：前接江苏省教育会通告，据称本年八月下旬，该会开常年大会时，拟请各研究会同时开会，并已将各研究会开会日期豫为编排。幼稚教育研究会，排在二十二号上午、二十三号下午开会。等语。

按：前次本会开职员会，本已议决在省教育会开常年大会时，亦开大会一次。今既有两半日，可分行二事：第一半日（即二十二号上午），由各地幼稚园代表报告现状与办事方针及经验；第二半日（即二十三号下午），如去年例，仍开讲演大会，佐以影戏、音乐。兹拟请贵团体全体到会，并请公举一二代表，于二十二号上午报告尊处办学情形，以资参考。二十三号下午讲演会秩序单，现正在布置。俟诸事妥帖后，即将付印寄奉，毋误。

附录 江苏省教育会幼稚教育研究会开会秩序

第一日（阳历八月二十二日上午九时至十二时），主任报告一年内历史，各地幼稚园代表报告现状与办事方针及经验，提议关于幼稚教育之问题，随意讨论。

第二日（阳历八月二十三日下午三时至五时），主席报告，音乐，余日章先生演说。

108　卫西琴在南通演讲及参观幼稚园后之答问

江谦

另图 57　江谦像

1917年9月2日

题　解　本篇原载《教育杂志（山西）》第3卷第5期“专件”栏。演讲时间未详，答问时间为1917年9月2日，发表时间为1917年9月15日。原发表时无署名，文后附有“江谦敬识”，题为《卫西琴先生在南通关于教育之谈话》。今予以节录，并由编者重新拟题。

讲演并答问者卫西琴（Alfred Westharp），生卒年未详。中文名卫中，字西琴，出生于普鲁士贵族家庭。初习医、哲，后改习音乐，获三个博士衔。旅英期间，曾专研蒙台梭利法，后改隶美国籍。因钦慕东方文化，于中华民国初年来华从事文化、教育交流，与严复、梁漱溟、熊十力等多有交往。时在保定高师教授音乐。精通英、法、德三种文字，能说一口流利中国话。1919年，应阎锡山之约，赴太原主持开办“山西外国文言学校”，办学有成。1926年移居北京，后随梁漱溟客居广州，1931年后又居留上海，抗战期间流落日本，以教书维生。著有《中国教育议》等。

记录者江谦（1876—1942），字易园，道号阳复子，徽州婺源（今江西婺源）人。早年肄业于崇明瀛洲书院，受张謇的赏识。1903年，张謇创设通州师范，受聘来校执教，后担任校长。1914年，出任江苏省教育司司长。任内主持创设南京高等师范学校，后出任该校校长，将该校办理成东南最高学府。平生精研佛学，曾与卫西琴纵论中西文化。著作有《阳复斋丛刊》。

《教育杂志（山西）》，地方教育双月刊，1915年创刊于太原，由山西省教育会主办、编辑并发行，以“研究教育、促进文化”为宗旨。主要栏目，有图画、言论、学术、研究、教材、史传、时评、调查、法令、纪录、文艺、小说、学校成绩、会报、杂俎等；主要撰稿人，有古愚、孙嘉惠、兰桂枝、竹溪、贾毓英、林望熊、曹静安等。1923 年，更名为《山西省教育会杂志》，共出 9 卷 54 期。

幼稚园保姆，必竭观察之力，观察各儿童，而深悉其特性及材能，于身体之康健，尤宜特别注意。俾其身体能耐各种合法之动作。凡不健康、无品及无灵性之儿童，必皆去之。俟中国学校多设之时，再图补救。

使儿童练习土木模型及他各种之玩具，可以觇其性质、材能，而判定其果近于何科。六岁前，可授以读法及单简之书法。而教授书法，即为图画之预备。工艺制图，即本于图画。此之结果，即儿童各种之能力发展于将来各种之作业，例如好读书者，其将来富于理想而缺少实验，可预定也。

各幼儿日居于其园囿，与自然界接触，或艺植物，或畜动物，或为泥土之模型，或为竹木器具，此即其分类的职业之基础；且足证明每一儿童将来合于为某种之职业。保姆及教师当按各儿童性质、材能所近而为分科的教授。

初等小学有幼稚园之基础，而后小学教授乃有一定之方针。至将来各种职业学校，则又以初等小学为基础，而后定职业教授经验之方针。

依此种办法，学校中精神为之焕然一新。儿童好学其所学，皆与其实力相称。于是，教师亦乐于教授，以儿童必能了解其所教授者故也。

如是而后，南通各实业学校之学生，其源将皆出于此幼稚园与小学校之中，而中国之学校，遂得最妙之联络。

保姆及小学教师，必熟读本国之经籍，如“四书”、《礼记》等，而以新心理学诠释之、运用之。何以故？以必如此，而后其所教授者，自本诸儿童各人之本心，而非自外铄矣。

小学校儿童，可从幼稚园、育婴堂，择别其优者升入之，劣者姑置之。因中国小学尚少，须先栽植优等生；劣者，则须别设补助学校，而不能不有所待也。

小学校教授，先实物，后文字。最初识字，或用木塑、木雕为模型。如是，所以利用儿童之觉官，而省其脑力，且识字亦可先指一实物，令儿童观察其形，而绘画成字也。

初等小学，颇有为他日分科之预备之机会。例如：音浪耳聪者，将来习音乐最宜；

作画略有意趣者，将来习图画最宜。

小学教师，须以大心理学家为之。但以价值甚贵，难成事实，而不能无望于小学教师之自加研究。

小学规制太峻，如帽章、领章等种种，率以预防其校外不规则之举动。其不为不规则之举动，但避种种之处罚而已，非其良心之果能自爱也。惟教师能各爱其学生，即所以助学生之自爱。人性本善，不可纯从德国之严格教育。此间小学生与教师，似少感情，改良之法，宜从亲爱学生入手。

九月二日，卫西琴先生参观女师范校幼稚园后，开谈话会于女校之礼堂。女校请求于卫先生及卫先生所答者，记如次：

一问：请批评本校幼稚园之缺失，并指示改进之方法。

答：贵校幼稚园生气甚足，可喜可喜。其缺点有二：（1）形式似学校，而无家庭的意味，失学校、家庭密切之关系。（2）幼儿游戏，其器具不适应于自然之心理者多有之。

所当改进者：（1）房屋须与儿童身体相称，其形式务为家庭的。园之中，须植树、栽花，更多饲养小动物，使幼儿时与自然界接触，随在有学习机会。（2）保姆内心的改造，视园之幼儿与其家之幼儿无异。如此，则保姆与幼儿感情方融洽，而园与家乃为一团体。

二问：请指示中国现在女子教育之方针。

答：此问题甚不易解答。惟心灵与身体，二者须合而不分。男子当如此，女子亦当如此。女子应尽之义务，为幼稚教育。以此，非女子不可不知幼稚教育，已为第二步。根本所在，要惟胎教。中国古时重胎教，此种教育，即心灵与身体不可分离者。故于女子教育，须体会此意。中国现在女子教育，大率使学生之心灵与身体不能合一，普通所谓循规蹈矩，皆拘束过甚，而妨碍其自然者也。

三问：请示学校与家庭联络之方法。

答：此已见于第一答改进项内。

四问：本校所施教育，以“勤俭温和”为校训，期养成良妻贤母。请指示其实在方法。

答：教育当从自然。万物生生不息，即是勤；而天然物又皆能不妄费其力，即是俭。本此旨趣以教，自易达到目的。温和为女子天性，教育能保持此天性，自能温和而达到目的也。男子治外，女子治内。女子能扶助男子，即是良妻，但须诱进其思想与动作相应，即身体与心灵合一。中国配偶常无好果，即以两方之身体与心灵各相背驰之故。贤母见第二答内。

五问：教授当施何种方法，方能得实在之效果？

答：人各有其个性，教授以适应于个性为宜。儿童所不愿学者，可省之。务多务博，最是通病，亦最无用。教授以后，尤不当漫以己意设问，当使自致思考，有所发明。又，学生、教员之间，必有诚恳之爱情。今人言及爱情，辄以为男女之事。其实，师生间之爱，乃灵魂之爱，乃真爱情。不明此义，不可为教员。

六问：公共训练与个人训练实效之比较。

答：以个人训练为优。个性各异，故训练不能划一，使就资能不齐之儿童。为一致之训练，将以资能优者为标准乎？抑以劣者为标准乎？以劣者为标准，则于优者，势将遏其发达；以优者为标准，则于劣者，不免揠苗助长。

七问：儿童游戏场之设备。

答：游戏场所之设备，须一如家庭。现在美国幼稚园中有儿童贩卖部，甚可仿行。此种场所，务使完全为儿童之世界，使儿童乐而忘疲。

八问：儿童游戏时看护之法。

答：游戏能和平，自可无危险。无危险，斯无须保护。

九问：初年级图画、游戏适宜之教授法。

答：儿童之不爱图画者，勿强之学，可也。画势奇特者，将来能成画家；用笔正则者，将来宜学工艺。教授时，须注意及此。初年生年龄不齐一，故游戏之器具、方法，不可强同。游戏之事，须合于社会、家庭之习惯。游戏时，尤宜注意各个儿童美术之感。

十问：初年级教室中，于训练方面应否有特殊之设施？

答：儿童皆乐造作。只须于造作时，有适当之指示，不必更有特殊之训练。惰性之儿，身体必有病，急须医治。有病者，虽训练无益。

教育儿童，如理机器，停顿只须修理，无从与之辩论。教育亦然，于顽钝之儿，只须躬行作则，无庸讲说义理。易言之，教育方法当诉之于其觉官，勿诉之于其理性。

十一问：练习儿童言语之机会。

答：练习言语，在使儿童多与外界接触。譬如见日时，授以“日”字；闻钟时，授以“钟”字是也。

十二问：幼儿人格教育之施行法。

答：人格，乃人心自然之产物。施行人格教育，只须教员以身作则，更无他法。儿童稍长，见他人行礼，自能效之。若故意教以鞠躬免冠，是使之行伪也。宁使失礼，毋使行伪。

十三问：蒙铁梭利[①]以奖励之事足以长儿童之骄气。是否？

答：奖励多，则诚有害而无利。凡为事，内省无疚，此为天然的奖励。猥以人工之奖励相加，焉得不骄！

十四问：园中尝教儿童以饲畜、溉灌之事，儿童之家人每来质问，以为过劳。请问何以处之？

答：儿童入园之时，当与其家庭约，不得干涉园内教育之法。在蒙铁梭利所创之儿

① 蒙铁梭利：通译蒙台梭利。

童之家，儿童食宿，咸在其中，故不受家庭之影响。此法亦可仿。

十五问：保育法实施之所注意？

答：保育之法，非片言所可尽。蒙氏 *Anthropological Pedagogy* 一书①，可向上海北京路教会书社购阅。

卫君最反对欧美之旧教育，以为违反天然，而其所盛称之新教育，注重根本，与中国孔孟之道近。卫君尝谓："孔子之道，世界无能反对之者，以其最契天然也。"此次来游南通，独钦叹不置。谓此间教育、实业、慈善，皆良心上之建筑，与政府、教会所办事业迥殊，愿为助力而不受报。本年年假，约南来讲演三星期。同人有愿畅聆卫君绪论者，则此教育谈话固研究之资也。

——江谦敬识

① 此外文书名，可译为《教育人类学》，为蒙台梭利的代表作之一。

專件

衛西琴先生在南通關於教育之談話

幼稚園保姆必竭觀察之力。觀察各兒童。而深悉其特性。及材能。於身體之康健。尤宜特別注意。俾其身體能耐各種合法之動作。凡不康健無品及無靈性之兒童。必皆去之。俟中國學校多設之時。再圖補救。使兒童練習土木模型及他各種之玩具。可以覘其性質材能。而判定其果近於何科。六歲前可授以讀法及單簡之書法。而教授書法即爲圖畫之預備。工藝製圖即本於圖畫。此之結果。卽兒童各種之能力發展於將來各種之作業。例如好讀書者。其將來當於理想而缺少實驗。可預定也。

各幼兒日居於其園囿。與自然界接觸。或藝植物。或畜動物。或爲泥土之模型。或爲竹木器具。此卽其分類的職業之基礎。且足證明每一兒童。將來合於爲某種之職業。保姆及教師。當按各兒童性質材能所近。而爲分科的教授。

初等小學有幼稚園之基礎。而後小學教授乃有一定之方針。至將來各種職業學校。則又以初等小學爲基礎。而後定職業教授經驗之方針。

依此種辦法。學校中精神。爲之煥然一新。兒童好學。其所學皆與其實力相稱。於是教師亦樂於教授。以兒童必能了解其所教授者故也。

如是而後南通各實業學校之學生。其源將皆出於此幼稚園與小學校之中。而中國之學校。遂得最妙之聯絡。

保姆及小學教師。必熟讀本國之經籍。如四書禮記等。而以新心理學詮釋之。運用之。何以故。以必如此而後其所教授者。自本諸兒童各人之本心。而非自外鑠矣。

小學校兒童。可從幼稚園育嬰堂擇別其優者升入之。劣者姑置之。因中國小學尚少。須先栽植優等生。劣者則須別設補助學校。而不能不有所待也。

小學校教授。先實物。後文字。最初識字。或用木塑木彫爲模型。如是所以利用兒童之覺官。而省其腦力。且識字亦可先指一實物。令兒童觀察其形。而繪畫成字也。

初等小學。頗有爲他日分科之預備之機會。例如音浪耳聽者。將來習音樂最宜。作畫畧

另图 58　《卫西琴在南通演讲及参观幼稚园后之答问》原发表件图（部分）

109　江苏幼稚教育研究会讲演会通告

1917年10月19日

题　解　本篇原载《申报》1917年10月19日第10版。原发表时无署名，题为《定期演讲幼稚教育》。今题系编者所拟。

有关江苏幼稚教育研究会，参见前文《江苏省教育会筹组幼稚教育研究会文件》题解。

有关《申报》，参见前文《烈士遗孤教养所创办之缘起与简章》题解。

江苏省教育会幼稚教育研究会讲演会通告云——

迳启者：

本会本拟于阳历十月十四日（即阴历八月二十九日）开研究会，请朱胡彬夏先生主讲。兹因朱胡彬夏先生微有清恙，拟延期至十月二十一日（阴历九月初六日）午后三时开会。讲题为“吓尔佑氏之训练儿童谈”。注重种种训练方法，使小孩养成善良习惯，并以极普通之事物，启儿童之天资，授实用之技能。吓尔佑氏，为美国加尔浮学校之主任。加尔浮教授法，在美国亦已成为一家之说，故甚有可研究之处也。届时，务请拨冗惠临是荷。专此布达，并颂秋安！

附朱胡彬夏先生讲义之纲目：

（一）吓尔佑氏之教育目的。

（二）其训练方法，分为八类：

（1）习惯。善练服从、观察、注意、专一各种习惯。

（2）仪容。练习语言、容貌、举止、动作诸礼节。

（3）故事。以能引起志望、增辟理想而堪作模范者为主。

（4）体操。在使筋骨舒畅、体格端正、能自克制、有镇静之态度。

（5）歌舞。以音韵、歌曲，兴起儿童之美感与天真。

（6）游戏。使小孩习于竞争，而处事公正；又藉以涵养敏捷、机警、智略、胆敢诸美质。

（7）艺术。如捏像、图画之类，使习于用手作事，能敏巧、精练，并能勤劳、耐久、整洁、画一。

（8）知识。关于天然景物、科学、美术等知识。

（三）习惯与仪容之特殊训练，参讲蒙台梭利关于此项之教授法。

（四）故事之讲演与艺术、游戏教授法之参考。

又征求丛刊投稿函云——

敬启者：

敝会前出第一次丛刊千册，早经送罄。第二次，定阳历十一月十八日开讲演会时续送。仍征求投稿，不拘体裁，或育儿心得，或教授经验，以及调查、译述、名论、鸿著，均所欢迎。同人自维简陋，务祈海内外教育家辅而进之，集思广益，幸甚，幸甚。惠稿请寄：上海法租界博文女学黄绍兰君，或北四川路神州女学陈鸿璧[①]君均可。

---

① 陈鸿璧（1884—1966）：女，原名碧珍，广东新会人。幼年随父旅居上海，毕业于上海中西女塾。后执教于育贤女学和上海女子中学，任《神州日报》《大汉日报》编辑。1912年，主持创设广东幼稚园，任园长。后增设小学、中学和女校，并以“广东中小学”命名，继续附设幼稚园。终身未婚，主理该校数十年，直至1953年退休。著有《幼稚恩物教授法》，撰有《幼稚教育之历史》等。

110 日本之幼稚园

庄俞

1917年10月20日

另图 59 庄俞像

题 解 本篇原载《教育杂志》第 9 卷第 10 号“特别纪事”栏。发表时间为 1917 年 10 月 20 日。

撰著者庄俞（1876—1938），名亦望，字百俞，又字我一，江苏武进人。早年补阳湖县学附生，后被聘为武阳公学教习。参与创设体育会、演说会、天足会、私塾改良会、藏书阅报社等维新社团。后赴上海，任商务印书馆编译员，参加编写《最新教科书》《简明教科书》《共和国新教科书》等教材，兼任该馆附设尚公小学校长。著有《我一游记》等。

有关《教育杂志》，参见前文《外人调查教育及保卫幼稚事项》题解。

吾以参观日本职业教育之便，曾参观幼稚园五所。欲述此五所之概况，请先述感想所及之数点如下。

（1）办理幼稚园情形，不宜拘执。关于教授、训练及游戏器具，宜各出心裁。

（2）幼稚园之游戏室及游戏园之设备，为主要之事件。若设备不完，即不能达幼稚教育之目的。

（3）幼稚园概不读书。

（4）幼稚园之设备，须合于卫生及保护：洁净；用具消毒；食、游有定时；寒暖须注意；校舍及游戏稍有危险处，均须免除（如出入口不设阶级、游戏器具须稳妥等）。

（5）教授须注重自由发表：游戏器具，任各取其所喜者；图画、手工，令各自从事愿作愿画之物，故同时间教授，并不一致。

（6）各园多有保护者会，各谋发展本园及裨益本园之事。如需特别经费时，并共同募集之。

余所参观之幼稚园，必有以上所述六事之设施，可知此六事为幼稚教育重要之点。请以下列五园之状况为证。

一、东京女子高等师范附属幼稚园

是园分二部：第一部，以同年龄之幼儿分组；第二部，不按年龄分组，三、四、五岁均有之。第一部，幼儿一百二十人；第二部，幼儿六十余人。入学儿童甚多，因限于学额，本届报名者二百余人，用抽签法定之。抽到者，即可入校。

每教室，约三十人。

庭园游戏时间甚多，在教室时间甚少，或仅十分钟，至多四十分钟。二部生在庭园时尤多。

教授时间不规定，视儿童喜作若干时间为止。各科注重儿童自由活动。手技授粘土、豆细工，或粘土与豆细工合成之物，但大半由学生自由想出、自由制作，由教师补助而指正之。故同时间内，教材并不一致。教师言大号积木，幼儿最喜玩之，可搭成房屋或桥梁，牵一犬或猫（玩具）行其上，往来多次不厌倦。

黑板上，作颜色画。树木、山水、房屋、铁路、汽车或故事，每周更换一二次，教室旁壁均有黑板，高低视幼儿伸手能及为度，幼儿任意可画之。

教室内之布置，略分下之数种（原图 40、原图 41、原图 42、原图 43）。

凡四教室，均有门可通。长桌不便教授时，即入圆桌之教室，随时活用。

教授时间，每日约三时半至四时。上午，九时至十一时半；午后，一时或一时半。

午食，须费两时间。因就儿童各自求食时方与之，故先后甚不齐。

一部生，月费二元；二部生，月费五角。因二部只一教室，设备简单，且席地而坐，教具亦不完足，惟庭园则共同用之。入学时，愿入二部者听。

园中有二大花棚，棚上皆藤花。天热时，幼儿可在棚下游戏。又有沙场二，一大一

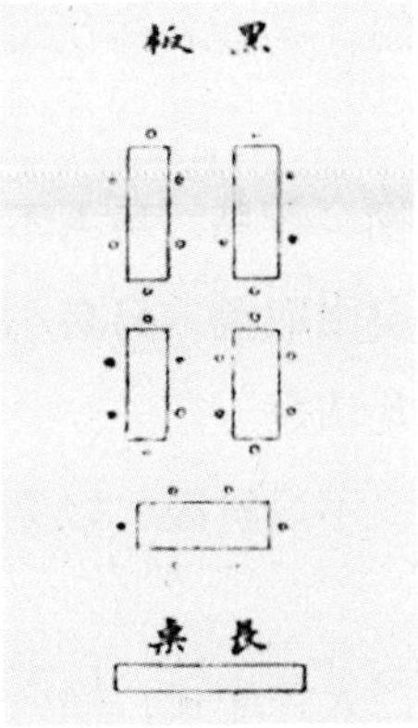

原图 40　教室布置图之一

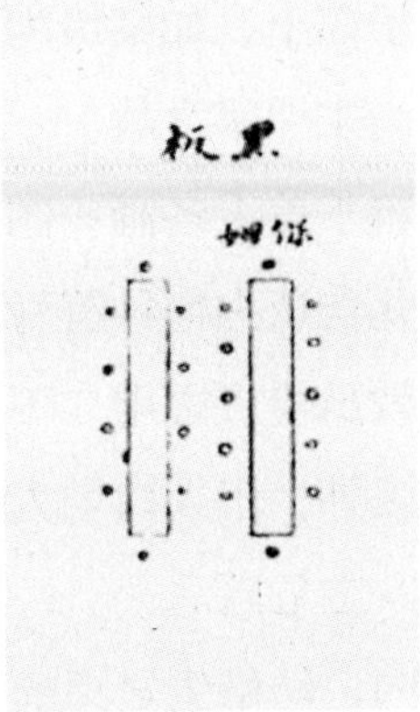

原图 41　教室布置图之二

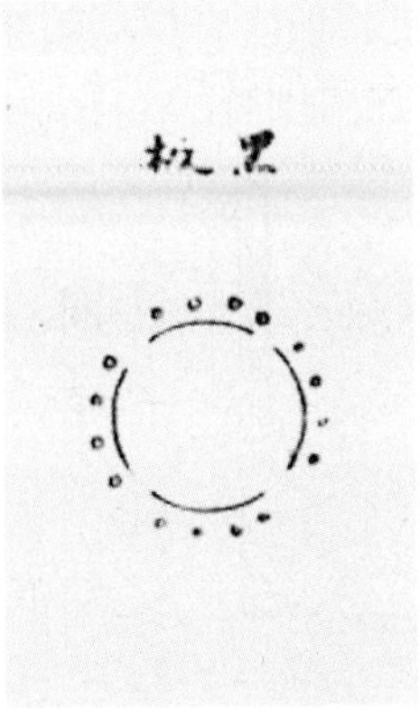

原图 42　教室布置图之三

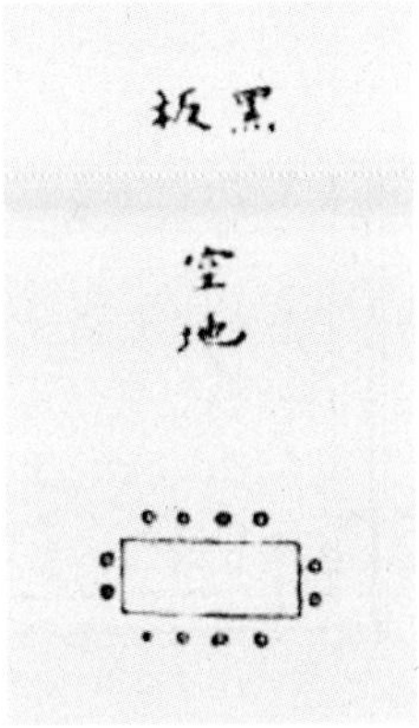

原图 43　教室布置图之四

小。幼儿在此抟沙作山水、房屋之形。

是校位于京都繁盛之区，入学儿童大半为富贵之子弟。而校复属于国立高师之下，故经费充裕，规模宏大，设备周至，他处不能比伦也。

二、东京市立朝海幼稚园

明治二十一年，借西本愿寺①院内房屋倡立，旋燬于火。明治二十三年，改为京桥区京桥幼稚园。三十四年，附属于朝海小学校。明治四十四年独立，经费每年三千元（原图 44）。

幼稚生二百五十人，保姆七人，园长千叶秀女士。创立以来，修毕幼儿达九百八十名。

应接室陈列各种动物标本及小人模型，备随时检示、幼稚生观玩之用。幼儿成绩品、保育参考品，均甚繁整。

教室大十四坪（每坪约合中国六尺）。室外不书某组某级，但画花一方，镶入玻璃

① 西本愿寺：全称“龙谷山本愿寺”，位于日本京都府京都市下京区，是净土真宗本愿寺派的大本山，始建于 1272 年。

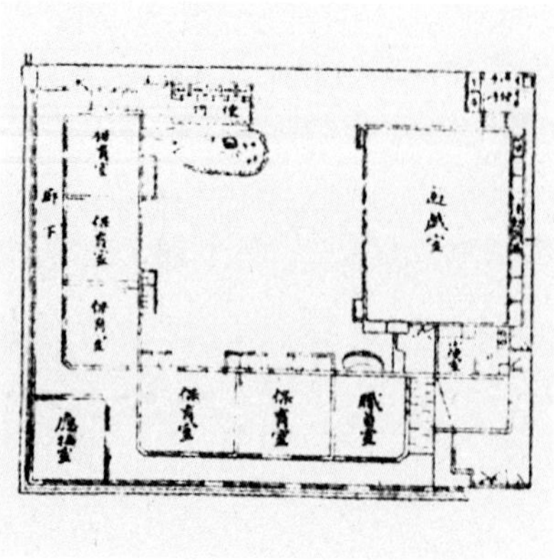

原图 44　朝海幼稚园图

镜内，挂于门上，如某级为菊花组，某级为梅花组。以幼稚生尚未识字之故。

置鞋箱于盖上各画一图，人物、花鸟，各人不同，令幼儿自认为何种符号可以自由取置。另有小字，则为教员检查之用，不令幼儿认之。

教室以外，出入口均为斜坡，不设阶级，以免幼稚生倾跌之危险。

教室内，幼稚生之桌椅，均二人并坐式，横列四五行，尚系旧式。最小儿童之桌，有空格，不用抽屉，以示简单。

每日课六时，每时授二种，各不足三十分。星期六，减去二时。

厕所，较寻常宽一倍。幼儿入厕，保姆陪之（原图 45、原图 46）。

三月五日及夏期休业之前后，聚全园儿童开茶话会。

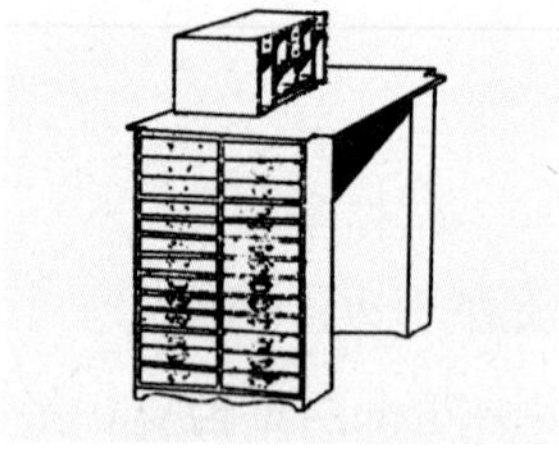

原图 45　办事室保姆用桌

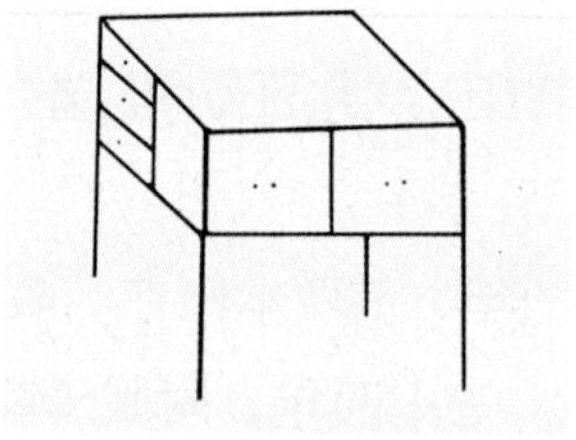

原图 46　保育室保姆用桌
（正面分二抽屉，旁面分三抽屉）

（一）注重卫生之事

（1）幼儿食具，每次均消毒。

（2）救急药品具备。

（3）游戏室前有水池，每食前或出厕所后，必洗手。天暑时，用自来水；天寒时，用温水。洗手时，有保姆监护；洗毕，用消毒手巾为拭干。

（4）开诱室及游戏室内之凳，均加红绒垫，取其软而暖。

（5）天寒时，教室内置火管或火炉以御寒。

（6）幼稚生带来之辨当[①]，各级为制一橱，内分铁丝网数层，辨当盒置其上。天寒时，下置火炉，俾食时不冷；天热时，后面可开门通气。

（7）各处力求洁净。

（8）食后必令漱口。有铅桶，面为圆洞，分定高低，专供漱口后唾水之用。年长者就高桶，年幼者就低桶。

（9）保姆室设一卧床。遇幼儿有病或疲乏之时，即令稍卧，以资休息。

（10）每年检查身体二次。

（二）教具

色箸、色方板、积木、穿绳板（女儿用）、木人、木鱼、木鸟等（以铅笔照其大小、曲折画成模样，再用色笔涂其上），各种图画、各种玩具、各种动物标本、各种小人型等，不胜枚举。

每日欲用何种教具及若干份，均先时预备，以便临时分给学生。所用教具，时常变换。积木之玩弄，同一室内，任儿童自由取玩。兵船、汽车、飞行机、房屋等不拘。

（三）教科目

会集、外游、谈话、游戏、食事、摺纸、排箸、组纸、织纸、唱歌、豆细工、贴纸、图画、击方、排板。

游戏室甚大，四面均悬图画。正面所悬，按十二个月顺序每月采一件最通行之大事画图一方，暗中令幼儿记认月份。入口上面，悬海陆军军人图，以示尚武精神。此外，则花卉、故事等常常变换，并置人物标本、大小风琴。

儿童坐椅，四面环列，中间甚空，以便游戏动作。

（四）游戏器具

木马、投球架（架高约一尺五寸）、跳绳、投藤圈、布剑、陀螺、恩物多种（教师所作）。

---

① 辨当：便当。

上各器具，按时置场中，任儿童自由取之。

每日在游戏室中，行朝会礼。

（五）游戏园

园中有小池，水门汀[①]为之，中蓄金鱼、小山及花木、鸽子笼、鸡笼。

秋千篮：系四脚架，悬绳挂一长方板，可容十四儿童。板之四面有篮，儿童立其中荡之。

旋转机：中立一柱，四周伸出木杆，杆首有小椅，可坐儿童，下有机纽，推之即转（原图47）。

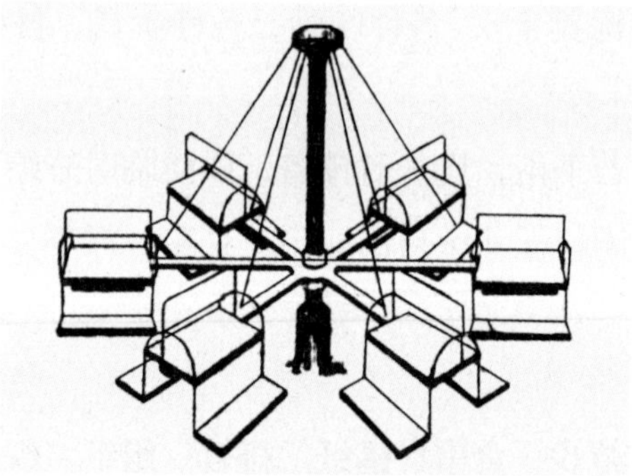

原图47　旋转机示意图

摇船：长方形，中设椅三列。椅前有柄，扳而动之。

小鸟园：有鸟笼数具。

教室外，均有通行之廊。廊宽七尺，亦较普通为大。

身长体重，男较女胜；出席次数，女较男多。六岁时，女儿体重；三四岁时，男儿体重。其发达顺序不同，均有表。

规则摘要：

① 水门汀：英语“cement”的音译，指用水泥和石料建成的水刷石地面。

（1）满三岁之幼儿，均可入园。

（2）保育之项目，为游戏、唱歌、谈话及手技。

（3）保育之时间，每日四时。土曜日为二时，但夏季休业之前后，不在此限。

（4）每日保育时间之起讫：自四月一日至六月三十日，午前九时，午后一时半；自七月一日至九月三十日，午前八时，午前十一时半；自十月一日至三月三十一日，午前九时半，午后一时半。

（5）保育费：每月每人一元五十钱。每月五日交付。

一年间之行事：

（1）一月，拜贺式、始业式；

（2）二月，纪元节①、母之会；

（3）三月，雏祭会②、远足、修了式③、写真摄影；

（4）四月，新〔生〕入园式；

（5）五月，端午节会、远足、身体检查；

（6）六月，镇守祭④、家庭状况之问答、地久节⑤；

（7）七月，修〔休〕业式、幼儿分别之茶话会；

（8）八月，暑假；

（9）九月，始业式、纪念日、土产话会；

（10）十月，天长节⑥、远足；

（11）十一月，母之会，子供日⑦；

（12）十二月，闭园式、各儿成绩品发给。

---

① 纪元节：日本第一代天皇神武天皇即位之日，后命名为纪元节，纪念日本大和朝廷的建立。第二次世界大战后，曾被废除，后又恢复，命名为“建国纪念日”，为日本法定假日。

② 雏祭会：亦称雏游、偶人节、桃花节、女儿节，为日本女孩子的节日，是日本民间五大节日之一。

③ 修了式：结业式或毕业式。

④ 镇守祭：也称神田祭、神田天下祭、神田神明祭，是为了祭奠镇守江户的守护神灵。每年五月，祭礼都会照例举行，但只在奇数年，祭祀活动才分外热烈。

⑤ 地久节：纪念皇后的诞生日，并无固定日期。

⑥ 天长节：纪念天皇的诞生日，并无固定日期。

⑦ 子供日：亦称男孩节，届时，每家会悬挂鲤鱼旗，故又称“鲤鱼日”。

备考：体重及身长，每月检查一次，报告家庭。

（六）附录：日课表（表8、表9、表10、表11、表12）：

表8　梅花组日课表

时 曜	一时	二时	三时	四时	五时	六时
月	会集、外游	谈话	外游	游嬉	食事	摺纸
火	会集、外游	排板、排箸及环	外游	游嬉	食事	唱歌
水	会集、外游	游嬉	外游	组纸、织纸	食事	唱歌、谈话
木	会集、外游	谈话	外游	书法、积木	食事	游嬉
金	会集、外游	贴纸、缝取	外游	游嬉	食事	唱歌
土	会集、外游	游嬉	外游	系法、豆细工		

表9　樱花组日课表

时 曜	一时	二时	三时	四时	五时	六时
月	会集、外游	唱歌、谈话	外游	摺纸	食事	游嬉
火	会集、外游	游嬉	外游	积木	食事	唱歌
水	会集、外游	游嬉	外游	谈话	食事	贴纸
木	会集、外游	纫置、排板	外游	游嬉	食事	书法、排箸及环
金	会集、外游	游嬉	外游	组纸、织纸	食事	唱歌、谈话
土	会集、外游	游嬉	外游	系法、豆细工		

表10　桃花组日课表

时 曜	一时	二时	三时	四时	五时	六时
月	集会、外游	游嬉	外游	谈话	食事	摺纸
火	集会、外游	积木	外游	游嬉	食事	唱歌
水	集会、外游	谈话、排箸及环	外游	游嬉	食事	贴纸
木	集会、外游	游嬉	外游	纫置、排板	食事	谈话
金	集会、外游	游嬉	外游	组纸、织纸	食事	书法
土	集会、外游	游嬉	外游	系法、豆细工		

表 11　百合花组日课表

时 曜	一时	二时	三时	四时	五时	六时
月	集会、外游	谈话	外游	摺纸	食事	游嬉
火	集会、外游	游嬉	外游	排箸及环	食事	唱歌、谈话
水	集会、外游	纫置、排板	外游	游嬉	食事	贴纸
木	集会、外游	游嬉	外游	积木	食事	唱歌、谈话
金	集会、外游	书法	外游	游嬉	食事	唱歌、织纸
土	集会、外游	游嬉	外游	系法、豆细工		

表 12　菊花组日课表

时 曜	一时	二时	三时	四时	五时	六时
月	集会、外游	游嬉	外游	摺纸	食事	唱歌
火	集会、外游	积木	外游	游嬉	食事	谈话
水	集会、外游	游嬉	外游	谈话、书法	食事	贴纸
木	集会、外游	排板、纫置	外游	游嬉	食事	唱歌
金	集会、外游	排箸及环	外游	游嬉	食事	谈话
土	集会、外游	游嬉	外游	系法、豆细工		

三、东京常盘寻常小学校附属幼稚园

是园有幼稚生六十人。校舍大致如下（原图 48）。

教室内。年幼者席地而坐，年长者有桌椅。

游泳池。以水门汀为之，宽约一丈，深约三四尺。每年于七、八、九三个月内，令四、五、六岁之幼儿入水游泳。游泳时间在功课毕后。旁设自来水管，可以放水入池，每日换水一次。另设出水管，通于墙外。

角力场。每年五、六月间，铺沙于地上，令幼儿互相搏戏。

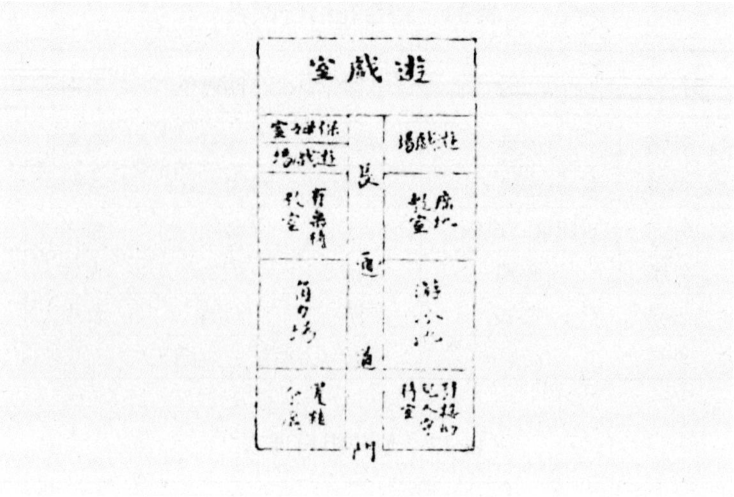

原图 48　常盘幼稚园图

四、东洋家政女学校附属幼稚园

现有幼稚生一百人。游戏室尚宽。一面沿壁铺席，地成一方形，为幼稚生角力之场，三面置小椅。其相连一室内，置长方桌四、小凳数张，为谈话之所。右折入一室，布置颇雅洁。地铺红绒毯，成一“口”字形（原图 49）。绕“口”字四周，设小长方台及小凳二十付。每日，令幼稚生在此室内静坐十五分钟，每次二十人，全体轮流而入。静坐时，不动不言，藉以养其心志。是皆他幼稚园所无者。

园中有桃太郎[①]塑像，有水池，有花木，有矮秋千架及各游戏器具。

园中用水门汀筑成纵横之路。幼稚生用滑车行其上，颇有兴味而壮胆气。车式如下（原图 50）。小儿立板上，板之面积略大于足，以手握上之柄推之，即向前进行矣。

---

① 桃太郎：日本著名民间故事中的主人公，由桃子中所诞生。讲述的是他用糯米团子收容了小白狗、小猴子和雉鸡后，一起前往鬼岛为民除害的故事。他是日本家喻户晓的英雄人物。

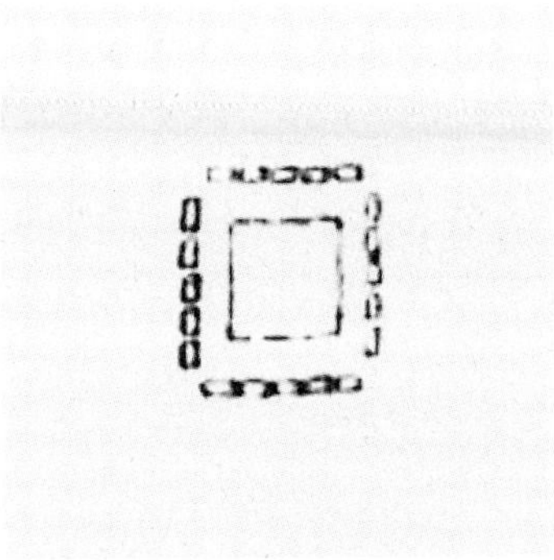

原图 49 游戏室布置图

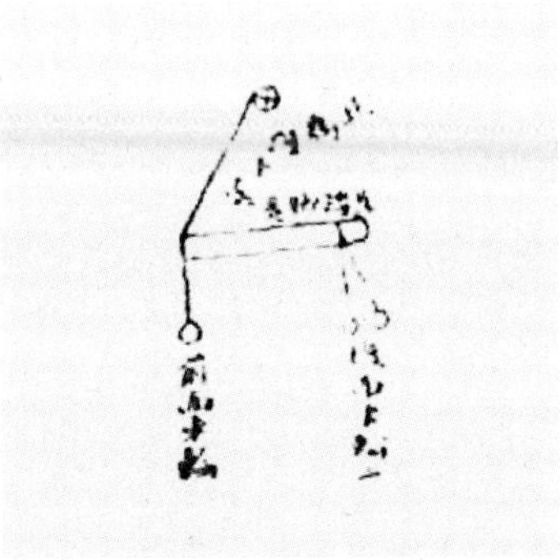

原图 50 滑车车式图

五、东京私立实践女学校附属幼稚园

本园采稳健主义，注重儿童体育，故自由游戏、自由活动，启诱于自然之间，使发达心性、健全心身，并养成良善习惯，以裨补家庭教育。

每月检查体格一次，报告家庭。

三岁以上及六岁未满之儿童，均可入。

保育时间，午前九时至午后一时半，凡五时。

入园费一元（一次），保育费二元（每月）。

园虽附属于女校，实与校隔一墙。

现有幼稚生六十人。

教室所见：

（1）桌椅之位置（桌皆长方形）（原图 51）。

（2）有二方桌，席地。幼儿常坐地上。

黑板上有颜色图画山水、花木等。

教授时间，每次一刻钟或十分钟。见有室中一班未毕，一班即伏门外待之者。

见授食事。先洗手，每二生一起。继发茶碗、手巾，令漱口。继发辨当。

游戏室所见：席地，四壁略有图画，皆风景。见幼儿廿余，分组唱歌、游技。两旁

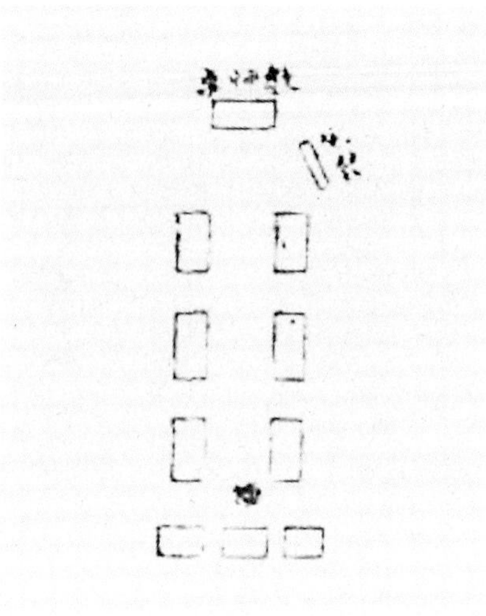

原图 51　教室桌椅位置图

靠壁排长椅。

园中所见：长方沙场一，花棚二，园址不甚大，出入口无阶级。

吾参观之幼稚园，以朝海园长千叶女士招待最诚，故问答最详，指示设备及成绩亦最多。次为女子高师之幼稚园。其他，则以到时已放假，或引导人不甚指示，所得殊少。就此五所言，其特别事项如下：

（1）女子高师附属之分第一部、第二部；

（2）朝海之用图画代表学级；

（3）常盘附属之有游泳池；

（4）家政附属之有静坐室。

其设备既各具异点，就保育上观之，似高师附属注重自动，朝海注重卫生，常盘注重武勇；而朝海之开诱室内桌椅皆为横列式，虽极整齐，似嫌呆板。他园类是。惟高师附属，颇不拘泥，似适于幼稚教授多矣。

回忆吾国之幼稚园，以记者所见，虽不过七八所，或只有教室而无游戏室及游戏园，已觉名实不符；或教授时间与国民学校相仿，且读教科书至二三册，是不得为幼稚教育，似可谓之“教育幼稚”。非亟谋改良，不能获效也。

111 江苏教育会幼稚教育研究会演讲优生学

另图 60 朱友渔像

1917年11月13日

题 解 本篇原载《申报》1917年11月13日第10版。原发表时无署名，题为《江苏省教育会幼稚教育研究会启事》。今题系编者所拟。

受邀演讲者朱友渔（1885—1986），江苏上海（今上海市）人。1907年，毕业于上海圣约翰书院，获文学士学位。1909年夏，赴美国留学，先入纽约中央神学院，后入哥伦比亚大学，先后获神学硕士、哲学博士学位。1912年归国，任上海圣约翰大学社会学教授，兼事传教工作。历任上海圣三一堂主教、云贵分教区主教、来华美军牧师、中华圣公会中央办事处总干事等职。

有关江苏幼稚教育研究会，参见前文《江苏省教育会筹组幼稚教育研究会文件》题解。

有关《申报》，参见前文《烈士遗孤教养所创办之缘起与简章》题解。

近数年来，在欧美新出一学说，曰生育进化论。盖本天演之说、生物之理，由物种改良之经验进而至于人种改良之研究，以期良者永存，而劣者自灭；社会多健全之分子，家国多优秀之人民；而愚者、狂者、恶者、病者，咸绝迹于人类。此其旨也。

朱友渔博士，于斯学研究有素。承其盛意，允为敝会讲演，殊深欣幸。友渔先生学识渊博，且公务极忙，能抽暇为此，俾同人得闻所未闻，诚为难得之举。凡学界诸君子，有心于人种进化之说者，请于阳历十一月十八日午后三时（星期日，即阴历十月初四日），到西门省教育会会所三层楼，一聆此探源之论。同人等无任欢迎焉。

附朱博士讲演生育进化之要旨：

（一）生育进化之解说。

（二）生育进化之学理与教育之关系。

（1）其关系，如种子与地土然；

（2）天性与教养作反比例，双子异同之研究；

（3）人之本性与教育；

（4）学校中之迟钝学生；

（5）为教员者，不可不研究生育进化之理。

（三）生育进化之学理，以遗传性为根据。

（1）格而登[①]研究父母及子女之关系；

（2）上祖遗传之理；

（3）孟德尔[②]遗传性之理；

（4）大人物发现之研究；

（5）胎教。

（四）生育进化之实行法。

（1）如不合宜之人，使其不得生育；

（2）如除去社会之恶俗，烟酒、鸦片、梅毒之类；

（3）娶亲律；

（4）一家户口，宜精不宜多；

（5）国家之强，全赖人种之强。

---

① 格而登：通译高尔顿，即弗朗西斯·高尔顿（Francis Galton，1822—1911），英国科学家、心理学家、遗传学家、地理学家、优生学家。进化论提出者达尔文是其表兄。1883年出版了专著《人类才能及其发展的研究》，首次正式提出了“优生学”概念。

② 孟德尔：格雷戈尔·孟德尔（Gregor Johann Mendel，1822—1884），奥地利生物学家、遗传学家。早年家贫，入修道院，由教会资助，入维也纳大学深造，接受了系统、严格的科学教育和训练。后开始了长达8年的“豌豆实验”，发现了生物遗传的基本规律，即“孟德尔第一定律”（孟德尔遗传分离规律）和“孟德尔第二定律”（基因自由组合规律）。撰有《植物杂交试验》。

附录一 《讲演生育进化学说之展期》

江苏省教育会幼稚教育研究会，昨日通告各团体云——

敬启者：

敝会本定本月十八日下午三时，邀请朱友渔博士讲演生育进化学说。业经专函奉达，兹因本埠各团体于是日开会者甚众，诚恐各团体志愿来会听讲者，局〔拘〕于时间，未能到会。特商请朱博士，改期于本月二十五日（星期日）下午三时讲演。届期，务请大驾准时早临，至以为盼。

原载《申报》1917 年 11 月 17 日第 10 版

附录二 《演讲生育进化之要旨》

二十五日下午三时，幼稚教育研究会在江苏省教育会三层楼开演讲会，敦请朱友渔博士演讲生育进化之要旨。来宾颇盛。

先，主席朱胡彬夏女士报告：朱博士学问宏博，研究有素。今日抽公务之暇，驾临敝会，俾同人得闻所未闻，诚难得之机。

后，朱博士演讲。其要旨，概分四类：（1）生育进化之解说；（2）生育进化之学理与教育之关系；（3）生育进化之学理，以遗传性为根据；（4）生育进化之实行法。

其尤注意者，为遗传性之关系，并用图画以证明之。谓欲吾国多优秀之民，须先改良人种，使愚者、狂者、恶者、病者，咸绝迹于国中，然后方能与列强竞争，而存立于东亚。

听者无不满意。讲毕，朱胡彬夏女士道谢，朱博士并谢来宾而散。

原载《申报》1917 年 11 月 27 日第 10 版

112　江苏幼稚教育研究会第二次幼稚生联合表演会

1918年4月14日

题　解　本篇原载《申报》1918年4月14日第10版。原发表时无署名，题为《江苏幼稚生表演大会记》。今题系编者所拟。

此文又题为《会务录要·本会附设幼稚教育研究会幼稚生表演会纪略》，发表于《江苏省教育会月报》1918年4月号。

有关江苏幼稚教育研究会，参见前文《江苏省教育会筹组幼稚教育研究会文件》题解。

有关《申报》，参见前文《烈士遗孤教养所创办之缘起与简章》题解。

昨日午后二时，为江苏省教育会幼稚教育研究会开二次幼稚生联合表演会。与会幼稚园，共有八所。而省立第一女子师范学校、第二女子师范学校，均派员莅会参观；通州女子师范学校、崇明县立尚志女子师范学校，亦有教员、学生数十人赴场参观。其余来宾，不下千余人。

兹将秩序略述如下：（1）朱少屏君报告开会（主事朱胡彬夏女士以事未到会，故请朱君主席）；（2）沈信卿君演说；（3）松江育婴幼稚园行进游戏；（4）清心幼稚园花麻雀歌；（5）养真幼稚园小鸟歌；（6）博文幼稚园风筝游戏；（7）聂氏幼稚园游戏歌；（8）手足游戏；（9）爱国歌；（10）启秀幼稚园游戏歌；（11）城西幼稚园皮球游戏；（12）广东幼稚园五鸟归林；（13）表情唱歌；（14）竞环游戏；（15）博文幼稚园新飞艇；（16）幼稚徒手；（17）启秀幼稚园体操；（18）清心幼稚园水仙人跳舞；（19）波海麦孩童跳舞；

（20）哑铃操；（21）启秀幼稚园竞争游戏；（22）跳圈歌；（23）琴师歌；（24）松江育婴幼稚园洗衣跳舞；（25）耕田游戏；（26）双单行进跳舞；（27）城西幼稚园演讲童话《狡兔》；（28）活泼身心；（29）惜阴歌；（30）演讲童话《俄国寓言》；（31）数学表情；（32）城西幼稚园德国式儿童对舞；（33）来宾表演游戏。

咸极活泼可观，鼓掌之声不绝于耳，此诚一时之盛。而幼稚教育前途，亦正未可限量也。全场布置，异常优美，均出书记张志学女士之手。到会诸君，咸啧啧称道不置。

是日，各幼稚园派来代表，颇不乏人。兹特列出，以供一览。

（1）启秀幼稚园徐琬珊、宋铭黄、包令棣三君；（2）松江育婴幼稚园徐志学、周秉钧、沈倪、沈陆、吴迪蕃、周作学、张开圻七君；（3）广东幼稚园陈鸿璧、刘义基、张香素、简慧媛、许崇璜五君；（4）养真幼稚园蔡和梅、沈瑞珠、边爱娟三君；（5）城西幼稚园姚孟璆、王英云、施侠群、冯漱清、刘礼承、吴节、姚静安七君；（6）博文幼稚园钟佩萸、钟寿芝、陆忠贤、赵彦嫰四君；（7）清心幼稚园曹汝洁、倪逸卿、张绣祩、程仪凤四君；（8）聂氏幼稚园宋铭黄君。

113　宁波星荫幼稚园筹办

1918年7月15日

另图 61　蔡琴荪像

题　解　本篇原载《教育周报（杭州）》第 211 期。发表时间为 1918 年 7 月 15 日。原发表时无署名，题为《幼稚园开办之先声》。今题系编者所拟。

宁波星荫幼稚园，私立学前教育机构，系由蔡琴荪出资、张雪门主持筹设。创设时间为 1918 年 9 月，园址为租得星荫小学左近的“参议庙”（现宁波市府桥街 55 号）。由张雪门自兼园主任，聘得保姆张琼英，助教谢冬梅和李云仙，首届招收幼稚生 30 名；辟有教室、游戏室三间，前有游戏场，后有花园，且购置了滑梯、秋千、木马、跷跷板等设施。该园不仅是宁波第一所由中国人开办的幼稚园，还以设备齐全、教学优良著称。

蔡琴荪（1881—1941），浙江鄞县人。宁波旅沪富商，在沪经营有“蔡同德药店”“精诚银公司”“安达煤号”等；又合资创办“宁绍双轮公司”，发展沪甬航运；还在宁波办有《四明日报》，为宁波星荫小学校董。该校前身为其曾祖蔡筠捐资创设的星荫义塾。家有藏书楼——墨海楼，藏有《天工开物》珍本。

有关《教育周报（杭州）》，参见前文《参观培真幼稚园记》题解。

鄞县富绅蔡君琴荪，对于教育向极热心，如独力创办星荫高小、国民学校一所[①]，经营扩充，不遗余力。以故，该校成绩卓著，人人称道。

近蔡君有见于宁郡孩童众多，而家庭教养未能全合儿童心理，以为非培植始基之道，决于下学期设立幼稚园一所。

认定开办、常年费各洋四百元。现已委托星荫学校教员张君[②]，拟就简章，着手组织。一俟择定地址，聘就保姆，即可成立。

若蔡君者，诚富绅中不可多得者也。

---

① 此“星荫高小”，即星荫小学的高小部；此“国民学校”，即星荫小学的初小部；并非两所学校。

② 张君：张雪门（1891—1973），原名显烈，字承哉，曾用名尘芥，浙江宁波鄞县人。早年肄业于“浙江四中”，后任宁波星荫小学教员、校长。除主持在该校附设幼稚园外，还参与创办了宁波幼师。后在北京大学教育系肄业。1928年，主持创设了孔德学校附属幼稚园和幼稚师范科。1930年后，长期主持北平幼师的办理。晚年在台湾任台北育幼院院长。著有《蒙台梭利与其教育》《幼稚教育新论》《幼稚园行政》《增订幼稚园行为课程》等。

114　儿童玩具谈
——日本玩具考察记

李金藻

1918年7月20日

另图62　李金藻像

题　解　　本篇原载《教育杂志》第10卷第7号“附录”栏。发表时间为1918年7月20日。原发表时无副题，副题系编者加拟。

该文后又在《昆明教育月刊》第3卷第1期“附录”栏发表。

撰著者李金藻（1871—1948），字芹香，又署琴湘，别号择庐，直隶天津人。1903年，赴日本留学，入弘文书院师范科。1912年，出任直隶巡按使公署教育科主任。1917年，任职于直隶社会教育办事处。1919年，出任天津大营门中学校长。后历任教育部编审员、江西省教育厅厅长、河北省图书馆馆长、天津市教育局局长、河北省教育厅厅长等职。著作有《择庐诗稿》《择庐联稿》等。

有关《教育杂志》，参见前文《外人调查教育及保卫幼稚事项》题解。

尝谓，天壤间无一言、一事、一物无教育，只在有心人之观察。然则吾辈教育者，出一言、行一事、成一物，其影响于他人及将来者，不知其何极也。盖尝思，吾人于素所未习之事，往往其中若无可研究者；及进而求之，夥颐沉沉[①]，乃至不可思议。

余之此次到东京，对于儿童之玩具，初亦不曾措意，及游其街市，教育玩具之商尘，

① 夥颐沉沉：多且盛之状。夥颐，众多之谓；沉沉，茂盛貌。

应接不暇。比至幼稚园，则儿童玩具亦杂陈教育恩物之间。此外，则有所谓“儿童教养研究所”焉，“子宝会”焉，“儿童用品研究会”焉；有若干教育家、实业家经之、营之，且方兴而未艾也。

据其国人之调查，去年玩具之输出额达一千余万元。然此尚在欧战[①]期中，前途之发达，预算且不止此数。其关于实业者又如此，兹姑不论，试论玩具与教育之关系。

大抵欲研究一种学业，必先明其统系，所谓“科学的”也。余在东，每遇玩具，必择购数种，积久，有一巨箱之多。然以时间、经济之关系，十分不得其一二。亦自就脑中构造之门类，临时一念之视察，意为取择，明知其无当也，乃遍觅书肆，欲购一有关玩具之书，急切而不可得。

李君道衡[②]者，北京人，充东京高等商业学校讲师有年矣。一日，由留学美术毕业生严君季冲[③]绍介来谈，出所著前五年之《实业杂志》曰：“此中有玩具分类一篇，惟偏重实业耳，然可备参考。”

余自获此，研究乃少有头绪。嗣后，李君约赴出产玩具之箱根[④]一行，又绍介三越吴服店之儿童用品研究会；而子宝会研究所之章程，乃于游东京奠都博览会时，无意而得之。此外，则参观学校绍介谈话，每每留意此点；目黑书店又送来《玩具研究及制作法》一书；参观女子高等师范学校，又得其玩具分类表。而所谓“教育玩具”四字，乃深印于脑际而不可去。甚矣，学问之道，不可不进而求之也。

玩具分类，有以年龄分者，有以男女分者，有以历史分者，有以地理分者，有以材料者，有以动静者，有以季节者，有以货品者，有以教育、心理、兴味种种分之者。年

---

① 此“欧战”，系指以欧洲为战场的第一次世界大战。

② 李道衡（1879—？）：字文权，号涛痕，直隶天津人。早年留学日本，与李叔同创办“春柳社”，演出社剧。后旅居日本，任东京高等商业学校讲师。独力创办《南洋群岛商业研究会杂志》，后改名为《中国实业杂志》，力倡实业救国。后归国创业。1918 年，在天津主编《春柳》戏剧杂志。1919 年和 1924 年，两次以顾问身份陪同梅兰芳赴日本访问演出。撰有《梅兰芳东渡纪实》等。

③ 严季冲：严智开（1894—1942），字季聪、季冲，直隶天津人，严修之第五子。早年肄业于南开中学，后赴日留学，学美术，毕业于日本东京美术学校。后又赴法专攻美术，最终毕业于美国哥伦比亚大学师范院。归国后，任北京高师美术教师，又任北平艺术专科学校教务长。还担任过北平市政府艺术专员、天津市政府顾问、天津市立美术馆馆长等职。

④ 箱根：日本地名，位于神奈川县西南部，该处风景优胜，尤以温泉著称。

龄，则分一岁未满，为婴儿前期；一岁至三岁，为婴儿后期；三岁至七岁，为幼儿前期；七岁至十二岁，为幼儿后期。

大致玩物，由口而手、而心、而力，与时俱进。男女者，如男子好武、好动，女子则好手艺、好抚弄之类是也。历史，则时代之考求；地理，则地方之习尚。材料，则土、木、金、革，凡关动、植、矿物之材料。动者，加力活动之属；静者，美观爱抚之具。季节，则随时有向来习惯之玩具，又增加后来纪念之玩具。货品，则输入者何国，何物为最；输出者何国，何物为宜。教育，分视、听、触、筋各种感官与智、德、体、美各种育力。较之福禄培尔之恩物与蒙台梭利之教具，盖又增加教育之趣味矣。

日本教育之优点，在肯学人之长处，又在能实现研究之理论。余在东三个月之观察，其可证之点甚多。即玩具一端，每年新出品二百余种，仿制者居其大半。其研究之实效，在教育家与商界有种种之联络、指导也，提倡也。在教育者，以为分内应为之事；而商家，亦能贡献其心得，以供教育上之研究。以故，玩具之发达如此其速，此乃明治维新以来教育之大效也。

谓余不信，请一言三越吴服店之儿童用品研究会。此店乃售各种杂货者，儿童玩具只其一部分，研究会附焉。李君道衡绍介其主任武田真一氏，多次不得见，仅见其陈列室陈列各国玩具，乃大正博览会儿童部陈列之品，会中存之备参考者。至第三次，直接投刺而入，始得一谈。所述各种分类法，略如前。而彼之所主张，为材料的，且刊有《玩具分类》一小册。会员中，博士学生甚多。见教育博物馆主任棚桥利太郎，谈玩具之制造，彼亦会中之一员也。

子宝会为一小商店，专售玩物，而附有儿童读书室。店附此会。会规：入会者，月纳六角之费，而送玩物两次于其家。所选玩物，恒视其父兄之职业。该店主任龟冈三郎言，会中事务为应人选择玩具之请求，或商店审定之嘱托，或研新式使人制造，或分别利弊布告商家。其重要目的，尤在教育玩具推行于町村僻远之家庭。

武田、龟冈两氏，亦商人耳。而所谈，无非玩具，实则无非教育。吾辈身居教育界，对于教育玩具之研究，乃不若商人。思之，曷胜颜汗。

再进而谈儿童教养研究所，盖与子宝会章程同时而得之东京奠都博览会者也。会中有板屋一间，内悬儿童生理、心理各表。游人纵览，分赠此研究及《子宝会章程》一份。

乃阅日而往观之，在东京荏原郡[①]目黑村，距市甚远。入其门，额曰“乐园”。内有三丈径之大圆池二，曰“地球池”，池中筑五大洲陆地，遍插各国旗帜。池之西，儿童测候所在焉。南行有亭、有池，蓄家畜若干种，若牛、马，若犬、猫，若鸡、若鸠、若小鸟，若水禽、猿、羊、野兔。或笼或水，各得其所。另有养鱼池，饲养鱼类多种。盖一小动物园也。

由入门至此，周围遍植松、杉、桧木，盖绿阴葱郁、空气清新。其所取材，则在建筑之料、铅笔之木，一实用植物园也。再西，水田、苗圃，精彩之场，宛然田家风味。西北，则儿童之运动场，陈列各种游戏器械，且筑高台为角力之场，若沙场，若山岸，若桥梁，错置其间。儿童休息之椅、饮茶之店，亦巧为布置。名曰乐园，信可乐也。

研究所为一高楼，矗立于园中。据指导所述，该所研究之事业颇多，姑不具论。观其陈列室，室中除玩物一部，遍列南洋群岛、桦太[②]、北海道等处之用品及古器等。虽指导者详细指告，而于儿童教育之关系，茫然莫名其旨。询之，乃知儿童初期与野蛮相近，故玩具与蛮具并陈。

再进而叩其研究玩具之要点，曰“英之玩具重商业，德之玩具重武器。由玩具可以审国情，不仅在研究儿童心理”云云。噫！教育方面之多，乃至不可思议有如此者。

尝考日本教育进步之陈迹〔成绩〕，多在中日、日俄两次战争[③]以后。此次欧战发生，朝野上下，急急然为战后之筹备。而教育家之所谓世界大势与大正教育方针者，无不共趋此一的。教育玩具，即其一端也。

盖日人，崇拜德人为最盛；教育家，亦崇拜德人之教育。欧战以来，全国风靡。在昔德国教育，有二十种恩物之发明。其施教儿童，在未入学校之先。德国又近为世界著名之玩具国，其施教儿童更在未入幼稚园之先。日本固肯为学人者，且崇拜德人者，急起直追，亦其宜也，直接为儿童谋幸福，间接为国家谋富强。教育眼光之远大，乃空空不可思议。

此余对于日本玩具三月间之观察，大略如是。返而求之，吾国儿童何如者，吾国玩

① 荏原郡：过去日本东京府（今东京都）辖下的郡，后撤并入东京市。
② 桦太：桦太岛，即库页岛南部。
③ 此“中日战争”，指1894年爆发的“甲午中日战争”；此“日俄战争”，指1904年日本与俄国在中国东北的土地上进行的战争。两次战争，均以日本全胜结束。

具何如者，吾国教育家对之又何如者？得勿谓无关教育矣乎！瑞典爱伦·凯[1]之言曰：“二十世纪者，儿童世纪也。”吾得换一言曰：“二十世纪者，儿童玩具之世纪也。”亦只在有心人之观察耳。

---

① 爱伦·凯（Ellen Key，1849—1926）：女，瑞典女教育家、作家、妇女运动活动家，毕生从事教育与写作。著有《儿童的世纪》《妇女运动》《恋爱与结婚》《二十世纪的儿童世界》等，对中国和世界均有很大影响。

115 江苏幼稚教育研究会年会纪要

1918年8月

题 解 本篇原载《江苏省教育会月报》1918年8月号。开会时间为1918年8月14日上午和15日下午，发表时间为1918年8月。原发表时无署名，题为《会务录要·本会附设各会分日开会纪要·幼稚教育研究会》。今题系编者所拟。

本篇15日下午的会议内容，又以《幼稚教育研究会之演讲》为题，载于1918年8月16日《申报》第10版。

有关江苏幼稚教育研究会，参见前文《江苏省教育会筹组幼稚教育研究会文件》题解。

《江苏省教育会月报》，社团月刊，创刊时间不详，创刊地为上海，由江苏省教育会主办、编辑并发行。旨在报道会务、交流经验，并及时传达政令，以推进地方教育发展。主要栏目，有文牍、会务录要、开会记录、演讲、附录等；主要撰稿人，有沈恩孚、袁希涛、黄炎培、余日章、林文钧、胡彬夏等。停刊时间及原因未详。

十四日，为幼稚教育研究会大会之第一日。上午十时开会，主任朱胡彬夏夫人因病未到，请顾荫亭[①]君代理主席。提议事件如下。

① 顾荫亭：顾树森。

（1）议筹设幼稚园教师养成科。

理由：因现今各地幼稚园设立者日多，然欲聘请相当之教师、深明幼稚教育原理者，颇难其人。近虽有教会中设立之幼稚师范，然毕业者甚少，且又不易聘得。故本会急宜提议此事，附设于相当之女学校中，以为预备幼稚园之师资。

议决：拟商请省立第二女子师范[①]酌设此科。

（2）提议本会应研究幼稚园之组织、经营及教授之具体办法。

理由：近今中国各地自办之幼稚园，完美者固不少；然大都沿用旧法，类似降低之国民学校。即外国教会中所设者，多注重英文及宗教，与我国人之心理颇有未合。故拟由会中讨论一完全之组织、设备，以及教授方法、材料等，俾实施者得有所参考。

议决：先从各地调查入手。详细调查各幼稚园之办法以及施教方法，俟汇集、整理、统计后，再定讨论、研究之方针。

（3）选举职员。

议决：改为通信选举。

散会已十二时。

十五日午后二时，继续开会。到者有邝煦堃[②]、徐志学、朱少屏诸君等。秩序如下：

（1）沈信卿君报告开会宗旨。

（2）吴稚晖[③]君演说。略谓，幼稚教育与国民教育有别。幼稚教育宜注重体育，为智育、德育之基本。盖人之身体不强健，何能讲求智育、德育？欲身体之强健，又必于幼稚时保卫得宜，故幼稚教育首宜注重体育云云。

---

① 省立第二女子师范：江苏省立第二女子师范学校，参见后文《江苏省立第二女师范附属小学蒙养园》题解。

② 邝煦堃（1892—？）：字伯和，广东广州人，早年肄业于上海圣约翰大学。后庚款留美，获普林斯顿大学文学士学位。后入哥伦比亚大学研究院，专攻经济学，获硕士学位。1916年8月回国，任《政府公报》副编辑、清华学校国际法讲师。1918年，任上海江南造船所秘书，后历任交通部、财政部、外交部各职。1928年，任中国驻马尼拉总领事。1931年，任外交部参事。

③ 吴稚晖（1865—1953）：名朓，后名敬恒，字稚晖，以字行，江苏武进人，为国民党坚定的右派，蒋介石的忠实支持者。早年肄业于江阴南菁书院、苏州紫阳书院。光绪举人。1898年，执教于上海南洋公学。后留学日本，归国后任教于爱国学社。“苏报案”发后，游学英、法，加入同盟会，倡言无政府主义。中华民国成立后，归国提倡国语注音与国语运动，参与组织留法勤工俭学会，并创办里昂中法大学，任校长。著作有《吴稚晖先生全集》。

（3）金永清女士奏琴。音节清越，一时掌声如雷。

（4）美国康奈尔大学教育硕士、国立南京暨南学校教员高践四[①]君演说。略谓，现在欧美各国咸认幼稚教育为必要，故全国城乡莫不设有幼稚园。推原其故，皆由有大教育家为之竭力提倡、劝导也。从来提倡幼稚教育最力者，为法人卢骚[②]。德国某大教育家，亦尽力提倡幼稚教育。其主张，以为宜注重视察实物，以养成将来之判别力为主旨。又，美国第一幼稚教育家司郝司[③]女士，曾办一报，以发挥幼稚教育必要之原因及其设备之方法等。此皆欧美各国幼稚教育发达之原因也。末谓，提倡劝导固须有人，然尤以有幼稚教育知识之人材为要。盖办法不适当，则与小学校无异，有失幼稚教育之真义云云。

（5）江贵云女士奏琴。音节亦极幽雅，合座均拍掌赞美。

（6）沈信卿君演说。略谓，幼稚教育诚如吴、高二君所言，宜以注重体育、顺其自然为要义。此外，尚有音乐一科，最能感动儿童，亦为幼稚教育之主要科云云。

演说毕散会，已五时半矣。

附录　《省教育会常年大会之预告》

江苏省教育会致各会员通启云——

敬启者：

本会定于八月二十一日（即阴历七月十五日）举行第十四次全体会员常会，并先期按日分开各项研究会。凡本会会员，务请先期携带应交会费，来会换取入场券。其评议员会，即于二十日上午九时起全日开会。不另知照。

---

① 高践四：高阳（1892—1943），江苏无锡人。早年就读于中国公学、上海圣约翰大学、苏州东吴大学。1913年，赴美留学，获康奈尔大学教育硕士学位。1918年归国，任教于暨南学校、中国公学。1919年，创办私立无锡中学。后曾任江苏省立教育学院院长、广西大学校长。著有《民众教育》等。

② 卢骚：通译卢梭，即让-雅克·卢梭（J-J. Rousseau，1712—1778），法国启蒙思想家、教育家。所撰《社会契约论》，开“民约主义”先河；所撰《爱弥儿》，阐释了“自然主义”教育观。

③ 司郝司：通译舒尔茨，即玛格雷特·迈耶·舒尔茨（Margarethe Meyer Schurz，1833—1876），原籍德国，为福禄培尔学说的信徒。后移民美国，在威斯康星州的沃特敦创办了美国的第一所幼儿园，并出版杂志，宣传福禄培尔的思想。

如有提议事件，请于八月十五日以前寄会。至开会秩序，届时宣布。除登报通告外，合再函达。专颂台安。

附开会日期表：

八月九日星期五上、下午，童子军联合会研究会。

十日星期六上、下午，童子军联合会研究会。

十一日星期日上、下午，童子军联合会大会。

十二日星期一上午，小学教育研究会大会；下午，师范教育研究会大会。

十三日星期二上午，理科教授研究会大会；下午，师范教育研究会、小学教育研究会合开大会。

十四日星期三上午，幼稚教育研究会大会；下午，理科教授研究会大会。

十五日星期四上午，英文教授研究会大会；下午，幼稚教育研究会大会。

十六日星期五下午，英文教授研究会大会。

十七日星期六上、下午，县视学研究会。

十八日星期日、十九日星期一上、下午，均开县视学研究会。

二十日星期二上、下午，评议员会。

二十一日星期三上、下午，常年大会。

又体育研究会大会，于十三、十四、十五、十六、十七五日上、下午，另在体育场举行。

原载《申报》1918年8月6日第10版

116 募建宁波幼稚园引

金笹仙

1918年12月

题 解 本篇原载《教育周报（杭州）》第225期“附录”栏。发表时间为1918年12月。

撰著者金笹仙，亦作金簏仙，生卒年未详。时为位于宁波的“浙江省立第十中学”附属小学主任，为宁波教育界名人。所著《小学行政讲义》，1936年由商务印书馆出版。

有关《教育周报（杭州）》，参见前文《参观培真幼稚园记》题解。

大木始于一把，高山始于一撮。必有布帛之温，而后可语山龙[①]火藻；必有冈陵之积，而后能几县圃[②]昆仑。幼儿者，非将来之大木、异日之高山乎！

窃尝闻，古之教其子者矣：

曾子之妻至市，其子随之而泣。其母曰：“汝还。顾反为汝杀彘。”适市来，曾子欲捕彘杀之。妻止之曰：“特与婴儿戏耳。”曾子曰：“婴儿非与戏也。婴儿非有知也，待父母而学者也，听父母之教。令子欺之，是教子欺也。父欺子而不信其母，非以成教也。”遂烹彘。

---

① 山龙：古人衮服和旌旗上的山、龙图案。

② 县圃：传说中神仙居处，在昆仑山顶，泛指仙境。

孟子少时，其舍近墓。嬉戏为墓间之事。其母乃迁于市，又嬉戏为贾炫。乃迁学宫之旁，其嬉戏，乃设俎豆、揖让进退。孟母曰："此可以居吾子矣。"

夫以曾子之信、孟母之贤，所以锻炼儿童之身心、清洁儿童之周围者，诚周且至矣。而无如今之为父母者，固未有计及于此者也。

珠玉吾所宝也，吾键箧而藏之；田地吾所宝也，吾择人而理之。独于至宝、至贵之子女，非付诸乳佣，即委诸婢媪。寒燠之不时也，听之；饮食之不节也，听之；甚至吸收恶劣之智识，而盘踞于脑海也，亦听之。混沌其心，丰蔀其目，所谓"贼夫人之子"者，非刀，非剑，非水火，非陌路，非盗贼，亦非仇雠，而独出于天性慈爱之父母，夫亦大可怜矣！

然则欲挽救之，当奈何？曰，非设幼稚园固不足以植其基而端其始也。幼稚园者，创始于德人佛罗比尔（Froebel）[①] 氏。教科以游戏、唱歌为主。教师以女子充之，谓之"保姆"。

按：《唐书》："师母在右，保姆在左。"保姆之名，实始于此。古者，妇人五十而无子，出而不嫁，以妇道教人者，谓之"姆"。"保"者，所以尽保育之责者也。

尝考幼稚之儿，不独身心薄弱，即其品位，亦必劣于成人。当是时也，高等之智力作用，殆无由发见之。其占优势于精神界者，简单之本能与感情耳。即就其本能、感情观之，则道德的、宗教的、爱他的高等感情，亦无由发见之；其活动焉者，仅利己的、个人的劣等感情耳。故自成人目中观之，辄以儿童为不德，为无礼。而蛮野之管理，即以静坐一端强制之，不知以是为教全背乎自然发达之顺序，适足以召早熟之害，而耗身心之元气而已。

夫儿童，决非可律以成人者。苟例以社会发达之度，不啻在高等动物或太古原人之期，遽以文明社会之礼法相绳，徒抑压其活力而已矣。

保姆者，本其慈祥之态度，出其灵敏之手腕，使之动作有节，进退有序，寓规矩于活泼之中，而发展知能于无形，既可分母氏之劬劳，并可以杜外来之污俗，其造福于儿

---

① 佛罗比尔：通译福禄培尔。

童，宁有纪极？

宁波襟江带海。冠盖之往来，恒于斯；商贾之负贩，恒于斯。族大人多，弦歌百里，而独于最初级之根本教育，尚付阙如，宁不重可惜乎！

同人有鉴于兹，汲汲以建设幼稚园自任。但恐驱石[①]无能，术或穷于中道；负山非任，力必屈于长途。所望四方仁人，助厥成功，襄此义举。欲孙仲谋[②]之有子，不费栽培；愿苏长公[③]之豪襟，还留犀带[④]。夫人之果，窃愿与诸君子共给之也。

---

① 驱石：传说秦始皇欲在海上建造石桥，然后过海观日出。后得神人之助，驱赶巨石入海，终致桥成。喻指凡人难以办到。

② 孙仲谋：孙权（182—252），字仲谋，吴郡富春（今浙江杭州富阳区）人。三国时代孙吴开国皇帝。曹操有言："生子当如孙仲谋。"后以此喻晚辈英贤。

③ 苏长公：苏轼（1036—1101），字子瞻，又字和仲，号铁冠道人、东坡居士，世称长公。祖籍河北栾城，生于四川眉山，北宋著名文学家、书法家、画家。

④ 犀带：饰有犀牛角的腰带，是百官服饰中的标志性佩件，后以此喻荣贵。

附錄

募建甯波幼稚園引

金葆仙

大木始於一把。高山始於一撮。必有布帛之溫。而後可語山龍火藻。必有岡陵之積而後能幾縣圃崑崙。幼兒者。非將來之大木。異日之高山乎。竊嘗聞古之教其子者矣。曾子之妻至市。其子隨之而泣。其母曰。汝還顧反爲汝殺彘。適市來。曾子欲捕彘殺之。妻止之曰。特與嬰兒戲耳。曾子曰。嬰兒非與戲也。嬰兒非有知也。待父母而學者也。聽父母之教。今子欺之。是教子欺也。父欺子而不信其母。非以成教也。遂烹彘。孟子少時。其舍近墓。嬉戲爲墓間之事。其母乃遷於市。又嬉戲爲賈炫。乃遷學宮之旁。其嬉戲乃設俎豆揖讓進退。孟母曰。此可以居吾子矣。夫以曾子之信。孟母之賢。所以鍛鍊兒童之身心。清潔兒童之周圍者。誠周且至矣。而無如今之爲父母者。固未有計及於此者也。珠玉吾所寶也。吾鍵籠而藏之。田地吾所寶也。吾擇人而理之。獨於至寶至貴之子女。非付諸乳傭。即委諸婢媪。寒襖之不時也。聽之。飲食之不節也。聽之。甚至吸收惡劣之智識。而盤踞於腦海也。亦聽之。混沌其心。豐蔀其目。所謂賊夫人之子者。非刀非劍非水火非陌路非盜賊亦非仇讐。而獨出於天性慈愛之父母。夫亦大可憐矣。然則欲挽救之。當奈何。曰非設幼稚園。固不足以植其基而端其始也。幼稚園者。創始於德人佛羅比爾 Froebel 氏。教科以遊戲唱歌爲主。教師以女子充之。謂之保姆。按唐書師姆在右。保姆在左。保姆之名。實始於此。古者婦人五十而無子。出而不嫁。以婦道教人者。謂之姆。保者所以盡保育之責者也。嘗考幼稚之兒。不獨身心薄弱。即其品位亦必劣於成人。當是時也。高等之智力作用。殆無由發見之。其佔優勢於精神界者。簡單之本能與感情耳。即就其本能感情觀之。則道德的宗教的愛他的高等感情。亦無由發見之。其活動焉者。僅利已的個人的劣等感情耳。故自成人目中觀之。輒以兒童爲不德。爲無禮。而蠻野之管理。即以靜坐一端強制之。不知以是爲教。不背乎自然發達之順序。適足以召早熟之害。而耗身心之元

另图 63　《募建宁波幼稚园引》原发表件图（部分）

117 江苏幼稚教育研究会第三次大会记

1919年6月2日

题 解 本篇原载《申报》1919年6月2日第11版。原发表时无署名，题为《幼稚教育研究会大会纪》。今题系编者所拟。

有关江苏幼稚教育研究会，参见前文《江苏省教育会筹组幼稚教育研究会文件》题解。

有关《申报》，参见前文《烈士遗孤教养所创办之缘起与简章》题解。

幼稚教育研究会第三次大会，昨（六月一日）在西门外林荫路江苏省教育会三楼举行。到会者，有广东、城东、博文三幼稚园保姆、职教员及幼稚生，江南、安徽两省第一女师范诸女教员、诸女生，及其他男女来宾数百人。

首由朱庭祺[①]夫人、美国惠尔斯来大学[②]毕业之胡彬夏会长报告。略谓：

上海研究幼稚教育集会事，可分两种：半由本国人士举办；半由教会西人创设。其宗旨，恒相同也。本会开会期，前年在三月，去年在五月。今年五月间，上海方面因公益事开会者过多，故展延至六月一日。各小学校、小弟妹，际此国步艰难之会，连日疲于奔走，今日复能冒雨偕来敝会，同人固深感〔荣〕幸；来宾诸君，亦当倍增兴趣。诚

① 朱庭祺：朱体仁，时任沪杭甬铁路局书记。
② 惠尔斯来大学：通译韦尔斯利大学，即韦尔斯利学院。

以中国今日大局败坏已极，希望全在学生，而尤重有〔在〕幼稚时代之小学生。今日诸小弟妹来助兴，甚可乐也。

又，近年来自欧战发生，杀戮之惨，天厌人怒。美总统威尔逊，以新政治、新哲学、新思想为号召，以强护弱，以先知觉后知、先进导后进之说，渐见昌盛。虽我国青岛问题失败，似觉前说为不足信，但少数人之有高尚思想者，仍与威总统本旨相符，如上海发生之美国女子大学同学会，即其一也。同学中，亦有中国女会员。际此欧战告终，将为世界辟新纪元，将以高尚思想，令吾侪享受一切幸福之良好机会，正宜速与此辈少数善良相提携。

幼稚教育研究会，实即彼此互助之一端也。今日沪江大学梅教授之夫人，及前裨文女校校长裨夫人、南洋大学裨教授之夫人，惠然贲临①，将以新知识饷我辈，意甚可感。

言次，复指演台上陈列之模范家庭模型，谓此物系由上海名校沪江大学之诸学员合力创制。今晨大雨，担夫由杨树浦外依周塘路携至此间，盖已饱经一时之风雨矣云云。

次言幼稚教育主旨："第一，在研究学理及实际问题；第二，拟联络本、外埠同志，以求推广，俾我邦人逐渐了解。少数同人，研究上深惭浅薄。到会诸君，务祈不吝教诲。因幼稚教育，不尽〔仅〕为教育界人所当知；凡与小儿辈有关系者，人人皆应有此经验也。"

胡彬夏女士词毕，由广东幼稚生十一人登台。先以五人表情唱歌。次于台上排列太史〔师〕椅五张，向背相间，以幼童六人，持铙、钹环行；以教师奏乐声为号，乐止各就坐；不得坐者退出，渐减至一人而止。亦游戏法之别饶意趣者也。

次城东幼稚生小弟妹表情歌。以十六人白衣登台，望之如蛱蝶穿花。

次博文幼稚生演"矮强盗"及表情游戏。有蓝色衣之女孩，上台讲故事。其声虽不可辨，然双瞳圆黑、口动不止，甚可笑也。继以十人环立，唱《猫儿眼歌》，睁圆睛作猫眼状，台下观者大乐。更有一面庞丰肥之一儿上台演讲，时以右手搴衣角，憨态可掬。

次聚三队幼稚生摄影（影片见本栏②）。

---

① 贲临：形容贲然而来，盛况空前，是请人光临的敬辞。

② 此"影片"，指照片，因过于模糊，故未录。

事毕，复由广东幼童环立而歌，由城东幼童演三人组持带转换舞蹈，及“环行急旋忽转成对退出一人”之竞争游戏。

戏毕，主席胡女士复起言谓：“小朋友比大人有志气，天真烂缦，状甚可爱。”因请诸幼童往楼下进茶点。

次由沪江大学缪君演讲“模范家庭”。模型木制，系上、下二层楼屋。下层屋外檐下，为凉台。内分左右两部：右边“前间”为客室，“中”为膳室，“后”为庖厨。庖厨后半为贮藏室，左边“前间”为读书室，“后”为扶梯及置杂物之所。上层右边，“前间”卧室。“中部”一间，划为二：前半为盥浴室，后半为小儿卧室。“后间”，为仆役卧室。左边“前间”，外客卧室。中一小间，外客盥沐室。“后”为扶梯，同下层。其特点如下。

（1）每室至少有窗户三，日光、空气可足。

（2）地板下加高。不独室中不潮湿，有益卫生，即家具，亦不易朽坏。因此，加高屋基之费，无形中省去，医费及添置家具费，为额甚巨。

（3）阴沟埋在屋基之下，污水有去处可通。夏日无秽气外泄，可免蝇毒、除蚊害。

其说明大旨。

（1）卧室不宜置物过多，以致太不雅观，或占空气容积。便溺诸器，尤不宜阑入卧室（西俗便溺均在盥沐室中）。蚊帐宜用珠罗，不宜用紧密之洋纱，以免晨起时昏迷不爽。

（2）小儿有特别卧室，则必自知爱惜，无形中可养成一种责任心。小儿睡时，宜安宜静；若因大人翻动使之不得安眠，第二日精神不佳，必号哭不已。与儿同眠，大人亦自苦也。

（3）盥浴室小而易温。冬日只须有一暖炉，即可时时就浴。一炉之费，一室之隔，较之往浴堂，费较廉、弊较少、事较便也。

（4）膳室装饰不佳，不足引起食事美感。

（5）庖厨宜洁，宜有纱窗防蝇，屑物宜入桶，宜盖紧。

（6）客室，为家人饭后等时欢叙之所，非专为外客用，而使家庭间无生趣也。

（7）读书室，光线宜甚足，书桌前之光，宜使从左边来。

惟以上所述模范家庭，右边上下数间，为寻常家庭所必需；左边上下几间，量力为之，可有可无云。

次由沪江大学严君，述“模范乡村”。有十要点。

（1）每家皆宜分住。

（2）屋皆向南。

（3）每屋，有对面门窗。

（4）厨房窗户，有铁纱。

（5）厨房后连柴房。

（6）雨水由屋顶下注，由隔漏通入瓷缸。

（7）污水由瓦斗或铅斗下注，由长管引出屋外，流至二尺深、一尺半直径之地洞中。

（8）厕所，用瓦缸，上加柏油漆成之盖。

（9）谷仓及牛栏、鸡栖中，光线、空气宜足。地面宜铺石或水门汀。牛栏等地干草，宜每日换。鸡宜以栅隔之，不使外出。

（10）造屋，每所约二百元；造谷仓及牛栏等材料费用，约三十元云。

其建置法。

（1）每家住房大，厨房小，二屋相近不相连。上架雨篷，便雨时往来。

（2）储谷与养牲畜，同在一屋，以墙隔之。

（3）厕所另为一小棚。屋之四周，以疏篱界内外。其全村位置，四周皆住户，正中为公园。公园两端，为学堂及议公所。一边为店铺及市场。

设以五十户计，则设学校材料及建筑费，约四五百元。半由住户公摊，半由政府补助。校中有高初两等课室、手工室、体育馆等。洒扫清洁之职，学生任之。厕所，每日由近处农夫任扫除云。

此外，设议公所费约三百元。演讲堂之大约容二百人聚会时，可临时移出座位，盖各住户社交上之中心点也。本村纳税，为本校购备报章、杂志之需。阅书室，自下午三时后，开放两小时；夜七时后，开放三小时。看守、地方调查、杂务等职，应由本村公举职员任之。其中种种有益之娱乐品，亦不妨次第添设也。

严君词毕，复有美国禆夫人用极流丽之上海语，出中国工笔画十九幅，以寓言体演讲两女郎事。甲名爱灵，勤苦明大义，虽贫，而终跻乐境。乙名珍宝，戏牌常观剧，不事家政，虽富，而陷悲境以死。闻者莫不动容。

胡女士复致词曰：“适禆夫人演说时，后方取画甚忙者非他，即大学教授禆先生也。

我国向习止云妇相夫，及今文明世界，改为男女互助。今日之会，始由可爱之幼稚生，而及模范之家庭与乡村，不意最后，禆君贤伉俪无意中更进而为模范之夫妇云。”

附录一 《幼稚教育研究会大会预志》

江苏省教育会附设之幼稚教育研究会，拟于阳历六月一号（星期日）午后二时至五时，在西门林荫路省教育会会所三层楼上，开夏季大会。

届时，先有本埠各幼稚园生之表演，藉资联络，并各示成绩。上二年每次到者，约有七八处之多，此次当亦不少。

次有美国女子大学同学会之代表，携有模范家庭与乡镇之仪器，及卫生要诀之图表，莅会演讲。主理此事者，为前禆文女学校长、今徐家汇工业专门学校土木工程科教员之夫人 Mrs. Vanderbeck 与沪江大学理科教员之夫人 Mrs. Mabee，皆经验有素，于教育极有心得之人。万夫人且善沪语，可直接讲演，不用翻译。

此次美国女子大学同学会，慨于我国幼稚教育之亟宜发达及家庭妇女知识之浅薄，特与省教育会接洽，筹备开此大会，实为旅沪西国女子为本埠社会谋幸福之创例也。

现已印就入场券二千张，江苏省教育会、寰球中国学生会、青年会等处，均代为分送。

又，本星期日（五月二十五号）午后三时至五时，为幼稚教育研究会第四次年会议事程序，为选举职员、商议来年办事方针与筹备六月一日之大会。凡新旧会员与热心于幼稚教育者，均请及时到会，商议一切。

原载《申报》1919 年 5 月 25 日第 11 版

附录二 《会务录要·幼稚教育研究会开会纪事》

本会附设之幼稚教育研究会，于六月一日下午二时，在本会三层楼开研究大会。是日虽风雨交作，然来宾仍陆续惠临，到会者不下千余人。而南京省立女子师范附属保姆科，亦派学生莅场参观；松江育婴幼稚园教员唐、周二女士，亦冒雨来会；安徽省立女子师范学生，适在沪参观，故亦到会。幼稚教育前途之发达，于此可以预庆矣。

兹将开会顺序录下：

（1）会长朱胡彬夏女士报告开会宗旨曰：幼稚教育为教育之基础。吾国欲救危亡之国势，不可忽视幼稚教育。盖幼稚儿童天性纯洁，毫未有染，若加以善良之教育，则异日救国保种，唯斯是赖。故今日幼稚生不畏风雨，群然莅临，曷胜欢迎。今日又请美国大学同学会代表万、梅两夫人，说明模范家庭、模范乡村、卫生图表等。此两夫人热心辅助中国各事，诚幸事也。

（2）广东幼稚园唱歌。

（3）同上，竞争游戏。

（4）博文幼稚园“矮强盗”及诵讲古诗。

（5）城西幼稚园小朋友表情歌。

（6）同上，上山游戏。

（7）博文幼稚园表情游戏。

（8）摄影。

（9）城西幼稚园循环游戏。

（10）广东幼稚园“猎狮捉虎”。

（11）沪江大学缪君，说明模范家庭，有模范家庭雏形及图表等。

（12）倪君说明模范乡村。

（13）万夫人说明卫生图表，证以事实。重卫生者，则家庭快乐而康强；不卫生者，则忧伤而疾亡。故望诸君注意卫生云云。

（14）闭会。

原载《江苏省教育会月报》1919年6月号

118 托尔斯泰之家庭教育

庐寿篯

1919年7月15日

题　解　本篇原载《中华教育界》第8卷第1期“教育实际”栏。发表时间为1919年7月15日。

撰著者庐寿篯，生卒年及籍贯未详。当为编辑或著述人，著有《育儿法》《化学表解》《动物学表解》等，编有《全国学校国文成绩文库》《小学生词典》等，校有《作文百法》等。

托尔斯泰，即列夫·尼古拉耶维奇·托尔斯泰（Lev Nikolayevich Tolstoy，1828—1910），俄国批判现实主义作家、思想家。出生于贵族家庭，曾就读于喀山大学，后回故里改革农奴制。后参加克里米亚战争，开始文学创作。撰成《战争与和平》《安娜·卡列尼娜》和《复活》三大名著，奠定了其文豪的地位。在其思想中，除了对现实的无情批判以外，还热切宣扬悔罪、拯救灵魂、禁欲主义、勿以暴力抗恶、道德自我完善等观点，被称为“托尔斯泰主义”。

有关《中华教育界》，参见前文《确定教育宗旨令》题解。

尝闻，乔木为村〔材〕之目标，伟人为国之目标，如托尔斯泰者，实俄罗斯之目标也。论其文学上之著述及宗教上之议论，皆有绝大价值，足以蜚声于世界，久为一般人士所夙知。吾今所欲介绍者，即其家之家庭教育，固在此而不在彼也。

托尔斯泰本俄国贵族社会之一人，但其生平嗜好与彼普通贵族等成一正反对。盖其所恶者社交，所爱者家庭，所忌者都会，所好者田野。简言之，一高人达士而已。

托尔斯泰之宿愿在造成健全之家庭，故其家在田野间，毫无贵族习气也。俄罗斯之上等社会，夏时多避暑于田野，其余概生活于都会，此为一般之习惯。托尔斯泰自结婚后，处于乡间之亚斯拿亚·波利亚拿[①]者，近二十年，仅冬时一至莫斯科，尤非出其本意。可知托尔斯泰之为人矣。

盖亚斯拿亚·波利亚拿本为其祖传之地，广可数十亩。有麦田，有森林，有草地，有水池；筑室其间，周围植菩提树，排列整然。虽不失为贵族之居，而田家风味亦兼有之。托尔斯泰夫妇同居于此，生育子女共九人，朝斯夕斯，固未尝轻去其乡也。

托尔斯泰之夫人，名苏菲亚·安特留维拉[②]，为莫斯科有名医生之女。嫁时十八岁，托尔斯泰已三十四岁矣。托尔斯泰本伯爵家之少子。早孤，育于叔母之手。入大学，中途而退，身入戎行，躬与苦米亚战争[③]事。后研究文学，游历外国，归而有二三著作，然尚不得厕身于文学大家之列也。结婚之后，文学上之事业，得力于内助者不少，谓非美满之家庭得乎？

托尔斯泰之夫人，虽未出身于学校，然其少时，即作日记，无或间断，时时以小说、寓言手自书之。得意时，则寄情于图画，颇有淑女之目，性质与良人同，真挚而率直，绝无虚伪之事。管理家政，井井有条，子女九人，皆躬自鞠育，衣食一切，并不假手于人。暇时，则为其良人整理著作材料，或誊写著作原稿。夫妇之间，专倡导共产劳动主义，固非寻常儿、女子所可望其项背也。

托尔斯泰一生之事实，凡读其传记者，颇能详细知之，无事烦言。兹所欲论者，唯家庭教育之大略耳。

盖彼教育子女之方法，先由托尔斯泰立一方针，夫人即遵行之。综计其子女之数，共十有三人，生存者仅九人，皆自己哺乳而育之，固无雇用乳母之事。当夫人生第二女时，遽尔病作，不得不暂雇乳母。夫人见之，虽在病中，然犹泣而言曰：“以吾子吸他

---

① 亚斯拿亚·波利亚拿：通译亚斯纳亚·波利亚纳，俄语意思为“明媚的林间草地”，位于莫斯科南边 200 公里的图拉州。

② 苏菲亚·安特留维拉：索菲亚·安德烈耶夫娜（1844—1919），为莫斯科御医的女儿。嫁给托尔斯泰后，平日除养育子女、操持家政外，还帮助托尔斯泰收集资料、抄录文稿，可称为贤内助。晚年与托尔斯泰失和。著有回忆录《我的人生》《托尔斯泰夫人日记》。

③ 苦米亚战争：通译克里米亚战争，也称克里木战争，发生于 1853—1856 年，是俄、英、法等国争夺近东霸权的战争。

人之乳，非吾所愿也。”未几，即辞去乳母。故其子女九人，无一不自己教养，至十岁为止。即子女之衣服，亦皆由其亲手缝纫而成。

家庭教育之根本主义，经托尔斯泰沉思默考，专取卢梭之“自由”。虽有时酌量变通，然亦务减去人为之限制，而使儿童自然发达其自由。谓人无论处如何境遇，绝不宜雇保姆与私宅教师，一切监督之责，皆主人与主妇直接任之。严酷之处置与过分之刑罚，皆所不取也。

托尔斯泰所视为急务者，在使儿童能得近于自然之事。换言之，即教以人与自然之关系也。凡自然界之物，无论若何形状，使儿童见之皆宜，启其爱而毋恐之念，且极意养成其不卑不屈之格。世人动以种种骇人听闻之事，挑动儿童之忌惮或恐怖心者，皆托尔斯泰氏所引为大戒也。

托尔斯泰之家庭教育中，尤以人与人之关系为重。平时对于子女，谆谆教诲，务在扩充其平等、博爱之心，不以役使婢仆为然。举家之人，勤劳素著，以身作则，是为一般家庭之模范。其对于人也，固无往而不待之以爱，即对于动物，亦有同情之感。此托尔斯泰家庭教育之一特色。

托尔斯泰所最忌者，为虚言饰词。儿童若蹈此弊，则罚无赦。但托尔斯泰家之处罚，与众亦微有不同。体罚固绝对不用，即闭之一室，使立于椅上，亦非所赞同。唯儿童处于不得不罚时，先必正言厉色，多方开导，果儿童生自悔之念，则罚即中止。否则除两亲之外，亦无代行严罚者。

托尔斯泰家之儿童，始终与大人同处，至午后八时，则一律就寝。平时儿童之学问，如俄罗斯语与音乐之初步，则夫人亲教之；算术之初步，则托尔斯泰自教之；外国语一课，则英国人之私宅女教师[①]外，尚有瑞典人、法兰西人、日耳曼人教之；画图亦其所重。

盖托尔斯泰素所期望者，在儿童之学问务合“自由放任”主义。凡儿童性之所近，无论何种学问，无不渐渐教之，以底于成，然后送入大学。间有才力不足者，虽不加罚，而优秀超群者，必大为奖励，以激发其勇往前进之心。

---

① 私宅女教师：家庭女教师。

不知托尔斯泰之为人者，鲜不谓其十分严峻，凛凛然不可犯。然彼确为极有兴味、极好滑稽之人也。平时善推儿童心理，极得儿童欢心。试举一事为证：

某时，其子趋前曰："吾父，吾等有一趣事，曾知之否？"言毕，但相视而笑。托尔斯泰乃与之耳语曰："尔等所谓秘密之事，大概如斯如斯……"其子愕然，继而扬言曰："此事吾父如何得知？"即此一端，可见其父子之间殆如有电气相感应之势，平时融融泄泄，更不烦言而解。

故托尔斯泰发一命令，倡一议论，其子女辈立时翕然响应。教以体操，则体操；教以游戏，则游戏。时或率领其子女，共同为滑冰、扫雪、刈草等事。一家团圈，欢喜无极，天真烂漫，流露不觉，绝无一事虚饰之事。有子女者可以鉴矣。

托尔斯泰素称刚愎，然其后克己修行、潜移默化，久而变为极高尚、极优良之人物。平时对于婢仆，无呵叱之事；对于家畜，无虐待之事。子女之哭泣者，一经禁止，则立见霁色，是托尔斯泰之爱家，实其天性使然。观平时出外旅行时，携猎枪而归，谓家人曰："吾家无恙否？"观其词气之间，常带几分忧虑。其爱家，念切可知。

子女渐长，有父母闻见所不及，而时作无意识之批评。此时，亲之处置最为紧要，因一家之乖离，全关系于此也。

托尔斯泰何如乎？其对于子女也，导之以人所共行之正道，更赋与以运动之权，能使之自由发展，以一身任保护、教导之责。父子之间，不啻师弟、朋友、兄弟之关系焉。

尤可贵者，托尔斯泰一身之经验，悉取以供子女之参考，而取舍，则听家庭之同意。新主义[①]既倡后，其夫人虽极赞成，然抛产业、重菜食，则非其所喜，长子、次子亦然。但其次女，则一言一行，均遵乃父之训。苏峰氏[②]之记事册中，曾记其实况如下：

---

① 此"新主义"，即"托尔斯泰主义"。

② 苏峰：德富苏峰（1863—1957），又名德富猪一郎，日本著名政议家、思想家，出生于肥后国苇北郡。早年肄业于熊本洋学堂、东京英语学校，后事教育、写作，成为知名记者。39 岁时，拜访托尔斯泰。后成为军国主义者，狂热鼓吹侵略战争，"二战"后，成为甲级战犯。勤于著述，代表作有《近世日本国民史》。

一日晚餐席间，有托尔斯泰之妹之孙，在莫斯科大学者，及其二子同为士官者。托氏系实行菜食，其长子及媳与之同桌而食。托氏以拒兵役为人生要务之一，其次子着军帽、被军服、佩长剑，俨然一少年士官也。托氏为村庄平民之生活，其夫人近在莫斯科府。余虽不能知其如何生活，然可决其为寻常贵族生活无疑。观彼等之个人主义，可谓达于极点，而一家中夫妻、父子、兄弟、姊妹、舅姑，以愉颜悦色相处，殊出人意外云。

然此非可怪之事。凡知托尔斯泰之为人者，类皆谓其家庭教育准备有素，真能实行个人自由主义。故俄国教育改良上，得力于托氏者不少。托氏可谓具有教育之新理想而又能实行新教育者矣。若仅以文学家目之，犹未真知托氏者矣。

119　江苏幼稚教育研究会秋季大会预告和实录

1919年9月

题　解　本篇原载《申报》和《江苏省教育会月报》，由编者合辑为一文。每则出处和发表时间，均附于各则文后。原发表时无署名，二级标题均为原题，总题系由编者所拟。

有关江苏幼稚教育研究会，参见前文《江苏省教育会筹组幼稚教育研究会文件》题解。

有关《申报》，参见前文《烈士遗孤教养所创办之缘起与简章》题解。

一、预志幼稚教育研究会

江苏省教育会幼稚教育研究会，定于本月二十一号（星期日）午后旧钟二时至五时，在西门林荫路省教育会会所第三层楼上开秋季大会。

秩序如下：（1）主席报告；（2）演讲（林薛锦琴女士）；（3）育婴仪器。此系美国凯尔呼否①夫人所制。自新生小孩至二三岁，所有各种抚育情形，均有实在事物显明其所用。质料大半系中国国货，如用藤条编做小床，粗稀夏布代珠罗纱②做帐之类。功用固同，而价钱较廉，且即在内地，亦易购得此。其特点颇适用于中国社会，并有各种育儿

① 凯尔呼否：通译凯尔霍费尔，生卒年及生平事迹未详。

② 珠罗纱：一种很轻薄的服装面料，具有透明、柔软、飘逸等特点。

规例及制造，敷抹小孩之简单药料之方法。若凯尔呼否夫人有暇，届时拟亲自到场解说，实演为婴孩洗浴、穿衣等文明规模。凡有小孩而欲研究幼稚教育者，当往一参观也。

此项仪器，于开会之前一日（星期六午后），即将陈设于省教育会会所；并于开会之后一日（星期一午后），不即拆去，以便本埠人士于开会之日无暇往观者，仍有机会一见。惟当开会时，则有人详细说明一切，较易明了耳。

又，本埠城西幼稚园，自本学期始，由创办人龚子英、林康侯先生等委托幼稚教育研究会参预关于教务一方面之处理。已由该会聘请林薛锦琴女士为代表，每日到园视察一小时，以资研究，并图改良。林薛女士，前在美国大学毕业后，曾入最著名之芝加哥幼稚教育师范学校，专习此科二年。归国以来，又在本埠开办诚正女校，于小学生及婴孩之性质、智能，颇多经验。此次莅沪演讲，必有一番宏论，开导沪上之社会也。

入场券已印就，江苏省教育会、青年会、寰球中国学生会，均有代发云。

原载《申报》1919 年 9 月 19 日第 11 版

二、幼稚教育研究会秋季大会记

西门外林荫路江苏省教育会大楼，昨日（九月二十一日）午后三时至七时，举行幼稚教育研究会秋季会大演讲。男女来宾满座，仍由美国惠尔斯来大学〔学〕士朱胡彬夏女士任主席。

朱胡女士首起致词。略云：

斯会定名，固以研究为主旨也。研究之道，有两大端：或从实际上研究，或从学术上研究。以实际言，深愧不能有较著之成绩。原因所在，半由办事人未克尽力，半由中国风气不开。但美国于幼稚及小学诸教育，固尝得力于各教职员之研究会也。其所以能得力之故，一、由美国人心理，谓任事（work）与否，足代表其人人格（personality）之高下。二、人人期有所建树，必期有特殊之发明。美人士因此两种特性，故凡百学问，无论其为教育、为美术，莫不竭全力以赴之也。

我华通弊最寻常者，亦有两端：一、凡事秘不示人。如外科医有良方，专以传子孙，据为一身一姓之谋生术。教育界虽不至犯此病，但此等事实，颇为中国社会所习闻。二、即俗语所谓“怕难为情”。纵有所知，亦不敢轻易公诸大众。此等积习，深入人心，即不佞亦不能自免，良用歉悚。

至云学术研究，如每届开会，研究各端，终以不佞才识棉薄，于彼高深学术，或不免为门外汉。今日之会，差足为听众诸君告慰者，即上海方面办理优良之城西幼稚园，近蒙与本会相联合耳。城西园为龚子英、林康侯诸先生创办。不佞初承龚先生见商，以自身经验、资望未足副之，期期不敢应命。嗣黄任之、沈信卿诸先生复加敦促，益难固辞。幸得学术渊深如林薛锦琴夫人者，慨任力助，代表本会往城西园，指陈演述，乃得商定隔日亲临之约。此举用诸成绩本好之城西园，诚如黄先生所谓：“子英此法，非延医求治，乃于健康时讲卫生。”将于美善中，益求精进也。不佞所陈，皆上海本地事，本地人非热心办理不可。

斯言颇若不以来宾待诸君，而反加以督责者，宾主之地位不觉于瞬息间暂归遗忘矣。

次由中国女士中第一人留美之诗家谷城①幼稚教育专家林薛锦琴学士演说。

幼稚教育，分主教人才、教授方法、园址、用具、乐歌、谈话、家庭联络诸要节。精义甚多，不胜枚举，举其一二。

如论“谈话”中有云，中国教育只就古人所言论是非，而对小儿之思想、言语俱置不问，故儿辈思想永无发达之机。人人心中只知有“子曰”“孟子曰”，而不能各抒己见也。

其言“教授方法”则云，教小儿，宜引导，不宜压迫，更不宜疾言厉色。否则儿辈心中，只有压迫，只有疾言厉色；所应知之事，反属间接，反不能了解。此犹种树者，须任天然，不宜拔苗助长也。

又云，中国旧习，常以哄骗小孩为得计，适足酿成全国欺诈之风。

又云，教小孩，如施丹青于白纸，若有一笔误，即不易拭去。

又云，游戏事虽极小，但世界万事，无非游戏，游戏须任自然。花园极要紧，儿辈得入园，多“识”一物，即得多“爱”一物。自小养成乐天主义，一生做人便觉不苦。

---

① 诗家谷城：通译芝加哥市，位于美国中西部的伊利诺伊州，为美国第三大城市。

皆名论也。

次朱胡彬夏女士续云：

偶忆一事，更足以见林薛夫人所言之真切。家有儿生，甫十六足月，哑哑学语。平日与一物，问好否。或答“好”，或仅答一“不”字。有一日携之游园，儿意大乐。问其好否，彼竟另想两字而笑答曰“开心”。阅一星期，权之进一斤，可见其真异常开心也。又一日游园，儿于园中遇外国儿童，呼“哥哥”不见答。彼即想出一法，而向之高呼“How do you do？”[①] 可见，儿童至甚乐时，必活泼，平时不能为之事，亦必试思一为之矣。

次凯夫人（Mrs Kelhofer）讲育婴仪器，由朱胡女士译汉。其于儿童衣服，尤注重舒畅、康健、快乐诸端，屏除中国包扎过紧诸陋习。且云：“儿童有时足冷而哭，不可不暖其足。浴汤有时过热，手试不甚正确。浴儿者，宜置肘于水试之。”皆我中国育儿者所当亟加注意者也。

朱胡女士谓：“凯夫人此制，需时费力，实足表见美人士重人格、喜建树之两种特性云。”

凯夫人育婴仪器中，所用贴身各衣料，有三要点当注意：一宜软，二宜白，三宜可洗涤。其为小孩澡身用之必备品，亦有足记者数事：一、肥皂质不宜过粗，性不宜过剧，以云去垢牙皂（Ivory Soap）为最佳。二、扑粉用于浴后，扑肤令干者，曰滑粉（Talcum Powder），即俗名所谓痱子粉。可以三成米粉、一成硼酸粉，随制随用。三、硼酸水。系用以洗眼腔、口腔、鼻孔等处。可买药房中硼酸粉自制。以粉一小匙，冲上一碗滚开水即得。四、银养淡药水（Silver Nitrate Solution）。婴儿初出胎时，以一滴入目中，可免一切之目疾也。

原载《申报》1919 年 9 月 23 日第 10 版

① 此英语，意为“你好吗？”

三、幼稚教育研究会开会纪事

本会附设之幼稚教育研究会，于九月二十一日下午二时，在本会三层楼开会。来宾数百人。

首由主席朱胡彬夏女士报告幼稚教育研究会之目的，分为实际研究及学术研究。惟吾国之研究，往往缺乏西人研究之真精神。彼国人民，无论为何事，以为所为之事即代表人格，故为之必力，且必有发明建立。故研究会多而成效巨。而敝会于实际研究，殊多惭愧也。学术研究，自成立以来，仅有四五次，然尚有所得。又报告，今年夏间，承城西幼稚园创办人龚子英先生〔之意〕，愿以此园并于敝会，为敝会实地研究之所。敝会乃请林薛锦琴女士为主任。林夫人学识、经验素称人口，今蒙慨然允任，足见热心幼稚教育。而城西幼稚园自成立以来，成绩卓然，故此次并于敝会，而敝会请林夫人为该园主任，非医病也，实讲卫生耳。

次由林薛锦琴女士讲演“模范幼稚园”。曰幼稚园所当注意者。

（一）教员。为幼稚园教员，最难事也。因幼儿如一素纸，教者如一画工；画以何物，即成何物，一不慎，遗害终身。故教员人格当高尚，性情贵和爱、仁慈、精明、诚实、快乐，以身作则，感化幼儿于无形。而教员学识，亦须广博。因幼儿好问，如教者皆知，则可一一而答，且答时，宜深明问者之意，然后方可满足其意。抑教员训育时，宜用引导，不可用强迫。若强迫，则儿童心目中，但觉其强迫之苦，而所学毫无趣味，必至阻其智识之发达。因教育幼儿有若植花，必顺其天然，否则，未有不枯萎者也。中国旧法，教者不识儿童个性，残之、阻之，有误青年非鲜。欲幼儿有生人必需之常识，则当寓于游戏之中。盖游戏，快乐事也。人在快乐时，用力而不劳，而种种人事、天然之常识，已养成于不觉之中矣。且游戏一事，虽甚细微，然举国上下，无一非游戏也。脱〔若〕能在幼时游戏中，训练成一有规则、正当之习惯，则长大不致有种种不规则、不正当之举动矣。抑游戏可启儿童合群相爱之心，故不可轻视之。

（二）校址。地点须择幽雅、清洁，而邻近无庸俗之辈，以儿童最好摹仿，易被人转移也。建屋，每间约可容五十人，中间为游戏场；室中墙壁之色，宜择不损目者；而窗户贵多，空气宜足；光线宜由屋顶入，或由后入。寒、热宜极注意，不然，易成小儿之疾病。桌、凳高下，随年龄而异，此关系身体发育，不可任意制之。室之四周，宜挂图画，以引起儿童审美之意。屋侧宜辟花园，植以树木，蓄以动物，令儿童辨识其物而生爱情，且园中有天然趣味，可启快乐之观念。

（三）玩物。贵完备，否则儿童易生不快之心。

（四）音乐。音乐最易感动人心。故调子、歌词宜谨慎选择，且可练习喉音及听觉。

（五）谈话。所出之言，所道之事，贵事事真确。然后，儿童自然不生欺诈行为矣。

（六）与家庭联络。有以上种种，而不与家族联络，则仍事倍功半。盖儿童与教者相处，日仅数时。而今之各家庭，于幼稚教育尚不介意，故教者宜与联络。

凡睡眠、饮食、衣服、疾病、清洁等，教者皆当特别留意指导，然后种善因、获良果，而中国其有望乎。

最后，请美国凯尔呼否夫人说明育婴仪器。

会场中，陈以自新生小孩至两三岁所需各种抚育仪器及各种说明图表。凯尔呼否夫人述明制此仪器之原因。谓，非迫中国人人用之，惟希中国人效用之，而使小孩舒适、康健、快乐而已。

夫人在场实验小儿洗浴之法。曰：肥皂不宜用洗衣者及香肥皂，宜用象牙肥皂，此皂易去污而保皮肤；水中宜和以硼酸水，而水之温度，不能以手指为准，当以臂撑入水中觉适当为准；先洗头，次洗身，洗毕，以干大毛巾拭之，各处涂以痦粉①，腹上裹以腹布，此布宜白色；然后，衣以衣服。

而小儿内衣，亦贵用白色而质软者。一便浣洗，一免色中毒质损害儿肤也。小孩不宜穿裤，只要足上穿以长袜，身上衣以长衣，且衣服宜宽大，紧则阻其身体发育。

小孩自生以后，当即有一床。此床可以藤制成，价廉而轻便。床上置以柴褥②一，其上置薄褥一，其上又置油纸袋一，儿卧其上。天冷则用被，天热则用单被。

卧时空气贵足，然当避蚊、蝇，故须用帐子。帐料最好用珠罗纱，或则用最劣之夏布。

小儿饮食，最宜母乳，次则乳母之乳。然雇用乳母时，先须延医生查验。如无病，然后可用。其又次，则鲜牛乳云云。

时已鸣钟六下，不及一一说明，遂散会。

原载《江苏省教育会月报》1919 年 9 月号

---

① 痦粉：冰片痱子粉。

② 柴褥：棕垫或草垫之类的卧具。

120　参观蒙养园纪要

高云青

1919年9月23日、1920年5月19日

题　解　本篇原载《北京女高师幼稚教育的研究》第1期。参观时间为1919年9月23日和1920年5月19日，发表时间为1920年12月。

撰著者高云青，生卒年未详，女，字凌霄，山西文水人。早年毕业于山西省立第一女子师范学校，时为北京女子高师保姆讲习科学员。除在该刊发表了本文外，还发表了《第八恩物的制法和用法》《山西童谣五则》等。

有关《北京女高师幼稚教育的研究》，参见前文《北京女高师附属蒙养园简章》题解。

事实必基于学理，而后有根据；理想必见诸事实，而后有价值。凡百事业，莫不如是，而教育尤甚，此师范保姆科，所以有实习教授之条规焉。然仅株守本校，旦旦而实习之，于实用固不为无补，然终不免以管窥豹、坐井观天。吾校有鉴于斯，故使保姆科未曾实习先参观本京各蒙养园，以为他日实习之预备。每星期六，教务长李先生与教育主任孙先生，率领同学二十余人，早出午归，寒风凛冽、剐指裂肤而不辞者，有二目的存焉：一以取各蒙养园之长，补我之短；一以扩充智识、增广见闻，为他日简〔拣〕择采用之材料也。但至一园，时间甚促，于其教授、保育各方面，虽未能尽窥其奥，然零金碎玉收入脑中者，亦不少也。较之株守本校，苦求之于书本上者，固不可同日论矣。因记之以备遗忘云。

一、参观博氏幼稚园记

民国八年九月二十三日早八钟半，予等由校内出发，至东城灯市口鹁鸽胡同，见翼然一宅，坐南向北，门庭院落，皆甚幽静，门楣署曰“博氏幼稚园”[①]。时正九点一刻，因在院中少憩，见儿童有熙熙攘攘于树荫下者；有在南华船上往还游戏者，均兴高采烈。保姆在旁，防其危险而已。

保姆共计八人，主任教员一，弹琴者一，实习试教者六，儿童约六十余。除游戏外，分六组教授。

该园建筑、设备均极讲究。教室为楼房，五间三隔，三面皆门窗。中为游戏场，地上画两大圆圈相套，中为双十字形；壁悬伟人肖像、动物绘画，以及时钟、黑板，琳琅满目；鲜花排列，香气冲鼻。东南一隅置钢琴，其余四周皆长凳，盖备儿童家属及参观之坐位也。

左右为分组授课之教室。桌为矩形，椅式极精；儿童坐之，高低适宜。六球、积木、排板、排环及各种玩物，无不俱备。惟未登楼，故不得其详。东有小屋两间，为饮茶室。东南隅为儿童厕所。南面花卉茂盛，西面则杨柳林立，北为牵牛藤萝，直向楼上。中置划船、跳板各一。整洁幽闲，空气清爽，适于卫生，亦颇合学理。

以上，皆设置之大略也。

顷刻铃鸣，保姆、幼生鱼贯而入教室，予等随之。儿童列为圆阵，保姆主任曾君秀香及诸教生亦参入焉。王君在旁弹琴，先令儿童闭目静听，后唱《天父保佑诗》一首，盖为耶教之常例也。又唱《见先生行散礼歌》，为自幼养成尊敬师长之习惯也。保姆手执国旗，先令儿童辨别颜色；特使一儿拿旗中立，其余齐向国旗行礼、唱歌。盖练习其色觉，亦借以养成尊旗爱国之志趣也。

然后，保姆与幼生团坐，实行谈话教授。问儿童：今日天气是晴是阴？为礼拜几？幼儿答之，正合其问。随唱欢迎歌。又问：食过白菽、山药乎？儿童亦有答之者。保姆则取实物以示，使儿童得真切之观察。言此物来自乡村，农夫培植不易。“汝等见过农

---

① 博氏幼稚园：北京教会学前教育机构，由美国博美瑞女士筹创，始建于 1906 年，位于北京王府井大街鹁鸽胡同内。

人乎？”令一儿扮成农夫态度，挑上担子，以示旁儿，并将农夫劳苦之情形加以说明，实足引起其爱物、爱人之心也。所谓直观教授方法之益也。

钟鸣十下，铃声随之，幼儿、保姆按次退出。

顷刻上第二堂，儿童至教室分六桌坐。第一桌，积木为亭状；第二桌，图染色；第三桌，摺纸为衣；第四桌，串豆、挟纸；第五桌，织棒；第六桌，五色线板，使之辨别颜色。保姆皆和颜悦色，循循善诱，故儿童皆喜笑自若也。

第三时为游戏。一点钟内，变化百出，击手跳舞，或背球转身，或闭目作声，使之练习听觉。唱歌赛跑，曲折竞争，转目更换，难以罄述。但一举一动，皆以琴音为标准，故虽繁杂，无不合法，可知其教授之良也。

二、参观北京美侨幼稚园记

民国九年五月十九号，试教第三次毕。奉实习主任刘先生命，往他校参观。八点一刻，予与张、叶二君相偕，赴美国〔侨〕幼稚园[①]。

至，时钟已八点四十五分。该园早八点上课，故未见其初上课时如何教法，只见教员弹琴、儿童拍手前进，至桌旁自行安坐。教员另取桌、椅中坐，手拿教具，与儿童分散。每儿六个五色竹条，长七寸、宽一分，编为扇形，横顺各三。后令还原，两手平分举起。遂唱一歌，均用英语。一闻铃鸣，教员则收藏教具，转身弹琴，诸儿即起立，按次出教室。

休息十分钟，铃声又鸣。儿童则忙入教室，站为圆阵形。教员弹琴，令一儿手拿国旗，在圈内绕行一周，对他儿行一军礼。已行过礼者，则跟随第一儿，再绕行一周，行礼如前。若此者数次，即令停止。教员又取第一恩物[②]，令一儿卧地，闭目作睡状，将球置其旁，令他儿低声收藏，勿使睡者知球在何处。藏好时，诸儿手齐向后，教员发令，

---

① 美侨幼稚园：北京教会学前教育机构，主要招收美侨及其他国家侨民子女，用英语教授，宗教气息浓重。初为家庭式幼稚园，位于北京市东城区甘雨胡同。

② 此“第一恩物”，指福禄培尔恩物系列中的第一组。它由 6 个绒毛小球合构，球分红、黄、蓝、绿、橙、紫六色，各球系有两条细线，合装于一匣。

此儿则起而寻，时以摩头为符号，寻者一摩，他儿则两手向前。如寻数次不得，得再令闭眼静听，使藏物者声，即可得知。约有三四次，铃声即振，教员收拾游戏教具，儿童则鱼贯而出。

时已十点，盖为是园之放学时间也。既又观览其校舍及设备。试略述之。

校在东城甘雨胡同中，坐北向南，门面甚简单。盖西人之性情重在实质，然对形式方面不甚讲究。入内左为号房，西边一排房舍，计七八间，中隔为四。但未入室，不知其内容如何。东北两面，是榆、柳、丁香，大小不等。北树荫下，置一小床，犹如木匣，儿童休息时，均熙熙攘攘于其上。东树荫下，是球网及滑梯，滑梯左高右低，两面均可上下。中为蒙养生教室，四面开窗，空气极良，室为四间三隔，当中最狭。左为儿童饮茶、置帽室，内置一桌数凳，壁钉帽架，离地尺余。儿童来时，必先入此室脱帽，自挂于其上，后进教室。

右为教室，其中设置，地板上画两白圈，大小相套。东北两面壁上是黑板，离地二尺，大小、用之均各适宜。下置儿童授课桌椅，桌高一尺五寸，宽一尺，长四尺余，四儿合用一桌。椅高七八寸，每儿一个。南面靠壁为教具架，用蓝布遮蒙，以绳穿之，能自由活动。其内教具，按次排列，整齐可观。架上置鲜花数盆，即月季、海棠、桃柳、刺梅等花。壁悬油画，状为耶稣救世慈善事业之典故。其用意，与我国修身挂图教育画同，使儿童自幼养成崇拜耶稣之习惯及慈爱对人之性情。

西北角置钢琴，琴上挂镜一面，纵横尺余，而游戏场功用甚大，教员虽背着弹琴，可不转身而知儿童之对否。琴右置一长方桌，高约三尺，前面两排抽屉，共六个。上置笔砚及各种书籍，均极整齐。儿童共有十二，年龄大者七岁，小者五岁，内有两个中国儿童，亦是外国语言。保姆一位，教态活泼，方法极良。所可叹者，语言不通，不能谈及其内容之奥妙，只略述其形式之设施而已。

121 参观景海女师范校附属幼稚园记

李国奎

1919年9月

另图 64　李国奎像

题　解　本篇原载《南通师范校友会杂志》第 8 期“教育”栏。发表时间为 1919 年 9 月。

撰著者李国奎（1886—1956），女，祖籍安徽合肥，生于上海。出身名门，祖父为李瀚章（李鸿章之兄）。自幼接受中西合璧式的家庭教育，既跟从父兄和老先生学中文，又随家庭外籍教师学英文。1910 年，嫁与留学归国的范其光。其后相夫教子，育有子女 4 人。或许是为了汲取教子经验，故专访“景海附幼”。次子范绪箕，为著名航空专家。

有关《南通师范校友会杂志》，参见前文《南通幼稚园歌》题解。

园在吴县天赐庄，位景海女师范校之西园。只楼房一幢，上下两层，层约六间。下为正厅，厅前游戏场一方，平铺浅草，围植冬青。场隅树小秋千、小浪船各一。厅内颇清洁，布置井然，而采光、换气无不合法。参观者置身其间，精神为之一爽。

壁间县幼稚园鼻祖弗罗培耳[①]像并其幼稚园宗旨。曰：“调护蒙养前〔园〕稚儿，在顺天然之禀赋，而尽力使其意志受化，体力增强，五官之用娴，悟性之能著，以至心中深明世间万物与人之原理，乃示心灵直进之正鹄，而引之达于万有之根源，并与之

① 弗罗培耳：通译福禄培尔。

融洽。”

园中幼儿三十余名，分免费、收费两班。

前班终日在园，上午受课，下午或游戏，或手技，或简易之作业，皆任其自由，而不加强制。此辈儿童，其父母，多经小本营业以谋生，无暇教育之。教育之责，惟园是赖。此含慈善性质，略似所谓“葛里培恩”①，即小儿依托所。

后班每儿月费一元，仅下午在园受课。其教法，周以一类教材为中心，则两班相同。例之甲，周以反刍动物为中心，则月曜②之保育事项，一以牛为单元；火曜，一以羊；水曜，一以鹿。一通间〔周〕，专讲反刍动物，令儿童得系统的概念。

余与同人往观时，为火曜日下午，得睹收费班受课之概况。是周保育事项，适以水产动物为中心，而是曜，适以鱼为单元。故谈话，即问鱼之形状、色彩。图画，即由保姆各给长五寸、阔三寸白色纸一张，色铅笔一枝，令儿童绘鱼。铅笔有红、黄、蓝、黑、紫数种。保姆询儿童，爱何种色彩之鱼，乃给以何种色铅笔，颇能满足儿童之欲望。

绘毕，保姆食儿童饼干。饼干之形，为鸡、为鸭、为鱼、为虾，而鱼最多。儿童兴趣盎然，若食真鸡、真鸭、真鱼、真虾者。言语观念与事物观念，其正确可知。

次游戏，令儿童环形坐，先二人跳舞，次为猜名之戏。由保姆掩甲儿之目，令乙儿旁立发异声，令甲儿呼出发声者之姓名；或令甲儿于掩目时，摩乙儿之手与其颜面；或以手着乙儿之衣履，而呼出乙儿之姓名，亦如之。此不需教具，与蒙铁梭利③练习儿童听觉、触觉、筋觉之意合。训练儿童之感官，固不必唯一的赖教具与所谓蒙氏之教具也。

次手技。令儿童就沙盘，叠木为池。池面方圆，池中布置悉任其独自创作，不稍干涉。叠而优者，加以言语奖励，并使他儿童审视之。

次令唱《金鲫鱼》歌，数遍而退。退与进及其他动止，一以钢琴音声为号。

是时，免费班多在厅外为简易作业。有撚细麻为绳者，有编细麻为辫者，是于幼稚园而有职业的陶冶也。

收费班共二十人。依年龄，更分大、中、小三组。大组八人，中、小各六人。一保

---

① 葛里培恩：日语“托儿所”的音译。
② 月曜：月曜日，即星期一。
③ 蒙铁梭利：通译蒙台梭利。

姆任之，而师范实习生二人为之辅。时一保姆踏琴，二实习生参入儿童之游戏团中，与之共同游戏，儿童极有兴味。如猜名之戏，保姆与实习生若皆化身为儿童，而未尝有矫柔造作之态。

园备傀儡数具，儿童退课后，为之脱、著衣服、靴鞋，为之施种种装饰，藉以养成儿童独立的人格，为实际生活之准备，并可为筋觉之练习。此与蒙铁梭利使儿童为嵌钮的练习，实殊途而同归。

免费班主任为陈女士，收费班主任为江女士。余与同人往观时，由景海校长盖培德[①]女士导往。盖校长及江主任，皆和易可亲。谈次，自谓其园极尊重弗罗培耳之宗旨云。

---

① 盖培德（Kote B. Hasking）：女，生卒年未详，美国女传教士，曾任景海女学幼稚师范科主任及景海女学校长。景海女学的第一任校长，为贝厚德女士；第二任校长，为亮美兰女士。1918 年，亮女士回美国后，盖培德继任第三任校长。

122 参观蒙养纪要

唐国贞

1919年10月10日、1920年3月

题 解 本篇原载《北京女高师幼稚教育的研究》第1期。参观时间为1919年10月10日和1920年3月，发表时间为1920年12月。

撰著者唐国贞，生卒年未详，女，字干之，湖南衡山人。早年毕业于湖南省立第三女子师范学校，时为北京女子高师保姆讲习科学员。除在该刊发表了本文外，还发表了《养成儿童善习法》《小儿皮肤的保护法》等。

有关《北京女高师幼稚教育的研究》，参见前文《北京女高师附属蒙养园简章》题解。

要研究教育，非多些参观不可。我自入校以来，所参观的蒙养园不很多。因为北京的蒙养园也不过几处，没有什么特别地方。我现在将可以取的地方，略略的记下来，以供后来的参考。

八年十月十日，我同我们同学二十余人，到东城博氏幼稚园参观。由本校雇车去，一点多钟，才到了这幼稚园门口。刚进院子，恰有几位保姆同小孩在那一块玩。他看见我们，就走向前和我们接洽，邀我们一块到保育室坐。

这保育室很有理想的，他的门与别的蒙养园不同，他可以推动。将他推紧，就成了几屋子；将他推开，就是一个大保育室。兼之他的壁底下是空的，好像柜子一样，是给小孩摆东西用的，使小孩易拿。四面壁上，挂有图画，都是画的动物、果子、花同各种菜，可以随时指示小孩认识。

坐了一会，摇铃上课了，小孩都依次进来，很有秩序的站成一个圆圈，中间夹有几位保姆教导他们。精神很充足，又很活泼。

第一是唱歌。小孩先唱，唱：“先生平安，先生平安；最爱先生，平安平安。”后保姆又唱：“学生平安，学生平安；最爱学生，平安平安。”这就是使小孩有敬爱的意思，并且知道回答的礼。唱完之后，又唱国歌。要一个小孩拿国旗，站在圈子中间；四围的小孩，都唱国歌，并且向国旗行三鞠躬礼，使小孩有爱国的心。

唱完之后，坐下谈话。一保姆问道：“今天是礼拜几？”小孩都用手指告示今天是礼拜几，于是就唱个“欢喜欢喜礼拜几”的歌。这就使小孩不忘记今天的日期了。

保姆又问道：“你们在家里吃什么菜？”小孩都说出来。保姆于是拿各样菜与小孩看。有不知道的，就指示他；并且又告示这菜就是村中种菜人种出来的，等着长大之后，担来街上，卖与我们吃。所以我们都要知道种菜人的辛苦，要好好感激，不可轻视他。

又将一个小孩做卖菜人的状态，与那小孩看，这就是卖菜的人。我看这法子很好，不但使小孩能知道菜之由源，并且能触发对人的感观。可见这些保姆是很有经验的。里面就是对于小孩的玩，稍微少一点，其余都很好。

九年三月内，又到东城美国〔侨〕蒙养园参观。因为太远，我们到的时候，就有十点多钟了，只看见他上一点钟的课。这一点钟的课是什么呢？就是手工和唱歌，很有精神的。

他们保育室地板上，没有画圈。以我看来，是很有理想的。为什么呢？我们人的走路时候，眼睛当然前后左右都要看的，若是使小孩专注意于地下，那前后左右都不能顾了，日后恐无活泼的动机。所以设蒙养园的，亦宜改良。

又下课的时候，小孩都自己取帽子戴，保姆只站在旁边看；如有实在不能取的，才代他取。这也是使小孩自动的意思。然而，也是人数少则可以，若是人数太多，不免有点混杂。

我参观这两个蒙养园，颇有些成绩，都是用新教法来启发小孩的活泼天性。我们中国，向来都是束缚小孩的活动性，不知道活动性就是小孩的本能，若能利用他，必得圆满的效果。现在欧美各国，讲新教育的，都是利用小孩的活动性，发生种种新方法。愿研究教育的，大家都注意他。

123　美国幼稚园教育
——译自《日本小学校长团渡美视察报告》

1919年11月20日

题　解　本篇原载《教育公报》第6年第11期。发表时间为1919年11月20日。原发表时无署名。

有关《教育公报》，参见前文《饬京师学务局应准第二蒙养院立案文》题解。

一、幼稚园制度

“教育儿童之人，而不了解幼儿真相，是何异建高楼于砂上之技师。”斯言也，盖欧美教育家夙所唱导者。今之日本小学教师，尚未能悟此等真意，得不令人叹惜乎！

美国幼稚园教育有真切之研究，其数既逐年增多，其内容亦日有进步。惟于此种教育之利害，尚未可视为探悉无遗也。哥伦比亚大学总长巴德纳雅[①]博士，为搜求解决材料，提出下列四项质问书，广征实验家之回答，兹由报告书中择举数种列于次。

质问：

（1）教小学一年生，有若干年乎？

---

① 巴德纳雅：通译巴特勒，即尼古拉斯·默里·巴特勒（Nicholas Murray Butler，1862—1947），美国哲学家、外交官和教育家。1902年后，长期担任哥伦比亚大学校长。1931年，获诺贝尔和平奖。

（2）经过幼稚园而后入学之一年生，全级中有若干成乎？

（3）对于由幼稚园入学之一年生，其感想如何？

（4）幼稚园之效果，其要点何在？

（一）教师担任一年生授课，经过一年又两月者之答复

自身所教之一年生，由幼稚园入学者，居全级百分之五十。此等儿童，不易迅速服从教师之命令。习手工时，有杂谈之癖。惟了解各事，比诸非由幼稚园入学之儿童，较为敏捷。其制作品则与群儿相等，不见有十分优美处。

（二）教师担任一年生授课，经过两年者之答复

自身所教之一年生，由幼稚园入学者，居全级百分之二十八。其最著之优点，则为观察力之精密。不惟图画、粘土、细工各种手技，能臻巧妙，且于整理繁杂事务，亦能机敏。惟各儿童之中，常发生内讧，又好比视制作品，而互为品评。未受幼稚园教育之儿童，与之相较，虽不觉有优劣之可分，惟能感受新思想，则以曾受幼稚园教育之儿童为较胜。

（三）教师担任一年生授课，经过六年者之答复

全级中，每年收容由幼稚园入学之儿童，约有百分之三十五内外。较之他儿童则感觉锐敏，想像力、记忆力、思考力等均甚发达，故富于表情力；而快活之气分〔氛〕，亦时发露于教室；且助人之友情，亦见丰富。既经历多年之训练，故在小学中之进步，自比他儿童为较优。其手工制作品，亦居上等。

（四）教师担任一年生授课，经过十五年者之答复

由幼稚园入学者，居全级之半数。教授此等一年生，既有十五年之经验，觉曾受幼稚园教育之儿童，因手之筋肉非常训练，故写字及折纸诸手术，颇臻巧妙。手技之训练，即能助智能之发达，恒注意于新思想之收获。又因色彩、形体等之观察力既经久练，而于文字之形遂易了解，且记忆一方面，亦有正确、迅速之效力。因置重耳之练习，故教师出言，虽声音低微，亦能听受。对于教师之指挥、命令，尤能敏速服从。尚有数学头脑，较优于未受幼稚教育之儿童，其思考力、鉴识力均能正确。此皆已受幼稚园教育者

之特长也。至若资质之美，或比智识一方面，更有优点可采取。无散漫、轻薄之习，而内容之丰富、充实，尤非他儿童所能及，此又受幼稚教育者之利益也。

（五）教师担任一年生授课，经过三十二年者之答复

经历年数如此其久，而惟教授一年生。其由幼稚园入学之儿童，或居全级之四成，或至半数以上。各年间，不必一律，若计其平均数，亦居全级百分之五十。此辈儿童之观察力与手技，均经训练。对于数目、形体、色彩、音乐等之智识与趣味，不仅有正确之进步，且具有克己心，故能久续其注意力。此于一年生全级中，比较他儿童，所著优良之成绩也。

二、美国幼稚园之种类与数目

（一）美国幼儿教育方法之二派

大体为弗烈培[①]式，近年亦提倡蒙德梭利[②]女史之新式，然尚居极少数。惟取女史新式为幼儿教育法之对照物者，亦颇致力研究。故目前虽居少数，而此等主义之勃兴于将来，或未可量也。

（二）美国幼稚园之四大源流

美国幼稚园日见隆盛，其历史的源流可分四项。

第一，五十年前，波士顿市有女史名皮泼德[③]者，留学德国，全赉弗烈培氏之主义、方法。回至美国，即为理想之计划开设幼稚园，是为美国幼稚园之创始者。凡中流以上之家庭，皆送幼儿入此园。

第二，四十年前，有弗洛林司村与波士顿市相距不远，亦试设幼稚园，全收贫家幼

① 弗烈培：通译福禄培尔。
② 蒙德梭利：通译蒙台梭利。
③ 皮泼德：通译皮博迪，即伊丽莎白・皮博迪。

儿，实含有慈善的性质，是即今日所称“托儿所”之前身也。

第三，三十年前，有于小学校教育系统中设立幼稚园者，实始于孙得尔伊司市[①]。惟有倡反对说者，以小学校内设幼稚园，不免有妨小学教育之费用；且年龄过稚之儿童与年长儿童相处一校，亦有所妨害。乃于世论轰发之中，卒以哈利[②]博士热心研究之结果。而今日多数公立小学校得附设幼稚园，其机运亦竟成熟，遂致幼儿保育与儿童教育得以系统的为完全之联络。前之反对说亦无形消失矣。

第四，二十年前，西加苛有幼稚园保姆养成大学设立母教班[③]，使为人母者入受教育，以助家庭教育之改良；并附设幼稚园，以备为人母者之实地研究。此举大受欢迎，为时未久，已风行全国，良家子女之卒业高等女学校或大学者，多入此母教班，盖非仅以职业教育为目的也。

（三）美国现有幼稚园及保姆所教幼儿之数

四十五年前，仅有四十二园及保姆七十三人。至千九百十五年，即三年前，园数已达九千四百八十六。大约一园之幼儿数在四十名内外，平均有保姆两人，一保姆可以教育幼儿二十名。

三、美国幼稚园保育法

（一）保育属于心理的且为个人的教育

美国幼稚园保育法，原以弗烈培（Froebel）为宗主，且信之甚笃，如苛仑比亚大学[④]之幼稚园研究部，即最热心研究弗氏保育法者也。其报告中，谓弗氏保育法有属于

---

① 孙得尔伊司市：通译圣路易斯市，是美国密苏里州最大城市。

② 哈利：通译哈里斯，即威廉·托里·哈里斯（William Torrey Harris，1835—1909），美国教育家。时任圣路易斯市督学，受福禄培尔思想影响，与布洛（Susan Blow，1843—1916）女士合作，于1873年在德斯皮尔斯学校（Des Peres School）附设幼儿园，由布洛女士主持，招生20名，实施学前教育。该园系美国第一所公立幼稚园。

③ 西加苛：通译芝加哥。母教班：保姆养成所或幼稚师范科。

④ 苛仑比亚大学：通译哥伦比亚大学，美国知名私立大学，位于纽约。

论理的。如云："幼儿不能不如此教育，故不能不采如此方法。"此即报告中之一部分所曾倡论者。惟是幼儿教育，原属于心理的，宜从各个幼儿之心理状态以施保育法。故教师，不宜用最初个人所准备者，强幼儿以遵行。即所用之方法，宜为归纳的，不可为演绎的。是采取个人教育之形式，而非所语于团体教育，又可断言也。今举其要义如次。

（1）材料须取完全之合理的统一。

（2）教师所用之材料，须详晰指导幼儿。

（3）幼儿所用之材料，须足以创成幼儿各种能力。

弗氏所创二十种恩物，其中称为最有教育的价值者，首推积木，其次为排箸。

（二）因教示为人之道而备置人之雏形

以人之雏形为教具，是亦一新说也。苛仑比亚大学之幼稚园置有多数布制人雏形，其形体与儿童相类，俾幼儿称之为弟、为妹，以示爱抚之意，即由此教以为人之道。其行此新说者，即始于上举之幼稚园。

因置有人雏形，故相当之寝床、吊床、桌椅无不备具，且为此等人雏形备有各类衣服，并为幼儿规定洗濯衣服之日期。至期，则出陈小样之盆、桶等物，供幼儿洗濯衣服之用。备有竹竿，用以晒洗濯之衣服。此等操作，出自可爱幼儿之手，实足以唤起优良之感情。故以人雏形供教具之新案，乃为主持幼稚教育者所极欢迎。

（三）幼稚园与小学校之连络

其连络计画，颇出以经营惨淡之心思。美国有幼稚园杂志，名曰《幼稚园评论》，极为人所尊重。然于二三年前，已改名为《幼稚园与一年生》。

观美国幼稚园最年长之一级，系教以最简单之算数，又教以ABC诸字母；更进，则教以易解之单语，已与小学一年生无甚差异。即小学初年生所学之算数、文字、唱歌、游戏，亦与幼稚园年长之一级同其程度，殆有幼稚生与小学生无甚区别之感。

由此可见，幼稚园与小学校可保完全之连络。而日本之幼稚园与小学校互为连络之问题，亦大可藉资参考。

四、玩具、积木与日本之将来

（一）弗氏恩物中以积木为第一等

美国幼稚教育家于弗氏之二十种恩物中，推积木为最有教育的价值。前既述之矣。惟其价值所在有须阐述者。盖积木之为玩具，可以架积，亦可以拆卸，任幼儿之自由意志可以尽量发表其思想。即于此不识不知之中，获锻炼智识之效果。纯以自动的，启导其智能，培养其思考力，因以涵养独立、自治之精神。

综上所述，则积木之为玩具，其大有益于幼稚教育，可以了然矣。

（二）智识之希求与玩具之精选

日本有最古之历史，故凡事多有成例可循；因尊重历史，而成例亦与之同被尊重。

此等国民性，固已积之有素，遂不免倡所谓保守主义。重以此等主义与固有之精神互相发挥，以处新进锐气日益充满之世界列强间，又不免陷于退缩之地位。

由是观之，新奇固未必尽可喜。然幼儿之智识希求正值旺盛之候，亦必副其要求给与资料，以助新智识之启发。此玩具所以必精选，而智能启导有未可仍执成例、尚保守以相遏抑也。

（三）发明力与幼儿之玩具

今查美国之发明特许权，对于人口壹亿，有一百四十万。返观日本，对于人口七千万，仅有商标登录九万、实用新案四万、发明三万、意匠登录一万，综计特许权，共只十七万。

以与美国人比较，不能不痛惜日本人发明力之贫弱。

至于增加发明力之要素，其为类甚多。尤必于幼儿希求智识正切之时，与以玩具，使能十分满足其欲望，且尽量发露其思想。则此等玩具与发明力之教育，其关系之大，正未可忽视也。

（四）西洋幼儿之玩具箱必有积木

美国制作玩具、积木，既已深加考究，故进步亦速。试观美国幼儿之玩具箱，必皆有积木一种。海船暂泊于神户、横滨者，其西洋乘客购置日本玩具给与儿童，其中十有八九，必为积木一类。

凡西洋人语及玩具，其联想必及于积木。其为儿童重要之玩具，盖可推知矣。纽约市街有贩卖积木店，设广大事务所，置事务员十数人，专经理积木之商卖。仅此一种贩卖品，而多忙至此，实令人惊异也。

（五）积木为玩具之标准

在美国调查玩具，限于 departmentstore[①] 之陈列场，其规模与日本之小玩具店迥有差异。凡于百货店之玩具，欲辨其良好与否，可先观积木部。其有优良积木者，则他种玩具亦必良好；若积木一类无佳品，其他种类亦可以断其不佳。故积木实可为美国玩具之标准。

（六）十一岁之发明家

美国给与幼儿之玩具，既置重于积木，故儿童亦可以得发明权。

吾辈参观纽约第四十五公立小学校之日，闻有四年级十一岁男生，发明铁锈防止药，颇以为奇异。因询之校长巴特力君，请引此男生偕来相见，则一至可爱重之儿童也。

所谓十一岁之发明家，在日本，必疑此说为虚诞；惟美国，则视若寻常耳。

（七）尊视成例之国民与积木之关系

幼稚园所用积木，有最新发明者，系苛仑比亚大学幼稚园女主任希尔氏所制出。其形式，大于寻常积木，宽二寸五分，厚一寸三分，长有三尺、二尺、一尺、五寸等四种。此外，则取五寸具四角之木块，两分之为三角形。

有以“幼稚园何为需用此等大形积木”询问女主任者，则莞尔而笑谓：“幼儿所好，则如此。”诚简要之答词也。欧美人重视积木，多方研究，既如上述矣。

诚以一国之发明力与幼儿时代所用之玩具极有关系，凡尊视成例，而发明权最少之

---

① 此英语单词，可译为百货商场。

国家，甚望其重视玩具、积木，以启导儿童之智力也。

五、美国幼稚园保姆养成所

（一）保姆养成为极慎重之事

美国之保姆养成，极为慎重，须有师范学校之修业年限。兹举 Chicago① 市国民保姆养成大学之规程于下。

入学者，须在高等女学校修十五课目以上之卒业生。其修业年限，预备科为三个月，本科二年，高等科一年，师范科一年。其学科与一年间之授业时数如次：

一年生：心理学，三六；教育原理，五四；手工，九十；卫生，十八；英语文学，七二；社会学，十八；实习，三七八；游戏、体操，七二；博物，一八；音乐，五四。

二年生：心理学，七二；教育原理，七二；手工，三六；博物，一八；音乐，七二；图画，五四；社会学，十八；实习，三七七；游戏、体操，一八；英语文学，五四；教授原理，七二；遗传学，一八。

高等科：心理学，三六；教育原理，一八；英语文学，五四；教授原理，一二六；郊外研究，一八；社会学，一八；实习，五七六；音乐，三六；图画，一八；家政学，一八。

师范科：教育心理学，三六；保姆养成所沿革史，三六；随意科，一四四；管理法，二一六；论文作成，三六；近世教育史，三六；实习科视察报告，七二；保育主义比较研究，七二；批评会，三六。

① 此英语单词，可译为芝加哥市。

六、保育细目一例（十一月分，霍克奚女史所作）

（一）此月谈话之题目

（1）幼稚园——园室之引导；

（2）家庭——家庭冬季之准备；

（3）社会——选举日之说明、面包屋、杂货店及水果店、裁缝职及靴店、收获及农夫秋日之工作、感谢祭；

（4）自然界——植物及动物向冬之用意、日短、秋季之风。

（二）此月应为之事

（1）谈话——

（a）幼稚园各室之引导与清洁之必要。家具有灰尘，宜取毛帚拂去之，如桌椅等物，宜常去灰尘，令其位置得所。同级生之剪花等物，亦宜珍重。

（b）母亲当秋季在家庭所作之事。衣服与寝具之重大者，须取出整刷一次，并展开，令其能通空气；冬衣之买入。

（c）父亲当秋季所作之事。凡果实与蔬菜为冬季所需用者，则买入而贮藏之；冬季应需之燃料，亦宜先事购藏。

（d）冬季之动物其情态如何。羽毛、皮发之脱落，更生新暖者，以自护卫；亦知贮藏食物；冬季少外出。

（e）冬季之植物其情态如何。叶之成熟与脱落；准备来年成长之芽；种子之传播。

（f）收获诸事。生果子（为普通所见之种类及外部、内部之形状，并供给人类与动物各事）；干果子（所生之地方及如何保护法，收集果实、蔬菜及贮藏方法，去壳及剥荚、除粉诸事）。

（g）感谢祭。父亲职事休息日；家族日；感谢祭之祝宴；第一感谢日。

（2）童话——褐色之魔神；得新衣之少年所由来；靴店与小兔；叶之记念；感谢之谈话。

（3）诗——木叶何为而落乎；寓言。

（4）歌——季节之歌；母亲之小刀与肉叉；感谢之歌；秋木之叶；收获时之家；谷

物之歌；种子眠；夏季之别去；谁见风乎。

（5）游戏——五官游戏；已熟之樱；果实园；农夫；少年靴店；如何而谷物生长乎；水车。

（6）乐器——运动开场 · 慰安之曲；进行 · 达巴司果进行曲。

（7）体操运动——

（a）腕之运动。扑打敷陈物及毛巾；摇树枝；摇落树上之果实与叶；刈谷物。

（b）脚之运动。收集果实，因攀登树上；绕行市场。

（c）头与颈之运动。觅树上之物件；动摇谷物。

（d）体之运动。收集果实、木叶及种子，因以屈曲身体；动摇谷物；田亩中收取野菜。

（e）呼吸运动。效动物引长之声音及树间风与谷物、田间风之声音。

（f）足指之运动。翘足指以就谷物之高，因以测量身长；欲寻觅树上之果实，因翘足指以试探取；去新靴之硬度。

（8）恩物——

第二、第三、第四、第七及第八恩物。

树木、果实、野菜、装种子之箱、装果实之箱、贮藏室、仓、水车场、穴藏、运搬收获物之车、运冬季燃料之车、祖父家及感谢祭之食桌。

（9）手工——

图画及彩色、果实及野菜、浆糊、通俗形式之叶、果实及花形之装饰的意匠；

剪裁之种类：叶、果实、野菜、冬衣；

折纸之种类：收容种子之箱、果实之笼、收检衣服之器物；

曲折形：垂直线及地平线；

沙：动物之穴、谷物之亩、果树园、穴藏；

黏土：叶、坚果及种子之印象。

（10）远足——实地观察野菜及动物生活状态，因出赴公园或郊外；赴制粉场或面包屋，赴靴店，赴裁缝店。

（11）补足材料——

果实、野菜、种子、叶、靴工、面包店及裁缝工之用具与设备、织物及革皮。

说明第一感谢日所用之绘画；说明收获田亩所用之绘图。

观此类组织之保育细目，足见美国人对于幼稚教育，其热心研究有如此者。其（一）项中所列第三目为社会事业，有“说明选举日”一条，殊有趣味，因以知立宪国必须注意于国民之养成也。

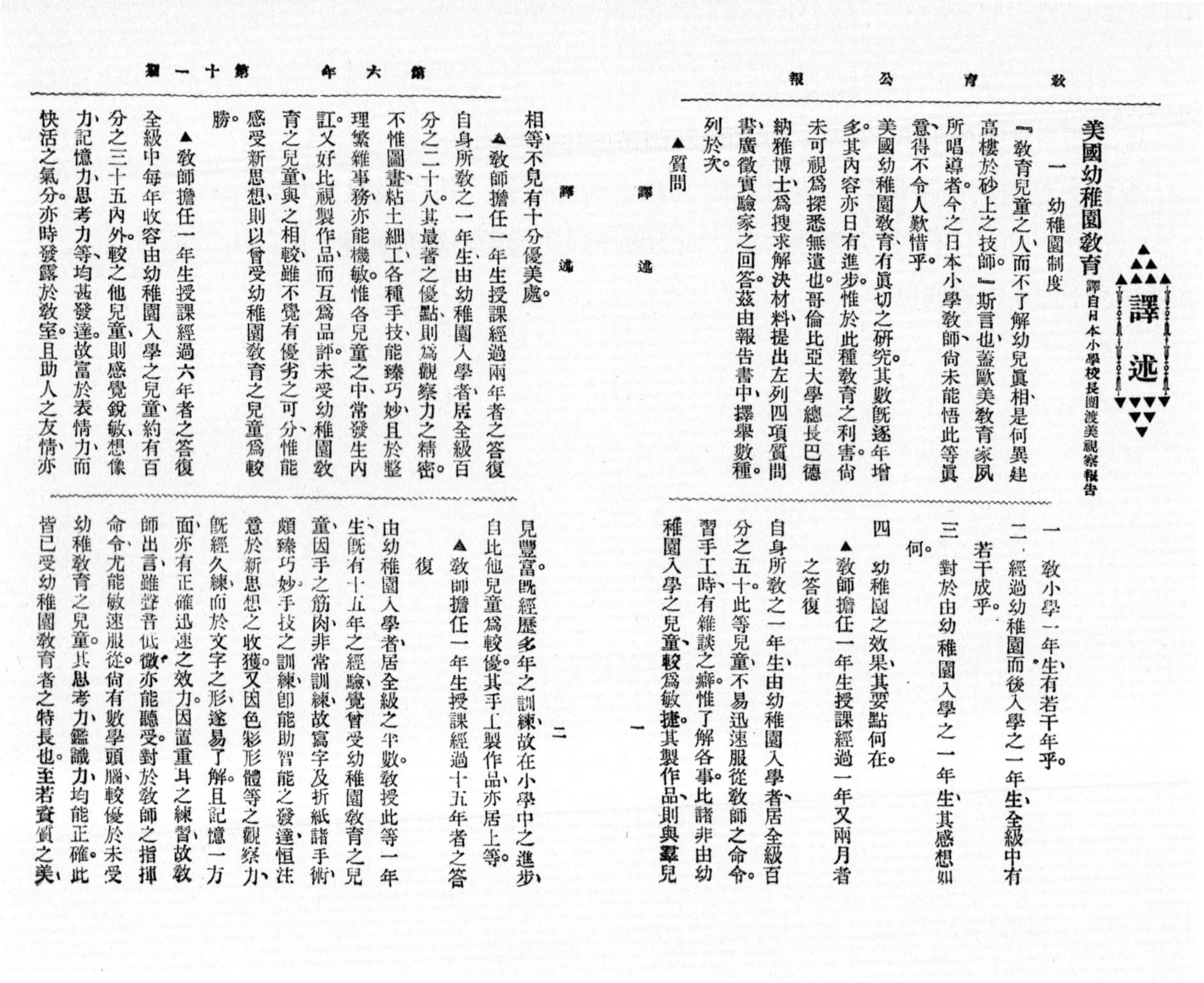

教育公報

譯述

美國幼稚園教育 譯自日本小學校長團渡美視察報告

一　幼稚園制度

『教育兒童之人、而不了解幼兒眞相、是何異建高樓於砂上之技師。』斯言也、蓋歐美教育家夙所唱導者。今之日本小學教師、尚未能悟此等眞意、得不令人歎惜乎。

美國幼稚園教育、有眞切之研究。其數既逐年增多。其內容亦日有進步。惟於此種教育之利害、尚未可視爲探悉無遺也。哥倫比亞大學總長巴德納稚博士、爲搜求解決材料、提出左列四項質問書、廣徵實驗家之回答。茲由報告書中、擇舉數種。列於次。

▲質問

一　教小學一年生、有若干年乎。

二　經過幼稚園而後入學之一年生、全級中有若干成乎。

三　對於由幼稚園入學之一年生、其感想如何。

四　幼稚園之效果、其要點何在。

▲教師擔任一年生授課經過一年又兩月者之答復

自身所教之一年生、由幼稚園入學者、居全級百分之五十。此等兒童、不易迅速服從教師之命令。習手工時、有雜談之癖。惟了解各事。比諸非由幼稚園入學之兒童、較爲敏捷。其製作品、則與羣兒

譯述　一

第六年第十一期

相等、不見有十分優美處。

▲教師擔任一年生授課經過兩年者之答復

自身所教之一年生、由幼稚園入學者、居全級百分之二十八。其最著之優點、則爲觀察力之精密。不惟圖畫、粘土細工、各種手技、能臻巧妙、且於整理繁雜事務、亦能機敏。惟各兒童之中、常發生內訌。又好比視製作品、而互爲品評。未受幼稚園教育之兒童、與之相較、雖不覺有優劣之可分、惟能感受新思想、則以曾受幼稚園教育之兒童爲較勝。

▲教師擔任一年生授課經過六年者之答復

全級中每年收容由幼稚園入學之兒童、約有百分之三十五內外。較之他兒童、則感覺銳敏、想像力、記憶力、思考力等、均甚發達。故富於表情力、而快活之氣分。亦時發露於教室。且助人之友情、亦

兒豐富。既經歷多年之訓練、故在小學中之進步、自比他兒童爲較優。其手工製作品、亦居上等。

▲教師擔任一年生授課經過十五年者之答復

由幼稚園入學者、居全級之半數。教授此等一年生、既有十五年之經驗、覺曾受幼稚園教育之兒童、因手之筋肉、非常訓練、故寫字及折紙諸手術、頗臻巧妙。手技之訓練、即能助智能之發達、恒注意於新思想之收獲。又因色彩形體等之觀察力、既經久練、而於文字之形、遂易了解。且記憶一方面、亦有正確迅速之效力。因置重耳之練習、故教師出言、雖聲音低微、亦能聽受。對於教師之指揮命令、尤能敏速服從。尚有數學頭腦、較優於未受幼稚教育之兒童。其思考力、鑑識力、均能正確。此皆已受幼稚園教育者之特長也。至若資質之美、

譯述　二

另图 65　《美国幼稚园教育》原发表件图（部分）

124　北京女子高师附属蒙养园概况

1920年4月1日

题　解　本篇原载《北京女子高等师范文艺会刊》第2期“附录”栏。发表时间为1920年4月1日。原发表时无署名，题为《本校附属蒙养园概况》。今题系编者所拟。

本文前此以《北京女子高等师范学校附属蒙养园概况报告》为题，在《教育公报》第7年第3期（1920年3月20日）发表。本文与本卷前文《北京女高师附属蒙养园简章》既有重复之处，又表述不尽一致，故选入以便读者比照。

有关北京女子高师，参见前文《北京女高师保姆讲习科招考启事》题解。

《北京女子高等师范文艺会刊》，社会科学综合性刊物，1919年6月创刊，由北京女子高等师范文艺研究会编辑发行。旨在刊载会员的学习研究心得、名家演讲词和记载本校大事。主要栏目，有论说、讲演、诗文、记载、小说、通信、附录等；主要撰稿人，有钱用和、罗静轩、高晓岚、程俊英、冯淑兰等。停刊时间及原因未详。

一、沿革

民国四年之八月，前本师范学校始创蒙养园于附属小学之东偏旧屋，即前教育部图书编译局之东屋也。招收幼稚生三十人，由小学主任孙世庆[①]兼主其事。良以女子师范不得不略具幼稚园之雏形，俾师范生徒得藉以研究蒙稚教育。惟是幼稚师资缺乏，草创之初，规模粗具，而养育诸方未能尽合乎幼稚教育之原理，是固无庸讳言。

越年八月，本师范开办保姆班。

再越年三月，迁进本师范后园新舍，由保姆班主任刘亮机兼主园事；添招幼稚生三十名，分为甲、乙两组；设保育室两间、游戏室一间，于是设置较为完备；改订课程，分任职务，办理亦渐进步，保姆生得资为实习之所。

是年六月，保姆班毕业。自是而后，吾园师资不外求矣。未几，主任刘亮机去职，改由中学主任欧阳晓澜[②]主园事。又未几，欧阳晓澜因中学进行事繁，不克兼顾，遂由本校同人禀承校长，共同负责，一载于兹矣。

七年八月，园舍因师校改作教室，乃迁入校后中学故宅。嗣因蒙稚之来者日多，室隘难容，议建新舍。现新舍早已落成，所收幼生近百名。若不另设主任一员，提纲挈领，似难收整齐划一之效，特又聘小学主任孙世庆兼代主任，暂不支薪。

二、编制

（一）蒙养园简章

（1）宗旨。调护儿童之心身，培养其三育，以造就健全之国民，而为国民教育之基础。

（2）课程。

谈话——古典（寓言、历史名人、童话）；家庭（应对礼仪、饮食起居、卫生习惯、

---

① 孙世庆：生卒年、籍贯未详，初等教育专家，长期担任北京女子高师附属女子小学校长。曾赴日本考察“单级教授法”，曾任中华教育改进社初等教育委员会副主任。日伪统治时期，出任过伪北平市教育局局长。著有《小学教育实际问题》《教学之基本方法》。

② 欧阳晓澜：女，生卒年未详，江西南城人。早年留学日本，后归国事教，终身未嫁。1917年任北京女子师范学校附属女子中学校长，长达十余年。治校以严格著称，确立“勤慎”二字为校训。因不许剪发女生报考该校，遭鲁迅严厉批评。

一切动作）；社会（士农工商职业、交际状况、公益道德）；物理（天象、动植物）。

游戏——表情游戏；运动游戏；演剧游戏；感觉游戏。

手工——恩物；纸工；土工；图画。

音乐——表情唱歌；运动进行；分辨韵律。

（3）时间。上午九时上课，至上午十一时四十五分散课。每课时间，以十分至三十分为度。

（4）年龄。五岁至七岁。

（5）纳费。全年分三学期：第一学期，自八月至十二月止；第二学期，自正月至三月止；第三学期，自四月至七月止。每月应纳保育费四角、用品费二角。须一学期预缴。倘有半途退学，所纳之费概不退还。

（6）定额。暂以一百二十名为限。

（7）园址。附设于本校。

（8）假期。照部定小学章程。

（9）年限。以两学年为及格，给予卒业文凭。如有年龄过长者，当先给介绍书，送入国民学校，或听该家长自择。

（二）附则

（1）报名时，须将幼生之姓名、年岁、籍贯、男女、家长、保人、职业及现在住址、曾否种痘，均须开明报名册内。

（2）儿童来往须按照时刻。接送不得过早过迟。如有要事告假，须先期通知本园。

（3）每学期开家属谈话会一次，研究儿童之进步。诸幼生之女家长，不得推诿不到。

（4）本简章有未尽事宜，当随时酌量修改。

（三）蒙养园事务分掌规程

（1）本园为谋进行便利起见，特由本园职员中，推选事务员、级任员及每日轮替当值员数人，掌管一切园务，以专责成，而以主任统理之。

（2）本园全体职员，均负保护幼儿身体及卫生等事。

（3）本园设职员会，研究一切保育事项及其他各种园务。开会日期，由主任酌定。

如有特别事故，得由职员提议，开临时职员会。

（四）事务员所掌事项

（1）襄助主任管理一切园务。

（2）保管本园各种规则、表簿等类。

（3）接待幼儿家属及引导来宾参观。

（4）保管园内器具、幼儿玩具及一切消耗品等。

（5）料理购置物品。

（6）填写“保育日志”。

（五）级任员所掌事项

（1）保护幼儿身体及注意卫生。

（2）照料幼儿来园、出园。

（3）监护幼儿自由游戏。

（4）看护幼儿发病及负伤。

（5）调查幼儿出席、缺席。

（6）观察幼儿个性。

（7）填写“保育周录”。

（8）处理儿童成绩。

（六）当值员所掌事项

（1）巡视保育室内外，注意整洁。

（2）掌管保育时间，摇铃及奏琴事项。

（3）照料幼童茶水。

三、教授

依据前章所定课程，分别教授。

四、幼生家属来园应守规则

（1）幼生保护人（家长之类）送儿童到园，应在保护人休息室等候。其初来，儿童保护者不便远离时得本园许可后，可在场内一定地点等候。倘儿童业已习惯，该保护人即不得入场。

（2）保护者在休息室，以静肃为主，并得作裁缝及其他有益手艺。

（3）保护者如无第一条情事，欲参观保育时，宜先与本园主任及保姆接洽，并登记姓名、年月及与儿童之关系等于参观簿上，方得入场参观（其他之参观人准此）。

（4）在场内参观时，不得言笑、质问。如实有意见，可于退场后说明。

（5）儿童成绩品及本园陈列品，阅毕当置原处。

（6）凡属幼生接送人（仆役之类）送儿童时，当在保育场口交与保姆，退在门房等候。如距园近者，可先归宅，届散课时来接。

五、现在职员数

主任一人，保姆八人。其余一切杂务，由校中各职员兼办。

六、现在学生数

共九十名。此项学生，因年龄过小，去来不定，故未列表呈报。应俟保育满期后，再行汇报。

七、业经保育期满出园学生数

第一次（五年六月），给及格证书者十五名。

第二次（六年六月），给及格证书者十名、介绍书者九名。

第三次（七年六月），给及格证书者十五名。

第四次（八年六月），给及格证书者十三名、介绍书者一名。

以上六十三名，曾经先后呈报。

八、现在所需经费数

除主任一员系兼职，暂不支薪外，其余保姆八人，每月共薪水一百九十元，全年需二千二百八十元。

又，仆役二人，每月工食十四元，全年一百六十八元。

两项共计，全年应支二千四百四十八元。

其余零星杂用，系由校代备，故均纳入校中杂费内计算。

125　儿童年（Children's Year）

杨贤江

另图 66　杨贤江像

1920年6月1日

题　解　本篇原载《少年世界（上海）》第 1 卷第 6 期"儿童世界"栏。发表时间为 1920 年 6 月 1 日。

该文为"儿童世界"栏的开篇之作。编者在文前加有如后按语："儿童是社会进化里的三个要素——儿童、妇女、男子——之一，他们确是宇宙的骄子，都赋有改造世界的天职。但是，我们怎样去发展他们富于真和美的个性与本能？如何使他们的身体能得着适当的训练？又如何使他们不为家或国的习俗所拘束？等等，都是些重要的问题。我们特辟此栏，为的是要讨论儿童教育问题（如儿童公育或非儿童公育等）、儿童待遇问题，或叙述各国儿童要求减少工作时间的活动，及儿童自动举办的社会服务的纪实等。如承投稿，十分欢迎。"

撰著者杨贤江（1895—1931），字英父（英甫），笔名李浩吾、叶公朴等，浙江余姚人。1917 年，毕业于浙江省立第一师范学校，受聘为南京高师教育科职员，协助陶行知工作，并刻苦自学，开始发表教育论文。1919 年加入少年中国学会。后应聘入商务印书馆，负责编辑《学生杂志》。1922 年，加入中国共产党。1927 年"四一二"反革命政变后，遭通缉，流亡日本。后潜归上海，专事著述，出版了《教育史 ABC》和《新教育大纲》两本代表作，奠定了其马克思主义教育理论家的历史地位。

有关《少年世界（上海）》，参见前文《儿童用书研究会及其简章》题解。

二十世纪的运动，有两种是最显著的：一种是关于统计，一种是关于儿童。故有人就称，这个世纪为统计世纪（The Century of Statistics）和儿童世纪（The Century of Children）。本篇所记述的，乃专就美国对于儿童运动的近状而言。

自近代心理学发动以来，对于儿童方面的研究，颇有注重、扩大的趋势。美国自一九〇九年由罗斯福（Theodore Roosevelt）① 发起儿童幸福会议（Child Welfare Conference）以后，各方面进行的速度和范围，都增加得很快。到现在，把关于儿童研究的事业总计起来，已有八九十种之多。这不但〔使〕各国儿童的幸福有加，也是全体人类的幸福啊！

现在，美国对于儿童幸福之永久计划已有结果。用力于这种事业的，在全国一万八千个地方，有一千一百万的妇女。他们在一九一八年，由美国劳动部的儿童局举办之儿童年运动（Children's Year Campaign），都是参与的。有三十八省的儿童年儿童幸福委员会（The Children's Year Child Welfare Committees）已经计划好，打算和儿童局（Children's Bureau）协同实行。有三十省已经设立了儿童卫生部（Child Hygiene Divisions 其中有七省，在儿童年宣布以前已经设立）。有十六省儿童幸福委员团已经指定。

一九一八年儿童年的年底，开一个“万国儿童幸福会议”，在华盛顿。最小量的标准就在那里起草。经过全国八个地方会议的讨论，最后由专门为了那个目的而组织的顾问部（Advisory Committee）来决定。这种标准所包括的有下列几种根本的需要：（1）关于母道和婴孩养育的；（2）关于学龄期前和学龄期儿童的；（3）关于需特别养育的儿童的；（4）关于作工的儿童的；（5）关于为这种标准所需之经济的和社会的根柢的。

关于保护母道和幼稚期的标准，已成为《雪泊特唐拿（Sheppard-Towner）母道议案》。现在国会中，据这个议案的计划，将来下列几种事项都可以应用到做母亲的人：（1）公共卫生看护妇；（2）病院的看护和医药上的注意；（3）评议部（Consultation Centers）；（4）关于母道和幼稚期的卫生上的教授及实际的示范；（5）关于母亲和儿童的幸福所必须的家政。

关于保护作工儿童的计划，将由医生和工业专家的永久委员会来报告。这个委员会

---

① 罗斯福：西奥多·罗斯福，通称“老罗斯福”，美国第 26 任总统。

就是为了考虑作工儿童的需要而组织的。

现在几次会议又讨论对于由正式婚姻而生的儿童要有更好的保护。他们所议决的包括下列几项：（1）生产注册；（2）报告行政机关；（3）父道的整饬；（4）父亲养育儿童的责任；（5）遗产、取名，由于母亲的养育；（6）省政府的检阅；（7）合法的承认。

第七次儿童局之常年报告，把一九一八年四月六日起至一九一九年四月六日止中间所做的事业编成撮要。现在录在下面。

> 经搜求、称量、试验的结果，有二十四省的地方，当那一年中，已经雇用新式公共卫生看护妇。其中有十省，共有新式看护妇一百三十七人；有十五省，已经设立一百三十四个儿童健康部；另外有五省，也已有报告，但没有确数。
>
> 有十六省，跟了休养运动（Recreation Drive）开办新式的运动场。而在乡村间对于给予儿童健全的辅导的休养之必要，更是格外注重。
>
> 有四十五省，对于“回到学校运动”（Back-to-school Drive）及“住在学校运动”（Stay-in-school Campaign）都是尽力计划，阻止未受有成效的职业训练的儿童去做工作。

这种计划，已是努力的实行。另外纽约城、哥伦比亚区和华威依（Hawaii）[①] 也是一样。所以那个报告上说：“有几种方法和计划可用以抵抗这种境遇的，是儿童的求学津贴费、访问家庭的教师、补习学校和半日学校、职业训练科和职业指导部或介绍部。”

---

① 华威依：通译夏威夷，为美国的第五十州。

126 家庭日新会开会记

1920年8月1日

题 解 本篇原载1920年8月4日《申报》第11版。开会时间为1920年8月1日下午。原发表时无署名，当为《申报》记者报道。

家庭日新会，上海学界名人发起组织的精英社团。1919年，由黄炎培、顾荫亭、黄伯樵、沈信卿、胡彬夏等发起成立。要求夫妇共同加入，须以不饮酒、不赌博、不吸烟、不挟妓、不娶妾为条件。旨在改革社会恶俗，健全家庭组织，改良家庭教育，以造就新国民和新社会。该会除定期参观各家庭并举行家庭聚餐会外，还不定期地举办有关家庭问题的研讨会、展览会等活动，如提倡节制生育、辅助家事职业教育、改良传统婚俗等。该会一直活动到20世纪30年代中期。

有关《申报》，参见前文《烈士遗孤教养所创办之缘起与简章》题解。

八月一日下午，家庭日新会在公共体育场开第二十七次常会。

先由当值会员王竹亭[1]布置，并备茶点。到者，有会员胡彬夏、沈信卿、黄任之、

---

① 王竹亭：生卒年未详，浙江吴兴（今属湖州）人，王一亭之弟。曾任职于中华书局，为上海学商公会干事。

王立才[①]、顾荫亭、王竹亭、汪剑雄[②]等二十余家庭，及赞助员穆藕初[③]等数人。开会后，依上次议决，由沈信卿君主讲改良婚嫁问题。略谓：

组织家庭之起点在婚姻。请先述“婚姻”二字之意义。婚，妇家也。《礼记》：“取妇以昏时”，故曰婚。《尔雅》：“妇之父，为婚；妇之党，为婚兄弟”。姻，婿家也。女之所因，故曰姻婿之父为姻；婿之党，为姻兄弟。以是，妇与婿之父母，相谓婚姻。

夫我国自庖羲[④]以前，认母不认父，固无所谓婚姻也。溯婚制之渊源，创自庖羲。然当时仪式甚简，聘礼只用丽皮[⑤]，且同姓联姻。至周而礼制大备，同姓不婚，定入典章。所谓“男女同姓，其生不繁”[⑥]之思想，普及民间。今日以姑、姨、舅姊妹三表不婚，刊入民律，则更进一步矣。

至其婚礼程序，共分六节：

（1）纳采。使人纳其采择之礼，所以言纳。恐女家不许也。

（2）问名。主人具书致女氏，问女之名；女氏，具名复书。后则改为以八字代名。

此二节，为一使所行，即今之所谓求亲也。

（3）纳吉。谓卜得吉兆，使复于女氏，婚姻始定。今俗谓之定亲。

（4）纳征。征，成也；纳币以成婚礼也。礼物用玄纁[⑦]、束帛、俪皮三种。

（5）请期。诹吉具书，备礼物，告女氏；女氏拜受复书，如纳征仪。

此二〔三〕节，今俗谓之行盘。

---

① 王立才：生卒年未详，上海人。早年曾留学日本。归国后，历任上海城东女学、上海县立女子高等小学校、南洋中学等校教员，为江苏省教育会会员。中华民国成立后，发起组织“小学教育研究会”，后在上海从事撰述、出版工作，参与创办“开明书店”。著有《初等国文教授》等。

② 汪剑雄：生卒年、籍贯未详，为上海绅商，家居沪西某花园洋房，环境幽雅。

③ 穆藕初（1876—1943）：名湘玥，以字行，上海浦东人。1909年留学美国，1914年获农学硕士归国。创办上海德大纱厂、上海厚生纱厂、郑州豫丰纱厂等，为著名实业家，中华民国时期著名棉花专家。对于昆剧保护贡献颇大，为昆剧传习所创办者之一。

④ 庖羲：亦作“伏羲”“伏戏”“伏牺”。古代中国传说中的三皇之一，风姓，相传其始画八卦，又教民渔猎，取牺牲以供庖厨。

⑤ 丽皮：亦作“俪皮”，即成对的鹿皮，古代用为聘问、酬谢或定婚的礼物。

⑥ 语出《左传·僖公二十三年》。完整表述为：“男女同姓，其生不蕃。”

⑦ 玄纁（xūn）：玄、纁，皆为华夏文化中的色彩名称。玄纁，即黑色和浅红色的布帛。

（6）亲迎。婿公服，率仪从、妇舆等，至女家迎娶其妇也。

行此六礼，而婚姻成。每节各有其意义，似繁而实简。不若今人之数典忘祖、舍本逐末、龂龂于聘金、奁物间也。然今日之提倡改良婚嫁者，亦大都矫枉过正、违反本意、随意苟且、不成体统，则又败坏风俗之一端矣。

故以鄙见论：（1）改良仪式，以不失本意为前提；（2）发表意见，双方宜直接，弗为第三者朦蔽；（3）以事事求真实、处处避虚伪作联姻之基础。

沈君讲毕，付众讨论。

嗣由黄任之君提出三问题：男女间、未婚夫妇间、夫妇间，宜定何方针以为交际之道？请众研究，俟得具体办法宣布、提倡。并谓，世界进化史即记万事万物由不平而归于平之历史也。我等今日讨论，所以谋男女间之平也。而究以如何为平之终极，则又不可知矣。

旋由胡彬夏女士提议省教育会附设之幼稚教育研究会请求本会襄赞事。讨论结果，幼稚会每月开会一次，本会加入研究，盖以本会为幼稚教育之实施机关也。

婚制问题，下期继续讨论。散会时，已万家灯火矣。

127　江苏一女师保姆传习所及蒙养园大事记

1920年9月

题　解　本篇原载《江苏省立第一女子师范学校校友会杂志》第3期“记事”栏。发表时间为1920年9月。原发表时无署名，题为《保姆传习所及蒙养园大事记》。今题系编者所拟。原发表时，少数条目时序有错乱，系由编者调顺。

江苏一女师，全称“江苏省立第一女子师范学校”。参见前文《江苏省立第一女师附设保姆传习所招生启事》题解。

有关《江苏省立第一女子师范学校校友会杂志》，参见前文《上海幼稚教育状况》题解。

六年（1917年）

八月　奉省长训令，筹办保姆传习所，附设于本师范学校。

九月二十二日　拟订《保姆传习所章程》及《预算书》，呈复省长核夺。

十月十七日　奉省长指令，核准章程、预算。

十八日　发本省六十县公函，请保送学生投考。

三十日　录取学生王印澄等十八名（内有由本师范学生转学者马其骏等四名）。

同月，赁定本师范学校对门之章姓民屋为本所所舍。

同月，聘王庄靖为舍监，周宗贞、温佩琼及本师范教员张永熙、张骥、程用宾、王秉衡、李培基，分任各科教员。

十一月六日　开学。

同月三十日　呈请省长拨发六年七、八、九三个月本所未领经费，筹办蒙养园。

十二月一日　呈请省长移拨本师范学校五年度临时费三千元，为蒙养园建筑经费。

七日　复呈请令饬官产处转部核拨细柳巷官地，为建筑蒙养园基址。未建筑以前，暂就本所内开办。均先后奉令核准。

八日　奉省长指令，准予提前开办蒙养园。以六年七、八、九三个月本所经费，按月匀领支用。

二十二日　放冬节假一日。

二十五日　为云南起义纪念日，放假一日。

七年（1918年）

二月　聘陈圣婉为蒙养园主任，兼课本所恩物、手技、谈话、唱歌、游戏等科。

舍监王庄靖辞职，调附属小学校宿舍管理员范冠南接充。

图画教员程用宾、国文教员张骥，均以无暇兼课辞职。

聘李玛理为心理教员。

三月□日　寒假期满。开学。

聘甘其发为国文教员、钟镜秋为图画教员。

招收插班学生秦华媛等十四名（内有本师范学生转学者林柏青一名）。

十一日　蒙养园开学，招收幼儿十四名。

四月十三日　蒙养园主任陈圣婉赴省教育会幼稚教育研究会列席研究，并加入该会为会员。

（前项记载，均已相隔年余之久。现今状况本拟附入，因须赶印，不及编辑。容俟下期继续登载，记者附志。）

128 南京高等师范附属小学校的幼稚园

薛钟泰

1920年10月15日

题 解 本篇原载《中华教育界》第10卷第5期。参观时间为1920年10月15日，发表时间为1920年11月20日。

撰著者薛钟泰，生卒年未详，江苏涟水人。早年考入南京高师教育科，师从陶行知、陈鹤琴等名师。毕业后，历任江苏省立第五师范（扬州）、第三师范（无锡）教师，后任江苏省教育厅督学，一度代理徐州中学校长。抗日战争爆发后，率江苏省中学生“二大队”内迁四川，后组建为国立四川中学，为该校校务委员。后历任江苏省政府驻渝办事处主任、粮食部参事等职。著有《小学地理教学法》。

南京高等师范附属小学校的幼稚园，简称“南高附幼”。1919年7月，由陶行知、陈鹤琴、廖世承共同筹设。此时，正逢杜威来华讲学，故以此园作为实验学前教育原理的园地，并成为中国幼稚园之翘楚。后因南京高师升格改办为东南大学，故一度与暨南学校合办。1922年7月停办。

有关《中华教育界》，参见前文《确定教育宗旨令》题解。

幼稚园在教育上的价值，弗罗拜耳①、蒙铁梭利②、黑尔③等，已经评论过。我以为，

① 弗罗拜耳：通译福禄培尔。
② 蒙铁梭利：通译蒙台梭利。
③ 黑尔：通译霍尔，即斯坦利·霍尔。

幼稚园在中国教育上的价值，要更外大些。为什么？因为：

（1）中国家庭教育太腐败，父母不明白怎样去教养子女，不失之恣纵，就失之桎梏。

（2）中国生计艰窘的人家太多，父母终日须作工糊口，没有工夫去教养子女，甚有无力去养育子女的。

（3）中国社会上的恶习太多，儿童终日在这种环境中，容易向下走。

有了这三层原因，所以幼儿在未入学校前，已经养成种种不良的习惯，摧残了本能，阻遏了天机。等到进了小学校之后，即虽学校里用了加倍的力量，也还不能去矫正他、恢复他。这种事倍功半的事，岂不是太不经济吗？那么要怎样呢？要多办幼稚园，要多办良好的幼稚园！

幼稚园是怎样办的？良好的幼稚园是什么样？现在，国内关于研究幼稚园的出版物很少。外国文是大多数人看不懂的，已办的幼稚园又不多，办得好的那可就更少了。因之，连参观、借镜的地方也很难，就是参观起来，也不过走马看花，哪里能明悉他的内容和处处都了解呢？所以，幼稚园的调查，在现在是很要紧的事。

国内的幼稚园虽说不多，但是也有办得很有生气的。倘若能够详详实实的介绍出来，一方面可以供大家参考，供人仿效；一方面，也可以给大家批评，促进改良。这就是我要介绍幼稚园的目的。

至于我为什么要先介绍南高附小的幼稚园，这不过因为我读书的地方靠近这个幼稚园，调查起来便利些、确实些；而且这个幼稚园的现状，总算是依着教育的新趋势，在那里热心研究同改进，为一般人所注目的缘故。

一、历史

这个幼稚园的历史，真是幼稚的很，不过去年七月才成立的。到了现在，也不过长了一岁多些。

初办的时候，在一进旧式隘陋的平房里边。杜威初到宁的时候，曾到小学里参观过。当时，该校适建造一座新式的楼房，预备幼稚园用的，因此就叫他做“杜威院”。

今年阳历五月间才落成，又请杜威在那里参观和演说。此后，这个幼稚园就迁移到杜威院里边去了，种种的设备也就渐渐的添置起来了。

二、组织和设备

这个园里边的儿童，共有十七个。男孩十一个，女孩六个。最大的，年龄是六岁，最小三岁。十七个儿童的总年纪，是八十二岁。这些儿童，多半是教员家的子女，均自家庭来。共有女教员三个：主任一，助教二，外有女工一。

教室有三个：作业室一，音乐、游戏室一，运动室一，均与小学低年级公用。作业室在楼上，音乐、游戏室和运动室，均在楼下。教授中间上下楼梯时，均令儿童自动（此点不免疑问），过幼的才稍予以扶助，用意或在养成“独立自主的精神”（蒙铁梭利女史所谓自由的第三要义）。

教室内的设备，有三样东西是每室都有的。就是风琴一架和质轻易举的长方桌十余张、小椅二十余张便是。长方桌多排在教室的各边，小椅多散置室中，或围作圜形。

作业室与音乐室的一端，更设有低橱数张，内藏教具和儿童图画、手工的成绩，儿童可以自行启闭。其他三面的壁腰间，均悬挂黑板，令儿童自由绘画。壁上张贴颜色的画图多张，备儿童观览；橱上更挂有洒扫的器具，供儿童自己整理地板的用处。运动室设有楼梯形滑板与其他种种游戏运动的器具和恩物（恩物的种类颇多，大概是采用 Hill① 氏的，也有自己创造的）。

---

① Hill：英文人名，通译海尔或希尔，系美国教育家，发明有“希尔大积木”。当时，苏州玩具制造商吴亚可曾进行仿制。此大积木，可供幼稚园小朋友搭建大型的、实用的房屋、滑梯、家具等物件。张雪门曾译出《海尔大积木》一书。

三、课程

（一）节目和时间的支配

该园拿生活的全体做主，处处是作业，并没有显分科目。不过，从每天的教授段落上看起来，可分四节：（1）谈话，（2）游戏，（3）手工，（4）音乐。但是分虽这样分，而实际教授起来，也还是因时活动，并不是一定照这呆板的次序的。每天自上午八时三刻起上课，至十一时散学，午后无课。每节以分计算，大约每日上课一百三十五分，每周上课十三小时十五分。

现在，把他的日课表录在下面（表 13）。

表 13　南高附幼日课表

8：45—9：05	第一节	谈话	20′
9：05—9：45	第二节	游戏	25′
		自由游戏	15′
	休息		15′
10：00—10：40	第三节	点心	15′
		手工	25′
10：40—11：00	第四节	音乐	20′

（二）材料

作业的材料，多采取儿童经验界里关系最切的东西。无论自然界方面、社会方面的生活材料，多按时令的排列，更拿职业的动作、节目、运动等做中心。

我现在因为要注重该园的课程和教材起见，所以特地把他们小学校里“一览”上对于幼稚园课程的说明，整个的转录在下面，使阅者可以更加明白他的内容。

幼稚园课程

一、总说

幼稚园是家庭教育和学校教育的中间，就是学校教育的发端。学生离家庭的小范围，到了较广的生活团体里，使他渐渐惯于社会的生活，并且练习他建设的本能和自发活动，这是幼稚园教育的目的。

所以，幼稚园的作业都从学生直接兴味和活动上发生出来。他个人的经验，因了他和同学、先生的交接，就扩张了。

幼稚的材料，是从学生的经验发生的——自然界生活和社会的生活。学生自己的生活本来和这自然界、社会有关系。到了幼稚园，利用他这种经验，使他的经验有社会的意味，使他的经验有新的方面，领他的经验到新经验去，并且供给新经验实现的方法。学生经过选择的作用，他的经验改造过。所以，他对于自然界和社会的方面，渐渐有制御的能力，自然界和社会的价值，他也能理解。

自然界方面的作业，最好按了时令排列。人类对于各时、季的反应，就是人类的经验，所以，也可以照了时令排列。这两界的生活，按了时令，再拿职业的动作、节目、运动等做中心。于是，材料对于儿童生活，都有密切的关系了。

二、时令

下面是照了时令，把各季注重的大略记出。

秋季——

自然：日短；天冷；秋天自然界的颜色；叶变色和脱落；谷、果、蔬菜成熟；鸟迁。

社会生活：假期里的经验；学校的团体；家庭；收获；食物；市上的食物，追究到田里；农夫、打米人、各种店里的人；交通；父母的职业动作和别种做食物人的动作；参观农场、食物店、菜店。

秋季的作业：拿中秋、重阳、双十节、恳亲会、远足等做中心，再加上收获的快乐，同时有合宜的音乐、游戏。

冬季——

自然：日短；太阳、月、星；天冷；雪和冰；蔬叶枯落；没有叶的树；常绿树；动物的皮毛。

社会生活：冬天的衣服和食物；冬季的动作；游戏和运动；历；月、日的名字；做冬季节日的礼物；玩具、装饰等。

注重时间（昼夜和早晚），使他知道人的动作因时间分的。

夜里的工作（守夜、巡警、车夫）和日里的工作（铁匠、瓦匠、木匠、裁缝、鞋匠）比较；因时令而变的工作和终年不变的工作比较。

有观察、参观、故事、游戏。学生欣赏这动作的美的和情的方面，并且理解这动作实用方面的意义和价值；注重家庭的动作，家里各人相互的扶助；使学生了解这种动作意义，使他自愿出力帮助。

冬季的作业：拿纪念日、冬至、新年等做中心。

春季——

自然：日长；天暖；蔬菜醒了；叶出来了；鸟回来了；花有芽了、开了；动物的活动。

社会生活：下种；保护植物；园圃和田里的职业动作；参观田和园；春季的游戏和运动；做节日的礼物、装饰。

春季的作业：拿清明、植树节、端阳、学艺会、远足等做中心。

三、课程

各季的动作，要使学生明白、理解，当用他经验里关系深切的材料，这种材料当然兼含形状、颜色、日常生活里建造的活动。但是，离了学生的社会经验，专把事物的性质叫学生观察，不是幼稚园的作业。所以，叫学生知道形状、颜色、建造、自然现象、社会生活，都是为了和人生有关系才教。又，学生的经验，当使他向有益的方面扩张。

幼稚园的作业和一年级有密切的关系。幼稚园拿生活的全体做主，实在包含一年级的各科。学生的生活，是一个全体，他还不会分析，所以，幼稚园课程不必分科，各方面都和全体生活保持重要的关系。在低年级学生，喜欢把观念做实体的解释。但是，幼稚园的学生喜欢用游戏来发表他的观念。到了低年级，科目所以分开，材料的选择和组织也可以严密些，学习也可以详细些，但是这种基础都在幼稚园建立。从幼稚园起，向了低年级的分科进行。

下面的，不是幼稚园里的分科课程，所以分开的，是要叫人家明白幼稚园和一年级的关系。

下表，是幼稚园全体生活里相关各方面。

音乐、修身——

有听唱法学的歌、游戏运动时唱的歌和奏的乐、学生娱乐听得的歌和乐。这都是一年级音乐科的基础。有养性歌、养性训练。此外，故事和随时的作法，这是一年级修身科的基础。

音乐材料大略是：

团体：摇篮、再会、老师你早、家庭等类。

时令和节目：收获、新年、国旗、四季、春天等类。

天气：霜花、雪花、冰、风、雨、雪球等类。

自然：落叶、月、鸟、野花等类。

职业：铁匠、皮匠、木匠等类。

社会生活——

团体和家庭的生活、职业的动作，还有别种公共机关的动作。凡学生看见的或自己做过的，无论是实在的或表演的，他学过了，可以做；明白社会生活里互助、协力、团员责任等的基础。这种作业，可以使学生明白社会进化的意义和价值。从这上面可以引导到社会研究和公民。

自然研究——

研究季节的变化、天气的现象、园圃和田、食物和住民、交通和买卖、动物和植物的美的生活，都是引导到自然研究和地理的基础。

工艺美术——

手工注重发表观念和感觉。作业是：建造简单形状；颜色的调和和用途；排列、距离、比例的简易问题；建造和目的的适合；用蜡笔、水彩、粘土、纸头、编织、木头来发表。凡百建造，都注意和人生的关系。这都是将来工艺科、美术科的基础。

体育的卫生——

游艺和跳舞里发表的，可以作想像的材料很多。这种材料，也很可以使身体活动，并且可以使身体上无意的制御和姿势的美同时发达。

注重卫生的地方像：(1) 学校生活里发生的。早晨，清洁的手和脸；点心时，吃东西的方法；个人习惯，刷牙、咳嗽、用手巾的方法；用使材料时，整洁和秩序。(2) 家庭生活里发生的。表演每天家里的动作时，像吃充分的滋养品，服装合宜，洗浴，刷牙，洗手，洗面，睡眠充分，开窗通气等观念，都可以学习。

国语文学——

圈里自由谈话和随意谈话、工艺美术、别种动作和故事、音乐表演里稍为正式的发表，都是国语练习的机会。再使学生思想发展，可以做将来读书的基础；养成文学的嗜好，发达文学的欣赏，可以做将来文学的起点；并且养成发表思想要简单，所用形式要正确，这是缀文和语法的基础。

选择材料的标准大略如下：

仙人故事、民族故事和寓言：三只熊、三只猪、鞋里人、玻璃鞋、五粒豆、丑鸭、老女人和猪、红鸡和麦子、睡美人、老鼠和狮子、太阳和风，等等。

历史和名人故事：失羊、孔子、蔡锷、黎元洪、屈原，等等。

杂种故事：鸟南迁、周年故事，等等。

指戏：花园、稻长、夏天的小孩、冬天的小孩、小猪，等等。

诗和歌谣：见音乐的材料。

数量——

游戏时，数人或拣人，或比较胜负；工艺美术或别的建造作业里，比例、度量、数量关系的观念等；都是数量经验的基础，将来学习数量的根本。

四、教授和训练的实施状况

以下所记的，是我前天（十月十五日上午）在他那里参观的笔记。

第一节[①]

材料——小鸡和树叶

（1）闻琴声，儿童各自搬椅作圜状坐下（时主任按琴，二助教参与儿童间，做动作的引导）。

（2）偕教员以双手置右耳下，倾首、闭目，作养神状。

（3）起立唱《养性歌》（闭目，教员同他们合唱），唱毕坐下。

（4）起立，向圈中所树的国旗行鞠躬礼，同时唱《升旗歌》（原名《这个自由的标

① 此序号和标题，均由编者加拟，第二、三、四节亦同。

帜》)，再向老师行礼，唱《老师你早歌》。歌毕，并令儿童轮流学鞠躬的做法。每一儿童做毕，教师常拍手鼓励他。

（5）坐下，拍手，唱歌，并询以本日为礼拜几。

（6）起立，唱《太阳歌》（是晴天唱的）。歌中有起床、开门、揩面、刷牙、梳头、洗手、吃早饭、上幼稚园的话。所以，同时并叫儿童学做这种种动作的姿势。唱毕，坐下点名。

（7）将圆圈缩小，唱《坐时姿势歌》。唱毕，教师向儿童述《小鸡和树叶》的故事。

一天，有一个小鸡子到树林里头去玩耍。忽然，一个大树叶子被风吹下，落在他的尾巴上。小鸡子一吓，急忙跑回来告诉他的母亲（老母鸡）说："有块地方天塌下来了。如你不信，我的尾巴上还打得痛呢。"老鸡子听了他的话，就急急的告诉了鸭子，鸭子又告诉了鹅，鹅又告诉了狐。狐问："哪个说的？"鹅说："是听鸭子说的。"同去问鸭，鸭又说："是听老鸡说的。"再同去问老鸡，老鸡又说："是听小鸡告诉的。"于是，狐、鹅、鸭、老鸡四个人，就一同去问小鸡。小鸡说："我亲眼看见、亲耳听见的，我的尾巴上还觉得痛呢。"于是，就把他们带到树林子里去看。谁知道，乃是一个大树叶子落在他的尾巴上。于是，大家就责备小鸡子荒唐，不看清楚就来瞎说。

教师述说时，每先问儿童在家里看见过小鸡否？老鸡否？鸭、鹅、狐否？于是，儿童即各述其旧有的经验，觉得高兴异常。

（8）闻琴声，作上肢运动，将手前后左右摆动。

（9）起立，各持椅归原处。

（以上，第一节完，下由楼下教室换楼上教室）

第二节

（1）团坐，示梧桐、桑、冬青叶各一，令儿童轮流闭目摸，别他的大小和粗滑。

（2）重问故事中的要点，令儿童讲述，并令其计算故事中的物数。

（3）闻琴声，各抬方桌，分三组置下。围以小椅，儿童即围坐于桌子的周围，教师发给"儿童教育画"，令儿童各自寻找鸡、鸭、鹅、狐等物去观察。三位教师也分头的坐在三组桌间做指导，并口唱熟歌以助兴味（此处观察的时间颇久）。

（4）闻琴声，各自收拾书画，交教师收起。教师又另发各种颜色笔、画纸和绿色纸，令能画的儿童选择色笔，在画纸上画大小树叶的形状。不能画的，用绿纸撕成各种树叶的形状。做时，均随儿童各出心裁、自由做去，教师亦不过参与其间而已。做毕，教师选那稍好的，保存起来做成绩。

（5）闻琴声，收拾画品和手工的废纸。

（6）闻琴声，收拾桌椅，复原处。

（以上，第二节，下由作业教室换运动室）

休息（十五分）

吃点心（十五分，教师参与）

自由游戏（十五分，教师从旁指导和保护）

第三节

（1）闻琴声，携手结圆圈坐地下。教师拿动物的挂图铺地上，令儿童认识鸡、鸭、鹅、狐等物的形态，并令各述对于此数物的经验，如或学鸡鸣，或学鸭叫，或效鹅步和鹅跑等。

（2）就地闻琴声拍手，作上肢运动。

（3）教师重说小鸡的故事，遇要紧处，令儿童自述。

（4）闻琴声起立，依高矮的次序排队。教师率领着，按琴声的拍节绕行室内；或叉腰跳进，或以两臂作雁翅飞行状前进，或以双手作吹号状前进，或蹲下，或急走，或又蹲下。

（5）携手，作圆圈状；放手，学种种工作状。

（以上，第三节）

第四节

（1）由游戏运动室入音乐室。

（2）团坐琴旁，听琴声，作假眠状。

（3）唱歌。先复习，后新授，后又复习。

（4）各持椅作圆圈状，坐下。

（5）闻琴声起立，同学相对鞠躬，唱《散学歌——再会》。

（6）令一儿击铜鼓，一儿击铜盘，一儿击方木，一儿吹笛；其他儿童，一双一双携手外出。

（以上，第四节）

上述四节为一日的完全教授，中间节目的次序与日课表上略有变动，想系因教材活用的。

五、养护

（1）寄宿。该园的儿童，多系教员家的子女，或靠近学校人家的，所以无住宿的问题。

（2）饮食。儿童吃过早饭来上学，要吃中饭时又回去，所以饮食一层也没有什么问题。园里只在十点钟以后，给他们一顿点心吃。吃的东西大概是糖饼干和茶，每儿约三四块。

（3）卫生。卫生是很注意的。儿童的衣服务要干净，吃点心之后，大家都要拿手巾揩手。室中的光线和空气，很充足。

六、与家庭间的联络

每季，都有几次的恳亲会，和儿童的家长相联络，而且儿童的父母，也时常到园里去看视或接送他的子女，所以联络的机会很多。

七、儿童入学的手续

每半年缴洋二元（用品杂费一元、点心费一元）。

以上，纯从事实调查，当中优劣之点自所难免，且让阅者去批评罢。不过有一点，我是不能〔不〕说的，就是这个幼稚园里的用费未免要格外多些，一般的地方恐怕难得仿行。然而，这是因为他是高师附小里办的，本带有模范和试验的性质，那也不能怪的。乡间的地方只要从精神方面做去就好了，设备上就差点，也不妨事。

另图 67　南京高等师范附属小学校幼稚园幼稚生

129　考察日本教育玩具感想

叶公复

1920年11月20日

题　解　本篇原载《教育杂志》第12卷第11号“杂纂”栏。发表时间为1920年11月20日。

撰著者叶公复，生卒年、籍贯未详，当为中华职业教育社会员，或供职于中华职业学校。另撰有《今后制造教育玩具的希望》《小学校木工教授和中央木工教室成立的希望》《小学校木工教学设计》《职业陶冶与小学校工艺科》等。

有关《教育杂志》，参见前文《外人调查教育及保卫幼稚事项》题解。

世界供给玩具之国，以德国为第一，英、美次之。但欧战告终以后，蕞尔之日本岛国，居然一跃而为供给玩具之第二国地位。调查其最近之输出额：大正八年，凡一千六百余万元；在欧战以前，不过二三百万元。至于今日，正继长增高，有不可限量之势云。

世界玩具之销行最广者，莫若锐罗罗独（Celluloid）[①] 原料制造，为德国所发明，以植物之纤维和硝酸、酒精等制成。日本近十年前，亦能效而制之。其原料，不特制造玩具，其他之我人所称为明角及假象牙、玳瑁眼镜、明角筛等种种装饰品，皆为锐罗罗独制成，质轻而坚，有光泽，无毒质。若制成玩具，小儿嬉之，无论入口等事，可保无虞。

① 锐罗罗独：通译赛璐珞，是商业上最早生产的合成塑料，具有透明、轻便等特点。

以之制成玩具，所以为最上乘者也。

玩具研究要有专门家。德、美之玩具，所以为世界之泰斗者，皆有专门人才研究之。一方面，发明新意匠；一方面，从事制造。所以，社会上苟有新意匠出世者，无不畅销，受社会之欢迎云。

玩具是一种意匠的、教育的、心理的、科学的，当随世界以求进步。处今之世，各种飞行机也、鱼雷艇也、潜行艇也，制造种种雏形，实足以发展儿童科学的概念，并足以养成儿童创作之能力，于教育上有莫大之关系。

发明玩具，得享受专卖（Patented）权利。若他人仿造，须得本人同意，否则就提起诉讼，要求其相当之赔偿。

日本发明玩具甚少，都模仿西洋。彼不能模仿则已，苟能模仿，益求进步，未有不超出其原制者；加之日人生活，较之西洋尤为简单，故工资等亦得短少，所以制造各物成本低廉，运销各国得畅销云。

日本设有玩具公司，其资本金多者百万元，少者亦十余万元。其玩具工场之在大阪方面者，则都运销中国；在东京、横滨、名古屋方面者，则都运往欧美。而在欧美各国者，皆特派专员从事考察。举凡西洋各国所发明之新意匠者，无不立即购买，寄回国内，以供仿造。而美国方面之玩具杂志，如 Playthings、Togo and Novelties[①] 等，又竭力鼓吹，不惜广告费，以图推广。其在本国者，亦有玩具杂志四五种，专载关于制造玩具之研究及制造玩具机械之发明，以及各项统计表等。

反观吾国，欲觅一关于教育的研究杂志，尚如凤毛麟角之不可多得，而所谓玩具杂志，真戛戛乎其难哉！

日本人对于公司营业，非常发达。无论一种小工艺，皆有巨大公司以经营之，其经营失败者，十不得二三也。盖日人富于共同心，对于共同事业无不竭诚为之，实足令人钦佩。据横滨电线制造厂厂长谓余云，华人对于个人经营，则有余；共同事业，则不足。如上海之某某造纸公司、某某制铁厂等，华人经营日见销蚀，终至见售于人。今日则日见发达，其理亦可想见也。

---

① 英文杂志名，通译《玩具》《多哥和新奇》。

糊浆在东京方面，有公司数处，全年输出额，亦动以万计。其推广营业，不遗余力。诚以糊之一物，于商业及家庭方面，用途极广。若在我国，经营此项制造，人必嗤笑之，以为浆糊有何经营之必要。然而，案头之“富贵糊”等，却用之而不可少，并奕奕以告人云：“富贵糊有防腐性，用之较便。”噫！但知应用，不知自制，自制而嗤笑之，岂爱国之士热心抵制之为哉！

我国所以各项工艺之不发达，大概有两问题：其一在无人研究，其二在不屑经营。普通之所谓振兴工艺、企图实业者，以为当从大者、远者着手，而玩具事业，以为是小道也，不屑研究也。坐失利权，可深浩叹。曾记民国七年，上海海关玩具进口，统计日货有百余万，至于天津、广东等处，尚不在其内。不屑注意之结果一至于此，我人观此，能无动于心乎！

玩具是一种教育的辅助品，为儿童所欢迎者。平均每儿童每年消费，以最少数洋一角计算，则全中国儿童有若干？全中国玩具消费要若干？亦可见一切矣。我国人心理，好自骛大。浆糊制造，似觉琐屑，多忽而不屑制之。其大工业，当然合力经营；其琐屑之小工艺，亦当极力提倡，则利权不致外溢，亦何必人人抵制为哉！

自“五四”运动以后，一般爱国学生都从事贩卖各种工艺品。余友某君，颇不为然，以为贩卖物品大都属于化装品，而化装品若为纯粹国货，则又不敢信。爱国而在负贩，于事理殊欠圆满。以长日闲闲、可宝光阴，若去从事研究、制造，或较有益。余唯唯云：“以学生之身分，降而为贩负走卒，在我国已为破天荒之创举矣。研究云乎哉，制造云乎哉！恐一时尚难办到也。”

日本工人，都是工艺学校，或徒弟学校，或乙种实业学校毕业或修业者；亦有昼间作工，而晚上入学者。东光商会木工玩具场，计有职工五十余人，全部皆工艺学校及早稻田工手〔手工〕学校毕业生。其绘色者，为美术学校西洋画部毕业生担任。若在我国之工艺及美术学校毕业者，使为工场之职工，则非其所愿也。我国工艺之不发达，其有由来矣。

余去年曾晤某省视学员，彼谓余云：“工业学校之毕业生，近来都入教育界办事，岂师范生之缺乏乎？”余答以：“小学校或注重工艺，所以敦请工业学校毕业生担任，师范生并不缺乏。”此言近于诙谐。工业学校之毕业生，所以都从事于教育界者，办理工业教育者所当研究。但知栽培，不谋出路，岂栽培之初志乎？斯当急宜警惕者也。

欲图玩具之发达，当从分业制造着手。若全部分皆在一处工场制造，在事理上实难办到，即能办到也，则产出额亦必有限。若分业制造，则时间与经济皆能减少，而产出额亦能增加。又有家庭制造，其原料为制造所内分配，一部分在所内制造，一部分发出女工在家庭制造。

盖玩具制造，除所内用机械以外，其余之装订、彩色，皆可分业担任，此与经济及时间皆有关系。若女工在工场制造，恐有子女之抚养、襁抱，于时间方面实为不便；能携归家庭，于时间则无妨碍，于经济亦可节省。余至东京芝区大野木工玩具场参观，计全工场只有职工十人，任分配材料之责；其装配、彩色等，皆分发女工在家庭制造。闻全年输出额，亦在五六万元以上云。

玩具推销之法，计分制造所、批发所、贩卖所三处。其价额，随各处递增，但普通购买，则价额相等。亦有在制造所购买，而反昂贵于贩卖所及批发所者；亦有批发所、制造所内而门市不售者，其价额亦递增。如制造所内为一角者，则批发所为一角半，而贩卖所为二角者。因此，所以一般商人多乐为贩卖，而营业遂日广。

我国习惯，购买货物，以为制造场所当较贩买场所为便宜。故一般购买者，对于贩卖所多裹足不前。因此，贩卖营业不见发达，而制造所遂兼而为贩卖所矣。夫制造所兼而为贩卖所，其营业之不能发达，可断言也。

我并举例以证明之：香港广生洋行之双妹牌花露水，计最小瓶，普通贩卖所皆售小洋一角。其原价批出不过五六成，所获之利可谓厚矣。后来开设分行于上海，买者以为行内当较贩卖所为便宜，争往购之。岂知同样之花露水，贩卖所为小洋一角者，今反售大洋一角矣。

我国无锡惠山之土制玩具著名于世，然调查其产出额及统计表等，无从而得，不过各人藉此一业以图糊口。推广、研究两事，非其所闻问也。民国六七年间，有某君热心改良，集合股资，设肆于惠山之麓，名其肆曰“美育馆”，专门制造新颖人物，日事改良。然卒以经营不力，终至失败。我人考其致败之由，大概不出下列四项：

（1）价值昂贵，销路因之不广也；

（2）不能迎合儿童心理也；

（3）无器械制造，时间太费也；

（4）无扩充营业、研究改良之思想也。

有此四大端，而欲求其发达，岂可得乎？

我国玩具界所以无进步者，譬如一个大阿福[①]。从大阿福之有生以来，不知几千百年矣！然而至今，仍面团团，不失其本来面目。世界日新月异，玩具又当与时俱进，若此一陈〔成〕不变，教育宁有进步乎！

我国玩具畅销之时期，都在新年。如余邑邑庙，每至新年，有玩具摊数十处。在民国八年以前，如火如荼，热闹异常，然而所卖者，无论其为布制、金属制、木制等，皆非中国自制。其所自制者，惟无锡之几个大阿福，及江北人所制之粗劣玩具，与彼日新月异之科学的玩具相竞胜，其可得乎？

至于今年，因为抵制[②]问题发生以后，据友人云，比较去年，减少十分之七八。然而冷静静，几毫无生气矣。由此可知，所谓热闹异常者，不过舶来品之撑撑场面而已。噫！吾邑如斯，他邑可知。但知乐趣，不惜利权之外溢，其亦可痛也矣。

---

① 大阿福：江苏无锡惠山泥人的代表作品。塑一儿童团坐，怀抱狮子或麒麟等吉祥物，非常可爱，并且有相关的传说，含有迎祥纳福之意。

② 此“抵制”，指抵制日货运动。自被迫签订“二十一条”后，此运动便接连不断。尤其在“五四”运动中，更是掀起了高潮。

130　江苏省立第二女师范附属小学蒙养园

张近芬

另图 68　张近芬像

1920年11月20日

题　解　本篇原载《中华教育界》第 10 卷第 5 期。发表时间为 1920 年 11 月 20 日。

撰著者张近芬（？—1939），女，字崇南，笔名芬、CF、CF 女士等，上海嘉定南翔人。1915 年毕业于江苏省立第二女子师范学校，旋任该校附属小学教员多年。经常在报刊上发表诗文，参加“文学研究会”，为中国近现代儿童文学的先驱。后受家人影响，入上海同德医校深造，并赴德国柏林大学专研公共卫生及妇科，获医学博士学位归国。著有诗集《浪花》，散文集《游德的观察》等，译有《梦》《纺轮的故事》等。

江苏省立第二女师范，设于苏州，故简称“苏州二女师”，1912 年 7 月创设。1927 年，改称为江苏省立苏州女子中学。1932 年，又改称江苏省立苏州女子师范学校。该校附属小学附属蒙养园的筹创时间，为 1918 年春。同年 9 月，该园在新园舍中开园始业，聘王雅儒任蒙养园主任，另聘助教、女工各一人。第一学期收幼童 9 人，第二学期增至 12 人。1919 年春，园主任王雅儒辞职，改由彭咏雪接任。同年秋，蒙养园助理兼音乐教员沈静仙辞职，聘孙慕兰、丁佩英接任。

有关《中华教育界》，参见前文《确定教育宗旨令》题解。

苏城人口繁多，幼儿也不必说，是很多的了。而全城的幼稚园只有教会学校所附设的几所。第二女师附属，有鉴于幼儿保育法的重要和保育所的缺乏，于是于民国七年开设蒙养园。

开办以来，已经两年。第一学期，只有儿童九人。后来，得各家庭的信任，儿童才逐渐增加，现在有四十多人。经常费，每年约八九百元之间，平均每孩要占二十多元，而每孩每年只纳保育费二元。

该园房屋是新建设的，除蒙养园一大间外，有杂物藏置室、厕所、保姆室各一间，建筑费二千七百余元。前有草地一方，中置小秋千、小跷板等运动器具，旁边是给儿童种花的，后面有沙坛，儿童游散时玩弄用的。室内设备，有钢琴一具、恩物橱四架和儿童用的桌椅，等等——桌用长方，桌椅是用木做的，小椅取其价廉。

全园儿童，最高年龄约七岁，最低四岁。依年龄和智力的高下分三组，由保姆二人担任，一为主任，一为助手，都是本城景海女学幼稚师范科毕业的。园里用女工一人，专司杂差。

训练方面，依本校训育方针，注重活泼、自然、优美。功课方面有：谈话——略授知识，材料取合于时令的或其他；手工（包含图画）；唱歌；游戏；恩物；故事——故事材料，大概关于修身方面的和上述的谈话取材略异；等等。

又因求适合家族心理[①]起见，加几分钟识字。

每晨九时振铃齐集后，唱《相见歌》一首。十一点钟时，吃点心一次，由校供给。十一点半，唱《散学歌》一首。然后由各家庭来领回。

谈话做各功课的中心，别科能联络的，就和他联络。功课都注重自由，而不加勉强，有趣味而合儿童心理的。

恩物，用弗罗拜耳[②]的种种玩具。

合计，每天在园作业，一百二十分钟左右；草地游玩，约二十多分钟。

室内点缀，注重优美、雅致。除花卉和图画外，如有儿童手工成绩等，亦略为揭示。

各家庭的生活程度不一，所穿衣履，有很不清洁的。除劝导家庭注意清洁外，各孩童都要有一双新鞋子留存校里，到校后，把穿来的鞋子换去。校里另备西式儿童衣服

---

① 所谓“家族心理”，系指中国家长受传统教育观念的影响，以为送孩子进学校，便必须识字、读书。否则，便是浪费宝贵光阴，耽搁孩子的前途。

② 弗罗拜耳：通译福禄培尔。

四十余件，逢开会的时候供给他们穿着。

本园儿童，已有一次毕业，都升入本校国民科①肄业。觉得比较没有进过幼稚园的，要好得多咧。那是可见幼稚园的重要了！

另图 69　江苏省立第二女师附小蒙养园幼稚生

① 国民科：此时期初等小学分为“国民小学”和“预备小学”两类，高等小学仅接收预备小学毕业生。此国民科，指初等小学，是相对高等小学而言。

131 上海龙华孤儿院菊花大会

田稻丰

另图 70 田稻丰像

1920年11月13日

题 解 本篇原载《兴华》第 17 年第 46 册“各会通讯”栏。开会时间为 1920 年 11 月 13 日，发表时间为 1920 年 12 月 1 日。原发表时，题为《龙华孤儿院菊花大会（上海）》。今题系编者加拟。

撰著者田稻丰（1892—1922），字润生，号瞻庐，湖北蕲春人。早年毕业于湖北省立第四师范学校，旋考入金陵大学神学科，受洗加入基督教。中途辍学，办理私学以谋生。又任南京“美以美会进修学校”教职。后赴上海，任女子职业学校教员，又任《兴华》报编辑。1922 年 5 月，渡黄浦江时，失足溺毙。另撰有《“五一”是什么》《奉劝南京人注意劳农的通牒》等。

上海龙华孤儿院，原称上海孤儿院，于 1906 年筹设，位于城内火神庙西首。1910 年迁至龙华新址后，方有此称谓。该院由李平书、王一亭等上海士绅领衔发起，首任院长张廷荣，内分男、女及婴孩三院。男院分设藤、木、农、织四科，女院分设缝纫、烹饪、图书、造花、刺绣五科，婴孩院收容有少量幼孤。每逢深秋菊花盛开之季，便举行“菊花会”，一则任人参观办院成绩，二则进行慈善募捐。春天另有“桃花会”的举办。

《兴华》，基督教周刊，其前身为创办于 1904 年的《兴华报》，1917 年 1 月，由报改刊，由上海华美书局主办并发行，由传教士潘慎文主撰。旨在宣讲基督教教义，报道教会消息，介绍教会学校情况，也刊有国内外大事记、新书介绍、文学作品等。主要栏目，有论说、教乘、经筵、小说、传记、杂俎、谭丛、文苑、时局等；主要撰稿人，有贾志道、康毓英、吴桂春、庞雨门等。1922 年 1 月，又改回《兴华报》；之后，又有改动。1937 年停刊。

阳历九年十一月十三日，是上海龙华孤儿院开“菊花大会”的日子，我也到会参观。兹将该院及大会情形分述如下。

一、该院历史

该院成立到现在，已是十多年了。是上海的绅商王一亭[①]、沈缦云[②]、高凤池[③]，以及前商务印书馆经理夏粹芳[④]等所创立的。现在的成绩、名誉，可以说是全国数一数二的孤儿院了。

所造就的孤儿，分任社会办事和东西洋留学的，听说有一千把人。现在有男女两院，男院有二百多名，女院有七十多名，合共有三百名。经常费，每年要三万元，都是由各处慈善大家所捐助的。

二、院屋布置

院屋大概分作四部:（1）粹德堂（就是礼拜堂）。“粹德”二字，是纪念前商

① 王一亭（1867—1938）：名震，字一亭，号白龙山人，浙江吴兴（今属湖州）人。早年任工商买办，成为上海巨富。后入同盟会，资助辛亥革命。两任上海总商会主席，致力于各种慈善事业，领衔创设上海孤儿院。平生笃信佛教，晚年曾任中国佛教会会长。工书画，为海派书画艺术的代表人物。

② 沈缦云：原名为张祥飞（1869—1915），因入赘沈家，改姓换名为沈懋昭，字缦云，以字行，祖籍江苏无锡，生于江苏吴县（今属苏州）。早年肄业于上海培雅书院，后中秀才、举人。1906年，与人合办上海信成储蓄银行，任协理。后任上海商团公会会长，热心公益，资助革命，为沪上闻人。其夫人为沈钦苓，时任上海竞化女学堂校长，后任上海孤儿院院长。

③ 高凤池（1864—1950）：字翰卿，上海人。早年入教会学校清心学堂肄业，半工半读，后入美华书馆工作，与夏瑞芳等人一起，集资创办商务印书馆。先主持发行业务，后出任第三任总经理。平生乐善好施，每有积余，就赞助社会慈善事业。

④ 夏粹芳（1871—1914）：名瑞芳，字粹芳，江苏青浦（今属上海）人。早年肄业于教会所设之清心堂，后入《字林西报》馆为排字工。有积蓄后，与妻兄等合资创办商务印书馆，出任总经理。勤于治事，敏于拓展，使该馆事业不断扩大，成为著名实业家。

务印书馆经理夏粹芳的。夏氏是该院出力捐助最热心的人物，堂内悬有夏氏像片。（2）会客厅。是院长和教职员办公用的。（3）男院。是男学生的教室和住处。（4）女院。是女学生的教室和住处。

房屋连栉成为一个曲尺式的样子，前面有操场、花园、门房，后面有条小河，联络浦水，树、竹、芦、蒿，点缀生趣，空地都很广阔，不下一二十亩。

三、会场点缀

从前门到礼堂，树上和房子上，都挂满国旗和万国旗，迎风招展，极尽美目。会客厅前，叠有菊花山，名葩美种，皆出自该院孤儿的培成。

粹德堂楼上，是成绩展览室，楼下是礼拜堂。堂内四壁，菊花满布，不下二百多盆，鲜艳得都极其悦目，并扎松柏、竹叶、纸球、国旗，以点缀场内的风光。

讲台上，有横额一方，上写“胞与为怀”四字，左右挂楹联两幅，皆是名手所写。

四、参观记述

院医陈贻荪引众到各处参观，先到粹德堂楼上参观成绩品，陈列以书画为最多，都是该院男女生的手笔。诗词、格言，语句，都警惕动人。当中有一格言说：“大丈夫痛心国事，当从容静默，有以处之。”是录自陆朝史伦的话，可算是直切时下，字字沉痛啊。其外，还有木工、藤工、刺绣、缝纫等，都很可观。

参观后到女生院。女生七十多人，分教室、宿舍、膳堂、病房四部。

（1）教室分四个。高级生二十多人，共一教室；初级生四十多人，分两教室；又幼稚生，共一教室。教室都悬“庄重”二字为校训。

（2）宿舍分两部：年长的，较幼的。都用铁床；一张被垫，二张被盖；白帐都“雪白清洁、极有秩序”。旁置衣橱几只，又各为数层，每生占一层。衣服用物，折叠整齐，检取极为方便。

另图 71　上海孤儿院"粹德堂"落成纪念照

（3）病房如有病生，常有院医看护、照料。

（4）膳堂可容八九人吃饭。

其外，尚有女教员室、针绣室、刺绣室等，女教员有八人云。

132 江苏省立第一女师校附属蒙养园教养一斑

杨效春

另图 72 杨效春像

1920年12月14日

题 解 本篇原载《中华教育界》第 10 卷第 7 期。调查时间为 1920 年 12 月 14 日，发表时间为 1921 年 1 月 20 日。文后“编者附志”的内容为:“杨君这篇参观记很好，以后盼望大家多多供给这类的材料。”

撰著者杨效春（1895—1938），又名兴春，字泽如，浙江义乌人。早年毕业于金华中学，后任教于小学。1917 年，考入南京高师，师从陶行知，参加“少年中国学会”，开始发表文论。1927 年后，追随陶行知投身于乡村教育运动，参与南京晓庄师范的创办。后辅佐梁漱溟，参与山东邹平乡村建设研究院的办理。20 世纪 30 年代中期，担任安徽黄麓乡村师范学校校长。抗战初期，被国民党当局误杀，含冤而死。著有《晓庄一岁》《乡农的书》等。

江苏省立第一女师校，参见前文《江苏省立第一女师附设保姆传习所招生启事》题解。

有关《中华教育界》，参见前文《确定教育宗旨令》题解。

十二月十四日，王克仁、邰爽秋、王德熙与我四人[①]，同往参观江苏第一女子师范学校。我是为研究幼稚教育和儿童心理去的，所以对于该校蒙养园的事特别注意一点，今将我那天所见的约略记出来。

---

① 此“四人”均为南京高师教育科的学生。

我们到他校里的时候，才是八点半钟。刚入门，就见有四五个小孩子在应接室前玩耍。有的背着小铜鼓，有的拿着藤圈，有的执着国旗，嘻嘻哈哈跑来跑去；敲鼓的敲鼓，摇旗的摇旗，他们已经忙得很。有一个五岁的小孩走近我们。郃问他：“你是这个幼稚园的学生么？”他答：“是的。”我们从此就可以知道，他已经知道幼稚园就是蒙养园了。

我现在要把他园里的功课表录下来，便我记述的时候，可有系统一点。

九时至九时二〇分，识字；
九时二〇分至九时五〇分，唱歌、谈话；
九时五〇分至十时二〇分，恩物；
十时二〇分至十时四〇分，盥手、吃点心；
十时四〇分至十时五〇分，休息：
十时五〇分至十一时十五分，手技；
十一时十五分至十一时五〇分，游戏、唱歌；
十一时五〇分后，散学。

这个课程表，据该园主任说：

是旧订的，现在已略有变动了，时间已延迟二十分钟。中间某课几多时候，也不一定，要随时伸缩，总看儿童对于该课的兴味怎样而定。兴味好的，就把他延长一点的。再识字一项，现在已不教了。起初因为家庭里要儿童识字，故把他放在上面。试了之后，知道是切实不行的，就不用了。现在，家庭方面反对的势力已渐少了。

时间到来，先生把铃一振，活泼泼的儿童就一个一个鱼贯的进园。进来的时候，还拍着他们的小手，又带着细碎的歌声，和着琴声走了一匝，就坐下来。

一、唱歌、谈话

唱歌的时候，便做出种种手势；一面唱，一面做。这是可使儿童更明了歌中的情操和意义。

一阕唱完后，先生就问："今天是礼拜几？"——本是礼拜二——有的说是礼拜三。先生就问他："昨天是礼拜几？"他答："礼拜一。"先生更问其他的儿童："昨天是礼拜几？"都答："礼拜一。"先生就说："那么今天是什么日子？"都答："礼拜二。"先生更追问："究竟礼拜几？"都答："礼拜二。"有的还高举他的小手，伸出两个细指，向着他的先生说："先生，先生！"

这时候，该园主任又把琴捺了。其中一个最长的儿童便起来环跳，其他儿童也和着琴声合唱过。一忽儿，又一个儿童伴他齐跳了；三个、四个、五六个，一个一个的加上去，统统环跳。跳倦的，走过来，还笑眯眯。小兄弟们在这时候，耳要听，口要唱，手要舞，足要蹈，真是最忙，也最乐了。他们跳的快慢正和琴声的缓急相应，琴声慢慢地停了，他们也慢慢坐下。

先生问："今天来园的几多人？李生你数数看。"李生就起来数了："一、二、三、四……十六、十七。十七个。"忘却了自己。

先生问："错不错？"有的说"错"，有的说"不错"。先生就另叫张生，使他复数。他数了一、二、三、四……十七、十八。"十八个。"

先生说："李生说有十七个，张生说有十八个。你们看，是谁对的？"众答："张对，李没有数到自己。"先生说："是的，今天有十八个人到园。"

又问："谁还记得昨天有几个人到园么？""我记得，我记得，我记得"的声响，伴着高举的小手发出来。先生因指冯生说："冯生，你记得昨天来的有多少人？"冯生答："二十一个。"先生转问其他儿童："冯生说得对不对的？"大家说："对的，对的！"

先生说："你们算算看，今天来的人和昨天的差多少？哪一天多些？"众生答："昨天多些。"先生更问："昨天多几个？"有的答"三个"，也有的答"四个""五个"。先生就举出手指来向他们说："你们各自数数看。"各人指着手指，说"十九""二十""二十一"。最先数完的那一位，就高声喊着："差三个，昨天多三个。"就有一位又喊："今天少三个。"这是算学，也是谈话。

先生问:“我们昨天讲过什么?”儿童答:“树。”先生又问:“树是怎样的?”儿童答:“树有绿的叶子,灰色的根子。”有的答:“树的叶子有红的、有黄的,树的枝上还有小的雀子,飞来飞去。”先生说:“你看见过么?你们都看见过么?”众生答:“我看见过,树的叶子有绿、有红、有黄;枝上有小的雀子,会飞、会叫。”

先生就把这儿所说的话重讲一遍。又问:“树有什么用的?”众儿答:“好起房子,好做椅子、桌子。”先生就指着座旁的柱子说:“柱子是什么做的?”生答:“木头做的,树做的。”先生又挨次指着窗、门、地板种种木料的器具,问儿童:“那是什么做的?”都答:“木头做。”先生说:“木头做的东西,还多得很咧!你们在学校里、家里、街上,各处地方留心着,看看木头做的东西还多哩!你们今天去看了之后,明天再来告诉先生,好么?看明天谁知道的最多!”

先生又把手一拱,作出树干的手势说:“这样圆的树干子,就好做地板么?”学生答:“不好做!要锯开来才好做。”先生问:“谁锯的?”众答:“木匠。”先生问:“我们的椅子、桌子、窗子、门这些东西,谁做的?”答:“木匠,木匠。”

先生在这个时候,就叫一个儿童把以上这段的谈话约略讲了一遍,叫其余儿童听着。有讲得不对的,就请他们更正了。

这样作了一个小小结束之后,先生又把他引伸出来,从树的可作柴烧,可变木炭,又联到煤炭去了。煤炭怎样的?你们看见过没有?哪里来的?谁挖出来的?把这些事又问答了一番。这是“自然科学”“人事”和“谈话”一起教了。

案:从儿童心理方面看起来,儿童对于新奇的事物,起初总是要问:“这是什么东西?”后来要问:“这是什么用的?这个和那个,那些、这些,有什么关系?”最后要问到:“这是何处来?这是什么缘故了?”这便是说,儿童对于新的事物,先要知道他的名字,次要知道他的用处,及这物和别物的关系;再进,则要知道他的来路和究竟了。

我现在要用这样的尺来度量那样的教法,敢以为那样的教法是很合理的,但有一点是可以商榷的。就是那天他们谈话的时候,有的儿童话说得很多,有的说得很少,有几个竟是一言未发。这或者是由于儿童性情各别,有的原来不很喜欢说活,或者是由于儿童那天心理或生理不适意,故不高兴谈话了。但是,我们很怕主持教养的人——指一般说——为着参观的人来,急急要把他们的成绩献出,要在来宾的面前显出他们学生的成绩。因为这样一来,他们就要使好学生多多发表,差一点的学生就要无形吃亏了。一次参观的人来，劣等儿童便要吃一次亏。交通便利、学务发达、参观者踵相接的学校的劣等儿童，不是要大大的吃了许多亏么？那么，参观的人便是学校里劣等儿童智能发展的障碍物。我们多出去参观一次，便对他们多作一次罪孽了。

我不敢以自己的内省便武断那园的教养者有这样的心理，但是我很希望他们和其他主持教养的人不必有这种心理。且我们参观，是要看大家教学的历程（process），对于教学的结果（product）是其次。大家教学的历程，好的是我们要想取法的。

闲话休谈，再讲那园的教学罢。

二、恩物

琴声一奏，各个儿童都手着一把小椅子环行，旋分作五组，各坐到桌子旁边。每一组中，都有个指导者，就是该校保姆科的练习生。坐定后，就各拿一小箱方的或三角的各种木块表现他们的建造性能了。这是阶级，那是牌坊；这是客厅，那是城墙、城门；那又是极复杂、很宏壮的洋房。这种建造物的名子，是我用成人的眼光叫出来的。那些小弟妹们自己，或者有更美满、更神奇的想像名词哩！他们做的，有的是仿作，有的是自由发表，有的简单，有的复杂，不是一律。

三、盥手吃点心

洗手的地方，便在作业室（该园租的民房屋宇不宽，儿童游戏、谈话、手技，都在这里）的旁边一小房间里。温水脸盆都由保妇（女校工）预先备好，倒水、取水，也由他们代干。

有一个七岁的女儿，自己去倒水。保妇看见就说："喂，我来替你倒罢！"说"好"，她就进前替那女儿代倒水了。

我以为，这是不应该。这女儿失了一个教育上的好机会了。倒水并不是难事，七岁的女儿当能干的，又没有什么危险。这女儿自己去倒，一可以锻炼身体，二可以知道倒水是不很容易，平日保妇代他干的，可感激了。我的意思这样，不知道大家以为然否？

冰冷的手浸在温水里边，小兄弟姊妹们自然觉得很适意，还有香的胰子[①]、洁白的毛巾。从幼稚的时候，就这样养成爱美、爱清洁的习惯，第二代的国民当不致如现在的肮脏龌龊哩！

那些小兄弟姊妹们洗了手后，就撑着小手向他们的先生说："龚先生（该园主任），你看，我的洗干净了。"龚先生看见他们有擦得不很干燥的，就代他再擦一下。这一点很要紧，冬冷时尤其要紧，防生冻疮。

龚先生这时又同我说："他们要吃点心了，刚才他们玩恩物，手里怕不干净，所以要吃之前，必得洗一洗手。再，我们每星期要看看他们的指甲，长的就代他剪一下。"

四、休息

儿童好动的，动是儿童的生命。健康的儿童，动手、动足、动耳、动目、动嘴；动这样，动那样，没有一时一刻不要动的。所以"休息"二字在儿童的字汇里是没有的。我且把那园里儿童在休息时间所有的动作约略记叙一下：

> 有的敲着小铜鼓说："兵来了。"有的跨上藤圈说："马来了。"有的挥着国旗，请他的同学向国旗行行礼，自己也向他行行礼。有的和他的朋友手挽手，跑来跑去，跳舞了。其余爬的、滚的、扭的、踢的、笑的、喊的，色色都有。你看他们忙不忙？

这是他们的休息时间？这实在是他们的最忙时间哩！寇帝斯（Curtis）证明，幼稚的儿童，不能静坐三十秒钟；五岁至十岁的儿童，不能静坐一分半钟。真是不错。

该园所有玩具均系校备。龚先生说："从前，儿童也有自带玩具的。但他们自己携带玩具，就要有的有、没有的没有，生出许多不便了。"

---

① 胰子：中国古代发明的一种含有猪胰脏和草木灰的复合洗涤用品，在此实指香皂。

该园的游戏场就在天庭中，地下还是板铺的。龚先生说："天雨只好让他们在室里玩了。且因为是地板，板是硬的，又有钉子，所以他们玩的时候，我们心里终是悬挂起来！"

五、手技

剪纸，教材分两种。大一点的儿童，剪一根树。树由教师预先画成（原图 52），剪好之后，再用色笔画树干，应该用什么颜色，由学生自由拣选。倘若拣得不对的（如用鲜红或绿色），先生就问他："树干的颜色是不是这样的？什么树的干子是这样颜色？你看见过没有？你家里园中所见的树干子，是不是这样红的、绿的？"这样一问之后，学生见过树的，就知道画树干的花纹应该配什么颜色了。年龄较幼的儿童，剪的是一面旗子（原图 53）。

原图 52　树的剪贴图样

原图 53　旗的剪贴图样

按：手工的功用，照近今学者（如却脱思 Charters）[①] 的研究，大约有三种：（1）锻炼肌肉；（2）帮助思想，给具体的思维有一个良好的根基；（3）使儿童有领悟实业的机

① 如却脱思：通译查特斯，即韦瑞特 · 华莱士 · 查特斯（Werrett Wallace Charters，1875—1952），出生于加拿大一个苏格兰移民家庭，后成为美国课程论专家。1901 年，毕业于加拿大多伦多大学，旋入芝加哥大学深造，师从杜威，获博士学位。为"教育工程学"的首倡者，门下有被誉为"教育评价之父"的拉尔夫 · 泰勒。著有《课程编制》。

会（见 Charters：*Teaching the Common Branches* P.195）。我想，这是可以用作评骘学校手工价值的标准。还有一点，要请大家注意的，就是“锻炼肌肉”。这句话，是很笼统的。什么肌肉有锻炼的可能？什么肌肉是不待后天锻炼？怎样的儿童，应该注重锻炼什么肌肉？这都是我们所要细细研究的。

我现在且把教授儿童手工所要注意的一点（这一点为该园所未注意，也许为大家所容易忽略的）说一下。幼稚的儿童，不应当教他做细微的手工。教他们剪纸，是不很适宜的。据白雷安（Bryan）的调查，知道六岁的儿童，手指的互助是很不纯熟。韩科克（Hancock）的试验，亦有同样的结论。他说：“儿童对于本身的管束的次第，是躯干、肩膊臂、前臂及手，大肌肉的运动比较容易学得。”薛巴荪（Shepardson）他说：“我们观察儿童游戏的时候，常常看见他们运用大肌肉的时候多，运用小肌肉的时候少。他们运用小的肌肉，反是吃力些。”

再，我们自己亦可试验：叫幼儿拾起细小的针，几乎是不可能的事；叫他拿笔、拿棍，拿较大的东西，反是容易做到。我们要任屈一指，都是易事，屈了中指，其余四个手指，还可不受什么影响，依然伸直。倘若要小儿屈一个指头，其余四指就马上随之屈了。这都可证明儿童运用手指是很觉困难的事。

再从体育方面看，我们应先注意躯干和大肌肉的锻炼，而后细小的肌肉。剪纸是用手指的，用细小的肌肉。所以我以为不适于幼稚的儿童。

那一天，有一个五岁的女儿，向他的先生说：“先生，我不会剪，我不会剪！”这恰与我以见证。那天天又冷，拿剪刀更非易事。这一点，是我根据几个心理学家的陈说和我的私见，要与大家商榷的。对不对？很希望大家把儿童来观察和细细的试验。

龚先生当那个女儿说“我不会剪”的时候，就答：“你不会剪，就用扯好了。”扯纸比剪纸，从儿童生理方面看来，价值高得多了。扯纸还用腕力，是运用大的肌肉。虽儿童剪成的旗子（原图 54）、扯成的旗子（原图 55），从技能的成绩方面看起来，剪的是比扯的好，但是我们所要注重的，不是技能，是教育的全部。技能的获得，是教育的副产物。

有一个儿童，先生本来是教他剪旗子。但是，他竟不依你，扯成下图样子的一个东西（原图 56）。先生问他：“这是什么？”他答：“这是电线杆子。”

最幼稚的几个儿童，在这时候是画画，画的教材是树干子。但是他们的成绩，有的

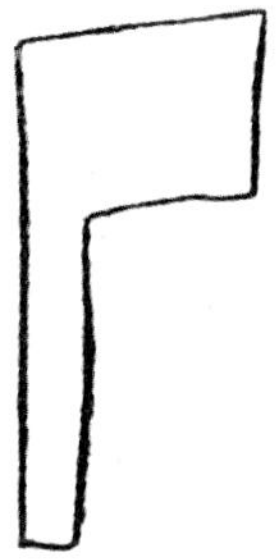

原图 54　剪成图

原图 55　扯成图

原图 56　剪扯图

画了几个圈，算做花了；有的画了几根断断续续的曲线，算做草了；还有一个女儿，在许多杂乱无章的曲线里，画着一个歪且两端不相连接的圈儿。先生代我问他："你画的是什么？"他答："大总统。"他这一个答问，实令我惊奇，我简直不能知道他怎样联想到大总统。

总之，儿童的想像离奇，很有出人意外的。这个女儿，刚才四岁（中国龄，上同）。

六、游戏踏歌

分儿童为两组：一组做树，一组做小鸟。众小鸟儿，一只一只的飞出去，一会儿又整齐飞回来了。边做边唱，煞是有趣。可惜我不记得他歌的全部，不能细细叙述了。

这时候，郃与二王已早早回校。我想把那园里这天的整个周期统统看完，所以一人在此，直到十一时半才回来。

该园报名的儿童，听说是有五十余人，但每天到园的，平均只有二十五人左右。我曾问龚先生："主持该园有没有觉得困难的地方？最困难的是哪几点？"龚先生答："第一点就是儿童不能常常来园，父母爱怜子女，不肯令子女天天来园。儿童休学几天之后再来园的，就要与环境不相适应，觉得没兴趣了。你看这两个流涕的儿童，就是这个缘故。再，校址狭隘，没宽敞的游戏场任儿童有更多活动的机会，也是我们所抱歉的。"

我这所记，不过是该园几点钟内所做的事。只是他的教养的一斑，不是全豹。

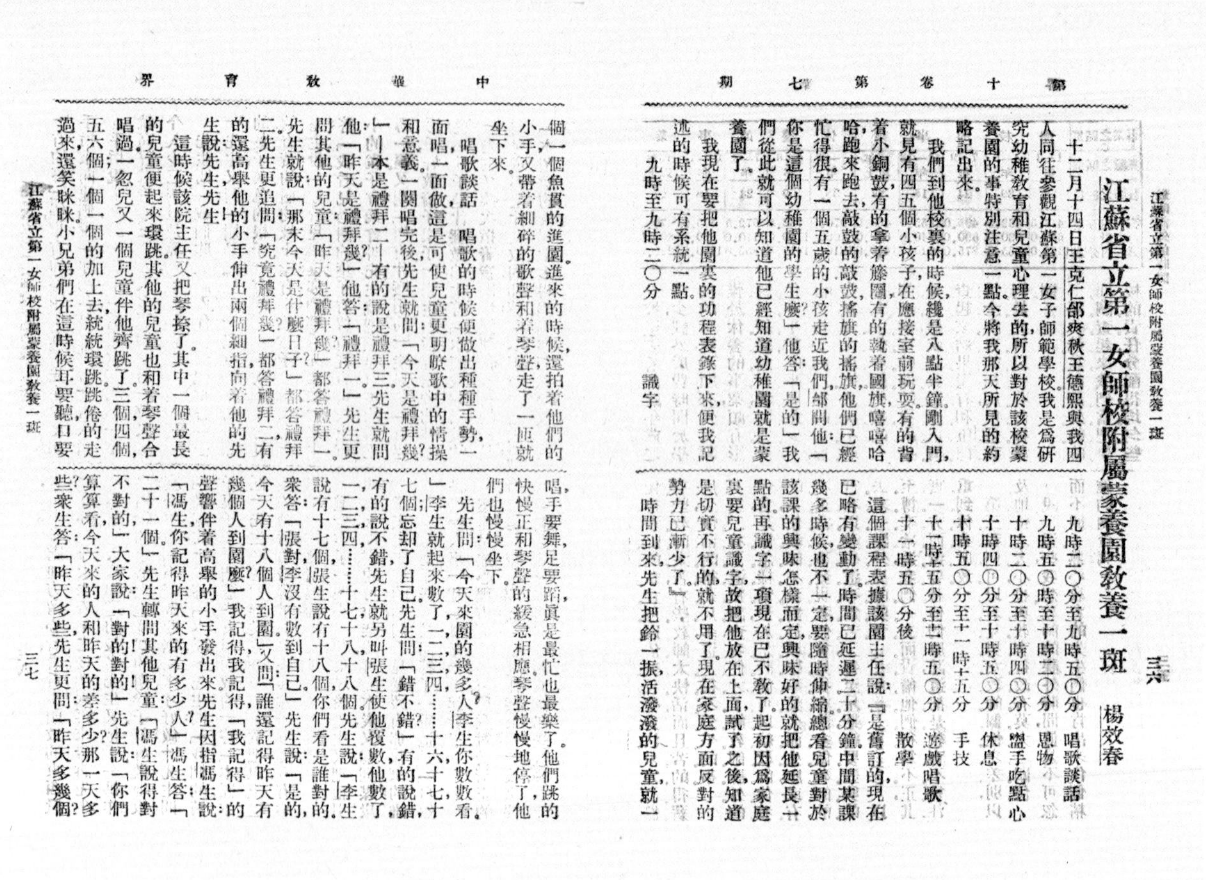
第十卷第七期

江蘇省立第一女師校附屬蒙養園教養一斑

楊效春

十二月十四日王克仁邰爽秋王德熙與我四人同往參觀江蘇第一女子師範學校。我是爲研究幼稚教育和兒童心理去的，所以對於該校蒙養園的事特別注意一點。今將我那天所見的約略記出來。

我們到他校裏的時候，纔是八點半鐘。剛入門，就見有四五個小孩子，在應接室前玩耍。有的背着小銅鼓，有的拿着籐圈，有的執着國旗，嘻嘻哈哈，跑來跑去，敲鼓的敲鼓，搖旗的搖旗，他們已經忙得很。有一個五歲的小孩走近我們，邰問他：「你是這個幼稚園的學生麼？」他答：「是的」我們從此就可以知道他已經知道幼稚園就是蒙養園了。

我現在要把他園裏的功程表錄下來，便我記述的時候可有系統一點。

九時至九時二〇分　識字

九時二〇分至九時五〇分　唱歌談話

九時五〇分至十時二〇分　恩物

十時二〇分至十時四〇分　盥手吃點心

十時四〇分至十時五〇分　休息

十時五〇分至十一時十五分　手技

十一時十五分至十一時五〇分　遊戲唱歌

十一時五〇分後　散學

這個課程表據該園主任說：『是舊訂的，現在已略有變動了。時間已延遲二十分鐘。中間某課幾多時候，也不一定，要隨時伸縮。總看兒童對於該課的興味怎樣而定，興味好的就把他延長一點的。再識字一項現在已不教了。把初因爲家庭裏要兒童識字，故把他放在上面，試了之後，知道是切實不行的，就不用了。現在家庭方面反對的勢力已漸少了。』

時間到來，先生把鈴一振，活潑潑的兒童，就一個一個魚貫的進園。進來的時候，還拍着他們的小手，又帶着細碎的歌聲和着琴聲，走了一匝就坐下來。

唱歌談話　唱歌的時候便做出種種手勢，一面唱，一面做，這是可使兒童更明瞭歌中的情操和意義。一闋唱完後，先生就問：「今天是禮拜幾？」——本是禮拜二——有的說是禮拜三。先生就問他：「昨天是禮拜幾？」他答：「禮拜一。」先生更問其他的兒童：「昨天是禮拜幾？」都答禮拜一。先生就說：「那末今天是什麼日子？」都答禮拜二。先生更追問：「究竟禮拜幾？」都答禮拜二，有的還高舉他的小手伸出兩個細指，向着他的先生說：「先生，先生！」

這時候該院主任又把琴捺了。其中一個最長的兒童便起來環跳。其他的兒童也和着琴聲合唱過。一忽兒又一個兒童伴他齊跳了，三個，四個，五六個；一個一個的加上去，統統環跳。跳倦的走過來，還笑眯眯。小兄弟們在這時候耳要聽，口要唱，手要舞，足要蹈，眞是最忙也最樂了。他們跳的快慢正和琴聲的緩急相應。琴聲慢慢地停了，他們也慢慢坐下。

先生問：「今天來園的幾多人？李生你數數看。」李生就起來數了，一，二，三，四，……十六，十七，十七個；忘却了自己。先生問：「錯不錯？」有的說錯，有的說不錯，先生就另叫張生使他覆數，他數了，一，二，三，四，……十七，十八，十八個。先生說：「李生說有十七個，張生說有十八個，你們看是誰對的。」衆答：「張對，李沒有數到自己。」先生說：「是的，今天有十八個人到園。」又問「誰還記得昨天有幾個人到園麼？」「我記得，我記得，」「我記得」的聲響伴着高舉的小手發出來。先生因指馮生說：「馮生，你記得昨天來的有多少人？」馮生答：「二十一個。」先生轉問其他兒童：「馮生說得對不對的，」大家說：「對的！對的！」先生說：「你們算算看，今天來的人和昨天的差多少？那一天多些？」衆生答：「昨天多些，」先生更問：「昨天多幾個？」

江蘇省立第一女師校附屬蒙養園教養一斑　三六

中華教育界

江蘇省立第一女師校附屬蒙養園教養一斑　三七

另图 73　《江苏省立第一女师校附属蒙养园教养一斑》原发表件图（部分）

133 北京女高师附设蒙养园之报告

刘超庸

1920年12月

题　解　本篇原载《北京女高师幼稚教育的研究》第1期“附录”栏。发表时间为1920年12月。原发表时，题为《本校附设蒙养园之报告》。今题系编者所拟。

撰著者刘超庸，女，生卒年、籍贯及生平事迹未详，时为北京女高师附设蒙养园保姆。

有关《北京女高师幼稚教育的研究》，参见前文《北京女高师附属蒙养园简章》题解。

超庸自本年春来所，到现在已十又二月，可算是一年了。但我现在所报告的，不是报告的全年，是报告的现状。今且逐条分述如下。

（1）学生。本园因经费支绌，本学期未能另招新生。除暑假前之一班毕业生以外，还有学生七十六人。

（2）学级。本园共分甲、乙、丙、丁、戊、己六组。

（3）保姆及职务。本学期因经济支绌，除主任一人外，只有保姆五人。所以主任亦是自担一组。弹琴也没有另请人，由苑瑞恩先生兼任。

（4）蒙养生在园时间。蒙养生每日以上午九时入园、十一时三十分出园。

今且把每日课业时间表附后：

九点至九点半，谈话兼唱表情类；

九点三十分至四十五分，体操；

九点四十五分至十点，休息；

十点至十点二十分，恩物；

十点二十分至十一点十分，游戏；

十一点十分至三十分，手工。

上表是每蒙养生在园内课业的时间。惟恩物的前五分钟是假睡，因为小孩休息时在院内游戏之后，使他们静坐假睡一回，定一定他们的心，然后再作课业。

（5）保育室。保育室很不合宜，因为原来就不是预备作保育室的。现在因为没有经费，不能另建，所以只好将就着用。

（6）设备。

室内设备——保育室之画片是依四季更换，本学期已经更换过两次。晴雨表每月更换一次。

室外设备——有秋千一架、浪桥一具，还有庄板、木马，螺旋梯尚在制造中。所以，现在小孩在院中游戏，只能打秋千、滑浪桥及打球三项。幸游戏时，诸保姆皆参杂其中，所以儿童的兴味得以不减。

（7）玩具。课业用具外之玩具，因经济支绌，只有二十余种。

总观以上各节，可知本园因经济困难，以致面面不能完备，实深抱恨。幸上学期之最劣等生数人，今竟一变为最优等生。上学期，诸生均不谙琴声，今均能依琴声而动作，诸生之成绩，累积满柜。吾心视此，稍为欣慰耳。本园现行简章附后。①

---

① 此“简章”，本卷前文已录，题为《北京女高师附属蒙养园简章》。

134 北京女高师幼稚教育研究会纪要

高奇如

1920年12月

题 解 本篇原载《北京女高师幼稚教育的研究》第1期“附录”栏。发表时间为1920年12月。原发表时，题为《本会纪要》。今题系编者所拟。

撰著者高奇如，女，生卒年未详，字品三，福建闽侯人。早年毕业于直隶第一女子师范学校，时为北京女高师保姆讲习科学员、幼稚教育研究会会员。除在该刊发表了本文外，还发表了《蒙养园设备的我见》《幼稚教育在文化运动中之地位》《团体保育时对于个性之注意》《第三恩物说明和教法》等。

有关《北京女高师幼稚教育的研究》，参见前文《北京女高师附属蒙养园简章》题解。

我们在一九一九年肄业女高师保姆科。全班同学二十三人，计有十三省之省籍，有从甘肃、四川来的，有从广西、福建来的。起先因方言关系，大家都很隔膜，研究功课很觉阻碍。

后来，有一二同学发起每早练习幼儿游戏、唱歌十五分钟，这就是我们互相切磋的萌芽了。嗣后，又有一二位同学发起“幼儿教育研究会”。经大家通过，于一九一九年十月初为本会成立之期。

内容、组织，系主席二人，部任三人，书记、文牍、会计各一人。每星期派定三人演讲，二人编辑游戏、童话，二人制造恩物、手工，由全体会员轮流之。当值者发表意见后，经会批评，再经本会顾问先生论断。

实行有半年之久，大家以演讲时患空谈之病，不足奋发本会精神，由是又修改办法。编辑、制造，仍按旧定；惟演讲一项，改为提议。凡全体会员，有关幼稚教育之提案或心得，均得在开会时提出讨论，以贡献大家。

实行到今，期届年半，已是我们卒业之期了。特类集本会平常成绩，加以增删，付诸铅印，为本会之成绩。我们鉴于团体研究的效果为益宏大，而光阴不待，分离在迩，眼见此会将归消灭，心实不忍；更鉴于吾国幼稚教育不振，非力加提倡不可，则此会之价值，自不能因毕业而告终。乃于最终开会之期，又议定此后办法。

经全体会员赞成，继续进行。其结果，乃推定委员四人，择交通便利者，摄理会中一切事宜。定期每年开大会一次，地点、时间由委员酌定之，会金每年二元，分两期交纳；会务，会员每季各提出二篇以上之论文寄交委员。俟开大会时，经全体会员鉴定、编印、发行，为本会之成绩。

这一次出版的，算是我们第一次的结束，以后还继续出版呢！

我在这纪要，话说完。还有二句话，为最后的忠告：第一，是盼望会员诸君，脑子里没有一刻没有这会的观念；第二，是希望社会和我们团体生关系，才能实现我们的希望。

今且把我们的会章附后。[①]

---

① 该“会章”，本卷前文已录，题为《北京女高师幼稚教育研究会会章及会员录》。

135 南京高师、暨南附属小学幼稚园放学的那一天

杨效春

1921年1月30日

题 解 本篇原载《中华教育界》第10卷第10期。参观时间为1921年1月30日，发表时间为1921年4月20日。

撰著者杨效春，参见前文《江苏省立第一女师校附属蒙养园教养一斑》题解。

南京高师，全称“南京高等师范学校”，其前身为1903年创设的“三江师范学堂”。1915年，改办为南京高师，由江谦出任校长。1919年，由郭秉文接任校长，次年，筹议将该校升格改办为东南大学，并成立了筹备处。1921年8月，东大、南高同时招生，准备次年将南高并入东大。在此背景下，原南高附小及其幼稚园，准备改隶同在南京的暨南学校，于是便有了过渡期中的如题之署名。其后，由于暨南学校迁上海真如，南高附小升格改办为东南大学附中，而南高附幼停办。

题中的“放学”，并非每日上学、放学之意，而是指放寒假之意。

有关《中华教育界》，参见前文《确定教育宗旨令》题解。

诸君要读这篇文字，最好能把薛君钟泰所作的《南京高师附属小学校的幼稚园》[①]（见本志十·五）拿来参看。惟薛君所记的，是该园的概况；我这所记，是该园放学的

① 该文题为《南京高等师范附属小学校的幼稚园》，本卷前文已录。

那天，三四点钟内所做的事情。诸君要是不忙，也可把我的《江苏省立第一女师校附属蒙养园教养一斑》[①]（见本志十·七）参看一下。

这个幼稚园里，我去年下学期，为了研究儿童字汇[②]（vocabulary）的缘故，接连去过二十几次。所以园里的小朋友、小兄弟，差不多个个都认得了。但是我那时候所注意的，是儿童的说话，且每天只是半点钟光景，从未把他的教养全体从头到尾的看下去。虽其间零零碎碎，也学得几样东西，但终不敢作个有系统的报告请大家指教。

今年一月三十日，我刚是没课，便打定主意，抽身到幼稚园里去看一看。一来好看看那些天真烂漫、活泼可爱，并且有些相识的小朋友；二来便可看看该园的一天教养全段的事到底怎样，和第一女师蒙养园相比又怎样。现在，把我所见的写出来。

这个园里的“日课表”是（表14）。

表14　南京高师、暨南附属小学幼稚园日课表

时间起讫	8：45—9：05	9：05—9：45		10：00—10：40	10：40—11：00
节次	第一节	第二节		第三节	第四节
科目	谈话	游戏、自由游戏	休息	点心、手工	音乐
共几分钟	20′	25′，15′	15′	15′，25′	20′

八点四十五分钟，他的第一节谈话已经上课了。我去得太迟，他们已谈过好久了。只听得：

> 先生说：“我们今天要放学了，放学以后，你们要到哪里去呢？”
> 有一个儿童便说：“我到家里，我原要跟我的爸爸到街上去玩玩。”
> 又有一位说：“我过年还要到表哥、表弟的家里去。”

① 该文本卷前文已录，即此题目。
② 儿童字汇：调查统计学龄前儿童常用的字、词、句。此项调查研究，系由陈鹤琴主持，由南京高师学生协助。其研究结果不仅可作蒙养园、幼稚园“谈话”课的施行依据，而且还可作为编辑儿童读物的参考。

先生便问他："你到表哥、表弟的家里去干什么？"

他答："去拜年。"

先生问："拜谁的年？"

生答："舅父、舅母。"

先生转头向大众说："哦，某生回去要拜年，要去拜舅父、舅母的年。你们呢？"

于是，我也要去拜年，我去拜姑姑的年，我去拜叔叔的年，爸爸、妈妈的年。"拜年、拜年"的声浪接连的起来，我听不得许多。

还有一位女孩说："我是要和妹妹到济仁（幼儿名译音）家里去玩玩。"

先生说："哦，你是要看朋友么？"

他答："是的。"

又有一个向着先生问："林老师，你要到哪里去呢？"

先生答："我到家里去。"

生又问："你的家在什么地方？"

先生答："我的家在汉西门。你们愿到我的家里去么？我来接你们，好吧？"

到这时候，主任按琴三下，正式的谈话时间便告终了。这种谈话材料是有社会生活的意味。

今天到的儿童共十二人。谈话时间，师生团坐；有两个，则独在壁旁椅上，先生亦未强他们入座。过一会儿，大家谈得高兴，这两个儿〔童〕也便自然的加入了。

琴声既扬，大家便起立，各把自己所用的小椅子移到室的旁边去，整队出音乐游戏室，向运动室〔出〕发了。这时候，附小国民一年级学生刚从那运动室里陆续出来。那些幼稚园里的小兄弟姊妹们，便好好地帖避旁边，静默得很，好像是很怕老师的样子。其实，他们是出之自然的。自然间，仍流露那副活泼的气概。他们看见国民科的教师出来的时候，便不断的喊："刘老师，刘老师！"有的还说："刘老师，你好！"刘老师也笑嘻嘻连声答："小朋友好！"这种地方，真给双方有无上的快感。

他们既到了运动室以后，室里是设有楼梯形滑板的。有些便登上楼梯，从他端滑板上溜下；随跑随跳，随而爬上，随而溜下，真个活泼。个个小朋友们，都好像汽车装满了汽〔油〕，有充分的力的样子。

其中有一位小妹妹，我前几次去参观的时候，他还是很害怕，不敢从滑板上溜下。现在，和其他的小朋友一样勇敢了，他亦并不以这样溜下的事为勇敢。他们有些溜得快的，他的足踢到那溜得慢的人的臀上，他便喊“哎唷”，但那被踢的人并一点也不觉得。

有些儿童是拿着沙袋丢来丢去。过一会儿，一个沙袋丢上楼了，楼上的儿童便把他丢下，旁的朋友又把第二个丢上了，第三、第四个又丢上了。因之，便许多人从下把沙袋丢上去，一个人从上把沙袋丢下来。一反一复，一感一应，很好的教育就在其中了。沙袋也有落到头上的，被落的小儿，只把头一搔就算了。这时候，教员好像没事做，他们所注意的，只是要使不肯玩的小朋友去玩，或留心他不肯玩的原因。

风琴一按，小兄弟们便齐集教师面前，牵手团作小圈唱歌、游戏。歌词我听不清楚，只记得“农夫抱着小儿……小儿抱着白猫……白猫见着老鼠……老鼠逃走了，大家去捉老鼠。老鼠捉到了，大家拍拍手”这几句。

当时，有一个儿童做农夫，有一个做小儿，有一个做白猫，又一个做老鼠。边演边唱，唱到“老鼠逃走了，大家去捉老鼠”两句的时候，大家便一哄而散。当时做老鼠的这一个，尽力跑，跑到门外去了。大家追到门外，捉到之后，他们怎样做法、怎样快乐，读者当可想见，我便不说罢。

这样做了两遍，小朋友们还是高兴得很。后来，便使他们做一种团体比赛的游戏。法分群儿为两组，每组中最长、最勇的一个在前面，次勇的抱着他，再次的又抱着第二人，这样一个抱一个下去。对敌，也是这样相抱。两敌之间，划一粉线。每组前面的两个手牵手，等到教员喊“一、二、三”，喊到“三”的时候，便大家向后拖。能把敌对的前面第一个人的足拖过粉线，就算胜了。他们分组的法子，谁愿到哪一组里，是由各人自己定夺。这便是自由意志结合的团体。但为了比赛，两边人数，总得相等。好在小兄弟们，也自己知道这意思。

这样做完之后，约有两分钟休息，小朋友们便玩皮球。有的竟抱了一个和他混〔浑〕身差不多等大的足球来玩耍。他又举起小足，踢那个大球，使球滚来滚去。有一个小儿，便跑到我的身边，来看看我写的什么。我看他好像有十分好奇心，要想问的样子。可惜，我不会用好法应付他，害得他没问出来。这是使他和我自己都失了个好机会了。可惜，可惜！

他们要玩恩物了，方的、三角的、长方的，各种大小木块，都是校里自己制造的，便置在室旁橱中，携拿很便。拿的时候，教员、女工、学童一齐共作。学生有拼命愿多拿的，好像他们是真能领会“神圣劳动，小工人爱做工。”“为甚劳动？为我人类大众”（这两句是由他们的一首歌词中来的）的意义的。但也有自己好玩，不来拿的。

一霎时间，便有个小儿喊“ㄛㄨ！ㄛㄨ！ㄡ！ㄡ！ㄡ”[①]了。他又说：“火车来了！”先生指着他所建造成功的物问他：“你这算火车么？”他便答：“是的。”并指着作品上顶的一段木片说：“这是车头上的烟筒。”先生转向他儿，问他：“所造的是什么？”他乃答：“这是洋船，这是两重楼的洋船。”这两儿，一把自己的火车，一把自己的轮船，推来推去，以为车行船驶了。他们的车与船，且时时改换形式。忽而这端加上两三块木头，忽而那端又减去一二块，种种变幻的花样真不少。

另一个儿童无意间把两重楼的洋船撞倒，知道后，他说：“啊哟，对不起！”连忙把落到地下的木块拾起来。一会儿，别致的洋船又共作成功了。

别的儿童，有的做成手车，有的造成洋房，有的叠成宝塔，有的便在他的建造物旁开店了。这些建造物的名子，不是由我用了内省法杜撰出来的，是问了那些小建筑师才知道的。他们的建筑物，有的极其简单，不是他们自己说出名字，他人决不能知其意义何在。

也有些装得很像的。那座洋房前面，大门门前有阶级，左右墙脚都系对称，后又有一座小房子。我看到这种建筑物，禁不住要佩服这儿“美术的意态工”！这是一个女儿做的，他今五岁。

时间既到，大家把木块装到箱中，归还原处。有一位小妹妹，今天来园较迟，但一进园，就笑眯眯，好像乐不可支。在这时候，他被小黑板压住，他便哭了。哭时，女工便把他抱起。有一个小朋友把一皮球向他一丢，他便注意皮球，而忘记被压的痛了。

心理学上说：“儿童看见活动的东西，天然有注意的倾向。”又说：“儿童的注意易变迁的。”真不错！小朋友的向他丢皮球，照我想，是有教育的价值。女工的因为他哭便急抱他，是不能医哭的。卢骚[②]说：“儿童受伤或痛苦的时候，保护者若露出急遽、惊讶

① 所标为当时使用的汉语注音字母，其发音为：“呜！呜！欧！欧！欧！”

② 卢骚：通译卢梭。

或可怜他的状态，他便以为这种伤和痛苦决是‘非同小可’，便格外觉得苦痛了！”我到幼稚园里去参观，很欢喜看看儿童哭的时候有怎样表示和他的保护人用怎样的方法来使他不哭。黑板轻小，小儿被压，决不会受伤。

九点四十五分钟后，是他们的休息时间。他们的小便、大便、洗手，都在此时，都有女工帮助。洗手毕，大家便在游戏音乐室里玩了。大家跑来跑去，互相追逐，以为“捉老鼠”。这时候，他们玩得更剧烈，有几个国民小学的朋友也来同玩。笑声、喊声，连杂不息。

十五分钟过去了，大家静集，要向作业室里去。室在楼上，大家要上楼梯了。梯凡二十余级，分上下两截，中间七八平步，以省上楼者之力。梯旁都有靠手，学生上下楼梯，均系自动。有一个最小的女儿上楼时，颇引起我的注意。他年幼力弱，身复胖重，上楼甚觉困难；左右两手，都有朋友扶持，才慢慢的上去。他上楼，总是左足先，下楼也是左足先，未能左右足交迭使用。这或者于他的身体的平均发育有妨。所以我想，这幼稚园里的有一室在楼上，于幼稚生是不宜。但我的友某以为，上下楼梯，可以锻炼筋骨，实有利。不知谁是？请大家仔细考察、研究并指教罢。

既至作业室，有的小儿便帮助教员把室旁的小桌子抬出两张，有的便把自己和朋友所要坐的小椅子携到桌旁。这时候，分学生为大小两班，是以智慧分的，分坐到两桌的旁边，每桌都有一教员伴坐。女工拿食物进来了，饼干每盘三枚，这便是他们的点心。

学生当接到食物的时候，有的便说：“谢谢林老师、郭老师！”他们吃的时候，静得很。后来林老师问：“这吃的是什么？”答：“饼干。”又问：“我们昨天吃的是什么？”答：“汤包，我们自己做的汤包。”有一个小儿瞠目，不知所对。老师便对他说：“你昨天没有来，我们昨天吃我们自己做的汤包，你便不知道了。”大家吃完后，有一儿便起来，把师友所用的盘子都一一收集拢来，放到室旁小桌上，待女工来拿过去。好像他是个值务生。

他们今天的手工，也有一部分是剪纸，我且把这教学的历程详细地说一下。

作品是灯笼，作法是色纸一方，每边长约四寸，如A图（原图57）。对摺后，如B图（原图58）。再将B之上端，图之甲乙线上，摺成一痕。复展开，便用剪从B之下端剪上去。每次剪痕，都至甲乙线止，成C图（原图59），展开成D（原图60）。再于D之乙乙两端斑黑处加糊，各和甲甲粘起来，便圈成灯笼了，加柄如E图（原图61）。柄亦纸条做的（E图黑处示空间）。

原图 57　A 图

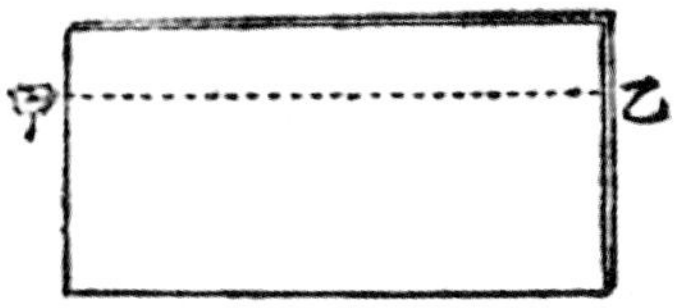

原图 58　B 图

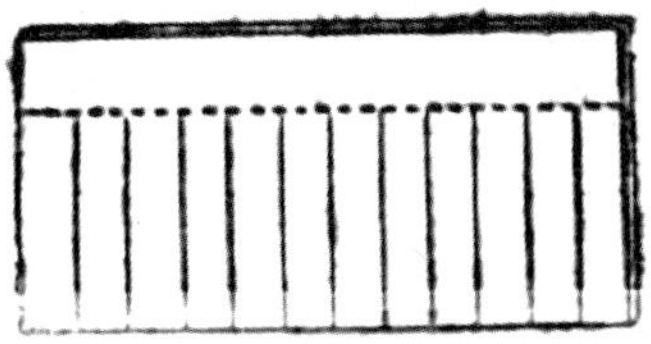

原图 59　C 图

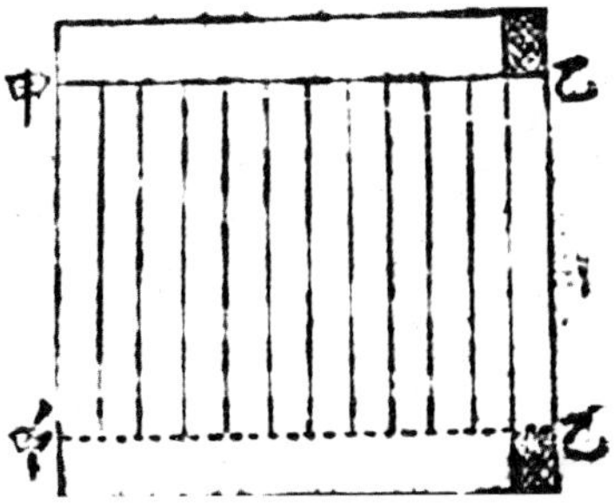

原图 60　D 图

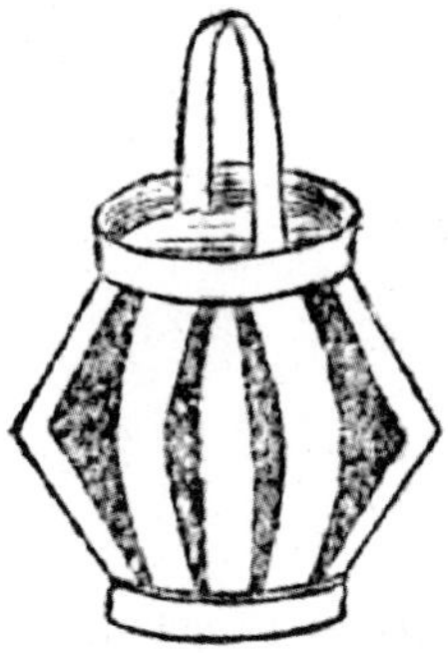

原图 61　E 图

我前面说过，他们是分做两班的。这时候，大班的学生要自己用剪。他们看了教师做成一个之后，便高兴地自己剪了。有一位学生剪了几下后，去问老师他剪的错不错。老师答："不错。"后来他展开之后，乃知道是不对的。小班的学生，是待老师剪成之后，他们只加以糊的功夫，想系因为他们还不会用剪的缘故。

大小学生做成了灯笼之后，个个拿到自己手里，蹚来蹚去，装旅客了。两人相遇，便相问：“你到哪里去？”好有意味！有的便作行商，贩卖灯笼了。这时候，曹师母（该园主任）才自楼下来。入室，大班的学生，有几个便献着自己的灯笼给他看，并说：“曹老师，我们是自己剪的，自己做的。”足见得，他们已很要求别人的称誉了。

这室里，那时候还有两个芜菁[①]，倒悬空中，中空贮水，其叶均反向上生，系要使儿童明白太阳光对于植物的功用。室旁有一个沙箱上，杂插许多连叶的树枝，成一树棚，旁置小黑板上，写“请不要动作”五个正楷字。我不懂什么用意，便问曹师母。师母答：“这是表明原人时代巢居生活的状态。旁书五字，是因为这个巢是大家的公有物，公共幸福、安宁所在，大家应该保护，不可倒〔捣〕乱。”

下了楼来，再到音乐游戏室里，环行一匝，便静坐。顷刻，先生喊“一、二”，大家起来唱歌。歌名《音乐队》，词如下：

看我们虽是小孩，我们大家知道，知道这样弹三弦，这样弹。ㄅㄥ、ㄅㄥ，ㄅㄥ、ㄅㄥ（二句）[②]，啊，啊，啊！我们这样弹。

看我们虽是小孩，我们大家知道，知道这样吹笛子，这样吹。ㄩㄌㄩ，ㄩㄌㄩ，ㄩㄌㄩ，ㄩㄌㄩ（二句）[③]，啊，啊，啊！我们这样吹。

看我们虽是小孩，我们大家知道，知道这样拉胡琴，这样拉。ㄧㄨ，ㄧㄨ，ㄧㄨ，ㄧㄨ（二句）[④]，啊，啊，啊！我们这样拉。

看我们虽是小孩，我们大家知道，知道这样敲战锣，这样敲。ㄘㄊㄢ，ㄘㄊㄢ，ㄘㄊㄢ，ㄘㄊㄢ（二句）[⑤]，啊，啊，啊！我们这样敲。

他们一边唱，一边做。他们唱的时候，手势怎样做法，身体各部怎样动法，诸君读了歌

① 芜菁：别名蔓菁、诸葛菜、圆菜头、圆根、盘菜等，其根部呈球形、扁圆形或长椭圆形，直径 5—15 厘米，像萝卜。
② 所标为当时使用的汉语注音字母，其发音为：“嘣，嘣，嘣，嘣。”
③ 所标为当时使用的汉语注音字母，其发音为：“嘘，嘘，嘘，嘘。”
④ 所标为当时使用的汉语注音字母，其发音为：“吁，吁，吁，吁。”
⑤ 所标为当时使用的汉语注音字母，其发音为：“潺，潺，潺，潺。”

词，便可想像出来了。这时候，曹师母弹了风琴，和小朋友的歌声相映应。“载歌载舞”，也自然地养成儿童们“音乐的兴味浓”咧！

后来，曹师母叫四个儿童出来，到室旁柜子里拿乐器。一拿铜鼓，一拿双板，一拿笛子，一拿铜盆，和他的风琴合奏；别的儿童，也同时做敲鼓、撞盆、撞双板或吹笛子的种种手势。

毕，曹师母拿许多信出来，对群儿说：

> 我有许多信，要请小朋友各带回家去的，信里有张报告单子。你们在这学期里，有的天天早来，有的迟到；有的身衣干净，有的肮脏；有的音乐顶好，有的手工顶好；有的运动有本领，有的不肯玩；统统都写在这单子上。你们回去后，各交给爸爸妈妈看。请他们看过之后，说给你听：你有什么好，有什么不好。下学期来，好的再求他好，求他顶好；不好的，改掉他。这些话，你们记得不记得？

大家都说：“记得。”“我记得！”又叫一个小儿复习一遍。

那单子的外面写的如甲（原图 62）、内面如乙（原图 63）。

此后，大家便同唱《放学歌》。歌词有两句说：“老师再会，明年再会。”其乐雍雍，又好像有恋恋不忍舍的样子。惟按“明年再会”的意思，系指阴历讲的；若照阳历，则那天已是民国十年一月三十日了，该园必不至再过三百三十五日才开学的。这里，却有一个疑问，就是从儿童经验方面着想，是用阴历易使他们明了，但照理似以用阳历为是。

歌毕，曹师母又对诸儿说：“小朋友，我们今天以后放学了。你们放学回家，做的什么事？和谁玩？家里看见几多客人？……种种事，明年开校以后，请你们大家来告诉师母。好吧？”说完，再去按风琴。是时，铜鼓声、盘〔盆〕声、双板声、笛子声大作，小兄弟们双双手牵手，另手带着信和自己所制成的小灯笼出去了。奏乐的四个儿童，直到大家走完之后，把乐器放置原处才行。

诸位，这样啰唆的文字，你竟看完了么？你看了后，生什么影响，还是仅耗费宝贵的时间？

本校定於　年　月　日放假於　年
月　日開學該生下學期在　科　級
應納各費共計　圓　角　分請
貴家長台鑒
高師暨南附屬小學校啓

南京高等師範學校暨南學校附屬小學校
(　)成績報告單

原图 62　成绩报告单外面

科　年級學生　從　年　月到　年　月的成績

學業
1.成績在中等以上的＿＿＿＿
2.成績在中等以下的＿＿＿＿
3.有特別進步的＿＿＿＿
4.不會盡力學習的＿＿＿＿

品性
1.非常發達的＿＿＿＿
2.須注意訓練的＿＿＿＿
3.有特別進步的＿＿＿＿

身體
1.比從前發達的＿＿＿＿
2.比從前退步要特別矯正的＿＿＿＿

本學期共上課　天,該生缺課　天,遲到早退共　次,
該生在本學期裏所學科目如下:

修身	地理	園藝	體育	國語
文學	社會	工藝	衞生	英語
音樂	自然			算術
美術				

級任簽字蓋印

說明　學業成績一二項,是該生在一級裏和同學的比較。
不過記出比同學優的科目,和比同學劣的科目。
學業成績三四項,是該生自己個人的比較。

原图 63　成绩报告单内面

136 试验的育婴所

王克仁

另图 74 王克仁像

1921年4月20日

题 解 本篇原载《中华教育界》第 10 卷第 10 期。发表时间为 1921 年 4 月 20 日。原发表时，标题后附有英文“Experimental Nursery（试验的育婴所）”。

撰著者王克仁（1894—1981），名天鉴，字克仁，以字行，贵州兴仁人。早年肄业于贵阳达德小学、贵州中学，1913 年考入南京高师教育科，毕业后短暂事教。1921 年，公费留美，获芝加哥大学教育研究院教育硕士学位。1924 年归国后，历任厦门集美师范教务主任、上海暨南大学教授、厦门大学教授、湖北教育学院教授、成都高师教务长、重庆大学训导长等。1940 年，开始筹建贵阳师范学院。1941 年，出任国立贵阳师范学院首任院长。撰有《地方教育行政》《西洋教育史》等。

有关《中华教育界》，参见前文《确定教育宗旨令》题解。

我国向来有所谓育婴堂，其设立的本旨在讲人道主义，收养无所怙恃的孤儿寡女，这纯是一种慈善性质。近来，有人提倡儿童公育，主设儿童公育院，在解放一些妇女，使得从事社会的活动，又纯是一种社会政策。我这儿所述“试验的育婴所”，乃一种研究学术的机关，目的在从此真正了解儿童生来的天性，改善其教育，遂其一生圆满之生活。

美国的约翰霍布京大学[①]（John Hopkins University）心理学教授约翰瓦真[②]（John B. Watson）先生，对于此事曾在一篇演说辞里说道。他说：

我们要想得着一些关于儿童本能和习惯等事的知识，不用按步〔部〕就班、专心致志的试验方法，实在没有别的法子。我们平常用的方法，不过对于儿童作些表面的、偶然的考试，发出若干问句，胡乱施用几种泛而不切的心理测验，用这种方法去寻儿童发展的原理，似乎太轻易了。我们未必得着甚么益处，或者直是一点益处都没有。

儿童到了十四岁，大多数毕业去校，浮沉于所遇的事业，自身并没有什么测算；就是那些大学校里的青年，也不见得自知毕业后一生应站的地位。他们和那十四岁时彷徨无主的男女，还是相差无几。

要想除去这种困难和其他使我们不易解决的事，我以为只有建设一个试验的育婴所。在这个所里，收养十五个到二十个小孩，从初生直到五岁。这一些儿童，既作试验品，便要好好看守。试验的情形，当十分正确、周到。

要办这件事，不消说，第一，就要有适宜的房舍，看护妇也要受过很好的训练，并有医士时时留意才行。儿童的各种活动，应得有两三位受过良好训练的心理学家，按照一定的时候观察无间。这些心理学家，总要很能懂得动物的试验（animal experimentation），而又通晓心理的病理学。看护妇和医士的职务，在留意儿童身体的安宁和发展。这个期间内，儿童们完全的发育，应听心理学家管理。有了这样试验的结果，许多困而不决的问题和我们立下的理论，都可望个解答。

我希望，从这样的育婴所看见有种最良好、最完善的方法，在儿童五岁时代，就〔有〕评定他们行为的可能。凡是儿童已定的习惯的横面和本能的倾向，以及情绪的秉

---

① 约翰霍布京大学：通译约翰斯·霍普金斯大学，简称霍普金斯大学，位于美国马里兰州巴尔的摩市，是一所著名的私立大学，也是全美第一所研究型大学。

② 约翰瓦真：通译约翰·华生（John Broadus Watson，1878—1958），美国心理学家，行为主义心理学的创始人。他认为，心理学研究的对象不是意识而是行为，主张研究行为与环境之间的关系；心理学的研究方法必须抛弃内省法，而代之以自然科学常用的实验法和观察法；他还把行为主义研究方法应用到了动物研究、儿童教养等方面。著有《行为主义》《行为——比较心理学导言》等。

赋和发展，除了这种试验的进行，虽是卑纳－西蒙的测验[①]，也不能使我们知道。无论他所谓智慧测量尺是怎样的有用，我心中才觉得，还有些事比他更合于科学、更为重要。

假若依照我的意见，设立试验的育婴所，观察儿童从初生到满五岁的一天，而不能把现今对于儿童生活的见地改革一番；再者，又不能使我们有种法子决定本能的倾向和试验上约束情绪的生活，并能有种实效的方法养成儿童的习惯，那就奇怪极哪！

从婴儿试验所得着一些材料，晓得婴孩生来种种的天性，然后我们才预备把这些儿童交给顶有本领的教师去教管。关于每个儿童的反应，我们还应得有张图表（reaction chart）交给儿童的头一个教师。在这个图表之上，凡儿童最容易随着做去的活动、特殊的嗜好、情绪的倾向和这些活动倾向，又是怎样才稳固、才改正，以及儿童在试验所里五年之内所有的习惯有什么重要之点，都应得表显出来。

儿童的教师，要是同情的、受过良好训练的。有了这种可作指南的图表，则师生间的关系立刻就要改变。教师待遇儿童，一定按着各人的个性，不致戕贼他们，每一儿童有个一定的将来。于是教师之视儿童，不啻一种富于希望、能有成功的试验。这种趋势一天比一天的进行得快，哪里还有把教育儿童当成苦事而无一种勇气，抑或误把许多儿童都朝一个同样的模型去铸造呢！

陶冶儿童，或者有时是要按照规定的标准，如个个儿童，都要受点数学的和语言的训练。但我和胡纳克勒博士（Dr. Abram Flexner）[②]都以为，我们对于必修的科目每易过分侧重，有失中道。我们不愿勉力去预指哪些科目，以为他才应是儿童的功课，不过我们确实深信，儿童的个性和倾向，大部分是可以决定教师应得教导他的是什么。

我这样的纯直，诸位或者要取笑，以为儿童当受教育的，奚止数千百万，我何以要用一笔很大的费，去试验二十个儿童呢？我们须思，试验的育婴所之成立，得着无数的材料、data[③]和改良的方法，便能影响城乡各处的教育机关和公立学校制度，都设立婴

① 卑纳－西蒙的测验：通译比奈－西蒙测验。比奈为法国心理学家，西蒙为法国医生。两人合作制订了“比奈－西蒙量表”，作为智力测验的工具，并风行一时。

② 胡纳克勒：通译弗莱克斯纳，即亚伯拉罕·弗莱克斯纳（Abraham Flexner，1866—1959），美国教育家，以倡行高等教育改革而知名，创立了著名的普林斯顿高等研究院。

③ data：英文，译为资料、材料、数据。

儿试验室（infant laboratory）。这些试验室，就由儿童父母主管。儿童们差不多从生下来，便带到试验室去，经过一番试验研究。为母亲的人，对于儿童发展的径路，就可有一种指引和警惕。

例如儿童有非常的反应、不当的情绪，以及造成习惯的事，都能指点出来，母亲当然得益不小（若真有这种试验室，我所讲的儿童是指寻常的 normal child①）。现在做母亲的，对于他孩儿的健康，有了什么疑惑不安的时候，才去找医生、求良方、expert advice②，学校见着儿童留级，发生猜疑，又才施行几样心理的测验。我想，到这个时候怕已经迟缓，来不及劝说了。我们何不早早就给他一个机会，使对于儿童各时代本能、情绪和习惯的情形了解无遗，及时得着一些有益的指导，无异于医士的良方呢？

但是，我们未能给予一种科学性质的劝说之先，必须在试验期间把儿童的生活真正有番研究。现在给人良方的，不过是些走江湖的术士妄为臆断罢了。这种婴孩试验室有用的目的，在训练公立学校的教师对于婴孩和儿童的生活观察正确。

现在国内学校教师，设使随意取出一千人，把一个方生两月的孩儿置诸他们之前，请他们对这个孩儿作几日的试验，将他们所见的事情笔记下来。我敢说，没有五个人知道这件事当怎样进行，而我们竟希望他们去探求儿童本能的倾向和天生的性质，宁可得乎？

这并不是教师们的错失。错失之所在，乃属训练他们的机关和允许他们对于儿童自己之发展“教”而不“导”的社会。从来教师没有什么时机得观察儿童在长进中的生活。

我对于设立试验的育婴所这个计划这样的有兴味，至于把别种我要对诸位说的事都忽略了。其原故，也可想知。

---

① normal child：英文，译为普通儿童。
② expert advice：英文，译为专家建议。

137 山西友梅幼稚园之近况

1921年10月2日

题　解　本篇原载《来复》第174号“政教述闻”栏。发表时间为1921年10月2日。原发表时无署名，题为《友梅幼稚园之进行观》。今题系编者所拟。

友梅幼稚园，1920年创设于太原，园址位于太原东缉虎营，并以阎锡山元配夫人之字“友梅”为此园命名。

《来复》，综合性周刊，1918年4月创刊于太原，由“宗圣总会洗心社”主办并编辑，由晋新书社发行。是阎锡山为了宣传儒学而创办的专门性的期刊，以期达到政治统御的目的。主要栏目，有政闻、时鉴、论坛、文苑、大事记等；主要撰稿人，有王鸿宾、胡啸宇、吕民贵、曹培林等。

友梅幼稚园开办之始，经济上极感困难，因之儿童入园，亦不见踊跃。近已开办年余。本学期儿童入园者，较前已增一倍。

关于经济方面，固承各界捐助，尤以督军夫人[①]出资为多。

---

① 督军夫人：时任山西督军阎锡山的元配夫人徐竹青（1883—1970），字友梅，山西五台人。终身未能生育，但对小孩特别疼爱。

另图 75　友梅幼稚园师生与军官合影

另图 76　山西友梅幼稚园旧址

据闻，近日督军夫人在该园与副园长史梅卿[①]女士谈话，谓："近年来一切有权力的人，都只争自己小利，使小百姓不能一日安然过活，说起来实在痛心。想要挽回今日滔滔的天下，使政治入于轨道，小百姓不再受痛苦，非从幼稚园教育着手，使知识普及不可。"因此，对于幼稚园极热心提倡，常到该园亲自教授儿童，儿童们亦极喜听夫人讲话。

近以天气渐寒，又为儿童定制椅垫多件，送入该园。其爱惜该园儿童，一如慈母之爱其赤子。

既经督军夫人如此提倡，该园办事人亦极有兴会，无不谨慎将事，布置有序云。

① 史梅卿：史凤美（？—1923），女，字梅卿，上海人。早年毕业于上海中西女塾，后任教于浙江省立第三女子师范。随丈夫来山西后，历任山西一中、山西工专教职。参与创设友梅幼稚园后，以徐竹青领园长衔，自任副园长。后病故。

138　景海女学培本幼稚园感谢节开会记

李国华

1921年11月24日

题　解　本篇原载《景海星》第3期“记载”栏。会议召开时间为1921年11月24日，发表时间为1922年1月。原发表时，署名为“幼稚师范科四年级李国华”，题为《感谢节幼稚园开会记》。今题系编者所拟。

撰著者李国华，女，生卒年、籍贯未详，时为景海女学幼稚师范科四年级生。1922年毕业后，任南京基督女校教职。另撰有《幼稚园中游戏的价值》《祝各人前途的幸福》等。

景海女学培本幼稚园，参见前文《苏州培本幼稚园之半日记》题解。

感谢节，通译感恩节。是美国人民创建的一个古老节日。初时，感恩节没有固定日期，后定为每年11月的第四个星期四。

《景海星》，校办半年刊或年刊，1921年2月创刊于苏州，由景海女子师范学校主办、编辑并发行，旨在报道办学实况，交流学习心得，并联络师生情谊。主要栏目，有论著、文艺、记载、感言、诗文、通信、杂俎等；主要撰稿人，有黄美玉、宋剑青、吴润珠、曹爱芳等。1924年终刊，共出5期。

阳历十一月二十四日十句钟，本校培本幼稚园开感谢会。幼稚园中一切的装饰极其完备，室内四周皆悬挂红绿的秋叶，并挂幼稚生所剪的菊花、水果等，真是好看。每一幼稚生到幼稚园时，各人皆带一样东西，放于幼稚园内，如水果、瓜类、菜蔬、五谷、棉花等。将此等物件，堆集成山形。

这时来宾齐到，钟鸣十下，幼稚生整队入园，即行开会。开会的秩序如下：

（1）请安歌；（2）安静琴；（3）感谢歌；（4）祈祷；（5）同伴跳舞；（6）秋叶游戏；（7）背诗；（8）感谢歌；（9）进城门舞；（10）故典；（11）屋里花园舞；（12）小军人；（13）黑羊舞；（14）新感谢歌；（15）拿球游戏；（16）到耶路撒冷游戏；（17）茶点；（18）散会。

来宾看儿童的动作时，精神充足，而且像有一种极大的希望怀于心中。这个希望，就是希望这一班儿童，将来长大成人，为社会、国家造幸福。到散会时，来宾有舍不得走的样子。

散会时，即将幼稚生所带来的东西分给穷人。有人说："为什么令小孩带东西来给穷人呢？"这是要小孩用这个方法，显出他们感谢上帝的心。因上帝赐给我们所用的一切东西，可拿一点出来使别人快乐。

我国幼稚园，现在守此感谢节。讲到感谢节，是从何时发起的呢？就是四百多年前，英国的百姓不得信教自由，所以有少许人为了这个原故，移到美洲去居住。第一年到美洲的时候，天气已冷了。到了第二年，英人就按时而种。到了秋天，收成很好，于十一月中末一个礼拜四，白人大家集在一处，请美洲本地的土人一同吃席快乐，并感谢上帝赐给他们的收成。所以，就立这一天作感谢节，年年守此感谢节。

美国的节期，中国的幼稚园为什么要守呢？不错，是美国的节期，我们中国幼稚园中可以不守。但是，现在我们相信上帝的人，晓得一切的东西为上帝所赐，故当感谢上帝。况且这个日期，也是我国收成的日子。因这个原故，就借美国感谢节的日期来感谢上帝。幼稚园守此感谢节，要坚固儿童宗教的观念。世上每有一种人为无神派，此因幼时宗教观念不坚固的缘故。

由此看来，不但是幼稚园当守此感谢节，就是普天下信上帝的人，每年也应当有一天来感谢上帝哩！

139　儿童用书研究会第一年概况

1922年1月1日

题　解　本篇原载《中华教育界》第11卷第6期“儿童用书研究号”。发表时间为1922年1月1日。原发表时无署名。

该文第六部分为《儿童用书研究会简章》。因该简章本卷前已收录，故略去。

有关儿童用书研究会，参见前文《儿童用书研究会及其简章》。

有关《中华教育界》，参见前文《确定教育宗旨令》题解。

一、编辑部第一步之进行分三项

（1）研究。搜集关于“儿童研究”之书籍，分任研究。每隔两星期，开一编译研究会，各将研究所得报告于全体。届时，由书记记录，以备刊登会刊。担任研究者，如能以文字报告，尤所欢迎。

由研究之结果，开会订定、编纂儿童用书之标准与审查之标准。

附告：本部已就南高图书馆搜集上说之书籍二十余种。

（2）调查。先就江苏、浙江各师范附属小学，调查儿童现在用书。就调查之结果，于二、三月内编纂一粗备之儿童字汇，以备将来编译时文字上之根据。

（3）编译。期于一月以内，将国内儿童用书收齐。除将绝对不适用者汰除外，就余留之书，按其文字上、意义上之程度，划分五级（国民三、四年，高小一、二、三年。若国民一、二年，则利用图画编纂），以备改纂或订正。期于四月内，将西文儿童用书购齐，以备参考或翻译。

二、编辑部第一步进行方针之结果

第一步进行方针，本为:（1）翻译西洋童话;（2）审查国内童话;（3）调查江浙各师范附属小学所用书籍，据此拟作一儿童字汇草本。

第一项，国内购书不易，会中且无多钱购书（仅购有六七十种，价约十元左右）。加之编辑标准尚未定出，故未能从事。

第二项，已将商务、中华两书局出版之童话一百六十余种一一审查，审查之统计报告现正在从事中。

第三项，通函于江浙师范附小三十校，所得复函，仅南京高师附小、苏州第二女师附小、浙江五师附小。以故，儿童字汇草本，无从根据作出。

三、会务进行之改组

本会会务，其范围非常广大，进行稍一不慎，易入歧途。是以于四月二十七日，特请南高教授郑晓沧先生，演讲会务进行之方法。爰根据其意见，加以改组。今述之如下。

第一步着手范围，仍为童话，兼及儿童字汇。

进行重分工，乃分五组：

（1）读书组。关于编辑儿童用书之原理与标准等之介绍。

（2）采收组。采收各地之童谣、山歌、故事等。

（3）访问组。访问不成文之材料，如参观学校、幼稚园与访问模范家庭，考察儿童教育之状况，与接收父母、教师、保姆等之意见。

（4）通讯组。与国内外相似之团体通讯联络，以资借镜。

（5）编辑组。就各组所得之结果，加以整理、编辑。

四、改组后之进行

改组后之进行，有可记述者，厥为与南京各小学联络，而有儿童字汇与补助读物之调查。字汇调查之用意，在求得读法上所得之字汇（即使儿童将所认得之字一一默出）。将来，拟调查语言之字汇（即记录儿童之语言），合之编一字汇。补助读物调查之用意，在求得一种标准。例如，读《河梁怨》一书，在国民科四年级，而年龄为十一岁之学生，发现之次数为最多，乃用为编辑十一岁儿童童话之标准（实质形式）。余类推。

总计发出“字汇调查”八千份、“补助读物”三千份，现已有陆续寄回者。除补助读物调查已整理外，字汇调查尚待整理。

五、本会大事记

九年八月二十三日下午二时，在南京高等师范学校开成立会。到会者六十余人，通过会章，选举职员。

九月下旬，聘定编辑员。

十月二十三日，请南高教育研究会代本会开会，辩论“神话教材问题”。

十二月，总干事部爽秋、王克仁辞职。改选唐毂、夏承枫为总干事。

十二月九日，请南高教育研究会代请陈鹤琴先生，为本会讲演“编辑儿童用书与儿童心理”。编辑部讨论编辑方法。

十年一月七日，请南高教授俞子夷先生，讲演“儿童用书问题”。

一月九日，借南高梅庵，请南高教育科诸教授谈话。

四月二十六日，请南高教授郑晓沧先生，讲演“研究编译儿童用书入手的方法”。

十年八月，开会欢迎南京高师暑期学校同学之充教员者，并请洪范五先生讲演“儿童用书与图书馆”。同月，开会员大会时，因会员甚少，无多决议。

十年九月，各职员改选，议决借“教育界”[①]出“儿童用书研究特号”。

六、儿童用书研究会会员录

（1）唐义精，由冼震转；（2）冼震，武昌中华大学；（3）孙希炎，通州师范附小；（4）赵兴，南京一女师附小；（5）谢蕴如，苏州二女师附小；（6）张近芬，苏州二女师附小；（7）李唯心，广西桂林师范学校；（8）唐觳，南京高师；（9）钟锦田，南京一女师附小；（10）郃爽秋，南京高师；（11）王克仁，南京高师；（12）田广生，如皋师范附小；（13）陈经删，徐州小东门内；（14）朱慰堂，浙江杭州横河桥女子师范；（15）钱贻，东台富安高小；（16）徐鸿熙，苏州同里市县立第二高小；（17）曹刍，南京高师；（18）葛承训，南京高师；（19）徐佩业，南京高师；（20）夏承枫，南京高师；（21）章松龄，南京高师；（22）成荣章，南京高师；（23）古楳，南京高师；（24）吴文奎，南京高师；（25）潘一强，南京高师；（26）陈自耀，南京高师；（27）朱定钧，南京高师；（28）吴肃，南京高师；（29）尤廷坚，南京高师；（30）方士贤，江西上饶代用信江中学；（31）吴宗周，江苏奉贤西三乡培德学校；（32）贺怒，湖南第一师范附小；（33）王亚明，江苏南通北马塘学务办事处；（34）仲兆琛，江苏沭阳城内图书局转读书会；（35）胡传善，江苏沭阳城内图书局转读书会；（36）熊子容，湖南长沙楚怡学校转；（37）藤仰支，南京高师；（38）钱希肅，南京高师；（39）方秉性，南京高师；（40）欧阳翥，南京高师；（41）沈振声，南京高师；（42）林昭音，南京高师；（43）周邦道，南京高师；（44）姚之璧，南京高师；（45）曾广证，江西九江第六师范；（46）汪昆源，河南商城伍家桥；（47）任启珊，汉口民新甲种商业学校；（48）胡业裕，湖北黄陂研子冈余家大湾自进学校；（49）赵亦修，南通城南大街第二十八号门牌；（50）江闲，如皋西门外；（51）张绳祖，南京高师；（52）李孺勉，南京金陵大学；（53）黄警顽，上海商务印书馆发行所；（54）王衍康，南京江苏第一中学；（55）杨贤江，上海商务印书馆编

① 教育界：《中华教育界》杂志，本文即刊出于“儿童用书研究号”。

辑所;(56)张念祖，厦门集美师范;(57)金海观，南京高师附小;(58)刘赐培;(59)官廉，南京高师;(60)陈良玑;(61)饶上达，南京高师;(62)侯曜，南京高师;(63)潘之赓，南京高师;(64)陈启天，南京高师;(65)吴俊升，南京高师;(66)左舜生，上海中华书局编辑所。

140　盛泽幼稚园十周纪念

贡

1922年12月31日、1923年1月1日

题　解　本篇原载《江声》第 4 期“本乡新闻”栏。开会时间为 1922 年 12 月 31 日和 1923 年 1 月 1 日，发表时间为 1923 年 1 月 15 日。

撰著者贡，当为笔名或姓名之简缩，生卒年及生平事迹未详。

盛泽幼稚园，也称盛泽蒙养园，江苏省吴江县（今属苏州）私立学前教育机构，创设于 1913 年年初，由吴江盛泽的绅商捐资创设，初为盛湖女校附设蒙养园。1917 年盛湖女校迁入新址后，单独设立。

《江声》，不定期会刊，1922 年 12 月 1 日创刊于南京，由吴江旅宁同乡会主办、编辑并发行。该刊旨在报道乡情、联络乡谊、交流知识，以推促故乡各项事业的进步。主要栏目，有论著、纪事、新闻、通信、调查等；主要撰稿人，有陈去病、费朴安、唐荃生、张绳祖等。1923 年 4 月 15 日终刊，共出 5 期。

盛泽幼稚园自民国二年开办以来，迄今已越十年。该园特于阴历十一月十四、十五两日（即十一年大除夕、十二年元旦）开会纪念。

闻该园十年来成绩颇优，近年更见进步。开会时，将恩物架成公园及市场等等，深合幼稚教育原则。

是日下午行纪念式，各种表演，均颇可观，足会〔以〕表示其十年来成绩之一斑。

元旦日上〔午〕，由县立三高[①]赠以趣剧，剧名《酒迷》《二十年前之教育》。下午为余兴，由盛湖女校[②]学生及幼稚生、女教员，合演一剧，名《新旧家庭》。男女宾来者甚众，极一时之盛。

演剧者亦能尽表演之能事，剧中悲哀处之动人，竟使阅者下泪云。剧员尤以梅影之、管谦益为最，最能表现个性；幼稚生亦极活泼，伶俐之至；惟魏母之凶悍，则未免使人丧气。

此次开会时，外埠来宾亦众，并闻黎里私立四四幼稚生[③]亦有学生十二人到会，且有祝歌表演。四四幼稚〔园〕在十年秋成立，较盛泽幼稚园小八岁。我不知道，这小兄弟俩这次见面之后，均作何感想、快乐呢！

---

① 县立三高：吴江县立第三高等小学的简称。

② 盛湖女校：吴江私立女学，由吴江盛泽的绅商捐资，于 1906 年创设，可视为盛泽幼稚园的姊妹校。

③ 四四幼稚生：黎里私立四四幼稚园的学生。该园附设于吴江第一初级小学内，创设于 1921 年，时由吴润珠女士担任保姆。

141　有关江苏幼稚教育研究会辑佚

1916—1920年

题　解　本篇系各种报刊发表的有关江苏省幼稚教育研究会消息的辑录。

各条依时序编排，均保留原发表时之题目。各条均不作题解，仅进行文内注释，并在文后交代出处。

有关江苏幼稚教育研究会，参见前文《江苏省教育会筹组幼稚教育研究会文件》题解。

有关江苏省教育会，参见前文《江苏省教育会筹组幼稚教育研究会文件》题解。

（一）赞助幼稚教育之热忱

江苏省教育会昨日通告学界谓：美国巴第夫人[①]邃于幼稚教育，现从美洲来沪，拟设一“万国蒙铁梭利教育研习所”，以造福吾中国童蒙，其热忱至可钦佩。

兹本会定于二十日（即星期六）下午四时，延请巴夫人来会，讲演蒙氏教育法及其来华宗旨，并有美国携来教具临时实行试验，大有可观。

又，博文女学教员钟镜芙、黄学梅二女士，发起组织幼稚教育研究会，已拟具草章，经本会副会长黄君炎培、会员朱君葆康赞成；又，杨君鄂联来函，亦拟偕会员吴君家煦、

---

① 巴第夫人：亦作巴斯第夫人或巴士第夫人，美国学者。

顾君树森，发起此会。

本会爰并订于是日巴夫人讲演毕后，公同商榷研究会事宜。倘荷垂注赞同，务祈准时惠临，指教一切，无任盼跂。

原载《申报》1916 年 5 月 19 日第 10 版

（二）幼稚教育研究会定期开会

江苏省教育会幼稚教育研究会，昨致教育界通启云：

敬启者：

本会成立，已近匝月。兹暑假伊迩，特定于本月二十五日（星期日）下午四时，延请余日章硕士、朱胡彬夏女士演讲。两君学问、经验，贯澈中西，必有宏论，以副吾人向往之诚。

并订是日演讲毕，公同商榷本会进行事宜。

素仰先生热心教育，不遗余力，务祈准时惠临，指教一切，无任延企云云。

原载《申报》1916 年 6 月 24 日第 10 版

（三）幼稚教育研究会开会纪事

江苏省教育会附设之幼稚教育研究会，定于二十五日开会，曾志前报。

昨日，届期于下午四时开会。首由黄任之君宣布开会宗旨，继由朱胡彬夏女士演说“幼稚园与家庭之关系”，谓幼稚园宜与家庭联络，否则幼稚生园中所受教育，回家后抛弃殆尽，殊难收效云云。

中间，复叙幼稚生应用器具及一切保护法，颇为详尽。

继由余日章硕士演说“幼稚教育之纲要”。因时间匆促，不及详述，仅演半小时许而止。

末复推举研究会主任。旋因周、朱等女士互相推让，决定下次俟发起人到会，再行推举。

至七时乃散会。

原载《申报》1916 年 6 月 26 日第 10 版

（四）再纪幼稚教育研究会之开会

幼稚教育研究会，于上月二十日，曾在江苏省教育会内开会成立。当因时间匆促，职员未经推举。

前日（二十五号）下午四时，在省教育会开会，推举职员，并请朱胡彬夏女士演讲“研究幼稚教育之范围”，余日章君演讲“幼稚教育之纲要”。是日来会听讲男女宾约一百余人。

嗣即推定朱胡彬夏女士为主任，周石南[①]女士为书记，黄绍兰、张志学两女士为干事。惟评议员须由各团体自行推定后，报告到会。

是日天气颇热，散会时已钟鸣七下矣。

原载《申报》1916 年 6 月 27 日第 11 版

（五）研究幼稚教育者注意

江苏省教育会附设之幼稚教育研究会，定于八月二十六号举行大会。

上午自九时起、十一时半止，讨论会务及各团体报告。下午自三时起、六时止，请富有幼稚教育经验之诸女士演讲，并有种种音乐以助兴味。

闻该会定章，入会者不限资格，凡系妇女，均得入会。开会时，俱可往听，共相研究，以求幼稚教育之发达云。

原载《申报》1916 年 8 月 23 日第 11 版

（六）省教育会研究会记事 · 幼稚教育研究会

此会定于阳历八月二十六日开会。其预定秩序如下：

上午九时起、十一时半止：（1）会长开会词（朱夫人胡彬夏）；（2）各团体报告；（3）讨论各团体所提出之问题；（4）讨论会务进行方法。

下午三时起、六时止：（1）主席报告；（2）演讲“幼稚教育家对于家庭改良之责任”（林夫人薛锦琴）；（3）音乐（陈女士招信）；（4）演讲“述文正公家训”（聂太夫人

---

① 周石南：女，生卒年、籍贯未详，郭承恩之续弦妻、中科院院士郭慕孙之生母。当时未婚，在上海从事基础教育。

曾纪芬）；（5）音乐（陈女士招信）；（6）演讲“夫勒白耳与蒙铁梭利二派说学之比较”（朱夫人胡彬夏）；（7）音乐（司徒先生敷权）；（8）演讲“遗传性及新生婴儿之保育与抚养”（黄医士琼仙）；（9）闭会。

男女来宾均欢迎。会所在西门外林荫路江苏省教育会。

原载《申报》1916年8月25日第10版

（七）幼稚教育研究会函

敬启者：

敝会前日（星期日）职员会议决编辑足以促进幼稚教育而资研究之文字，以饷社会。并征求海内教育家，如有经验、调查所得或理想撰译，关于此项名著宏论赐寄。俾得汇集嘉言，以收广益之效，无任欢迎。

请随时函寄上海法租界博文女学校黄绍兰女士。一经选入编竟，便当酌赠若干册，以答雅谊。来函祈载明通信住址。

倘承贵报提倡赐登，以播风声，感且不朽。顺颂撰安。

江苏省教育会幼稚教育研究会谨启，六月二十六日

原载《申报》1917年6月27日第11版

（八）省教育会订期开会之通告

江苏省教育会昨致各会员通启云：

本会照章定于八月二十九日（阴历七月十二日）开第十三次全体职员常会，并先期按日分开各项研究等会。凡本会会员，务各携带应交会费，来会换取入场券。

其评议员会，即于八月二十八日上午起全日开会，不另知照。

如有提议事件，请于八月二十日以前寄会，以便刷印交议。

至开会秩序，届时宣布。除登报通告外，合再函达。

附各研究会分日开会表：

八月二十一日上、下午，中华民国江苏童子军联合会。

二十二日上午，理科教授研究会；又，幼稚教育研究会；下午，理科教授研究会。

二十三日上午，小学教育研究会；下午，幼稚教育研究会。

二十四日上午，小学教育研究会；下午，体育研究会。

二十五日上午，职业教育研究会；下午，英文教授研究会。

二十六日上午，职业教育研究会。

二十七日上午，师范教育研究会。

（以上均在三层楼开会。）

原载《申报》1917 年 8 月 3 日第 10 版

（九）幼稚教育研究会定期演讲

江苏省教育会幼稚教育研究会昨发通启云：

迳启者：

本会定于下星期日（即本月二十三号）下午三时开研究会，请编辑干事黄学梅女士主讲。

暂拟三题：家庭教育与社会教育之消长、今后幼稚教育方针之宜定、一年中幼稚教育之经验。黄女士为博文女学教员，素具特见。上列诸问题诚亟须研究，而主讲者又为有经验之人。

届时务希拨冗降临，并请随意指教。

又启者：

本会丛刊第二期，早已准备付印。惟嫌材料太少，拟再征求数篇一同插入，约于阴历年底出版。知念附闻。

原载《申报》1917 年 12 月 22 日第 11 版

（十）幼稚生表演会

江苏教育会附设幼稚教育研究会，定本日下午二时，在江苏省教育会三层楼，开第二次幼稚生表演会。各地幼稚园之加入者甚多，并请沈信卿君到会讲演。

原载《申报》1918 年 4 月 13 日第 10 版

（十一）幼稚教育研究会通启

幼稚教育研究会昨发通启云：

本会定于七月十四、十五两日，举行常年大会。

兹将秩序录奉，并附送入场券十纸。届时，请早临，并盼转约同志偕来。专此奉布。

大会秩序：八月十四号上午九时开会，提议事件、选举职员。

八月十五日下午二时，名人讲演。

原载《申报》1918 年 8 月 14 日第 11 版

（十二）幼稚教育研究会明日开会

江苏省教育会附设之幼稚教育研究会，拟于阳历六月一日（星期日）午后二时至五时（照新时间，即旧时间一点至四点），在西门省教育会会所开会。

秩序如下：（1）主席报告；（2）幼稚生表演（上海各幼稚园）；（3）模范家庭、乡镇（有仪器与说明）；（4）卫生图表与说明。

原载《申报》1919 年 5 月 31 日第 12 版

（十三）幼稚教育研究会开会

江苏省教育会于日前开幼稚教育研究会，来宾数百人。由主席胡彬夏女士报告幼稚教育研究会之目的，略分实际研究与学术研究。又，城西幼稚园创办人龚子英君愿以该园并入，为实地研究之所，并请林薛锦琴女士为主任。各情形报告毕，遂由林女士演讲“模范幼稚园应注意之点”。复由美国凯尔呼否夫人演述育婴所需之抚育仪器及各种说明、图表云。

原载《时报·教育界》第 32 期，1919 年 9 月 29 日

（十四）江苏省教育会附设各研究会报告·幼稚教育研究会

开会次数：表演会一次，讲演会三次。

会务概况：（1）上海各幼稚园表演成绩；（2）讲演卫生；（3）讲演模范家庭、模范乡镇；（4）讲演模范幼稚园；（5）上海城西幼稚园创办人龚子英君，以该园并于本会，为本会实地研究之所。本会请林薛锦琴女士为该园主任。

原载《江苏教育会年鉴》第 5 期，1920 年年初

142　有关慈幼机构办理辑佚

1912—1921年

题　解　本篇系各种报刊发表的有关慈幼机构办理的辑录。各条依时序编排，均保留原发表时之题目。各条均不作题解，仅进行文内注释，并在文后交代出处。

有关慈幼机构，参见前文《有关慈幼机构指令或规章辑佚》题解。

（一）苏垣苦儿院开幕纪盛

苏垣阊门外苦儿院，于四月二十一日行开院礼。是日，军、警、商、学各界暨社会各团体，中西男女来宾，到者不下千余人。下午二时，振铃开会。

首由院生奏《开院歌》，次由发起人杨千里[①]君发表旨趣，张石如[②]君以西语发表旨趣，次由院长马湘伯[③]君述明创办状况，语语沉痛，悲壮淋漓，鼓掌之声如雷。次由院

---

① 杨千里：杨天骥（1882—1958），字千里，号天马、茧庐等，江苏吴江（今属苏州）人。光绪二十八年（1902）优贡生。家学渊源深厚，又肄业于上海南洋公学。历任龙门师范学堂、澄衷学堂、中国公学及复旦公学国文教员。工书法，精金石。关心家乡的文教和慈善事业，浮沉宦海二十余年，曾两度担任吴江县长。

② 张石如：生卒年未详，苏州地方士绅，热衷地方文教和慈善事业。

③ 马湘伯：马相伯（1840—1939），原名志德，圣名若瑟，又名钦善、建常、绍良，字斯藏、相伯、湘伯、芗伯等，江苏丹阳人。出生于天主教信徒世家，满月即受洗为天主教徒，后接受教会教育，通法文、拉丁文、希腊文、哲学、神学、数理和天文等学科。后从事洋务，毁家兴学，创办震旦学院、复旦公学，并热衷于慈善事业。著作有《马相伯先生文集》。

监杨粹卿[①]君表明教育宗旨，次由院董沈季璜[②]君报告，来宾赠物。

照原定秩序，应由来宾致颂词，惟因颂词繁多，时间太促，不及一一宣读，仅报明收受各团体交来颂词，共有三十余份。

次为市立初等小学及社会党女党员〔致辞〕。又，吴江蒙养院院童依次奏祝歌。蒙养院院童二人，年才六七龄，抱扶登台，前座为之鼓掌。次为来宾演说。

末为院生《谢来宾歌》及院长答词，奏军乐。鸣铃散会时，已钟鸣五下矣。

原载《申报》1912年4月23日第6版

（二）南京忠裔院开校先声

日前有女士为造就忠裔、矜恤孤寒起见，特拟创设忠裔院。经陆军部批准，拨费开办在案。继经黄留守[③]派员赴各处调查阵亡义士之母子，并于长沙、汉口、九江等处设立报名处。不久，即由保姆赴送来宁。勘定大石桥昭忠祠[④]为校舍。惟祠内所住之一百零一团尚未迁让，而校内办事人员尚寄寓下关福星旅馆。黄留守特饬该团从速迁让，以便早日开校，庶无碍庇翼忠裔之进行云。

原载《申报》1912年5月7日第6版

（三）南京模范忠裔院电

各报馆均鉴：

模范忠裔院之设，原为恤死励生、敬忠劝善。前在湘、鄂设立报名处，报名者异常踊跃。已于日昨，由黄女士纬，在鄂乘"江永"轮船，率生四十五名抵宁。其已报名而

---

① 杨粹卿：杨敦颐（1860—1928），字粹卿，后号甦民，江苏吴江（今属苏州）人，杨天骥之父，光绪举人。后任丹徒县学训导。晚清兴学时，归里兴办实业，在十全街开纺织厂，并创设安雅小学、群雅女学。中华民国成立后，任江苏省立二中教职，兼任苏州振华女学董事长。著有《满夷猾夏始末记》。

② 沈季璜：生卒年未详，浙江桐乡人。婚后定居上海。辛亥革命期间，被推举为"中国赤十字会"医药部部长。时为中国社会党人，受马相伯之邀，同往苏州开办苦儿院。

③ 黄留守：黄兴（1874—1916），原名轸，字克强，湖南长沙人。中华民国的创建者之一。时任"南京留守府留守"，故有黄留守之称。

④ 昭忠祠：我国古代为纪念为国捐躯的将士而建的庙宇或祠堂。

未齐聚者，亦不日再往招集。特此奉布，俾众周知。

南京模范忠裔院（哿[1]）

原载《申报》1912年5月21日第2版

（四）苏松慈善事业

华亭育婴堂附设之蒙养院，向来只教养五岁至八岁女孩。嗣因八岁以上之男孩，苟因孤贫失教，尤非社会之福。爰建筑校舍，定名为“广育院”。现校舍已成，孤贫报名求学者甚形拥挤。曾由姚筠、徐祖达等酌量情形，暂定学额六十名，准九月一号开学。特呈由民政长转呈立案矣。

原载《申报》1912年8月22日第6版

（五）（上海贫儿院）保姆之职务

本院现任保姆三人。何女士，任本院管衣事；严女士，任嘉定分院内部事；六月中，王女士亦往嘉襄理之。（砚）

原载《慈善》第24号，1912年11月

（六）孤儿院成绩展览会之开幕

龙华孤儿院自前月十五日起、二十七日止，举行成绩展览会。二十日，特开交谊大会，到会者四百余人。男女学生分别游艺，成其绩，如尺牍、习字、算法、唱歌、体操等，以及英文、翻译、问答，均有条不紊；而陈列所出之天然墨爱国布等，亦颇精好。此亦实业教育之曙光也。

原载《教育周报（杭州）》第5期，1913年5月1日

（七）蔡家湾育婴堂（分三等婴孩教以学艺之历史）

咸丰元年，夏神父管理育婴堂，所收大小婴孩，数未满百。后见诸孩年渐长大，必

---

① 哿（gě）：韵目代日的电报计日方法，具体表示20日。

须习业，俾日后藉以糊口。其一切筹画，尝据陈阿弟自述云："予在咸丰二年进蔡家湾育婴堂时，夏神父培植婴孩，教之、养之，不遗余力，大率因才而教，务使其有谋生之业。"

婴孩分为三等：第一等，明悟较灵者，专志读书。请秀才先生教授，由"四书""五经"，直至开笔作文，以备助理传教之用。此时，不过十一人耳。第二等，明悟稍次者，请先生教以手艺，并教以书信、算法，俾知生意中要紧之件。第三等，性质粗鲁者，令彼耕种为业，使之自食其力。

夏神父为第二等婴孩诸〔请〕各等手艺人在堂教授，如刻字、印书、裁缝、木匠、漆匠、雕花等艺。教刻字者一人（名查先生），教两个学生。印书者二人，教五六个学生，所印惟教中经文而已。因当时各种圣书经文等板，松江府内，惟二教友家有此藏版：一在泗泾杨义相家，一在南钱钱家，刷印出售。木匠司务两名（一名李顺天，蔡家湾人），教五六个婴孩。刻花、漆匠司务各一（漆匠司务胡姓，泗泾人，未进；教刻花奚司务，浦东人，后亦进教）。裁缝司务一人，教十个婴孩。此即育婴堂诸孩习业之始于蔡家湾也。

至于第三等者，夏神父亲自督率，耕种园地。堂外有田六七亩，系郭相公经管，用本地乡人种田，另择孩中气力强壮者十余人学之。

夏神父于一千八百五十八年，即咸丰八年圣母月内，调往直隶传教。奈彼处水土不服，数月后，因病回申。夏神父在直隶时，蔡家湾育婴堂经柏神父管理。未满一年，即调马五神父接管。马公，意大利亚纳玻利望族，弟兄五人，俱进耶稣会，咸登铎品，皆传教于江南，有本传可考。容后续载。

原载《善导报》第14期，1914年7月中旬

（八）育婴堂设幼稚园

镇郡城内育婴堂已建多年，男女婴孩不下数百。现在，就堂侧设幼稚园一所，为教育之地，即以保姆主任教育之役。

原载《申报》1915年3月28日第7版

（九）上海孤儿院桃花会之布置

本院本届开会限期一星期，自阳历四月十七至廿三日止。会场中，除陈列各种品物外，特延沪上大演说家演说，各学堂学生唱歌及音乐，并请谢品泉[①]先生弹唱南词，以娱来宾。沪上慈善家，曷往游焉。

原载《兴华》第 12 年第 14 册，1915 年 4 月 14 日

（十）创办武汉孤儿院之先声

武汉为中国适中之枢，五方杂处，人民极众。一有水旱灾荒，非但本地穷贫堪虞，即外省、外县亦相率而来；饥民遍地，孤儿赤子辗转沟壑，其不致冻馁者，亦几希矣！

现有扬子公司邓君协池，热心之基督徒也，目睹此形，欲施救援，拯拔孤子。奈力量薄弱，事体重大，知非合全力不为功。上书各会，藉呼将伯，旋得各会赞同，选派人员，并在商界中请有势力之基督徒组织董事以专责成。

闻酌议方针，由小渐大；筹款助捐，着着进行。现已购定谌家矶沙套地四百余方，并拟在汉上募集一万元。以诸君之毅力，预卜必有人闻风兴起，解囊相助。吾于此，不得不为邓君贺，尤不得不为武汉孤儿庆矣。（湖北徐方震）

原载《兴华》第 12 年第 23 册，1915 年 6 月 16 日

（十一）上海孤儿院敬谢大慈善家（四月廿六号刊发《时报》）

谨启者：

敝院开会以来（自阳〔历〕四月十七号始），蒙诸位大善士捐助各种品物以及银洋，不胜枚举。连日莅会者，有盲童学校、圣约翰大学校、沪江大学校、麦伦书院、清心中学、裨文女学等监院暨师长、学生，或演说，或演剧，牺牲无涯之精神、宝贵之光阴，尽力臂助，可谓热心已极。

并有郑镇守使、徐维绘、柴莲馥、敖亭主、梁天柱、李佳白、张葆初、冯钊光、虞思才、童省三、邬志坚、俞国桢、费太太、江长川、浦作人、谭松涛、陈耀柱诸君演说，

① 谢品泉（1860—1927）：江苏苏州人，著名弹词演员，知名作品有《三笑》《落金扇》《玉蜻蜓》等。

语皆恳切，闻者咸为动容。

另有谢品泉、朱幼山、杨云荼、杨振泉诸位小说名家，弹唱说传，悉寓劝善恤孤之旨；各报馆亦连日登载，鼎力鼓吹，以致敝院获益之多，罄竹难书。无以酬报，特此鸣谢，藉表歉衷。

孤儿院谨启

原载《新民报》第2卷第5期，1915年6月

（十二）上海孤儿院开学纪事

本学期开学于八月十八号。各处欲来院附读者，有二十余人之多。

其间，有小康之家亦愿将子弟送来附读。该院以寄宿无所，且无此办法，一概谢绝。后以该各家属坚请收纳，并愿津贴膳、学各费，不得已，暂允收纳。

又有近镇某教员之妻，新婚不过三月，亦欲附入女院读书。以就学者之多，足证该院教授之美，备受人欢迎。

又，该院所建之新礼堂，名曰“粹德堂”，系夏粹芳夫人捐资兴筑，纪念夏公者也。计建筑费八千金，大约九月间可以告成云。（陶陶）

原载《兴华》第12年第34册，1915年9月1日

（十三）孤儿院照常合办

松江孤贫儿院，由本公会顾念劬牧师发起，经绅董杨了公、朱小鹤诸君之赞成，而合办迄今。多年成迹〔绩〕亦佳。不意去秋因开菊花会事，有犯安息日一则，故步牧决计教会与孤儿院脱离。等情。刻今由发起人及赞成者，从中双方调妥，照常合办，并将院生殷连生、赵烟华二生，送入东吴第四高等学校肄业矣。（仲篪）

原载《兴华》第14年第10册，1917年3月14日

（十四）松江孤贫儿院近讯

惠廉[①]自担任松江孤贫儿院董事以来，自觉才绵力薄，不能多所补助，徒有力不从心之叹。去秋，因开菊花会时，诸董略有意见不合，故此声明脱离关系。今春，又因松地诸绅士之固请，不敢固拂其情，只得勉为其难。

近又经董事会之议决，将院长一席放在惠廉之肩膊上，但自觉力不胜任，只得作将伯之呼，并为院中数十孤贫儿乞命。想阅报诸君，素具热心，慈爱为怀，决不使孤儿无依靠，并请各循环司及宗主弟兄、姊妹极力鼓吹，登高一呼；并请在“小孩日”特开“松江孤儿捐”，惠寄弟处，源源接济，则惠廉幸甚，孤儿幸甚。

再者，院中董事今年共十二位。其中教会六位、教外六位。院中一切事务，大加整顿。

今请诸公再读《马太》二十五章三十四至四十节。（步惠廉）

原载《兴华》第 14 年第 16 册，1917 年 4 月 25 日

（十五）土山湾圣母院手工间调查记略

徐家汇土山湾圣母院中有手工间，专收贫家妇女在内工作。其性质与男子工艺局同，亦为法国教会中人之慈善事业也。手工分刺绣、花边、洗衣、织袜四部，每部均以西妇为主任。入内工作之妇女，每视其能力而为之分配。

能治针黹者，则令其习刺绣、花边、织袜；不能治针黹者，则令其司洗衣。平时在内工作者，有八百余人，天热时稍减。均朝入晚归，不宿焉。刺绣及花边，均由西妇制样，分配于各女工。其出品，多直接销售于欧美。

洗衣间有水门泥〔汀〕制之水槽四，装置自来水管及泄水管，每一水槽可容二三十人之地位。更有极大之蒸锅一，洗时，先将肥皂遍擦衣服上，入锅蒸之；然后，再至水槽洗濯。与洗衣连带者，则有熨贴处、修补处，各勤其事，不相搀越。

---

① 惠廉：步惠廉（William Burke，1864—1947），美国监理会传教士。1885 年，毕业于美国田纳西州的范德比尔特大学。1887 年，来华在苏州传教，后调往松江传教，建立了“同乐堂”教会，筹建了“朱泾耶稣堂”，开办义务学校、英文学塾等，历任松江孤儿院院长、东吴大学董事会秘书、东吴大学“松江圣经学校”校长。1936 年，退休回美。1938 年，重回松江传教。太平洋战争爆发后，被日军遣送回美。

织袜间中，有机器七，以织绒袜及绒衫裤为主。盛夏，则织线袜。

计其四部工作中，以织花边者为最多。而其所获工资，以此为最丰也。

工作之妇女，准将小孩携带入内，另辟一室以居之。室中并备有床帐，以便小儿安眠。惟乳必以时，每隔两小时鸣钟一次，俾各女工入内哺乳，非时不得入也。且规定，在十八个月以内之小孩，准其以时哺乳；若逾此而犹不断乳，则必扣其工资。年龄稍长者，则令其入幼稚园，延保姆为之监护；更长，则令其入女工教室，教以粗浅之女工。六岁以上之男孩，则送入男子部之工艺局。男女不同处也。此所以入内操作之妇女，均能专其力于工作，不至以儿女纷扰减少其工作之时间也。

原载《申报》1917 年 8 月 6 日第 11 版

（十六）松江孤儿院募捐

松江孤贫院素无恒产，全恃募捐以资接济。当时发起者，为教会中人；现下经理者，亦多教会中人。

本月初十日，为松东循环聚四季会之期；预定地点，在华庄福音堂，并开大布道会三日。

先期于初八日，由班牧师柬请该镇绅、商、学各界中人开茶话会，表明松江孤贫儿院经费支绌，敦请量力倾助。一时在座者，均乐赞成，遂各携去捐册数本，异日必有捐款源源接济。

可见人之欲善，谁不如我？为孤儿幸，更当为诸大善士祝福寿无疆焉。（江苏宗飚）

原载《兴华》第 14 年第 50 册，1917 年 12 月 19 日

（十七）朱家角耶稣堂为松江孤儿院募捐

十二月十日，松江东吴大学圣经学校校长步惠廉，偕杨了公先生及孤儿院学生十二名，由松江乘划船到朱家角耶稣堂，特开孤儿院募捐大会。

是日，先由驻堂牧师安迪生、钱洁生发出开会传单，邀请本镇绅、商、学、警各界，下午一钟到堂。

首由安迪生牧师开会，次由松江孤儿院学生唱欢迎歌，钱牧洁生报告宗旨，步惠廉先生演说松江孤儿院经济困难之情形，青浦绅士徐慎侯先生演说“中国人当效美国人之

热心教育”，杨了公先生演说“孤儿之苦况”。

随请各界热心解囊捐助，共计捐得大洋二百余元。步惠廉先生祝福散会。（江苏求己）

原载《兴华》第 15 年第 3 册，1918 年 1 月 16 日

（十八）孤儿院特开演讲会志盛

松江孤儿院一无恒产，全恃特捐，故经费异常支绌。院长步公无法可施，乃共同筹议，特发请柬，于二号下午开演讲会，敦请名人演讲“慈善事业之紧要”，慷慨淋漓，颇为动听。因而大发慈悲心者颇不乏人。还希阅报诸君，慷慨解囊为祷。（松江痴若）

原载《兴华》第 15 年第 11 册，1918 年 3 月 20 日

（十九）上海孤儿院启事二则

（1）启者：敝院于四月一号至三十号，拟开桃花常会一月。凡我基督徒，愿将国货出品陈列或出售，或有古董奇珍借光陈列，以供游客赏览，敬请函示鄙人，接洽一切，不胜感盼之至。上海孤儿院顾念劬谨启

（2）《龙华指南》价目单：每本，洋二角；六本，洋一元；十本，洋一元五角；二十本，洋二元八角；五十本，洋七元；一百本，洋十三元。

原载《兴华》第 15 年第 12 册，1918 年 3 月 27 日

（二十）紧要启事

敬启者：

余自接任松江孤儿院院长以来，情愿不遗余力整顿院务，至今略有头绪。惟数十孤儿，嗷嗷待哺，经济殊属困难。况值此米珠薪桂之时，凡事尤形棘手，是以不得不作将伯之呼[①]。尚乞弟兄姊妹，以爱主之爱，爱及孤儿，或复活日、孤儿日、小孩日，专为孤儿院慷慨捐助外，并望多方向诸大善士提倡、劝募，以助余一臂之力，则感

---

① 将伯之呼：意为求人帮助。

甚矣。

松江孤儿院院长步惠廉启

原载《兴华》第15年第14册，1918年4月10日

（二十一）（松江）育婴近状略志

本邑育婴堂田产既巨，积款尤多。旧时，仅雇乳母数十人及分设接婴堂数处。近年来，于堂之东西先后设立广育院、幼稚园各一处。

广育院，专收贫家子弟，教以竹木、缝纫等工。办理以来，卓著成绩。

幼稚园，则延请保姆，专事教养，内容亦颇可观。

自有此两处机关之添设，而该堂常年收入亦所余无多矣。去岁田租歉收，该堂损失颇巨，加以乡民因频岁荒歉，不能自育其子。故去岁一年中，该堂收抚婴孩至一千三百余人，较之往年几多三分之一，因之，育孩费亦随之俱增。闻该堂因歉收及孩数增多之故，致耗去历年积款四五千金云。

原载《申报》1919年4月2日第7版

（二十二）徐汇公学救济土山湾孤儿院

徐汇公学为救济土山湾孤儿院，一月四日下午二时，在校中礼堂特开游艺会，演法文、中文剧各一曲。中间，由土山湾音乐队奏乐。每次闭幕，出售点心，入款统归孤儿院，共得一百五十余元。来宾到者，共有八百余人之多，极盛一时。入场券，每位二元，共售出千余张。

原载《圣教杂志》第9卷第2期，1920年2月

（二十三）慈幼院之储才

近来，北京慈善教育事业颇为发展。闻最近又有慈幼院之创设，院址在京西香山园内。该院内分男生、女生两部，专收家计贫寒、无力教养之子女。

取录入院以后，所有一切教养诸费统由院中供给，并教授各种职工，俾该生成人后，

得以营谋独立生活。院长施今墨[①]，为人亦诚恳、精勤。造福于一般贫苦儿童，即将来造福于社会、国家，诚近来新事业中之最可庆幸者也。

现该院业已订就招生章程，不日即可开校；并闻该院为预备将来教材起见，特资送专门毕业学生三人，留法学习铁工、机械、建筑专科，不日即行首途赴法，并请俭学会[②]为之照料一切云。

原载《北京实业周刊》第 20 期，1920 年 5 月 27 日

（二十四）最近落成之北京慈幼院

（原三幅图，均由于模糊不清而略去——编者注）

图 1 说明：北京香山之慈幼院，系熊秉三等集资建筑者。本月三日行新院落成礼。此图系该院前部之一部分。

图 2 说明：在院留养之儿童，分男女两院收容。读书以外，又教以各种手艺。此图系该院儿童之一部分。

图 3 说明：此系院中留养之女孩，有女师教导。

原载《申报》1920 年 10 月 9 日第 6 版

（二十五）上海孤儿院圣诞志略

上月廿五日，本院聚庆祝礼拜。旋有中国青年会中学校诸君到院，发给男女孤儿食用等物，诸孤儿同声感谢。

---

① 施今墨（1881—1969）：原名毓黔，字奖生，浙江杭州萧山人。早年肄业于山西大学堂、山西法政学堂、京师法政学堂。自学中医，并以此名家。中华民国成立后，一度出任湖南省教育厅厅长。1917 年，应熊希龄之聘，出任香山慈幼院副院长，后任“中央国医馆”副馆长。著作有《施今墨临床经验集》。

② 俭学会：全称“北京留法俭学会”，由吴稚晖、汪精卫、李石曾、张溥泉、张静江、褚民谊等发起，于 1912 年成立。会长李石曾，负责人齐如山，会址设于北京东城方家胡同。旨在推进留法勤工俭学运动，并通过设立预备学校，提供咨询、介绍和照料等，为赴法俭学学生服务。

午后三时，有博士王正廷[①]君，偕同美国慈善团男女西人多位，乘坐气〔汽〕车，兼扮一圣诞老人，至院发给三百孤儿每人爱国布衣料一件，以及食、用、玩物等品甚多。

本院开会欢迎新银团[②]代表施蒂文君演说。大旨以为，此院纯系华人自立，故余等来此分送物品。次由院董王一亭君答谢。六时半，为该院同乐会，由汤聘臣君主理。除唱诗、祈祷、游戏、国技、魔术、苏滩、双簧外，最后赠食品、演新剧，蔡院长祝福散会。（汤聘臣）

原载《兴华》第18年第1册，1921年1月12日

（二十六）香山慈幼院来函

敬启者：

本月九号，为香山慈幼院第一周年纪念日。欢迎各界诸君前往参观，指导一切。所发请柬恐有未周，兹特送上空柬五份，敬祈代邀贵校诸君。有费清神，无任感祷。

熊希龄启

原载《北京大学日刊》第860号，1921年10月7日

（二十七）为孤儿院征求圣诞节的供献

龙华上海孤儿院，本年风雨成灾。所植盆景，淹没殆尽，菊花例会，难以举行；预算度支，异常奇绌。

兹以圣节在迩，棉衣、鞋帽，在在应需。该院院长要求，各埠教会、中西兄姊，在

---

① 王正廷（1882—1961）：原名正庭，字儒堂，号子白，浙江奉化人。早年就读于宁波三一书院、上海中英中学、天津北洋西学堂。1907年，赴美国留学，在密歇根大学和耶鲁大学研究院深造。1911年归国，历任黎元洪都督府外交司司长、唐绍仪内阁工商部次长。后赴上海，任中华基督教青年会全国协会总干事。后历任参议院副议长、军政府外交总长、中国大学校长、南京国民政府外交部长等职。为中国知名外交家。又是当时中国著名的体育领导人之一，积极倡导体育救国理念，推动中国的奥林匹克体育运动，被称为“中国奥运之父”。著作有《王正廷博士演讲集》。

② 新银团：第一次世界大战后，由美、英、法、日四国合组的专揽中国贷款的国际银团，正式成立于1920年10月，实为帝国主义“经济侵华”的工具。

圣诞节期，为主耶稣供献一些捐款，或衣、食、物等品，无论多寡，该院一律欢迎，俾得接济冬寒之需。

一面再向各界男女慈善士女分投化募，以续男女学校经费。

原载《兴华》第18年第45册，1921年11月16日

143 有关蒙养园办理辑佚

1912—1922年

题 解 本篇系各种报刊发表的有关蒙养园办理的辑录。各条依时序编排，均保留原发表时之题目。各条均不作题解，仅进行文内注释，并在文后交代出处。

有关蒙养园，参见前文《有关蒙养园指令或规章辑佚》题解。

（一）学事一束・教育会类志・湖南

长沙女界志士，近日发起湖南女教育会，以“联络女界同胞，研究教育进行，共图教育统一”为宗旨。暂借省城永庆街公立女子师范学校为事务所，拟定应举之事项。如改良家庭教育、扩张实业教育、开设保姆讲习所、开办女子演说会、组织女子阅报社、设立成绩展览会诸事。（后略）

原载《教育杂志》第4卷第1号，1912年4月10日

（二）边地之学务

藏番内属垂三百年，文字、语言尚未同化。前清光绪三十三年，设学务总局于巴塘，将学务〔分〕为五路，路再分区。

凡有设治委员之处，设初等小学一所、官话学堂若干所。

据上年报告，已设男女学校一百六十余所。内计高等小学一，初等小学十八，官话学校一百一十二，女子初等小学三，女子官话学校十八，实业学校三，专门通译学校三，

男幼稚园二，女幼稚园二。男女学生，凡四千三百七十三名。

入学制度，多主强迫。惟番民脑筋单简，进步甚速。教习有自关内聘往者，有将谙悉番语之号书塘兵改充者。其全部分之常年经费，现以六万金为率。

原载《申报》1912年5月1日第3版

（三）近闻·学务类志

中国幼稚园之设，多因教习乏人，故于苏州特开一幼稚园学堂，以养成此等教习。其校即设于慕家花园，因〔园〕内有新建房屋，甚为完备。

然始创之第一幼稚园，则在北京。

而福州亦于十六年前开办，乃一由美毕业之中国女士管理。

江西南昌之幼稚园，亦系由美回华之谭女士①经营。

现今各省多有接续开办者，半皆教会学堂中人经理，或由东洋毕业而返者。故今上海教会均有此校，可见热心教育不乏其人。

闻有粤东某夫人，现拟另办一广东幼稚园。其志愿更宏矣。

原载《女铎》第1卷第2期，1912年5月1日

（四）学事一束·金陵之学校观（节录）

（八）忠裔学校专教授此次民军中殉难诸义士之后嗣、弟侄，不收学费。本以旧两江师范之附设中小学为校址，现黎副总统②有改设武昌之议。

原载《教育杂志》第4卷第2号，1912年5月10日

---

① 谭女士：谭翊（1881—1922），又名谭义怜，生卒年未详，江西九江人。早年入教会所办桑林书院，毕业后，接受教会资助，赴美留学，毕业于密苏里州沃伦顿“美以美会中央卫斯理大学”。归国后，任江西南昌葆灵女学副校长。后主持该校附设“葆灵幼稚园”，并兼任该园园长。其后，又于教友吴叔同家中分设幼稚园。

② 黎副总统：黎元洪（1864—1928），原名秉经，字宋卿，湖北黄陂人。早年毕业于北洋水师学堂。武昌起义后，被推举为湖北都督。时任中华民国临时政府副总统兼领鄂督。

（五）学事一束·湘省学界大恐慌

湘省军界之对于学界，久有恶感，以为反正时，系发难于军界。而现在，各行政机关多为学界所占据，颇有不服。

自日前长沙小学劈毁神像，经军界迭次打毁后，城厢内外陡起军界仇视学堂之谣言，致各校学生大相惊扰。军界闻此风闻，遂特派遣多人至各校巡逻稽察，意在保护。各校反为误会，一见军士到门，即已纷纷走避。

闻周南女校[1]女生五百余人及私立某女校，均避一空。其公立第一女子师范并附属蒙养院，于军士入校时，各女生惊惶万状，竭力奔逃，人多拥挤，街巷填塞，至有以数千文觅一肩舆而不可得者。（后略）

原载《教育杂志》第4卷第4号，1912年7月10日

（六）幼稚园、两等小学教育成绩品展览会

在上海棋盘街敝公司总发行所二层楼上，阳历七月十九日、二十一日，招待男宾；二十日，招待女宾。每日午后，自一时起至七时止。学界诸君欲惠临展览者，请至敝公司发行所展览会招待处取入览券。

上海商务印书馆谨启

原载《申报》1912年7月19日第1版

（七）苏州幼稚园师范学校广告

本校准于阳历九月十日，即阴历七月廿九日开学。有志来学者，请至苏城慕家花园救世堂金振声女士处报名。所有详细章程，来校取阅、远处函索，皆可。

原载《申报》1912年8月27日第1版

---

① 周南女校：湖南知名私立女学。1905年，由朱剑凡创设于自家私宅。其后毁家兴学，捐银近12万元，将该校升格改办为周南女子师范学堂，附设小学和幼稚园，通称周南女校。向警予、蔡畅、陶斯咏、丁玲、劳君展、曹孟君等，均为该校毕业生。

（八）谢赠

上海女中学校附属善初小学、城西幼稚园、幼童学校，定于十一月三日午后，在高昌庙幼童学校开运动会。承赠入场券两纸。

新西门外贫民习艺所，定于二日起五日止，举行开幕大会，兼为光复纪念，特设种种点缀品，以彰其盛。承赠入场券六纸。（后略）

原载《申报》1912年11月2日第7版

（九）幼稚园之落成

汀州风气闭塞，女校阙如。丙午春，有伦敦会女教士明懿德①，仁爱为心，梯山航海，到汀创办女学（此校乃有汀以来之绝无仅有者），择城内之横冈岭为校舍。现在，女生共计七十余人。缘以宿舍太少，大有人满之虑。明教士心焉忧之，复与〔于〕校之右畔，加筑学校一所，名曰“幼稚园”，已于日前告成。决俟明年招集幼生，扩充办法。则今日之幼稚园，实为他年吾汀女界昌明之发祥地也。（福建，素爱氏）

原载《通问报·耶稣教家庭新闻》第528期，1912年12月4日

（十）上海城西幼稚园开学记

西门外生生里城西幼稚园，于前日上午开校。计学生已到者，有三十余人。该校为私人创立，并不在外募捐，成效卓著。去年全年经费，共不敷洋七百余元，均由发起人筹垫焉。本年因报名者众，推广校舍，尚有余额可补。膳宿皆便，均取费极廉。

原载《教育周报（杭州）》第2期，1913年4月8日

（十一）创办幼稚园

（河南）有邓、卞二君，因为省城里中小各种学校虽然很多，而幼稚园还没有人创设，实是缺点，就邀合同志，想办一个幼稚园，陶养儿童性质，养成完全国民。现在正

---

① 明懿德：女，生卒年未详，英国伦敦会传教士。1903年，奉派来福建汀州传教。1906年，主持创设华英女学，开风气之先。1913年，于女学中附设幼稚园，招收教徒子女及邻近幼儿50名左右，分大、小2班，另聘保姆2名，使该园得以规范办理。

在筹备一切，一俟妥贴，就呈请教育司立案。

原载《通俗教育报》第136号，1913年4月16日

（十二）学事一束·学校毕业汇志·上海城西幼稚园

前日，西门外城西幼稚园第一次幼稚生毕业。男女来宾，到者甚盛，并由毕业各生唱校歌、暑假歌，朗读课文，演讲国文及跳舞游戏、图画游戏、算术等。成绩异常优美，并由发起人龚君[①]给凭。

龚君并对于各保姆致谢词。大旨谓，幼稚园之保姆责任甚重，吾国教育程度尚在幼稚，以致政界、社会各界无不幼稚，仅藉少数有道德、有学问之人主持其间。此少数人，皆民国之保姆也。欲此民国之保姆将来能息仔肩[②]，端赖幼稚园之保姆将幼稚青年造成伟大人物，布满于政界及社会各界，然则幼稚保姆之责任，不綦重乎？等语。

次由主任保姆袁君分给奖物，各幼稚生无不笑逐颜开云。

原载《教育杂志》第5卷第5号，1913年8月10日

（十三）视察第一区学务总报告（二年八月）（节录）

（直隶省）乙、普通教育·蒙养园

蒙养园，天津县立一处，园内景物布置尚雅。清苑全省女学校内，附属一处，游戏室亦颇整洁。两处儿童，均不过二三十名。此种教育，甚不发达。

（奉天省）乙、普通教育·蒙养园

就所见各校，省城女子师范学校内，附设蒙养生五班。保育、游戏各室，布置尚好。南关女子小学内，亦附设蒙养生数班，设备略同，但室稍狭小。各保姆多系从前省城保姆讲习所毕业。彼时毕业人数无多，以又未续办故，扩充此种教育人才亦不足用也。

原载《教育公报》第1年第1期，1914年6月28日

---

① 龚君：城西幼稚园创办人龚子英。

② 仔肩：所担负的任务或所承担的责任。

（十四）学事一束·开会类志·无锡竞志女学

无锡竞志学艺会，本届为第八次开会。此次演习之种类，共有八十余种之多。

其秩序，为国歌、学艺会歌、欢迎嘉宾歌、领班生述开会词。

以下演习种类，大别之为修身、国文、教育、法制、经济、家政、手工、历史、地理、算术、理科、英文、乐歌、书方、黑板画、铅笔画、毛笔画、水彩画、写生画、普通操、应用操、行进法、方舞、列舞、竞争游戏、唱歌游戏等。其中，以方舞、列舞、行进法、应用操、油画、水彩画，成绩最为优美。蒙养班之唱歌、游戏，颇饶天趣；英文班之读法、讲解，尤朗朗成诵，剖解明晰。其余各科，亦均圆满无疵云。

原载《教育杂志》第5卷第9号，1913年12月10日

（十五）九江儒励女书院幼稚园（1914年3月23日）

二十三日午前七时半，南伟烈学校[①]校长库非思君、学监胡其炳君演说。校为美以美会立，旧称同文书院。高屋广场，学生近三百人……其旁尚有两女学焉，皆“美以美”所立，宏敞称是。一为儒励女书院[②]，专收未嫁者，分中学、高等小学、初等小学，均四年毕业。另设幼稚园。

黄炎培：《考察中国教育日记》，商务印书馆1916年1月版，第60页

（十六）南昌葆灵幼稚园（1914年4月9日）

参观葆灵幼稚园，幼稚生二十人，保姆谭女士，留美习教育毕业者。助手一人，为葆灵女学毕业生。所用方法与其态度，一望知其曾习保姆，断非他处幼稚园举止生硬、兴味干燥之女管理员可比。所憾者，多用英语唱歌，施于中华民国之儿童，非所宜也。

黄炎培：《考察中国教育日记》，商务印书馆1916年1月版，第101页

---

① 南伟烈学校：知名教会学校。1867年，由美国基督教美以美会创设于江西九江，初名埠阆小学。1885年，升格改办为九江同文书院。1905年，更名为南伟烈书院。中华民国成立后，更名为南伟烈学校。方志敏、饶漱石曾肄业于该校。

② 儒励女书院；知名教会女学，属基督教美以美会。1873年，由美国女传教士昊格矩（Gertrude Howe，1846—1928）主持创设，初设于九江城外江边土桥，1876年迁入城内南门口新址，定名为“桑林书院”。1907年，更名为儒励女书院。

（十七）粤省搜捕党人近讯·搜检女子师范学校[①]

大石街女子师范学校，附设有保姆传习所。其所长廖冰筠[②]，东洋高等师范毕业，而廖仲恺之妹也。日来有侦探谓其与党人暗通消息，借学校为机关。

月之初五日，女校开春季运动会，请派警兵到校保护。维时，已有警员到校，诘问师范校长刘华林，是否有所长廖某暗通党人。校长刘华林答曰："无之。如不信，可请密派人到校搜查，但不宜派军队。恐军队一至，女生惊恐，骇散易而召集难，于学堂关系不少。"

至初九日，由警厅派员，会同教育司课员到校，出其不意，搜检廖冰筠之住室。搜阅书函，均无证据，只得一条纸，书有"罗织党人，枪毙无辜"八字。各员以此纸似不足以为证据，特用电话报知龙督[③]，请问如何办法。龙督以"妇女无知，姑不深究"，始无事。

惟廖冰筠因处嫌疑地位，现辞保姆所长矣。

原载《申报》1914年4月19日第7版

（十八）杭州省立女子师范学校附属蒙养园（1914年5月19日）

参观省立女子师范学校。是校甲辰年创立，初系私人组织，后改公立，曾加简易科保姆班，毕业各四次。

现有本科一年、二年及预科，共三班；又，讲习科两班。全校百八十余人，均寄宿。附属小学，高等三学年，初等四学年，均全，共二百八十余人。高等专收女子，初等男

---

① 女子师范学校：广东省立广州女子师范学校。其前身为1907年创设的"广东官立女子初级师范学堂"，并于次年附设蒙养院。中华民国成立后，增设保姆传习所，任廖冰筠为所长。该校开广东女子教育、学前教育和幼师教育之先河。

② 廖冰筠：女，生卒年未详，广东归善人，廖仲恺的胞妹。早年留学日本，入东京高等师范学校，学工艺美术。加入同盟会，从事革命活动。1912年，任广东省立女子师范学校附设保姆传习所所长。1921年春，重回女师任校长，改革校务，废监学制，设教务主任，使校务一振。同时，兼任国民党中央妇女部部长。1925年廖仲恺被刺后，退出政坛。

③ 龙督：时任广东都督龙济光（1868—1925），彝族世袭土司，字子诚（紫宸），云南蒙自人。历任广西边防济字营统领、广西右江道、广西提督、广东陆军第二十五镇统制。武昌起义后，被迫宣布广东独立。袁世凯当政后，任广东都督兼民政长，并授陆军上将衔。仇视革命，屠杀革命党人。

女兼收。附属蒙养园，有生三十余人。

凡师范管理员、附属小学主事及教员、蒙养园保姆，多系本校毕业生。

参观蒙养园游戏、唱歌，保姆绝不与幼生同动作，进退用口令，不用琴。因此，精神未能十分发舒。

原载黄炎培：《考察中国教育日记》，商务印书馆1916年1月版，第193页

（十九）西门外生生里城西幼稚园招收新生

凡年在五岁以上、九岁以下，不论男女，均可报名入园。现已开学。欲知详细章程者，可向江苏省教育会及本园索阅可也。

原载《申报》1914年9月13日第4版

（二十）旅沪广东幼稚舍披露

本舍于乙卯年起，添设幼稚师范科一班，定额十五名。有志来学者，请向北四川路宜乐里后本舍取阅详章及报名可也。阴历十二月念三，截止报名，念五日投考。

旅沪广东初级小学暨幼稚舍启

原载《申报》1915年1月9日第1版

（二十一）蒙养院与教养院

海宁县知事刘慰仁，自莅任以来，对于教育一端非常注意。现拟于抵补金特捐[①]项下，每年拨银一百六十元，开办县立第一蒙养院。日前拟具简章，详请省使立案，当经批准照办。日来正规画一切，不久即可开办矣。

南浔徐君一冰[②]，十年前曾创办蒙养学塾。继而往沪，组织中国体操学校及南洋女

---

① 抵补金特捐：亦称抵补金县税。各县税率不同，大体每石附加0.1元至0.5元不等。

② 徐一冰（1881—1922）：原名益彬，又名逸宾，浙江吴兴南浔（今属湖州）人。早年赴日留学，入大森体操学校。1907年归国，任教于上海爱国女校、湖州旅沪公学、民立中学、中国公学等校。还与人合创中国体操学校，并长期担任校长。1914年，主持创办《体育杂志》和《体育界》。为中国体育的倡行者之一。本文中的贫儿教养院，即徐一冰毁家兴学创办的半工半读的南浔贫儿教养院。

子师范学校，办理颇为得法。南北奔波，无非实心办学，以期达教育普及之目的。近见一种贫儿失于教养，特发起慈善之愿，乃竟出卖家产，创办贫儿教养院。其热心，实世所罕见，一时口碑载道，称颂不置。

原载《教育周报（杭州）》第 75 期，1915 年 3 月 7 日

（二十二）商务印书馆家庭教育、幼稚园必用之书

（1）《五彩精图方字》，一盒八角；（2）《五彩看图识字》，二册二角；（3）《五彩加法盘》，一份一角；（4）《五彩九九数盘》，一册一角；（5）《五彩家庭教育画》，三份各七分；（6）《五彩儿童教育画》，已出四十九册，各七分；（7）《童话》第一集每册五分，第二集每册一角；（8）《五彩习画明信片》，四册各一角；（9）《美术明信片》，彩色三分，单色二分；（10）《幼稚作法》一角，另有《教授法》一角；（11）《幼稚识字》，二册二角；（12）《幼稚识数》一角二分，另有《教授法》一角二分；（13）《幼稚唱歌》，二册三角；（14）《幼稚游戏》，二册二角；（15）《少年丛书》，已出十二册，各一角；（16）《少年杂志》，已出一册，每册八分，全年八角；（17）《新说书》，已出二集，各二角；（18）《新社会》，已出三集，各二角。

原载《申报》1915 年 6 月 10 日第 15 版

（二十三）幼稚园毕业志盛

六月十九号星期六下午三时，为松江慕卫女塾[①]附属幼稚园毕业之期。来宾甚众，户限为穿。学生成绩优美，良由主任郑女士之刻苦经营，致有今日，不禁为松江前途贺。

是日下午开会，先由李保如君主席宣布开会宗旨；唐女士钢琴独奏，幼稚生游戏与唱歌；次为郑女士演说“幼稚园之历史及其重要”。演说毕，由安迭生君与唐女士合奏西乐，次幼稚生演“卖梨”与“竞球”二种游戏。其中，尤以竞球为最有趣味。游戏毕，继之以幼稚生唱歌，音韵浏亮，令人闻而忘倦。

---

① 慕卫女塾：知名教会女学。1907 年，为纪念卫尔逊会督以夫人名义捐资八千金以资助办学，遂更名为“慕卫女塾”。校址位于松江县城九曲弄。其前身为“松江圣经学校”附设的女学，系由美国监理会女传教士华德治（G. Waters）所创。

次程芹香君演说；又其次，幼稚生扮演以利沙伯[①]故事；再后，为松江蒙养院附设之幼稚生唱歌，声调靡曼，甚为悦耳。又有来宾顾稼轩、陆规铭演说；继由慕卫女塾学生唱歌毕，由郑女士授给证书，胡钟奇君祝福散会。（松江，子贤）

原载《兴华》第12年第26册，1915年7月7日

（二十四）纪广东小学之游艺会

北四川路宜乐里后广东初级小学暨幼稚舍，于本月十号下午二时，假神州女学举行游艺会。男女来宾，约五百余人。其开会秩序如下：

（1）校歌;（2）舞蹈游戏;（3）国文背诵;（4）休业歌;（5）卖报童;（6）表情游戏;（7）幼稚园;（8）学求〔求学〕在我;（9）唱歌;（10）国镜;（11）表情唱歌;（12）鼠族大会;（13）响铃体操;（14）给奖。

所演各节中，以第五节之“卖报童”、第十节之“国镜”，最能引起吾人爱国观念。初级十龄男生陈应星演说“亡国惨痛”，亦颇畅发。第七节“幼稚园”表演者，为四五岁之幼稚生，天真烂漫，颇有可观。所演手工、唱歌，亦能有条不紊。

闻该校本届共有儿童一百二十一人。惜经费不足，几有中辍之议。嗣为粤绅韦禄泉、黄伯平得悉，以该校教授、管理均能合法，若听其中辍，颇为可惜。爰特约同伍廷芳、陈辉廷、欧阳星南、陈可良、唐仲良、潘澄波、赵灼臣、甘翰臣、陈礼陶诸君，各捐一百元；梁诚谦、潘俭裕堂、陈礼陶太太，各捐五十元以维持之云。

原载《申报》1915年7月15日第10版

（二十五）松江游艺会开会

长寿桥南育婴善堂附设之蒙养院，二十三日开第二次游艺会。虽天气酷热，而男女宾往观者，络绎不绝。（后略）

原载《申报》1915年7月25日第7版

---

① 以利沙伯：《圣经》中的人物，为耶稣母亲玛利亚的表姐，为祭司撒迦利亚之妻。该夫妇长期无子，后因感动圣灵而得爱子施洗约翰。

（二十六）山东省立第二女子师范添设蒙养园

济南南关省立第二女子师范学校，详准添设蒙养园，日前已布告招童在案。

兹闻该园男女幼童，近足额一百四十余名，已经该校长合同职教员等将各童班次、园具布置妥协，于本日（二十九日）午前九钟举行开园式。

昨已刊印公函，通告各童父兄及教育界同人，均请于是日莅校指导、参观。

原载《申报》1915 年 12 月 2 日第 6 版

（二十七）日人将在北京筹设学校

闻日人近来欲于中国各地设立学校，而尤注意于北京。

有末永节氏者，日前来京视察一次，有在京设置中学校之计划。定资金二三十万元，欲择北京适当之地为校址，以日语教授普通学科，为升入日本内地大学及专门学校之预备。

又拟仿南满医工学堂[①]附设之小学校、幼稚园办法，在京亦设立小学校、幼稚园。现末永节氏正在招集同志，经营是举。

原载《申报》1915 年 12 月 20 日第 5 版

（二十八）南越女学

（上海）武昌路粤侨所设之南越女学开办数载，校务日臻妥善。所定学额恒为之满。兹该校员董，为培植女界起见，特于本届大加扩张，并添设幼稚园及文学、刺绣各科，以宏造就。

原载《申报》1916 年 2 月 6 日第 10 版

（二十九）幼稚生举行毕业

苏州市立第一幼稚园开办已届二年，学生颇能整齐而兼活泼。日昨，该园开会举行毕业式，来宾颇多。

其开会秩序如下:（1）报名（方雅南君）;（2）玩物歌（幼稚生）;（3）花圈体操

---

① 南满医工学堂：南满医学堂，为日本人在中国东北开设的殖民学校。开设于 1911 年，校址位于沈阳。

（幼稚生）；（4）奏琵琶（司马德君）；（5）四肢运动游戏（幼稚生）；（6）来宾演说（蒋受之、文乃史二君）；（7）蝶闻花香（幼稚生）；（8）奏乐（施密德夫人）；（9）演习士农工商兵（幼稚生）；（10）给毕业证书（方雪元、顾来英、汪文兰、马桂宝、蒋满金、桑增淦）；（11）幻术（陆寄社君）。

所演各节，均极纯熟，观者鼓掌。散会时，已傍晚矣。

原载《申报》1916 年 6 月 16 日第 7 版

（三十）南通第一幼稚园之内容

是园设于育婴堂内，按幼稚生之年龄分为若干组。每组由保姆一人或二人监护之。授课时分两组，以二保姆司教授，一保姆助理之。保姆为人颇和蔼，且能殷勤监护。识者咸谓该园将来成效必大有可观云。

原载《中华妇女界》第 2 卷第 6 期，1916 年 6 月 25 日

（三十一）启秀女学举行毕业礼预志

北四川路宝兴路启秀女学校，于六月二十九号（礼拜四）下午四时，举行休业礼。三十号（礼拜五）下午四时，举行第二次中学四年级毕业式，并由中学高初等及幼稚园各级学生试演成绩。已发柬邀请各界观礼矣。

原载《申报》1916 年 6 月 27 日第 11 版

（三十二）城西幼稚园举行毕业

上海西门外生生里城西幼稚园，系袁松筠女士所创办，数载以来，成效卓著。兹届第一班幼稚生毕业，特定于七月二号星期日下午二时，在江苏省教育会举行毕业式，并请名人演说关于幼稚教育之教授、训练、善护各问题。凡关心幼稚教育者，盍往观之。

原载《申报》1916 年 7 月 2 日第 10 版

（三十三）晏摩氏女校[①]招生

本校设在上海北四川路一百七十六号，分授中学、高等、初等、幼稚园各级科学。择于新历八月三十号（即旧历八月初二日）开学，并于是日考验新生。凡有志向学者，请随带报名费二元，速来报名可也。幼稚生报名费一元。此布。

原载《申报》1916 年 8 月 3 日第 4 版

（三十四）按月讲演会纪事

本会于三月四、五两日，连开讲演会，均于午后二时起。

四日讲演者，为柯乐克夫人[②]，讲“蒙铁梭利教育法”，由郭鸿声[③]君译述。计分三节：第一节，蒙氏教育法之历史及其说明；第二节，蒙氏教具之说明；第三节，蒙氏教育法之评论。本本原原，独标心得，听者咸为赞许。讲至五时而止。

是日，有商务印书馆将改定、仿制之蒙氏教具来会陈列，任人流〔浏〕览。

五日，为前任北京国立医学专门校长汤尔和先生，演讲妊娠产褥及婴儿保育法等。共分三节，皆极有经验之言，于蒙养前途裨益匪鲜。

两日男女宾来会听讲者，均四百余人云。

原载《教育研究（上海）》第 28 期，1916 年 8 月 20 日

（三十五）寰球学生会明晚演讲幼稚教育

寰球中国学生会订于十八日（本星期六）晚八时，请张鹤君夫人演说“幼稚教育之紧要”，同时并请马清渠夫人演讲“教授幼稚生之经验”。

张夫人系日本长崎活水女学校[④]幼稚师范科毕业，曾赴美国调查幼稚教育事。回国后，充上海晏慕氏女学附设幼稚园主任。马夫人为苏州慕家花园幼稚师范学校毕业生，

---

① 晏摩氏女校：知名教会女学。1897 年，由美国南浸礼会创设于上海老北门浸会堂，时名“桂秀女学”。次年，美籍西门夫人晏摩太捐建四川北路校舍一幢，遂改名“晏摩氏女学”，现为上海北郊中学。

② 柯乐克夫人：亦译作“柯乐恺夫人”，参见前注。

③ 郭鸿声：郭秉文。

④ 活水女学校：日本知名女学。1879 年，由美国女传教士拉塞尔创设。1981 年，升格改办为长崎活水女子大学。

现为上海培真幼稚园主任。

按：幼稚园为教育儿童之所，东西各国无不视为极重极要之事，提倡之不遗余力。吾国虽有热心之士出而提倡，然未曾普及全国。张、马二夫人关心幼稚教育有年，经验甚深。届时演讲，并携幼稚生来会试演各种恩物，极有可观云。

原载《申报》1916 年 11 月 17 日第 10 版

（三十六）山东省立第一女子师范学校附属蒙养园

蒙养园设在校外，即在校长家中，未及参观授课。设备上颇具匠心，课程分谈话、手技、音乐、游戏、识字。

原载《京师教育报》第 36 期，1916 年 12 月 15 日

（三十七）江苏通县县立女子师范学校附属小学校及幼稚生

晤校长范姚蕴素[①]君及学监、蒙养园主任等。

高小一、二、三年各一级，国民一、二、三、四年各一级；幼稚生在本校者一级，在校外仍有两处。学生高小，年纳八元；国民，年纳四元；幼稚生，年纳一元。宿膳费同师范。

参观国文、算术、体操等课。幼稚生分三组：一游戏，一识字，一复习熟字。学生活泼，遇客彬彬有礼。

幼稚园系新建筑，计用洋四千余元，为张詧[②]君之夫人杨氏独力捐筑。热心地方教育事业，实堪钦佩。

原载《京师教育报》第 36 期，1916 年 12 月 15 日

（三十八）江苏武进县立女子师范学校附属蒙养园

蒙养生一级。……蒙养生作谈话，保姆两人，至有兴趣，学生活泼。为蒙养生设备

---

① 范姚蕴素：姚倚云（1864—1938），女，以字行，丈夫范当世。安徽桐城人，为姚鼐后裔、著名诗人。任南通女师校长 15 年，对该校建树颇多。著有《蕴素轩诗稿》《沧海归来集》。

② 张詧：张謇三兄。

恩物及游戏具，应有尽有；室外空地，预备练习种植。

原载《京师教育报》第36期，1916年12月15日

（三十九）浙江省立第一女子师范学校附属蒙养园

蒙养生两组。全年用费约七百五十元。参观时，甲课环排，乙课竹排。教员两人，每人月俸十六元。学生年纳费一元四角。

原载《京师教育报》第36期，1916年12月15日

（四十）广东小学

北四川路宜乐里后广东小学，原名广东幼稚园。于民国元年，由唐金铃①、关素梅②、陈鸿璧诸女士创设，推举陈鸿璧为校长。办理数年，成绩昭著。惟所收学费甚微，全赖筹款补助。故经费一节，屡见支绌。

今年暑假，因幼稚生毕业，要求增设小学，俾便继续求学。校长不得已，俯允其请，即于暑假后改设两等小学，仍将幼稚园附入。

然因添筑讲舍、增聘教员，需款更浩，经费比前倍形竭蹶。经校长再四筹措，几于无法维持。学生睹此情形，深虑停闭，特于月前商准校员趁阳历年假开一游艺会，发售助学券，请人观览，冀得券资补助经费。

遂于正月一、二两号，假座青年会为会场，购券参观者，人数极众。楼上楼下，均无容足之地，洵极一时之盛。

原载《申报》1917年1月5日第10版

① 唐金铃：女，生卒年未详，祖籍广东香山（今属珠海），生于上海。其父唐杰臣，为第四批留美幼童。归国后，创办上海自来水公司、运河航船运输公司等实业，为上海商业会议公所总董。其姐夫，为著名外交官施肇基；其丈夫，为黄文龙。武昌首义后，参加“女界协赞会”，任“女子经武练习队”评议部长。中华民国成立后，任“神州女界协济社”会计。

② 关素梅：女，生卒年、籍贯未详。时与唐金铃等一起，共组女子同盟会、女界协赞会、神州女界共和协济社、国民捐劝导会等社团，支援辛亥革命，并倡言妇女解放。

（四十一）南昌运讯·幼稚园之分设

美以美会设立北门城外之葆灵女学校内，本附设有幼稚园一所，由谭女士翊主任。开办以来，嘉惠儿童实非浅鲜。

现谭女士以北门城内尚有多数幼孩，因地点相距太远，来园就学，往返诸多不便，甚为可惜。故特商诸会友吴叔同君，拟在伊家中分设幼稚园，以便收罗附近之幼孩。

当经吴君慨然允许，现已有男女幼孩十余人报名，由谭女士派妥教习，前来上课矣。（江西，余约翰）

原载《兴华》第 14 年第 11 册，1917 年 3 月 21 日

（四十二）定期举行恳亲会

（松江）育婴堂附设之幼稚园，择期夏历三月十六日午后一时至五时，假座醉白池雪海堂举行恳亲大会，藉联情感，并试演各种游艺。业将开会节目及入览券等陆续印就，分送各学校、各机关，请届期到会参观。

原载《申报》1917 年 5 月 5 日第 7 版

（四十三）恳亲会志盛

（松江）育婴堂附设之幼稚园，今日（六号）在醉白池雪海堂举行恳亲大会，男女来宾多至二千余人。

李县长、那警佐及县署一、二、三、四科主任刘邵顾庄四人，并县视学倪伯英等，均到会参观。会场除有警卒维持秩序外，尚有陆军多人，荷枪弹压。

雪海堂前高筑彩棚一座，为学童演艺之处，棚前悬有柏枝长联。学童年龄均在十岁以下，所演各节颇活泼可观。

演至中间，并由县署第三科主任顾稼轩、县视学倪伯英、第一区学务委员吴子祥，先后登台演说，颇极热闹。

原载《申报》1917 年 5 月 8 日第 7 版

（四十四）培真幼稚园暑假毕业预志

本月二十六（即阴历初八日），为北四川路横浜桥北培真幼稚园举行暑假及第二次

毕业。是校有男女幼稚生四十五人，以五六龄童居多数，系马清渠女士创办。

届时，由张保初君演说。业由女士备券，分致学界并诸生家长驾莅参观。

兹将开会秩序录下：（1）报告开会；（2）英文欢迎歌；（3）演说园史；（4）贸易歌；（5）跳舞；（6）改良歌；（7）洗面游戏；（8）圆圈游戏歌；（9）授证书；（10）毕业歌；（11）给奖；（12）花圈；（13）扇子游戏操；（14）橄榄案故事；（15）散会。

原载《申报》1917年6月22日第10版

（四十五）守真学校[①]暑假休业

守真学校前、昨两日，假座四川路青年会举行暑假休业礼。

二十日夜八时，开音乐会，由张品静、张品芳二女生鼓琴奏曲。声韵悠扬，娓娓动听。

二十一日五时，行毕业礼，发给证书。中学毕业者，男生唐飞龙，女生张品静、张品芳三人；预科毕业者，男生鲍贵良、女士陈蕴贞二人；幼稚园毕业者，钟惠珍、戴桂连、郑雪梅、闲安弥四人。

原载《申报》1917年6月23日第11版

（四十六）进德女校[②]毕业预志

老北门进德女校开办多年，由美国德露仪女教士所经理。分高小、初小、幼稚园各级，科目完全，学生亦多。

今岁，更添聘黄君祖贻担任国文。其教授方法，用自学辅导主义[③]。

兹值高、初四年修业期满，定于二十七日举行暑假授凭礼，又于是日下午开成绩展览会。

---

① 守真学校：教会学校，系基督教宣道会守真堂创办，校址在上海。

② 进德女校：教会女学，由上海基督教第一浸会堂创设，校址在郑家木桥（今福建南路）浸会礼拜堂。1923年，增设中学部，后有南、北校之分。

③ 自学辅导主义：亦称自学辅导法。其实施对象为小学三年级以上学生；基本原则是让学生自学教材，遇到困难时，再由教师个别辅导；基本程序是布置、自学、检查。

现已编发请柬，邀各界莅观。谅届时必有一番热闹也。

原载《申报》1917 年 6 月 25 日第 10 版

（四十七）育贤两等学校附属幼稚园招生

本校定于九月一号开学。有志来学者，可先期报名。纳报名费一元，章程函索即寄。

校址：派克路十七号。

校长张竹君[①]启

原载《申报》1917 年 6 月 28 日第 1 版

（四十八）女校拟设幼稚园

保定直隶第二女子师范学校，创自前清丁未年间。

十数年来，如高、初师范等班毕业人数，几达千名之多。现在该校各班生徒不下三四百名之谱。

本年春，又复招考初级生甚夥。该校地址宽广，惟学生过多时，亦不免人满之患。兹闻该校拟将初等一、二、三、四年级学生一律迁往县学胡同新建女学。

所遗本校地址，拟即附设保姆专科及幼稚园云。

原载《女铎》第 6 卷第 3 期，1917 年 6 月 1 日

（四十九）幼稚园将组分院

（松江）育婴堂以堂内幼孩编为幼稚园，聘定保母，专司教养。六年以来，卓著成效。现该堂董事因嫌范围过狭，拟于城内组织分院，收纳院外孩提。一俟觅定妥屋，即行举办。

原载《申报》1917 年 8 月 5 日第 7 版

---

① 张竹君（1876—1964）：女，广东番禺人。早年就读于博济医院附属南华医校，后转入夏葛女医学堂。1900 年毕业，在广州荔湾开办禔福医院，自任院长。工余议论时政，倡导新学，提倡女权；并在广州创办育贤女学，开岭南女学之先河。后在上海活动，并和李平书一起创办女子中西医学院。辛亥革命中，发起组织上海红十字救伤队，自任队长。中华民国成立后，参与成立“女子参政同盟会”。终身未婚，收养了 20 多名孤儿。

（五十）萃英学校添设幼稚园

私立萃英学校开办六载，今春迁入北浙江路华安坊，规模、教科益见完备。除增设高小及女学部外，本届秋季又添设幼稚园。

现正广招男女国民高小两部各级生并幼稚生。国民科日课，变通定章，特加英文，并不增费。

又，暑假补习科，定阳历八月十五日休业，十九日举行秋季开校。

原载《申报》1917年8月13日第10版

（五十一）南京快信

省立第一女师范附设保姆传习所，订于十一月五日开学。试学两月，再行甄别去留。

原载《申报》1917年11月2日第3版

（五十二）追悼女教育家

西门外城西幼稚园主任保姆周袁夫人因病去世后，沪上学界于日前开追悼会于生生里城西幼稚园。是日下午二时，到会者男女宾共百余人。

二时三十分开会。先由龚子英君说明周袁夫人一生之事实，并致悼辞。

次由幼稚教育联合会会长朱胡彬夏女士致悼，谓周袁夫人性情温厚，可使人起敬爱之心；一生苦节，可以风世，视幼稚教育为至重，尽心力以办理之，可为女界之模范云云。

次由朱剑山君，龚元馨、龚元芬女士，相继诵读祭文，及幼稚毕业生孟锡范致追悼辞。

末由周良浩公子致辞答谢而散。

原载《申报》1917年11月15日第10版

（五十三）介绍新刊

新会陈鸿璧女士在沪创设广东幼稚园，迄已四稔。近取佛鲁培尔[①]氏之恩物教授法，

① 佛鲁培尔：通译福禄培尔，德国学前教育家。

参以平日经验，移译成书，名曰《幼稚恩物教授法》。现已出版二卷，由浅而深，循序渐进，足以引起儿童之兴味，其有裨于幼稚教育当匪浅鲜也。用志之以当介绍。

原载《申报》1917年11月26日第11版

（五十四）松江育婴幼稚园之开会

育婴堂于醉白池内附设幼稚园，为堂内男女婴教养之所。去岁，该堂曾开幼稚园恳亲会，成绩甚佳。

现又定期本月二十七日开二次恳亲会。凡曾向该堂请领男女婴孩作为儿女者，均奉该堂函知，于是日率同到会，以便调查堂外各婴之状况。

并闻该堂已函约上海幼稚教育研究主任朱吴女士①，于是日来会演说。

原载《申报》1919年4月21日第7版

（五十五）扬州组设幼稚园

江都城乡学校多至百余所，惟幼稚园尚付阙如。现由绅士王虎榜及国民校长周勤等，特组设斯园，已于三十日呈县核夺。赵知事以幼稚园为国民学校基础，事属可行，惟经费如何筹集及办理章程未据陈明，特令王等详细具复。

原载《申报》1918年11月3日第7版

（五十六）启秀中西女校招生

本校中学高初各级、幼稚园及义务班，均有余额可补。有志向学者，可速来校报名。至阳历二月十八日，即夏历正月十八日开学时，考试分班可也（章程函索即寄）。

原载《申报》1919年1月10日第1版

---

① 朱吴女士：当为吴朱女士，即吴朱哲、吴朱秋贤，参见前文《参观上海学校笔记（节录）》注释。

（五十七）女校特设幼稚班

本埠新闻梅白格路坤范女子中学[①]，已于夏历十二月二十日举行寒假休业礼。闻拟于今春特设幼稚院一班，刻已从事筹备云。

原载《女铎》第7卷第12期，1919年3月1日

（五十八）幼稚园开会纪

（松江）育婴堂附设之幼稚园，于二十七日在醉白池雪海堂上开第二次恳亲会。男女来宾，多至千人。

会场秩序，有县立第一高小校之童子军在场纠察，故来宾虽多，颇能静肃。开会后，首由主任报告宗旨，继之以各种游艺。所演如套圈竞争、织布游戏等，均甚可观。

中间并有上海幼稚教育研究主任朱吴女士之演说。

直至下午六时，始唱歌散会。

原载《申报》1919年4月29日第7版

（五十九）启秀女校举行毕业式

本埠北四川路宝兴路启秀中西女校，自经学生联合会表决照常上课后，业于昨日（二十五日）午后四时，举行暑假休业式；并请聂仲芳夫人[②]发给中学唐佩兰、琴科徐素娟、高小萧嘉佩、初小郭秀华、幼稚生钱引璋等十九人毕业证书。

久雨初霁，观礼者甚众，颇极一时之盛。

闻该校近在校内隙地添筑高大洋房一所，以备扩充。下学期，定阳历八月二十七日开学，并添招中、高、初各级及义务班、幼稚园新生云。

原载《申报》1919年6月27日第10版

① 坤范女子中学：上海私立学校，1918年，由俞传鼎（文耀）女士创办。原址黄浦区新闸路梅白格路，1929年迁至新昌路。附设有小学和幼稚园，并开设妇女手工传习所。1930年，在比利时列日万国博览会上，该校劳作制品荣获大会金奖。

② 聂仲芳夫人：聂辑椝之夫人、曾国藩之五女曾纪芬。

（六十）启秀中西女学校招生

本校下学期，中、高、初各级及幼稚园、义务班，均有余额可补。有志向学者，可速来校报名。至阳历八月念七日（即闰七月初三日）开学，阳历九月初六日（阴历闰七月十三日）开学时，考验分班可也（章程函索即寄）。

北四川路宝兴路十号本校白

原载《申报》1919 年 7 月 5 日第 2 版

（六十一）宁波消息四则·幼稚园教员得人

自周女士被任为教员以来，园内事无大小悉皆躬亲。对于教授方法尤为注意，循循善诱，和蔼可亲，生徒得益甚多。园中气象日见进步云。（严志根）

原载《通问报·耶稣教家庭新闻》第 858 期，1919 年 7 月 2 日

（六十二）集美蒙养园创设

中华职业教育社主任黄君炎培，近应新加坡侨商陈君嘉庚[①]之招赴厦门，观陈君所办之集美学校，并商榷进行事宜。

兹黄君已于前日返沪。据述，陈君毁家兴学情形，志之如下：

陈君原籍福建同安，向在新加坡经商。积资甚巨，慨祖国教育不振，于四年前，在其故里集美乡创办小学。是乡与厦门相隔一海湾，形势三面皆水，唯北枕天马山，山水绝胜。嗣感师资缺乏，复办师范及中学。

校舍均新建筑，非常宏敞，工程仅及其半，耗金已及二十万元。今有学生数：师范、中学，二百余人；小学，二百人；女校，九十余人；蒙养园，百人。此外，附设夜学校、通俗图书馆，应有尽有。

原载《申报》1919 年 8 月 7 日第 10 版

---

① 陈嘉庚（1874—1961）：原名甲庚，福建同安集美（今属厦门）人。早年赴南洋经商，成为巨富。1894 年，捐资在家乡创办惕斋学塾。自 1913 年始，陆续捐资在故里创设集美高初两等小学校、女子小学、男中、女中、幼稚园、水产、商科、农林、国学专科、幼稚师范、男师范等，形成“集美学村”。1921 年，又独资创办厦门大学，成为毁家兴学的榜样人物。著有《南侨回忆录》。

（六十三）南京快信

省立第一女师范附设保姆传习所，第一班修业期满，现续招第二班学生。

原载《申报》1919 年 12 月 26 日第 7 版

（六十四）各学校消息并记

郇光、惠光两校[①]，于〔本〕月之七日举行年假休业礼，并给发初等第二届毕业证书。

是日，陈列学生学业成绩于郇光幼稚园内，以供众览。缝纫、图画、地图、对联等，分别胪列。郇光幼稚生及蒙学生唱歌、演说，郇光高等生国语及英文演说，均能动听。

余如表演理化、制造粉笔，亦甚娴熟，观者赞美不置。

原载《申报》1920 年 2 月 10 日第 11 版

（六十五）（松江）分设幼稚园

西外育婴堂办有幼稚园一所，年来颇属发达。现该堂拟另在城内分设一所，藉广教养。业已借定大吴桥余宅为校舍，刻正从事布置，月中当可开办。

原载《申报》1920 年 3 月 9 日第 7 版

（六十六）郇光学校

北四川路横浜桥北广东郇光学校，于本月七日举行暑假休业礼，并颁发幼稚园、初等、高等毕业生证书。由校长欧谭惠然主席，伍廷芳夫人给凭。

其秩序如下：（1）唱校歌；（2）祈祷；（3）宣布开会理由；（4）幼稚生唱诗；（5）初等毕业生刘燕才演说；（6）蒙学与幼稚生合唱；（7）幼稚生欧超国、刘阿悲演说；（8）高等生英文表演；（9）蒙学生马安国演说；（10）高等生陈誉桢读注音字母；（11）高等毕业生欧爱国奏钢琴；（12）高等毕业生欧显国国语演说；（13）伍廷芳夫人给凭；（14）伍廷芳夫人给奖；（15）校长训词；（16）高等毕业生赵宝琼读答词；（17）唱救国歌；（18）国技表演：（19）茶会；（20）参观成绩。

---

① 郇（xún）光：上海郇光女学，私立性质。1916 年，由旅沪广东中华基督教会设立，校址在上海北四川路，首任校长谭惠然。惠光：上海惠光学校，亦由旅沪广东中华基督教会设立。设立时间、地点，皆同于郇光；所不同者，为专收男生。

计此次高等毕业生八名、初等毕业生七名、幼稚园毕业生六名。

原载《申报》1920年7月11日第11版

（六十七）鹭江幼稚园[①]十周纪念，福建教育厅长颂辞

铸颜雕宰，功邃树人。矧在幼稚，克葆天真。女俞男唯，厥教惟均。中西一贯，陶毓群伦。万流仰镜，大雅扶轮。十年缔造，备历艰辛。名高南服，誉著全闽。愿言孟晋，永沥贞珉。

原载《福建教育行政月刊》第2年第3期，1921年3月

（六十八）景海女师范生参观运动

苏州葑门内天赐庄景海女师范成立至今，未及五载，卒业者已有数十人之多，均在各官私立学堂任职。该校幼稚师范科，尤为注重；于体育一科，亦极完美。此次因远东运动会，师范生三十余人特于前日乘早车来沪参观。现寓于汉口路中西女塾云。

原载《申报》1921年6月1日第18版

（六十九）女中学及幼稚园毕业式

（苏州）齐门外崇道女子中学校高小班学生，定于二十三日举行毕业典礼。先期由该校校长分赠入场券，邀请各界参观。

又，苏州市立第二幼稚园，自前岁由女高孙郁校长仿照第一园设立以来，现已届第一次毕业之期，定于本月二十五日举行毕业式，下午四时并开家属恳亲会，以联络感情。

原载《申报》1921年6月24日第8版

（七十）松江第二幼稚园开恳亲会

育婴附设之第二幼稚园于十四日午后开恳亲会，并行第一次毕业式。

该校主任为张尧超女士，学生四十余人。小者只四龄，大者亦不过六龄。

---

① 鹭江幼稚园：教会学前教育机构。1912年，由基督教会在福建厦门新街礼拜堂附设，主持创设者为牧师黄植庭。

午后一时开会，迄四时闭会，计行毕业礼式六，游艺节目十七，第一幼稚园加演来宾游艺二。

各生年龄虽小，而所演各节于活泼之中，均有一定规范。每演一节，掌声为之雷动。演至第十二节国语，有男女二生演讲“夏期蚊蝇之害”，口齿清析，姿态自然，尤为难得。

原载《申报》1921年7月16日第11版

（七十一）省立第四小学校筹办蒙养概况

省立第四小学校校长庆松泉君，现于校内附设蒙养园，添招幼稚儿童一班，定额三十名。

延聘留学日本专门幼稚科毕业、现充女子师范学校保育科教员赵之硕女士担任保姆，万女士任助教。赵女士学有专长，经验素富，幼稚教育良称得人。

校内教室、游戏亭、游戏场、各项运动器械，以及应设之恩物、器具，亦复完备。

现于本月下旬招生报名，专收男女儿童年龄在四岁以上、七岁以下者入学。预先缴纳学费壹元，书籍、文具费八角。现报名者颇不乏人，不日将行开学云。

原载《云南小学教育月刊》第4号，1921年7月30日

（七十二）南市幼稚园之发轫

本埠南市，两等小学林立，惟幼稚园办理乏人，尚属无几。

兹有东南大学校长郭秉文君胞妹汤郭秀娟，及吴若安①、应美烈女士等，鉴于幼稚之失学，爰在大东门火神庙西首筹设幼稚园一所。延杭州弘道女学师范幼稚科毕业生杨女士来沪担任教师。

月前，已将校园器具等筹备妥贴，定于本月十二日实行开课。

查幼稚园之组织，乃为补助家庭所不及，寓教育于娱乐，使一般童稚发展活泼之本

---

① 吴若安（1890—1990）：女，原名杏宝，江苏金山（今上海金山）人。早年毕业于上海务本女塾，旋执教于母校。1912年，转任上海南洋女子师范教职，主授英语，并兼同济大学英语课。1937年，出任南洋女中校长，治校谨严。1949年后，任上海市教育局副局长。终身事教，桃李满天下。

能。意善法美，实谋社会幸福之始基也。

闻该园之来学者，不尽富有之家；特设免费额十名，以惠清寒之子云。

原载《申报》1921 年 9 月 11 日第 15 版

（七十三）校内记事 · 本学期的推广

景海自从开办到现在，一年发达一年，科学一年完备一年。

但是看本学期的发达，是往年所不逮的：宿舍也不够住、教室也不能容了。所以，模范初年四级的教室和师范本科四年级、幼稚师范四年级的宿舍，都迁到女医学堂的旧址。

本校同学的总数：本校同学共有三百零七人。师范科七十七人，模范科一百五十人，幼稚园〔师范〕八十人。（潘清如）

原载《景海星》第 3 期，1922 年 1 月

（七十四）南京快信

一女师附设之保姆传习所，另筑校舍，改为保姆学校，三年毕业。现暂停办一学期。

原载《申报》1922 年 2 月 17 日第 7 版

（七十五）青年普益社[①] 之近讯

该社鉴于女子在家庭服务之余缺乏补习学识机会，特设半日学校，授以应用知识，俾一般女子于每日下午得求学之处。既不妨碍家政，又能增进学识，诚为女界良好机会。尤恐往校女子或有儿童相随，未便离家，特附设幼稚园一所，既能提创基本家庭教育，更可免除往学阻碍。开办以来，颇受社会欢迎云。

原载《申报》1922 年 2 月 24 日第 15 版

---

① 青年普益社：全称“基督教青年普益社”，宗教社团，会所设在上海。该社定期组织演讲，提倡卫生生活，吁请家事改进，赞助慈善事业，致力普及教育，附设有义务学校、商业英文夜校等机构。

（七十六）（南通）幼稚园之恳亲会

十一日下午三时，张吴私立第三幼稚园举行恳亲会。县署第三科葛科长、埠警局唐局长、教育会曹会长暨各家长，来宾到者计有六百余人。

开会秩序如下：（1）开会；（2）奏乐；（3）林主任报告开会宗旨；（4）全体唱歌；（5）园长张季直①演说，讲题为“幼稚教育之重要及未来之希望”；（6）表演“快乐小朋友”；（7）讲故事；（8）表演歌操；（9）海葛玉珠女士讲“幼稚园与社会的关系”；（10）英文歌《快乐儿童（The Happy Child）》；（11）家长李敏孚等演说；（12）表演“一群弯曲人”；（13）意小姐奏钢琴；（14）表演“五个可爱的小鸟”；（15）竞争游戏；（16）来宾于敬之等演说；（17）戏舞；（18）摄影；（19）奏乐闭会。

原载《申报》1922 年 6 月 13 日第 11 版

（七十七）万国幼稚园联合会之年会

万国幼稚园联合会第十九次年会，于今年四月二十四至二十九日，在美国鲁易士维里（属 Kentucky 省）②开会。

原载《教育杂志》第 14 卷第 7 号，1922 年 7 月 20 日

（七十八）群学会附属幼稚园招生

即日起报名，阴历七月十九开园。

园址：小南门中华路。章程可函索。

主任高砚耘、杨聘渔启

原载《申报》1922 年 8 月 9 日第 14 版

（七十九）新闻家庭注意

学校林立，幼稚园稀少。本校有鉴于斯，特附设幼稚园于爱文义路捕房东首中华圣公会内，以供邻近家庭之需要。凡有子女者，盍速来园报名。备有章程，随意索阅。

---

① 张季直：张謇，中国近代实业家、教育家。

② 鲁易士维里：通译路易斯维尔，位于美国肯塔基州中北部。

毓秀女学校校长、幼稚园园长嘉雅梅谨启

原载《申报》1922年8月30日第8版

（八十）西女士热心教育

爱文义路圣彼得堂西女士嘉雅梅来华有年，与华人士颇为联络。已办有毓秀中西女校，成绩甚佳。近鉴于该校附近诸邻缺乏儿童幼稚园，故特添设幼稚园一所，于该处一七〇三号。订定阳历九月五日开课，并请王金英女士为该幼稚园主任云。

原载《申报》1922年8月30日第15版

（八十一）杭州快信

省教育会提出各县设立幼稚园草案规定办法，每县至少设幼稚园一所，经费从县税支出，并聘各属女师校附属幼稚师范科及各省幼稚师范、欧美幼稚师范毕业者为主任。已提交全浙教育会联合会公决。

原载《申报》1922年9月22日第11版

（八十二）幼稚园十周纪念会预告

盛泽幼稚园成立迄今已届十载，拟于阳历年假开十周纪念会。现已筹备一切，凡曾受过该园教育之男女学生，闻皆有余兴附入云。

原载《吴江》第30号，1922年12月1日

（八十三）城中请设幼稚园

（松江）育婴堂有将向设之东西两幼稚园扩为四所之议。县视学倪伯英闻悉后，以城中区地大人稠，幼稚生苦无相当求学之地，爰联合一高校长钱鲁詹、农会长吴履刚等，函请该堂在城中区添设幼稚园一所。业经该堂列案，交董事会议决照办。一俟觅到相当校址，即行筹备开办。

原载《申报》1922年12月30日第10版

图书在版编目（CIP）数据

中国学前教育史料集成．卷二，蒙养园论集．上册 / 喻本伐总主编；喻本伐，张汶军本卷主编．— 北京：人民教育出版社，2022.8
ISBN 978-7-107-36856-1

Ⅰ．①中… Ⅱ．①喻… ②张… Ⅲ．①学前教育—教育史—史料—中国 Ⅳ．①G619.29

中国版本图书馆 CIP 数据核字（2022）第 133141 号

中国学前教育史料集成　卷二　蒙养园论集　上册
ZHONGGUO XUEQIAN JIAOYU SHILIAO JICHENG　JUAN'ER
MENGYANGYUAN LUNJI　SHANGCE

丛书责编　刘雅琴　焦　艳
本书责编　刘峰峰
书籍设计　张志奇

出版发行　人民教育出版社
（北京市海淀区中关村南大街17号院1号楼　邮编：100081）
网　　址　http://www.pep.com.cn
经　　销　全国新华书店
印　　刷　北京华联印刷有限公司印装
版　　次　2022年8月第1版
印　　次　2022年11月第1次印刷
开　　本　787毫米 × 1 092毫米　1/16
印　　张　40.75
插　　页　4
字　　数　698 千字
定　　价　150.00 元